기독교문서선교회(Christian Literature Center: 약칭 CLC)는 1941년 영국 콜체스터에서 켄 아담스에 의해 시작되었으며 국제 본부는 미국 필라델피아에 있습니다.
국제 CLC는 59개 나라에서 180개의 본부를 두고, 약 650여 명의 선교사들이 이동 도서차량 40대를 이용하여 문서 보급에 힘쓰고 있으며 이메일 주문을 통해 130여 국으로 책을 공급하고 있습니다. 한국 CLC는 청교도적 복음주의 신학과 신앙 서적을 출판하는 문서선교기관으로서, 한 영혼이라도 구원되길 소망하면서 주님이 오시는 그날까지 최선을 다할 것입니다.

추천사

황 창 기 박사
前 고신대학교 총장, 신약학 교수

　이기업 목사가 심혈을 기울인 역작을 내놓았다. 따라서 현대 해석학적 견지에서 기대가 큰 출판이다. 무엇보다도 저자가 구약 전공자로서 구약의 역사서 내러티브 장르에 대한 성경 해석의 '최신' 기법을 도입한 엘리야 및 엘리사 내러티브 연구서이기 때문이다.
　사실 필자는 신약을 가르치다가 10여 년 전에 은퇴한 처지에서, 저자의 원고를 읽어 나가면서 이 구약 내러티브 성경 독법을 접해 보는 학문적 호기심도 적지 않았다고 하겠다.
　그러면서 저자는 본 연구가 '구약성경 신학'의 소고로서 "그리스도의 생명을 얻게 하고 풍성히 누리는 사역"이라고 규정하고 있다. 이 점은 또한 더욱 관심이 쏠리지 않을 수 없는 이유이기도 하다. 수천 년 전의 구약성경 기사를 그리스도와 연결하는 이 본래적 가치와 원리를 보여 주기 때문에 귀중하고 필요한 연구물인 셈이다.
　따라서 신학도들은 물론이고, 정말 참신하고 지금까지 없었던 연구물을 학계와 교계에 큰 선물로 안겨 주었다고 하겠다. 왜냐하면, 성경 해석은 구속 역사적 측면에서 주 예수 그리스도의 십자가와 부활 사역을 이해하고 또 그리스도 중심적으로 성경을 읽고 이해하여야 하는 그 당위성 때문이다.
　아무쪼록 꾸준한 성경 학도의 연구를 바탕 삼아, 학구적 내지 목회적 차원의 심오한 열매를 얻을 수 있으리라 확신하며, 본서를 기쁨으로 추천하는 바이다.

김하연 박사
고신총회 총회성경연구소 소장

　이기업 목사의 귀한 역작 『엘리야-엘리사 내러티브』가 세상에 빛을 보게 됨이 너무나 기쁘다. 그의 친구요 동료로서도 기쁘지만, 그의 책으로 말미암아 성경 말씀이 선명하게 보이게 되어서 기쁘기 한이 없다.
　잎새에 맺힌 물방울에서 시인은 우주를 본다고 하지 않는가?
　이기업 목사는 예리하고 깊이 있는 학자이다. 그의 이 탁월한 저작을 통해서 이 엘리야-엘리사 이야기가 이제 더 이상 재미있는 성경 이야기만은 아니게 되었다. 이제 그 "사가"(saga) 속에 숨어 있는 진리의 보배들은 그를 통해서 분산되어 역사적, 신학적, 문학적 그리고 수사학적으로 분석되고 낱낱이 드러나게 되었으며 독자들에게 비춰게 되었다. 그리고 각 본문의 주해를 통해서 다시 이 오묘한 보물들이 어떻게 서로 엮어져 있는지를 보여 주었다. 그러면서도 읽기에 어렵지 않게 기술된 세련된 책이다. 이렇게 시원할 수가 없다.
　나는 본서를 읽는 동안 마른 가뭄에 시원한 냉수 한 그릇 마시는 느낌을 받았다. 본서는 성경 본문을 연구하는 신학자들과 신학생들에게 좋은 연장이 될 것이다. 목회자에게는 생수를 제공하는 샘이 될 것이요, 성경 연구에 관심이 있는 모든 성도에게는 귀한 교과서가 될 것이다.

류응렬 박사

와싱톤중앙장로교회 담임목사, 고든콘웰신학교 신학대학원 객원교수,
前 총신대학교 신학대학원 설교학 교수

제가 참으로 사랑하고 존경하는 이기업 목사의 책, 『엘리야-엘리사 내러티브』를 추천하게 되어 한없이 기쁩니다. 책장을 넘길 때마다 평소 목사님의 학문적 성실함과 신앙적 열정과 목양적 가슴이 깊이 흘러넘칩니다.

목사님은 대부분 크리스천에게 잘 알려진 이름이지만 치밀한 연구 대상으로 접근하기 어려운 엘리야와 엘리사를 '학문과 목회'라는 두 영역을 씨줄과 날줄처럼 아름답게 엮어 한 권의 걸작으로 세상에 내놓았습니다.

학문적으로 연구하는 사람들은 본서를 통하여 최근 연구 동향까지 깊이 있는 탐구와 학문적 기초와 발전을 위한 영감을 얻을 것이고 목회 현장에서 설교하는 목회자나 성경을 사랑하는 성도들은 깊이 있는 말씀의 샘물을 맛보게 될 것입니다. 본서와 함께 본문에서 하나님이 들려주시는 생생한 목소리를 가슴에 새기고 삶으로 연결한다면 하나님의 말씀이 주시는 생명의 은혜를 더욱 풍성하게 누리게 될 것입니다. 모든 독자가 그 감격을 누리기를 기대합니다.

송영목 박사
고신대학교 신약학 교수

북이스라엘의 암울한 시대에 하나님은 엘리야와 엘리사를 한 팀(One Team)으로 부르시고 그들을 세우셔서 언약 백성이 생명을 얻고 더 누리도록 인도하셨다. 이 사실을 저자는 각 내러티브의 도입과 문맥, 문법-역사적 석의, 결론과 적용, 그리고 적용을 위한 질문을 통해 친절히 풀어낸다.

저자는 도입 및 문맥의 섹션에서 엘리야-엘리사 내러티브 본문의 전후 문맥 사이에 존재하는 의미론적 관계성을 연속성과 불연속성의 관점으로 이처럼 예리하면서도 적실하게 할 수 없을 정도로 잘 풀어 기술해 내고 있다. 석의 섹션에서는 본 내러티브에 대한 문법적, 역사적, 해석학적 안목을 정경의 전체 문맥으로 확장시켜 조망하되, 통시적, 공시적 관점의 균형을 유지하면서 건강한 해석과 적용의 길을 위한 근거를 제시한다.

결론과 적용의 섹션에서는 엘리야-엘리사 내러티브를 구속사 및 삼위일체론적 관점을 통해 현대 그리스도인을 위한 적용의 길로 이끌어 나간다. 그래서 독자들은 엘리야-엘리사 내러티브의 문법-역사적 주해는 물론, 기독론 및 성령론적 신학적 분석을 통해 본문의 진수를 맛볼 수 있을 것이다.

적용을 위한 질문의 코너를 통해서 성경 진리를 더 깊이 갈구하는 성도와 교회, 특히 젊은 청년 대학생들의 개인 및 소그룹의 성경 공부, 묵상, 토론을 위해 요긴하게 사용될 수 있을 것이다.

저자의 이러한 짜임새 있는 의도를 통하여, 본서가 한국 교회의 많은 독자에게 성경 진리를 심화시키기 위하여, 보다 친근감과 생동감 있게 다가가기를 바란다. 신학도와 목회자 그리고 성도들에게 구약 역사서 장르의 진리 탐독 여행을 위해 꼭 필요한 나침반 같은 소장 가치가 있어서 강하게 추천하고자 한다.

엘리야-엘리사 내러티브
생명을 얻고 더 풍성히 누리게 하는 사역

Elijah-Elisha Narratives: The Prophetic Ministry to Have Life & Have It Abundantly
Written by Jeremiah G. Lee
All rights reserved.
Korean Edition Copyright ⓒ 2021 by Christian Literature Center, Seoul, Korea.

엘리야-엘리사 내러티브: 생명을 얻고 더 풍성히 누리게 하는 사역

2021년 9월 10일 초판 발행

| 지 은 이 | 이기업

| 편 집 | 유동운
| 디 자 인 | 박성숙
| 펴 낸 곳 | (사)기독교문서선교회
| 등 록 | 제21-44호(1988. 8. 12.)
| 주 소 | 서울특별시 서초구 방배로 68
| 전 화 | 02-586-8761~3(본사) 031-942-8761(영업부)
| 팩 스 | 02-523-0131(본사) 031-942-8763(영업부)
| 이 메 일 | clckor@gmail.com
| 홈페이지 | www.clcbook.com
| 송금계좌 | 기업은행 073-085404-01-017 (사)기독교문서선교회
| 일련번호 | 2021-82

ISBN 978-89-341-2322-4(93230)

이 책의 저작권은 저자와 도서출판 (사)기독교문서선교회가 소유합니다.
신저작권법에 의하여 한국 내에서 보호받는 저작물이므로 무단 전재와 무단 복제를 금합니다.

엘리야-엘리사 내러티브
생명을 얻고 더 풍성히 누리게 하는 사역

이 기 업 지음

Elijah-Elisha Narratives:
The Prophetic Ministry to Have Life &
Have It Abundantly
By Jeremiah G. Lee

CLC

목차

추천사

황창기 박사 | 前 고신대학교 총장, 신약학 교수   1
김하연 박사 | 고신총회 총회성경연구소 소장   2
류응렬 박사 | 와싱톤중앙장로교회 담임목사, 고든콘웰신학대학원 객원교수,   3
　　　　　　　　前 총신대학원 설교학 교수
송영목 박사 | 고신대학교 신약학 교수   4

저자 서문   10

제1부 서론(Introduction)   17
　　제1장　엘리야-엘리사 내러티브의 역사적 배경   17
　　제2장　엘리야-엘리사 내러티브의 신학적 주제   23
　　제3장　엘리야-엘리사 내러티브의 문학적 장르와 그 범위   26
　　제4장　엘리야-엘리사 내러티브의 문학적, 신학적 통일성   31
　　제5장　엘리야-엘리사 내러티브의 수사학적 특징   37

제2부 주해 및 강해(Exegesis & Exposition)   65
　　제1장　말씀의 종, 고난의 종   65
　　제2장　생명의 사역   78
　　제3장　영적 대결   92
　　제4장　하나님의 사람, 기도의 사람   105
　　제5장　로뎀나무 아래서 "조기 은퇴 선언"   118
　　제6장　천둥의 소리, 그 후   138
　　제7장　하나님의 부르심   164
　　제8장　죽여야 사는 전쟁 "헤렘"   178
　　제9장　악에 대한 열심이 특출한 사람   192
　　제10장　아람과의 전쟁을 위한 아합과 여호사밧의 동맹   209
　　제11장　"이 병이 낫겠나 물어 보라"   227
　　제12장　바람의 사람   242
　　제13장　아동 학대인가, 말씀 학대인가?   276
　　제14장　실패하지 않은 전쟁, 승리하지 못한 전쟁   288

[특주]	성경 고고학(1)	308
	모압의 비석(Moabite Stone)과 테트라그람마톤(YHWH)	
제15장	기름이 쏟아지게 하라	319
제16장	생명의 선물	331
제17장	섬세하신 공급자	354
제18장	큰 용사와 어린 소녀	373
[특주]	나아만의 믿음과 행위, 거짓인가 참인가? (왕하 5:1-19)	389
제19장	신앙의 변질	397
제20장	하나님 나라 공동체와 참여	410
제21장	불말과 불병거	439
제22장	"그림의 떡"	464
제23장	"실상의 떡"	509
제24장	눈물을 머금은 선지자	523
제25장	악의 제국과의 결합	540
[특주]	성경 고고학(2) 산헤립의 프리즘(Sennacherib's Prism)	555
제26장	메신저와 메시지	560
[특주]	성경 고고학(3) 검은 오벨리스크(The Black Obelisk)	579
제27장	아합 가문에 대한 심판 성취	584
제28장	예언의 신적인 성취자	602
[특주]	성경 고고학(4) 텔 단 비석(The Tel Dan Stele)	626

제3부 결론: 엘리야-엘리사 내러티브를 나오면서 632

참고 문헌 633

찾아보기(Index) 642
    (1) 도표 목록(Table List) 642
    (2) 지도 목록(Map List) 643
    (3) 특주 목록(Special Notes List) 644

저자 서문

엘리야-엘리사 내러티브
"생명을 얻게 하고 더 풍성히 누리게 하는 사역"

이 기 업 목사
글로리아커뮤니티교회 담임

바알 숭배 및 배교로 언약의 하나님 여호와를 배반함으로, 가장 암울했던 B.C. 9세기의 북이스라엘에 두 명의 비문필 선지자가 있었다. 비록 이들은 선지서의 기록을 통해, 자신의 이름으로 된 구약성경의 정경(the Canon)을 남기지 않았을지라도, 그들의 여호와에 대한 탁월한 '언약적 열심'으로 예언과 기적 사역을 통해 강력하게 하나님의 살아 계심을 밝히 드러낸, '선지적 개혁자들'(prophetic reformers)이었다.

이들 중, 한 사람은 '여호와는 나의 하나님이시다'(Yahweh is my God)라는 뜻을 가진 엘리야(אֵלִיָּה)이며, 또 다른 한 사람은 '하나님은 구원이시다'(God is salvation)라는 뜻을 가진 엘리사(אֱלִישָׁע)이다. '하나님의 사람'(Man of God) 곧 선지자로서 이들의 활동을 열왕기(총 47장) 가운데 부분에 배치하고, 전체 분량의 33퍼센트(16-19개의 장)를 할애하여 기록한 역사가는 마치 '두 사람 같은 한 사람, 한 사람 같은 두 사람'으로 묘사하고 있다. 저자는 '엘리야-엘리사'를 하나의 호렙산 비전(the Mt. Horeb-vision)의 큰 우산 아래서, '하나의 팀'(One Team)이 되어 '시공'을 초월하여 함께 사역하는 장면들을 '전기적 역사'(biographical history)라는 문체로 기술한다. 이것을 우리는 '엘리야-엘리사 내러티브'(왕상 17:1-왕하 13:25)라고 부른다.

엘리야-엘리사 내러티브(Elijah-Elisha Narratives)를 전개하는 중요한 문학적 방법론들 가운데 하나는 '반복'(repetition)이다. 단어, 문장, 주제, 장면 등이 다양한 목적을 위해 반복된다.

예를 들면, "이 병이 낫겠나이까"라는 질문이 두 문맥에서 반복되는데, 한 번은 엘리야의 시대에 이스라엘 왕 아하시야가 이방 나라의 신 바알세붑에게 묻기 위해 방문하는 시도 안에서 사용한다(왕하 1:2, אִם־אֶחְיֶה מֵחֳלִי זֶה). 또 한 번은 엘리사 시대에, 아람 나라의 왕 벤하닷이 엘리사에게 자신의 질병의 상태를 묻기 위해 보낸 하사엘의 방문에서 언급된다(왕하 8:8, 9, מֵחֳלִי זֶה הַאֶחְיֶה). 전자는 언약의 나라 이스라엘 왕이 이방 신에게 묻고, 후자는 비(非)언약의 나라 아람 왕이 여호와께 묻는다. 여기서 반복 표현은 상호 문맥은 다를지라도 명백한 대조를 통해 언약 백성 이스라엘 공동체의 타락의 상황을 강조한다. 또 다른 반복의 예를 들면, 다음과 같은 표현을 두 번 반복한다(히브리어는 동일 문장).

> 내 아버지여 내 아버지여 이스라엘의 병거와 그[의] 마병이여(왕하 2:12).

한번은 엘리사가 승천하는 엘리야를 향한 호칭으로 부른 경우이다(왕하 2:12). 그리고 또 한번은 이스라엘 왕 요아스가 임종을 앞둔 엘리사를 향하여 부른 호칭이다(왕하 13:14). 이 호칭은 성경에서 엘리야-엘리사 내러티브에만 등장하는 표현이며, 그것도 오직 엘리야와 엘리사에게만 사용된 호칭이다. 엘리야의 '승천 직후에' 엘리사가 사용한 이 호칭은 엘리사가 엘리야에게 구했던, '갑절의 능력'을 엘리야로부터 유업으로 받았다는 문맥적 사실로 전개된다.

반면 엘리사의 '죽음 직전에' 이스라엘 왕 요아스가 사용한 동일한 이 호칭은 아람과의 전쟁에 대한 승리의 약속을 유업으로 보장받는다. 전자의 경우는 엘리야가 죽지 않고 승천함으로, 그의 부재는 죽음이 아니라 영원한 현재적 하나님의 능력의 임재가 함께함을 역설적으로 강조한다. 그리고 후자의 경우는 이어진 문맥에서 엘리사의 죽음 후, 그의 뼈에 죽은 사람의 시체가 닿을 때 죽은 자가 부활함으로(왕하 13:21), 엘리사는 죽었으나 부활의 역사를 일으킨 그의 뼈(엘리사)는 여전히 살아있는 능력임을 역설적으로 강조한다.

결국, 이 두 번의 반복된 호칭은 하나님의 사람은 지상을 떠났으나, 언약의 하나님과 그 능력은 언약 백성에게 영원히 현존하심을 강조한다. 언약에 신실하신 하나님이기 때문이다.

이것이 바로, 엘리야-엘리사 내러티브에서 읽을 수 있는 '반복의 미학'이다. 독자들은 저자의 이러한 문예적 기법(literary methodology)에 익숙할 때에, 신학적 의도와 메시지를 제대로 들을 수가 있을 것이다. 내러티브는 내러티브에 걸맞은 해석의 규칙이 있는 것이다. 필자는 이와 관련된 연구를 서론과 해당 구절의 석의(exegesis) 섹션에 언급했다.

엘리야-엘리사 내러티브에 대한 그간의 학자들의 연구는 지속되어 왔는데, 가장 초기의 연구들 가운데 하나는 5-6세기의 스룩의 야곱(Jacob of Serug, 451-521)이 쓴 *Jacob of Sarug's Homilies on Elijah* (2009), *Jacob of Sarug's Homilies on Elisha* (2010) 이다.[1] 주된 연구는 19세기가 주를 이루는 것 같다.

아마 역사비평 연구의 분위기에 힘입어, '역사적 엘리야' 또는 '역사적 엘리사'에 대한 관심의 결과가 아닐까 추정한다. 대표적인 초기의 네 작품을 소개하면, *Elijah the Tishbite* (18--?), *Elijah the Prophet* (1875), *The Hollowing of Criticism: Nine Sermons on Elijah Preached in Rochester Cathedral with an Essay Read at the Church Congress* (1888), 그리고 *Elijah, His Life and Times* (189-?)이다.[2] 초기 연구에서 보듯이, 대부분의 연구가 '엘리야'에 편중되어 있다.[3]

---

[1] Jacob of Sarug, *Jacob of Sarug's Homilies on Elijah*, trans. and Introduction by Stephan A. Kaufman (Piscataway, NJ: Gorgias Press, 2009), *Jacob of Sarug's Homilies on Elisha*, trans. and Introduction by Stephan A. Kaufman (Piscataway, NJ: Gorgias Press, 2010).

[2] Friedrich W. Krummacher (1796-1868), *Elijah the Tishbite*, translated from German (New York: American Tract Society, 18--?), William M. Taylor (1829-1895), *Elijah the Prophet* (New York: Harper, 1875), Thomas. K. Cheyne (1841-1951), *The Hollowing of Criticism: Nine Sermons on Elijah Preached in Rochester Cathedral, with an Essay Read at the Church Congress*, Manchester, October 2nd, 1888), William Milligan (1821-1893), *Elijah, His Life and Times* (London: James Nisbet and Co, 189-?).

[3] 엘리야에 대한 추가 연구는 다음과 같다. John R. Macduff, *Elijah, the Prophet of Fire* (Grand Rapids, MI: Baker Book House, 1956), A. W. Pink, *Elijah* (Edinburgh: The Banner of Truth Trust, 1956), Theodore H. Epp, *Elijah: A Man of Like Nature* (Lincoln, NE: Back to the Bible, 1965), Leon J. Wood, *Elijah, Prophet of God* (Des Plaines, IL: Regular Baptist Press, 1968, 1973), Gerald Harrop, *Elijah Speaks Today: The Long Road into Naboth's Vineyard* (Nashville, TN: Abingdon Press, 1975), M. B. Van't Veer, *My God is Yahweh: Elijah and Ahab in an*

반면 엘리사에 대한 연구는 상대적으로 빈약한 편이다.[4] 그런데 엘리야와 엘리사 두 인물과 관련된 전체 본문에 대한 주경 신학적 연구는 더 희소한 형국이다.[5] 엘리야-엘리사 내러티브 본문 자체에 대한 주석학적 연구 이외의 내러티브 자체에 대한 비교 연구, 신명기적 관점 그리고 사회학적 다양한 독자 중심의 접근 등과 같은 현대적인 연구는 본서의 해당 관련 구절의 주석 섹션에서 필요시 별도로 언급할 것이다(각주와 참고 문헌).

본서에서, 필자는 구약성경의 역사서 장르에 있는 엘리야-엘리사 내러티브의 전체 본문(왕상 17장에서 왕하 13장까지)을 28개의 본문(passages)으로 나누어서, 문예적, 문법적, 신학적으로 본문을 분석 및 석의를 한 후에, 신약 성도인 교회를 위하여 신학적(구속사, 언약 신학) 해석과 그 적용을 이끌었다.

본서의 특징을 여덟 가지로 요약하면 다음과 같다.

첫째, 일부분이 아닌, 전체 엘리야-엘리사 내러티브에 대한 문예적, 문법적, 신학적 방법론으로 해석하고 적용한, 국내, 외를 막론하고 드문 연구물(신학과 주해 및 강해)로 판단된다. 본서는 미력하지만 열왕기서 주석 대용으로

Age of Apostasy, trans. by Theodore Plantinga (St. Catharines, Ontario: Paideia Press, 1980), Weldon W. Phillip, *Elijah, Prophet of Power* (Waco, TX: Word Books, 1980), Rainer Albertz, *Elia: Ein Feuriger Kämpfer für Gott* (Leipzig: Evangelische Verlagsanstalt, 2006), Hermann Gunkel, *Elijah, Yahweh, and Baal*, ed. and trans. by K. C. Hanson (Eugene, OR: Cascade Books, 2014), Hillel I. Millgram, *The Elijah Enigma: The Prophet, King Ahab, and the Rebirth of Monotheism in the Book of Kings* (Jefferson, NC: McFarland & Company, 2014), Moshe Garsiel, *From Earth to Heaven: A Literary Study of Elijah Stories in the Book of Kings* (Bethesda, MD: CDL Press, 2014), Charles R Swindoll, *Elijah: A Man of Heroism and Humility* (Nashville: Word Publish, 2000).

4 O. F. Walton, *Elisha: The Man of Abel-Meholah* (London: Religious Tract Society, 190-?), Keith Bodner, *Elisha's Profile in the Book of Kings: The Double Agent* (Oxford: Oxford University Press, 2013).

5 Ronald S. Wallace, *Elijah and Elisha: Expositions from the Book of Kings* (Eugene, OG: Wipe & Stock, 1957), Leah Bronner, *The Stories of Elijah and Elisha: As Polemics against Baal Worship* (1968), Walter Brueggemann, *Testimony to Otherwise: The Witness of Elijah and Elisha* (Nashville, TN: Chalice Press, 2001), 김정우, 『너는 어찌 여기 있느냐: 엘리야의 열정과 엘리사의 사랑 이야기』 (서울: 생명의말씀사, 2009), Walter C. Kaiser, Jr, *The Lives and Ministries of Elijah and Elisha* (Clarksville, MD: Lederer Books, 2019). 이들에게서도 엘리야-엘리사 내러티브 전체 본문을 모두 다루는 경우는 희소하다.

사용할 수도 있다.

둘째, '생명'(Life)과 '생명 사역'(Life Ministry)이라는 성경적 주제로 엮는 '구약 성경 신학'의 소고다. 이 생명의 주제는 예수 그리스도께서 이 땅에 오신 목적 곧 "양으로 생명을 얻게 하고 더 풍성히 얻게 하려는 것"(요 10:10)으로 완결된다. 그래서 본서의 부제를 '생명을 얻게 하고 풍성히 누리는 사역'으로 정했다.

셋째, 예상 독자는 엘리야-엘리사 내러티브 전문 연구자, 설교를 준비하는 목사, 역사서 및 내러티브 본문에 대한 해석 원리와 구체적 방법을 배워야 하는 신학생, 그리고 일반 교인들도 읽을 수 있도록 하기 위해 본서의 사용 문체를 "약간 어렵고 매우 쉬운" 스토리식 문체(장르에 맞게)로 흥미진진하게 역사서를 풀어 가는 방식으로 기술했다.

넷째, 엘리야-엘리사 내러티브 강해설교를 위해, 반년 이상의 설교 분량인 28편의 본문 연구와 설교 준비 자료로 활용할 수 있도록 요지를 정하고 단락을 세분화했다.

다섯째, 개인 묵상과 소그룹 성경 공부, 독서 미팅 등을 위해 토의 질문들이 각 장별로 말미에 배치되어 있다.

여섯째, 본문과 관련된 시각 자료가 풍성하며 다음과 같다.

① 구약 연대기와 본문 분석 도표 40개
② 지도 및 그래픽 15개 이상
③ 사진과 시각 자료가 풍성하여 본문과 관련된 배경적 역사에 대한 이해 상승

일곱째, 엘리야-엘리사 내러티브와 관련된 구약 "성경 고고학"(Biblical Archaeology) 자료로써, 다음과 같이 특주 4편을 수록함으로 입체적 성경 이해를 도모한다.

① 모압의 비석/메사의 비석
② 산헤립의 프리즘
③ 검은 오벨리스크
④ 텔 단 비석

여덟째, 엘리야-엘리사 내러티브에 등장하는 구약성경의 기적 스토리, 리더십, 멘토링, 목회자의 비전과 탈진 및 회복, 가정 사역, 선지자적 상담 사역, 팀 사역, 신학교(선지자학교)와 신학 교육 스토리 등 흥미진진한 현대 목회적 이슈들과 그리스도인의 신앙 주제들을 내러티브 주해에서 발견할 수 있다. 성령 하나님의 조명하심이 독자들과 함께하셔서, 다양하고 창의적인 응용과 적용에 필요한 지혜를 발견하기를 바란다.

원컨대, 주님의 몸된 교회를 함께 섬기는 담임목사와 부교역자들 사이 뿐만 아니라, 하나님 나라의 모든 동역자들에게 서로 권하여 함께 읽는 "동역보감"(同役寶鑑)이 되었으면 한다. 왜냐하면, 엘리야와 엘리사는 "한 사람 같은 두 사람, 두 사람 같은 한 사람" 곧 완벽한 '하나의 팀'(One Team) 스피릿으로 무장되어 동역하는, 진정한 드림팀에 대한 내러티브이기 때문이다.

본 연구의 시발점은 필자가 1990년도에 고신대학교 내에 있는 대학 교회의 전도사(1993-1997)로 봉사하면서 부교역자로서 설교를 준비할 때, 본 내러티브가 종종 설교의 본문으로 선택되면서 관심을 키워왔다. 그러한 과정에서, 미숙한 설교 원고를 사랑으로 점검해 주시고 지도해 주셨던, 당시 담임목사이셨던 황창기 목사님(신약학, 전 고신대 총장)께 감사를 드린다. 필자의 성경 신학에 대한 훈련을 실천적으로 받게 된 신학의 요람과 같은 시기였다.

캘리포니아 얼바인에서 2020년 1월 첫 주일부터 글로리아커뮤니티교회를 개척하여 개척 첫 주일부터 약 9개월간 진행된, 주일 설교의 밥상의 메뉴가 엘리야-엘리사 내러티브 본문 강해설교였다. 그때마다 차려준 밥상을 맛있게 먹어준, 필자의 자랑과 보람과 기쁨인 교우들과 그들의 기도에 감사를 표한다.

졸고인 본고를 출판하기로 허락해 주신 한국의 기독교문서선교회(CLC, 박영호 대표)에 감사드리며, 출판 관련 행정적 안내와 도움을 주신 구부회 과장님과 이경옥 실장님 그리고 늘 성실과 기쁨으로 교정에 힘을 쏟아 주신 유동운 간사님과 모든 분께 감사드린다. 본고의 완성도를 높이기 위하여, 원고 스타일 교정에 기꺼이 시간을 내어 읽어 주신 동역자 송영목 교수님(고신대 신약학), 본서의 특주에 포함된 고고학에 대한 원고(4편)를 읽고 조언을 주신 방성호 교수님(Central Baptist Theological Seminary 한국부, 구약 고고학)께 고마움을 드린다.

아울러 본서의 추천서를 기쁨으로 써주신 황창기 박사님(前 고신대학교 총장, 신약학 교수), 김하연 박사님(고신총회 총회성경연구소 소장), 그리고 송영목 박사님(고신대학교 신약학 교수)께 감사드린다. 그리고 울산의 시골 작은 동네에서 초등학교, 중학교, 고등학교까지 같이 다녔고 그리고 미국 유학(고든콘웰신학교 신학대학원)까지 동문인 사랑하는 나의 오랜 친구인 류응렬 박사님(와싱톤중앙장로교회 담임목사, 고든콘웰신학대학원 객원교수, 前 총신대학원 설교학 교수)에게 감사드리며, 천국까지 영원한 친구가 되어 기쁨을 가눌 길이 없다.

무엇보다, 미국에서 신학 훈련의 지난 모든 여정으로부터 지금까지, 한결같이 전 삶을 다해 사랑과 헌신으로 함께하고, 한국과 미국에서 가르치고 목회하는 동안 늘 든든한 버팀목이 되어 주었으며, 특히 코로나19의 상황에서 본서의 집필에 집중할 수 있도록, 지난 약 10개월 동안 함께 걸어온 나의 인생 동반자, 사랑하는 아내(Eunah)에게 이 책을 헌정한다. 언약의 선물로 주신 아들 다민(Enoch)과 딸 다은(Esther)과도 이 기쁨을 함께 나누고 싶다.

2020년 10월
종교개혁주일을 맞이하여

제1부
서론(Introduction)

제1장
엘리야-엘리사 내러티브의 역사적 배경

구약성경에서 대표적인 두 명의 비문필 선지자는 엘리야와 엘리사이다.[1] 이들이 활동한 북이스라엘의 왕조는 두 개의 왕조를 그 역사적 배경으로 삼고 있다. 하나는 북이스라엘의 제4대 왕조인 오므리 왕조(44년간 통치: 885-841 B.C.)이다. 오므리 왕조는 직전 왕이었던 평민 출신의 시므리(885 B.C. 7일간 통치)에 이어 또 다른 평민 출신인 오므리(885-874 B.C.)가 군대에 의해 왕으로 선언됨으로써, 오므리 왕조의 초대 왕으로 그의 통치가 시작된다.

이어서 오므리 왕조 제2대 왕인 아합(874-853 B.C.)은 부친을 이어 상속된 왕이다. 아합은 그의 부친 오므리의 주도적인 리더십과 교훈을 따라서 주변 국들과 무역과 전쟁을 위한 동맹 관계를 결성하여 그의 통치 초기는 비교적 정치, 군사적 안정과 물질적 번영의 시기를 구가하였다. 아합은 아람의 잦은 공격을 무찔렀으며, 모압을 복속 시켜 조공도 받아왔다. 심지어 아합은 아람과 연합하여 앗수르와도 대항한 적도 있었다(왕상 20:34).

---

[1] 구약성경에 등장하는 선지자들을 저술적 관점으로 분류할 때, 크게 두 부류가 있다. 한 부류는 정경으로써 선지서의 기록을 남긴 선지자들을 문필 선지자(writing prophets) 또는 고전 선지자(classical prophets)라고 부르며, 그 반대 그룹은 비문필 선지자 또는 비고전적 선지자이다. 대표적인 비문필 선지자들은 엘리야, 엘리사 그리고 나단 선지자 등이다. 이들은 왕성한 예언 활동을 하였음에도 불구하고, 그 예언들을 모아서 자신의 이름을 가진 책 명으로 정경으로써 선지서를 남기지 않았다.

그리고 오므리 왕조는 결혼을 통하여 동맹 관계를 심화시켰다. 그래서 아합 자신도 페니키아(두로와 시돈) 출신의 여인 이세벨을 아내로 맞이했다.[2] 이것은 두로 역시 군사적 '근육'을 키우고 있는 동쪽의 다메섹으로부터 위협을 느끼고 있었으니, 당연히 동맹이 필요했었다.[3] 양자 모두가 아람의 무역과 군사적 패권 야욕에 맞설 필요가 있었던 것이었다. 그리고 아합은 더 나아가 자신의 딸 아달랴를 유다 왕 여호사밧의 며느리로 보내어 사돈 관계를 만든다.

이로 인해, 남북왕국의 다음 세대 왕들도 친밀한 동맹 관계 안에서 지내왔으며, 대외적으로는 아람을 대항하는 전쟁 동맹으로 작용했으며, 영적으로는 이스라엘 자신은 물론이고 유다 왕조의 부패까지도 더욱 촉진시켰다. 이로 인하여 유다도 선지자의 예언대로 아합의 집의 길을 걷게 되어 멸망을 자초하였으며, 그 결과로써 심지어 다윗 왕조의 명맥이 끊어질 뻔한 구속사적 위기도 있었다(왕하 9:27; 10:13; 왕하 11:1-3).

이어서 아합의 아들 아하시야(853-852 B.C.)가 오므리 왕조의 제3대 왕이 되어 통치하다가 궁궐 다락 난간에서 낙상하여 병상에서 보내다가, 자신의 운명을 에그론의 신 바알세붑에게 상담하려고 할 때 여호와의 사자가 디셉 사람 엘리야에게 임하여 그가 반드시 죽을 것이라는 신탁을 받아 전달한다(왕하 1:2-4). 결국, 그는 2년 남짓 통치하다가 죽었다.

그리고 오므리 왕조의 마지막 왕으로서 제4대 왕은 아합의 또 다른 아들인 요람(여호람, 852-841 B.C.)이 통치하게 되었는데, 아합 이후부터 국력이 점차 약화되어 오던 중에 요람/여호람의 통치기에 모압 왕 메사가 이스라엘을 배반한다(왕하 1:1; 3:4-5). 후에 이스라엘 왕 요람/여호람은 아람 왕 하사엘과의 전투에서 부상을 입고 이스르엘로 돌아와 요양을 하고 있었는데, 그때 유다 왕 아하시야가 외삼촌인 이스라엘 왕 요람/여호람을 병문안 왔다가, 남북 두 왕이 모두 예후의 반역으로 사망하게 된다(왕하 8:29; 9:15-16, 24, 27).

2　열왕기서의 많은 분량은 아합의 통치에 대한 기술을 담고 있는데, 그 강조는 선지자 엘리야의 '야훼 신앙'(Yahwism)과 아합의 지원 안에서 이세벨로 대표되는 '바알 신앙'(Baalism) 사이의 챔피언쉽(championship)이 전개된다. Iain Provan, V. Philips Long, and Tremper Longman III, *A Biblical History of Israel* (Louisville, KE: Westminster John Knox Press, 2015, 2nd ed.), 351.

3　Eugene H. Merrill, *Kingdom of Priests: A History of Old Testament Israel* (Grand Rapids, MI: Baker Academic, 2008, 2nd ed.), 356.

오므리 왕조가 멸망한 후에, 이어서 북이스라엘의 제5대 왕조인 예후 왕조(89년간 통치: 841-752 B.C.)가 들어선다. 예후 왕조의 초대 왕은 예후(841-814 B.C.)이다. 예후가 암살당한 후에 그의 아들 여호아하스(814-798 B.C.)가 상속하여 예후 왕조의 제2대 왕이 된다. 여호아하스 시대에 국력을 재정비한 아람이 이스라엘을 초토화시킨다(왕하 13:7). 예후 왕조의 제3대 왕은 여호아하스의 아들인 요아스(798-782 B.C.)가 상속하여 제3대 왕이 된다. 요아스 시대에 엘리사가 사망한다. 제4대 왕은 요아스의 아들 여로보암 2세(793-753 B.C.)이며, 예후 왕조의 마지막 제5대 왕은 여로보암 2세의 아들인 스가랴(753-752 B.C.)가 그의 부친을 이어 상속 왕이 된다.

이와 같이, 엘리야-엘리사 내러티브가 전개되는 역사적 배경은 북이스라엘의 제4대 왕조인 오므리 왕조와 제5대 왕조인 예후 왕조의 전반부의 역사적 상황을 그 배경으로 삼고 있다.

표 1. 북이스라엘 오므리 왕조와 예후 왕조의 연대기

오므리 왕조(Omride Dynasty): 44년간 4명의 통치(885-841 B.C.)	
오므리(Omri)	885-874 B.C.
아합(Ahab): 엘리야의 등장, 엘리사의 소명(860)	874-853 B.C.
아하시야(Ahaziah)	853-852 B.C.
요람/여호람(Joram/Jehoram): 엘리야의 승천	852-841 B.C.
예후 왕조(Jehu Dynasty): 89년간 5명의 통치(841-752 B.C.)	
예후(Jehu)	841-814 B.C.
여호아하스(Jehoahaz)	814-798 B.C.
요아스(Johash): 엘리사의 사망	798-782 B.C.
여로보암 2세(Jeroboam II)	793-753 B.C.
스가랴(Zechariah)	753-752 B.C.

북이스라엘의 오므리 왕조의 시대에 해당하는 남왕국 유다의 비교 연대기에 해당하는 왕들은 유다 왕 여호사밧과 그의 아들로 이어지는 여호람(요람) 왕이다. 앞서 언급한 대로, 북왕국의 아합 왕과 남왕국의 여호사밧 왕은 서로 사돈 관계이다. 아합의 딸을 여호사밧의 며느리로 삼아서 두 남북 왕조가 결혼을 통해 정략적 동맹을 맺는다.

즉, 아합의 딸인 아달랴가 유다 왕 여호람의 아내가 되어 유다 왕의 왕비가 된다. 아달랴는 후에 정치적 야심으로 왕손들을 대부분 살해하고 유다의 유일한 여왕이 되어 6년간 통치한다. 이 비교 연대기에 등장하는 동명이인이 있다. 아합의 아들 요람/여호람과 여호사밧의 아들 여호람/요람은 동명이인으로서 서로 처남 매부의 관계가 된다. 여기 등장하는 '요람'이라는 이름과 '여호람'이라는 이름은 동일한 이름이며, 역사서 저자는 서로 다른 두 사람을 구분하기 위한 의도를 가지고 때로 서로 다르게 표현하기도 한다.[4]

표 2. 오므리 왕조 때 유다 왕 연대기

이스라엘 왕(Northern King)	연대(Date)	유다 왕(Southern King)	연대(Date)
아합(Ahab)	874–853 B.C.	여호사밧(Jehoshaphat)	873–848 B.C.
아하시야(Ahaziah)	853–852 B.C.		
요람/여호람(Joram/Jehoram)	852–841 B.C.	여호람/요람(Jehoram/Joram)	848–841 B.C.

그리고 엘리야-엘리사 내러티브에서 등장하는 이스라엘의 대표적인 대적으로서 이방 나라는 아람(시리아) 나라이다. 이 시기의 이스라엘과 유다의 왕조 연대기에 해당하는 아람의 왕조의 연대기에 등장하는 아람 왕들은 벤하닷 1세(왕상 15:18, 20), 벤하닷 2세(왕상 20; 왕하 6:24; 8:7-15), 하사엘(왕상 19:15, 17; 왕하 8:7-15; 9:14-15; 10:32; 12:17-18; 13:3, 22-25), 그리고 벤하닷 3세(왕하 13:3, 24, 25)이다.

---

4 엘리야-엘리사 내러티브에 등장하는 남북왕국의 동명이인들이 몇 쌍이 있다. **첫째**는 '아하시야'라는 이름을 가진 왕이다. 오므리 왕조의 이스라엘 왕 아하시야(853-852 B.C.)는 아합의 아들이며, 유다 왕 아하시야(841 B.C.)는 여호람/요람의 아들이다. **둘째**는 '요람' 또는 '여호람'의 이름을 가진 왕이다(두 이름은 같은 이름이다). 이스라엘 왕 요람/여호람(852-841 B.C.)은 아합의 또 다른 아들이며, 유다 왕 여호람/요람(848-841 B.C.)은 여호사밧의 아들이다. 그리고 마지막 **셋째**는 '요아스'라는 이름을 가진 왕이다.
이스라엘 왕 요아스(798-782 B.C.)는 예후 왕조의 여호아하스의 아들이며, 유다 왕 요아스(835-796 B.C.)는 예후의 반역의 때에 피살된 아하시야의 막내아들로서, 그의 할머니 아달랴가 유다의 왕손들을 모두 피살할 때, 그의 고모인 여호세바/여호사브앗(왕하 11:2; 대하 22:11, 유다 왕 요람의 딸, 아하시야의 누이, 제사장 여호야다의 아내)의 도움으로 유모와 함께 살아남은 유일한 왕손이다. 그는 성전에서 6년간 숨겨 키워졌고 그의 나이 7세 때에, 고모부가 되는 유다의 제사장 여호야다의 도움과 반역으로 아달랴를 폐위시키고 유다 왕으로 즉위한 자이다. 이러한 동명이인들을 구별하는 것은 엘리야-엘리사 내러티브의 전개에 따른 역사에 대한 정당한 이해를 도울 것이다.

벤하닷 1세와 2세는 부자 관계로 상속을 통해 승계된 동일 왕조이며, 하사엘은 엘리야-엘리사 사역을 통해 아람 왕으로 기름 부음을 받아 반역을 통해 왕이 되었으며, 그리고 그를 이어서 그의 아들이 벤하닷 3세의 이름으로 아람 왕이 된다. 물론 아람과 직접적인 접촉 사역은 엘리사 선지자의 시대에 집중되었다

표 3. 아람 왕들의 연대기(1)

왕	통치 연대	관계	성경 구절
벤하닷 1세(Ben-Hadad I)	900-860 B.C.	헤시온의 '증'손자	왕상 15:18, 20
벤하닷 2세(Ben-Hadad II)	860-841 B.C.	벤하닷 1세의 아들	왕상 20장 왕하 6:24; 8:7-15
하사엘(Hazael)	841-806 B.C.	벤하닷 2세의 신하로서 벤하닷 2세를 살해 후 즉위	왕상 19:15, 17 왕하 8:7-15; 9:14-15; 10:32; 12:17-18; 13:3, 22-25
벤하닷 3세(Ben-Hadad III)	806-770 B.C.	하사엘의 아들	왕하 13:3, 24, 25

엘리야와 엘리사의 사역의 공간으로, 그 지리적 배경은 주로 분열 왕국의 북이스라엘에 집중되었다. 그런데도 두 선지자는 남왕국 유다 왕과 적절한 방식으로 접촉을 하여 여호와의 신탁을 전달하였다. 유다 왕 여호사밧과 이스라엘 왕 여호람/요람과 에돔 왕이 동맹하여 모압과의 전쟁을 앞두고 엘리사는 유다 왕 여호사밧이 '여호와께 물을 만한 선지자'를 찾을 때, 엘리사가 그를 접촉하여 전쟁 승리를 위한 신탁을 전달한 바가 있다(왕하 3:1-20).

그리고 엘리야도 유다 왕과 접촉한 기사가 있다. 유다 왕 여호람/요람이 유다 여러 산에서 산당을 세워 예루살렘 주민들로 하여금 음행하게 하고 유다를 죄악의 길로 인도하였을 때, 엘리야는 유다 왕 여호람/요람에게 여호와의 신탁의 말씀을 글로 써서 보낸다(대하 21:11). 그 서신의 내용을 역대하 21:12-15에 기술하고 있다.

> 선지자 엘리야가 여호람에게 글을 보내어 이르되 왕의 조상 다윗의 하나님 여호와께서 이같이 말씀하시기를 네가 네 아비 여호사밧의 길과 유다 왕 아사의 길로 행하지 아니하고 오직 이스라엘 왕들의 길로 행하여 유다와 예루살렘 주민들이 음행하게 하기를 아합의 집이 음행하듯 하며 또 네 아비 집에서 너보다 착한 아우들을 죽였으니 여호와가 네 백성과 네 자녀

들과 네 아내들과 네 모든 재물을 큰 재앙으로 치시리라 또 너는 창자에 중병이 들고 그 병이 날로 중하여 창자가 빠져나오리라 하셨다 하였더라(대하 21:12-15).

그러므로 남왕국 유다와 북왕국 이스라엘에 대한 엘리야-엘리사의 사역 기간에 대한 심판 신탁에 대한 묘사에는 '아합의 집'이라는 공통분모가 존재한다. 즉 '아합의 길'로 걸은 자들은 예외 없이, '아합의 집같이' 모두 멸망시킨다는 여호와의 공의의 성품을, 예언과 성취의 관점으로 엘리야-엘리사 내러티브가 계시하고 있다.

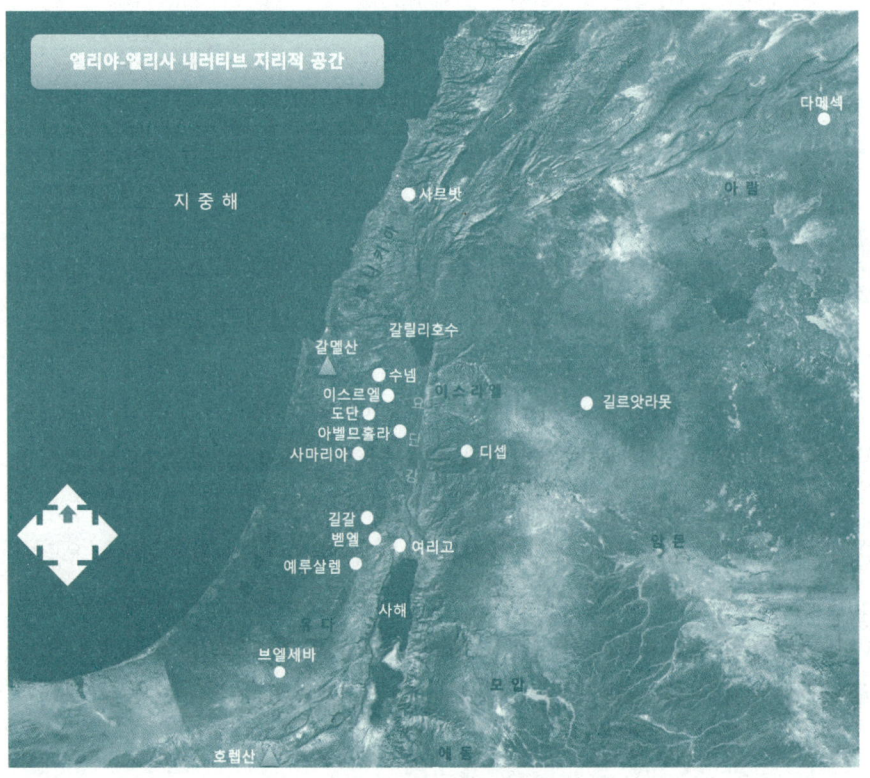

지도 1. 엘리야-엘리사 내러티브의 지리적 공간

제2장
엘리야-엘리사 내러티브의 신학적 주제

엘리야는 북이스라엘의 오므리 왕조의 두 번째 왕 아합 시대에, '혜성과 같이' 역사 안으로 등장하여, '여호와께 열심이 유별한 자'(왕상 19:10)로 살다가 오므리 왕조의 네 번째 왕인 요람 시대에 '바람과 함께' 사라진다. 제자들은 승천한 엘리야의 "죽은" 몸에 대한 오해로 "떨어진 몸"을 사흘간 산과 골짜기를 찾아 수색하다가 발견하지 못하고 되돌아온다(왕하 2:16-18). 그래서 엘리야의 존재는 죽지 않고 여전히 살아있는 '하나님의 사람'의 존재의 '영속성'을 역설한다. 그리고 엘리야에 의해 부름을 받은 후임 선지자 엘리사는 아합 시대에 엘리야를 통해 소명을 받아, '엘리야의 성령이 하시는 갑절의 역사가 있는 자'(왕하 2:9, 15)로 살다가, 북이스라엘의 다섯 번째 왕조인 예후 왕조의 세 번째 왕인 요아스 시대에 사망하여 장사된다.

엘리사의 사망 1년 후에, 어떤 죽은 사람을 장사하는 자들이 그 시체를 엘리사의 묘실에 던지니, 그 시체가 엘리사의 뼈에 닿자마자 다시 살아 일어서는 부활의 사건이 일어났다(왕하 13:21). 이 사건은 엘리사의 사후에, 다른 익명의 죽은 사람의 생명 회생의 부활 사건이다.

그래서 엘리사의 존재는 죽어도 죽은 자를 살릴 수 있다는 '하나님의 사람'의 능력의 '지속성'을 역설한다. 결국, 엘리야-엘리사 내러티브는 죄로 인하여 죽어가는 언약 백성 이스라엘에게, 하나님의 사람을 보내셔서 하나님의 존재와 그 능력은 여전히 살아 계심을 증거한다. 언약적 저주의 궁극적인 단계는 사망 그 자체이며(cf. 신 4:26; 28:20-22, 44, 48, 51, 61; 30:15, 18, 19), 특히 엘리야-엘리사 내러티브에서 죽음은 바알 숭배자들과 아합의 집에 임한다.[1]

---

1   Gary E. Yates, *The Motif of Life and Death in the Elijah-Elisha Narratives and Its Theological*

그러한 죽음을 야기시킨 죄의 영향은 이스라엘 백성 전체와 이스라엘 땅(land)으로 가뭄과 기근 등을 통하여 확장되고 이웃 유다 왕국으로까지 확장되었다. 살아 계신 하나님은 죽은 시체와 같은 이스라엘에게 자신의 생명을 불어넣기 위한, 다양한 생명의 모티프를 본 내러티브를 통해 담아내고 있다.

엘리야-엘리사 내러티브의 핵심 주제로 '생명'은 육체적 질병의 치유, 죽은 자의 부활,[2] 영혼의 생명의 회복, 먹는 음식으로부터 죽음의 독을 제거하는 해독과 같은 음식의 질적 변화와 양적 변화를 통해 먹이심, 죽은 생태계를 살리는 회복 등, 포괄적 생명의 주제를 담아서 내러티브를 전개하고 있다.[3]

그러한 맥락 안에서, 엘리야-엘리사 내러티브의 그 시작은 '죽음 같은 가뭄'(왕상 17:1)을 예언하는 엘리야의 등장으로 시작하며, 엘리야-엘리사 내러티브의 그 마지막은 엘리사의 죽은 마른 뼈에 닿은 죽은 시체가 생명의 부활로 되살아나는 생명 사건으로 종결된다(왕하 13:21).

Significance in 1 Kings 17 – 2 Kings 13 (ETS, 2008), LBTS Faculty Publication and Presentation 12, 3.
2   엘리야-엘리사 내러티브에 등장하는 죽은 자의 부활 사건은 총 3회 발생한다. 순서대로 말하면, 먼저, 엘리야에 의해 사르밧 과부의 죽은 아들이 부활하였으며(왕상 17:22), 다음은 엘리사에 의해 수넴 여인의 죽은 아들이 부활하였다(왕하 4:35). 이 두 번의 부활 사건은 건강하던 두 소년이 병들어서 각각 죽은 후에, 엘리야와 엘리사의 기도로 각각 회생하게 된 사건이다. 그리고 마지막 세 번째 부활 사건은 엘리사의 사후에 어떤 장사하는 사람들이 침입한 모압 도적 떼를 보고 도피하려던 중에, 죽은 익명의 사람의 시체를 엘리사의 묘실에 던져 넣었고 그때 그 시체가 엘리사의 뼈에 닿자마자 죽은 사람이 되살아나서 일어섰던 부활 사건이다(왕하 13:21). 죽은 사람의 부활 사건의 수의 관점에서 보면, 엘리사는 그의 스승 엘리야보다 '갑절의 성령의 역사'(왕하 9:9, 15)를 일으키는 선지자였다.
3   엘리야-엘리사 내러티브에서의 '생명과 죽음'의 주제는 궁극적으로는 각각 그 신성으로까지 소급되어 올라간다. 즉 여호와는 생명의 하나님이시며, 바알은 죽음의 신이다. 브로너(Leah Bronner)는 엘리야와 엘리사에 의해서 행해진 기적들을 8개의 주된 모티프 또는 전형(types)들로 분류하는데, 그것들은 "불, 비, 기름과 가루, 아이 출산, 치유, 부활, 올라감, 강"이다. Leah Bronner, *The Stories of Elijah and Elisha as Polemics against Baal Worship*, Pretoria Oriental Series 6 (Leiden: Brill, 1968), 50-138. 가나안 문학에서 이것들의 작동에 대한 힘과 영역은 바알에게 속했으나, 엘리야-엘리사 내러티브는 오직 여호와께 달려 있으며, 생명의 필요는 이스라엘이 여호와만을 신뢰할 때 누릴 것이라 증거한다. F. Charles Fensham, *A Few Observations on the Polarization between Yahweh and Baal in 1 Kings 17-19*, ZAW 92 (1980): 227-236, 233.

엘리야-엘리사 내러티브는 '죽음에서 생명으로의 여정'이다. 이러한 여정을 기술하는 엘리야-엘리사 내러티브는 죽음을 이기고 생명이 승리하는 전쟁터이다. '엘리야-엘리사'와 '아합의 집-바알 숭배자'와의 전쟁이며, 여호와와 바알의 전쟁이다. '생명의 하나님'은 '하나님의 사람들'(엘리야-엘리사)을 통해 '죽은 사람들'에게 자신의 생명을 말씀과 기적을 통해서 불어넣고 있다. 이런 점에서, '하나님의 사람'으로 일컬어지는 엘리야와 엘리사는 생명을 얻게 하고 그 생명을 더욱 풍성하게 누리게 하는 사역자들이다(참고. 요 10:10). 이러한 생명의 메시지는 당대는 물론이고 포로 공동체와 참 선지자로 오신 그리스도께서 죽음을 이기시고 다시 사심으로 자신을 믿는 자에게 주신 부활 생명으로 사망을 이기는 자로 살도록 권고하신다.

Elijah-Elisha Narratives:
The Prophetic Ministry to Have Life & Have It Abundantly

제3장
엘리야-엘리사 내러티브의 문학적 장르와 그 범위

구약성경의 역사서 장르 안에서 전기적 성격을 가진 문학적 표현을 통해서(문학적 형식), 북이스라엘의 아합 집과 이스라엘의 타락의 상황에서(역사적 배경), 언약의 하나님 여호와의 신탁을 승계적 사역자들로서 전개했던(사역 내용과 형태), 두 선지자 엘리야와 엘리사의 사역 내용을 문학적 연속성 안에서 기록하고 있다. 이것에 대한 정경의 본문을 구약 학계는 '엘리야-엘리사 내러티브'(왕상 17:1-왕하 13:25)라고 불러왔다. 이것은 열왕기서 전체 본문의 3분의 1에 해당한다.

일반적으로, 내러티브를 구성하는 주된 요소들은 배경(setting) 또는 장면 묘사(scene depiction), 등장인물(character) 그리고 구성(plot)이다.[1] 어떤 사건이 발생하는 시공간으로써 '배경'은 공간적 배경과 시간적 배경이 있다. 여기에는 문화적인 배경도 포함될 수 있다. '등장인물'은 스토리에서 행동하는 인물이 누구인지에 대한 것으로서, 매우 다양한 인물과 각각의 인물이 어떻게 묘사되는지 그 특징화(characterization: 직접적 통칭과 묘사, 간접적 스피치와 대화, 제스처, 행위)가 여기에 포함된다.

---

[1] Robert Alter, *The Art of Biblical Narrative* (New York: Basic Books, 1981), Richard L. Pratt, Jr, *He Gave Us Stories: The Bible Student's Guide to Interpreting Old Testament Narratives* (Phillipsburg, NJ: P & R Publishing, 1993[1st ed, 1990]), 129-203, Philip E. Satterthwaite, *6. Narrative Criticism: The Theological Implication of Narrative Techniques* in Willem A. VanGemeren (General Editor), *A Guide to Old Testament Theology and Exegesis: The Introductory Articles from the New International Dictionary of Old Testament Theology and Exegesis* (Grand Rapids, MI: Zondervan, 1997), 122-130, Yue-Ming Joseph Chang, *A Rhetorical Analysis of the Elijah-Elisha Stories within the Deuteronomistic History* (Ph.D. diss. Dallas Theological Seminary, 2002), 45-102를 참고하라.

주인공, 부주인공, 조연, 입체적 인물, 평면적 인물, 타입, 에이전트 등 다양한 개념이 여기에 포함된다. 그리고 '구성'은 무엇이 발생하고 등장인물의 행동의 결과가 무엇인지 스토리가 전개되는 방식에 대한 개념이다. 즉 구성은 스토리에서 발생되는 사건들을 배열하는 방식이다.

성경 역사가는 "자기의 메시지를 극대화하기 위해" 그 배열을 때로는 연대기적 순서를 파괴하고 주제의 연결로 자신의 플롯을 완성한다.[2] 여기에는 중요한 원리들이 있는데, 가장 중요한 원리들 가운데 한 가지는 한 개 이상의 갈등(conflicts)의 요소이다. 그리고 성경의 내러티브의 스토리를 전개해 나가는데 필요한 또 다른 한 요소는 '시점'(Point of View)의 개념이다. 성경의 내러티브는 주로 3인칭의 전지적 작가 시점의 내레이터가 그 역할을 맡는다.

물론 여기에는 일반 문학과 달리, 성령의 영감으로 기록된 계시 문학은 또 다른 의미와 방식으로써의 "전지적 작가 시점"의 기능이 있을 수 있다. 이러한 전지적 작가 시점의 내레이터의 신뢰성과 비신뢰성을 가진 등장인물 사이의 대조는 "전능자"로서 사람의 말과 행동을 판단(심판)하는 정당성을 확보하는 근거가 된다.[3]

엘리야-엘리사 내러티브의 범주는 견해에 따라 차이는 있지만, 크게 엘리야 기사의 사이클(왕상 17:1-19:21; 21:1-29; 왕하 1:1-2:12)과 엘리사 기사의 사이클(왕하 2:13-9:13; 13:14-21)로 나눌 수 있다.[4] 그러나 또 다른 학자는 엘리야-엘리사 내러티브의 범위를 열왕기상 16:29부터 열왕기하 13:25(총 19장과 1개의 단락)까지로 한정하는 자도 있다.[5] 이 경우, 열왕기상 16:29-34은 문맥적으로 엘리야-엘리사 내러티브의 서론 역할을 한다.

---

2   김지찬, 『요단강에서 바벨론 물가까지: 구약 역사서의 문예적-신학적 서론』 (서울: 생명의 말씀사, 1999), 40. 여기서 그는 플롯(Plot)을 "필연적 자료의 필연적 결합"으로 정의한다.
3   Robert Alter, *The Art of Biblical Narrative*, 228, Philip E. Satterthwaite, 6. *Narrative Criticism: The Theological Implication of Narrative Techniques*, 126.
4   Mark G. Boyer, *From Contemplation to Action: The Spiritual Process of Divine Discernment Using Elijah and Elisha as Models* (Eugene, OR: Wipf & Stock, 2018), xxii.
5   Thomas L. Brodie, *The Crucial Bridge: The Elijah-Elisha Narrative as an Interpretive Synthesis of Genesis-Kings and a Literary Model for the Gospels* (Collegeville, MN: Liturgical Press, 2000), 1.

왜냐하면, 벧엘의 사람 히엘이 여리고를 재건축할 때, 두 아들이 죽을 것이라는 눈의 아들 여호수아를 통하여 예언(맹세)된 것이 성취되었다(왕상 16:34; 수 6:26)는 내용, 즉 두 아들의 죽음의 기사는 아합 시대의 우상 숭배와 죽음의 장면들과 대조를 이루기 때문이다. 그리고 히엘의 두 아들들의 죽음은 두 선지자의 "생명의 사역"(Prophetic Life Ministry)과 대조를 이루기 때문이다 (특히, 왕상 17:7-24; 왕하 4:8-37).[6]

그런데도 본 연구에서 필자는 엘리야-엘리사 내러티브의 범주를 이들이 실제로 등장하는 열왕기상 17:1부터 열왕기하 13:25까지로 한정하여 연구하고자 한다. 이 내러티브는 전체 16-19개 장들(왕하 10-12장 포함 여부)을 통하여 전개되는 열왕기의 역사서 안에서, 하나의 거대한 문학적 단위(One Literary Unit)를 형성하고 있다.

그러면서 엘리야의 기사들(왕상 17:1-왕하 2:11)과 엘리사의 기사들(왕하 2:12-13:25)은 상호 연속성을 가지면서 일종의 사이클을 형성하면서 전개 및 발전된다.[7] 로버트 L. 콘(Robert L. Cohn)은 두 선지자의 사이클을 유사한 주제의 전개에 따른 문맥적 발전을 도식화하여 다음과 같이 보여 준다.[8]

더 나아가, 엘리야-엘리사 내러티브에서 엘리야와 엘리사의 인격과 사역을 확장된 정경론적 문맥 안에서 관찰할 때, 그 신학적 중요성은 지대하다는 것을 발견하게 된다.[9]

---

6 Thomas L. Brodie, *The Crucial Bridge*, 1-2.
7 엘리야-엘리사 내러티브 가운데, 엘리야 사이클(왕상 17:1-왕하 2:11)에서는 왕상 20장(아람과 이스라엘의 전쟁 기사)과 22장(아합에 대한 선지자 미가야의 경고 사건)에는 엘리야가 등장하지 않으며(2개 장), 엘리사의 사이클(왕하 2:12-13:25)에서는 왕하 10-12장에는 엘리사가 등장하지 않는다(3개 장). 그런데도 광의의 의미에서 이들 5개의 장들을 엘리야-엘리사 내러티브에 포함시켜서 이해할 수 있다. 왜냐하면, 엘리야와 엘리사의 예언 성취의 장면과 역사적 배경을 포함하고 있기 때문이다.
8 Robert L. Cohn, *2 Kings*, Berit Olam (Collegeville, MN: Liturgical, 2000), 92.
9 Thomas L. Brodie는 창세기부터 열왕기까지 본문이 엘리야-엘리사 내러티브에서 반영하고 있는 구절을 연구한 것을 주제별로 보여 준다. 반면 Gary E. Yates는 오경과 엘리야-엘리사 내러티브 사이에 존재하는 '생명과 사망'의 모티프 관점으로 하는 주제의 상호 연관성에 대한 연구를 보여 준다. Gary E. Yates, *The Motif of Life and Death in the Elijah-Elisha Narratives and its Theological Significance in 1 Kings 17 – 2 Kings 13* (ETS, 2008), *LBTS Faculty Publication and Presentation* 12, 2-8, Douglas Stuart, *Hosea~Jonah*, WBC 31 (Waco, TX: Word, 1987), xxxii-xlii. 그리고 엘리야-엘리사 내러티브에 대한 연구가 구약성경에만 머

엘리야의 성경적 모델은 종말론적인 선지자 직분의 원조로서의 모세인데, 모세가 언약의 중보자라면, 엘리야는 언약의 기소자이다.[10]

표 4. 엘리야와 엘리사 사이클

엘리야 사이클: 열왕기상	엘리사 사이클: 열왕기하
왕상 17:2-6 : 엘리사는 가뭄의 시간에 한 와디(wadi)에서 물을 마신다.	왕하 3:9-20 : 이스라엘이 가뭄의 시간에 한 와디(wadi)에서 물을 마신다.
왕상 17:8-16 : 엘리야는 한 과부를 위한 기름과 가루를 풍성히 공급한다.	왕하 4:1-7 : 엘리사는 한 과부를 위해 기름을 풍성히 공급한다.
왕상 17:17-24 : 죽은 소년을 소생시킨다.	왕하 4:8-37 : 엘리사는 죽은 소년을 소생시킨다.
왕상 18:20-39 : 기근과 참 하나님, 기적이 회심을 촉발시킨다.	왕하 5:1-27 : 나병과 참 하나님, 기적이 회심을 촉발시킨다.
왕상 19:1-3 : 엘리야의 추구, 추적자의 맹세	왕하 6:8-14, 31-32 : 엘리사의 추구, 추적자의 맹세
왕상 21:1-29 왕권에 의하여, 거짓 증거는 남자에게서 땅을 강탈한다.	왕하 8:1-6 왕권에 의하여, 참된 증거는 여자에게 땅을 보상한다.
왕하 1:1-18 엘리야는 극도로 악한 왕에게 신탁을 보낸다	왕하 8:7-15 엘리사는 극도로 악한 왕에게 신탁을 보낸다.

특히, 마크 G. 보이어(Mark G. Boyer)는 엘리야와 모세와 닮은꼴을 의미 있게 설명하는데, 대략 요약하면 다음과 같다[11]: 엘리야의 주된 사역은 우상 숭배와 함께하는 혼합주의 예배에 빠져있는 이스라엘 왕가와의 갈등 구조 안에 놓여 있다.

모세의 갈등 역시 애굽의 바로 왕과 신들과의 전쟁 구도 안에서 발생했다. 엘리야와 모세는 모두 자신을 죽이려는 왕의 진노를 피해 동쪽으로 이동하여 새로운 거처를 찾고 호렙산(시내산)에서 여호와 하나님의 현현 사건에서

물지 않고, 더 최근에 신약성경과의 연관성 안에서 연구하는 다양한 연구실적이 쏟아지고 있다. 예를 들면, Adam Winn, *Mark and the Elijah-Elisha Narrative: Considering the Practice of Greco-Roman Imitation in the Search for Markan Source Material* (Eugene, OR: Pickwick Publications, 2010), John S. Kloppenborg and Joseph Verheyden, eds, *The Elijah-Elisha Narrative in the Composition of Luke,* Library of New Testament Studies 493 (London: Bloomsbury Academic, 2014) 등이다.

10　반 게메렌, 『예언서 연구』 (서울: 도서출판 엠마오, 1990), 44-64를 참고하라.
11　Mark G. Boyer, *From Contemplation to Action*, xxii.

소명을 받는다는 점에서 연속성을 가진다. 엘리야의 후계자가 엘리사인 것처럼, 모세의 후계자는 여호수아로 이어지는 것 역시 비슷한 구조이다.

그래서 게리 E. 예이츠(Gary E. Yates)는 엘리야와 엘리사에 의해 요단강을 나누는 장면과 엘리야의 미완성의 사역을 위해 엘리사에게 직분을 승계하는 장면과 여리고에서 엘리사가 물을 치료하는 장면은 모세와 여호수아 사이에서 발생하는 '출애굽-여리고 정복' 사건 사이에서 발생하는 승계 장면을 연상시킨다(왕하 2:19-22; 수 6:26)고 언급한다.[12] 그런데도 선지자로서 후임 선지자를 승계하는 경우는 구약성경에서 유일한 경우이다.[13]

하나님의 사람으로서, 엘리야와 엘리사는 선지자직을 능력 가운데 수행한다. 그들의 능력은 심지어 "죽음" 이후에도 나타나는데, 엘리야는 그의 겉옷을 통해서 능력이 재현되고, 엘리사는 그의 뼈를 통해서 죽은 자를 다시 살리는 역사를 일으킨다. 두 선지자는 모두 신약성경에도 다양한 방식으로 인용된다. 두 선지자의 말씀과 사역은 '그 선지자'로 오신 예수 그리스도의 말씀과 사역에서 인용 및 연속성을 가지면서 구속사적 최정점으로 치달으며 발전된다.

---

[12] Gary E. Yates, *The Motif of Life and Death in the Elijah-Elisha Narratives and its Theological Significance in 1 Kings 17 – 2 Kings 13*, 15-16.
[13] Thomas L. Brodie, *The Crucial Bridge*, 3.

제4장
엘리야-엘리사 내러티브의 문학적, 신학적 통일성

엘리야-엘리사 내러티브는 문학적 통일성을 가지고 있다. 토마스 L. 브로디(Thomas L. Brodie)는 본문의 통일성에 대하여 네 가지 근거를 제시한다.[1]

첫째, 이 본문은 승계 내러티브(a succession narrative)를 포함한다.
둘째, 이 본문은 예언을 포함한다.
셋째, 치유에 대한 독특한 강조를 포함한다.
넷째, 통일성 있는 구조(a coherent structure)를 가지고 있다.

여기에 필자가 하나를 더 추가한다면, 생명의 사역이다. 물론 이것은 치유의 개념의 한 부분일 수도 있고 치유의 결과의 개념이기도 하다. 두 선지자의 사역은 생명의 사역을 전개하고 있다. 물론 이 생명은 앞서 언급한 대로, 영혼의 회복, 질병의 치유, 죽은 자의 부활, 음식의 해독, 땅과 물과 같은 생태학적 환경의 변화, 물질의 양적, 질적 변화를 통해서 개인과 공동체에 하나님의 생명을 불어넣고 창조 질서를 회복하고 언약 백성의 회복 등을 포괄한다.

이러한 생명의 사역을 전개할 때, 많은 경우 그 생명은 언약의 복의 회복과 관련이 있으며, 반대로 죽음, 질병, 독 등의 개념은 언약의 저주로써 심판과 관련되어 있다. 그래서 엘리야-엘리사 내러티브를 관통하는 전체 핵심 주제이며, 두 선지자의 사역의 초점으로서, '생명'(Life)이라는 신학적 주제를 본문의 저자는 문학적으로 통일성 있게 잘 구현하고 있다.

---

1   Thomas L. Brodie, *The Crucial Bridge*, 2-12.

1. 승계 내러티브(A Succession Narrative)

앞서 언급한 대로, 모세-여호수아 승계 내러티브와 다윗-솔로몬 승계 내러티브와 달리, 엘리야-엘리사 승계 내러티브는 구약성경에서 선지자로서 자신의 후임자를 선택하는 유일한 경우이다. 엘리야 선지자는 자신의 '겉옷'을 엘리사 앞에 던지는 소명 행위를 통해서 후임자를 세우는 방식을 취한다. 두 선지자 사이에 다양한 연속성을 가지고 있다. 두 선지자의 이름의 유사성, 사역(왕상 17장; 왕하 4장), 겉옷(왕상 19:19-21; 왕하 2:7-14), 엘리야의 소명을 엘리사가 성취하는 것(하사엘과 예후에게 기름 부음, 왕상 19:15-16; 왕하 8:7-15; 9:1-3) 등이 두 선지자의 승계적 관계를 부각시키는 유사성이다.[2]

이러한 관계와 사역은 두 선지자를 통해 전하는 이 내러티브의 문학적 통일성을 보여 주기에 충분하다.

2. 예언-성취의 통일성(Prophecy-Fulfillment)

두 선지자의 출현과 사라짐을 비교할 때, 엘리야는 열왕기상 17장에서 갑자기 혜성과 같이 등장하여 그의 후임 선지자 엘리사를 역사의 무대로 이끄는 소명 행위를 시행한다. 그리고 엘리야는 바람과 같이 불말과 불수레가 등장하는 가운데 승천한다.

---

2 호렙산에서 여호와에 의한 재소명의 장면에서, 엘리야는 세 가지 '기름 부음'의 사명을 받는다(왕상 19:15-16). **첫째**는 다메섹에서 하사엘에게 기름을 부어 아람 왕이 되게 하는 것이며, **둘째**는 님시의 아들 예후에게 기름을 부어 이스라엘의 왕이 되게 하는 것이며, 그리고 **셋째**는 아벨므홀라에서 사밧의 아들 엘리사에게 기름을 부어 엘리야를 대신하는 선지자가 되게 하는 것이다. 그런데 엘리야가 엘리사에게 '겉옷'(그러나 기름 부음은 암시적 및 상징적)을 던지는 행위를 통한 소명 행위 외에, 나머지 두 임직 사건(아람 왕 하사엘, 북이스라엘 왕 예후)은 엘리야가 아닌, 엘리사의 시대에 일어난다. 더 정확하게 말하면, 예후가 이스라엘 왕이 되게 하기 위한 기름 부음은 엘리사에 의해 직접적인 기름 부음이 아니고 엘리사가 보낸 젊은 청년(선지자의 종)에 의해 간접적인 기름 부음이다(왕하 9:1-6). 그리고 아람 왕이 될 하사엘에게 기름 부음은 어디에 있는가. 본문의 저자는 하사엘에게 엘리사가 다메섹에서 여호와의 신탁을 전달하는 방식으로 그에 대한 기름 부음을 대신하고 있는 것으로 묘사하고 있다.

엘리사는 열왕기하 13장에서 갑자기 역사의 뒤 안뜰로 사라진다. 그들은 때로는 함께, 때로는 자기 시대에 독자적인 예언 사역을 전개하며, 예언자 공동체 곧 선지생도를 훈련하는 학교를 섬기는 시대적인 "신학 교육"의 중심에서 사역을 담당한다.

열왕기상하(열왕기서) 저자는 자신의 역사서를 전개할 때에, 왕조의 역사적 문맥을 전개하다가 갑자기 두 선지자를 역사의 무대로 등장시켜 고대 근동의 여러 나라의 왕조 역사에 깊이 개입시킨다. '엘리야-엘리사 내러티브'라고 불려지는 기사들은 전체의 문맥적 흐름의 방향을 '역사로부터 전기의 형태로' 문학적 장르를 바꾸어 강조하는 방식이다.

그런데도 이 엘리야-엘리사 내러티브는 역사나 전기가 아니고 언약의 저주와 언약의 복의 회복이라는 관점 안에서 예언과 성취의 관점으로 내러티브를 전개한다. 내러티브 전체가 시작부터(왕상 17:1) 엘리사의 죽음이 기록된 마지막 에피소드(왕하 13장)까지 "예언과 성취"라는 날실과 씨실의 주제들이 서로 촘촘하게 얽혀서 '신실하신 언약의 하나님의 성품'이라는 문양이 그려진, 엘리야-엘리사 내러티브의 견실한 직물(fabric)을 짜낸다.

3. 치유와 생명의 회복에 대한 언약적 관점 강조(Restoration of Life in Covenant)

엘리야-엘리사 내러티브는 직접적으로 하나님 자신에 의한 것이 아닌, 하나님의 사람에 의한 능력으로 치유에 대한 독특성을 강조한다. 앞서 언급한 대로, 이 생명은 사람의 육체의 생명, 영혼의 생명, 그리고 생태계의 생명 등 생명의 주제를 포괄적으로 내포하고 있다. 이러한 생명의 주제는 사망의 주제(질병, 가뭄, 기근, 풍토병, 독, 양식의 결핍 등)를 선지자의 능력으로 반전시킴으로 발생한다. 물론 엘리야-엘리사 내러티브에서 등장하는 사망의 주제와 생명의 주제는 언약의 저주와 언약의 복을 각각 암시적으로 의미한다.[3]

---

[3] Gary E. Yates, *The Motif of Life and Death in the Elijah-Elisha Narratives and its Theological Significance in 1 Kings 17 – 2 Kings 13*, 1. 이 페이퍼에서 예이츠는 엘리야-엘리사 내러티브의 주된 주제로서, '생명과 사망'이 어떻게 역할을 하는지 핵심적인 네 가지 방식으로 전개한다.

엘리야-엘리사 내러티브에서 전개되는 '생명과 죽음'의 모티프는 모세 언약 안에서 선포되었던 핵심 주제이다. "생명과 복과 사망과 화"(신 30:15)를 이스라엘 앞에 두셨다. 언약의 주가 되시는 여호와를 사랑하고 그 말씀을 청종하고 의지할 때, 여호와가 그들의 '생명'과 '장수'가 되시며(신 30:20; 28:1-13), 배교와 불순종은 사망이다(신 28:15-68). 여호와와 이스라엘 사이에 맺었던 언약에 근거하여 '생명'은 언약적 복이며, '사망'은 언약적 저주이다. 언약의 중보자 모세를 통해 주신 생명과 사망의 법이 언약의 기소자로 등장한 두 하나님의 사람의 언약적 봉사를 기술한 역사서의 한 부분인 엘리야-엘리사 내러티브를 통해 집행되고 있다.

4. 구조적 통일성(Structural Unity)

엘리야-엘리사 내러티브는 구조적으로 각각 4개의 내러티브들로 짜여져 있으며, 각각의 내러티브는 '두 쌍의 작은 내러티브'(2연판 구조)로 구성되어 있다.[4] 이런 구조를 "딥티크"(Diptych) 구조라고 부른다. 브로디(Thomas L. Brodie)는 이 내러티브를 8개의 딥티크가 있다고 판단하여, 그 구조를 "엘리사-엘리야 내러티브의 8개의 딥티크 구조"(The Eight Diptychs of the Elijah-Elisha Narrative)라는 이름으로 본문을 구조화한다.[5]

---

(1) 엘리야-엘리사와 아합의 집 사이에 벌어지는 생명과 사망의 전쟁에서 어떻게 두 선지자들이 그 왕들에게 이기는 지에 대한 것
(2) 엘리야와 엘리사의 사역을 통하여 생명의 공급과 신실한 남은 자에 의한 이 생명의 복을 누리는 것
(3) 이스라엘 땅에 존재하는 저주와 사망의 원천으로서 이스라엘의 왕들
(4) 생명의 신으로서 여호와와 사망의 신으로서 바알 사이에 존재하는 논쟁적인 대조
필자는 본 연구를 거의 다 마친 후, 원고를 교정하는 과정에서, 예이츠의 아티클을 발견했고, 필자와 상당히 비슷한 해석학적 관점을 가지고 있음을 알게 되었고 나름 확신을 가졌다.

4 Thomas L. Brodie, *The Crucial Bridge*, 9-12. 딥티크(diptych)는 나무나 금속 등의 작은 판 2매를 경첩으로 연결하여 중간에 접을 수 있는 2연판 장식품으로서 일종의 2폭 병풍이다. 즉 엘리야-엘리사 내러티브가 2폭 병풍 구조가 전체 8개가 있다는 의미이다. 이것을 "2연판 구조" 또는 "2폭 병풍 구조"라고 말할 수 있다.

5 Thomas L. Brodie, *The Crucial Bridge*, 11-12.

1) Drama One: 엘리야

(1) 가뭄과 한 여인: 둘러싸인 악, 새 생명을 공급하는 말씀(왕상 16:29-18:46)
① 아합, 이세벨: 악, 가뭄의 시작. 생명을 공급하는 말씀(왕상 16:29-17:24)
② 아합, 이세벨: 살인자들. 가뭄이 종결. 갈멜산: 풍성한 생명, 풍성한 물 (왕상 18장)

(2) 죽음의 위협(왕상 19-20장)
① 엘리야를 위협하는 이세벨. 호렙산에서 엘리야, 말씀과 회복. 사명의 회복(왕상 19장)
② 아합을 위협하는 아람. 아합의 반쪽짜리 승리. 근심의 복귀(왕상 20장)

(3) 다가오는 죽음(왕상 21-22장)
① 거짓 재판을 조작하는 이세벨, 나봇의 살인: 선언된 형벌(왕상 21장)
② 거짓 선지자들을 조종하는 영, 전투: 아합의 피살: 성취된 형벌(왕상 22장)

(4) 죽음의 두 얼굴: 낙상과 승천(왕하 1-2장)
① 아하시야의 낙상과 질병: 확고한 떨어짐으로써 죽음(왕하 1장)
② 엘리야의 승천: 올라감으로써 죽음(왕하 2장)

2) Drama Two: 엘리사

(1) 전쟁, 가뭄, 여인들: 둘러싸인 악/결핍, 새 생명을 공급하는 말씀(왕하 3-4장)
① 경고하는 왕(모압에서). 아들을 죽이는 모압 왕(왕하 3장)
② 결핍의 여인들. 아들들을 살리는 여인들(왕하 4장)

(2) 아람 사람들(나아만, 하사엘): 멀리 있는 죽음의 그림자들(왕하 5-8장)
① 나아만과 아람의 침입자들: 듣고 보기, 죽이지 않음(왕하 5:1-6:23)
② 아람의 침입자들과 하사엘: 하나님을 듣지 못함, 보지 못함, 죽임(왕하 6:24-8:29장)

(3) 예후: 죽음을 가져오는 말씀(왕하 9-10장)
① 세 명의 리더를 죽이는 예후: 이스라엘 왕, 유다 왕, 이세벨(왕하 9장)
② 세 그룹을 죽이는 예후: 이스라엘의 왕족, 유다의 왕족, 바알 숭배자 (왕하 10장)

(4) 죽음의 도래: 성전 중심의 회복(왕하 11-13장)
① 둘러싸인 죽음, 성전 내의 생명. 유모의 품, 아달랴의 사망. 회복된 왕 (왕하 11장)
② 회복된 성전. 엘리사의 손. 엘리사의 사망. 이스라엘의 회복(왕하 12-13장)

Elijah-Elisha Narratives:
The Prophetic Ministry to Have Life & Have It Abundantly

제5장
엘리야-엘리사 내러티브의 수사학적 특징

　엘리야-엘리사 내러티브는 구약성경의 역사서 장르 안에서 전기적 요소가 가미된 본문으로써, 특정의 등장인물, 배경, 구조를 통해 핵심 주제들이 발전되는 내러티브 본문이다. 위에서(서론의 세 번째 섹션인 "문학적 장르와 그 범주") 내러티브에 대한 일반적 개념을 간략하게 소개하였기에, 이 섹션에서는 엘리야-엘리사 내러티브를 전개해 나가는 데 있어서 발견되는 수사학적 특징들에 대하여 개괄적으로 살펴보고자 한다.

1. 반복(Repetition)

　필자가 엘리야-엘리사 내러티브를 관찰 및 연구하는 가운데 발견한 한 가지 사실은 본문의 저자가 의존하는 가장 대표적인 수사학적인 방법론들 가운데 하나는 반복(Repetition)이라는 기법이다. 내레이터는 본 내러티브를 전개함에 있어서, 다른 어떠한 수사학적 기법들보다도 반복의 기법을 "기형적"일 정도로 과도히 의존하여 기술한다는 점이다.
　그렇다면 엘리야-엘리사 내러티브의 내레이터가 이토록 의존하는 반복은 무엇을 위한 것인가?
　이것은 내러티브 본문에 대한 일반적 특징이기도 하지만, 엘리야-엘리사 내러티브이기 때문이다. 즉 반복의 기법이 엘리야-엘리사 내러티브를 기술하는 데 있어서, 저자에게 가장 효과적인 방법이기 때문이다.

반복에 대한 수사학적 용법은 주로 주제를 강조하기 위하여 사용된다. 어떤 스토리 안에서 반복을 통한 문맥적 발전의 총체성을 생산하기 위하여 사용되기도 하며 그리고 독자들에게 스토리의 초점을 가져오기 위하여 사용되기도 한다. 이러한 목적으로 사용하는 반복에는 다양한 패턴이 있는데, 적어도 성경의 내레이터가 사용하는 반복의 기법에는 대략 다섯 가지 종류들이 있다.[1]

첫째, 개별 단어의 반복(Leitwort)
둘째, 모티프의 반복(motif)
셋째, 요지의 반복(theme)
넷째, 연속적 행동과 어휘들의 반복(sequence of actions)
다섯째, 장면 전형의 반복(type-scene)

1) 개별 단어의 반복(Leitwort)[2]

히브리어 단어는 주로 3개의 문자(letters)로 구성된 단어로써 대부분의 동사와 명사의 어근으로써, 동사는 시제에 따라 다양하게 활용된 형태(conjugation)를 가질 수 있고 명사는 수와 성에 따라 다양하게 곡용된 형태(declension)를 만든다.

그런데도 다양한 형태로 파생시킨 동사는 그 어근을 가지고 있으며, 명사는 그 어원을 가지고 있다. 이러한 동일한 어근 및 어원으로부터 다양한 활용형과 곡용형을 내러티브 본문이 반복적으로 사용한다. 개별 단어는 핵심 사상(key idea)을 강조하기 위하여 반복될 수 있다(cf. 삼상 3장). 심지어 개별 단어들이 합쳐진 구나 문장이 반복되는 것도 이 범주에 둘 수 있다.

---

1 Philip E. Satterthwaite, "6. Narrative Criticism: The Theological Implications of Narrative Techniques", 122-125, Robert Alter, *The Art of Biblical Narrative*, 111-141을 참고하라.
2 마틴 부버(Martin Buber)와 프란츠 로젠츠바이크(Franz Rosenzweig)는 성경의 산문(Prose)의 텍스트에서 의도성의 반복을 인식하고 그러한 어휘의 반복을 독일어 '*Leitwortstil*'("leading-word style")를 사용했다. 이 단어로부터 또 다른 독일어 '*Leitwort*'("leading-word")를 주조했다. Robert Alter, *The Art of Biblical Narrative*, 116-117.

2) 모티프의 반복(Motif)

로버트 알트(Robert Alt)에 따르면, 이것은 구체적인 이미지, 상징, 개념, 어감(sensory quality), 행위, 또는 목적이 특정 내러티브 안에서 반복되는 현상을 가리킨다.[3] 이것은 간헐적으로 개별 단어(들)의 반복 현상(Leitwort)과 함께 발생할 수 있으며, 그리고 이것은 내러티브가 한정되는 문맥 없이는 그 자체로 풍성한 의미를 가질 수 없다.[4]

즉 문맥적 의미나 사상이 반복된다는 의미이다. 모티프는 전체적 요지(theme)를 발전시키는 세부적인 요소들이다. 모티프는 요지보다 더 특별하면서(specific), 비교적 요지보다 전체적이지 않고 협소한 사상적 개념이다. 이런 점에서 모티프를 '소재'(subject)라고 부를 수 있다.

3) 요지의 반복(Theme)

이것은 내러티브 안에서 발견되는 도덕적, 심리학적, 법적, 정치적, 역사철학적, 신학적인 가치 체계를 가리키는 것으로, 반복되는 패턴 안에서 독자들로 하여금 뚜렷하고 확실한 핵심 사상을 제공하는데, 이것은 앞서 언급했던 개별 단어(들)의 반복이나 모티프의 반복과 함께 나타날 수도 있다(예: 광야 내러티브에서 순종과 반역, 사무엘서와 열왕기서에서 왕의 유기와 선택 등의 반복).[5]

요지는 폭넓고 전체를 아우르는(overarching) 메시지나 핵심 아이디어로 작용하는 진술(statement)을 가리킨다. 이런 점에서, 요지를 '소재'(모티프)와 차별화하여 '주제'라고 부를 수 있다. 엘리야-엘리사 내러티브에서 요지는 '언약적 복의 회복으로 생명을 얻게 하는 것'으로써 중심 신학 사상이라고 볼 수 있다.

---

[3] Robert Alter, *The Art of Biblical Narrative*, 120.
[4] Robert Alter, *The Art of Biblical Narrative*, 120.
[5] Robert Alter, *The Art of Biblical Narrative*, 120.

4) 연속적 행동과 어휘들의 반복(a series of actions or words, sequence of actions)

이것은 내러티브 본문에서 종종 일련의 연속적인 행동과 어휘들이 반복되는 현상을 가리킨다. 가장 대표적인 예가 창세기 1장의 창조 기사에서 매일의 창조 과정에서 나타난 일련의 패턴이 반복된 것을 들 수 있다. 이 사건은 1장의 내러티브 안에서 연속적으로 발생된 행위라면, 또 다른 예로써, 출애굽기 14장에 기록된 홍해를 건너는 스토리와 여호수아 3-4장에서 이스라엘 백성이 요단을 건너는 내러티브 사이에 유사한 패턴이 반복되는 것도 여기에 포함될 수 있다.[6]

5) 장면 전형의 반복(type-scene)

이것은 확정되고 연속적인 모티프로 구성된 "영웅"의 출현의 전조의 순간에 반복적으로 발생하는 에피소드가 전개되는 장면을 의미하는데, 이것은 때로 위에서 언급했던 개별 단어(들)의 반복 현상도 함께 나타날 수 있으며, 요지의 반복도 동반될 수 있는데, 결국 특별한 장면의 전형(type)을 만들어낸다(예: 영웅 출현에 대한 소식 전달 장면, 우물 곁에서 약혼 장면, 광야에서 시험의 장면 등).[7]

그리고 '반복'에는 반복되는 표현에 사용되는 어휘의 양과 질에 따라 다양한 형태가 있다.[8] 반복되는 내용의 양(수)에 따라 최소 2회에서 그 이상의 반복이 문맥의 발전과 더불어 발생할 수 있다. 때로는 내레이터에 의해서 직접적으로 반복이 발생하기도 하며, 때로는 등장인물들의 대화나 행동을 통해 간접적으로 반복이 나타나기도 한다.

---

6 Philip E. Satterthwaite, 6. *Narrative Criticism: The Theological Implications of Narrative Techniques*, 123.
7 Robert Alter, *The Art of Biblical Narrative*, 121.
8 Philip E. Satterthwaite는 내러티브 본문에서 발생하는 '반복'에 대한 다양한 방식을 소개한다. cf. Philip E. Satterthwaite, 6. *Narrative Criticism: The Theological Implications of Narrative Techniques*, 122-125.

그리고 반복의 질(정도)은 언어학적인 관점에 의해 결정되는데, 문자 그대로 문장(절)을 반복하는 '재인용적인 반복'(citational repetition)이 있는가 하면, 부분적으로 단어나 구(들)를 반복하는 '근접적인 반복'(near-exact repetition)이 있으며, 내러티브에서 대조나 갈등 그리고 중요한 발전, 절정의 순간 혹은 시초적인 어떤 사건을 어떤 방식으로 뒤집거나 패러디하는 방식으로 반복하는 '변형적인 반복'(variational repetition)도 있으며, 그리고 간본문적인 반복 및 암시(inter-textual/cross-textual repetition or allusion)가 있다.[9]

간본문적인 반복은 저자가 독자들을 향한, 단순한 '판박이 정신'(a stereo-typing mentality)의 결과물이 아니라, 그것은 독자들로 하여금 전후의 사건 및 활동들 사이에 상호 비교와 대조를 통해서, 계시 역사 안에서 특정 주제에 대한 반복과 새로운 의미 있는 발전을 주목하도록 하는 의도 안에서 발생한다.[10]

엘리야-엘리사 내러티브는 유난히 이러한 다양한 반복의 기법을 많이 사용한다. 때로는 내러티브의 전개를 위해서 과거의 내용을 인용하여 다시 사용하기도 하며, 때로는 예언이 성취되었다는 점을 보여 주기 위해서 반복하기도 한다. 그리고 어떤 경우는 실제적으로 행위와 사건이 반복되는 장면도 더러 있다. 반복되는 표현들이 동일 문맥 안에 있을 때는 강조를 위함이 보편적이다. 그리고 그 반복된 표현들이 비교적 떨어진 상이한 문맥에서 나타날 때, 독자들로 하여금 서로 대조하고 비교하도록 하여 신학적 주제를 강조하려는 암시적인 의도를 엿보도록 한다. 구체적인 예들을 살펴보면, 아래의 성경 구절을 참고하라. 각각 어느 경우에 해당되는지 관찰하라(A: 개별 단어의 반복, B: 모티프의 반복, C: 요지의 반복, D: 연속적 행동의 어휘의 반복, E: 장면 전형의 반복).

---

[9] Robert Alter, *The Art of Biblical Narrative*, 121.
[10] Robert Alter, *The Art of Biblical Narrative*, 121.

표 5. 반복 표현

시대	반복 구절	반복된 말씀(개역개정)[11]	유형
엘리야	왕상 18:4 왕상 18:13	"이세벨이 여호와의 선지자들을 멸할 때에 오바댜가 <u>선지자 백 명을 가지고 오십 명씩 굴에 숨기고 떡과 물을 먹였더라</u>"(왕상 18:4) "이세벨이 여호와의 선지자들을 죽일 때에 내가 여호와의 <u>선지자 중에 백 명을 오십 명씩 굴에 숨기고 떡과 물로 먹인 일이</u> 내 주에게 들리지 아니하였나이까"(왕상 18:13)	A, D
엘리야	왕상 18:23-24 왕상 18:25	"그런즉 송아지 둘을 우리에게 가져오게 하고 그들은 <u>송아지 한 마리를 택하여 각을 떠서 나무 위에 놓고 불은 붙이지 말며 나도 송아지 한 마리를 잡아 나무 위에 놓고 불은 붙이지 않고 너희는 너희 신의 이름을 부르라…</u>"(왕상 18:23-24) "엘리야가 바알의 선지자들에게 이르되 너희는 많으니 먼저 <u>송아지 한 마리를 택하여 잡고 너희 신의 이름을 부르라 그러나 불을 붙이지 말라</u>"(왕상 18:25)	A, D
엘리야	왕상 18:42 왕상 18:43	"아합이 먹고 마시러 <u>올라가니라</u> 엘리야가 갈멜산 꼭대기로 <u>올라가서</u> 땅에 꿇어 엎드려 그의 얼굴을 무릎 사이에 넣고"(왕상 18:42) "그의 사환에게 이르되 <u>올라가</u> 바다 쪽을 바라보라 그가 <u>올라가</u> 바라보고 말하되 아무것도 없나이다 이르되 <u>일곱 번까지 다시 가라</u>"(왕상 18:43)	A, D
엘리야	왕상 19:5 왕상 19:7	"로뎀나무 아래에 누워 자더니 <u>천사가 그를 어루만지며 그에게 이르되 일어나서 먹으라 하는지라</u>"(왕상 19:5) "<u>여호와의 천사가 또 다시 와서 어루만지며 이르되 일어나 먹으라</u> 네가 갈 길을 다 가지 못할까 하노라 하는지라"(왕상 19:7)	A, B, D
엘리야	왕상 19:9 왕상 19:13	"엘리야가 그 곳 굴에 들어가 거기서 머물더니 여호와의 말씀이 그에게 임하여 이르시되 엘리야야 <u>네가 어찌하여 여기 있느냐</u>"(왕상 19:9) "엘리야가 듣고 겉옷으로 얼굴을 가리고 나가 굴 어귀에 서매 소리가 그에게 임하여 이르시되 엘리야야 <u>네가 어찌하여 여기 있느냐</u>"(왕상 19:13)	A, D
엘리야	왕상 19:10 왕상 19:14	"그가 대답하되 <u>내가 만군의 하나님 여호와께 열심이 유별하오니</u> 이는 이스라엘 자손이 주의 언약을 버리고 주의 제단을 헐며 칼로 주의 선지자들을 죽였음이오며 오직 나만 남았거늘 그들이 내 생명을 찾아 빼앗으려 하나이다"(왕상 19:10) "그가 대답하되 <u>내가 만군의 하나님 여호와께 열심이 유별하오니</u> 이는 이스라엘 자손이 주의 언약을 버리고 주의 제단을 헐며 칼로 주의 선지자들을 죽였음이오며 오직 나만 남거늘 그들이 내 생명을 찾아 빼앗으려 하나이다"(왕상 19:14)	A, B, C, D

---

11 본서에서 인용되고 사용된 한글성경 본문은 특별한 인용처를 밝히지 않을 경우는 『성경전서 개역개정』(서울: 대한성서공회, 2006)을 사용했다.

시대	반복 구절	반복된 말씀(개역개정)	유형
엘리야	왕상 20:3 왕상 20:4 왕상 20:5 cf. 왕상 20:10	"네 은금은 내 것이요 네 아내들과 네 자녀들의 아름다운 자도 내 것이니라 하매"(왕상 20:3) "이스라엘의 왕이 대답하여 말하기를 내 주 왕이여 왕의 말씀 같이 나와 내 것은 다 왕의 것이니이다 하였더니"(왕상 20:4) "사신들이 다시 와서 이르되 벤하닷이 이르노라 내가 이미 네게 사람을 보내어 말하기를 너는 네 은금과 아내들과 자녀들을 내게 넘기라 하였거니와"(왕상 20:5)	A, B, D
엘리야	왕상 20:23 왕상 20:25 왕상 20:28	"아람 왕의 신하들이 왕께 아뢰되 그들의 신은 산의 신이므로 그들이 우리보다 강하였거니와 우리가 만일 평지에서 그들과 싸우면 반드시 그들보다 강할지라"(왕상 20:23) "또 왕의 잃어버린 군대와 같은 군대를 왕을 위하여 보충하고 말은 말대로, 병거는 병거대로 보충하고 우리가 평지에서 그들과 싸우면 반드시 그들보다 강하리이다 왕이 그 말을 듣고 그리 하니라"(왕상 20:25) "그 때에 하나님의 사람이 이스라엘 왕에게 나아와 말하여 이르되 여호와의 말씀에 아람 사람이 말하기를 여호와는 산의 신이요 골짜기의 신은 아니라 하는도다 그러므로 내가 이 큰 군대를 다 네 손에 넘기리니 너희는 내가 여호와인 줄을 알리라 하셨나이다 하니라"(왕상 20:28)	A, D
엘리야	왕상 20:31 왕상 20:32	"그의 신하들이 그에게 말하되 우리가 들은즉 이스라엘 집의 왕들은 인자한 왕이라 하니 만일 우리가 굵은 베로 허리를 동이고 테두리를 머리에 쓰고 이스라엘의 왕에게로 나아가면 그가 혹시 왕의 생명을 살리리이다 하고"(왕상 20:31) "그들이 굵은 베로 허리를 동이고 테두리를 머리에 쓰고 이스라엘의 왕에게 이르러 이르되 왕의 종 벤하닷이 청하기를 내 생명을 살려 주옵소서 하더이다 아합이 이르되 그가 아직도 살아 있느냐 그는 내 형제이니라"(왕상 20:32)	A, D
엘리야	왕상 21:2 왕상 21:6	"아합이 나봇에게 말하여 이르되 네 포도원이 내 왕궁 곁에 가까이 있으니 내게 주어 채소 밭을 삼게 하라 내가 그 대신에 그보다 더 아름다운 포도원을 네게 줄 것이요 만일 네가 좋게 여기면 그 값을 돈으로 네게 주리라"(왕상 21:2) "왕이 그에게 이르되 내가 이스르엘 사람 나봇에게 말하여 이르기를 네 포도원을 내게 주되 돈으로 바꾸거나 만일 네가 좋아하면 내가 그 대신에 포도원을 네게 주리라 한즉 그가 대답하기를 내가 내 포도원을 네게 주지 아니하겠노라 하기 때문이로다"(왕상 21:6)	A, D

시대	반복 구절	반복된 말씀(개역개정)	유형
엘리야	왕상 21:9-10 왕상 21:12-13	"그 편지 사연에 이르기를 금식을 선포하고 나봇을 백성 가운데에 높이 앉힌 후에 불량자 두 사람을 그의 앞에 마주 앉히고 그에게 대하여 증거하기를 네가 하나님과 왕을 저주하였다 하게 하고 곧 그를 끌고 나가서 돌로 쳐죽이라 하였더라"(왕상 21:9-10) "금식을 선포하고 나봇을 백성 가운데 높이 앉힌매 때에 불량자 두 사람이 들어와 그의 앞에 앉고 백성 앞에서 나봇에게 대하여 증언을 하여 이르기를 나봇이 하나님과 왕을 저주하였다 하매 무리가 그를 성읍 밖으로 끌고 나가서 돌로 쳐죽이고"(왕상 21:12-13)	A, D
엘리야	왕상 21:19 왕상 21:24	"너는 그에게 말하여 이르기를 여호와의 말씀이 네가 죽이고 또 빼앗았느냐고 하셨다 하고 또 그에게 이르기를 여호와의 말씀이 개들이 나봇의 피를 핥은 곳에서 개들이 네 피 곧 네 몸의 피도 핥으리라 하였다 하라"(왕상 21:19) "아합에게 속한 자로서 성읍에서 죽은 자는 개들이 먹고 들에서 죽은 자는 공중의 새가 먹으리라고 하셨느니라 하니"(왕상 21:24)	A, B, C, D
엘리야	왕상 21:20 왕상 21:25	"아합이 엘리야에게 이르되 내 대적자여 네가 나를 찾았느냐 대답하되 내가 찾았노라 네가 네 자신을 팔아 여호와 보시기에 악을 행하였으므로"(왕상 21:20) "예로부터 아합과 같이 그 자신을 팔아 여호와 앞에서 악을 행한 자가 없음은 그를 그의 아내 이세벨이 충동하였음이라"(왕상 21:25)	A, D
엘리야	왕하 1:2 왕하 8:8, 9	"…이 병이 낫겠나 물어 보라 하니라"(왕하 1:2) "…이 병이 낫겠나이까 하더이다"(왕하 8:9)	A, B
엘리야	왕하 1:3-4 왕하 1:6 왕하 1:16	"여호와의 사자가 디셉 사람 엘리야에게 이르되 너는 일어나 올라가서 사마리아 왕의 사자를 만나 그에게 이르기를 이스라엘에 하나님이 없어서 너희가 에그론의 신 바알세붑에게 물으러 가느냐 그러므로 여호와의 말씀이 네가 올라간 침상에서 내려오지 못할지라 네가 반드시 죽으리라 하셨다 하라 엘리야가 이에 가니라"(왕하 1:3-4) "그들이 말하되 한 사람이 올라와서 우리를 만나 이르되 너희는 너희를 보낸 왕에게로 돌아가서 그에게 고하기를 여호와의 말씀이 이스라엘에 하나님이 없어서 네가 에그론의 신 바알세붑에게 물으려고 보내느냐 그러므로 네가 올라간 침상에서 내려오지 못할지라 네가 반드시 죽으리라 하셨다 하라 하더이다"(왕하 1:6) "말하되 여호와의 말씀이 네가 사자를 보내 에그론의 신 바알세붑에게 물으려 하니 이스라엘에 그의 말을 물을 만한 하나님이 안 계심이냐 그러므로 네가 그 올라간 침상에서 내려오지 못할지라 네가 반드시 죽으리라 하셨다 하니라"(왕하 1:16)	A, B, C, D

시대	반복 구절	반복된 말씀(개역개정)	유형
엘리야	왕하 1:9-10 왕하 1:11-12 왕하 1:13-14	"이에 <u>오십부장과 그의 군사 오십 명을</u> 엘리야에게로 보내매 그가 엘리야에게로 올라가 본즉 산 꼭대기에 앉아 있는지라 그가 엘리야에게 이르되 <u>하나님의 사람이여 왕의 말씀이 내려오라</u> 하셨나이다 엘리야가 오십부장에게 대답하여 이르되 내가 만일 하나님의 사람이면 불이 하늘에서 내려와 너와 너의 오십 명을 사를지로다 하매 불이 곧 하늘에서 내려와 그와 그의 군사 오십 명을 살랐더라"(왕하 1:9-10) "왕이 다시 다른 <u>오십부장과 그의 군사 오십 명을</u> 엘리야에게로 보내니 그가 엘리야에게 말하여 이르되 하나님의 사람이여 왕의 말씀이 속히 내려오라 하셨나이다 하니 엘리야가 그들에게 대답하여 이르되 내가 만일 하나님의 사람이면 불이 하늘에서 내려와 너와 너의 오십 명을 사를지로다 하매 하나님의 불이 곧 하늘에서 내려와 그와 그의 군사 오십 명을 살랐더라"(왕하 1:11-12) "**왕이 세 번째 오십부장과 그의 군사 오십 명을 보낸지라 셋째 오십부장이 올라가서 엘리야 앞에 이르러 그의 무릎을 꿇고 엎드려 간구하여 이르되 하나님의 사람이여 원하건대 나의 생명과 당신의 종인 이 오십 명의 생명을 당신은 귀히 보소서 불이 하늘에서 내려와 전번의 오십부장 둘과 그의 군사 오십 명을 살랐거니와 나의 생명을 당신은 귀히 보소서 하매**"(왕하 1:13-14)	A, D
엘리야	왕하 2:2-3 왕하 2:4-5 왕하 2:6	"엘리야가 엘리사에게 이르되 청하건대 너는 여기 머물라 여호와께서 나를 벧엘로 보내시느니라 하니 엘리사가 이르되 여호와께서 살아 계심과 당신의 영혼이 살아 있음을 두고 맹세하노니 내가 당신을 떠나지 아니하겠나이다 하는지라 이에 두 사람이 벧엘로 가니 벧엘에 있는 선지자의 제자들이 엘리사에게로 나아와 그에게 이르되 여호와께서 오늘 당신의 선생을 당신의 머리 위로 데려가실 줄을 아시나이까 하니 이르되 나도 또한 아노니 너희는 잠잠하라 하니라"(왕하 2:2-3) "엘리야가 그에게 이르되 엘리사야 청하건대 너는 여기 머물라 여호와께서 나를 여리고로 보내시느니라 엘리사가 이르되 여호와께서 살아 계심과 당신의 영혼이 살아 있음을 두고 맹세하노니 내가 당신을 떠나지 아니하겠나이다 하니라 그들이 여리고에 이르매 여리고에 있는 선지자의 제자들이 엘리사에게 나아와 이르되 여호와께서 오늘 당신의 선생을 당신의 머리 위로 데려가실 줄을 아시나이까 하니 엘리사가 이르되 나도 아노니 너희는 잠잠하라"(왕하 2:4-5) "**엘리야가 또 엘리사에게 이르되 청하건대 너는 여기 머물라 여호와께서 나를 요단으로 보내시느니라 하니 그가 이르되 여호와께서 살아 계심과 당신의 영혼의 살아 있음을 두고 맹세하노니 내가 당신을 떠나지 아니하겠나이다 하는지라 이에 두 사람이 가니라**"(왕하 2:6)	A, D

시대	반복 구절	반복된 말씀(개역개정)	유형
엘리사	왕하 3:10 왕하 3:13	"이스라엘 왕이 이르되 슬프다 여호와께서 이 세 왕을 불러 모아 모압의 손에 넘기려 하시는도다 하니"(왕하 3:10) "엘리사가 이스라엘 왕에게 이르되 내가 당신과 무슨 상관이 있나이까 당신의 부친의 선지자들과 당신의 모친의 선지자들에게로 가소서 하니 이스라엘 왕이 그에게 이르되 그렇지 아니하니이다 여호와께서 이 세 왕을 불러 모아 모압의 손에 넘기려 하시나이다 하니라"(왕하 3:13)	A, D
엘리사	왕하 3:19 왕하 3:25	"당신들이 모든 견고한 성읍과 모든 아름다운 성읍을 치고 모든 좋은 나무를 베고 모든 샘을 메우고 돌로 모든 좋은 밭을 헐리이다 하더니"(왕하 3:19) "그 성읍들을 쳐서 헐고 각기 돌을 던져 모든 좋은 밭에 가득하게 하고 모든 샘을 메우고 모든 좋은 나무를 베고 길하레셋의 돌들은 남기고 물매군이 두루 다니며 치니라"(왕하 3:25)	A, D
엘리사	왕하 7:1 왕하 7:16 왕하 7:18	"엘리사가 이르되 여호와의 말씀을 들을지어다 여호와께서 이르시되 내일 이맘때에 사마리아 성문에서 고운 밀가루 한 스아를 한 세겔로 매매하고 보리 두 스아를 한 세겔로 매매하리라 하셨느니라"(왕하 7:1) "백성들이 나가서 아람 사람의 진영을 노략한지라 이에 고운 밀가루 한 스아에 한 세겔이 되고 보리 두 스아가 한 세겔이 되니 여호와의 말씀과 같이 되었고"(왕하 7:16) "하나님의 사람이 왕에게 말한 바와 같으니 이르기를 내일 이맘때에 사마리아 성문에서 보리 두 스아를 한 세겔로 매매하고 고운 밀가루 한 스아를 한 세겔로 매매하리라 한즉"(왕하 7:18)	A, D
엘리사	왕하 7:8상 왕하 7:8하	"그 나병환자들이 진영 끝에 이르자 한 장막에 들어가서 먹고 마시고 거기서 은과 금과 의복을 가지고 가서 감추고 다시 와서 다른 장막에 들어가 거기서도 가지고 가서 감추니라"(왕하 7:8)	A, D
엘리사	왕하 7:17 왕하 7:20	"왕이 그의 손에 의지하였던 그의 장관을 세워 성문을 지키게 하였더니 백성이 성문에서 그를 밟으매 하나님의 사람의 말대로 죽었으니 곧 왕이 내려왔을 때에 그가 말한 대로라"(왕하 7:17) "그의 장관에게 그대로 이루어졌으니 곧 백성이 성문에서 그를 밟으매 죽었더라"(왕하 7:20)	A, D
엘리사	왕하 7:2 왕하 7:19	"그 때에 왕이 그의 손에 의지하는 자 곧 한 장관이 하나님의 사람에게 대답하여 이르되 여호와께서 하늘에 창을 내신들 어찌 이런 일이 있으리요 하더라 엘리사가 이르되 네가 네 눈으로 보리라 그러나 그것을 먹지는 못하리라 하니라"(왕하 7:2) "그 때에 이 장관이 하나님의 사람에게 대답하여 이르되 여호와께서 하늘에 창을 내신들 어찌 이 일이 있으랴 하매 대답하기를 네가 네 눈으로 보리라 그러나 그것을 먹지는 못하리라 하였더니"(왕하 7:19)	A, D

시대	반복 구절	반복된 말씀(개역개정)	유형
엘리야 엘리사	왕상 19:16 왕하 9:3 왕하 9:6	"너는 또 님시의 아들 예후에게 기름을 부어 이스라엘의 왕이 되게 하고 또 아벨므홀라 사밧의 아들 엘리사에게 기름을 부어 너를 대신하여 선지자가 되게 하라"(왕상 19:16) "기름병을 가지고 그의 머리에 부으며 이르기를 여호와의 말씀이 내가 네게 기름을 부어 이스라엘 왕으로 삼노라 하셨느니라 하고 곧 문을 열고 도망하되 지체하지 말지니라 하니"(왕하 9:3) "예후가 일어나 집으로 들어가니 청년이 그의 머리에 기름을 부으며 그에게 이르되 이스라엘 하나님 여호와의 말씀이 내가 네게 기름을 부어 여호와의 백성 곧 이스라엘의 왕으로 삼노니"(왕하 9:6)	A, B, D
엘리사	왕하 2:12 왕하 13:14	"엘리사가 보고 소리 지르되 내 아버지여 내 아버지여 이스라엘의 병거와 그 마병이여 하더니 다시 보이지 아니하는지라 이에 엘리사가 자기의 옷을 잡아 둘로 찢고"(왕하 2:12) "엘리사가 죽을 병이 들매 이스라엘의 왕 요아스가 그에게로 내려와 자기의 얼굴에 눈물을 흘리며 이르되 내 아버지여 내 아버지여 이스라엘의 병거와 마병이여 하매"(왕하 13:14)	A, B, D

2. 상징과 은유(Symbolism and Metaphor)

엘리야-엘리사 내러티브는 비록 정경의 예언서를 남긴 문필 선지자의 기록물은 아닐지라도, 기록한 역사서의 저자는 이 내러티브를 통해서 상징적 의미를 담아서 전달할 때가 많이 있음을 관찰할 수 있다.

물론 이것은 이 내러티브의 해석학적 방법의 틀이 항상 상징이라는 말은 아니다. 그런데도 문학적 해석과 필요시 상징적 해석을 함께 병행할 때, 이 내러티브의 풍성한 의미를 발견할 것이다.

이 예들에 대한 구체적인 해석은 해당 본문의 주해의 섹션에서 언급할 것이다. 여기에서는 간단히 아래에 그 예들만 소개한다.

표 6. 상징 및 은유적 표현

시대	구절	상징 및 은유의 말씀	의미
엘리야	왕상 17:21	"<u>그 아이 위에 몸을 세 번 펴서 엎드리고</u> 여호와께 부르짖어 이르되 내 하나님 여호와여 원컨대 이 아이의 혼으로 그의 몸에 돌아오게 하옵소서 하니"(왕상 17:21)	죽음과 동일시
엘리야	왕상 19:11-12	"여호와께서 이르시되 너는 나가서 여호와 앞에서 산에 서라 하시더니 여호와께서 지나가시는데 여호와 앞에 <u>크고 강한 바람</u>이 산을 가르고 바위를 부수나 바람 가운데에 여호와께서 계시지 아니하며 바람 후에 <u>지진</u>이 있으나 지진 가운데에도 여호와께서 계시지 아니하며 또 지진 후에 <u>불</u>이 있으나 불 가운데에도 여호와께서 계시지 아니하더니 불 후에 <u>세미한 소리</u>가 있는지라"(왕상 19:11-12)	현현 상징 (theophanic symbols)
엘리야	왕상 19:19	"엘리야가 거기서 떠나 사밧의 아들 엘리사를 만나니 그가 열두 겨릿소를 앞세우고 밭을 가는데 자기는 열두째 겨릿소와 함께 있더라 엘리야가 그리로 건너가서 <u>겉옷</u>을 그의 위에 던졌더니"(왕상 19:19)	선지적 직분과 소명
엘리야	왕하 2:1	"여호와께서 <u>회오리 바람</u>으로 엘리야를 하늘로 올리고자 하실 때에 엘리야가 엘리사와 더불어 길갈에서 나가더니"(왕하 2:1)	현현 상징 cf. 욥 38:1; 40:6; 렘 23:19; 슥 9:14
엘리야	왕하 2:2 왕하 2:4 왕하 2:6	"엘리야가 엘리사에게 이르되 청하건대 너는 여기 머물라 여호와께서 나를 벧엘로 보내시느니라 하니 엘리사가 이르되 여호와께서 살아 계심과 당신의 영혼이 살아 있음을 두고 맹세하노니 <u>내가 당신을 떠나지 아니하겠나이다</u> 하는지라 이에 두 사람이 벧엘로 내려가니"(왕하 2:2) "엘리야가 그에게 이르되 엘리사야 청하건대 너는 여기 머물라 여호와께서 나를 여리고로 보내시느니라 엘리사가 이르되 여호와께서 살아 계심과 당신의 영혼이 살아 있음을 두고 맹세하노니 <u>내가 당신을 떠나지 아니하겠나이다</u> 하니라 그들이 여리고에 이르매"(왕하 2:4) "엘리야가 또 엘리사에게 이르되 청하건대 너는 여기 머물라 여호와께서 나를 요단으로 보내시느니라 하니 그가 이르되 여호와께서 살아 계심과 당신의 영혼이 살아 있음을 두고 맹세하노니 <u>내가 당신을 떠나지 아니하겠나이다</u> 하는지라 이에 두 사람이 가니라"(왕하 2:6)	동행과 능력 사모함
엘리사	왕하 2:8 왕하 2:13 왕하 2:14	"<u>엘리야가 겉옷을 가지고 말아 물을 치매</u> 물이 이리 저리 갈라지고 두 사람이 마른 땅 위로 건너더라"(왕하 2:8) "<u>엘리야의 몸에서 떨어진 겉옷을 주워</u> 가지고 돌아와 요단 언덕에 서서"(왕하 2:13) "<u>엘리야의 몸에서 떨어진 그의 겉옷을 가지고 물을 치며</u> 이르되 엘리야의 하나님 여호와는 어디 계시니이까 하고 <u>그도 물을 치매</u> 물이 이리 저리 갈라지고 엘리사가 건너니라"(왕하 2:14)	능력의 확인 도구로써 겉옷

시대	구절	상징 및 은유의 말씀	의미
엘리사	왕하 2:12	"엘리사가 보고 소리 지르되 내 아버지여 내 아버지여 이스라엘의 병거와 그 마병이여 하더니 다시 보이지 아니하는지라 이에 엘리사가 자기의 옷을 잡아 둘로 찢고"(왕하 2:12)	엘리야를 상징, 은유
엘리사	왕하 2:20-21	"엘리사가 이르되 새 그릇에 소금을 담아 내게로 가져오라 하매 곧 가져온지라 엘리사가 물 근원으로 나아가서 소금을 그 가운데에 던지며 이르되 여호와의 말씀이 내가 이 물을 고쳤으니 이로부터 다시는 죽음이나 열매 맺지 못함이 없을지니라 하셨느니라 하니"(왕하 2:20-21)	언약 갱신
엘리사	왕하 2:24	"엘리사가 뒤로 돌이켜 그들을 보고 여호와의 이름으로 저주하매 곧 수풀에서 암곰 둘이 나와서 아이들 중의 사십이 명을 찢었더라"(왕하 2:24)	심판의 도구로써 대적들: 앗수르와 바벨론에 의해 남북의 멸망을 상징
엘리사	왕하 4:34	"아이 위에 올라 엎드려 자기 입을 그의 입에, 자기 눈을 그의 눈에, 자기 손을 그의 손에 대고 그의 몸에 엎드리니 아이의 살이 차차 따뜻하더라"(왕하 4:34)	죽음과 생명과 동일시
엘리사	왕하 4:35	"엘리사가 내려서 집 안에서 한 번 이리 저리 다니고 다시 아이 위에 올라 엎드리니 아이가 일곱 번 재채기하고 눈을 뜨는지라"(왕하 4:35)	완전한 생명 부활을 상징
엘리사	왕하 5:10, 14	"엘리사가 사자를 그에게 보내 이르되 너는 가서 요단강에 몸을 일곱 번 씻으라 네 살이 회복되어 깨끗하리라 하는지라"(왕하 5:10) "나아만이 이에 내려가서 하나님의 사람의 말대로 요단강에 일곱 번 몸을 잠그니 그의 살이 어린아이의 살 같이 회복되어 깨끗하게 되었더라"(왕하 5:14)	은혜에 의한 치료를 상징
엘리사	왕하 13:14 (cf. 왕하 2:12)	"엘리사가 죽을 병이 들매 이스라엘의 왕 요아스가 그에게로 내려와 자기의 얼굴에 눈물을 흘리며 이르되 내 아버지여 내 아버지여 이스라엘의 병거와 마병이여 하매"(왕하 13:14)	엘리사를 은유, 상징
엘리사	왕하 13:15	"엘리사가 그에게 이르되 활과 화살들을 가져오소서 하는지라 활과 화살들을 그에게 가져오매"(왕하 13:15)	전쟁을 상징
엘리사	왕하 13:16	"또 이스라엘 왕에게 이르되 왕의 손으로 활을 잡으소서 하매 그가 손으로 잡으니 엘리사가 자기 손을 왕의 손 위에 얹고	하나님이 함께 하심을 상징
엘리사	왕하 13:17	"이르되 동쪽 창을 여소서 하여 곧 열매 엘리사가 이르되 쏘소서 하는지라 곧 쏘매 엘리사가 이르되 이는 여호와를 위한 구원의 화살 곧 아람에 대한 구원의 화살이니 왕이 아람 사람을 멸절하도록 아벡에서 치리이다 하니라"(왕하 13:17)	아람과의 전쟁을 상징, 하나님의 구원을 상징

3. 맹세(Oath)

맹세는 반복의 영역에 포함될 수도 있지만, 여기서 별도로 설명하고자 한다. 엘리야-엘리사 내러티브에서 등장하는 여러 사람에 의한 맹세의 장면들이 있다. 열왕기서에서 '여호와의 이름으로'(살아 계심으로) 맹세하는 총 13회(왕상 2:24; 17:1, 12; 18:10, 15; 22:14; 왕하 2:2, 4, 6; 3:14; 4:30; 5:16, 20)의 용례들 가운데 거의 대부분인 12회가 엘리야-엘리사 내러티브에서 발생한다는 사실은 매우 흥미로운 데이터가 된다. 맹세는 맹세하는 자의 진정성을 공적으로 표명하는 것이며, 그 맹세한 대로 행하겠다는 강한 결의와 의지를 반영하고 있다. 맹세의 구문들은 서로 유사한 수사학적 패턴을 가지고 있다. 이른바, '맹세의 공식'(oath formula)이다.

이러한 맹세의 공식을 사용할 때, 맹세하는 자와 그 맹세를 듣는 청중들은 서로가 잘 이해하고 있는 사회문화적 배경을 가지고 있다는 것을 의미한다. 즉 맹세의 수사학적 표현은 사회 구성원이 함께 공유하는 보편적 개념들이 많이 사용되고 있다. 주로 등장하는 것이 맹세를 함에 있어서 최고의 권위자의 이름과 행위를 언급한다. "여호와의 살아 계심으로…" 맹세하는 것이 그 대표적인 예이다.

때로는 하나님의 이름으로 맹세함에도 그 진정성이 떨어지는 경우는 그러한 맹세의 언어적 공식이 그 사회에 '습관화' 또는 '문화화'되었음을 보여 준다.

표 7. 맹세의 표현

시대	구절	맹세의 말씀	맹세자
엘리야	왕상 17:1	"길르앗에 우거하는 자 중에 디셉 사람 엘리야가 아합에게 말하되 내가 섬기는 이스라엘의 하나님 여호와께서 살아 계심을 두고 맹세하노니 내 말이 없으면 수 년 동안 비도 이슬도 있지 아니하리라 하니라"(왕상 17:1) חַי־יְהוָה אֱלֹהֵי יִשְׂרָאֵל(하이-야훼 애로헤 이스라엘)	엘리야
엘리야	왕상 17:12	"그가 이르되 당신의 하나님 여호와께서 살아 계심을 두고 맹세하노니 나는 떡이 없고 다만 통에 가루 한 움큼과 병에 기름 조금뿐이라 내가 나뭇가지 둘을 주워다가 나와 내 아들을 위하여 음식을 만들어 먹고 그 후에는 죽으리라"(왕상 17:12) חַי־יְהוָה אֱלֹהֶיךָ(하이-야훼 애로헤카)	사르밧 과부

시대	구절	맹세의 말씀	맹세자
엘리야	왕상 18:10	"당신의 하나님 여호와께서 살아 계심을 두고 맹세하노니 내 주께서 사람을 보내어 당신을 찾지 아니한 족속이나 나라가 없었는데 그들이 말하기를 엘리야가 없다 하면 그 나라와 그 족속으로 당신을 보지 못하였다는 맹세를 하게 하였거늘"(왕상 18:10) חַי־יְהוָה אֱלֹהֶיךָ(하이-야훼 애로헤카)	오바댜
엘리야	왕상 18:15	"엘리야가 이르되 내가 섬기는 만군의 여호와께서 살아 계심을 두고 맹세하노니 내가 오늘 아합에게 보이리라"(왕상 18:15) חַי־יְהוָה צְבָאוֹת(하이-야훼 체바오트)	엘리야
엘리야	왕상 19:2	"이세벨이 사신을 엘리야에게 보내어 이르되 내가 내일 이맘 때에는 반드시 네 생명을 저 사람들 중 한 사람의 생명과 같게 하리라 그렇게 하지 아니하면 신들이 내게 벌 위에 벌을 내림이 마땅하니라 한지라"(왕상 19:2) כֹּה־יַעֲשׂוּן אֱלֹהִים(코-야아슌 애로힘)	이세벨
엘리야	왕상 20:10	"그 때에 벤하닷이 다시 그에게 사람을 보내어 이르되 사마리아의 부스러진 것이 나를 따르는 백성의 무리의 손에 채우기에 족할 것 같으면 신들이 내게 벌 위에 벌을 내림이 마땅하니라 하매"(왕상 20:10) כֹּה־יַעֲשׂוּן לִי אֱלֹהִים(코-야아슌 리 애로힘)	벤하닷
엘리야	왕상 22:14	"미가야가 이르되 여호와께서 살아 계심을 두고 맹세하노니 여호와께서 내게 말씀하시는 것 곧 그것을 내가 말하리라 하고"(왕상 22:14) חַי־יְהוָה(하이-야훼)	미가야
엘리야	왕하 2:2	"엘리야가 엘리사에게 이르되 청하건대 너는 여기 머물라 여호와께서 나를 벧엘로 보내시느니라 하니 엘리사가 이르되 여호와께서 살아 계심과 당신의 영혼이 살아 있음을 두고 맹세하노니 내가 당신을 떠나지 아니하겠나이다 하는지라 이에 두 사람이 벧엘로 내려가니"(왕하 2:2) חַי־יְהוָה וְחֵי־נַפְשְׁךָ(하이-야훼 웨헤-나프쉐카)	엘리사
엘리야	왕하 2:4	"엘리야가 그에게 이르되 엘리사야 청하건대 너는 여기 머물라 여호와께서 나를 여리고로 보내시느니라 엘리사가 이르되 여호와께서 살아 계심과 당신의 영혼이 살아 있음을 두고 맹세하노니 내가 당신을 떠나지 아니하겠나이다 하니라 그들이 여리고에 이르매"(왕하 2:4) חַי־יְהוָה וְחֵי־נַפְשְׁךָ(하이-야훼 웨헤-나프쉐카)	엘리사
엘리야	왕하 2:6	"엘리야가 또 엘리사에게 이르되 청하건대 너는 여기 머물라 여호와께서 나를 요단으로 보내시느니라 하니 그가 이르되 여호와께서 살아 계심과 당신의 영혼이 살아 있음을 두고 맹세하노니 내가 당신을 떠나지 아니하겠나이다 하는지라 이에 두 사람이 가니라"(왕하 2:6) חַי־יְהוָה וְחֵי־נַפְשְׁךָ(하이-야훼 웨헤-나프쉐카)	엘리사

시대	구절	맹세의 말씀	맹세자
엘리사	왕하 3:14	"엘리사가 이르되 <u>내가 섬기는 만군의 여호와께서 살아 계심을 두고 맹세하노니</u> 내가 만일 유다의 왕 여호사밧의 얼굴을 봄이 아니면 그 앞에서 당신을 향하지도 아니하고 보지도 아니하였으리이다"(왕하 3:14) (חַי־יְהוָה צְבָאוֹת)(하이-야훼 체바오트)	엘리사
엘리사	왕하 4:30	"아이의 어머니가 이르되 여호와께서 살아 계심과 당신의 영혼이 살아 계심을 두고 맹세하노니 내가 당신을 떠나지 아니하리이다 엘리사가 이에 일어나 여인을 따라가니라"(왕하 4:30) (חַי־יְהוָה)(하이-야훼)	수넴 여인
엘리사	왕하 5:16	"이르되 <u>내가 섬기는 여호와께서 살아 계심을 두고 맹세하노</u>니 내가 그 앞에서 받지 아니하리라 하였더라 나아만이 받으라고 강권하되 그가 거절하니라"(왕하 5:16) (חַי־יְהוָה)(하이-야훼)	엘리사
엘리사	왕하 5:20	"하나님의 사람 엘리사의 사환 게하시가 스스로 이르되 내 주인이 이 아람 사람 나아만에게 면하여 주고 그가 가지고 온 것을 그의 손에서 받지 아니하였도다 <u>여호와께서 살아 계심을 두고 맹세하노니</u> 내가 그를 쫓아가서 무엇이든지 그에게서 받으리라 하고"(왕하 5:20) (חַי־יְהוָה)(하이-야훼)	게하시
엘리사	왕하 6:31	"왕이 이르되 사밧의 아들 엘리사의 머리가 <u>오늘 그 몸에 붙어 있으면 하나님이 내게 벌 위에 벌을 내리실지로다 하니</u>라"(왕하 6:31) (כֹּה־יַעֲשֶׂה־לִּי אֱלֹהִים)(코-야아세-리 애로힘)	이스라엘 왕(요람)

4. 예언-성취(Prophecy-Fulfillment)

엘리야-엘리사 내러티브가 포함된 성경의 책이 역사서의 장르임에도, 다양한 예언과 신탁을 생동감 있게 전하면서, 즉각적으로 혹은 때로는 가까운 시일 내에 그 예언이 성취되는 장면을 연출한다. 심지어는 몇 시간 또는 하루 뒤에 성취되는 예언들도 있다. 이러한 예언과 신탁을 선지자들이 전달할 때, 많은 경우 선지서에서 주로 사용하는 여호와의 신탁을 전달하는 전통적인 '메신저 포뮬러'(Messenger formula, 예를 들어 "여호와께서 이르시되")를 항상 사용하지 않음에도, 엘리야와 엘리사는 일정한 방식(맹세 등)을 사용하여 예언을 전달한다.

메신저 포뮬러의 용법은 신탁을 주시는 여호와 하나님의 권위와 그 예언을 전달하는 메신저로서 선지자의 권위를 강화해준다. 그리고 신탁의 말씀 곧 예언의 말씀이 성취된다는 점을 강조하는 방식으로 말씀의 신실성을 대변한다. 즉 메신저와 메시지의 권위와 신실성이 담보되는 수사학적 표현이 메신저 포뮬러의 사용이다.

그리고 전통적인 선지자들과 대조적인 한 방식은 그들의 예언 활동이 말로만 주어지지 않고 그들은 주로 기적이라는 행동 사역이 그 주된 방법론을 이루고 있다. 예레미야와 에스겔과 같은 전통적인 문필 선지자들이 때로 언어적 예언 사역 외에 행동을 통한 상징적 예언을 하는 경우들이 있지만, 엘리야와 엘리사처럼 기적들을 행하는 장면들은 많지 않다. 그러므로 엘리야-엘리사 내러티브에서 예언과 성취는 기적이라는 방법론을 통해 전개될 때가 많다.

표 8. 예언과 성취 관계

	예언/명령의 말씀		성취/순종의 말씀
왕상 17:1	"길르앗에 우거하는 자 중에 디셉 사람 엘리야가 아합에게 말하되 내가 섬기는 이스라엘의 하나님 여호와께서 살아 계심을 두고 맹세하노니 내 말이 없으면 수 년 동안 비도 이슬도 있지 아니하리라 하니라"(왕상 17:1)	왕상 17:7	"땅에 비가 내리지 아니하므로 얼마 후에 그 시내가 마르니라"(왕상 17:7)
왕상 17:14	"이스라엘의 하나님 여호와의 말씀이 나 여호와가 비를 지면에 내리는 날까지 그 통의 가루가 떨어지지 아니하고 그 병의 기름이 없어지지 아니하리라 하셨느니라"(왕상 17:14)	왕상 17:16	"여호와께서 엘리야를 통하여 하신 말씀 같이 통의 가루가 떨어지지 아니하고 병의 기름이 없어지지 아니하니라"(왕상 17:16)
왕상 18:1	"많은 날이 지나고 제삼년에 여호와의 말씀이 엘리야에게 임하여 이르시되 너는 가서 아합에게 보이라 내가 비를 지면에 내리리라"(왕상 18:1)	왕상 18:41	"엘리야가 아합에게 이르되 올라가서 먹고 마시소서 큰 비 소리가 있나이다"(왕상 18:41)
왕상 18:24	"너희는 너희 신의 이름을 부르라 나는 여호와의 이름을 부르리니 이에 불로 응답하는 신 그가 하나님이니라 백성이 다 대답하되 그 말이 옳도다 하니라"(왕상 18:24)	왕상 18:38	"이에 여호와의 불이 내려서 번제물과 나무와 돌과 흙을 태우고 또 도랑의 물을 핥은지라"(왕상 18:38)

	예언/명령의 말씀		성취/순종의 말씀
왕상 21:19	"너는 그에게 말하여 이르기를 여호와의 말씀이 네가 죽이고 또 빼앗았느냐고 하셨다 하고 또 그에게 이르기를 여호와의 말씀이 개들이 나봇의 피를 핥은 곳에서 개들이 네 피 곧 네 몸의 피도 핥으리라 하였다 하라"(왕상 21:19)	왕상 22:38	"그 병거를 사마리아 못에서 씻으매 개들이 그의 피를 핥았으니 여호와께서 하신 말씀과 같이 되었더라 거기는 창기들이 목욕하는 곳이었더라"(왕상 22:38)
		왕하 9:25-26	"예후가 그의 장관 빗갈에게 이르되 그 시체를 가져다가 이스르엘 사람 나봇의 밭에 던지라 네가 기억하려니와 이전에 너와 내가 함께 타고 그의 아버지 아합을 좇았을 때에 여호와께서 이같이 그의 일을 예언하셨느니라 여호와께서 말씀하시기를 내가 어제 나봇의 피와 그의 아들들의 피를 분명히 보았노라 여호와께서 또 말씀하시기를 이 토지에서 네게 갚으리라 하셨으니 그런즉 여호와의 말씀대로 그의 시체를 가져다가 이 밭에 던질지니라 하는지라"(왕하 9:25-26)
		왕하 9:36-37	"돌아와서 전하니 예후가 이르되 이는 여호와께서 그 종 디셉 사람 엘리야를 통하여 말씀하신 바라 이르시기를 이스르엘 토지에서 개들이 이세벨의 살을 먹을지라 그 시체가 이스르엘 토지에서 거름같이 밭에 있으리니 이것이 이세벨이라고 가리켜 말하지 못하게 되리라 하셨느니라 하였더라"(왕하 9:36-37)
왕상 19:15	"여호와께서 그에게 이르시되 너는 네 길을 돌이켜 광야를 통하여 다메섹에 가서 이르거든 하사엘에게 기름을 부어 아람의 왕이 되게 하고"(왕상 19:15)	왕하 8:13	"하사엘이 이르되 당신의 개 같은 종이 무엇이기에 이런 큰일을 행하오리이까 하더라 엘리사가 대답하되 여호와께서 네가 아람 왕이 될 것을 내게 알게 하셨느니라 하더라"(왕하 8:13)
왕상 19:16상	"너는 또 님시의 아들 예후에게 기름을 부어 이스라엘의 왕이 되게 하고"(왕상 19:16상)	왕하 9:3	"기름병을 가지고 그의 머리에 부으며 이르기를 여호와의 말씀이 내가 네게 기름을 부어 이스라엘 왕으로 삼노라 하셨느니라 하고 곧 문을 열고 도망하되 지체하지 말지니라 하니"(왕하 9:3)
왕상 19:16하	"또 아벨므홀라 사밧의 아들 엘리사에게 기름을 부어 너를 대신하여 선지자가 되게 하라"(왕상 19:16하)	왕상 19:19	"엘리야가 거기서 떠나 사밧의 아들 엘리사를 만나니 그가 열두 겨릿소를 앞세우고 밭을 가는데 자기는 열두째 겨릿소와 함께 있더라 엘리야가 그리로 건너가서 겉옷을 그의 위에 던졌더니"(왕상 19:19)

	예언/명령의 말씀		성취/순종의 말씀
왕하 3:19	"당신들이 모든 견고한 성읍과 모든 아름다운 성읍을 치고 모든 좋은 나무를 베고 모든 샘을 메우고 돌로 모든 좋은 밭을 헐리이다 하더니"(왕하 3:19)	왕하 3:25	"그 성읍들을 쳐서 헐고 각기 돌을 던져 모든 좋은 밭에 가득하게 하고 모든 샘을 메우고 모든 좋은 나무를 베고 길하레셋의 돌들은 남기고 물매꾼이 두루 다니며 치니라"(왕하 3:25)
왕하 7:1-2	"엘리사가 이르되 여호와의 말씀을 들을지어다 여호와께서 이르시되 내일 이맘때에 사마리아 성문에서 고운 밀가루 한 스아를 한 세겔로 매매하고 보리 두 스아를 한 세겔로 매매하리라 하셨느니라 그 때에 왕이 그의 손에 의지하는 자 곧 한 장관이 하나님의 사람에게 대답하여 이르되 여호와께서 하늘에 창을 내신들 어찌 이런 일이 있으리요 하더라 엘리사가 이르되 네가 네 눈으로 보리라 그러나 그것을 먹지는 못하리라 하니라"(왕하 7:1-2)	왕하 7:16-17	"백성들이 나가서 아람 사람의 진영을 노략한지라 이에 고운 밀가루 한 스아에 한 세겔이 되고 보리 두 스아가 한 세겔이 되니 여호와의 말씀과 같이 되었고 왕이 그의 손에 의지하였던 그의 장관을 세워 성문을 지키게 하였더니 백성이 성문에서 그를 밟으매 하나님의 사람의 말대로 죽었으니 곧 왕이 내려왔을 때에 그가 말한 대로라"(왕하 7:16-17)
왕하 13:17-19	"이르되 동쪽 창을 여소서 하여 곧 열매 엘리사가 이르되 쏘소서 하는지라 곧 쏘매 엘리사가 이르되 이는 여호와를 위한 구원의 화살 곧 아람에 대한 구원의 화살이니 왕이 아람 사람을 멸절하도록 아벡에서 치리이다 하니라 또 이르되 화살들을 집으소서 곧 집으매 엘리사가 또 이스라엘 왕에게 이르되 땅을 치소서 하는지라 이에 세 번 치고 그친지라 하나님의 사람이 노하여 이르되 왕이 대여섯 번을 칠 것이니이다 그리하였더라면 왕이 아람을 진멸하기까지 쳤으리이다 그런즉 이제는 왕이 아람을 세 번만 치리이다 하니라"(왕하 13:17-19)	왕하 13:25	"여호아하스의 아들 요아스가 하사엘의 아들 벤하닷의 손에서 성읍을 다시 빼앗으니 이 성읍들은 자기 부친 여호아하스가 전쟁 중에 빼앗겼던 것이라 요아스가 벤하닷을 세 번 쳐서 무찌르고 이스라엘 성읍들을 회복하였더라"(왕하 13:25)

5. 말씀과 기적(The Word and Miracles)

구약성경의 대표적인 두 승계 내러티브를 형성하는 모세-여호수아, 그리고 엘리야-엘리사가 있다. 이들이 등장하는 기적 사건들은 역사적, 문학적 컨텍스트 안에서 독특한 신학적 기능과 지향하는 목적을 가진다. 그것들 가운데 하나로써, 하나님의 기적의 역사는 하나님의 보내신 종들과 보내신 말씀들을 의미 있게 설명하고 확증하는 역할을 한다.

구약의 구속사적인 기적들의 사건과 인물들의 시작은 모세에 의해 기술되었으며, 그것들과 선지자의 원조로서 모세에 대한 그 궁극적 성취의 인물은 메시아로 오신 그리스도이다. 그리스도께서 이 모든 것에 대한 완결적 성취(telos)가 되신다. 계시 역사의 그 시작의 중심에 있는 모세와 그 마지막에 있는 그리스도, 이 둘 사이에 엘리야-엘리사가 존재한다.[12]

엘리야-엘리사 내러티브에서, 하나님의 사람을 어떤 사람이나 가정에 보내셔서 특정 개인과 공동체와 다양한 방식으로 관계를 맺게 하신다. 그들을 향하신 하나님의 뜻을 이루어 가는 과정에서 또는 그 결과에서 중요한 반응이 있다면, 그것은 바로 그들이 말씀과 말씀의 인격에 대한 신뢰의 응답을 하는 것이다. 선지자와 접촉하는 사람들은 처음부터 믿음을 가진 자는 아니었다. 말씀을 통해, 그리고 선지자가 행하는 기적을 통해서 하나님을 향한 경험적인 살아있는 고백을 하게 된다. 이것이 선지자와 말씀을 각 개인과 공동체에 보내신 중요한 이유들 가운데 하나이다. 그런데 대다수는 신실한 응답을 하지 않았다. 단지 몇 개의 상황에서 기적을 경험한 몇 사람들만 하나님과 그 말씀의 신실성을 명시적으로 고백 및 공언을 했다.

표 9. 말씀과 기적

시대	구절	말씀과 기적	의미
엘리야	왕상 17:24	"여인이 엘리야에게 이르되 내가 이제야 당신은 하나님의 사람이시요 당신의 입에 있는 여호와의 말씀이 진실한 줄 아노라 하니라"(왕상 17:24)	사르밧 과부의 고백
엘리야	왕상 18:39	"모든 백성이 보고 엎드려 말하되 여호와 그는 하나님이시로다 여호와 그는 하나님이시로다 하니"(왕상 18:39)	백성들의 고백
엘리사	왕하 5:15	"…내가 이제 이스라엘 외에는 온 천하에 신이 없는 줄을 아나이다…"(왕하 5:15)	나아만의 고백

---

12   이것에 대한 최근의 한 연구인, Sang Jin Kim, *The Literary and Theological Functions of OT Miracle Narratives: The Two Major OT Miracle Narratives Associated with Moses/Joshua and Elijah/Elisha* (German: VDM Verlag, 2009), *The Literary and the Theological Functions of NT Miracle Narratives: The Miracle Narratives Associated with Jesus and the Apostles in Light of Their Counterparts in the Old Testament* (German: VDM, 2010)를 참고하라.

6. 중보적 기도-응답(Intercessional Prayer-Response)

엘리야-엘리사 내러티브에서 하나님의 뜻이 능력 가운데 시행되고 구현되는 데에, 자주 사용되는 방법론이 기도와 응답이라는 방식이다. 선지자는 가까이 있는 자들을 위해서도 중보자로서 기도를 하기도 하며, 때로는 대적들을 향하여 기도하기도 한다. 때로는 죽은 자를 위해서 생명의 주인이 되신 여호와께 기도한다. 엘리야와 엘리사가 능력을 행하는 기적의 선지자라면, 그러한 선지자의 능력은 곧 하나님의 능력이라는 점을 가장 잘 보여 주는 것이 바로 중보자로서 선지자의 기도 장면이다. 그들은 하나님의 사람, 하나님의 종, 하나님의 도구들이다.

표 10. 중보 기도와 응답

	중보 기도		기도 응답
왕상 17:20-21	"여호와께 부르짖어 이르되 내 하나님 여호와여 주께서 또 내가 우거하는 집 과부에게 재앙을 내리사 그 아들이 죽게 하셨나이까 하고 그 아이 위에 몸을 세 번 펴서 엎드리고 여호와께 부르짖어 이르되 내 하나님 여호와여 원하건대 이 아이의 혼으로 그의 몸에 돌아오게 하옵소서 하니"(왕상 17:20-21)	왕상 17:22	"여호와께서 엘리야의 소리를 들으시므로 그 아이의 혼이 몸으로 돌아오고 살아난지라"(왕상 17:22)
왕상 18:36-37	"저녁 소제 드릴 때에 이르러 선지자 엘리야가 나아가서 말하되 아브라함과 이삭과 이스라엘의 하나님 여호와여 주께서 이스라엘 중에서 하나님이신 것과 내가 주의 종인 것과 내가 주의 말씀대로 이 모든 일을 행하는 것을 오늘 알게 하옵소서 여호와여 내게 응답하옵소서 내게 응답하옵소서 이 백성에게 주 여호와는 하나님이신 것과 주는 그들의 마음을 되돌이키심을 알게 하옵소서 하매"(왕상 18:36-37)	왕상 18:38	"이에 여호와의 불이 내려서 번제물과 나무와 돌과 흙을 태우고 또 도랑의 물을 핥은지라"(왕상 18:38)

	중보 기도		기도 응답
왕상 18:42	"아합이 먹고 마시러 올라가니라 엘리야가 갈멜산 꼭대기로 올라가서 땅에 꿇어 엎드려 그의 얼굴을 무릎 사이에 넣고"(왕상 18:42)	왕상 18:44-45	"일곱 번째 이르러서는 그가 말하되 바다에서 사람의 손 만한 작은 구름이 일어나나이다 이르되 올라가 아합에게 말하기를 비에 막히지 아니하도록 마차를 갖추고 내려가소서 하라 하니라 조금 후에 구름과 바람이 일어나서 하늘이 캄캄해지며 큰 비가 내리는지라 아합이 마차를 타고 이스르엘로 가니"(왕상 18:44-45)
왕하 4:33	"들어가서는 문을 닫으니 두 사람뿐이라 엘리사가 여호와께 기도하고"(왕하 4:33)	왕하 4:34-35	"아이 위에 올라 엎드려 자기 입을 그의 입에, 자기 눈을 그의 눈에, 자기 손을 그의 손에 대고 그의 몸에 엎드리니 아이의 살이 차차 따뜻하더라 엘리사가 내려서 집 안에서 한 번 이리 저리 다니고 다시 아이 위에 올라 엎드리니 아이가 일곱 번 재채기하고 눈을 뜨는지라"(왕하 4:34-35)
왕하 6:17상	"기도하여 이르되 여호와여 원하건대 그의 눈을 열어서 보게 하옵소서 하니"(왕하 6:17상)	왕하 6:17하	"여호와께서 그 청년의 눈을 여시매 그가 보니 불말과 불병거가 산에 가득하여 엘리사를 둘렀더라"(왕하 6:17하)
왕하 6:18상	"아람 사람이 엘리사에게 내려오매 엘리사가 여호와께 기도하여 이르되 원하건대 저 무리의 눈을 어둡게 하옵소서 하매"(왕하 6:18상)	왕하 6:18하	"엘리사의 말대로 그들의 눈을 어둡게 하신지라"(왕하 6:18하)
왕하 6:20상	"사마리아에 들어갈 때에 엘리사가 이르되 여호와여 이 무리의 눈을 열어서 보게 하옵소서 하니"(왕하 6:20상)	왕하 6:20하	"여호와께서 그들의 눈을 여시매 그들이 보니 자기들이 사마리아 가운데에 있더라"(왕하 6:20하)

7. 심판과 징계(Judgment and Discipline)

엘리야-엘리사 내러티브에서 언약의 하나님과 그 말씀을 배반하고 신뢰하지 않는 자 그리고 다양한 죄를 범하는 자들에게 하나님의 심판과 징계가 역동적으로 나타난다. 이러한 심판과 징계의 역동성과 생동감은 하나님과 계명을 잃어버린 세대에게 경고와 경계를 주어 그분을 경외하게 함이 한 의도일 것이다.

이것은 바알과 여호와의 전쟁이며, 참 선지자와 거짓 선지자들의 대결이며, 하나님의 존재와 말씀에 대한 신앙과 불신앙의 대결적 구도 안에서 심판과 징계가 발생한다. 이런 점에서, 심판과 징계는 언약적 저주의 결과이다 (왕상 18:40; 21:20-22; 왕하 7:20).

8. 탄식과 외침(Lamentation)

구약성경에서 탄식의 장르는 독특한 문학적 기능을 한다. 탄식은 모두가 위기의 상황에서 쏟아낸 언어들이다. 많은 경우, 구약에서 탄식들은 단순한 불신이나 불평이 아니라, 현실적 위기의 상황에서 하나님의 의로운 공의와 뜻과 긍휼을 간절히 기대하는 내적인 진실한 심정을 외적인 직설적인 언어로 하나님께 쏟아 내는 구약의 독특한 문학 양식이다. 하박국의 탄식, 욥의 탄식, 예레미야의 탄식 그리고 탄식시의 시편 기자들의 탄식이 그 대표적이다(왕상 17:18, 20; 19:4, 10, 14; 왕하 4:28).

9. 방문 사역(Visiting Ministry)

엘리야는 사르밧 과부의 집에 방문하여 하나님의 공급하심으로 그들을 먹이고 함께 먹는다. 엘리사도 수넴 여인의 집에 방문하여 공급받게 하시고 그들에게 말씀과 기적으로 생명을 공급한다.

이 과정에 등장하는 여인들은 모두 '익명' 또는 '무명'의 여성들 또는 그들의 가정이다.[13] 엘리야는 아합을 방문한다. 엘리사는 다메섹을 방문한다.

---

13 엘리야-엘리사 내러티브에 대한 독자 중심(reader-centered)의 해석으로써, 사회학적 연구 및 페미니즘 관점의 연구들도 있는데, 이 연구에 따르면, 이름을 가진 남성 선지자들의 존재는 그들 자체로 존재하는 것이 아니라, 그 내러티브에 등장하는 익명의 여성들의 존재와 역할 때문에 여호와의 생명의 사역이 성취되는 것을 강조하는 연구이다. Hye Kung Park, *Why Not Her?: A Form and Literary-Critical Interpretation of the Named and Unnamed Women in the Elijah and Elisha Narratives* (New York: Peter Lang, 2015).이 연구는 통시적인 관점(diachronic)에서 양식사 비평(form-criticism)과 공시적 관점(synchronic)

선지자의 한 제자는 길르앗 라못에 있는 예후를 방문한다. 반대로 여호람과 여호사밧과 에돔 왕으로 구성된 연합한 세 왕은 전쟁을 앞두고 엘리사를 방문한다(왕상 17:3, 9; 18:1; 19:15-16; 왕하 3:12; 4:8-11, 32-37).

하나님의 사람으로서 엘리야와 엘리사 또는 선지자의 제자의 방문은 보내시는 자와 보냄을 받는 자 사이의 발생하는 사역이 형태이다. 궁극적으로 보내시는 분은 여호와 하나님이시다.

10. 여호와의 능력이 임함(Theophanic Power)

주로 선지자들을 통한 기적이 하나님의 능력임을 보여 준다. 하나님이 사람을 통한 기적이 하나님의 능력 자체이지만, 때로는 신현현(theophany)과 신인동성동형론적인(anthropomorphic) 표현을 사용하여 하나님의 능력을 가시화한다(왕상 18:46; 왕하 2:8-9; 11; 3:15, 27; 6:17).

11. 대체적 전이의 변화와 변질(Alternate Transformation)

"대체적 전이"라는 개념은 동일 문맥 안에서 등장하는 서로 다른 대조적인 두 등장인물이 서로 다른 대조적 행위를 함으로, 서로 다른 결과를 가져오게 되는 필자의 개념이다. 이 양자 가운데, 한쪽은 긍정적 변화를 경험하고 다른 한쪽은 부정적 변질을 경험한다. 엘리야-엘리사 내러티브에서 변화는 생명이라는 언약의 복의 회복을 암시하며, 변질은 언약의 저주를 암시한다.

에서 내러티브 비평(Narrative Criticism)의 해석 방법론을 사용한다. 그런데 이 연구는 신명기적 역사(Deutronomistic History)의 관점에 기초하고 있는 것에 필자는 아쉬움을 가진다. 그리고 신명기적 역사의 관점에 기초한 엘리야-엘리사 내러티브의 본문에 대한 정경화 과정에 대한 연구도 있다. Susanne Otto, *The Composition of the Elijah-Elisha Stories and the Deuteronomistic History*, Journal for the Study of the Old Testament 27:4 (2003): 487-508.

대체적 전이를 경험하는 두 쌍의 대표적인 관계들은 '나아만-게하시의 관계'이며, 또 다른 하나는 '어린 소녀-나아만의 관계'이다. 두 경우 모두 나아만이 공통 인물로 등장한다. 오직 나아만의 경우에만, 대조적인 상황에서 다른 한쪽의 긍정적 모습으로 변화되는 측면을 보여 준다.

나아만이 순종의 행위를 함으로 게하시가 누렸던 언약의 복을 향유하게 된 긍정적 변화로의 경험이라면, 게하시는 죄악의 행위를 함으로 나아만의 나쁜 과거의 상태를 송두리째 뒤 덮어쓰는 격으로서 변질로의 경험이다. 즉 게하시는 나아만의 나병을 뒤 덮어쓰게 되었고 나아만은 어린 소녀의 믿음과 피부로 "이식함"을 받았다. 엘리야-엘리사 내러티브에서 가장 탁월한 문학적 기법을 꼽으라고 한다면, 필자는 바로 이 부분이라고 말할 것이다.

1) 나아만의 나병(왕하 5:1)으로 게하시의 나병으로 전환(왕하 5:27)

이것은 질병의 감염의 개념이 아니라, 영혼의 죄악의 감염의 개념이다. 즉 동일 문맥에 등장하는 두 사람 사이에 은혜로 치료된 나아만의 과거의 질병인 그 나병이, 게하시가 범한 탐욕의 죄에 대한 징계로 게하시에게 발병했다는 의미이다. 요약하면, 게하시의 탐욕으로 인해, 치료된 나아만의 과거 나병이 게하시에게로 현재 옮겨왔다. 반대로, 하나님의 사람 엘리사의 곁에서 영적인 부요를 경험했던 게하시의 "옛 신분"은 나아만의 "새 신분"으로 전이되었다.

2) 어린 소녀의 믿음(왕하 5:2-3)으로 나아만의 살이 '어린아이의 살 같이 회복'(왕하 5:14)

어린 소녀는 전쟁 포로로 끌려와 나아만의 아내를 섬기는 이스라엘 출신으로서, 아람 나라에서 노예가 되어 살아가고 있다. 아람에서 사회적 신분은 노예였으나, 그녀가 보여 준 믿음은 고귀했다. 나아만의 집이라는 공간에서 어린 여성의 전쟁 노예와 그 전쟁의 승리의 당사자인 아람 왕과 나라의 '큰 자'(군대 장관) 사이의 신분과 성별과 연령적 대조에도 불구하고, 그녀의 말로 표현된 믿음이 나아만의 아내를 통해 나아만에게로 그리고 심지어 아람 왕에게도 전달되어 하나님의 사람이 있는 이스라엘을 향한 여정에 오른다.

요단강에서 말씀에 대한 최종적 순종과 하나님에 대한 신뢰를 통해서, 그의 나병이 '어린아이의 살'같이 되었다는 비유는 '큰 용사라'는 사회적 신분을 가진 나아만이 말씀에 대한 신뢰와 순종으로 어린아이의 믿음이 되었다는 것을 보여 준다. 그 결과도, 어린아이의 살 같이 변화되고 치유되었다.

그래서 어린 소녀의 믿음은 나아만에게 전이되었고, 나아만의 옛 피부는 어린 소녀의 새 피부로 전이되었다. 물론 전쟁 노예인 어린 소녀는 하나님과 말씀에 대한 능력을 적국에서 선포하였기에, 그녀는 이미 적국의 심장부에서 더 이상 '전쟁 노예'가 아니라, 질병 치유와 새 생명 회복에 대한 말씀을 선포한 '승리자'의 지위를 누렸다고 볼 수 있다. 나아만이 고국의 자기 집으로 "소녀의 피부"(왕하 5:14)를 가지고 건강하게 귀가했을 때, 그리고 나아만과 그 가정이 여호와만 참 하나님으로 섬기는 가정으로 변화되었을 때(왕하 5:17), 그 소녀의 기쁨이 그것을 증명했을 것이다.

위에서 언급한 두 경우에서, 이러한 대체적 전이의 변화의 개념은 나아만과 게하시 사이에 발생한 나병과 더불어, 어린 소녀와 큰 용사 나아만 사이에 발생한 큰 자와 작은 자의 개념을 통해서 보여 주는 문학적 기법이다. 이 기법은 엘리야-엘리사 내러티브에서 역사서 저자가 보여 주는 가장 탁월한 문학적 스킬이 아닐 수 없다. 이러한 문학적 창의적 기법이 문학 자체로 남아있지 않고 언약적 저주와 언약적 복을 각각 암시하도록 의도하고 있다는 신학적 기법으로 발전한다는 점에서, 엘리야-엘리사 내러티브의 그 탁월성이 최절정에 이른다 할 수 있다.

3) 아람 군대의 소경됨(왕하 6:17)이 엘리사의 사환의 소경됨으로 전이 (왕하 5:17)

엘리사를 잡기 위해 아람 왕의 지시를 받아 지역 전체를 포위한 장면을 이른 아침에 보게 된 게하시가 깜짝 놀라 얼어버린다. 엘리사는 여호와께 기도함으로 그의 어두운 영의 눈을 열어서 불말과 불병거가 산에 가득한 것을 보게 된다.

반면, 엘리사는 여호와께 기도함으로 대적들의 육의 눈을 닫아서, 아군과 적군을 구분하지 못하게 되어, 포로로 이스라엘 왕 앞으로 인도된다.

다시 엘리사의 기도로 그들은 어두운 육의 눈을 떤다. 이 과정에서, 게하시의 어두운 영안의 시력이 아람 군사들의 육안의 시력으로 전이되고 다시 밝은 육안으로 회복된다. 그래서 당분간 다시는 이스라엘을 침범하지 못하도록 이스라엘에 하나님의 살아 계심을 깨닫게 된 "밝은 영안"으로 알게 되었다. 이 경우, 게하시와 아람 군사들 사이에 시력의 전이가 일어났다.

4) 사환이 본 '불말과 불병거'(왕하 6:17)는 엘리야의 승천 장면에서 나타난 '불수레와 불병거'(왕하 2:11)의 집단적 재현

이것은 앞의 세 가지의 경우와 좀 다른 것으로서, 엘리야의 존재와 그 인격이 승천 전과 후에 지속된다는 측면을 보여 주는 개념이다. 엘리야와 엘리사 사이에 선지자 직분의 승계 과정과 시대의 단절이 있었음에도, 엘리야와 엘리사 두 선지자의 인격과 사역의 연속성을 잘 보여 주는 대표적인 한 경우이다.[14]

엘리야가 승천할 때 등장한 '불수레와 불말'(רֶכֶב-אֵשׁ וְסוּסֵי אֵשׁ, 레켑-에쉬 웨쑤쎄 에쉬, 원문은 "불수레와 불말들")은 엘리사를 둘러싼 '불말과 불병거'(וְרֶכֶב אֵשׁ סוּסִים, 쑤씸 웨레켑 에쉬, 원문은 "말들과 불병거")와 히브리어의 단어의 어순은 뒤바뀌었지만 거의 동일한 표현이다.

이것은 엘리야의 지상의 마지막 장면에서, 엘리사가 엘리야에게 간청했던 것, '엘리야가 가진 성령의 능력의 갑절'을 구한 것이 또 다른 방식에서(겉옷으로 물 치기 외에) 성취된 점을 보여 준다.

---

14 엘리야와 엘리사의 인격과 사역 사이에 존재하는 상호 연속성에 대한 또 다른 경우는 엘리야가 받은 호렙산에서의 세 가지 기름 부음의 사건들 가운데, 엘리사를 후임 선지자로 세우는 것을 제외하고 나머지 두 명의 왕(아람 왕 하사엘, 이스라엘 왕 예후)을 세우는 임직 사건은 엘리야의 승천 후에 엘리사 사역 기간에 발생한다. 이 점에서, 엘리야와 엘리사는 타락하여 암울한 시대를 직면한 북이스라엘에서 서로 다른 두 인격일지라도, 그 사역은 연속성을 가지는 '한 팀'(one team)의 예언 사역자들이라고 할 수 있다. 대표적인 몇 가지 예를 들면, 이들은 모두 '하나님의 사람'으로 불려졌으며, 선지생도 공동체를 함께 섬기며 제자들을 양성했고, 이들은 모두 임종 전후에 "내 아버지여 내 아버지여 이스라엘의 병거와 그 마병이여"(왕하 2:12; 13:14)라는 호칭을 들었다는 점이다.

이 장면은 엘리야의 능력만 재현된 것이 아니라, 엘리야의 인격도 재현하는 효과를 문학적으로 자아낸다.

즉 승천한 엘리야가 다시 불같은 능력으로 "재림"하여 그의 제자인 엘리사와 곁에 있는 모습으로써 "집단적 무기"를 통해서 하나님의 능력의 충만함으로 가시화한다. 이것은 마치, 승천하신 그리스도께서 약속하신 오순절 성령님을 기도하는 제자 공동체에 임하게 하여서, "불의 혀와 같은 것들"이 각 사람과 그 장소에 가득한 장면을 전망하게 한다.

Elijah-Elisha Narratives:
The Prophetic Ministry to Have Life & Have It Abundantly

제2부
주해 및 강해(Exegesis & Exposition)

제1장
말씀의 종, 고난의 종

Topic : 엘리야-엘리사 내러티브(1)
Title : 말씀의 종, 고난의 종
Text : 열왕기상 17:1-7
Theme : 하나님은 창조주이시며 선한 목자가 되신다.

---

1. 서론 및 문맥

구약 시대에 선지자들의 대표적 사역은 말씀 사역이었다. 구약의 대부분의 선지자는 하나님께서 그들에게 주셔서 선포한 말씀 사역을, 기록을 통해 '선지서'라는 성경을 남겼다. 그래서 우리는 12명의 선지자들이 쓴 12권의 소선지서와 이사야, 예레미야, 에스겔, 다니엘이 쓴 대선지서도 가지고 있다. 이와 같이 선지서의 기록을 남긴 선지자들을 우리는 '문필 선지자'(Writing Prophets, Classical Prophets, Canonical Prophets)라고 부른다.

그런데 구약성경에서 선지서의 기록을 남기지 않고 특별히 많은 기적을 행한 선지자들이 있다. 그 대표적 인물들이 엘리야 선지자와 엘리사 선지자이다. 이들은 이름도 비슷하며, 스승과 제자 사이이다. 이들은 선지서를 기록하여 남긴 문필선지자는 아니지만, 그렇다고 이들이 말씀을 전하지 않은 것은 아니다.

이들은 하나님께서 주신 말씀을, 왕 앞이든 가난한 한 여인 앞이든, 하나님께서 보내시는 곳에는 어디든지, 누구에게든지 가서 말씀을 전달한 신실한 선지자들이었다. 하지만 이들은 주로 기적을 행하는 선지자들이었다. 엘리야와 엘리사, 이들은 이스라엘의 가장 어두운 한 시대에 혜성과 같이 나타나서 불과 같은 능력으로 사명을 수행했던 하나님의 사람들이었다.

이 두 선지자는 여러 가지 기적을 행했고, 그 대표적 기적 사건들이 열왕기상과 열왕기하에 기록되어 있다. 엘리야와 엘리사가 등장하는 열왕기상 17장부터 열왕기하 13:21의 엘리사의 죽음까지 기록된 본문을, 우리는 엘리야-엘리사 기사(Elijah-Elisha Narratives)라고 부른다. 이 본문들 안에서, 이들 두 선지자는 서로 비슷한 기적들을 행했다는 공통점이 있다. 그 공통적인 기적들 가운데 하나는 죽은 자를 다시 살리는 기적이다.

본 연구에서, 필자는 엘리야와 엘리사의 본문들(Elijah-Elisha Narratives) 가운데, 죽은 자를 다시 살리는 생명의 역사를 행하는 공통된, '선지자의 생명 사역'(the Prophetic Life Ministry)을 살펴보고자 한다. 이들 선지자들의 생명 사역은 죽은 자들을 생명 있는 자들로 다시 살리고 회복시키는 사역이다.

엘리야-엘리사 내러티브의 주해와 강해를 시작하기 전에, 그 서론적 문맥의 성격을 띠는 열왕기상 16장의 마지막 여섯 구절(왕상 16:29-34)을 관찰할 필요가 있다. 이에 따르면, 열왕기 역사가는 남북 비교 연대기에 대한 정보를 제공한다. 즉 유다의 아사 왕 제 삼십팔 년에 북이스라엘의 비교 연대기는 이스라엘의 4대 왕조인 오므리 왕조의 두 번째 왕으로서 오므리의 아들 아합이 이스라엘의 왕이 되었다(왕상 16:29)는 정보이다. 이로써 아합은 사마리아에서 22년간의 그의 통치 기간이 시작된다. 아합이 속한 오므리 왕조는 엘리야-엘리사 내러티브를 관통하는 역사의 중심에 놓여있다.

내레이터는 아합의 캐릭터를 설명하면서, 그는 이전의 어떤 사람보다 여호와 보시기에 더욱 악을 행하였다고 그의 캐릭터를 특징화하고 있다. 북이스라엘의 악의 대명사이며, 시조격인 느밧의 아들 여로보암의 죄를 따라 행하는 것을 너무나도 가볍게 여겼다고 구체적인 설명을 부가한다. 마치 그 이유를 그의 결혼 관계에서 찾으려고 하듯, 역사가는 한 여인을 언급한다. 아합은 시돈 사람의 왕 엣바알(Ethbaal)의 딸 이세벨을 아내로 삼았으며, 그녀가 섬기는 바알을 아합도 가서 섬기며 예배했다.

수도 사마리아에는 바알의 신전을 건축하였고 바알을 위한 제단을 쌓았다. 그리고 아세라 상을 만들었으며,[1] 이전의 어떤 이스라엘의 왕들보다 더욱 이스라엘의 하나님 여호와를 노하시게 만들었다.[2] 이것이 당시의 시대적 정황으로써 종교 문화적 배경이었다.

특히, 열왕기상 17장에서 시작되는 엘리야-엘리사 내러티브의 바로 앞에 있는 구절(왕상 16:34)에, 벧엘 사람 히엘(Hiel)의 '여리고 재건축 프로젝트'에 대한 기사가 놓여져 있는데, 이 구절은 이어지는 문맥 안에서 중요한 문맥적 의미를 함의한다.

그 내용은 그 터를 쌓을 때 히엘의 맏아들 아비람(Abiram)이 생명을 잃었으며, 그 성문을 세울 때에 막내아들 스굽(Segub)이 생명을 잃었다는 것이다. 이 저주는 일찍이 여호수아가 여리고 성을 무너뜨리는 전쟁 후에, 맹세를 통해서 선포된 저주(수 6:26; 왕상 16:34)가 문자적으로 그대로 성취된 것이다. 이 사건은 '생명과 죽음'의 모티프를 가지고 있으며 그리고 그것은 당시 왕이었던 '아합의 멘텔러티'를 반영하는 것이었다. 국경 도시로써 가나안으로 들어오는 출입구와 같은 여리고는 지리적으로 전략적 위치에 있었기 때문에, "크고 강한 성벽"을 건축하는 것이 왕국의 안정과 번영을 위해 반드시 필요한 일이었기에 아합의 명령으로 히엘이 고용되고 재건축 프로젝트가 진행된 것이다.

---

[1] 바알(Baal)이 하늘의 남자 태양신(god)으로서 비와 기후의 신이라면, 아세라(Asherah; Astarte)는 하늘의 달의 여신(goddess)으로서 동식물과 인간계에서 번식, 성(sex)의 여신이다. 하늘의 남녀 신들로서 나란히 세워져 숭상을 받았다. 후에 예레미야는 '하늘의 여왕'(렘 7:18; 44:17)을 종종 언급하는데, 하늘의 여왕은 바로 달의 여신인 아세라를 가리킨다. 물론 예레미야 시대의 이 여신은 바벨론이나 앗수르의 여신(Ishtar)를 가리킬지라도, 본질적으로 가나안의 여신(Astarte, 왕하 21:3)과 다르지 않다. M. B. Van't Veer (translated by Theodore Plantinga), *My God is Yahweh: Elijah and Ahab in an Age of Apostasy* (St. Catharines, Ontario: Paideia Press, 1980), 31-32.

[2] 이방 여인과 결혼하고 그 여인의 신들을 섬기는 모습에 있어서, 솔로몬과 아합 사이에 공통점이 있음에도 역사서 기자는 아합이 이전의 어떤 왕들보다도 여호와 보시기에 최악의 왕이라고 단정한다. 그 이유를, Van't Veer에 따르면, 솔로몬은 '통치의 말기'(왕상 11:1, 4)에 그러한 죄악에 떨어져(fallen into sin) 미끄러진(slipped) 경우라면, 아합은 '통치의 초기'부터 '죄 안에 살기 위한 고의적 선택'(chose to live in sin, deliberate choice)의 경우이며 그리고 솔로몬은 '사적인 차원'의 범죄라면, 아합은 모든 언약 백성 공동체 이스라엘로 하여금 그러한 죄악에 동참하도록 한 '공적인 차원'의 범죄로 두 왕을 차별화한다. 이로 인해 언약 공동체와 이방인의 차별성의 경계가 허물어져 혼합주의(syncretism)가 도래했다. M. B. Van't Veer, *My God is Yahweh*, 33-34.

바알과 견고한 결합을 지향하고 이스라엘의 하나님 여호와의 말씀으로부터 신앙적 해체와 이탈을 가속화하는 아합의 명령으로 진행된 여리고 재건축 프로젝트는[3] 결국 언약적 저주로 히엘의 두 아들들에게 임하였다.[4] 이 사실은 아합과 이스라엘이 무거운 경고로 받아들여야만 했었다.[5] 즉 언약의 복은 생명이며, 언약의 저주는 죽음이라는 요약된 메시지이다. 이러한 언약적 문맥 안에서 엘리야-엘리사 내러티브가 시작된다.

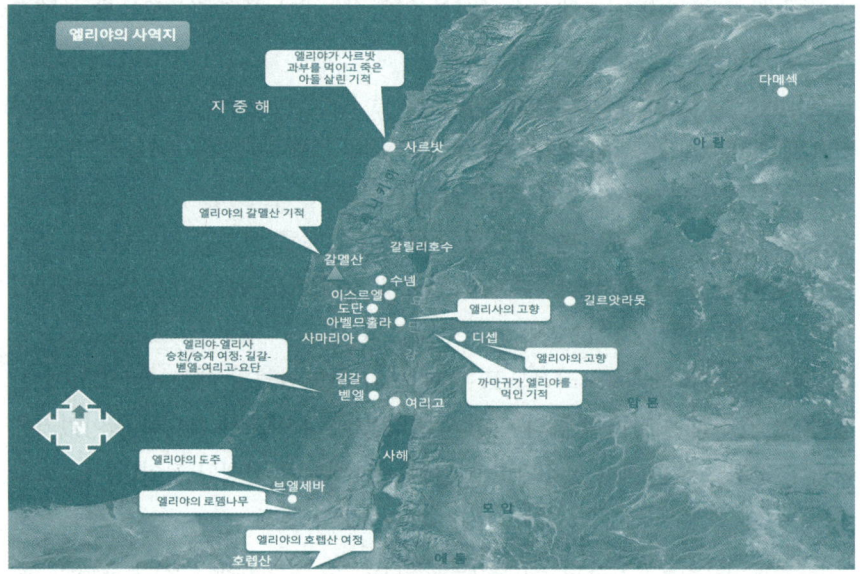

지도 2. 엘리야의 사역지

---

[3] M. B. Van't Veer, *My God is Yahweh*, 9-11. 그런데 여리고 성이 무너지고 파괴된 상태로 지난 약 600년 동안 보존되는 것이 어찌하여 하나님의 뜻인가?
그 무너진 성을 재건하는 것이 어떻게 죽음의 대가를 지불할 만큼 큰 저주인가?
여리고 성의 파괴된 상태로 보존되는 그 자체가 '하나님의 기적의 능력으로 무너졌다'라고 하는 하나님의 일하심에 대한 사실을 듣는 일종의 '고고학적인 시각적 말씀'이 되도록 하셨다. 그래서 오고 오는 세대에 언약의 백성들은 여호수아를 통해서 말씀하셨던 그 언약의 말씀을 계속적으로 듣도록 하셨던 것이다. 그리고 세월이 흐르면서 여리고에 사람이 거주할지라도, 성문과 성벽을 쌓지 못하고 '열린 성'이 되도록 하셨다. 그 이유는 여리고 성과 그 성안의 사람들의 모든 재산에 대한 소유권은 "오직 여호와께 속하였다"라는 것을 보여주는 것이다. M. B. Van't Veer, *My God is Yahweh*, 13-14.

[4] M. B. Van't Veer, *My God is Yahweh*, 10.

[5] 그러나 이것은 단순한 경고만을 의미하지 않는다. 여리고의 무너진 돌무더기와 파괴된 성벽과 열려진 문 그 자체가 "저주, 복, 심판과 은혜, 율법에 따른 형벌, 그리고 복음의 부요함"을 들려주는 풍성한 복음의 메시지 창고이다. M. B. Van't Veer, *My God is Yahweh*, 14.

2. 여호와의 신탁과 함께 등장하는 디셉 사람

대략적으로, 총 19개의 장 안에서 두 개의 사이클(엘리야 사이클과 엘리사 사이클)로 구성된 엘리야-엘리사 내러티브(왕상 17:1-왕하 13:25)의 대장정을 시작하는 첫 구절(왕상 17:1)은 맛소라 본문에서 총 24개의 히브리어 어휘(lex-emes)로 표현되어 있다. 여기에는 두 개의 북이스라엘의 지명(길르앗, 디셉)과 두 사람의 이름(엘리야, 아합)과 이스라엘의 하나님의 신명인 '여호와'라는 이름이 등장한다.

이런 점에서, 1절은 본 내러티브에서 전개되는 사건들이 주로 북이스라엘 중심으로 일어날 것이며, 엘리야-엘리사로 대표되는 '하나님의 사람들'이라는 한 팀과 '아합의 집'으로 대표되는 '아합의 사람들'이라는 또 다른 한 팀 사이에 발생하는 사건들이 전개될 것이며, 여호와는 언약의 하나님으로서 이 양자 사이에서 참된 구원자(언약의 복)와 심판자(언약의 저주)가 될 것이라는 사실을 미리 보여 주는 중요한 문맥적 전조가 된다.

성경에서 지명과 인명으로 함께 사용되는 길르앗(Gilead, גִּלְעָד, 길아드)이라는 단어는 두 히브리어 단어의 합성어인데, '에드'(증거)라는 단어와 '갈'(언덕, 산)이라는 단어가 합쳐져서 "증거의 무더기(언덕)" 또는 "돌이 많은 지역"이라는 의미를 갖는다. '증거의 무더기'라는 표현의 기원은 야곱과 라반이 맺은 언약의 장소와 관련이 있다(창 31:47).

라반은 이곳을 아람어로 '여갈사하두다'(Jegar-sahadutha)라고 불렀고 야곱은 '갈르엣'(Galeed) 이라고 부르는 것에서 유래되었다. 이 지명의 현대적 위치는 현대 이스라엘 땅의 오른쪽에 있는 나라인 요르단 내에 있는 곳으로써, 요단강 동편에 위치한 한 지역이다. 일찍이 모세에 의해 길르앗은 갓 지파와 르우벤 지파에게 할당된 땅이었다(신 3:13; 민 32:40).

엘리야의 지역적 정체성은 '디셉 사람'으로 소개된다. 디셉(Tishbe)은 엘리야의 고향으로 남북으로 흐르는 요단강의 동편에 있으며, 갈릴리 바다와 사해 사이에서 동서로 흐르는 두 강 지류인 남쪽에 있는 압복강과 북쪽에 있는 그릿 시내 사이에 위치하고 있다.[6]

---

6   엘리야는 요단강 동편(Trans-Jordan)의 디셉(Tishbe) 성읍 출신이고(왕상 17:1), 엘리사는

엘리야의 기원과 관련된 즉 그의 조상에 대한 정보나 초기 성장기의 삶에 대한 정보는 전무하다. 엘리야에 대한 이와 같은 '전기적 정보'는 마치 영원한 대제사장과 왕으로 오신 그리스도의 그림자이며, 그 시작과 끝을 알 수 없는 멜기세덱과 같다.[7] 다만 그가 '여호와께 열심이 유별한 자'(왕상 19:10)로 살아왔다는 정보는 그가 역사 무대로 데뷔 이후의 발언일지라도, 이것은 어느 정도 그의 인생 초기부터 어린 사무엘처럼(삼상 3장), 여호와의 음성을 듣는 거친 훈련의 광야가 있었을 것이라고 추정할 뿐이다. 구체적 정보가 없는 가운데, 엘리야가 말씀 사역의 공적 무대에 갑작스런 등장과 후에 죽음 없이 승천을 통하여 지상을 떠나는 모습은 "그리스도의 영원한 선지자적 직분"을 조망하게 한다.[8]

엘리야-엘리사 내러티브에서 '여호와의 이름으로'(살아 계심으로) 맹세하는 12회(왕상17:1, 12; 18:10, 15; 22:14; 왕하 2:2, 4, 6; 3:14; 4:30; 5:16, 20) 가운데, 그 최초의 맹세가 엘리야에 의해 진술되었고 그 맹세를 듣는 최초의 인물은 아합 왕이다. 이것은 이어지는 내러티브에서 두 사람 사이의 관계를 예시하고 각각 섬기는 각자의 신성(Deity)인 여호와와 바알 사이의 대결의 전조가 된다.

여기서 엘리야의 맹세는 여호와의 신탁을 전달하는 히브리어 직접 화법 지시어들 가운데 메신저 포뮬러(예: 코 아마르 야훼, "이와 같이 여호와께서 말씀하시니라" 또는 네움 야훼, "여호와의 말씀이니라")를 대신하는 기능을 한다. 즉 '내 말이 없으면'이라는 조건문과 '수년 동안 비도 이슬도 있지 아니하리라'라는 결과문이 상호 필연적 관계의 사실이며, 확실한 예언임을 증명하는 수사학적 표현이 된다.

요단강 서편(Cis-Jordan)의 아벨므홀라(Abel-meholah) 출신이다. 즉 요단강을 중심으로 '이편 요단' 지역과 '저편 요단' 지역 출신으로 "동서"가 하나님의 부르심으로 함께 만나 하나의 팀을 이루어 동일한 사명을 감당한 북이스라엘의 대표적인 두 비문필 선지자이다. 그러나 이 두 지역의 실제 거리는 15-20마일 밖에 되지 않는다.

7 A. W. Pink, *Elijah* (Carlisle, PA: The Banner of Truth Trust, 1985 [1st ed. in 1956]), 14. 그런데 엘리야의 구체적 정체성에 대하여 성경은 침묵할지라도, 핑크(A. W. Pink)는 엘리야가 폭군 아합 앞에 담대히 설 수 있는 능력의 비밀을 삼중적 근거에서 찾는데, 첫째는 그의 기도의 힘이며(약 5:17), 둘째는 그의 하나님에 대한 지식의 힘이며, 그리고 셋째는 하나님의 임재에 대한 그의 의식의 힘이라고 했다. A. W. Pink, *Elijah*, 24-25를 보라.

8 A. W. Pink, *Elijah*, 14.

메신저 포뮬러의 기능처럼, 여기서 이 표현은 신탁(예언)의 말씀을 하시는 분의 권위 또는 메신저의 신적인 권위와 그 말씀의 내용(메시지)의 신실함과 확실성을 증명하는 수사학적 기호와 같은 표현이다. 즉 엘리야와 여호와의 권위가 동일시되어 있는데, 이것은 여호와의 위임된 권위를 엘리야가 가졌다는 의미이다. 그리고 그 메시지도 곧 반드시 성취될 여호와 하나님 자신의 신탁의 말씀이라는 의미이다.

이러한 의미를 담고 있는 표현이 바로 이어진 문맥에서 곧 등장할, '하나님'이라는 고유명사와 '사람'이라는 일반명사가 만나서 히브리어 연계형 체인(일반적으로 소유격 관계)으로 표현된 '하나님의 사람'이라는 표현이다. 권위의 측면에서 말할 때, 그 연계형은 소유격의 의미보다 동격의 의미로 해석함이 더 적절하다. '하나님의 사람'은 "하나님 곧 사람이다" 즉 그 사람은 하나님께서 전적으로 자신을 위임하신 권위를 가진 사람이라는 의미가 된다. "나의 하나님이 여호와이다"(엘리야)라는 뜻을 가진 엘리야의 '나타남'(appearance) 자체가 하나님의 '계시의 현존'(presence)이며, 엘리야의 사라짐(disappearance) 자체가 '계시의 부재'(absence)를 의미한다.[9]

그러므로 "내 말"이라는 표현은 곧 '하나님의 말씀'이라는 의미이다(cf. 렘 1:1; 51:64). 엘리야의 등장은 바로 여호와의 신탁과 함께 등장하여 아합의 집에 대한 심판의 신호탄을 쏘아 올린 것과 같다. 그의 선언은 죄로 인하여 임한 가뭄(cf. 왕상 18:1-2; 왕하 4:38)을 통해, 아합과 이스라엘에게 '죽음'을 선언한 것과 다름이 없다. 그 사망 선언에 딸린 "내 말이 없으면"이라는 조건문은 '생명'의 회복에 대한 소망의 그림자가 완전히 사라진 것이 아니라, 여전히 소망이 유효함을 암시한다. 다만 말씀에 대한 그들의 태도에 달렸다. 말씀과 동일시되고 말씀과 함께 죽음의 역사 세계로 등장한 엘리야는 뒤로는 멜기세덱을 회고하게 만들며, 앞으로는 말씀이 육신이 되어 오신 그리스도를 전망하게 한다.

---

[9] M. B. Van't Veer, *My God is Yahweh*, 59.

3. 여호와의 신탁과 함께 사라지는 디셉 사람

'맹세'를 통해 신탁을 "간접적으로" 아합에게 전달한 엘리야는 이어서 자신의 거취에 대한 여호와의 신탁을 직접 화법 지시 구문(와예히 데바르-야훼 에라이우 레모르, "여호와의 말씀이 그에게 임하여 이르시되")을 사용한다(2절). 여호와의 신탁으로 등장한 엘리야는 이제 여호와의 신탁과 함께 사라지려고 한다. 이 신탁은 하나님께서 엘리야와 이스라엘을 통해 하실 일 세 가지를 준비하는 의미가 있다.

첫째, 엘리야를 숨기시는 여호와
둘째, 엘리야를 먹이시는 여호와
셋째, 엘리야를 통해 이스라엘에게 행하실 일을 앞두고 엘리야의 다음 여정을 준비하는 여호와를 계시하신다.

1) 엘리야를 숨기시는 여호와

그 신탁의 내용은 엘리야가 신탁을 받은 장소로부터 동쪽으로 가서 요단 앞 그릿 시냇가에 숨으라는 것이다(3절). 이 신탁의 말씀을 받은 위치가 사마리아라고 한다면, 그는 동쪽으로 약 30-40마일을 이동하여 그릿 시냇가로 가야 한다. 숨을 만한 장소로서 이곳은 엘리야의 고향인 디셉 근처이기 때문에 엘리야에게 익숙한 곳이 될 것이다.

2) 엘리야를 먹이시는 여호와

엘리야를 아합의 위협으로부터 숨길 계획을 가지신 하나님은 거기서 엘리야를 먹일 계획을 말씀하신다(4절). 그가 마실 물은 그릿 시냇물이며, 그가 먹을 음식은 까마귀들에게 명령하심으로 제공되는 "배달 음식"이다. 즉 '마실 물'은 거기에 있는 상태의 자원을 사용하는 방법이며, "배달 음식"은 기적을 통한 방법이다. 엘리야를 먹이시는 방법은 일상적인 방법과 기적의 방법을 함께 사용하신다. 여기까지가 엘리야를 향한 하나님의 계획이었다.

이어진 구절(5-6절)은 그러한 하나님의 계획에 믿음과 순종으로 엘리야가 동참하는 장면이다. 엘리야는 하나님께서 주신 말씀에 순종하여 그릿 시냇가에 이르렀다(5절). 말씀대로 그 공급은 까마귀들이 아침과 저녁에 하루 2회 '떡과 고기'를 배달해 주었으며, 마실 물은 그릿 시냇가의 물을 사용했다(6절).

3) 엘리야의 다음 여정을 준비하시는 여호와

"얼마 후에"라는 표현의 히브리어 표현의 직역은 '그 날들의 끝에'라는 의미이다(7절). 여기서 그 날들은 일차적으로는 그 땅에 비가 내리지 않으므로 서서히 시내가 말라가는 상황에서 일정 기간이 경과되었음을 의미한다.[10] 엘리야가 있는 이곳 시냇물이 말랐다는 것은 이스라엘의 다른 지역에서는 이미 가뭄이 깊어졌다는 것을 의미할 것이다.

그런데도 이 상황은 엘리야 자신에게는 절망도, 무료함도 의미하지 않는다. 왜냐하면, 까마귀들을 통한 "배달 음식"을 하루에 두 번씩 기적적으로 경험하고 있기 때문이다. 훈련의 관점으로 볼 때, "얼마 후에"라는 것은 단지 무료하게 시간만 경과되었다는 것을 의미하지 않는다. 그 경과의 날들은 엘리야에게, 하루에 두 번씩 아침과 저녁에 그릿 시냇가에서 규칙적인 믿음의 훈련의 날들을 의미한다.

이런 점에서, 이 상황은 엘리야에게 땅에 비가 내리지 않아서 시냇물이 말라서 마실 물이 떨어질 때까지 막연하게 기다리는 단지 모래시계를 작동하게 한 것 같은 상황이 아니다. 엘리야는 하나님의 신실하심을 적어도 하루에 두 번씩 훈련을 받는다.

만약 그가 오늘 아침에는 음식의 "배달 사고"가 없을까?
오늘 저녁의 배달 음식은 안전한 음식일까?

---

10 Leon J. Wood는 그릿 시냇가에서 엘리야가 머문 시간을 길게는 1년 정도 보낸 것으로 주장하며, 짧게는 2-3개월을 보낸 것으로 판단한다. 그 근거로써, 신약성경(눅 4:25; 약 5:17)에서 "3년 6개월"간의 가뭄의 기간에 대한 언급과 왕상 18:1에 "제삼 년에"라는 표현과 직전의 여정인 사르밧에서 보낸 시간을 고려해서 판단한 것이다. Leon J. Wood, *Elijah: Prophet of God* (Eugene, OR: Wipf & Stock, 2009), 61, n. 1을 보라.

이런 염려가 들었다면, 그 기간은 시냇가의 물이 말랐을지라도 더 진행되었을지도 모른다. 그 훈련으로 그의 영성과 믿음을 강화시켰을 것이다. 그러므로 '의미 있는 미래'는 어느 날 갑자기 오는 것이 아니다.

그 날이 오기까지, 매일 까마귀들이 물고 나르는 그 빵과 고기는 하늘에서 저절로 떨어지는 것이 아니다. 그 배달 음식은 주문 전화만 하면 그냥 배달되는 것이 아니었다. 훈련의 대가를 지불한 음식이며, 하나님의 시간의 경과이다.

사마리아의 아합 왕 앞으로 가서 역사 무대에 처음으로 섰던 여정과 그릿 시냇가로 와서 훈련하는 엘리야의 여정은 오직 하나님의 말씀과 함께 믿음과 순종으로 움직이는 여정이었다. 아합으로부터 숨기기 위하여 그릿 시냇가로 인도하셨던 하나님께서 또 다른 말씀으로 그를 이동시킬 것이라는 기대가 엘리야에게는 있었을 것이다(cf. 왕상 17:8).

이스라엘에게 임한 죽음의 가뭄과 바알 숭배자 아합의 살인 위협을 피해 엘리야를 그릿 시냇가로 도피시키셔서 그의 생명을 보존하시고 피조 세계의 까마귀들과 "평화로운" 하모니의 관계를 보여 주는데, 이 장면은 마치 노아가 방주 안에서 노아의 가족이 생명이 보존되고 각종 짐승들과 함께 거주하는 것에 유비될 수 있다.[11] 의인이며 당대에 완전한 노아는 하나님과 동행하던 자였다.

반면, 당시에 하나님께서 사람의 죄악이 세상에 가득함과 그의 마음으로 생각하는 모든 계획이 항상 악할 뿐임을 보시고, 창조하신 사람을 지면에서 쓸어 버리시려고 하셨다(창 6:5). 사람으로부터 심지어 '가축과 기는 것과 공중의 새까지' 그 죽음의 심판의 대상이었다. 엘리야의 시대에도 사람은 물론이고 '짐승까지' 죽음을 직면했다(왕상 18:5; 왕하 7:13; cf. 왕하 6:25). 전자(엘리야의 시대)는 비가 생명이며, 후자(노아의 시대)는 비가 사망이다. 전자의 경우 비는 언약의 복(회복)이며, 후자는 경우 비는 언약의 저주(심판)이다.

그런데도 전자는 언약의 저주로 인하여 비가 내리지 않음으로 사망에 이르게 되고, 후자는 언약의 저주로 인하여 비가 내림으로 사망에 이르게 된

---

11 Gregory K. Beale, *A New Testament Biblical Theology: The Unfolding of the Old Testament in the New* (Grand Rapids, MI: Baker Academic, 2011), 417, n. 79.

다. 그러나 두 경우 모두, 의로운 종(백성)은 언약의 회복의 그림자인 "자연 친화적인 상태"(cf. 사 65:25)가 묘사되는 가운데, 그 생명이 보존된다. 이 장면은 마가가 연출하는 장면 곧 성령 하나님께서 예수님을 광야로 몰아내시고 거기에서 40일을 지내면서 사탄에게 시험을 받으시나, '들짐승과 함께' 계시고 천사들이 등장하여 수종 드는 장면에서 다시 반영된다(막 1:12).

노아의 시대에 40일 주야로 비가 내렸으며, 엘리야는 연장된 여정에서 후에 40일 주야(왕상 19:8)에 걸쳐서 호렙으로 이동하며, 예수님은 광야에서 40일을 지내신다. 물론 예수님의 40일 광야 여정은 죄인된 그의 백성들의 회복을 염두에 둔 시험 있는 "위험"의 여정이었다. 그의 "안전" 역시 회복될 그의 백성들의 구원을 전망한다. 40일간의 홍수 중에 노아의 방주 생활과 이어지는 엘리야의 40일 여정, 그리고 40일간의 예수님의 광야 생활은 모두 생명 재창조와 회복을 위한 "새 창조"(a new creation)를 준비하는 기간이 된다.

엘리야의 현재 거주지와 미래 거주지는 단지 먹고 마시는 문제가 전부가 아니었다. 이미 아합을 만나서 "전쟁"을 선포했기에, 엘리야를 통해 하실 하나님의 남은 사역이 진행될 것이라는 기대를 의식 있는 민감한 독자는 발견할 것이다. 이러한 과정에서, 엘리야는 말씀과 함께 고난받는 모습을 보여 준다. 옛 언약 백성을 향한 여호와의 말씀을 선포하는 여정에서, 도피하는 엘리야의 모습으로부터 '고난의 종' 메시아를 전망하게 한다. 동시에 이스라엘의 회복 곧 새 창조의 생명 회복을 위한 선지자의 사역이 전개될 것이다.

4. 결론 및 적용

엘리야-엘리사 내러티브의 첫 시작으로써, 이 본문은 부름을 받은 사람과 세상을 향한 하나님의 사역, 하나님의 공급하심, "암시적인" 하나님의 미래 계획이 담겨져 있다. 엘리야는 그 첫 사역으로 아합에게 하나님의 말씀과 뜻을 선포하는 '말씀의 종'으로 등장했다.

그는 말씀과 함께 그리고 말씀으로("내 말") 와서 이스라엘에게 언약의 주를 선포하는 말씀의 종이 되었고 또한 도피하는 고난의 종의 모습을 투영하였다. 그리고 생명의 사역을 준비한다.

이러한 과정에서 엘리야는 개인적으로, 일상적인 자원(시냇물)과 기적적인 자원(떡과 고기)을 공급받는다. 비록 이것은 엘리야 한 사람에게 집중된 하나님의 사역의 측면일지라도, 이 본문을 통해 하나님은 언약의 백성 이스라엘을 향한 선한 목자 되심을 계시하신다. 그러한 선한 목자로서 공급하심을, '비와 이슬'의 암시를 통해 이미 이스라엘의 대표인 아합에게 선포되었다. 그들이 언약적 복을 회복하는 조건은 언약적 관계를 갱신하는 여부에 달려 있다. 삶과 죽음이 그들 앞에 놓여 있다. 이것이 복음이다.

이스라엘의 선한 목자가 되신 여호와의 신탁을 이스라엘(아합)에게 선포한 엘리야는 이스라엘 백성과 왕은 하늘의 왕께 복종해야 살 수 있다는 점과 여호와께서 '비와 이슬' 곧 기후 변화를 컨트롤하시는 바알 위에 계신 분이심을 드러내었다. 게다가 엘리야는 개인적으로 '까마귀들'에게까지 명령하시는 창조주이심을 여실히 드러내심을 경험했다. 역으로 말하면, 세상의 권력과 미래의 부와 번영은 "기후와 번영의 신"인 바알의 통치 아래 있지 않다는 것을 아합 앞에서 이미 선포한 것이다. 그리고 아합 앞에서 그가 선포한 말씀대로, 이 모든 것은 '이스라엘의 하나님 여호와의 살아 계심"에 달려 있다.

이러한 하나님을 만나고 교제함은 이러한 하나님을 세상에 선포할 근거가 된다. 그런데도 그러한 선포의 삶에는 고난이 있다. 말씀과 함께 고난받는 삶이 있더라도, 그 대가로 하나님의 선한 목자 되심과 창조주 되심과 세상의 죽은 자들을 향하여 새 창조의 메시지가 선포된다면 가치 있는 일이 아닌가.

♣ 개인 묵상과 소그룹 성경 공부를 위한 토론 질문 ♣

1. "내 말이 없으면"(17:1) 어떠한 회복의 "비와 이슬"도 없다는 말씀을 증거하는 엘리야의 말씀은 그 말씀과 온전히 하나된 인격을 보여 준다. 직분과 무관하게 모든 그리스도인은 진리로 낳은 바 된 말씀의 인격이다. 말씀과 하나된 정체성에 대한 확신으로 회복과 심판의 복음을 담대하게 전하는 자인가?

2. 말씀 전하는 일이나 하나님께서 나에게 맡기신 어떤 일을 순종하여 수행할 때, 진로에 대한 염려와 두려움이 있는가?
그 염려와 두려움의 근거가 무엇인지 상고하라.
하나님께서 나를 인도하심에 대한 근거는 무엇인가?

Elijah-Elisha Narratives:
The Prophetic Ministry to Have Life & Have It Abundantly

제2장
생명의 사역

Topic   : 엘리야-엘리사 내러티브(2)
Title   : 생명의 사역
Text   : 열왕기상 17:8-24
Theme : 하나님은 자기 백성들의 영육의 생명을 풍성하게 하신다.

1. 서론 및 문맥

엘리야를 숨기신 하나님은 엘리야로 하여금 그릿 시냇가의 물을 마시게 하고, 까마귀를 통해 "배달 음식"인 '떡과 고기'를 아침과 저녁으로, 하루에 두 차례 공급하셨다. '물'은 삶의 일상성의 영역 안에 있는 공급 자원이라면, '떡과 고기'는 까마귀에게 명령하심을 통해서 공급하기에 삶의 기적성의 영역 안에 있는 공급 자원이다.

서로 다른 방식 안에서 엘리야를 먹이신 하나님은 자신의 피조 세계를 통해 공급하신 창조주와 선한 목자로서 먹이심이다. 이 기간은 '서서히 시내가 마르기까지' 그러나 '엘리야의 적정 훈련 수준까지'라는 그 임계점인, '얼마의 기간 후에'(7절) 있게 될 새로운 인도하심의 여정이 암시되었다.

선지자에게 있어서, 여호와의 말씀의 임하심(8절)은 그 말씀의 사역의 여정 및 향방을 결정한다. 생명의 말씀이 필요한 지역과 사람에게로 보내신다. 엘리야와 엘리사의 본문들(Elijah-Elisha Narratives) 가운데, 죽은 자를 다시 살리는 생명의 역사를 행하는 공통된 '선지자의 생명 사역'(the Prophetic Life Ministry)은 이스라엘뿐만 아니라, 이방의 땅에 소외된 자들에게도 나타난다.

이들 선지자들의 생명 사역은 죽은 자로 하여금 생명을 얻게 하는 사역이다. 이 본문은 엘리야 선지자가 비이스라엘계의 죽은 자를 일으켜 살리는 첫 번째 생명 사역을 포함한다.

그 생명 사역이 무엇을 의미할까?

그 생명 사역을 통해서 말씀하시는 하나님은 어떤 분인가?

2. 믿고 순종하는 자에게 복을 주시는 하나님

바알을 숭배하는 이스라엘의 왕 아합 때에, 그릿 시냇가로 숨기시고 먹이신 하나님께서, 이제 디셉 사람 엘리야 선지자를 시돈에 속한 사르밧(Zarephath)에 사는 한 과부의 집으로 보내신다. 사르밧은 지중해 해변 도시로써 페니키아 사람들의 시돈에 속한 성읍이다. 아합의 아내 이세벨이 바로 시돈 출신이다. 엘리야를 숨기는 두 번째 장소는 그를 추격하는 살인자 이세벨의 고향 땅이며, 시돈의 바알과 아세라의 본산지이다.

이세벨과 그 신들을 비웃으시는 여호와의 지혜일까!

여기서 다른 지역(시스 요르단, 트랜스 요르단) 출신의 두 이스라엘 남성 엘리야-엘리사의 하나됨과 동일 지역의 서로 다른 신분과 성향의 두 이방 여성 사르밧 여인-이세벨의 상이성이 대조된다. 엘리야는 시돈 출신의 이세벨의 살인 위협을 피해 시돈 출신의 또 다른 여인에게로 피난처를 찾아 떠난다. 하나님께서는 사르밧 여인을 통해서 엘리야 선지자에게 음식을 공급하시겠다고 말씀하셨기 때문이다. 엘리야의 도피처로써 창조 세계(그릿 시냇가)로부터 이제 사회적 관계의 역사 세계로 이끄신 것이다.

조류 까마귀로부터 "인간 까마귀"에게로 인도하신다. 그래서 엘리야 선지자는 하나님의 말씀에 의지하여 사르밧으로 갔다. 약 100-150마일의 거리를 홀로 가뭄과 기근의 기간에 '정제' 또는 '제련'(refining)이라는 뜻을 가진 '사르밧'으로 향하여 여행한다는 것 자체가 엘리야에게는 또 다른 훈련의 여정이 되었을 것이다.

드디어 사르밧에 이르렀다. 사르밧 성문 근처에서, 엘리야는 한 여인이 그곳에서 나뭇가지를 줍고 있는 모습을 보았다.

엘리야는 하나님께서 말씀하신 그 여인이 바로 지금 자기 앞에서 나뭇가지를 줍는 그 여인이라는 것을 알아보았다.
그래서 그녀에게서 다음과 같이 부탁한다.

> 청하건대 그릇에 물을 조금 가져다가 내가 마시게 하라(왕상 17:10).

그녀가 물을 가지러 갈 때, 엘리야는 다음과 같이 말하며 부탁을 부가한다.

> 청하건대 네 손의 떡 한 조각을 내게로 가져오라(왕상 17:11).

가난하지만 이 여인은 참 양심적인 사람 같다. 그리고 이 여인은 자기에게 물과 떡 한 조각을 부탁하는 그 사람은 '하나님의 사람'인 것을 알고 있는 것 같다. 왜냐하면, "당신의 하나님 여호와께서 살아 계심"이라고 말하고 있기 때문이다(12절). 즉 엘리야의 하나님의 살아 계심을 두고 그녀는 맹세를 한다.

이 맹세는 엘리야-엘리사 내러티브의 맹세들(총 12회) 가운데 두 번째의 맹세이다. 그녀는 엘리야에게 다음과 같이 절망적인 상황을 말한다.

> 나는 떡이 없고 다만 통에 가루 한 움큼과 병에 기름 조금뿐이라 내가 나뭇가지 둘을 주워다가 나와 내 아들을 위하여 음식을 만들어 먹고 그 후에는 죽으리라(왕상 17:12).

그녀의 비참한 상황을 하나님의 살아 계심으로 맹세까지 하는 것은 지금 그녀가 처한 상황이 조금도 거짓이 없는 사실이라는 것을 보여 준다.

이 본문이 좀 가혹하다고 여기지 않는가?
하나님께서 당신의 종 선지자를 먹이시기 위해서, 이왕이면 좀 부유한 집에, 좀 넉넉한 집에 보내시면 대접을 받는 엘리야 선지자도 부담이 좀 적을 것이고, 대접하여 섬기는 편에서도 기쁜 마음으로 할 수 있지 않을까? 그것도 하필이면, 이제 가루통에는 떡을 만들 한 움큼 가루의 재고만 남은 그런 집인가?

기름병에는 프라이팬에 뿌릴 올리브 기름 아주 조금뿐이다. 나뭇가지 두 개 정도의 화력만 필요한 양식이다.

하나님께서 너무 야속하시다고 여기지 않는가?
아이들 입 주위에 묻은 밥풀 정도의 음식을 떼어서 엘리야와 나눠 먹도록 하시니, 하나님의 능력이 그것밖에 되지 않는 것인가?
당신이 부르시고 세우신 선지자를 이 정도밖에 도와주시지 않는 인색한 하나님인가?

지금 이 여인도 남편이 없어서 생계의 위협을 받아왔고 한 명의 아들조차 부양하는 것도 이제 지쳐 있다.
이제 그녀에게 있는 한 움큼의 가루와 그것을 반죽하여 프라이팬 번철 위에 뿌릴 몇 방울의 기름만 남겨놓고 있다. 이 남은 약간의 재료로 빵을 구우려면, 그렇게 많은 화력도 필요 없다. 나뭇가지 둘만 있으면 충분히 요리를 할 만큼 아주 극소량의 재료만 남았다는 의미이다.
이것으로 떡을 만들어 먹고 그 후에는 먹을 것이 없어서 죽음을 예상하고 있는 비참한 상황을 직면한 가정이다. 죽음이 훤히 눈에 보인다. 그래서 그녀는 떡 좀 달라는 엘리야에게 '그 후에는 죽으리라'고 절망을 확신 있게 말한 것이다. 그야말로 지금 남은 재료는 그녀에게 '최후의 만찬'인 셈이다. 최후의 만찬을 아들과 함께 눈물로 먹으려고 한다.

하나님, 참 야속하지 않은가?
우리 하나님, 너무 지질하게 보이지 않는가?
우리가 믿는 하나님의 능력, 이것이 전부였다는 말인가?

그러나 이러한 상황에서 하나님 그분께서 하실 일이 있는 것 같다. 하나님의 뜻이 바로 거기에 있는 것이다.
하나님은 당신의 종 선지자 엘리야를 먹이시려는 것도 있지만, 가난하고 죽음을 눈앞에 둔, 소망이 전혀 없는 절대적 가난과 절대적 절망을 직면한 여인과 아들이 있는 그 가정을 불쌍히 여기신 것이다.

선지자를 먹이시려는 일을 통해, 사실은 그 절망의 상황에 직면한 그 여인과 아들을 먹이시고 살리시려는 의도가 있는 것이다. 아니, 그녀를 먹이시려던 차에 선지자도 먹이시려고 하신다. 하나님의 뜻이 바로 이 모자의 가정을 향하고 있다는 것이다.

엘리야 선지자를 먹이기 위한 하나님의 배려만 아니었다. 실상은 가난한 과부와 그녀의 아들에게 필요한 양식의 배려가 있었던 것이다. 그 양식은 곧 그들의 풍성한 생명의 회복을 의미한다. 그들을 향한 하나님의 생명 사역이 이제 엘리야를 통해 시작된 것이다.

그래서 엘리야는 그녀에게 말한다.

> 두려워하지 말고 가서 네 말대로 하려니와 먼저 그것으로 나를 위하여 작은 떡 한 개를 만들어 내게로 가져오고 그 후에 너와 네 아들을 위하여 만들라 (왕상 17:13).

이 말씀("그 후에")은 현재의 재고가 최후의 만찬이 아닐 수 있다는 것을 암시한다. 이것은 명령으로 된 강한 부탁이다. 이 말씀은 신약의 한 말씀을 기억하게 한다.

> 그런즉 너희는 먼저 그의 나라와 그의 의를 구하라 그리하면 이 모든 것을 너희에게 더하시리라 (마 6:33).

먼저 엘리야 선지자를 위한 빵을 만들고, 그 다음에 그녀와 그녀의 아들을 위한 빵을 만들라는 것이다.

그러면서 동시에 14절에서 엘리야는 그녀에게 약속을 한 가지 말한다.

> 이스라엘의 하나님 여호와의 말씀이 나 여호와가 비를 지면에 내리는 날까지 그 통의 가루가 떨어지지 아니하고 그 병의 기름이 없어지지 아니하리라 하셨느니라 (왕상 17:14).

하나님의 약속을 전달한다. 이 기적의 기간이 여호와께서 "지면에 비를 내리는 날까지"이다 (cf. 왕상 17:1; 18:1). 그렇다면 약 3년간 이런 기적이 계속되었다는 말이 된다. 엘리야는 이미 신탁을 받은 상태이다. 이것이 그녀를 향한 하나님의 뜻이다. 기근 중에도 하나님께서 끊임없이 공급해 주시겠다는 선물이다. 사망 가운데 베푸시는 생명의 기름이며, 심판 가운데 허락하시는 긍휼의 떡이다. 말씀을 통해 보내심에 믿음으로 순종한 것 그 자체가 생명의 길이라는 것을 엘리야는 이미 그릿 시내에서 받은 훈련이었다.

말씀을 통해 사르밧으로 보내심도 결국 사망의 그늘에서 생명을 보존하시겠다는 특별한 은혜의 여정이다. 그릿 시내에서 받은 훈련이 사르밧에서 결실할 것이다. 두 장면을 연결하면, 그릿 시내에서 까마귀를 통해 엘리야를 먹이신 하나님의 기간은 사르밧 과부와 아들이 최후의 만찬을 위한 그 통의 가루와 그 병의 기름의 재고가 바닥이 될 때까지였다. 양자 모두에게 드라마틱하게 은혜가 펼쳐진다. 먼저 그녀와 그녀의 어린 아들을 향한 하나님의 긍휼과 사랑을 보여 주시고 있다.

사르밧 과부는 엘리야의 그 명령과 약속의 말씀을 믿고 순종한다(cf. 왕하 4:1-7; 요 2:1ff.). 여기서 사르밧 과부가 보여 준 '믿음과 순종'은 말씀에 대한 반응의 두 날개와 같다. 이 믿음과 순종은 엘리야가 그릿 시냇가로 갈 때와 이곳 사르밧으로 오는 여정에 가졌던 것과 다르지 않을 것이다.

15절에서 다음과 같이 말씀한다.

> 그[녀]가 가서 엘리야의 말대로 하였더니(왕상 17:15).

그 결과가 어떻게 되었는가?
다음과 같이 말씀한다.

> 그[녀]와 엘리야와 그[녀]의 식구가 여러 날 먹었다(왕상 17:15).

양측의 믿음과 순종은 양측을 살리는 생명의 은혜가 되었다. 여호와 하나님께서 엘리야를 통해 하신 말씀대로, 과연 통의 가루가 떨어지지 아니하고 병의 기름이 없어지지 아니하였다.

놀라운 기적이다. 3년 동안 가루통과 기름병에서 끊어질 듯하면서 계속되는 기적을 매일 경험하게 되었다. 그릿 시냇가에서 매일 아침저녁으로 두 번씩 까마귀를 통해 공급하시는 것을 경험한 기적과 사르밧 과부의 집에서 3

년 동안 매일 경험하게 될 기적은 동일하신 하나님의 역사이다. 이것이 사르밧으로 오기 전에 그릿 시내로 먼저 보내어 훈련을 시킨 이유가 될 것이다.

자신에게 주어진 훈련은 가까운 미래에 다른 사람에게는 "기적의 섬김"으로 다가올 수 있다. 엘리야와 하나님 사이에는 훈련의 개념일지라도, 사르밧 과부의 가정에는 오병이어의 기적의 현장이 되었다. 이것이 8-16절까지의 말씀의 내용이다.

종종 우리도 절망적인 상황을 직면한다. 하던 일이 꼬인다. 새로 시작한 일이 잘 풀리지 않을 수도 있다. 하나님께서 주신 일이었던 것 같은데, 잘 진행이 되지 않는다. 이 일을 통해 하나님과 교회를 위해서 주께 영광 돌리는 삶을 살겠다고 생각하고 시작한 일이다. 그런데도 돌아가는 상황은 영 아닌 것 같을 수도 있다. 사람도 떠나고 있다. 물질도 떠나고 있다. 기회도 떠나고 있다. 그리고 건강도 떠나고 있다.

사방의 모든 사람과 환경은 모두가 나를 대적하는 원수와 같다. 만사가 나를 대적하는 것 같을 수도 있다. 은행의 잔고가 바닥을 칠 수도 있다. 혹독한 마이너스 재정으로 떨어질 수도 있다. 그런데도 당면하는 나의 삶의 상황을 통해서, 하나님께서 하실 일이 있다는 것을 간과하지 말아야 한다. 육신적 필요에만 관심을 가지는 것이 아니라, 시련을 통해 하나님의 살아 계심을 만나는 기회가 되어야 한다. 하나님을 사랑하는 자 곧 그 뜻대로 부르심을 받는 자에게는 모든 것이 합력하여 선과 회복과 구원을 이루어 주신다는 것을 믿어야 한다.

지금 절망적인 상황이고 이제 더 내려갈 자리도 없을 만큼 바닥을 쳤다고 생각하는가?

살아 계시며 능력이 많으신 하나님께서 우리가 사방으로 우겨 쌈을 당하여도, 우리를 향한 하나님의 사랑과 긍휼의 손은 끊으실 수가 없다. 비록 이 여인은 자신의 어린 아들을 더 이상 부양할 능력이 없어서 죽음을 예상했지만, 그리고 어떠한 사람도 그녀의 가정에 줄어가는 가루 통과 기름병에 관심을 갖지 않았다. 시대적인 저주가 그 땅에 임했기 때문이다.

그런데 보이지 않으시는 하나님은 그 상황을 주목하여 보고 계셨다. 엘리야에게 그러하셨던 것처럼, 하나님은 그 가난한 모자에게도 그들을 먹이시는 선한 목자가 되어 주시고 있다.

선한 목자가 되시는 우리 예수님은 우리를 먹이시는 데 실패가 없으신 분이시다. 하나님은 우리의 필요를 채워주시는 좋으신 분이시다. 우리의 길과 진로를 인도하시며, 예비하시는 참으로 우리를 사랑하는 참 좋으신 하나님이시다.

만날 사람을 만나게 하시고 때를 따라 돕는 은혜를 베푸시는 손을 거두지 않으시고 이끌어 주신다. 우리의 일용할 양식과 우리의 모든 삶의 필요를 적당한 시간에, 적당한 방법으로, 적당한 양만큼 채워 주시고 공급하시는 하나님은 우리의 삶의 주인이시다. 그분은 내 생명의 능력이시다. 생명을 연장하게 하며 생명을 공급하여 생명을 유지시키신다. 생명이 더 풍성하도록 인도하신다.

왜 그런가?

하나님께서 우리를 사랑하시기 때문이다. 사랑은 곧 돌봄이다. 그리스도 안에서 '우리는' 하나님의 사랑받는 자녀이다. 그리스도 안에서 '나는' 하나님의 사랑받는 자이다. 그 옛날 엘리야 시대에 캄캄한 절망의 상황에 처해진 사르밧 과부의 가정에 엘리야를 보내신 하나님은 예수님의 사랑받는 자녀된 우리에게 생명의 풍성한 은총을 주시기를 원하시고 기뻐하신다.

진실로 이것을 믿는가?

그런데 그 모자에게 이것이 전부가 아니었다.

3. 죽은 자도 살리시는 하나님

문제는 그 다음에 또 일어났다. 이 사르밧 여인의 아들이 병들어 위중하다가 숨이 끊어졌다. 이 여인은 엘리야에게 탄식을 말한다.

> 하나님의 사람이여 당신이 나와 더불어 무슨 상관이 있기로 내 죄를 생각나게 하고 또 내 아들을 죽게 하려고 내게 오셨나이까(왕상 17:18).

여기서 "당신이 나와 더불어 무슨 상관이 있느냐"라는 여인의 질문은 마치 갈릴리 가나 혼인 잔치에서 "나와 무슨 상관이 있느냐"(요 2:4)라는 마리아를 향한 예수님의 질문을 상기하게 한다.

요한은 그의 복음서에서, 그 혼인 잔치에서 포도주가 떨어질 상황에 대한 '마리아의 염려'(Mary's concern)를 드러냄과 동시에, 예수님을 하나님으로부터 오신 선지자됨의 정체성과 그 역할을 드러내시려는 '예수님의 관심'(Jesus' concern)을 드러내고 있다.[1] 왜냐하면, 구약의 선지자들은 "포도주"가 풍성하게 흘러 넘치는 '메시아의 때'(the messianic age)를 기대해왔기 때문이다(렘 31:12; 호 14:7; 암 9:13-14; cf. 2 Bar. 29:5; 1 En. 10:19).[2]

이와 같이, 클링크(Edward W. Klink III)는 가나 혼인 잔치의 장면을 엘리사의 기적 사건의 '모형적 장면'(Type-Scene)으로 본문을 관찰한다.[3] 결국, 이 본문의 말미에서, 사르밧 과부는 그가 하나님의 참 선지자 곧 '하나님의 사람'임을 고백하게 된다(왕상 17:24).

그러한 신앙고백 안에서 '하나님의 사람'이 언급되기 전에, 먼저 아들의 죽음의 현실 앞에 그녀의 탄식 안에서 '하나님의 사람'이라는 호칭이 먼저 사용된다. '하나님의 사람'(אִישׁ הָאֱלֹהִים, 이쉬 하애로힘)이라는 표현이 엘리야-엘리사 내러티브에서 총 34회중 첫 번째 경우로써 "의미 있게" 사용되고 있다. 여기서 '하나님의 사람'에 대한 용례들은 성경 전체(72회: 구약 70회, 신약 2회)의 거의 절반에 해당한다.[4]

---

1 Edward W. Klink III, "What Concern Is That to You and to Me? John 2:1-11 and the Elisha Narratives", *Neotestamentica* 39:2 (2005): 273-287, 281.
2 Edward W. Klink III, "What Concern Is That to You and to Me? John 2:1-11 and the Elisha Narratives", *Neotestamentica* 39:2 (2005): 273-287, 283.
3 인물과 인물의 관계가 아닌, 장면과 장면의 관계에 대한 개념이 '모형적 장면'(typological scene)이라는 개념이다.
4 엘리야-엘리사 내러티브에서 거의 절반이 사용된 '하나님의 사람'이라는 표현이 성경전체에서 72회의 용례를 가진다(구약 70회, 신약 2회). 대부분은 선지자들(왕상 12:22; 13:1, 2, 4, 5, 6, 7, 8, 11, 14, 21 등)를 위한 용례인데, 그 외 모세(신 33:1; 수 14:6; 대상 23:14; 대하 30:16; 스 3:2), 사무엘(삼상 9:6, 7), 천사(삿 13:6, 8; 삼상 2:27)에게 사용되었고, 왕을 위한 용례는 오직 다윗(대하 8:14; 느 12:24, 36)만을 위해 사용된다. 신약성경에서는 오직 2회 사용되는데, 모두 디모데전후서에서만 나타나는데, 한 번은 디모데(딤전 6:11, ὦ ἄνθρωπε θεοῦ)를 위해서, 또 한 번은 모든 그리스도인(딤후 3:17, ὁ τοῦ θεοῦ ἄνθρωπος)을 위해 사용된다. 엘리야-엘리사 내러티브에서의 총34회 용례들 가운데, 엘리야를 위해 8회, 엘리사를 위해 26회 사용된다. 4분의 3이 엘리사를 위해 사용된다. 이 표현을 사용한 주체는 많은 경우, 본문의 내레이터에 의해 사용되며, 대화체 본문에서는 다른 사람에 의한 타칭으로 대부분 사용되며, 그리고 스스로 자칭으로 사용된 몇 곳(cf. 왕하 1:10, 12) 이 있다.

엘리야는 그녀의 아들을 여인의 품에서 받아 안고 자기가 거처하는 다락에 올라가서 자기 침상에 눕힌다. 그리고 엘리야는 여호와 하나님께 부르짖는다.

> 내 하나님 여호와여 주께서 또 내가 우거하는 집 과부에게 재앙을 내리사 그 아들이 죽게 하셨나이까(왕상 17:20).

이렇게 탄식 기도를 올린다. 그리고 엘리야는 그 아이 위에 세 번 펴서 엎드리고 일어서는 행위를 반복한다. 엘리야가 그녀의 죽은 아들을 살리는 방법이 좀 이상한 것 같다. 하나님의 사람 엘리야는 사르밧 여인의 죽은 아들의 죽음에까지 하나됨을 보여 준다. 그리고 엘리야가 죽은 아이 위에 엎드린 것에서 다시 일어나는 행위는 죽은 아이가 생명으로 일어서는 것을 연상시키는 상징 행위이다. 이것은 예수 그리스도께서 허물과 죄로 죽은 우리를 위해 십자가에 함께 죽고 함께 일어나신(엡 2:5-6), 곧 예수님의 십자가와 부활의 사역을 희미하게 보여 주는 전조가 되는 구약의 계시이다.

엘리야는 그러한 죽음과 부활의 상징 행위를 반복한 후에, 하나님께 부르짖어 다음과 같이 기도하며 응답을 받는다.

> 내 하나님 여호와여 원하건대 이 아이의 혼으로 그의 몸에 돌아오게 하옵소서(왕상 17:21).

> 여호와께서 엘리야의 소리를 들으시므로 그 아이의 혼이 몸으로 돌아오고 살아 난지라(왕상 17:22).

엘리야는 그 아이를 안고 다락에서 방으로 내려가서, 그의 어머니에게 주며 다음과 같이 말한다.

> 보라 네 아들이 살아났느니라(17:23).

생명의 기적이다. 죽은 아들이 기도로 다시 살아난 것이다. 그런데 하나님의 의도는 여기서 멈추지 않는다. 이 일을 통해 여인은 다음과 같이 말한다.

> 내가 이제야 당신은 하나님의 사람이시요 당신의 입에 있는 여호와의 말씀이 진실한 줄 아노라(왕상 17:24).

여기서 그 여인은 하나님(의 사람)과 하나님의 말씀에 대한 참된 신앙고백을 하게 된다. 18절에서의 "하나님의 사람"이라는 표현은 종교적 호칭에 가깝다면, 여기서 "하나님의 사람"은 고백적 호칭으로 발전된다.

하나님께서 엘리야 선지자를 사르밧 과부의 집으로 보낸 최종적인 이유가 바로 여기에 있는 것이다. 이것이 엘리야를 통해 사르밧 과부의 모녀에게 육신의 빵의 기적을 베푼 이유이다. 이것이 죽은 아들을 다시 살려준 이유이다. 요컨대, 제1단계는 사르밧 과부의 모녀에게 육신의 양식을 공급하는 기적이었다.

다음 단계는 사르밧 과부의 죽은 아들을 다시 살리는 생명 부활의 기적이다. 기적은 기적 그 자체가 목적이 아니다. 기적은 무엇을 가리키는 표시(sign)이다.

이 두 기적은 무엇을 위한 것일까?

하나님의 살아 계심과 하나님의 말씀의 능력을 가리킨다. 이 두 기적을 체험한 사르밧 과부는 하나님과 하나님의 말씀에 대한 참된 신앙을 고백한다.

그러므로 이 절망적인 여인에게 빵이 전부가 아니었다. 만약 엘리야 선지자를 통해서 그녀에게 하나님께서 빵만 주셨다면, 그녀와 그녀의 아들은 육체적인 배고픔의 문제는 해결했는지 모른다. 하지만 그들은 온전한 의미에서 풍성한 생명의 삶을 이루지 못했다고 할 수 있다. 이것은 진정한 웰빙 라이프(참 살이)가 아니다.

그녀에게 빵 이외에 무엇이 더 필요한 것이었을까?

그녀가 느꼈던 최후의 만찬의 절망을, 하나님께서는 마지막 절망으로 보시지 않았던 것이다. 하나님은 그녀의 절망 너머에 있는 소망과 풍성함을 보셨다. 그녀의 끝은 하나님의 시작이었다.

하나님은 가루 한 움큼과 기름 조금밖에 없는 그러한 죽음의 상황 너머에 있는 풍부하게 넘치게 부어주시는 생명의 소망을 보셨던 것이다. 마침내 그 소망과 풍성함이 그녀의 것이 되도록 은혜를 베푸셨다.

하지만 그녀에게 있어서, 마지막 절망은 '육신의 빵'이 없는 문제가 아니라, '영혼의 빵'이 없는 것에 대한 문제였다. 하나님은 그녀에게 영혼의 빵을 통해 참된 생명의 풍성함을 주시고자 하신 것이다.

열왕기상 24절에서 죽은 그녀의 아들을 엘리야가 다시 살리신 후에 그녀의 말이 무엇인가?

> 내가 이제야 당신은 하나님의 사람이시요 당신의 입에 있는 여호와의 말씀이 진실한 줄 아노라(왕상 17:24).

하나님께서는 그녀에게 이 고백을 원하신 것이다. 하나님과 하나님의 말씀에 대한 고백을 듣기를 원하셨다. 이 고백을 소유한 자로 생명을 얻어서 그 생명을 누리는 자로 자라가도록 인도하셨다. 이 고백이 없다면, 그녀가 아무리 많은 빵을 가지고 있더라도, 그녀는 진정한 의미에서 생명을 누리는 것이 아니다. 그녀는 아직 풍성한 인생을 살지 못하고 가난한 절망적인 상황에 머물고 있는 것이 되는 것이다.

4. 결론 및 적용

많은 사람이 육신의 빵 문제만을 위해 인생을 전력 질주하는 세상이다. 자신의 직업과 사업에만 몰두하고 있다. 먹는 문제도 중요하다. 돈이 중요하다. 하지만 영혼의 빵 문제를 해결해야 한다. 영혼의 가치가 제대로 채워져야 물질적 가치를 다스릴 수 있다. 우리 인생이 너무 늦기 전에, 영혼의 빵을 먹고 또 먹는 일에 힘을 다하여 준비해야 한다. 이 세대의 진정한 기갈은 육신의 양식과 빵이 없어서 겪는 기갈이 아니라, 참된 하나님의 말씀이 없어서 겪는 고통스러운 기갈이다.

무엇이 영혼의 빵인가?

예수님이 곧 생명의 떡이다. 영원한 생명의 떡이신 예수님을 먹어야 영원히 사는 생명을 가질 수 있다.

영원한 생명의 떡이신 예수님을 먹는 것은 무엇을 의미하는가?

그것은 예수님을 믿는 것을 의미한다. 예수님의 무엇을 믿어야 생명을 얻을 수 있는가?
예수님께서 나의 죄를 위해 십자가에 못 박혀 죽으신 것 믿어야 한다!

그리고 성경대로 다시 사흘 만에 부활하여 나의 부활의 첫 열매가 되어 주신 것을 믿어야 한다. 예수님의 십자가와 부활을 믿는 것은 곧 내 자신이 예수님과 함께 죽고 함께 다시 일어난 것을 의미한다. 예수님을 믿음으로 예수님과 그 영원한 생명을 풍성하게 누리는 자가 되시기 바란다.
사람이 떡으로만 살 것이 아니요 하나님의 입으로 나오는 모든 말씀으로 살아야 한다. 육신의 빵은 이 세상에서 육체의 생명만 유지하게 한다. 하지만 영혼의 빵이신 하나님의 말씀은 우리를 영원히 살게 해 주는 생명 양식이다. 내 영혼의 목마름과 갈증을 해결해 주는 것이 하나님의 말씀이다. 사모하는 영혼에게 하나님께서 생명의 풍성한 꼴을 먹여 주실 줄 믿는다.

오늘도 육신의 양식을 찾아 나서는 그대!
영혼의 상태는 어떠한가?
육신의 빵이 인생 전부가 아님을 알고, 예수님과 그분의 생명의 양식을 소유하는 것이 지상 최대의 부요한 자인 줄 믿기 바란다!

우리의 풍성한 삶은 다른 곳에서, 다른 것으로 오지 않는다. 풍성한 생명을 주시는 하나님만 힘 삼고 말씀을 소망 삼아 사는 인생에게 조용히 다가온다.

♣ 개인 묵상과 소그룹 성경 공부를 위한 토론 질문 ♣

1. 어떤 상황에서도 선한 목자로서 하나님께서 나를 돌보신 일이 있으면 나누어 보라. 먼저 주의 나라를 위해 작은 일에 순종할 때, 더 큰 것을 맡기시고 축복해 주신 일들을 기억하고 오늘 내가 주와 복음과 교회와 주의 나라를 위하여 먼저 무엇을 구할 것인지 발견하고 기도로 시작해 보라.

2. 다음과 같은 질문을 생각해 보자.

   내가 겪는 어떤 시련이 주님께서 나를 더 행복한 그리스도인으로 만드시려는 여정 안에 있다고 생각되지 않는가?
   인생에서 진정한 만족의 길과 그분의 자녀로서의 행복의 길로 이끄실 것을 확신하고 맡기는 삶인가?
   내 삶에 "빵과 말씀"은 어떤 관계이며, 어떤 비중을 차지하는가?

3. 시련은 자기 백성을 '골탕 먹이기' 위함이 아니라, 믿음의 영양가를 사랑하는 자녀들에게 공급하시기 위한 하나님의 '곰탕 먹이기'이다. 인정한다면 그런 경험들을 나누어 보라.

제3장
영적 대결

Topic : 엘리야-엘리사 기사(3)
Title : 영적 대결
Text : 열왕기상 18:1-40
Theme : 나는 언제나 승리하는 말씀의 길과 경외의 길로 가야 한다.

1. 서론 및 문맥

엘리야의 말이 없으면, "수년 동안"(왕상 17:1) 비와 이슬도 없는 가뭄이 계속된다는 신탁이 이스라엘의 대표로서 아합 왕에게 처음으로 선포되었다. 그 신탁을 선포한 엘리야는 그릿 시냇가에 피신하여 머물렀으며, "얼마 후에"(왕상 17:7)에 시내가 말랐다.

하나님은 엘리야를 다시 사르밧으로 보내셨다. 거기서 생명 사역의 열매로서 말씀에 대한 사르밧 과부의 신앙고백을 통해 결실을 맺었다(왕상 17:24). 그러고 나서, 열왕기상 18:1은 "많은 날이 지나고 제삼 년에"라는 새로운 시간적 배경이 주어진다(cf. 약 5:17). 이때 여호와의 신탁의 말씀이 다시 엘리야에게 임하셨다(왕상 18:1).

이 신탁은 엘리야-엘리사 내러티브의 첫 시작 구절인 열왕기상 17:1에 맹세 구문을 통해 표현된 그 신탁과 반대의 내용의 신탁이다. 즉 "너는 가서 아합에게 보이라 내가 비를 지면에 내리리라"(왕상 18:1; cf. 약 5:18)라는 말씀이다.

18장은 바로 이러한 신탁이 전달되는 과정과 세상에 존재하는 영적인 혼돈의 상태를 보여 준다. 그리고 그 혼돈의 상태가 절정에 이르게 되고, 문학적 갈등이 해소됨과 동시에 다시 새로운 영적인 질서를 회복하는 과정을 다양한 인물과 사건을 통하여 전개하고 있다.

2. 우리는 참 교회와 거짓 교회가 섞여 있는 곳에 살아간다(1-19절)

시편 1편에서, 동일한 공간과 시간에 의인과 악인이 함께 공존하여 살아가는 대결의 장면을 "창조"하고 시편 전체가 이런 구도 안에서 전개된다. 마태복음 13장에서 예수님의 천국의 비유 가운데 가라지의 비유에 따르면, 지상 교회에 알곡과 가라지가 함께 공존하여 한 토양 위에 뿌리를 내리고 살아가는 장면을 비유를 통해 묘사한다.

이 본문에 기록된 엘리야 시대에도 '바알을 섬기는 자들'과 '여호와 하나님을 경외하는 자들'이 동일한 시대에, 동일한 장소에서 같은 공기를 마시며 함께 공존하고 있음을 본다. 심지어는 동일한 사역에 함께 공존할 수도 있다. 오늘 그리스도인들이 사는 이 세상은 물론이고, 교회에서조차도 무엇이 선이고 악인지, 무엇이 성경과 하나님 나라의 가치인지, 세상의 가치인지 분간을 못 하는 그야말로 가치관이 극도로 혼돈된 시대에 살고 있다.

참 성도와 거짓 성도, 참 목사와 거짓 목사, 참 선지자와 거짓 선지자, 참 복음과 거짓 복음, 참 예배와 거짓 예배 등 참(truth)과 거짓(falsehood)에 대한 끊임 없는 표현들이 기독교 신앙 세계에 많이 있다. 참은 삼위 하나님과 말씀에 해당되는 것이고 거짓은 마귀와 세상과 죄에 해당되는 것이다. 참은 하나님 나라와 성경의 가치이며, 거짓은 세상의 가치이다. 이 본문도 참과 거짓의 구도가 등장한다. '참'은 하나님을 경외하며 하나님만 섬기는 자에 대한 표현이고 '거짓'은 우상을 섬기고 사람과 세상의 기준을 삼아서 종교 생활하는 것을 표현한다.

분열 왕국 시대에 북이스라엘의 아합 왕이 다스리던 시대, 엘리야가 사역하던 시기에도 참과 거짓이 함께 공존했다. 급기야 참과 거짓 사이에 영적인 전쟁, 영적 대결이 일어났다.

거짓이 주인이 되고 거짓이 참을 삼키려는 상황에서, 하나님은 재앙을 통해서 거짓에 속한 자를 심판하셨다. 그런데 이러한 재앙조차 거짓에 속한 자들은 참에 속한 자가 잘못하여 그러한 재앙이 왔다고 왜곡시킨다. 거짓은 거짓을 재생산하는 악의 본산이다. 이러한 불가항력적인 상황에서, 하나님은 다양한 방식으로 참과 거짓을 구분짓기 시작하신다.

1) 참과 거짓의 정체성

하늘의 문이 닫힌 후, 다시 하늘의 문이 열리기까지(1절) 시간이 3년 이상이 흘렀다. 3년 전에 엘리야가 아합에게 맹세를 통해 여호와의 신탁을 전달하고 도피의 여정에 있어왔던 엘리야는 "비를 지면에 내리리라"라는 여호와의 신탁을 아합에게 전달하라는 말씀을 들었다. 엘리야의 사마리아 여정의 시점에 기근이 심하였다는 사실을 내레이터는 기술한다.

한편, 왕궁에 있는 오바댜라는 인물이 등장한다. 이 사람의 두 가지 정체성을 언급하는데, 하나는 왕궁을 맡은 자(3절)이며, 여호와를 지극히 경외하는 자(3절, 12절)이다. 그는 과거에 이세벨이 여호와의 선지자들을 멸하는 상황에서 선지자 100명을 50명씩 굴에 숨기고 떡과 물을 공급했던 자이다(4절). 즉 자신의 목숨을 걸고 여호와의 선지자 100명을 숨긴 일을 한 것이다.

그러한 위험한 일을 한 것은 하나님을 경외하는 그의 보배로운 신앙 때문일 것이다(cf. 사 33:6). 이러한 사실을, 내레이터에 의해서 그의 과거 행위를 기술한 후에, 이어진 문맥 안에서 등장인물 오바댜와 엘리야 사이의 현재적 대화를 통해서 다시 반복함으로, 그의 인물의 특징화(characterization)를 강조한다(3-4절, 12-13절).

이와 대조적으로 아합의 정체성이 기술된다. 그는 여호와를 버렸고 바알을 따랐다(18절). 저자는 왕궁이라는 동일한 공간에서 생활하는 서로 다른 신분의 두 사람의 영적인 정체성을 이와 같이 대조시킨다.[1]

---

[1] 신약성경에서 가라지 비유(마 13:24-30)는 동일한 공간에 알곡과 가라지가 공존하는 상태를 잘 보여 준다. 이 비유가 주는 2가지 교훈은 하나는 하나님은 알곡이 상하지 않고 보존되도록 하신다는 것이며, 또 다른 하나는 가라지에게는 심판할 추수의 때가 반드시 온다는 것이다. 여기 있는 두 인물의 상황과 정체성과 그 결말을 잘 표현하는 본문과 같다.

이것은 저자가 '인물의 대조'라는 문학적 표현을 통해, 이 두 사람을 하나님 앞에 영적으로 분리시키는 문학적 탁월성을 보여 준다. 즉 이것은 동일 공간에서 생존하는 인물들에 대한 의인과 악인의 분리이다.

현재 사마리아에 임한 기근과 가뭄으로, 사람은 물론이고 짐승의 생명까지 위험에 처했다. 아합 왕은 오바댜와 함께 이러한 기근과 가뭄 가운데, 말과 노새를 살리려고 물과 꼴을 찾기 위하여 광야 길을 행한다. 왕궁에서 함께 나섰던 이 두 사람의 일행은 어느 시점에 와서 두루 다닐 땅을 나누어 물과 꼴을 찾기 시작한다. 내레이터는 다음과 같이 기술한다.

> 아합은 홀로 이 길로 가고 오바댜는 홀로 저 길로 가니라(왕상 18:6).

앞서 언급한 인물의 대조를 통한 문학적 묘사는 저자에 의해 기술된 의인과 악인으로 나누는 영적인 분리라면, 여기서 동일한 이 두 인물이 서로 다른 길로 물과 꼴을 찾아 나서는 여정은 등장인물(들)의 뜻 안에서 나누어진 공간적인 분리라고 할 수 있다.

이 두 인물 사이에 존재하는 엘리야는 "여호와의 영이 이끌어 가심"(12절)으로 '여기 있다'(8절, 11절, 14절)가 사라지는 일(10절)이 반복되어 왔던 자로 묘사된다.[2] 그래서 엘리야는 자신의 임재와 부재 사이를 자유롭게 넘나드는 공간적 자유의 인물로 등장한다. 이 사실이 아합이 엘리야를 많은 사람을 보내어 찾게 하였으나 잡지 못한 이유가 되어 왔다.

위에서 언급한 두 사람 사이의 공간적 분리는 엘리야가 홀로 있는 오바댜를 길에서 먼저 만나는 기회를 마련하는 계기가 된다(7-15절). 오바댜와 엘리야의 대화의 핵심 내용은 엘리야가 아합을 만나겠다는 메시지를 오바댜로 하여금 아합에게 전하라는 것이다. 공간적으로 자유롭게 이동하는 인물의 특징화를 가진 엘리야 앞에서 오바댜의 맹세(10절)와 의심하는 오바댜에게 엘리야의 맹세(15절)는 엘리야가 아합을 만나겠다는 진심의 의지와 뜻을 서로에게 전달하는 효과를 마련한다.

---

[2] 여호와의 영은 이스라엘 백성을 섬기기 위한 특별한 의무를 수행하도록 하는데, 예언이나 특수한 역할 외에도 공간 이동과도 관련되어 있다(왕하 2:16). G. K. Beale, *A New Testament Biblical Theology*, 560.

오바댜와 엘리야의 길에서의 대면 사건은 엘리야를 통한 하나님의 위로와 그의 경외의 삶을 인정받는 문맥적 발전을 보여 준다. 반면 이어지는 아합과 엘리야의 대면(16-19절)은 내러티브의 갈등이 고조되는 장면을 연출한다. 아합은 엘리야를 향하여 다음과 같이 칭한다.

> 이스라엘을 괴롭게 하는 자(왕상 18:17).

반면 엘리야는 아합을 향하여 다음과 같이 말한다.

> 당신과 당신의 아버지의 집이 괴롭게 하였으니(왕상 18:18).

여기서 거짓의 인물이 참인물을 향하여 비난과 판단과 정죄를 하는 모습은 그의 언약의 하나님과 언약의 저주에 대한 그의 가치관이 왜곡되었음을 보여 준다. 동일 공간(왕궁)에 있는 오바댜와 아합이 의인과 악인의 공존의 모습을 보여 주었다면, 여기서 엘리야와 아합의 대면과 대화는 선과 악의 대결의 모습을 보여 준다.

2) 거짓을 대하는 참의 태도?

이러한 상황에서 의인이 어떻게 살아야 될 지에 대한 교훈을 시편 37편에서 주고 있다.[3] 요약하면, 악인 때문에 불평하지 말고 여호와를 의지하고 선을 계속 행하라는 것이다. 여호와를 신뢰하면서 선을 행하는 모습을 시편 1편이 좀 더 구체적으로 묘사하고 있다.

---

3   시편 37편의 교훈은 교차대칭구조(*Chiasmus*)을 통하여 아래와 같이 보여 준다.
    A: 악인 때문에 불평하지 말라(1절)
     B: 악인에 대한 심판(2절): 정의
      C: 여호와를 의지하라(3절)
       D: 여호와를 기뻐하면 마음의 소원을 이루신다(4절)
      C': 여호와를 의지하라(5절)
     B': 의인에 대한 보응(6절): 정의
    A': 악인 때문에 불평하지 말라(6절)

즉 다음과 같은 말씀으로 사는 것이다.

> 악인들의 꾀를 따르지 아니하며, 죄인들의 길에 서지 아니하며 오만한 자리에 앉지 아니하는 자(시 1:1).

이것이 의인의 표지(sign)의 소극적 측면이라면 다음과 같은 말씀으로 사는 것은 의인의 적극적인 표지가 된다.

> 오직 여호와의 율법을 즐거워하고 그 율법을 주야로 묵상하는 자(시 1:2).

그렇게 의인이 계속적으로 살아간다면, 악인에 대한 심판은 반드시 시행되어 하나님의 정의가 구현될 것이라는 것이다. 이것이 의인에게는 현재적 위로와 인정하심이 되고 악인에게는 미래의 심판을 위한 정죄와 판단이 된다. 이것이 악인과 의인이 공존하는 현대의 교회 안에서도 참 교회의 표지가 될 것이다.

표 11. 참 교회와 거짓 교회

시 37편	마 13:24-30
참 교회가 지켜야 하는 태도	참 교회를 향한 하나님의 태도
불평하지 말라*	*하나님께서 알곡이 상하지 않고 보존되도록 아끼시고 사랑하신다
악이 베임을 당할 날이 속히 온다*	
하나님을 의뢰하면서 선을 행하라*	
하나님(닮는 것, 그분의 뜻)을 기뻐하라*	*추수 때가 반드시 있다
너희 길을 여호와께 맡기라*	

(1) 참 교회의 소극적 표지: "악인들의 꾀를 따르지 아니하며, 죄인들의 길에 서지 아니하며, 오만한 자리에 앉지 아니하는 자"(시 1:1)
(2) 참 교회의 적극적 표지: "오직 여호와의 율법을 즐거워하여 그의 율법을 주야로 묵상하는 자"(시 1:2)

3. 하나님은 참 교회와 거짓 교회를 구분하신다(20-40절): "종말론적인 심판"

1) 선택을 요구하신다(20-24절)

엘리야와 아합의 대면과 대화(17절) 곧 '이스라엘을 괴롭게 하는 자'에 대한 장면은 두 사람 사이의 갈등이 표면화되고 있음을 보여 준다. 이 갈등은 '여호와의 명령'과 '바알'(18절) 사이에 관계를 대변한다.

이 갈등은 엘리야가 아합에게 바알의 선지자 사백오십 명과 아세라의 선지자 사백 명을 갈멜산으로 모이게 하라는 요청으로 갈등의 최절정으로 가는 문맥을 준비한다(19절).

드디어 아합 왕은 '이스라엘 모든 자손에게로' 사람을 보내어 바알의 선지자를 갈멜산으로 집결시켰다. 당시에 갈멜산은 이스라엘 땅에서 주된 바알 신전이 있는 곳이었기 때문이다.[4] 그렇다면 엘리야는 적의 심장부를 노린 것이다. 갈멜산에서 여호와로부터 불로 응답하는 사건은 후에 엘리야로 하여금 호렙산에서 "세미한 소리"를 듣는 말씀 사건을 준비하는 원거리 문맥적 역할도 한다. 그리고 여기서 "이스라엘의 모든 자손에게로"라는 표현은 바알을 숭배하는 선지자들에 의한 그 영향력이 이스라엘 전체로 펴져 있었음을 보여 주는 암시가 된다. 모든 이스라엘 자손들에게 바알 신앙을 전파하고 촉진해온 바알의 선지자들을 집결시킨 것이다.

엘리야는 거기에 모인, 모든 백성에게 여호와와 바알 두 사이에서 선택할 것을 강요한다(cf. 수 24:14-15). 현재의 상황은 450:1이다. 바알의 선지자가 450명 모였고 여호와의 선지자는 엘리야 1명뿐이다. 아세라 선지자 400명까지 포함하면 850:1이다. 엘리야의 말에 응답이 없는 백성들에게 새로운 상황을 마련하기 위하여, 엘리야는 송아지 한 마리를 택하여 각을 떠서 나무 위에 벌여놓고 각자의 신의 이름을 부를 때, 불로 응답하는 신이 참 하나님이라는 조건을 제시하자 백성들이 동의한다.

---

4 Eugene H. Merrill, *Kingdom of Priests*, 361-362.

2) 참과 거짓을 드러내신다(25-29절, 30-38절)

백성들이 모인 갈멜산에서 바알 선지자들 450명은 송아지 한 마리를 잡아 각을 떠서 나무 위에 벌려놓고 아침부터 낮까지 바알의 이름을 부르며 종교적 의식을 진행했다(25-29절).

> 바알이여 우리에게 응답하소서(왕상 18:26).

그들은 부르짖었으나, 바알에게서 어떤 응답도 없었다. 그래서 그 침묵의 공허함을 스스로 채우려는 듯, 바알 선지자들은 그들이 쌓은 제단 주위에서 춤을 추며 뛰놀았다. 정오에 이르자 엘리야는 그들을 향하여 다음과 같이 조롱한다.

> 그는 신인즉 묵상하고 있는지 혹은 그가 잠깐 나갔는지 혹은 그가 길을 행하는지 혹은 그가 잠이 들어서 깨워야 할 것인지(왕상 18:27).

엘리야의 조롱 안에서 언급된, 바알의 묵상, 외출, 산책, 낮잠에 대한 열거는 바알의 부재를 강조한다. 엘리야의 조롱을 들은 이들은 더 큰 소리로 부르며, 그들의 종교적 규례를 따라서 칼과 창으로 자신들의 몸을 상하게 하여 피가 흐르도록 했다. 바알을 향한 바알 선지자들이 만든 청각적 부름과 시각적 피 흘림에 대한 광란의 의식에 대한 장면 묘사는 저녁 소제의 시간까지 지속되었다. 그리하여 내레이터는 이 장면을 다음과 같이 동일한 히브리어 부정어(אֵין, 아인, "there is no")를 3회 사용하여 바알 신의 부재를 강조한다.

> 아무 소리도 없고 응답하는 자나 돌보는 자가 아무도 없더라(왕상 18:29).

즉 '소리도 없고'(וְאֵין־קוֹל, 웨엔-콜), '응답도 없고'(וְאֵין־עֹנֶה, 웨엔-오네), '주의를 기울이는 자도 없었다'(וְאֵין־קָשֶׁב, 웨엔-카쉡, "no paying attention"). 즉 바알의 완벽한 부재를 보여 준 것이다.

바알 선지자들의 제사 이후, 엘리야의 순서가 이어진다(30-38절). 엘리야는 먼저 백성들을 자신의 가까이로 나아오도록 명령한다. 이어서 엘리야는 무너진 여호와의 제단을 수축한다. 야곱의 12아들 지파의 수효를 따라 돌 12개를 취하여 제단을 쌓았다. 여기서 '야곱'의 이름에 대한 과거의 사건을 언급한다.

> 옛적에 여호와의 말씀이 임하여 이르시기를 네 이름을 이스라엘이라 하리라(왕상 18:31).

이처럼 얍복 강가에서 천사와 씨름하여 이긴 승리의 이름을 상기시킨다. 엘리야의 이 행위는 현재 분열 왕국의 상황에서 하나의 언약의 백성의 통일성(unity)의 개념을, 언약의 하나님의 관점으로 보여 주는 것이다.[5]

언약의 백성 공동체의 현재의 외견상의 모습은 두 왕국의 모습일지라도, 그들의 존재는 하나의 믿음과 하나의 언약과 한 분 언약의 하나님을 섬기는 하나의 거룩한 나라이다. 이 관점은 새 언약 백성된 교회도 마찬가지이다. 오늘날 지상의 교회가 매우 다양한 얼굴(교단, 교파 등)을 가지고 있다. 이단이 아닌 이상, 하나님의 관점으로 교회의 자화상을 이해해야 한다. 바울은 옥중서신 에베소서에서 다음과 같이 교회의 하나됨과 통일성을 말씀한다.

> 평안의 매는 줄로 성령이 하나되게 하신 것을 힘써 지키라 몸이 하나요 성령도 한 분이시니 이와 같이 너희가 부르심의 한 소망 안에서 부르심을 받았느니라 주도 한 분이시요 믿음도 하나요 세례도 하나요 하나님도 한 분이시니 곧 만유의 아버지시라 만유 위에 계시고 만유를 통일하시고 만유 가운데 계시도다(엡 4:3-6).

족장 야곱(이스라엘)에게 축복하신 언약의 하나님의 이름을 의지하여 제단을 쌓고 주위에 도랑을 파고 제단 위의 번제물과 나무 위에 통 넷에 물을 채워서 붓도록 했다. 여기서 물을 붓는 행위가 3회에 걸쳐서 반복된다(33-34절, וַיִּקְרָא, שְׁנוּ, וַיִּשְׁנוּ, 와이쉬누, 쉐누, 웨이츠쿠). 앞에서 바알 선지자들의 부르짖음에 히브리어 부정어 3회 반복(29절)을 통해 그 강조적 결과가 신의 부재로 끝났다면, 여기서, 엘리야의 명령에 의한 물을 붓는 3회의 행위는 대한 곧 있게

---

5   A. W. Pink, *Elijah*, 145.

될 신의 임재를 위한 강조적 준비가 된다.

바알 선지자들의 행위가 '저녁 소제 드릴 때까지'(29절) 종료되었다면, 엘리야의 행위는 '저녁 소제 드릴 때'(36절) 시행되었다. 엘리야는 다음과 같이 언약의 하나님의 이름을 부른다.

> 아브라함과 이삭과 이스라엘의 하나님 여호와여(왕상 18:36).

그 하나님께 "알게 하소서"(יֵדַע, 이와다, 36절과 37절, 칼 완료형 희구법)라는 표현을 2회 사용하며(inclusio), 그 중간에 "내게 응답하소서"(עֲנֵנִי, 아네니, 37절, 칼 명령형)라는 표현을 2회 사용한다. 두 동사에 대한 각각의 목적어는 엘리야의 정체성과 사역(36절)과 여호와의 정체성과 사역(37절)에 대한 것이다.

여호와의 응답은 엘리야가 간구한 대로 '여호와의 불'(אֵשׁ־יְהוָה, 에쉬-야훼)이 내렸다(38절). 여호와의 불이 내려서 태운 3회의 물을 부음으로 젖었던 그 대상을 강조하기 위하여 히브리어 직접 목적어 부호(אֶת־, 에트)를 5회 반복하여 각각의 대상(번제물, 나무, 돌, 흙, 도랑의 물)을 열거하고 있다. 철저한 하나님의 살아 계심과 참 선지자의 존재를 확인하는 것에 대한 응답이다. 갈멜산 내러티브의 최절정이다.

3) 참된 신앙고백은 참인 것을 증명한다(39-40절)

갈멜산에 모인 모든 백성은 엎드려서 다음과 같은 고백적 표현을 동사 없는 히브리어 명사문으로 2회 반복한다.

> 여호와 그는 하나님이시로다 여호와 그는 하나님이시로다(הָאֱלֹהִים יְהוָה הוּא הָאֱלֹהִים יְהוָה הוּא, 하애로힘 야훼 후 하애로힘 야훼 후, 왕상 18:39).

이런 구문론적 표현은 이 고백이 간결하면서 강조된 고백이며, 다같이 일괄적으로 했다는 점을 보여 준다.

야곱의 열두 아들을 상징하는 돌 열두 개를 취한 것과 야곱을 승리의 이스라엘로 이름을 바꾼 사건을 상기시킨 대로(31절), 여호와의 승리를 보여 준다. 엘리야는 바알 선지자들을 잡아서 기손 시내로 끌고 가서 거기서 처단하라는 명령을 함으로, 아합과 엘리야의 대면과 대화의 국면(18절)에서 시작된 갈등이 종결된다.

그런데도 이 고백의 진위 여부는 이어지는 이스라엘의 배교와 반역의 삶의 결과로 멸망을 초래하였다는 그 역사가 증명해 주고 있다. 이것이 역사가 보여 주는 진실이다. 결국, 갈멜산의 그 고백은 일시적인 입술만의 고백으로 끝나버린 것이다. 삶을 통해 실천적으로 고백을 했어야만 했다.

갈멜산에 모인 이스라엘 백성의 고백에 대한 역사적 교훈이 무엇인가?

입술의 고백과 더불어 그에 합당한 실천적인 삶이 있는 참된 고백이 될 때, 하나님과의 언약 관계를 회복하여서 언약의 복을 누리는 진정한 언약 백성의 모습이 된다는 점을 보여 준다.

이로부터 약 800년 뒤에, 예수께서 제자들과 함께 빌립보 가이사랴 지방에 들어가셨다. 이방의 신전(Pan)이 있는 곳에서 예수님은 다음과 같이 물으셨다.

> 너희는 나를 누구라 하느냐(마 16:15).

그때, 베드로는 다음과 같이 고백했다.

> 주는 그리스도시요 살아 계신 하나님의 아들이시니이다(마 16:16).

우리 주 예수 그리스도에 대한 참된 신앙고백과 삶이 있으면, 얼굴은 달라도 모두 하나의 반석 위에 세워진 새 언약 백성 공동체가 된다. 우주적 보편 교회이다. 참된 신앙고백과 그에 합당한 삶이 종말론적인 언약 공동체가 갖추어야 할 진정한 모습일 것이다.

4. 결론 및 적용

하나님의 행하신 일을 보고 하나님에 대한 참된 신앙고백을 하는 자는 복이 있다. 하나님의 행하신 일을 보고도 회개하지 아니하면, 심판을 직면할 것이다.

예수께서 성전 안 솔로몬 행각을 거니실 때, 유대인들이 예수님을 에워싸고 다음과 같이 말했다.

> 그리스도이면 밝히 말씀하소서 (요 10:24).

그때 예수님은 다음과 같이 대답하셨다.

> 내가 내 아버지의 이름으로 행하는 일들이 나를 증거하는 것이거늘 너희가 내 양이 아니므로 믿지 아니하는도다 (요 10:24-25).

주님의 양으로서, 그리스도를 믿음으로 참된 신앙을 가진 자는 어떻게 살아야 하는가?

하나님을 경외하는 자(3, 4, 12, 13절)로 살아야 한다. 이 삶은 하나님의 사람(백성, 성도)을 섬기며 돕는 자로 사는 삶이며, 하나님의 명령의 말씀을 버리지 않고 믿고 따르는 삶이다. 그리고 하나님 앞에 참 회개의 삶(20-40절)을 사는 자이다. 이 삶을 사는 자는 머뭇거리는 삶을 정리하고 마음을 하나님께 돌이키는 삶을 살며, 그리고 참된 신앙을 전 인격적으로 고백하는 삶이다.

♣ 개인 묵상과 소그룹 성경 공부를 위한 토론 질문 ♣

1. 다음과 같은 질문을 생각해 보자.

   나 자신, 가정, 그리고 공동체 안에서 참과 거짓이 공존하는 것을 보는가?
   그리스도인으로서, 하나님 나라의 백성으로 참에 대한 태도는 무엇이며, 거짓에 대한 반응은 어떤 방식으로 표출하는가?
   성도의 참된 표지(sign)가 무엇인가?

2. 참도 드러내시며, 거짓도 드러내시는 전지하신 하나님이시다. 현재적으로 드러내실 때도 있으며, 그리고 미래에는 궁극적으로 모든 것을 드러내신다.
   하나님께서 참과 거짓을 드러내신다고 할 때, 내가 갖는 위로와 두려움은 어떤 것인가?

Elijah-Elisha Narratives:
The Prophetic Ministry to Have Life & Have It Abundantly

제4장
하나님의 사람, 기도의 사람

Topic : 엘리야-엘리사 내러티브(4)
Title : 하나님의 사람, 기도의 사람
Text : 열왕기상 18:41-46
Theme : 하나님의 뜻(일)과 성품이 이루어지기까지 간절히 계속 기도하자.

1. 서론 및 문맥

지으신 창조의 세계와 세상의 모든 사람과 일들에는 하나님의 주권적인 뜻이 있다. 특히, 하나님의 백성을 향하신 하나님의 주권적인 뜻이 있음을 우리는 믿는다. 하나님의 주권적인 구원의 계획과 뜻이 특별 계시인 하나님의 말씀을 통해 계시되었다. 그러나 구원과 관련되지 않은 부분들은 드러나지 않은 부분이 많다. 사실 그리스도인의 삶에서 하나님의 뜻이 분명하지 않은 부분들이 많다. 그래서 많은 시간이 경과되고 지나봐야 이것이 하나님의 뜻이었구나 라고 뒤늦게 깨닫게 된다.

하나님의 주권적인 뜻은 반드시 이루어지고 성취되는데도, 성경은 '기도하라'는 말을 아주 많이 사용한다. 하나님의 주권적인 뜻은 반드시 이루어짐에도, 기도하라고 성경의 많은 곳에서 말씀하는 이유가 무엇인지 생각해 보자. 하나님은 그의 백성의 기도를 통해서, 하나님의 주권적인 뜻을 이루도록 참여시키신다. 기도의 사람 엘리야가 등장하는 이 본문을 통해, 어떻게 성도가 기도의 사람으로 자라갈 수 있는지 상고하자.

2. 기도의 사람은 누구인가?

여호와께서 엘리야를 통해 아합에게 다음과 같은 최초의 신탁이 있었다.

> 수년 동안 비도 이슬도 있지 아니하리라(왕상 17:1).

최초의 신탁 이후, 두 번째 신탁은 다음과 같은 말씀이었다.

> 너는 가서 아합에게 보이라 내가 비를 지면에 내리리라(왕상 18:1).

두 번째 신탁에 근거하여 아합을 대면한 첫 번째 사건은 갈멜산에서의 영적 대결 사건으로 이어졌다(왕상 18:16-19). 그런데 바알 선지자들과의 갈멜산 영적 대결 사건이 지났음에도 당장 비는 내리지 않았다.
이어서 두 번째 대면에서, 엘리야는 아합에게 다음과 같은 말씀을 전달한다.

> 올라가서 먹고 마시소서 큰비 소리가 있나이다(왕상 18:41).

라는 말씀을 전달한다. 여기서 '올라가다'(עָלָה, 아라)라는 히브리어 동사가 이어지는 문맥에서 4개의 절 안에서 7회 반복적으로 각각 사용된다(41, 42, 43, 44절).
'올라가다'라는 동사는 시간의 경과 안에서, 하늘에서 비가 내리는 사건을 위하여, 아합(2회)과 엘리야(1회)와 사환(3회)과 구름(1회)이 이 동사의 주어들로 사용된다. 즉 비가 올 것이니 아합은 올라가서 먹고 마시라(걱정하지 말고 쉬어라)는 것이며, 엘리야는 비가 오기를 기도하기 위하여 산꼭대기로 올라가며, 사환은 비를 만드는 떠오르는 구름을 보기 위해 올라가며, 비의 근원이 되는 작은 구름이 일어났으며(올라가며) 그리고 사환은 비 올 것을 아합에게 말하기 위하여 올라간다. 그러므로 반복적인 '올라감'의 동사는 반드시 비가 '내려옴'을 강조한다.

표 12. 올라가다 동사의 반복

구절	용례	문법적 용법
왕상 18:41	"올라가서 먹고 마시소서"	칼 동사 명령형(עֲלֵה)
왕상 18:42	"아합이 먹고 마시러 올라가니라 엘리야가 갈 멜산 꼭대기로 올라가서"	칼 동사 와우계속법 미완료(וַיַּעֲלֶה) 칼 동사 완료(עָלָה)
왕상 18:43	"그의 사환에게 이르되 올라가 바다 쪽을 바라 보라 그가 올라가 바라보고"	칼 동사 명령형(עֲלֵה-נָא) 칼 동사 와우계속법 미완료(וַיַּעַל)
왕상 18:44	"사람의 손 만한 작은 구름이 일어나나이다 이 르되 올라가 아합에게 말하기를 비에 막히지 아니하도록"	칼 동사 분사형(עֹלָה) 칼 동사 명령형(עֲלֵה)

지면에 비를 내릴 것이라는 시초적 신탁 전달 시점으로부터 실제로 비가 내리기까지는 몇 단계의 과정이 진행된다. 첫째는 앞서 언급했던 갈멜산에서의 영적 대결 사건이었다. 만약 이 사건이 없는 상태에서 비가 내렸다면, 그 공로를 이스라엘 전역에서 섬겼던 바알 선지자들의 기도를 들은 기후의 신인 바알의 능력으로 말미암았다고 백성들에게 주장했을 것이다. 엘리사의 갈멜산 사건은 기후 변화의 이슈가 창조주 하나님의 통치 아래 있다는 것을 보여 주는 사건이 되었다.

이어진 갈멜산 기도 사건은 여호와의 신탁의 말씀이 있었음에도, 그것은 기계적인 성취라는 방식이 아닌, 그 성취의 과정에서 엘리야의 기도 행위가 중요한 방법론이 된다는 점이다.

표 13. 비 내림에 대한 신탁과 성취 과정

신탁 수용과 전달	후속 사건	결과
"너는 아합에게 보이라 내가 비를 지면에 내리리라"(왕상 18:1)	갈멜산 영적 대결 사건	여호와의 승리(영광)
"엘리야가 아합에게 이르되 올라가서 먹고 마시소서 큰비 소리가 있나이다"(왕상 18:41)	갈멜산 기도 사건	비가 내림(성취)

엘리야의 기도의 과정은 '하나님의 사람'이 '기도의 사람'이라는 점을 부각시킨다. 그는 말씀을 먼저 받았다(18:1). 그리고 그 말씀대로 아합에게 선포했다(18:41). 그는 최종적으로 갈멜산 정상으로 올라갔다. 말씀이 이루어지기를 기도하기 위함이다.

재언하면, 기도의 시작과 동기는 말씀의 성취이다. 말씀대로 될 것을 믿음으로 아합에게 증거했다. 그리고 기도의 자리로 나아갔다. 이러한 기도는 사람과 땅의 욕심이 들어갈 여지가 없도록 만든다. 그런데도 즉각적으로 기도의 응답이 나타나지 않았다. 계속적으로 일곱 번이나 기도하면서 그리고 응답을 확인하면서 그리고 다시 기도의 자리로 되돌아가서 간절히 계속 기도했다.

'일곱 번의 기도'가 하나님과의 간절한 믿음의 소통이라면, 기도를 멈추고 사환에게 와서 '일곱 번의 확인'은 그 믿음을 적용하는 상황과의 소통이다. 말씀은 기도의 제목을 낳고 기도는 그 말씀을 성취하게 한다. 이것이 기도와 말씀과의 관계의 역동성이다.

말씀의 영과 기도의 영은 동일한 성령님이시다. 이와 같이, 창조주와 피조물 사이에 기도자가 놓여져있다. 기도는 창조주의 통치의 손을 피조물에게 나타나도록 하는 "계시적" 행위가 된다. 이러한 방식으로, 창조주께서는 하나님의 사람을 역사 세계와 창조 세계 안에서 하나님의 주권적인 뜻을 성취하도록 참여시키신다.

엘리야의 기도로, '구름과 바람'이 일어나서 하늘이 캄캄해지며 큰비가 쏟아졌다(45절). 아합과 그 수행자들은 마차를 타고 갈멜산에서 남서쪽으로 18마일(28.9킬로미터)의 위치에 있는 이스르엘로 빗길을 달렸다.[1] 바로 그때, '여호와의 능력'이 엘리야에게 임했다(46절).

엘리야는 어떠한 말과 마차도 타지 않았다. 그런데 이스르엘로 들어가는 입구까지 아합을 추월하여 아합 앞에서 달려갔다고 내레이터는 기술한다. 여호와의 능력은 갈멜산에서 끝난 것이 아니라, 저 하늘에서 퍼붓고 있는 비처럼, 엘리야와 함께하시는 그 하나님의 능력은 여전히 현재진행형이다. 그래서 맨발로, 아합 일행의 말과 마차보다 더 빨리 달리는 엘리야의 마음속에는 850명의 바알 선지자와 아세라의 선지자들 앞에서 여호와의 불이 떨어져 불로 응답하신 갈멜산 승리의 사건과 바알 선지자 450명을 기손 시내에서 완전히 도륙함으로 그 승리를 굳힌 사건으로 승리의 감격이 충만했을 것이다.

---

1 여기서 18마일의 마라톤 경주의 개념에 대하여는 월터 카이저에게 빚지고 있다. Walter C. Kaiser, Jr, *The Lives and Ministries of Elijah and Elisha*, 23-25를 보라.

그리고 그의 기도를 들으시고 3년 이상의 긴 죽음의 가뭄이 끝났다. 이러한 사실로, 그의 '18마일의 맨발의 빗길의 마라톤'은 승리의 개선장군을 연상케 한다. 쏟아 붓는 하늘의 비는 구름같이 둘러싼 믿음으로 험한 여정을 달렸던 하늘의 증인들의 우레같은 박수 소리 그 자체였을 것이다. 그의 18마일의 빗속에서 진흙 길 위로 흙물을 튀기며 내딛는 스텝은 승리의 댄스였을 것이다. 그의 가슴 안에는 이제야 여호와께서, 승리의 그 현장을 목격했던 아합을 통해 이스라엘에 새로운 회복의 날을 주실 것이라는 기대가 넘쳤으리라.

갈멜산에서 불과 구름과 비로 응답하신 엘리야의 기도의 장면에 심취된 독자들을 이제 성령께서는 약 800년 뒤에 겟세마네에서 엎드린 그리스도의 기도의 장면으로 이끈다. 이 두 장면은 많은 점에서 연속성을 가지고 있다.

적어도 다섯 가지 정도의 유사성이 있다.

첫째, 엘리야가 자기의 사환을 데리고 갈멜산 꼭대기로 올라가서 기도하였듯이, 예수께서도 자신의 제자들과 함께 겟세마네로 기도하러 가셨다(제자, 사환과 함께 산기도).

둘째, 엘리야는 기도하기 전에 자신과 약간의 거리를 두고 있는 사환에게 올라가 바다 쪽을 바라보라고 했듯이, 예수께서도 제자들에게 자신이 기도할 동안에 자신과 약간의 거리를 유지한 채, '여기 앉아 있으라'고 하셨다(기도 전 부탁 행위).

셋째, 엘리야가 땅에 꿇어 엎드려 그의 얼굴을 무릎 사이에 넣고 기도하는 자세를 취했다면, 예수께서는 얼굴을 땅에 대시고 엎드려 기도하는 자세를 취하셨다(기도 자세).

넷째, 엘리야는 간절히 기도하고 7회까지 그 응답을 확인하러 사환이 있는 곳으로 반복적으로 가서 확인하였듯이, 예수께서는 아버지의 원대로 고난의 잔을 마시기 위하여 간절히 기도하신 후, 3회에 걸쳐서 반복적으로 제자들이 있는 곳으로 와서 그들이 함께 기도하고 있는지를 확인하러 오셨다(기도 중 확인 및 반복 기도 행위).

고난의 잔을 받는 것과 그 뜻에 순종하시는 것이 그만큼 힘들고 외로운 과정이었으리라!

다섯째, 엘리야는 기도 전에 믿음으로 응답을 말씀에 근거하여 아합에게 증거하였고 기도 응답 후에는 배교자 아합과 함께 달려가는 하산 행위로 갈멜산의 기도의 장면이 종결되었다면, 예수께서는 자신을 파는 배교자(가룟 유다)가 가까이 왔음을 알고 그 일행들과 함께 잡혀서 하산하고 제자들은 도주함으로 겟세마네 기도의 장면은 닫힌다(기도 응답 및 후속 행위).

겟세마네에서 기도하시던 예수님은 제자들에게 다음과 같이 말씀하셨다.

> 시험에 들지 않게 깨어서 기도하라(마 26:41).

그러면서 예수님 자신은 아버지의 원대로 고난의 잔을 받기를 원하셨다. 간절한 기도는 자신의 뜻이 아닌, 하나님의 뜻에 복종하는 과정이라는 것을 예수께서 친히 보여 주셨다.

표 14. 엘리야의 기도와 예수님의 겟세마네 기도의 비교

엘리야의 갈멜산 기도(왕상 18:41-46)	구분	예수님의 겟세마네 기도(마 26:36-46)
엘리야는 사환과 함께 갈멜산 꼭대기로 올라가서"(42절 상, cf. 43절)	제자/사환과 함께 산기도	"이에 예수께서 제자들과 함께 겟세마네라 하는 곳에 이르러…"(36절 상)
"그의 사환에게 이르되 올라가 바다 쪽을 바라보라"(43절 상)	기도 전 부탁 행위	"내가 저기 가서 기도할 동안에 너희는 여기 앉아 있으라"(36절 하)
"엘리야가 갈멜산 꼭대기로 올라가서 땅에 꿇어 엎드려 그의 얼굴을 무릎 사이에 넣고"(42절)	기도 자세	"조금 나아가사 얼굴을 땅에 대시고 엎드려 기도하여 이르시되"(39절)
"올라가 바다 쪽을 바라보라 그가 올라가 바라보고 말하되 아무것도 없나이다 이르되 일곱 번까지 다시 가라"(43절) : 7회 반복 응답 확인 및 기도 행위	기도 중 확인 및 반복 기도 행위	"제자들에게 오사…"(40-41절) "다시 두 번째 나아가 기도하여 이르시되"(42절) "다시 오사 보신즉…"(43절) : 3회 반복 확인 및 기도 행위
(1) 기도 응답: "올라가서 먹고 마시소서 큰비 소리가 있나이다"(41절), "작은 구름이 일어나나이다"(44절) (2) 하산 행위: 아합 앞에 달려가는 엘리야(44, 46절)	기도 응답 및 후속 행위	(1) 기도 응답: 아버지의 원대로 고난의 잔을 마심(42절), "파는 자가 가까이 왔느니라"(46절) (2) 하산 행위: 제자들의 도주 후 잡혀서 내려가신 예수님(56절)

그리스도 안에서 성도가 예수님처럼 간절히 기도하면, 사람과 땅의 뜻은 약화되고 희석되어 사라진다. 더 간절히 기도할 때, 기도하는 자의 욕심이 사라지고 하나님과 하나된다. 다시 말하면, 성도가 기도할 때, 결국 하나님께 영광을 돌리는 성품과 영성이 만들어진다. 그리고 기도할 때, 하나님의 뜻과 하나되고 하나님의 다양한 뜻이 성취된다. 기도 응답의 최고봉은 주님을 닮는 것이며, 주님과 하나되는 연합이다.

그리고 간절한 엘리야의 기도(약 5:17-18)와 예수님의 기도는 계속 하나님의 뜻을 구하고 찾고 두드리는 과정이었다. 하나님의 말씀과 그분의 뜻은 있었으나, 실제의 상황은 아직 아니고 기도자에게 아직 적용되지는 않았다. 말씀의 이상과 현실 사이의 간격에 간절한 기도가 있었다. 그 간절한 기도는 말씀의 이상(미래)을 현실이 된다는 믿음과 확신을 만들었다.

그래서 그 믿음은 바라는 것들의 실상이 된다. 이런 의미에서, 기도하는 사람은 말씀이 보여 준 이상(미래)을 실제로 보는 자이다.

기도는 하나님의 주권을 믿는 자의 마땅한 행위이다. 기도의 사람은 하나님께 집중하는 자이며(42절), 상황을 무시하지 않으며(43절), 미숙하고 약한 자들에게도 관용과 사랑을 베푸는 자이다(41, 44절). 기도의 사람은 항상 기도하되 낙심치 않는 자이다(43절). 그리스도께서 기도에 대한 교훈을 주신다.

> 예수께서 그들에게 항상 기도하고 낙심하지 말아야 할 것을 비유로 말씀하여…내가 너희에게 이르노니 속히 그 원한을 풀어 주시리라 그러나 인자가 올 때에 세상에서 믿음을 보겠느냐 하시니라(눅 18:1-8).

3. 결론 및 적용

'하나님의 사람' 엘리야의 갈멜산의 기도는 '기도의 사람'이 누구인지, 어떤 사람인지를 잘 보여 준다. 갈멜산의 기도는 겟세마네의 기도와 닮았다. 기도의 관점에서, 그리스도는 '제2의 엘리야'이며, 그리고 겟세마네는 '새로운 갈멜산'이다. 겟세마네에서 그리스도께서는 하늘의 아버지의 뜻대로 사시기를 기도를 통해서 확인하고 순종하셨다.

사실 '시험에 들지 않게 깨어 기도하라'는 말씀은 예수님 자신을 위한 기도 부탁이라기보다도 도리어 그러한 위기의 상황에서 주님을 배반하고 도주했던 제자들 자신을 위한 기도였을 것이다. 그들이 깨어 기도하지 않았기에 도주하는 시험에 빠졌던 것이다. 기도의 양극단을 보여 준다. 간절한 기도는 주님과 하나되어 주님의 뜻에 복종함으로 주님을 닮는 성화의 과정이라면, 거짓 기도나 기도 없음은 주님으로부터 멀어지고 배반하고 도주하는 여정이다.

♣ 개인 묵상과 소그룹 성경 공부를 위한 토론 질문 ♣

1. 아래에 있는 기도에 대한 두 글을 읽고 기도에 대하여 배워야 할 것이 무엇인지 생각하고 "기도의 사람"으로 자라가는 것은 무엇을 의미하는 것인지 묵상하고 나누어 보라.

부록 1, "기도의 최고봉은 '응답'이 아니라 '닮음'에 있다!"
부록 2, "뒤러의 기도하는 손"

2. 기도하는 사람과 그 사람의 성품과의 관계가 무엇인지 생각해 보고, 자신의 기도가 자신의 성품에 어떤 영향을 주는지 말해 보라.

부록 1. 기도의 최고봉은 '응답'이 아니라 '닮음'에 있다!

　우리와 성정이 같은 엘리야의 간절한 기도(약 5:17-18)는 하늘을 닫게도 하고 하늘을 열게도 했다. 그는 갈멜산 꼭대기로 올라가서, 땅에 꿇어 엎드려, 그의 얼굴을 무릎 사이에 넣고 기도했다. 현대인들 중에 많은 사람은 배가 나오고 유연성이 떨어져 얼굴을 두 무릎 사이에 넣는 행위는 취하기 힘든 "기도 체형"이다. 이 3중적 엘리야의 기도를 위한 행위들 곧 '올라가고' '꿇어 엎드리고' 그리고 얼굴을 무릎 사이에 '깊게 파묻는' 행위들은 다른 것들로부터 돌아서서 오직 하나님께만 집중하기 위한 간절하고 깊은 기도를 하기 위한 행위들이다.

　이와 같이, 하나님께 집중해야 하는 것이 기도의 사람이 취할 제1의 자세임에도, 엘리야는 사람을 무시하지 않는다. 심지어 원수까지 배려한다. 예컨대, 기도의 산에 오르기 전에 엘리야는 원수 아합에게 '올라가서 마시소서'라고 굳 뉴스를 전해 주었다. 그리고 기도 응답으로 구름이 일어날 때는 대적의 마차가 홍수에 잠겨 버려 멸망당할 것을 원치 않고 도리어 '비에 막히지 아니하도록 마차를 갖추고 내려가소서'라고 안전을 배려했다.

　하나님께 집중해야 하는 기도의 사람 엘리야는 사람, 아니 원수까지 배려하고 사랑하는 자로 묘사된다. 사람 사랑이 기도하는 사람이 닮아야 하는 성품들 가운데 하나임을 보여 준다. 하나님께 집중하는 기도자는 사람에게도 관심을 가져야 함을 간과하지 말아야 한다. 종종 교회 안에서 기도 많이 하는 사람이라고 하는 자들이 사람을 대함에 있어서 우월적이거나, 무시적이며, 배타적이며, 배려함이 결여되는 것을 본다. 기도하는 사람일수록 사람 사랑이 특출해야 할 것 같다.

　기도의 과정에서 엘리야는 자신의 사환에게 '올라가 바다 쪽을 바라보라'고 응답을 확인하고자 했다. '아무것도 없나이다'라는 사환의 보고에 실망하지 않고 '일곱 번까지 다시 가라'고 말한다. 이 말은 우리와 성정이 같은 사람인 엘리야 자신은 일곱 번까지 계속 기도하겠다는 의지를 표명한 것이다.

　한두 번 확인 후에 여전히 기도에 응답이 없으면, 기도하는 사람은 낙심할 수 있다. 조급해질 수도 있다. 즉 기도자는 "무응답"에 낙심할 수 있다.

그러나 계속 간절히 기도할 때, 기도자 자신의 템포가 아니라, 하나님의 속도에 맞추고 조율되는 과정을 겪게 된다. 기도의 제목 안에 있는 타인과 환경이 변하는 것이 아니라, 기도자 자신이 하나님의 성품으로 조율되고 변화되어 하나님의 성품을 닮게 된다. 결국, 기도할 때 자신의 뜻이 내려지고 하나님의 뜻이 세워진다.

그리고 자신의 기도에, '바다에서 사람의 손만한 작은 구름'처럼 보잘것없는 "작은 응답"이 왔을 때, 그것을 무시하거나 낙심할 수 있다. 이것이 기도자가 낙심하는 또 다른 이유가 된다.

이런 경우, 기도자는 계속 기도하지 못하고 기도를 중단할 수 있게 된다. 기도를 중단하고 쉬게 되었다는 것은 기도의 사람이 낙심했다는 증거이다. 기도의 사람이 낙심했다는 것은 결국 내가 원하는 대로 되어 지지 않았을 때이다.

기도의 사람이 왜 낙심할까?

그것은 하나님의 뜻이 아닌, 내 뜻대로 간구했다는 증거가 된다. 즉 내가 기대하고 바라고 만들어 놓은 기도의 응답에 못 미쳤다는 증거가 된다. 비록 현재 낙심할 결과라고 할지라도, 그것이 하나님의 뜻이라면 하나님의 응답인 줄 알고 하나님을 기뻐해야 하지 낙망할 일이 전혀 아닌 것이다. 기도의 사람은 기도의 결과로서 현재에 하나님이 보여 주시는 무응답이나 '사람의 손만한 작은 구름' 정도의 작은 응답도 무시하지 말아야 한다.

계속 기도하게 하실 때, 그 작은 구름이 큰 구름으로 뭉쳐져 자라게 되고 그 큰 구름이 축복의 비가 되어 생명을 살리게 할 수 있다. 이런 점에서, 우리의 '기도'와 하나님의 '기도 응답'이 밀접하게 연결되도록 의식적으로 관찰해야 한다.

그렇지 않으면, 기도는 기도 대로 하고 응답은 저절로 된 듯이 여기거나, 내가 열심히 하거나 다른 사람의 도움으로 일이 된 것으로 여기게 된다. 그리고 무응답 및 작은 응답도 응답 이전의 기도와 의식적으로 상관시켜야 한다. 우리가 무엇을 위해 기도하면, 어떤 유형이든지 그 기도의 응답을 세밀히 관찰하고 '기도와 응답'을 매칭하는데 실패하지 말아야 한다. 그리하여야 기도하는 사람이, 하나님께서 어떠한 기도의 응답을 주실지라도, 낙망하지 않고 하나님께 감사하며 영광 돌리는 송영적 성품으로 자라가게 된다.

기도하는 사람이 응답을 받았다고 용한 능력의 사람이 아니다. 기도자가 응답을 자랑하고 간증하는 것보다, 기도자 자신이 기도를 통해 하나님의 성품을 얼마나 닮아지게 되었는지 자랑해야 할 것이다. 기도 응답은 성품 변화라는 기도의 참된 응답의 부산물일 뿐이다. 기도 응답 자체에 얽매여서 기도자 자신이 하나님과 연합되고 하나되는 성품의 변화를 간과한다면, 그 기도자는 진정한 응답을 받지 못했다고 할 수 있다.

기도의 최고봉은 그 기도의 '응답' 자체에 있는 것이 아니라, 그 기도의 과정을 통해서 하나님의 성품으로 조율되어 그분을 '닮음'에 있다.

Elijah-Elisha Narratives:
The Prophetic Ministry to Have Life & Have It Abundantly

부록 2. 뒤러의 "기도하는 손"[2]

기도하는 손(Praying Hands)[2]

 1508년에 한 남성이 그린 그림으로서, 종이 위에 브러쉬와 잉크를 이용한 두 손을 모은 그림이 현재 독일 뉴른베르크 박물관에 전시되어 있다. 500년이 넘은 지금까지도 독일미술계에서 가장 위대한 작품 중 하나로 인정받고 있는 르네상스 시대 그림이다.

 1490년경 독일에, 가난하지만 재능이 있는 화가 지망생 알브레히트 뒤러(Albrecht Dürer, 1471-1528)와 한스 나이스타인이 있었는데 두 사람은 친한 친구 사이다. 가난 때문에 이들은 주경야독을 하면서 그림 공부를 했다. 일을 하면서 공부를 하다 보니, 이들은 미술 공부에 전념할 수 없음을 깨닫게 된다. 그래서 이들은 둘 다 공부와 일 중 하나는 포기해야 하는 상황에 이르렀다.

---

2 "Praying Hands", By Albrecht Dürer - gwGj6BUX8D5Kug at Google Cultural Institute maximum zoom level, Public Domain, https://commons.wikimedia.org/w/index.php?curid=21792217 (2020-10-14).

그리하여 절친이었던 두 사람은 상의 끝에 한 명이 먼저 공부에 전념하고 다른 한 명은 일을 하여 친구의 학비를 대신 내어 주면서, 한 사람이 공부를 마치면 다시 반대로 일 한 친구에게 갚는 동일한 방식으로 할 것을 결정하였다. 제비뽑기로 뽑은 결과, 뒤러가 먼저 미술 공부를 시작하게 되었고 프란츠 나이스타인이 먼저 일을 시작하게 되었다. 뒤러는 자신의 학비 마련을 위해 힘들게 일하면서 후원하는 친구를 위하여, 더욱 미술 공부에 전념했다. 그리고 나이스타인은 먼저 공부하는 친구 뒤러를 위하여 더욱 열심히 일하였다. 미술 공부를 위한 한 팀이 되었다.

시간이 지나서, 알브레히트 뒤러는 뛰어난 화가가 되었고 자신의 그림을 팔아서 부와 명예를 얻을 만큼 성공했다. 어느 날, 뒤러는 친구에게 진 빚을 갚기 위하여 프란츠 나이스타인을 찾아 간다. 그동안 자신을 위해 힘써 일했던 나이스타인이 이제 공부를 시작하여 자신과 같이 뛰어난 화가가 되길 바라는 마음으로 친구의 집으로 발걸음을 옮겼다. 다시 찾아간 나이스타인의 집에서, 뒤러는 자신의 친구의 모습을 보면서 눈물을 흘린다. 프란츠 나이스타인은 그때 마침 기도를 하고 있었는데, 그의 기도의 내용은 다음과 같다.

"하나님. 이제 저의 손은 오랫동안 고달픈 육체노동으로 인하여 손이 너무 굳어버려서 이제 더 이상 그림을 그릴 수가 없습니다. 하지만 저 대신에 제 친구인 뒤러가 뛰어난 화가가 되었으니, 저는 그것으로 더 이상 바랄 것이 없이 감사하고 감사합니다."

뒤러는 그 순간 그의 기도를 듣고 뒤러는 무릎을 꿇고 만다. 그리고 곧바로 종이를 꺼내 친구인 나이스타인의 굳은 일로 굳어지고 거친 기도하는 손을 그리기 시작한다. 이 장면이 바로 독일 뉴른베르크 박물관에 500년 이상을 우리들에게 감동을 주는 알브레히트의 작품, "기도하는 손"(Praying Hands)이 탄생하는 순간이다. 나이스타인은 친구를 위하여 자신의 꿈을 버리면서까지도 자신의 모든 것을 희생하는 것을 먼저 선택하였다. 미술과 일, 공부와 기도, 우정과 희생이 일체화된 "한 팀"(One Team) 정신을 보여 준다. 하나님 앞에 이들은 각자가 수고한 대로 인정받을 것이다.

제5장
로뎀나무 아래서 "조기 은퇴 선언"

Topic : 엘리야-엘리사 내러티브(5)
Title : 로뎀나무 아래서 "조기 은퇴 선언"
Text : 열왕기상 19:1-8
Theme : 하나님은 악한 대적의 역사에도 불구하고 자기 백성을 영육의 회복과 강건함의 길로 이끄신다.

1. 서론 및 문맥

갈멜산에서 영적 전투는 엘리야의 승리로 종결되었다. 아니 바알과 아세라 우상에 대한 여호와의 승리였다(18:1-40). 그리고 하나님의 주권적인 뜻 안에서 엘리야의 간절한 기도로 큰비가 내려서 지난 3년 이상 동안 계속된, 죽음의 가뭄의 재앙이 드디어 해소되고 있다(18:41-46). 이러한 여호와의 능력의 손은 갈멜산의 과거 사건에만 제한되지 않았다. 18장의 마지막 절은 저 내리는 비처럼, '여호와의 능력의 손'(יַד־יְהוָה, 야드-야훼)이 현재 엘리야에게 임하였음을 보여 준다(왕상 18:46). 여호와의 그 능력의 임하심은 엘리야가 맨발로 달리는 속도로 나타났다.

엘리야는 어떠한 말과 마차도 타지 않았다. 그런데 이스르엘 성읍으로 들어가는 입구까지 말과 병거를 타고 달리는 아합을 추월하여 아합 앞에서 달려가고 있다.

기적의 마라톤이다!

맨발로 아합 일행의 말과 마차보다 더 빨리 달리는 엘리야의 마음속에는 아합 왕을 위시한 850명의 바알 선지자와 아세라의 선지자들, 모인 모든 백성 앞에서 여호와께서 하늘에서 불로 응답하신 갈멜산의 감격으로 가득했을 것이다. 그리고 바알 선지자 450명을 기손 시내에서 완전히 도륙함으로 그 승리를 굳힐 때, "여호와가 이스라엘의 하나님이라"라는 백성들의 그 함성이, 현재 빗속을 달리는 아합 일행의 말들과 거친 병거 바퀴 소리보다 더 크게 엘리야의 귓전에 들렸을 것이다.

갈멜산으로부터 시작된 이스르엘 궁전을 향한 엘리야의 18마일(28.9킬로미터)의 맨발의 빗길의 마라톤은 전쟁에서 이긴 어떠한 개선장군들보다도, 어떠한 전리품을 가진 것보다도 더 경쾌한 승리의 발걸음이었을 것이다. 행진 나팔 소리와 환영 인파는 없었으나, 오랜 가뭄으로 굳은 지면을 두드리는 저 하늘에서 쏟아지는 빗소리는 구름같이 둘러싼 믿음의 앞서간 허다한 증인들이 하늘에서 환영과 축하의 우레같은 박수 소리 그 자체였을 것이다.

이제야 여호와께서 이스라엘에 새로운 날을 주실 것이라는 기대감이, 빗물에 젖어오는 그의 망토와 젖은 수염에서 떨어지는 빗방울보다 더 빨리 엘리야의 가슴을 적셨을 것이다. 그래서 과거 통일 왕국 시대에, 범죄한 다윗 곁에서 나단 선지자가 지혜로운 멘토로 존재했듯이, 엘리야도 현재의 아합 왕 옆에서 그러한 역할을 수행할 수 있으리라 기대했을 것이다.[1]

엘리야가 그러한 기대감으로 숨 가쁘게 달린, 18마일의 맨발의 빗길의 마라톤은 어느덧 이스르엘 궁전 앞에서 멈추었다. 왕의 일행이 말과 병거에서 내려 궁전 안으로 들어가는 그 뒷모습을 보면서 엘리야는 궁전 밖에서 조용히 대기하고 있다. 조만간 왕의 이름으로 이스라엘의 새로운 종교 정책에 대한 왕의 하교가 내려질 것으로 기대했을 것이다.

지난날의 배교를 뉘우치고 이제는 바알과 아세라가 아니라, 온 이스라엘이 언약의 하나님 여호와만 섬기라는 왕의 명령이 내려지기를, 비 내리는 처마 아래 서 있는 엘리야는 기대했으리라. 3여 년 만에 내리고 있는 저 빗줄기가 하나님께서 살아 계신 산 증거가 되어, 왕과 왕비와 모든 백성의 메마른 영혼을 적시면서 그들에게 말해 줄 것이라고 믿었을 것이다.

---

1   Walter C. Kaiser, Jr, *The Lives and Ministries of Elijah and Elisha*, 24.

2. 성공 이후에 악한 대적의 저항과 공격(1-2절)

그런데 때로 성공 및 승리 이후의 시간은 유혹의 시간이 될 수도 있고, 대적의 공격을 위한 준비의 시간이 될 수도 있다. 긴장과 긴장 해소 사이에는 많은 것이 일어날 수 있는 시간과 공간이 되기도 한다. 마찬가지로 어떤 사역과 또 다른 사역 사이에도 유혹이 일어날 수도 있고 대적의 큰 반격이 준비될 수도 있다. 폭풍 전야와 같다.

평안한 때, 다윗이 우리아의 아내 밧세바를 통한 유혹에 넘어졌으며, 여리고 전쟁의 큰 승리의 이면에 아간의 숨은 행동이 결국 이어지는 아이성의 전투에서 패배의 단초가 되었던 역사가 있지 않은가!

하나님의 백성은 우는 사자 같이 부르짖는 대적에게 "맛있는 밥"과 같다.

1) 아합이 이세벨에게 보고

이스라엘의 회복에 대한 엘리야의 꿈과 기대가 "왕궁의 처마" 아래에서 조용히 기다리는 그의 가슴 안에서 부풀고 있는 동안에, 아합 왕은 왕비 이세벨에게 가서 현재 내리고 있는 저 단비가 내리는 이유를 포함하여, 모든 것을 이세벨에게 말하려고 한다. 본문의 내레이터는 갈멜산에서 있었던 그 상황을 요약적으로 진술하되, 아합이 그의 아내 이세벨에게 '엘리야가 행한 모든 일'과 '그가 어떻게 모든 선지자를 칼로 죽였는지'를 간접 화법을 통해서 전달한다(1절).

직접 화법이 원래의 화자(엘리야)의 화행(speech act)과 그 원래의 현장성(갈멜산)을 생생하게 강조한다면, 간접 화법은 저자(내레이터)와 독자(청자)의 관계를 더 강조하면서 발화 시점의 현장성(왕궁)을 강조한다. 여기서 저자는 보고(report) 형태의 간접 화법을 통해서, 등장인물(아합과 이세벨) 사이의 심리적 거리를 다소 멀어지게 하는 효과를 가지면서 대척점에 있는 또 다른 등장인물인 엘리야에게 심리적 강화를 묘사적으로 의도하고 있다. 그런데도 아합과 이세벨의 관계는 정서적 일체감을 갖게 하여 한 팀의 결속력을 강화하는 반면, 대척점에 있는 엘리야에 대하여는 적의감과 분노의 감정을 고조시키는 효과를 이어지는 문맥에서 만들어 나간다.

여기 히브리어 표현에서, 아합이 이세벨에게 말한 내용(목적어)이 강조되어 있다. 아합이 이세벨에게 말한 내용으로서, 첫 번째 목적어 문장은 '엘리야가 행한 모든 것'(אֵת כָּל־אֲשֶׁר עָשָׂה אֵלִיָּהוּ, 에트 콜-아쉐르 아사 에리야후)이며, 두 번째 목적어 문장은 '그가 죽였던 모든 자'(וְאֵת כָּל־אֲשֶׁר הָרַג, 웨에트 콜-아쉐르 하라그), 곧 '(칼로 죽인) 그 모든 선지자'이다. 여기서 직접 목적어 부호(에트)를 사용한 목적어 '모든 것'을 의미하는 '**에트 콜-아쉐르**'(אֵת כָּל־אֲשֶׁר)라는 동일 히브리어 표현을 반복하여 두 목적어를 각각 강조하고 있다.

앞서 언급한 대로, 엘리야의 행적에 대한 요약적이고 포괄적 내용을 강조한 이 두 목적어는 이어지는 문맥 안에서 아합과 이세벨의 관계의 하나됨 또는 일체감을 강조함과 동시에, 이세벨과 엘리야의 관계의 대결성을 강조한 결과로 내러티브가 전개된다. 전지적 작가 시점 안에 있는 저자는 그러한 이중적인 관계성을 대조적으로 강조하여 독자들에게 보여 주려고 의도했을 것이다. 즉 아합과 이세벨은 단순한 부부의 사회적 관계나 국가 정책적 동반자적 관계를 넘어서, 하나님의 율법을 대적하고 반언약적 행위들을 함께함으로 엘리야-엘리사 내러티브에서 언약의 저주와 심판의 대상자로서, 공동 명의자로 등장인물의 특징화(characterization)를 이룬다. 자연히 그 대척점에 있는 엘리야는 그들의 대적인 것이다.

여기서 강조된 목적어를 구체적으로 말하면, 아합이 보고 듣고 경험했던 모든 내용을 가리킨다. 그것은 곧 광야에서 엘리야와의 대면과 대화 장면(왕상 18:16-19)과 이어진 사건인 갈멜산 영적 대결 장면(왕상 18:20-40)과 후속 결과인 오랜 가뭄 해갈을 위한 엘리야의 기도사건(왕상 18:41-46)의 장면들을 포함한다. 그러한 내용들 가운데 이세벨은 칼로 그 모든 선지자 곧 바알의 선지자들을 죽인 것에 더 주목하는 것 같다.

이것은 갈멜산에서 계시하신 '여호와의 강한 능력'이 바알의 능력보다 비교 불가의 우위라는 점과 여호와의 '은혜와 정의'를 드러낸 사실이다.[2] 이 사실은 결국 '기후의 신' 바알을 모독하는 일이 되었을 것이며, "누가 (하늘의) 여왕인가"라는 뜻을 가진 이름 '이세벨'이 섬기는 '하늘의 여왕' 아세라를 백성들 앞에 우습게 만든 일이 되었을 것이다.

---

2 Van't Veer, *My God is Yahweh*, 322.

그녀의 분노는 바로 여기서 시작되었다. 갈멜산의 사건은 미래적으로 이세벨 자신에 대한 하나님의 심판의 전조가 된다(왕하 9:31-37).[3]

2) 이세벨이 엘리야에게 위협

그리하여 이세벨은 한 메신저를 엘리야에게 보낸다(2절). 그 메시지의 내용은 엘리야의 생명이 죽임을 당한 바알 선지자들 가운데 한 사람의 생명과 같게 될 것이라는 것이다. 그리고 이세벨은 '신들'(바알과 아세라)을 언급하여 맹세를 한다. 맹세의 기능은 맹세자가 맹세의 내용에 대한 진실성과 자신의 의지의 확실성을 표명하는 수사학적 도구이다. 즉 맹세의 양대 기능은 화자가 말하는 내용에 대한 사실 증명의 기능과 화자가 어떤 것을 행하려고 하는 의지 표명의 기능이 있다. 이러한 기능을 포괄하는 고대 근동의 맹세는 일반적으로 신의 이름을 사용하는 것이 보편적이었다.

엘리야-엘리사 내러티브에서 맹세는 굉장히 중요한 문맥적 기능을 하는데, 그 사용된 모든 횟수는 무려 15회를 사용한다. 그 사용된 신명에 따라 구분하면 '여호와의 이름으로' 맹세한 경우는 총 12회(왕상 17:1, 12; 18:10, 15; 22:14; 왕하 2:2, 4, 6; 3:14; 4:30; 5:16, 20)인데, 그 맹세의 주체는 엘리야(5회), 사르밧 과부(1회), 오바댜(1회), 미가야(1회), 엘리사(2회), 수넴 여인(1회), 그리고 게하시(1회)이다. 엘리야, 엘리사 순서로 맹세를 많이 했다.

그리고 거짓 신들의 이름으로 맹세하는 경우가 총 3회(왕상 19:2; 왕상 20:10; 왕하 6:31) 발생하는데, 그 주체는 이세벨과 아람 왕 벤하닷과 이스라엘 왕 요람에 의해서 각각 발생한다. 그런데 여기서 이세벨의 맹세(왕상 19:2)는 다음과 같은 표현을 사용한다.

<small>그렇게 하지 아니하면 신들이 내게 벌 위에 벌을 내림이 마땅하니라(왕상 19:2).</small>

맹세 포뮬러(כֹּה־יַעֲשׂוּן אֱלֹהִים, 코-야아순 애로힘)에 사용된 신명은 '애로힘'이다.[4]

---

3 Van't Veer, *My God is Yahweh*, 322.
4 '애로힘'이라는 신명을 공통적으로 사용하는 아람 왕 벤하닷의 맹세(왕상 20:10)와 이스

이것을 한글성경(개역개정, 바른성경)은 '신들'(애로힘)로 번역했다. 그리고 아람 왕 벤하닷의 맹세(왕상 20:10)는 "신들이 내게 벌 위에 벌을 내림이 마땅하니라"라는 표현을 사용하는데, 맹세 포뮬러(כֹּה־יַעֲשֶׂה־לִּי אֱלֹהִים, 코-야아세-리 애로힘)에 사용된 신명도 역시 '애로힘'이다. 이것을 한글성경(개역개정)은 '신들'(애로힘)로 번역했다. 그 마지막 용례로서, 이스라엘 왕 요람이 엘리사를 죽이고자 하는 의지를 표명할 때 사용된 맹세(왕하 6:31)는 다음과 같은 표현을 사용한다.

> 머리가 오늘 그 몸에 붙어 있으면 하나님이 내게 벌 위에 벌을 내리실지로다(왕하 6:31).

여기서 맹세 포뮬러(כֹּה־יַעֲשֶׂה־לִּי אֱלֹהִים, 코-야아세-리 애로힘)에 사용된 신명이 역시 '애로힘'이다. 한글성경(개역개정, 바른성경)은 이것을 '하나님'(애로힘)으로 번역했다.

일관성의 결핍을 지적하고자 한다. 배교한 '아합의 집'으로서, 아합의 아내 이세벨의 맹세와 아합의 아들 요람의 맹세는 바알과 아세라의 신들(gods)의 이름으로 맹세한 것으로 보는 것이 정당할 것이다.

그런데 여기서 이방 나라 아람 왕과 아합 왕의 집 사람들의 맹세 포뮬러에 사용된 동사는 모두 공통적으로 '아사'(עָשָׂה) 동사를 사용했다. 여기서 참된 맹세와 거짓 맹세 사이의 수사학적으로 가장 큰 차이점은 무엇인지 보여 주고 있다. 참된 맹세는 '여호와의 살아 계심'이라는 신성의 존재 및 상태로 맹세하나, 거짓 맹세는 '신들'(애로힘)이 행한다는 신성의 동작 및 행위로 맹세한다. 이것이 엘리야-엘리사 내러티브가 보여 주는 맹세에 대한 일관성 있는 용법이다.

구문론적으로 관찰하면, 참맹세는 기본적으로 신명을 '여호와'(Yahweh)를 사용하여, '여호와의 살아 계심을 두고' 맹세하는데, 전부가 명사문으로 맹세한다. 반면 거짓 맹세는 신명 '애로힘'(Elohim)을 사용하여 '하나님(신들, gods)이 내게 벌 위에 벌을 내리실지로다"(כֹּה־יַעֲשֶׂה־לִּי אֱלֹהִים, "May god do so to me")라고 맹세하는데, 전부 동사문으로 맹세한다. 다만, 게하시의 맹세는 여호와

라엘 왕 요람의 맹세(왕하 6:31)와 달리, 이세벨의 맹세 포뮬러는 '나에게'(לִי, 리)라는 부분을 생략하고 있다.

의 이름을 사용하여 명사문(חַי־יְהוָה, 하이-야훼)을 통해 맹세를 함에도, 그의 맹세는 자신의 탐욕의 채움을 위한 것이라는 점에서, 거짓 맹세에 해당한다(왕하 5:20). 즉 두 종류의 맹세가 "혼용"되어 있다고 할 수 있다.

그러므로 본문 2절에서 언급된 이세벨의 맹세는 엘리야-엘리사 내러티브에서 사용된 거짓 맹세들 가운데 가장 먼저 등장한 용례이다. 그녀의 맹세는 맹세의 양대 기능 가운데, 화자인 이세벨이 엘리야를 반드시 죽이겠다고 하는 의지를 표명하는 방식으로 사용되고 있다. 시돈(베니게, 페니키아) 사람 왕 엣바알의 딸(왕상 16:31)로서 이세벨(Jezebel: "Where is the Prince?")과 디셉 출신의 선지자 엘리야(Elijah: "Yahweh is my God") 사이의 갈등을 고조시켜서 내러티브의 플롯(plot)을 이어지는 문맥에서 발전시킨다.

되돌아보면, 갈멜산에서 여호와의 현현하심의 가시적 증거인 '여호와의 불'(18:38)이 내려서 여호와께서 참 하나님이심을 증명해 주셨기에, 엘리야는 여호와의 거룩한 분노를 담아 여호와에 대한 특별한 열심으로 바알의 선지자들을 칼로 도륙했다. 아합은 이 모든 것을 보고 경험했다.

갈멜산의 사건이 여호와의 선지자와 바알의 선지자들 사이의 영적인 대결이었다면, 이제 아합의 겨울 궁전이 있는 이스르엘에서 아합을 통해 그 모든 전말을 들은 이세벨과 그녀의 맹세를 통해 엘리야를 반드시 죽일 것이라는 의지를 표명한다. 이 장면은 갈멜산에서 어느 정도 해소된 갈등이 이 지점에서 새로운 갈등을 형성하여 엘리야-엘리사 내러티브 전체를 긴장으로 이끌어간다.

왜냐하면, 이러한 이세벨의 분노와 태도는 비록 간접적으로 아합을 통해서 여호와 하나님의 살아 계신 능력과 행하심으로 '은혜와 정의'의 성품을 만났음에도, 엘리야뿐만 아니라 엘리야의 하나님까지 부정하고 대적한 격이 되고 있기 때문이다. 하나님의 존재와 일하심에 대한 진리 곧 '심판에 대한 정의'(불로 응답하심과 거짓 선지자 심판)와 '회복의 은혜'(비를 주심), 곧 '하늘의 불'과 '하늘의 물'을 듣고 보았음에도, 돌이킴 대신에 분노를 표출하는 것은 멸망의 자녀이기 때문이다.

이것은 '너희가 듣기는 들어도 깨닫지 못할 것이요 보기는 보아도 알지 못하리라'(사 6:9-10; 마 13:13-15)라는 이사야의 예언을 마태가 그의 복음서에서 인용하고 있는 그 말씀이 해당된 한 경우로서, 그녀에게 하나님의 말씀은 생명을 주는 것이 아니라, 결국 사망으로 이끌었는데, 그녀는 말씀에 대한 소

경과 맹인이었기 때문이다.⁵

그리고 여호와에 대한 특출한 열심을 가진 엘리야에 대한 이세벨의 분노 찬 위협과 갈등의 구도와 심판은 구속 역사에서 뒤로는 에덴에서 시작된 옛 전쟁 곧 '여인의 후손'과 '뱀의 후손' 사이의 영원한 전쟁에 대한 말씀을 회고하게 하며, 앞으로는 마지막 날에 성도를 넘어뜨리려는 요한계시록 17장의 음녀 바벨론 곧 세상 나라가 마지막 주님의 심판 자리에서 종결될 것을 전망하게 한다.⁶ 아울러 교회와 주님의 종들을 거짓 교훈으로 꾀어 "행음"하게 한 "여자 이세벨"을 용납한 자들에 대하여, 각각 행한 대로 갚아 줄 것이라고 사도 요한은 경고한다(계 2:20).

3. 나 홀로의 여정(3-7절)

엘리야의 망명 여정은 유다 땅 브엘세바를 거쳐 호렙산(시내산)으로 이어진다. 이 여정은 단순히 엘리야 자신의 생명에서 도피하는 목적만이 주된 이유가 아닌 것 같다. 이것은 자신의 언약적 사명에 대한 인식과 관련되어 있다.

1) 엘리야의 망명

이세벨이 보낸 사신을 엘리야가 직접 만나서 그 메시지를 들었는지, 아니면 과거에 하나님의 선지자들을 숨겨서 아합의 칼날로부터 보호했던 자로서, 하나님을 지극히 경외하는 왕궁의 오바댜(3절)와 같은 자가 엘리야에게 위기의 상황을 비밀리 전해 주었는지도 모른다. 이세벨의 사신이 비 내리는 처마 아래서 기다리던 엘리야에게 먼저 도착했던지, 아니면 오바댜와 같은 돕는 자가 먼저 도착했던지, 분명한 것은 엘리야가 이 위기의 상황을 인지했다는 사실이다.

---

5 Van't Veer, *My God is Yahweh*, 323.
6 Van't Veer, *My God is Yahweh*, 324.

본문 3절은 3개 히브리어 동사들을 연속적으로 배열하여(와우 계속법 미완료: וַיֵּלֶךְ וַיָּקָם וַיַּרְא, 와야르 와야캄 와예레크) 이세벨의 살인 위협에 대한 엘리야의 즉각적이고 연속적인 민감한 반응들을 역동적으로 묘사한다.[7]

엘리야는 사환과 함께 즉각적으로 그 자리를 떠났다. 내레이터는 엘리야 일행이 어느덧 유다 땅에 있는 장면을 연출한다. 이동 수단과 방식이 "18마일의 맨발의 마라톤"과 같은 기적을 통한 방식인지는 언급하지 않는다. 다만 저자는 엘리야 일행을 유다 땅으로, 75마일의 거리를 신속하게 이동시키고 있을 뿐이다. 엘리야는 도피의 여정을 함께했던 자신의 사환을 브엘세바에 남겨둔다.

이 행위가 미래에 재회를 위한 조치인지, 아니면 영원한 이별을 위한 행위인지 불확실하다. 브엘세바가 어떤 곳인가. 이곳은 일찍이 아브라함과 이삭이 우물을 팠던 장소이며, 특히 이삭과 아비멜렉이 상호 불가침의 조약을 체결하고 판 맹세의 우물(창 26:33)이 있는 장소이다. 또한, 이곳은 이삭이 이상 가운데 비전을 보고 제단을 쌓았던 장소이며(창 26:23-25), 그리고 야곱 공동체의 애굽행을 앞두고 제단을 쌓고 창세기의 마지막 비전을 본 장소이기도 하다(창 46:1-4). 그런데 현재 분열 왕국의 역사적 상황에서, 브엘세바는 지리적으로 유다 왕조에 속한 영토이다.

유다 백성도 언약 백성일지라도, 이스라엘 선지자로서 엘리야가 언약 백성 이스라엘을 두고 국경을 넘어서 공간적으로 이동했다는 것은 언약 백성 이스라엘과 공간적 거리가 떨어졌다는 것을 나타낸다.

---

[7] 사실 본문 3절은 '보다'(וַיַּרְא, 와야르), '일어나다'(וַיָּקָם, 와야캄), [생명을 위해] '가다'(וַיֵּלֶךְ, 와예레크), [브엘세바로] '가다'(וַיָּבֹא, 와야보), 그리고 [사환을 그곳에] '머물게 하다'(וַיַּנַּח, 와야나흐)라는 5개의 와우 계속법 미완료 동사들을 연속시켜 이세벨의 살인 위협에 대한 엘리야의 연쇄적인 행동들을 역동적으로 묘사한다. 그 가운데 처음 3개의 동사들은 어순상으로 다른 어휘들이 중간에 없고 연속적인 동사 어휘들이다(וַיֵּלֶךְ וַיָּקָם וַיַּרְא, 와야르 와야캄 와예레크). 그만큼 긴박한 상황에 대한 엘리야의 대응 행동을 수사학적으로 잘 표현하고 있다. 그 가운데, 첫 번째 동사(וַיַּרְא, 와야르)에 대한 MT 아파라투스에 따르면, 중세의 히브리어 사본, 칠십인역, 시리아역, 벌게이트역의 독법 대로 이 동사를 "두려워하다"(야레)로 읽기를 추천한다. 다양한 역본은 '보다'(라아: ASV, CJB, DBY, ERV, GNV, JPS, KJV, LEE, NKJ, WEB)와 '두려워하다'(야레: BBE, CEB, DRA, ESV, GWN, LXE, NAB, NAS, NET, NIB, NIRV, NIV, NJB, NLT, NRS, RSV, TNK, YLT)로 양분된다. 개역개정은 '보다'로 번역했고 바른성경은 '살펴보다'로 번역했다. 그러므로 한글성경은 모두 '라아'(보다)로 번역한 것이다.

선지자가 부재한 이 상황은 이스라엘에 대한 하나님의 심판을 상징적으로 보여 주는 것이 된다. 현재는 엘리야 선지자의 "망명"(asylum)이라면, 후에는 이스라엘 공동체가 "포로"(exile) 내지는 '흩어짐'(diaspora)의 공동체가 되는 심판을 위한, 일종의 '복선'(foreshadowing)의 역할을 한다고 할 수 있다. 엘리야가 직면한 '이 형편'(3절)은 이세벨의 맹세와 위협을 통해 중단되지 않고 계속 도전하는 악의 세력의 존재를 보여 준다. 맹세의 우물이 있는 브엘세바는 과거에 아비멜렉 일행이 조상 이삭에게 와서 다음과 같이 말한 적이 있다.

> 너는 여호와께 복을 받은 자니라(창 26:29).

이와 같이 말하면서, 두려움을 가지고 이삭에게 와서 자발적으로 상호불가침 조약을 맺기를 요청하여 상호 조약을 맺었던 곳이다.

그러고 나서, 판 우물을 아브라함에 이어서 '브엘세바'("맹세의 우물")라고 재강조적으로 불렀다. 아비멜렉과 같은 대적을 이와 같이 굴복시킨 언약의 족장들과 비교할 때, 엘리야는 '내 조상들보다 낫지 못하나이다'(왕상 19:4)라는 말이 그런 상황에서 나왔을 것이다. 엘리야가 언약의 족장들의 언약의 고토 브엘세바에 왔지만, 별 위로와 감동이 없는 듯하다.

그래서 엘리야는 자신의 사환을 브엘세바에 남겨두고 또 다른 언약의 조상인 모세를 심중에 생각했을 것이다. 특히, 조상 모세는 엘리야 자신의 입장과 비슷한 상황에 있었기 때문이다. 모세가 애굽의 바로 왕의 살인 위협을 피하여 미디안 광야로 도주한 배경과 그 여정은 엘리야의 그것과 비슷하다. 즉 모세와 엘리야는 모두 살인 행위에 개입되고 난 후, 모두 왕권을 통한 살인 위협을 피하여 호렙산(시내산)으로 도주하는 공통점을 가진다.

이러한 여정을 품은 엘리야의 내면을 시간적 순서로 말하면, 엘리야는 먼저 족장들의 언약의 고토인 브엘세바를 방문했고, 이제 족장들의 후손이며 엘리야에게 또 다른 조상인 모세가 자신의 소명과 언약의 말씀을 받았던 또 다른 언약의 고토인 호렙산(시내산)을 방문하고자 한다. 족장들도, 모세도 모두가 언약의 종들로서 대적들을 영적으로 제압하고 언약의 백성들(후손)로 하여금 여호와 중심의 신앙을 회복하는데 기여하였다.

그래서 브엘세바 여정에 이어진 엘리야의 '나 홀로의 여정'은 바로 그러한 의도를 담았을 것이다. 더구나 앞에서 언급한 대로, 두 번째 언약의 조상인 모세가 애굽의 바로 왕의 살인 위협을 피하여 미디안 광야로 도주한 배경과 그 여정이 엘리야의 그것과 비슷하다.

즉 모세와 엘리야는 모두 살인 행위에 개입되고 난 후, 모두 왕권을 통한 살인 위협을 피하여 호렙산(시내산)으로 도주하는 공통점을 가진다. 그런데 엘리야가 자신의 도피의 여정으로서 처음부터 호렙산을 목적지로 계획했는지, 아니면 브엘세바까지가 이 여정의 최종 목적지로 계획한 여정이었는지는 불확실하다.

다만 전후 문맥을 고려할 때, 한편으로는 엘리야는 당면한 현실로 인하여 선지자로서 자신의 언약적 직분을 종료(은퇴)하려는 뜻을 가진 것이 아닐까 판단된다. 사환의 봉사를 받기를 중단하는 것은 선지자로서 '공적인' 직분을 중단하는 것을 암시할 수 있기 때문이다.

그리고 또 다른 한편으로는 현재의 언약적 직분과 사명을 과거 역사 안에서 발생했던 조상들이 경험했던 언약의 땅으로 가서 재고하고 싶었는지 모른다. 그래서 혹시 그러한 여정이 엘리야에게 현재 자신이 겪는 '개인적' 딜레마를 풀어주는 힌트가 되지 않을까 하는 기대도 있었을 것이다. 전자는 사명 및 사역의 종료에 대한 생각이라면, 후자는 새로운 여정을 위한 준비의 재충전 여정은 아닐지라도 적어도 '개인적' 딜레마 해결을 위한 생각이라고 할 수 있다. 그렇다면 브엘세바와 호렙산의 여정은 자연스럽다.

2) 엘리야의 광야 길 여정

그리하여 이제 엘리야는 브엘세바에 사환을 남겨두고 최종 목적지로서 호렙을 향하여 혼자서 광야로 들어간다(4절, cf. 8절).[8] 그런데 이 여정은 살인적

---

8 엘리야가 자신의 선지자 직분을 공식적으로 이 시점에서 중단(은퇴)하기로 결정했다면, 지금까지 동행한 자신의 사환을 브엘세바에 머물게 하는 것은 적어도 신변적으로는 이스라엘에 있는 것보다는 안전할 것이다. 그리고 호렙산을 향한 광야의 여정이 순수한 사적인 여정이라면, 더 이상의 사환의 봉사는 그의 기대 밖에 있음이 분명하다. Simon J. DeVries, *1 Kings*, WBC 12 (Waco, TX: Word Books, 1985), 234에서, Simon은 엘리야가 자신을 향

인 더위와 주린 배를 움켜잡고 전진해야 하는 사투의 광야 여정이다.[9]

그런데도 현재의 딜레마에서 벗어나기 위하여 꼭 일대일로 하나님과 씨름해야 될 일이기에, 나 홀로의 여정을 선택한 것 같다. 굳이 이러한 개인적 여정을 위해 사환에게까지는 강요할 필요를 못 느낀 것 같다. 그래서 혼자 나선 것이다.

그런데 하룻길쯤 광야의 길을 가다가 한 로뎀나무 아래 주저앉고 말았다. 여기서 엘리야는 자신의 탄식을 여호와께 쏟아낸다. "여호와여 넉넉하오니 지금 내 생명을 거두시옵소서"(왕상 19:4)라고 생명 종결의 기도를 올린다. 사명 종료의 여정이 생명 종료의 여정이 되는 듯하다. 지금까지 엘리야의 모든 기도는 간절한 믿음의 기도였으며, 응답받은 기도였다. 이 생명 종결의 기도 역시 간절한 기도였을 것이다. 차이가 있다면, 하나님의 말씀과 뜻에 근거한 기도는 아니었다.

이 순간, 엘리야가 족장들의 언약의 고토인 브엘세바(75마일)에서도 그렇고, 언약의 조상들과 비교해 볼 때, 나약함을 느껴왔다.[10] 그리고 다시, 옛 언약의 중보자 모세의 소명과 언약의 수여지인 호렙산(200마일)을 향한 여정에서도 연약함을 느낀다. 최종 목적지에는 아직 도착도 하지 못하고 주저앉고 말았다.

한 '이세벨의 개인적 공격'을 '자신의 선지적 사명에 대한 종결'로 해석했다고 주장한다.

9   카이저는 엘리야가 현재적으로 극복해야만 하는 3가지(3Fs) 요소를 '공포'(fear), '한 여인'(a female), 그리고 '시내산으로 여정'(flight to Sinai)으로 이해한다. 첫째로 '공포'는 실패에 대한 두려움이다. 엘리야는 이스라엘 왕과 이스라엘이 바알숭배에서 돌아와서 여호와께로 돌아오는 것을 공적으로 선포되기를 바래왔다. 갈멜산에서 시작된 '불과 비'가 명백한 하나님의 능력에 대한 증거임에도, 아합과 이세벨은 더욱 분노하고 있기에 엘리야는 자신의 사역을 실패라고 보는 것이다. 둘째로 '한 여인'은 물론 이세벨을 가리키는데, 바알 숭배로 여호와에 대한 국가적 배교를 가리킨다. 그리고 셋째로, '시내산으로 여정'은 네게브 광야에 있는 브엘세바의 남쪽 땅은 사람이 살 수 없는 살인적인 태양의 길을 혼자 가는 여정이라는 것이다. Walter C. Kaiser, Jr, *The Lives and Ministries of Elijah and Elisha*, 26-28.

10   그 나약함은 언약의 대적을 제압하고 언약 공동체를 언약의 복으로 되돌아오게 하는 일에 엘리야는 실패한 자로 자신을 보는 것 같다. 이것이 엘리야 '개인의 딜레마'였다. 그러한 개인적 딜레마가 열왕기상 19:10, 14에서 두 번 반복되어 표현된다. 즉 자신을 특출한 열심으로 언약의 일꾼으로 봉사를 했고 여호와께서는 갈멜산에서 불로 응답하였고 바알 선지자 450명이 도륙되었고, 기도 응답으로 3년 이상의 가뭄이 해소되는 비가 내리는 상황인데도, 즉 가시적 증거가 뚜렷함에도 불구하고 어찌하여 아합과 이세벨 그리고 이스라엘 백성은 회복의 길에서 요원한 것인가에 대한 것이다.

여호와에 대한 특출한 열심을 가진 언약의 종으로서, 엘리야는 이스라엘의 회복을 위해 바알과 싸워왔지만, 현재 자신은 쫓기는 신세이고 타락한 이스라엘은 은혜로 내려주신 비로 인하여 그간 마르고 갈라진 이스라엘의 땅을 적셨는데, 바알과 여호와 사이에 머뭇거리며 나누어진 배교의 영혼을 가진 이스라엘의 백성을 "회복의 빗물"로 적실 수 없다고 생각하니, 엘리야는 깊은 자괴감이 들었을 것이다. 이것이 엘리야 개인의 딜레마였다. 그래서 엘리야는 자신의 사역과 사명이 여기까지인 줄 생각하고 "여호와여 넉넉하오니"(רַב, 라브, "many, much, great")라고 탄식한다.

이러한 탄식은 하나님의 존재와 능력에 대한 엘리야의 불신과 불평이 아니다. "넉넉하다"(it is enough)라는 말은 자신의 사명과 하나님의 뜻의 한계점이 여기까지인줄 알고 만족한다는 의미이다. 주권적인 하나님의 뜻에 대한 순종이다. 지금까지 함께하셔서 많은 능력으로 역사하셨던 그 하나님을 여전히 신뢰하는데, 자신의 사명은 여기까지이고 남은 이스라엘의 회복 사역은 또 다른 종을 통해서 하나님께서 일하실 것이라는 하나님의 주권과 공의와 은혜를 바라는 기도가 바로 탄식 기도이다.

그런데도 여기까지 자신의 사역을 돌아볼 때 그리고 그 결과를 볼 때, 엘리야 자신은 앞선 언약의 종들(족장들, 모세)보다 더 낫지 못하다는 고백을 올린 것이다. 이런 점에서 혹자가 주장하듯이, 이것은 조상들의 장수 연령과의 비교라기보다는 언약적 관점에서 조상들과의 비교라고 필자는 판단한다. 그리고 이 기도는 생명 경시의 부정적인 기도라기보다는 영육 간의 피로감의 누적에 따른 '탄식 기도'라고 할 수 있다. 사실 갈멜산-이스르엘-브엘세바-호렙산으로 이어지는 엘리야의 여정은 살인적 여정이다.

3) 천사의 현현

엘리야는 육체적으로 피로감이 누적되었고(fatigued), 영적으로 자신의 방향감각을 상실했고(lost his bearings), 감정적으로 낙담했으며(depressed), 사명적으로 직분이 해체된(unemployed) 상황이다.[11]

11　Walter C. Kaiser, Jr, *The Lives and Ministries of Elijah and Elisha*, 29.

이런 상황에 처해진 엘리야에게 로뎀나무 아래는 그 의미가 색다르다. 요나에게 작은 박넝쿨이 그늘을 만들어 더위의 괴로움을 피하는 위로가 되었듯이(욘 4:6), 엘리야에게 로뎀나무도 바로 그러한 '쉼의 위로'가 있는 자리이다. 그릿 시냇가에서 엘리야의 첫 번째 도피 여정에서 까마귀를 통해 하루에 두 번씩 빵과 고기를 "배달 음식"으로 먹이시고 시냇물을 마시게 하셨듯이, 엘리야의 두 번째 도피 여정에서 로뎀나무 그늘도 마찬가지로, 피조 세계가 한 선지자를 품은 어머니의 품과 같다. 이런 점에서, 로뎀나무 아래는 어머니 품과 같은 하늘 아버지의 위로와 보호의 사역이 발생하는 "하늘 정원"이었다.

하나님께서 보내신 천사(cf. 행 12:7)가 로뎀나무 아래 깊이 잠든, 지친 엘리야의 몸을 어루만지면서 '일어나서 먹으라'는 음성으로 다가온다(5절). 여기서 등장한 천사의 현현을 카이저는 '그리스도의 현현하심'(Messiah himself in a Christophany)으로 해석한다.[12] 참 선지자 그리스도께서 북이스라엘의 선지자 엘리야를 직접 찾아오셔서 어루만지며 위로한다. 원수의 목전에서 상을 차려 두시고(시 23:5), 흔들어 깨우며 일어나서 먹으라고 말씀하신다. 함께함과 친밀함의 임재의 현현하심으로, 지친 엘리야를 친히 돌보신다.

'우리와 성정이 같은 사람'이라는 캐릭터가 가장 선명하고 설득력이 있는 장면은 위로와 보호가 필요한 엘리야의 현재의 존재와 상태를 보여 주는 바로 이 장면이다. 이 장면에 묘사되는 엘리야는 부모 앞에 있는 아이처럼, "하나님의 자녀(child)의 경험"을 하고 있으며, "아이 같은 단순성과 순수한 영성"(childlike simplicity and naïve piety)을 가진 "진정한 하나님의 아이"(a real child of God)라고 할 수 있다.[13] 이런 위로와 돌봄만 있으면, 단순한 아이의 영성을 가진 자는 넉넉하다고 고백할 수 있을 것이다.

4) 엘리야의 육적 회복

그 천사가 엘리야의 머리맡에 마련해 놓으신 그 상차림은 많은 종류의 음식은 포함되어 있지는 않았지만, 지친 엘리야의 회복을 시작하기에는 충분

---

12 Walter C. Kaiser, Jr, *The Lives and Ministries of Elijah and Elisha*, 29.
13 Van't Veer, *My God is Yahweh*, 336.

한 메뉴였다(6절). 숯불구이 떡과 병에 담은 마실 물 앞에 있다. 그릿 시냇가에서는 엘리야가 직접 시냇가로 가서 몸을 낮추어 핥아 마시거나, 손으로 떠서 물을 마셔야만 했다. 즉 "야생의 물"이었다.

그러나 지금 엘리야는 움직일 기력이 없다. 그 천사가 직접 숯불에 구운 떡과 병에 담아온 물 앞에 있다. 은혜로 준비해 주신 "에너지 떡"과 "에너지 드링크"이다. 힘내라는 음식이다. 살리는 음식이다. 위로와 격려의 음식이다.

이것은 마치 아브라함이 조카 롯을 구하기 위하여 사병 318명을 데리고 단까지 가서 그돌라오멜 연합군을 대파하고, 돌아오는 길에 살렘 왕 멜기세덱이 떡과 포도주를 가지고 지극히 높으신 하나님의 제사장으로 와서 아브라함을 맞이하며, 축복하고 위로한 장면(창 14장)을 상기시킨다.

두 사건에 각각 등장한 천사와 살렘 왕 모두가 "메시아적" 인물이다. 광야 여정을 사는 자신의 교회를 위하여, 자신의 '떡과 잔'을 마련하여 "영원한 상차림" 곧 주께서 잡히시기 전날 밤에 한 다락방에서 제정하셔서 교회의 "영적인 보양식"인 성찬을 선물로 주셨다. 이 메뉴는 구속 역사를 걸쳐서 지친 당신의 언약 백성들에게 각 시대마다 내어주신 하늘 코스 요리의 마지막 최종 메뉴이다. 이 하늘 양식으로 먹고 마심으로 교회는 승리자의 정체성을 확인함과 동시에 재충전되어 남은 광야의 여정에 승리할 수 있는 것이다.

하늘의 대제사장 그리스도께서 언약의 대적을 물리치고 언약 백성으로 하여금 언약의 하나님만 경외하는 자로 회복되게 하는 그러한 은혜는 사실 엘리야의 딜레마를 해결하는 것과 관련된 이슈이다. 엘리야는 언약의 대적 이세벨이 자신을 쫓는 것에 대한 두려움을 극복하기 위해, 아브라함이 그돌라오멜의 보복을 염두에 두고 있을 때 다음과 같은 하나님의 음성으로, 엘리야는 위로받고 속사람이 강건해져야 할 형편에 있다.

> 아브람아 두려워하지 말라 나는 네 방패요 너의 지극히 큰 상급이니라(창 15:1).

엘리야는 하늘의 "보양식과 생수"를 먹고 마신 후에, 다시 로뎀나무 그늘 아래 누웠다. 그간 엘리야가 달려온 여정이 얼마나 힘들었던 여정인지 그리고 그가 겪었던 내적 긴장과 고통이 얼마나 심각했는지를 보여 준다. 엘리야가 다시 누워 잠든 사이에 천사의 임재도 사라진다.

다시 엘리야를 위한 음식을 요리하기 위해 "하늘 주방"으로 돌아간 것일까?

5) 엘리야의 영적 회복

얼마 후, 여호와의 천사는 엘리야가 잠든 로뎀나무 그늘 아래로 다시 음식을 가지고 찾아왔다(7절). 다시 엘리야를 어루만지며 그를 깨운다. 거룩한 신성의 존재가 육체적으로까지 어루만지며 터치해 주니, 그의 피곤한 영육에 그 얼마나 전율이 넘치고 힘 있는 체감적 위로가 아닐까.

다음과 같은 음성을 듣고 엘리야는 눈을 뜬다.

> 일어나 먹으라(왕상 19:7).

그를 인자하게 쳐다보며 다음과 같은 사랑 어린 염려의 음성이, 로뎀나무 그늘 아래 드리운 그늘보다 더 크고 넓게 엘리야를 덮고 위로하신다.

> 네가 갈 길을 다 가지 못할까 하노라(왕상 19:7).

여기서 최초로 엘리야의 최종 여정이 "네가 갈 길"(the way)이라는 표현으로 암시된다. 다시 시작된 위로의 어루만짐의 손길과 다시 시작된 일으켜 먹이는 사역이 시작된다. 이번에는 첫 번째 방문과 달리, 엘리야의 새로운 여정에 대한 언급이 포함된다. 그것은 엘리야가 자신의 딜레마를 해결하기 위한 의도로 이미 계획했었던, 그의 마지막 여정인 호렙산(시내산) 여정을 가리킨다.

브엘세바에서 호렙산까지 약 200마일의 거리이다. 호렙산 여정을 출발한 지 하루 광야 길 여정에서 엘리야는 쓰러지고 말았던 것이다. 천사로 현현한 그 메시아적 인물로부터 엘리야의 내면에 있는 목적지 자체를 듣는 것만으로도 큰 위로가 되었을 것이다. 왜냐하면, 엘리야의 기도와 고민과 아픔을 하나님이 이미 듣고 알고 시행하기 위하여 밥상을 차려 직접 내려오셨기 때문이다. 이것은 까마귀를 통한 '배달 음식'이 아니라 하늘에서 공수해 주신 '집 밥'이다.

두 차례에 걸쳐서 방문하여 차려주신 숯불구이 빵과 병에 담은 물은 엘리야의 지친 육체의 연약함을 회복하는 "하늘의 음식"이라면, 엘리야의 내면에 있는 해결되지 않은 고민을 해결하기 위한 이번 여정의 최종 목적지에 대한 그분의 인자하신 언급("네가 갈 길")은 엘리야에게 영적인 큰 위로가 되었을 것이다. 그리고 브엘세바에 사환을 남기고 엘리야 혼자의 여정인 것 같았으나, 하나님이 지금까지 함께 동행하고 계신 여정임을 알게 된 것이 또한 큰 힘이 되었을 것이다. 속마음을 알아주는 것이 최고의 위로다.

4. 궁극적 여정(8절)

엘리야의 여정은 이스라엘의 명산 갈멜산에서 출발하여 이스르엘을 향한 18마일 맨발의 빗길 마라톤이 있었고, 거기서 이세벨의 위협을 인지하자마자 이스르엘 왕궁에서 족장들의 맹세의 우물이 있는 브엘세바까지 75마일의 여정을 사환과 함께 유다 땅으로 이동했다.

그리고 사환을 브엘세바에서 남기고 언약의 또 다른 조상인 모세가 경험했던 또 다른 명산인 호렙산(시내산)을 향한 약 200마일의 여정을 향하여 출발한 광야 길 하루 만에 쓰러져서 로뎀나무 아래 누워 버리고 말았다. 천사의 두 번의 방문 사역으로 육체와 영혼의 위로를 받아 새 힘을 공급받는다. 바로 이 장면에서 엘리야의 궁극적 여정이 소개되고 주께서 "저 높은 곳을 향하여" 이끄시기 위하여 그를 돕고 계신다.

1) 엘리야의 호렙산 여정

7절에서 언급된 '네가 갈 길'(the way)은 엘리야가 가야만 하는 그의 의도 안에 있는 여정이다. 그 여정을 위해, 엘리야는 그 자리에서 일어나서 천사를 통한 두 번째 "하늘 상차림"을 먹고 마셨다(8절). 이 음식은 지난 여정에서 누적된 피로에서 회복되었을 뿐만 아니라, 앞으로의 여정에 필요한 기력이다. 이 음식과 천사의 방문은 하나님의 위로 그 자체였다.

앞 구절에서 언급된 '네가 갈 길'이라는 암시적 여정이 여기서 엘리야의 여정의 종착점으로서, '하나님의 산 호렙'(הַר הָאֱלֹהִים חֹרֵב, 하르 하애로힘 호렙)이라는 명시적인 표현으로 언급된다. 이것은 최초의 명시적인 표현이다(8절). 이 여정은 앞서 언급한 대로, 언약의 백성 이스라엘과 그들을 이끈 언약의 일꾼 모세의 여정이었다. 이 여정을 선택한 것은 자신과 자신의 사역을 돌아보고 자신의 딜레마를 해결하려는 의도가 있다.

2) 완벽한 준비의 기간으로서 40일 주야

실제로 약 십 일이면 충분히 호렙에 도착할 수 있는 거리인데(신 1:2), 엘리야의 호렙산으로의 여정은 거의 '거북이걸음' 수준이다.[14] 이 기간과 속도는 전적으로 엘리야가 선택한 것이다. 엘리야에게, 언약의 조상 모세가 하나님을 만났던 호렙까지의 여정을 위하여, 왜 그렇게 많은 시간이 소요되었을까. 본문은 그냥 40일이 아닌, 더 구체적으로 '40주 40야'라고 '완전한 40일'을 강조한다.

일반적으로 성경에서 40일 또는 40년의 기간은 하나님의 뜻이나 목적에 이르는 어떤 종착점에 도착하기 위하여 걸리는 완벽한 준비의 기간을 상징한다. 그것은 사람에게 문제가 있어서 그와 같은 기간이 걸릴 수도 있으나, 하나님의 주권적인 뜻이 이루어지는 하나님 관점에서의 시간의 개념이다. 노아 시대에 홍수가 40일 주야로 내렸으며(창 7:12, 17), 이스라엘 자손들이 광야에서 40년을 보내면서(민 14:34; 32:13; 신 2:7; 8:2), 40년 동안 만나를 먹은 것도 약속의 땅에 들어가기까지 그들을 위한 훈련과 시험을 위한 기간이었다(출 16:35; 신 8:1-3; cf. 민 12:3).

모세는 시내산에서 율법을 받기까지 40일 주야를 산에서 금식하며 보냈다(출 24:18; 34:28; 신 9:9, 11, 18). 가나안 정탐꾼들은 40일 동안 땅을 정탐하기를 마치고 돌아왔다(민 13:25). 요나가 니느웨 성의 멸망이 40일 후에 일어날 것을 선포했다(욘 3:4). 예수님은 40일을 주야로 금식하셨다(마 4:2; 막 1:13; 눅 4:1).

엘리야에게 있어서도, 40일의 기간은 중요한 의미를 내포한다. 이 기간은 호렙산에서 하나님과 대면하는 궁극적인 사건을 앞두고, 거기에 이를 때까

---

[14] Walter C. Kaiser, Jr, *The Lives and Ministries of Elijah and Elisha*, 29.

지 걸리는 시간이다. 엘리야의 딜레마(왕상 19:10, 14)가 해결되기까지 걸리는 시간이다. 엘리야에게 있어서 40일 주야 직전에 보내신 천사를 통해 "에너지 푸드"를 공급하셨고 40일의 기간 직후에도 의미 있는 하나님과의 만남의 시간이 준비되어 있을 것이다. 이런 점에서, 40일은 그에게 하나님의 주권 안에 있는 시간이다.

특히, 엘리야의 40일간의 주야의 광야 길의 여정은 과거 출애굽 공동체가 걸어온 40년간의 축소판의 반대의 여정이다. 모세는 호렙산에서 가나안으로의 여정을 이끌었다면, 엘리야는 가나안에서 호렙산으로의 여정 위에 있다. 그 여정의 매 걸음마다 광야에서 불순종하고 완고함으로 하나님의 진노를 일으켜 멸망 받은 조상들의 모습이 현재의 이스라엘의 모습과 다르지 않다는 것을 발견했을 것이며, 거기에는 불순종의 이스라엘을 이끌었던 언약의 일꾼 모세의 리더십도 있었다. 그런데도 광야의 여정을 마치고 현재 이스라엘이 거주하고 있는 약속의 땅으로 들어올 수 있었던 것은 전적으로 언약에 신실하신 하나님의 은혜라는 사실도 깨닫는 시간이 되었을 것이다.[15]

그러므로 이 여정은 '언약의 조상(들)의 영적인 리더십'과 '언약 백성들의 불신실함'과 그리고 그것에 대조되는 '언약에 신실하신 하나님의 긍휼'의 자취를 반추하는 여정이 되었을 것이다.

5. 결론 및 적용

하나님은 악한 대적의 역사에도 불구하고, 자기 백성을 영육의 회복과 강건함의 길로 이끄신다. 엘리야는 큰 승리 후에 대적으로부터 저항과 위협을 받았다. 그래서 나 홀로의 고독의 여정으로 나아가며, "조기 은퇴"에 대한 생각을 해 본 것이다. 그런데 하나님의 때가 아닌데도 자기 중심이나 상황만 보고 그러한 결정을 한다면 얼마나 큰 착오가 될 것인지 보여 준다.

여기서 에베소 장로들에게 전한 바울의 고별 설교를 상기한다.

---

15   Van't Veer, *My God is Yahweh*, 368-369.

> 내가 달려갈 길과 주 예수께 받은 사명 곧 하나님의 은혜의 복음을 증언하는 일을 마치려 함에는 나의 생명조차 조금도 귀한 것으로 여기지 아니하노라(행 20:24).

그리고 디모데에게 보낸 두 번째 편지이다.

> 나는 선한 싸움을 싸우고 나의 달려갈 길을 마치고 믿음을 지켰으니 이제 후로는 나를 위하여 의의 면류관이 예비되었으므로 주 곧 의로우신 재판장이 그날에 내게 주실 것이며 내게만 아니라 주의 나타나심을 사모하는 모든 자에게도니라(딤후 4:7-8).

이 말씀의 빛으로 엘리야를 조명할 때, 하나님은 엘리야의 "조기 은퇴"를 허락하시지 않으신다!

그를 향한 궁극적이고 중요한 일들이 남아 있기 때문이다. 그래서 그를 족장들과 조상들의 믿음의 발자취가 있는 광야로 이끄시고 로뎀나무를 거쳐, 그 옛날 모세가 머물렀던 그 호렙산 동굴로 이끄신 것이다.

그리고 다시 그를 "가나안"으로 이끄실 것이다!

♣ **개인 묵상과 소그룹 성경 공부를 위한 토론 질문** ♣

1. 인생의 크고 작은 성공 스토리 이후에, 이어지는 대적의 공격을 경험한 적이 있는가?
   내가 고독과 외로움을 느낄 때는 언제이며, 그러한 상황에서 나의 태도는 무엇인가?

2. 나는 나의 삶의 어려운 순간에, "조기 은퇴" 또는 "중단"하고 싶은 생각을 하게 된 경험이 있으면, 그것을 개인적으로 상고하면서, 그러한 때 기도를 통해 듣고 인도받은 하나님의 음성이 어떤 것이었는지 고백해 보라.

3. 나의 남은 생애에서 하나님께서 이루시고자 하는 "남은 일"이나 "새 일"이 있다면, 어떤 것일까?

제6장
천둥의 소리, 그 후

Topic : 엘리야-엘리사 내러티브(6)
Title : 천둥의 소리, 그 후
Text : 열왕기상 19:9-18
Theme : 하나님의 말씀을 제대로 들어야 할 일을 제대로 알 수 있다.

1. 서론 및 문맥

열왕기상 17-18장에서 엘리야 선지자는 능력과 권세가 있는 자로 묘사된다. 과부의 죽은 아들을 살리고 기적을 행하고 바알 선지자들 450명을 죽이는데 영적인 지도력을 발휘했다. 하지만 19장에서 엘리야는 연약함과 무기력의 상태의 인물로 묘사된다. 짧은 하루 남짓의 시간 안에서, 그는 "산 위의 감정" 곧 갈멜산에서의 승리의 감격과 "산 아래의 감정" 곧 광야에서 탄식을 모두 경험한 것이다. 엘리야는 아합과 이세벨의 위협을 피해 광야로 들어간다(왕상19:4). 광야에서 하룻길쯤 가서 로뎀나무 아래 앉아서 죽기를 원한다. 다음과 같은 탄식이다.

> 여호와여 넉넉하오니 지금 내 생명을 거두시옵소서 나는 내 조상들보다 낫지 못하니이다
> (왕상 19:4).

로뎀나무 아래서, 두 차례의 천사의 만짐과 숯불에 구운 떡과 한 병의 물을 공급받는다. 기적의 에너지 푸드이다. 그 힘을 의지하여 40주 40야를 가

서 하나님의 산 호렙에 도착한다. 내레이터는 '40일간의 주야'라는 그 기간이 중요한 의미 있는 시간임에도 불구하고, 그 과정에 대한 묘사는 전혀 언급하지 않고, 출발하자마자 즉시 호렙에 있는 엘리야를 묘사한다.

이것은 그의 이동 교통수단과 그 신비한 속도를 말하고자 함이 아니라, 혼돈과 딜레마라는 "동굴" 안에 갇혀 있는 자신의 종 엘리야에게 들려줄 계시의 긴급한 필요성과 신속함을 보여 주고자 함이다.

2. 동굴 안에서 듣는 소리(9-10절)

40일간의 여정을 거쳐 호렙산에 도착했다. 도착한 엘리야는 그곳에 있는 굴을 발견하고 그 굴에 머물렀다. 여기서 저자는 '굴'(הַמְּעָרָה, 함아라)이라는 표현에 히브리어 정관사('하')를 사용하고 있다. 이것은 특정 동굴을 가리킬 수 있다. 월터 카이저는 이 동굴은 출애굽의 여정에서 이스라엘 자손들이 금송아지(출 33:21)를 만들어 죄를 범하였을 때, 모세가 하나님을 대면할 때에 사용했던 그 동굴이라고 주장한다.[1] 모세는 그곳에서 여호와의 영광이 지나갈 때 '반석 틈'(בְּנִקְרַת הַצּוּר, 베니크라트 하추르)에 있었고 여호와께서 손으로 그를 덮어서 보호하셨다(출 33:22-23).

카이저의 말대로 모세가 있었던 '그 반석 틈'(the cleft of the rock)이 현재 엘리야가 있는 '그 동굴'(the cave)이라면, 엘리야는 언약의 조상(모세)의 광야의 여정을 거쳐 정확하게 밟아 온 것이 되며, 특히 마지막으로 머문 동굴의 장소까지 동일한 곳이라면, 엘리야는 자신의 풀리지 않는 딜레마가 여기서 해결될 수 있을 것이라는 예감을 가졌는지 모른다. 사실 이 여정을 선택한 것도 언약의 조상들의 여정을 밟기 위한 것이었다. 동굴 안에서 갑자기 목소리가 들리기 시작한다. 다음과 같은 질문을, 내레이터는 엘리야에게 임한 여호와의 말씀이라고 설명하고 있다.

엘리야야 네가 어찌하여 여기 있느냐(왕상 19:9).

---

1 Walter C. Kaiser, Jr, *The Lives and Ministries of Elijah and Elisha*, 29.

동굴 안에서 엘리야는 몇 가지 대답을 하는데, 이것은 그동안 풀리지 않았던 수수께끼 같은 그의 딜레마였다. 두 번씩이나 동일한 답을 하니, 잘 각오하고 준비한 듯한 모범 답안 같다(10, 14절). 그 대답은 자신의 정체성을 요약하는 표현 두 가지를 히브리어 강조 구문을 통해서 표현했다. 첫 번째 정체성으로서 '여호와께 열심이 유별한 자'로 설명한다(10, 14절).

내러티브에서 대화를 통한 등장인물의 간접적 특징화이다. 그것도 엘리야 스스로 자신에 의한 인물의 특징화이다. 여기서 '열심이 유별하다'(קַנֹּא קִנֵּאתִי, 카노 키네티)라는 히브리어 표현은 동일 어근의 동사를 중첩시켰는데, 부정사 절대형과 완료(또는 미완료) 동사를 순서대로 함께 사용하여 표현하는 대표적인 히브리어 강조 구문이다("be very zealous"). 이 열심은 언약의 주 여호와 앞에(לַיהוָה, 라야훼) 언약의 일꾼으로서 '언약적 열심'을 가리키며,[2] 그 열심이 대단하다는 부사적 의미로 강조되고 있다. 엘리야의 열심은 언약적 열심이었으며, 그의 열심을 요약하자면 다음과 같다.

첫째, 이스라엘 자손이 주의 언약을 버린 것 때문이다. 이것은 여호와와 언약 관계를 파괴한 이스라엘의 행위이다. 이스라엘의 언약적 정체성의 상실이다.

둘째, 이스라엘 자손이 주의 제단을 헐었기 때문이다. 이것은 배교 행위로서, 이스라엘의 예배 정체성의 상실을 의미한다.

---

2 출애굽 공동체인 이스라엘 자손이 싯딤에 머물 때에, 모압 여자들과 음행하고 그 여인들이 자기 신들에게 제사할 때에 이스라엘 백성을 초청하여 함께 먹고 우상 숭배의 자리에 동참했다. 이와 같이, 바알브올에 가담한 자를 모세가 여호와의 명을 받들어 목매어 달 때에 여호와의 진노가 떠났다. 이러한 상황에서, 이스라엘의 한 남자가 미디안의 한 여인을 데리고 오는 장면을 제사장 아론의 손자 엘르아살의 아들 비느하스가 보고 손에 창을 들고 그 남녀를 창으로 배를 꿰뚫어 죽이니 염병이 이스라엘에게서 그쳤다. 비느하스의 행위에 대한 여호와 하나님의 평가가 언급되는데, "비느하스가 내 질투심으로 질투하여…내 질투심으로 그들을 소멸하지 않게 하였도다"(민 25:11)라고 말씀하셨다. 여기서 사용된 '질투'(קִנְאָה, 킨아)라는 명사와 '질투하다'(קָנָא, 카나)라는 동사가 바로 엘리야 가졌던 언약적 '열심'이라는 단어와 같은 단어를 사용했다. 그리고 비느하스에게 여호와께서 자신의 '평화의 언약'(בְּרִיתִי שָׁלוֹם, 베리티 샤롬)을 주시겠다고 약속하셨으며, 그것은 곧 그 후손에게 주어질 '영원한 제사장의 직분의 언약'(בְּרִית כְּהֻנַּת עוֹלָם, 베리트 케후나트 오람)이었다(민 26:12-13). 비느하스의 '질투'가 여호와 자신의 질투이었듯이, 엘리야의 '열심'도 여호와 자신의 열심이었다. 그 질투와 그 열심은 모두 언약적인 질투와 열심이었다.

셋째, 칼로 주의 선지자들을 죽였기 때문이다. 이것은 동료 언약의 일꾼들의 상실이다. 이들 세 가지 이유를 한마디로 요약하면, 여호와의 언약에 대한 이스라엘의 배반이다.

이스라엘 백성의 언약적 배반 행위가 심각한 수준에 이르렀다. 이것이 이스라엘과 여호와 사이의 언약 관계를 회복시키기 위해 엘리야가 가졌던 언약적 열심의 주된 동기였다. 이것에 대한 한 예가 갈멜산(기손 시내)에서 바알 선지자 450명을 죽임으로 여호와의 보복을 대행했다. 하나님의 심판을 대행한 엘리야의 보복 정체성이다.

하나님의 언약의 백성들은 하나님의 열심을 힘입어 그것을 반영하는 언약적 열심을 품어야 한다. 그리스도의 지상 사역에서 '신적인 열심'에 대한 부분을 성전과 관련하여 계시하신 적이 있다. 예수님은 성전 청결 사건을 기록한 요한복음에서, 예수께서 성전의 원래의 용도와 맞지 않는 전혀 다른 상황과 장면을 보셨다. 성전이 상업적 목적으로 용도 변경된 장면이다. 사랑과 인자가 풍성하신 주께서 분노와 폭력으로 짐승을 채찍으로 내쫓으시고 환전하는 자들의 상을 엎으셨다.

> 내 아버지의 집으로 장사하는 집을 만들지 말라 (요 2:16).

이와 같은 말씀을 하시면서 성전을 '장사하는 집'으로 만들고, 만민이 기도하는 집을 '강도의 굴혈'로 만들었음을 탄식하셨다. 성전에 대한 이들의 '그릇된 열심'은 메시아의 심판을 자초한 것이 되었다. 그릇된 열심은 성전의 주인이신 하나님의 거룩을 집어삼켜버렸다.

반면, 성전의 거룩을 회복하기 위해 채찍까지 휘두르시고 환전 테이블을 둘러 엎으시는 폭력을 행하시는 예수님의 행위로부터, 하나님의 집에 대한 예수님의 불타오르는 '진정한 열심'을 본다. 상인들과 성전 봉사자들이 가졌던 그릇된 열심으로부터, '거룩한 분노'로 표출된 예수님의 하나님의 집 곧 성전(거룩)에 대한 열심과 열정은 제자들로 하여금 시편의 한 구절을 기억하도록 하는 자극제가 되었다. 그 상황에서 제자들은 시편 69:9의 말씀을 기억했다.

주의 집을 위하는 열성이 나를 삼키고(כִּי־קִנְאַת בֵּיתְךָ אֲכָלָתְנִי, 키-킨아트 베트카 아카라트니, 시 69:9).

다윗의 시편 69편에 있는 이 말씀은 무슨 뜻인가?

이 시편은 '고난을 당하는 의인'(the righteous sufferer)이 간구하는 시이다. 시편 69편의 저자인 다윗은 '주를 위하여 비방과 수치'를 받았다. 그리고 심지어 그의 형제에게 객이 되고 그의 어머니의 자녀(형제들)에게 낯선 사람이 되었다고 말한다. 그리고 다음과 같이 그의 의로운 고난을 말한다.

까닭 없이 나를 미워하는 자가 나의 머리털보다 많고 부당하게 나의 원수가 되어 나를 끊으려 하는 자가 강하였으니 내가 빼앗지 아니한 것도 물어 주게 되었나이다(시 69:4).

이것 때문에, 그 시인은 울음과 금식도 했다(시 69:10). 시인은 시편 69편에서 가까운 형제와 친척들로부터 시작하여 원수들에 이르기까지 다양한 사람으로부터 고난을 당하는 의인으로 묘사되어 있다. 의인이 고난을 당하는 장면을 포함하는 시편 69편에서, '하나님의 집'(God's house)에 대한 '열심'이라는 표현이 언급되고 있다.

'하나님의 집에 대한 열심이 나를 삼킨다'라는 표현이 본 시편에서 무슨 의미인가?

이 표현의 의미는 하나님과 성전 곧 하나님의 집에 대한 열심, 열성, 열정이 식지 않고 계속 더하여져서 하나님을 삼킬 만큼 불타오른다는 의미이다. 다윗은 고난을 당하는 처지에서도, 하나님의 집 곧 성전을 건축하려는 열심이 간절한 자였다. 하지만 그는 전쟁을 통해서 손에 많은 피를 묻혔기에, 하나님께서 다윗을 통해서 성전을 짓기를 원하지 않으셨다. 다윗 자신이 뜻과 열심을 가졌다고 해서 되는 것은 아니다. 그런데도 그는 주의 집에 대한 열심을 자신이 할 수 있는 형편과 처지에서 최선을 다했다.

성전을 건축할 재료를 다 준비하는 일을 하였던 것이다. 그 후에 그의 아들 솔로몬 때 성전을 건축하게 된다. 그러므로 다윗의 그러한 열심은 무익한 것이 아니었다. 하나님의 열심을 반영하는 것이 되었던 것이다.

여기서 주목해야 될 사실은 하나님의 집에 대한 열심의 주체가 다윗이나 솔로몬 또는 유다 백성 곧 사람인 것 같지만, 사실은 하나님의 집, 곧 성전에 대한 열심은 하나님 자신의 열심인 것을 역사적으로 보게 된다. 하나님의 성전에 대한 열심, 열성, 열정이 식지 않고 계속되어 왔기 때문에, 시편 기자의 그 열심은 '나'(다윗)를 삼킬 만큼 불타올랐던 것이다. 곧 다윗의 시를 인용함으로 요한은 예수께서 메시아로 오심이 성취되었다고 증언하는 것이다.

성전의 역사를 요약하면, 출애굽 광야 시대에 하나님의 성전의 초기 형태로서 성막(Tabernacle)이 있었다. 그 다음에 다윗이 재료를 모은 후에 솔로몬이 건축한 솔로몬 성전(Temple)이 세워졌다. 유다의 범죄로 솔로몬 성전이 파괴된 후에 포로 후기 귀환 공동체에 의해 스룹바벨 성전이 재건되었다. 그 후에 헤롯 왕에 의한 헤롯 성전이 재개축 되었다. 그런데 이러한 장소 성전의 개념이 예수님의 몸과 인격 성전으로 성전의 개념이 바뀌게 된다. 그러고 나서 그리스도 안에 있는 성도가 성령을 모신 성전이 되었다(고전 3:9, 16-17). 이제 우리는 마지막 성전으로서, 새 하늘과 새 땅에서 새 예루살렘 성전을 남겨 놓고 있다.

구속 역사 안에서, 하나님은 자신의 집 곧 성전에 대한 하나님의 열심과 열정은 집요하였다. 이런 점에서, '하나님의 집에 대한 열심'이라는 표현은 세 가지 의미로 요약될 수 있다.

첫째, 성전을 건축하고 유지하고 보호하려는 열심이다(통일 왕국 솔로몬 성전).

둘째, 성전 파괴의 상황에서 성전 재건축에 대한 열심이다(포로 후기 공동체 스룹바벨 성전).

셋째, 하나님의 집(God's house)이 인격 개념으로 발전된 후 하나님의 백성(God's household)에 대한 열심과 사랑을 의미한다(몸과 인격 성전이신 예수님 안에 있는 성령을 모신 성도의 인격 성전).

이를 위해 하나님께서는 예수님을 이 땅에 보내신 것이다. 하나님의 집(성전)에 대한 열심, 열성, 열정은 한마디로 하나님의 집인 성전과 그의 백성에 대한 하나님의 집요한 사랑과 열정으로 요약될 수 있다.

시편 69:9에서 고난 가운데서 있는 의인인 다윗의 하나님의 집에 대한 열심이 요한복음에 인용되었다. 성전에 대한 죄인들의 그릇된 열심에 대한 대조적인 열심으로써, "하나님의 집에 대한 열심, 열정"은 다윗의 자손으로 오신 예수님께서 의인으로서 가지신 하나님의 집에 대한 열정과 열심으로 발전된다. 이 열정은 열심당원(the Zealots)들이 가졌던 이스라엘의 해방을 위해 무력을 행하는 민족주의적 방식으로 나타나지 않았다.

예수님의 하나님의 집에 대한 열심과 열정은 열심 당원들이 가졌던 것과 다른 방식의 새로운 의미로 나타났다. 예수님의 하나님의 집에 대한 열심은 새로운 의미의 '성전과 백성'의 개념을 계시하셨다. 즉 하나님의 집에 대한 예수님의 열정은 중단되지 않고 불타올라서, 마침내 새로운 형태의 성전 개념을 만들었다.

새로운 개념의 성전과 백성의 개념이 무엇인가?

새로운 개념으로서 성전은 예수님의 '몸 성전' 또는 '인격 성전'을 의미한다. 그리고 새로운 개념의 하나님의 백성의 개념은 이스라엘을 의미하는 것으로부터, 이제 예수님을 믿는 유대인과 예수님을 믿는 이방인을 다 포함하는 방식으로 새로운 믿음의 공동체(the new messianic community)를 의미한다.

예수님의 하나님의 집에 대한 열심은 어떤 방식으로 표출되었는가?
어떤 방식으로 하나님의 집을 향한 열정이 예수님을 삼키도록 했는가?
어떤 방식으로 성전에 대한 예수님의 열성이 예수님을 삼킬 만큼 식지 않고 계속 타올랐는가?

첫째, 성전을 청결하는 방식으로 예수님의 성전에 대한 열정으로 표출되었다. 예수님의 성전에 대한 열심과 열정과 사랑은 성전의 용도 변경, 곧 거룩성의 파괴에 대한 거룩한 분노를 자아냈다. 거룩한 분노를 품으시고 죄에 대한 심판으로 성전에서 예수님의 '신적인 폭력 행위'로 표현되었다. 예루살렘 성전과 대제사장과 짐승을 통한 제사 제도가 이제 구원 역사에서 막을 내리고 교체되겠지만, 아직 그때가 완전 도래한 것이 아닌, 과도기적 중첩기에 놓여져 있었다.

그래서 새로운 질서(new order)로 당장 바꾼 것이 아니라, 옛 질서(old order)를 정화하고 청결하게 하는 일을 행하신 것이다. 물론 이것은 옛 질서를 영원히 보존하고 유지하기 위해 행하신 것은 아니다. 이제 곧 그것들(성전, 대제사장, 제사 제도)과 옛 시대는 지나갈 것이지만, 아직 그것 안에서 회복과 청결을 행하신 것이다.

둘째, 성전에서 예수님의 "폭력 행위"를 통해서 새로운 종말론적인 질서(the eschatological order)의 궁극적 성취가 당장 극적으로 임하는 것은 아니었지만, 그러한 행위는 하나님의 아들로 오신 예수님의 죽으심으로 이끌어 가는 계기가 되었다.

그런 과정에서, 예수님은 자신의 몸 성전을 파괴하시고 다시 부활을 통해 참성전을 재건축하시기 위해, 예루살렘 종교 엘리트 그룹들과 기존 질서를 두려워하지 않고, 새로운 질서 안에서 세워질 성전에 대한 열심으로 자신을 죽기까지 열정의 삶을 사는 것으로 표출하셨다.

교회는 교회의 머리가 되신 그리스도가 보여 주신 열심을 덧입어서, 성전 기능인 하나님에 대한 예배에 대한 열심을 나타내야 한다. 그리고 교회는 성전의 특징인 거룩한 삶에 대한 열정을 나타내어 거룩을 추구해야 한다(고후 3:16-17).

엘리야의 반복 대답 안에 있는 또 다른 두 번째 정체성은 '여호와 앞에 홀로 남은 자'라고 설명한다(10, 14절). 강조 표현 안에 있는 '오직 나만 남았다'(לְבַדִּי וָאִוָּתֵר אֲנִי, 와이와테르 아니 레바디)라는[3] 이 정체성은 바로 앞에 언급된 '칼로 주의 선지자들을 죽였다'는 과거 사실에 대한 현재적 결과이며, 동시에 여호와의 선지자들의 마지막 생명까지 찾아 빼앗으려 한다는 예상적인 결과를 만든다. 결과적으로, '남은 자'가 없는 처참한 결과가 될 것이라는 하나님 나라의 언약 공

---

3 '야타르'라는 닢알(수동) 미완료 1인칭 단수 동사를 사용하면서, 동시에 1인칭 단수 독립 대명사('אֲנִי, 아니)까지 함께 사용하여 '남겨졌다'라는 행위의 주체인 1인칭 주어가 강조되었다. 그리고 남은 상태를 더욱 강조하기 위하여, 분리(separation)의 전치사(לְ, 레)와 명사(בַּד, 바드)가 결합하여 레바드(לְבַד)를 만들었는데, 이것은 "in a state of separation, alone, by itself"라는 의미를 가진다(BDB). 여기에 1인칭 단수 대명사 접미어가 결합되어, '오직 나만'(לְבַדִּי, 레바디)이라는 부사적 의미로 더욱 강조했다.

동체의 긴급한 위기임을 탄식한 것이다. 언약적 열심이 있기에 이러한 탄식이 가능한다. 이 탄식은 엘리야의 거대한 상실감과 공허함이 반영되어 있다. 수많은 여호와의 선지자들이 다 죽임을 당하고 이제 자기 혼자 남았다고 인식하기 때문이다. 그리고 탁월한 언약적 열심이 발휘되었음에도 조촐한 결과는 깊은 상실감과 공허의 세계로 그를 인도했음이 분명하다.

언약의 기소자로서 엘리야는 언약을 파괴한 이스라엘에게 여호와의 즉각적인 공의 시행 차원의 심판을 간접적으로 요청한 것과 같다. 이것이 탄식 문학 장르의 중요한 한 의도이다. 또 다른 한편으로 엘리야는 자신의 그러한 언약적 열심에도 불구하고, '이스라엘의 언약적 회복'이라는 결정적인 열매를 맺지 못하고 앞서 죽임을 당한 여호와의 선지자들 앞에 살아남은 자로서의 자괴감으로부터 오는 탄식이다. 열매는커녕 자신이 도리어 쫓기고 죽임을 당하는 처지에 놓였다. 여호와에 대한 열심에 반비례한 사역의 결과를 맞이하여 영적인 피로감이 극에 달한 상태가 되었음을 암시한다. 이것이 그가 '자기의 생명'(3절)을 위해 도망했으나, 지금 '내 생명'(4절)을 거두어 달라고 간청하는 이유이다.

결과가 어떻든지 간에 언약적 열심은 무익하거나, 불필요한 것이 아니다. 말씀에 근거한 하나님 앞에 바른 결정과 용기 있는 작은 순종적인 행동도 하나님께 영원토록 기억된다. 요한계시록 2-3장에서 각 교회의 행위를 아신다고 말씀한다. 특히, 빌라델비아 교회에게 다음과 같이 말씀한다.

> 내가 네 행위를 아노니 네가 작은 능력을 가지고도 내 말을 지키며 내 이름을 배반하지 아니하였도다(계 3:8).

엘리야 앞에 죽임을 당한 모든 이름 없는 여호와의 선지자들이 역사 세계에서 사라졌을지라도, 언약의 하나님의 이름을 배반하지 않고 언약의 말씀을 지키며 살아간 삶의 자취들이 그분께 기억된 바가 될 것이다. 그리고 비록 현재 탄식의 자리에 앉아있을지라도, 유일하게 살아남았다고 스스로 생각하는 엘리야 자신의 언약적 열심도 분명히 기억된 바가 되고 있다.

3. 세 가지 지나가는 큰 현상들(11-12절)

상실감과 공허감으로 채워진 엘리야의 탄식 언어들이, 그가 머물고 있는 어두운 동굴에 공기의 파장을 일으켜 동굴 벽에 부딪히며, 차가운 동굴의 어둠에 파편으로 묻히지 않고 여호와의 귓전에 제대로 전달되는 효과적인 대화의 장이 되고 있다. 쌍방 간에 펼쳐지는 대화의 진행이 이번에는 여호와께서 말씀하실 순서이다.

> 너는 나가서 여호와 앞에 산에 서라(왕상 19:11).

이 말씀이 엘리야의 귀에 닿자마자, 어느덧 그의 눈은 동굴 밖에서 여호와께서 지나가시는 거룩한 신성을 경험하고 있다. 이 장면은 일찍이 모세가 동일한 장소에서 여호와의 영광이 지나가시는 장면을 재현하고 있는 것 같다(출 33:21-22). 호렙산 동굴 어귀에 서 있는 엘리야에게 여호와의 현현하심(theophany)이 다양한 형태로 가시적이고 가청적인 현상들로 나타났다.

첫째, '크고 강한 바람'이 발생한다(11절).
여호와께서 지나가시려고 하는 표시이다. 지시어(הִנֵּה, 히네, behold)로 이어지는 신명 '여호와'를 강조적으로 지칭한다. 그리고 다시 이어지는 분사를 통해서, 여호와의 지나가시는 행위를 묘사한다(וְהִנֵּה יְהוָה עֹבֵר, 웨히네 야훼 오베르). 지나가시는 여호와 앞에 '크고 강한 바람'이 지나가면서 산들을 '가르고'(מְפָרֵק, 메파레크), 바위들을 '부수는'(וּמְשַׁבֵּר, 움샤베르), 두 개의 피엘형(강세형) 분사로 여호와의 현현하심에 동반된 '바람'(루아흐)의 큰 능력을 강조적으로 묘사한다. 그런데 '그 바람 안에'는 여호와께서 계시지 않았다(לֹא בָרוּחַ יְהוָה, 로 바루아흐 야훼)는 명사문으로 여호와의 부재의 결과를 초연히 보여 준다.

둘째, '그 바람' 후에 '지진'이 발생한다(11절).
이것을 '지진'(רַעַשׁ, 라아쉬)이라는 명사만으로 존재의 동사 없는 문장인 명사문으로 표현한다. 그러나 '그 지진 안에' 여호와께서 계시지 않았다(יְהוָה לֹא בָרַעַשׁ, 로 바라아쉬 야훼). 앞의 단어에 연결하여 다음 단어를 소개하는 연쇄법과 동사 생략의 명사문의 반복을 통해서 신성의 부재를 강조한다.

셋째, '그 지진' 후에 '불'이 등장한다(12절).

'불'(אֵשׁ, 에쉬)이라는 명사만으로 존재 동사 없이 명사문으로 간결하게 장면을 묘사한다. 이 불이 욥기에 언급된 하늘에서 떨어진 '하나님의 불'(욥 1:16)이라면, '번개'(lightening)일 가능성이 많다. 그런데 '그 불 가운데에' 여호와께서 계시지 않았다(לֹא בָאֵשׁ יְהוָה, 로 바에쉬 야훼). 동일 부정 명사문을 3회 반복 사용하여 여호와의 부재를 강조한다.

연속적 장면에서 등장한 '바람, 지진, 불'은 성경에서 자주 등장하는 신성의 현현의 현상이다(창 3:8; 출 19:16, 18; 40:34-38; 욥 38:1; 40:6; 시 68:8; 겔 1:4; 13:11; 슥 9:14; 마 24:29-31; 막 13:26; 행 2:2-3; 9:3, 7). 여기서, 이것들은 각각 서로 다른 현상들일지라도, 본질적으로는 여호와의 임재의 현상이다. 그러나 현현의 특성상, 이 현상들과 여호와의 존재와 분리할 수 없을지라도, 그 현상들 자체가 여호와의 인격, 존재 자체는 아니다. 즉 이것들은 여호와의 임재와 불가분의 현상과 상징일뿐이지, 엄밀한 의미에서 임재나 신성의 본질 그 자체는 아니다. 여호와의 임재의 본질은 신인격이지만, 임재의 상징들은 피조물일 뿐이다.

여기서 일반 계시 및 피조물인 '크고 강한 바람'과 '지진'과 '불'은 주로 시각적으로 다가왔다. 그리고 상대적으로 소리가 크게 동반될 수 있는 현상들이었다. 그런데 크고 광대한 장면과 소리로 인하여 이어지는 특별 계시인 말씀의 소리를 듣는데 어떠한 혼돈과 방해 없이 잘 분별하여, 마지막에 다가오는 여호와의 현존을 만나는 것에 실패하지 않는 엘리야이다. 아니, 인격이신 말씀이 그것들에 부재하셨다.

마지막으로, '그 불' 후에 '세미한 음성'이 등장한다(12절).

'세미한 음성'(קוֹל דְּמָמָה דַקָּה, 콜 데마마 다카)은 '부드러운 침묵의 소리'(the sound of soft silence)로 직역된다. 엘리야는 이 소리를 듣고 자신의 '겉옷'으로 얼굴을 가리고 동굴 입구 쪽으로 나가 어귀에 선다. '겉옷'(אַדֶּרֶת, 아데레트)이라는 히브리어 단어는 '영광' 또는 '망토'라는 의미를 갖는다. 여호와의 거룩의 현존 앞에서 인간의 어떠한 영광도 보잘것없다. 하늘의 참영광을 보는 것은 죽음을 의미한다. 지난날, 모세가 바로 이곳에서 여호와의 '영광'(כָּבוֹד, 카보드)이 지날 때까지 여호와의 '손'(כַּף, 카프)으로 모세를 덮어서 죽지 않게 하셨다(출 33:22-23).

모세와 동일한 장소에서 동일한 여호와의 거룩의 현존 앞에서 엘리야에게 들리는 이 '세미한 소리' 자체는 일단 언어가 없는 음향일 가능성이 많다. 아니면, 이 '세미한 소리'는 이어지는 말씀의 성량(소리의 크기)의 양태를 미리 서론적으로 말한 것일 수도 있다. 전자는 '세미한 음성'은 말씀이 임하기 전에 임한 바람, 지진, 불과 같은 연장 선상에서 있는 것으로서, 이어질 여호와의 말씀의 예비단계로서 들리는 음향적인 소리가 된다.

반면 후자는 이어지는 여호와의 말씀을 소개하기 위한 표현으로서, 여호와의 말씀은 세미한 음성으로 들렸다는 의미를 전달하기 위한 표현이라는 의미가 된다.

그런데 13절을 보면, 엘리야가 그 '세미한 음성'(12절)을 '들었으며'(וַיְהִי כִּשְׁמֹעַ, 와예히 키쉬모아)[4] 그래서 자신의 겉옷으로 얼굴을 '가렸고'(וַיָּלֶט, 와예레트), 그래서 그는 '나갔으며'(וַיֵּצֵא, 와예체) 그리고 굴 어귀에 '섰으며'(וַיַּעֲמֹד, 와예체), 그러고 나서 엘리야에게 "네가 어찌하여 여기 있느냐"라는 말씀이 '임했다'(וַיֹּאמֶר, 와요메르). 구문론적으로 말하면, 여기서 5개의 동사가 연속적으로 언급(와우 계속법 미완료형) 되었다. 이러한 구문론적인 사실은 '세미한 음성'과 '네가 어찌하여 여기 있느냐'라는 말씀은 별도의 것이라는 사실이 된다.

그렇다면 '세미한 음성'은 말씀 자체라기보다는 음성적 말씀이 임하기 전에 들린 현상으로서, 음향적 소리에 더 가깝다. 순서적으로 말하면, 바람, 지진, 불, 세미한 음성의 순서로 임했고 그러고 나서, 마지막에 말씀이 들렸다는 의미이다.

그런데도 마지막의 세미한 소리는 좀 더 인격적인 소리에 가깝다고 할 수 있다. 왜냐하면, 이 '세미한 소리'에는 앞의 세 가지 경우에서처럼 '여호와의 부재'에 대한 말씀이 없기 때문이다. 이런 점에서 '세미한 소리'는 앞의 세 가지 비인격적 현상들과 마지막에 들려주신 인격적인 '말씀'을 이어주는 '준인격적'(semi-personal) 요소가 된다. 이것이 문맥이 주는 미묘하고 정교한 뉘앙스이다.

---

4   이 표현을 많은 영역은 시간을 의미하는 부사절("when Elijah heart it", KJV)로 해석한다. 여기서 목적어(it)를 가리키는 '세미한 음성'(קוֹל דְּמָמָה דַקָּה, 콜 데마마 다카)은 생략되어 있다.

즉 앞의 세 가지 신현현 요소들(바람, 지진, 불)에는 "명시적으로"(explicitly) 신 부재를 언급하고 있으며, 반면 마지막 네 번째 신현현 요소는 "암시적"(implicitly)으로 신 존재를 내포하고 있다.[5]

그런데 여기서 '세미한 소리'(קוֹל דְּמָמָה דַקָּה, 콜 데마마 다카)라는 표현(왕상 19:12)에 대한 진일보된 연구가 필요하다. 이 표현은 3개의 히브리어 어휘들로 구성되어 있다.

첫째, 히브리어 어휘인 "콜"(קוֹל)은 '소리'(voice, sound)라는 의미도 있지만, '천둥'(thunder)이라는 사전적인 의미도 있다(cf. 시 29편). 이것은 고대 근동 동족어들 가운데 하나인 우가릿어의 "ql"도 마찬가지이다.[6]

둘째, '침묵'(silence) 또는 '속삭임'(whisper)을 의미하는 히브리어 어휘인 "데마마"(דְּמָמָה)의 어근 동사(דָּמַם, 다맘)는 '통곡하다'(to wail), '으르렁거리다'(to roar)라는 의미를 가진다.[7]

셋째, 히브리어 어휘인 "다카"(דַקָּה)는 '작은'(דַּק, 다크)이라는 의미를 가지는 여성형 형용사인데, 이 단어도 '파괴적인'(crushing)이라는 의미를 포함하고 있다.[8]

이 세 가지 단어를 종합하면, "세미한 소리"로 번역된 이 표현은 정반대의 의미인 '천둥의 소리'(thunderous voice)가 된다.[9] 이 사건을 모세가 시내산에서 경험했던 신현현 사건과 차별화하여 "새로운 시내산 신현현"(A New Sinai-Theophany)으로 부르는 러스트(J. Lust)는 이 표현을 "포효하며 천둥치는 소리"(roaring and thundering)로 번역한다.[10]

---

5 Havilah Dharamra, "A Prophet like Moses? A Narrative-Theological Reading of the Elijah Narratives" (Ph.D. Diss. University of Durham, March 2006), 112 accessed September 2, 2020, http://etheses.dur.ac.uk.

6 Jeffrey J. Niehaus, *God at Sinai: Covenant and Theophany in the Bible and Ancient Near East*, 158-159, 164-166.

7 Jeffrey J. Niehaus, *God at Sinai*, 248.

8 Jeffrey J. Niehaus, *God at Sinai*, 248.

9 Jeffrey J. Niehaus, *God at Sinai*, 248, J. Lust, "A Gentle Breeze or a Roaring, Thunderous Sound?" *VT* 25 (1975): 110-115.

10 J. Lust, "A Gentle Breeze or a Roaring Thunderous Sound?", *Vetus Testamentum* 25 (1975):

그 이유를 여호와께서 하늘 법정에서 범죄한 언약 백성 이스라엘에 대한 '거친 변화'(harsh changing)를 준비하시기 때문이라고 설명한다(cf. 17절). 그런데 대부분의 영역이 이 히브리어 어구를 "a still small voice"(KJV, JPS, ERV, ASV), "a gentle whisper"(NIV), "the sound of a soft/low whisper"(LEE/ESV), "the voice of a gentle breeze"(LXA, LXE) 등과 같은 유사한 의미로 번역을 한다. 그러나 원문상으로 그리고 고대 근동 문학과의 비교 연구에 따르면, "천둥의 소리"(thunderous voice)라는 번역도 가능하다.

그렇다면 호렙산 동굴 어귀에서 엘리야가 목격한 여호와의 현현 현상으로서 나타난 처음 세 가지인 "바람, 지진, 불"과 마지막 네 번째로 나타난 '세미한 음성' 또는 '천둥의 소리'는 상호 연속성과 불연속성을 가진다고 할 수 있다. 불연속성을 가질 때, 처음 세 가지는 '파괴적인 현상들'로서 강한 이미지를 전달한다면, 마지막 네 번째의 '세미한 소리'와는 대조적인 의미를 가진다. 반대로 연속성을 가진다면, 처음 세 가지인 '바람, 지진, 불'과 그리고 마지막 네 번째 등장한 '천둥의 소리'는 모두 강한 이미지를 전달하는 유사한 신현현 현상들이 된다.

신현현 현상들 가운데 처음 세 가지(바람, 지진, 불)와 나머지 한 가지(세미한 소리/천둥 소리) 사이에 유사성보다 차별성을 강조하는 학자들은 다양한 해석을 내놓는다. 이러한 차별성(불연속성)에는 대체로 세 가지 해석학적 관점이 논의된다.[11]

첫째, 하나님의 성품과 사역에 대한 것이다. 즉, 처음 세 가지는 하나님의 진노의 성품에 기초한 심판 사역을 의미한다면, 나머지 한 가지는 하나님의 은혜와 사랑을 의미한다고 해석한다. 이 해석에 따르면, 엘리야는 호렙산 동굴 어귀에서 죄에 대한 하나님의 진노의 심판과 신실한 언약 백성들에게 긍휼을 베푸시는 모습을 본 것으로 해석한다.

둘째, 하나님의 계시의 발전으로 해석한다. 즉 처음 세 가지는 '율법'을 상징하고 마지막 한 가지는 '복음'을 가리킨다는 것이다. 죄인들로 하여금 율

1-7을 보라.
11 Van't Veer, *My God is Yahweh*, 390-395를 참고하라.

법으로 두렵게 만든 다음, 조용하게 주님을 만나서 예배해야 한다는 것이다. 엘리야는 호렙에서 율법과 복음을 함께 경험하는 것이 된다.

셋째, 엘리야 개인의 성품의 관점으로 해석한다. 즉, 처음 세 가지는 엘리야의 불같은 기질과 불이 떨어지는 과거의 사역으로 해석하고 마지막 한 가지는 호렙산 사건을 기점으로 엘리야의 미래의 사역의 방향성을 보여 준다는 것이다. 이 해석은 현재 엘리야의 영혼의 상태에 강조점을 두거나 과거의 사역이 잘못된 것 같은 의미로 해석하는 것 같다. 그러나 그의 열심은 확실히 여호와에 대한 언약적 열심이었다는 것을 의심할 필요가 없다.

그러나 필자는 이 모두를 서로 다른 형태를 가졌으나 동일한 기능을 수행하는 목적으로 나타난 신현현 현상들로 이해하고자 한다. 고든콘웰신학교 제프리 니하우스(Jeffrey J. Niehaus)[12] 구약 교수가 '천둥의 소리'로 해석한 것을 수용하여, 전체 '네 가지 현현 현상들' 사이에 연속성을 가지는 것으로 해석하고자 한다. 그러나 이것들은 독자적으로 존재하는 것이 아니라, 이어지는 여호와의 말씀과 긴밀하게 연관되어 제각기 역할을 수행한다.

즉 신현현 현상들은 신약성경의 '이적'(signs)과 같고 '말씀'은 하나님의 인격과 사역을 드러내는 특별 계시이다. 이적들은 말씀을 드러내고 진리를 가리키는 역할을 한다. 호렙산 동굴 어귀에서, 여호와는 엘리야에게 말씀이 없는 '이적'(signs)으로 가르칠 뿐만 아니라, 분명한 자기 계시의 말씀을 통하여 가르치신다. 만약 이 말씀이 없다면, 그 이적은 무엇이 감추어진 실체를 잃은 신비(a mystery)가 되어버린다.[13]

이것들의 동일한 기능은 여호와의 존재와 능력을 드러내는 '전조' 및 '전령'(heralds)으로서의 동일한 기능을 한다. 네 가지의 다른 형태들은 하늘과 땅과 그 안에 있는 모든 것을 지으시고 다스리시는 그분의 성품과 능력을 드러내는 요소들이다. 즉 위의 네 가지 현현 현상들은 차별화된 성품이 아니라, 연속성 안에서 다양한 성품을 드러내는 동일한 기능을 수행하는 신현현의 현상

---

12 Jeffrey J. Niehaus 교수(Gordon-Conwell Theological Seminary)는 필자의 Th.M. 세미나 페이퍼의 지도 교수로서 그는 고대근동의 신현현(Theophany)에 대한 전문적 연구자로 알려져 있다.

13 Van't Veer, *My God is Yahweh*, 394.

들 및 그 요소들이다. 성경에서 신현현(Theophany)은 다양한 방식으로 나타난다. 그리스도께서 나타나시는 현현(Christophany), 성령님께서 나타나시는 현현(Pneumatophany) 그리고 삼위 하나님의 보내신 바 된 천사들의 나타남(Angelophany)이다. 이러한 신현현을 경험한 자가 곧 하나님을 만난 사람들이다.

하나님을 만난 자는 하나님을 향하여 참된 예배자로 세워지며, 세상을 향하여는 심판과 구원의 복음을 가지고 보냄을 받는 자로 사는 사명을 가진 자가 된다. 일찍이 하나님의 사람으로 보낸 바 된, 하나님의 사도들("보냄을 받은 자")과 사도적인 전통과 신앙의 터 위에 세워진 주님의 교회 역시 세상을 향하여 보냄을 받아 언약의 백성들을 찾는 자들의 사역에 수종 드는 공동체이다.

4. 동굴 밖에서 듣는 소리: "네가 어찌하여 여기 있느냐?"(13절)

그런데 이 '소리'(קוֹל, 콜)가 13절에서 "엘리야야 네가 어찌하여 여기 있느냐"(cf. 9절)라는 말씀으로 나타났는데, 이것은 동굴 안에 머물 때 들린 말씀과 동일한 말씀(9절)이 반복된 것이다. 9절에서 언급된 엘리야를 향한 여호와의 질문인 '엘리야야 네가 어찌하여 여기 있느냐'라는 말씀은 엘리야의 정체성 확인을 위한 질문으로서 동굴 안에서도 들은 질문이었다.

그 질문은 엘리야로 하여금 11절의 '말씀을 듣는 장소'로서 동굴 안에서 동굴 어귀로 공간적 이동과 관련된 질문이었다. 여기 13절에서 동일한 질문인 '엘리야야 네가 어찌하여 여기 있느냐'라는 말씀은 동굴 어귀에서 듣는 질문이다. 이 질문은 새로운 '사명을 듣는 길'(15-16절)을 위한 사명적 이동과 관련된 질문이다.

엘리야의 대답 역시, 10절에 있었던 것과 마찬가지로 여기 13절에서 동일한 엘리야의 대답으로 반복된다. '여호와의 동일한 질문'(9, 13절)은 문맥적 발전을 나타내었다면, '엘리야의 동일한 대답'(10, 14절)은 엘리야 자신의 사역 현장을 통해서 경험하고 그의 내면에 쌓인 딜레마였음을 강조하고 있다. 사실 이것이 엘리야를 호렙산까지 오게 만든 주된 내적인 이유였다. 이것이 여호와와 엘리야 사이에 호렙산 동굴에서 펼쳐지는 '반복의 미학'(the aesthetic of repetition)이다.

의미 있는 반복이다. 때로 인간은 반복을 지겨워한다. 때로 반복은 좋은 글을 쓰고 좋은 스피치를 하는데도 군더더기와 사족이 될 수 있다. 글이나 대화에서 반복은 작자나 화자의 기억에 문제가 있거나, 논리를 잃어버렸을 때 작자나 화자는 반복의 터널에서 방황한다. 그런데 여기서 여호와의 반복 질문은 엘리야를 공간적으로 동굴 깊은 곳에서 동굴 바깥 어귀로 나오게 하는 것이면서, 엘리야로 하여금 더 깊은 계시의 말씀으로 인도하는 여호와의 초대가 된다.

즉 동일한 표현일지라도 문맥적 발전을 보여 준다. 엘리야의 반복 대답은 자신의 영적인 딜레마로 인하여, 자신의 깊은 내면의 동굴에 있는 사연을 하늘의 창을 향하여 드러내는 것이면서, 여호와로 하여금 더 새로운 비전의 말씀을 드러내게 하는 엘리야의 탄식이 된다. 즉 동일한 표현일지라도 계시의 미묘한 발전을 보여 준다.

5. 세상을 바꿀 큰 소리: 사명의 소리(15-18절)

호렙산 그 동굴에서 여호와와 엘리야의 대화 사이에 발생한, 그 반복의 미학은 이후의 엘리야-엘리사 내러티브 전체 플롯을 이끌어가는 중요한 문맥적 역할을 한다. 엘리야-엘리사 내러티브는 북이스라엘 아합의 왕가와 언약 백성을 향한 언약의 주 여호와의 심판과 회복의 사역을 위해서 여기 호렙산에서 엘리야에게 주어진 세 가지 기름 부음의 사명이 주어졌기 때문이다(15-16절). 이 사명에 앞서 주신, 여호와의 명령의 말씀은 '너는 네 길을 돌이키라'(לֵךְ שׁוּב לְדַרְכְּךָ, 레크 슈브 레다르케카)는 명령이다.

이 명령은 엘리야가 여호와의 광야 사무실에 놓인 "로뎀나무 책상" 위에 내던져 놓은 자신의 "은퇴 신청서"를 일언지하에 반려시키는 명령일 뿐만 아니라, 이스라엘과 열국을 위한 언약의 일꾼으로서 사명을 중단하지 말고 계속 일하라는 격려의 명령이다. 그 일을 계속함에 있어서, 근간이 되는 세 가지 기름 부음의 사명을 수행해야만 한다.

첫째, 기름 부음의 사명은 하사엘에게 기름을 부어 아람 왕을 교체하는 일이다(15절). 기름을 붓는 주체는 엘리야에게 주어진 명령이며, 그 시간은 엘리야가 지금의 길을 돌이켜서 광야를 통해 아람의 다메섹에 도착하는 때이다. 추정하면, 엘리야를 향한 하나님의 호렙산의 재소명 사건 이후, 가까운 시일에 시행되어야 할 것으로 언급하는 것 같다. 그러나 이 일의 성취는 엘리야가 승천하고 엘리사의 사역 기간에 엘리사가 다메섹에 방문했을 때, 즉 하사엘이 현직 아람 왕의 질병과 미래의 운명을 물으려고 왕의 보냄을 받고 엘리사를 방문했을 때, 엘리사가 하사엘에게 여호와의 신탁을 전달하는 방식으로 성취된다(왕하 8:7-15).

둘째, 기름 부음의 사명은 님시의 아들 예후에게 기름을 부어 이스라엘 왕을 교체하는 일이다(16절 상). 이 일 또한 엘리야에게 주어진 여호와의 명령이지만, 그 성취는 엘리사 시대에 엘리사가 보낸 한 제자가 예후를 방문하여 기름을 붓고 여호와의 신탁을 전달하는 방식으로 성취된다(왕하 9:1-13). 엘리야가 이 명령을 받았으나, 엘리사 시대에 이루어졌고 그것도 엘리사가 보낸 한 제자에 의해 간접적으로 이루어졌다.

셋째, 기름 부음의 사명은 요단강 서편에 있는 성읍인 아벨므홀라 출신의 사밧의 아들 엘리사에게 기름을 부어 엘리야를 대신하는 선지자를 세우는 일이다(16절 하). 이것의 성취는 엘리야에 의해 시행된다. 그러나 문자적인 기름 부음이 아니라, 엘리야 자신의 '겉옷'을 던지는 방식으로 엘리사를 선지자로 부르는 소명 사건이 되었다(왕상 19:19-21).

요약을 하면, 호렙산 3대 기름 부음의 사명은 두 명의 왕을 세우는 것과 한 명의 선지자를 세우는 일이다. 순서적으로 보면, '하사엘→예후→엘리사'의 순서로 기름을 부으라는 명령이다. 하지만 실제 실행 순서는 '엘리사→하사엘→예후'의 순서로 진행된다. 그런데 어느 것 하나 문자적으로 그대로 성취된 것은 하나도 없다. 이런 점에서, '기름을 부으라'는 호렙산에서의 여호와의 명령은 '직분자를 세우라'는 비유적 의미를 가진 명령이 되는 셈이다.

그리고 또 다른 관점에서, '기름을 붓다'(מָשַׁח, 마샤흐)라는 히브리어 동사의 사전적인 의미가 "기름을 붓다"(to anoint)라는 의미 외에도, "구별하다"(to set apart)라는 의미도 포함하고 있기 때문에, 엘리야가 하사엘과 예후과 엘리사를 기름 부음의 직분인 왕들과 선지자로 세우기 위해, 먼저 구별하고 지명하는 역할을 했다고 한다면 문자적으로도 모순되지는 않는다.[14]

호렙산에서 받은 엘리야의 사명은 새로운 왕들과 후임 선지자를 세우라는 것이다. 아람은 당시 언약 백성 이스라엘과 관계에 있어서 대표적인 이방 나라이며 대적이었다. 이것은 여호와의 왕권과 통치가 온 열방을 향하여 펼쳐지는 주권적인 왕이라는 점을 보여 준다. 아람 왕을 교체하고 왕으로 세움을 입은 하사엘을 통해 자기 백성 이스라엘을 심판하는 도구로 사용하시기 위함이다.

그리고 이스라엘 왕을 교체하는 일은 새로운 왕조를 교체하는 일이다. 오므리 왕조를 끝내고 예후 왕조를 도래케 하는 일이다. 그러나 이것은 단순히 왕조를 교체하는 일이 아니며, 예후가 아합 왕 집안과 바알 숭배자들을 심판하는 도구로 사용하시기 위함이다.

마지막으로, 엘리사를 자신의 후임 선지자로 세우는 일은 엘리야가 받은 사명을 지속적으로 수행하기 위함이다. 엘리사에게 실제적인 기름을 붓는 일 대신에, 엘리사를 위한 소명 장면에서 '겉옷 던짐'(왕상 19:19)으로 선지자의 직분으로 임직되고 엘리야의 성령의 역사의 갑절을 간청함(왕하 2:9)으로 승천 장면을 목격할 때, 엘리야의 떨어진 '겉옷'으로 요단강 물 치기를 할 때 물이 갈라지고 도하하는 것으로 엘리사의 선지적 능력이 확증된다(왕하 2:9, 12-14).

즉 엘리사는 엘리야의 '겉옷 던짐을 보는 것'으로 선지자가 되었고, 엘리사가 엘리야의 '겉옷을 주움과 물을 침'으로 선지자의 능력이 갑절로 얻었음이 확증되었다. 이런 점에서, 한편으로는 엘리야를 위한 '기름 부음'이라는 표현이 '성령'(능력)으로 상징화 되는 측면이 있으며, 또 다른 한편으로는 임직에 대한 비유적인 표현이 된다.

구약성경에서 어떤 한 선지자가 자신의 후임 선지자를 직접 세우는 일로서 유일한 사건이며, 그리고 후임 선지자가 전임 선지자가 가졌던 성령의 갑절의 능력을 간청한 것도 유일한 사건이다.[15]

14　Jeffrey J. Niehaus, *God at Sinai*, 246-247, n. 31을 참고하라.
15　엘리사가 엘리야에게 간청한 '성령의 갑절의 역사'에 대한 성취는 해당 구절의 주해를 참고하라.

그런데도 엘리야와 엘리사의 관계에 대한 그 강조점은 엘리사는 "엘리야를 대행하는 선지자"(왕상 19:16)로서, 상호 동일한 비전과 사명 안에서 "연속적인 하나의 사역"(one team)을 수행한다고 할 수 있다. 왜냐하면, 그 이유를 설명하면 아래와 같다.

첫째, 엘리야와 엘리사는 각자의 사역이 있을지라도, 그들의 사역의 연속성과 승계 관계 안에서 엘리야는 "준비자"의 개념이 있고 엘리사는 "완성자"로 두 인물이 특징화 된다.

즉 엘리야와 엘리사는 서로 동역 관계와 각자 역할론이 함께 강조된다. 그래서 이 둘 사이에는 '원 팀'(One Team)의 개념이 존재한다. 이 둘을 하나로 묶는 사건이 바로 호렙산에서 주어진 3대 기름 부음의 사명이다.

둘째, 엘리야와 엘리사는 지상 사역의 마지막 장면 곧 그들 각자의 고별 내러티브에서 동일한 호칭을 받는다.

엘리야는 승천 시에 "내 아버지여 내 아버지여 이스라엘의 병거와 그 마병이여"(왕하 2:12)라는 호칭이 엘리사에 의해 불려진다.

내 아버지여 내 아버지여 이스라엘의 병거와 마병이여(왕하 13:14).

그리고 엘리사는 동일한 호칭을 엘리사의 임종의 자리 곧 엘리사의 고별 내러티브에서 이스라엘 왕 요아스가 애통하는 마음으로 엘리사를 향하여 사용한다. 엘리야와 엘리사는 모두 동일한 호칭을 받은 '이스라엘의 병거와 마병'으로 언약 백성을 섬기는 언약적 일꾼으로 봉사했다.

셋째, 본문의 저자는 삼중적 기름 부음의 사명을 암시화(하사엘), 상징화(엘리사), 간접화(예후)를 통하여서 다소 의미의 애매성을 의도적으로 유도한다. 그래서 더 강조하고자 하는 바가 있는데, 그것은 엘리야-엘리사의 연속성을 부각하려는 의도 때문인 것 같다. 특히, 예후에게 기름 부음은 앞서 언급한 대로, 엘리사가 직접하는 것이 아니고 엘리사의 제자에 의해 집행된다. 이런 점에서, "여호와-엘리야-엘리사-제자"로 연결되는 선지자 공동체 전체의 연합된 사역이라는 점도 보여 준다. 좀 더 큰 틀에서, 보내는 자와 보냄을 받는 관계 안에서 발생하는 한 팀(One Team)이다.

넷째, 이러한 삼중적 기름 부음(임직) 사건(15-16절)에 대한 의도는 삼중적 '칼'(17절) 곧 '하사엘의 칼'과 '예후의 칼'과 '엘리사의 칼'이 상호 연합되어 하나님이 심판과 구원 사역을 수행하기 위함이다.

호렙산 엘리야의 소명 사건에서 드러난 이 세 사람의 칼은 결국 여호와의 심판의 "칼춤"인데, 이를 통해 바알 숭배자들의 수를 연쇄적으로 줄여가고(왕하 9장과 10장), 반대로 바알에게 무릎 꿇지 않고 입 맞추지 않은 7,000명을 부각시켜 참 예배자와 여호와의 승리를 강조하고 있다. 이 삼중적인 기름 부음과 삼중적인 "칼부림"은 엘리야와 엘리사의 사역이 연합된 사역이라는 점을 강조한다.

다섯째, 아합의 집과 아합의 길을 걷는 유다 왕조, 그리고 바알 숭배자들에 대한 심판이 예후를 통해서 집행된다는 것이 엘리야와 엘리사에 의한 하나의 팀 사역의 결과라고 할 수 있다. 호렙산에서 언급된 예후에게 기름 부음 이후에, 예후가 행하는 일들은 호렙산에서 엘리야에게 주어진 하나님의 뜻이 엘리사 시대에 정확하게 성취됨을 보여 준다.

그 대표적인 역할 인물이 바로 예후이다. 예후는 엘리사가 보낸 제자에 의해 기름 부음을 받은 후에, 이스라엘과 유다에서 바알 숭배자인 아합 집과 관련된 자들로서 두 왕국의 왕들과 그들의 가족들을 죽임으로 전적인 개혁을 단행한다. 열왕기하 9장과 10장은 예후가 오므리 왕조를 타도하고 이스라엘 내에서 바알 숭배를 제거하는 내러티브를 포함하고 있다. 그래서 엘리야에 의해 시작되었던 그 갈멜산의 영적인 전투(왕상 18장)가 엘리사 시대에 다시 격동됨을 보여 준다.[16]

결국, 하사엘의 칼은 이스라엘과의 전쟁을 통해서 배교한 이스라엘을 치는 심판의 칼이 되며, 예후의 칼은 이스라엘 왕과 유다 왕을 포함한 아합의 길 곧 바알을 숭배하는 모든 자를 치는 칼이 되고, 마지막으로 '엘리사가 죽이리라'는 표현에 암시된 "엘리사의 칼"은 '말씀의 칼'이라는 은유적인 의미가 된다(17-18절).

---

16 Robert L. Cohn, et al (eds.), *2 Kings*. Berit Olam (The Everlasting Covenant): Studies in Hebrew Narrative and Poetry. Liturgical Press, 2000), 65 on Logos.

엘리사의 칼은 하사엘의 칼과 예후의 칼을 움직이게 하여서, 그들을 도구로 삼아 행하는 하나님의 심판과 그들의 반역의 "정당성"을 보여 주는 주권적인 왕으로서 여호와의 통치의 신탁의 칼이 된다.

그들은 모두 호렙산에서 엘리야가 받은 기름 부음 사건으로 세워진 직분들이며, 그들의 손은 여호와께서 부여해 주신 칼을 잡은 것이다. 이 삼중적이고 연쇄적인 칼은 배교한 언약 백성에 대한 여호와 하나님의 철저한 심판을 강조한다.

그런데 이렇게 "쌍끌이"와 같이 촘촘한 심판의 그물을 벗어나는 자들이 있다(18절). 그들은 바로 이스라엘 가운데 '남은 자' 칠천 명이다. 이들은 바알에게 무릎을 꿇지 않고 바알에게 입 맞추지 않은 순결한 자들이다. 이 남은 자들은 순결한 예배자이다. 은혜 안에서 보존된 남은 자들이다(cf. 렘 24; 롬 11:3-4).

여기서 남은 자 7,000명에 대한 숫자가 문자적인 실수인가 아니면, 상징적인 숫자인가?

이 숫자는 언약의 하나님 여호와의 열심과 그 열심에 강권함을 받아서 세움을 입은 종들의 열심으로 회복된(될), 거룩한 "참이스라엘"(the true Israel) 안으로 들어올 자들로서, "한 명의 잃어버림도 없는"(with not one missing), "충만의 수"(a full number)이며, "완전의 수"(a complete number)이며, "대략적 수"(a round number)를 가리키는 상징적 의미를 갖는다.[17]

남은 자 7,000명에 대하여, 진노의 심판 가운데 긍휼을 베풀어서 '내가 남길 것이다'(וְהִשְׁאַרְתִּי, 웨히쉬아르티)라고 언약의 여호와의 의지를 강변하고 있다. 이 동사(שָׁאַר, 샤아르, "to remain, be left over") 구문의 표현은 힢일형(사역 동사) 완료 동사로서 와우 접속사를 포함하고 있다. 이 동사를 완료형으로도 해석할 수 있으며, 그리고 미래형으로도 해석할 수가 있다. 경우에 따라서는 현재형으로도 읽을 수 있다.

이에 따라 많은 영역도 그 번역이 3분화 된다. 완료형으로 보면, '내가 남겨왔다'(I have left: CEB, CJB, DBY, KJV, NET, NKJ, WEB, YLT)가 되고, 미래형으로 보면 '내가 남길 것이다'(I will leave: ASV, BBE, DRA, ERV, ESV, GNV, GWN,

---

17   Van't Veer, *My God is Yahweh*, 411.

JPS, LEE, LXA, LXE, NAB, NAS, NIRV, NJB, NLT, NRS, RSV, TNK)가 되며, 현재형으로 해석하면 '내가 남긴다'(I reserve: NIB, NIV)가 된다. 현재형은 언약의 하나님의 신실성을 생생하게 묘사하기 위한 번역인데, 완료형이나 미래형 양쪽에 다 해당될 수 있다.

그렇다면 크게는 미래형과 완료형(과거)으로 양분된다고 할 수 있다. 미래형으로 본다면, 호렙산 사건 기점으로 엘리야의 재소명 사건 안에, 칼을 가진 자들로 언급된 하사엘, 예후, 엘리사를 통한 심판 전쟁 가운데서도 구원 받을 자가 있게 할 것이라는 의미가 된다. 언약에 신실하신 하나님의 성품이 드러난다.

반면, 완료형(과거)으로 해석하면, 지금까지 여호와께서는 엘리야의 언약적 열심을 통해서도 일해 오셨다는 것을 의미한다. 엘리야 자신이 생각하는 대로 그의 사역은 실패가 아니라, 하나님의 눈에 성공적이었다는 것을 암시한다. 엘리야는 자신만 남았다고 탄식했을지라도, 하나님은 이스라엘 가운데 바알에게 무릎 꿇지 않고 입 맞추지 않은 순결한 칠천 명을 보존해 오셨다는 의미가 된다. 이 또한 여호와의 언약의 신실함에 기초한다.

어느 쪽이든지 결국, 여호와의 승리, 참 예배자의 승리로 이끄신다. 남은 자에 대한 이 메시지는 "오직 나만 남았거늘"(10, 14절)이라고 탄식하며, "지금 내 생명을 거두시옵소서"(4절)라고 간청한 엘리야에게 주신, 여호와의 반전의 계획이며, 역전의 말씀이 된다.[18]

자신이 쏟은 열심에 비해 초라한 언약적 사역의 "열매의 부실함"이라고 스스로 판단한 후, 브엘세바에서 자신의 사환을 내 보내고 선지자 직분을 은퇴하고자 한 엘리야였다. 그런데도 풀리지 않은 수수께끼 같은 자신의 딜레마(10, 14절)를 언약의 조상들이 걸어왔던 여정을 되밟으면서, 무엇이 문제였고, 무엇이 조상들과 다른 것인지 돌아볼 목적으로서 언약의 족장들의 브엘

---

[18] 선지자의 소명 본문(the prophetic call narratives)에서 소명을 받는 자들이 자신을 부르시는 여호와께 다양한 이유로 소명을 일시적으로 거부하는 경우들이 있는데, 이때 하나님께서 소명을 받는 자들의 거부하는 이유를 들으시고 그들과 인격적 대화를 통해 설득하고 함께하실 증거를 주시면서, 그 부르심의 소명을 확언하시고 그들은 소명을 받아들인다. 여기서 남은 자 7,000명에 대한 여호와의 언급이 마치 그러한 경우와 비슷하다. 그래서 엘리야는 유구무언이 되고 즉각 순종하게 된다(왕상 19:18).

세바를 거쳐서, 시내산 언약의 중보자 모세의 여정인 호렙산까지 왔다. 설사 자신의 사역의 길을 종료하더라도, 이 문제만큼은 반드시 해결하고 싶은 인생의 남은 과제가 되었던 것이다. 그래서 광야로 발걸음을 옮긴 것이다.

호렙산을 향한 광야의 첫 날에, 그는 로뎀나무 아래 작은 그늘에서 쓰러지고 말았다. 두 번에 걸쳐서 방문한, 천사가 가져온 배달 음식으로서 숯불구이 떡과 병에 담은 물로 기력을 회복하여 그가 시초적으로 가려고 의도했던 호렙산 여정을 이어간다. 40일 주야에 걸쳐서 도착했다. 10일간의 거리를 40일간으로 4배나 늘리고 쪼개어 가는 한 걸음 한 걸음은 과거 언약의 조상 모세와 그에 반역했던 백성들의 광야 여정을 자신의 처지와 비교했을 것이다.

그러한 걸음이 어느새, 과거에 호렙산에 모세가 머물렀던 그 동굴에서, 엘리야는 여호와로부터 재소명의 말씀을 들은 것이다. 은퇴가 아니라 새로운 시작의 말씀이다. 호렙산 동굴 어귀에서 신현현을 통한 말씀은 엘리야의 은퇴 신청서를 반려시켜 버린 것이다. 광야 길 첫 날에, "로뎀나무 책상" 위에 올려놓은 엘리야의 "조기 은퇴 신청서"는 40일 만에 호렙산 동굴에서 최종 반려된 셈이다.

여기까지 만족하고("넉넉하오니"), 이제는 쉬고 싶어서 멈춘 인생의 걸음이다. 그 멈춘 걸음을 다시 시작하는 것은 힘든 일기도 하지만 호렙산 동굴 어귀에서 임재하신 여호와와 그 천둥소리 같은 "세미한" 말씀이 그를 다시 움직이게 하는 위대한 '동력'이 되고 있다. 그리고 그 말씀이 사역의 새로운 '방향'이 되고 있음에 의심할 여지가 없다. 이러한 '동력과 방향성'을 발견하는 것은 "호렙산의 위로가 그에게 유일한 위로이다"라는 말로 대치될 수 있다.[19]

엘리야는 역사 세계와 자신의 내면세계 안에 깊이 드리워진 혼돈과 무질서의 암울함과 무기력 가운데 있었지만, 엘리야에게 있어서 호렙산 여정은 하나님의 새로운 힘과 방향을 발견하게 했다. 이런 점에서, 호렙은 하나님과 자신과 세계를 향하신 하나님의 뜻을 발견한 시간과 장소가 되었다.

하나님과 그 뜻에 대한 무지는 자신으로 하여금 '생명을 거두러 달라'는 죽음의 길로 내몰고 갔으나, 하나님에 대한 바른 지식은 세대를 걸쳐서 언약

---

[19] Van't Veer, *My God is Yahweh*, 389: "In fact, the comfort of Horeb is our *only* comfort" (his italics).

백성을 섬기는 신실한 언약의 일꾼으로 그를 되돌려 놓았으며, 사망의 그늘에 앉은 이스라엘을 생명의 길로 계속적으로 이끌기 위한 언약의 일꾼이 되게 했다. 이런 점에서 "영생은 곧 유일하신 참 하나님과 그가 보내신 자 예수 그리스도를 아는 것이니이다"(요 17:3)라는 말씀은 새 이스라엘을 위한 새 호렙산의 말씀이다.[20]

그리스도 안에 있는 나는 재소명이 필요한 상태인가?

그렇다면 나를 향한 재소명의 자리는 어디인가?

6. 결론 및 적용

그리스도인은 하나님의 말씀을 제대로 들어야 할 일을 제대로 알 수 있다. 말씀이 내 길의 빛이요 등불이며 방향을 지시하는 나침반이다. 자신의 존재와 정체성과 삶도 말씀으로 비추고 조명받아야 그 실체를 제대로 알 수 있다. 세상의 인기와 명성과 왜곡된 그림자들도 말씀의 빛 앞에 조명받아야 한다. 그러한 말씀이 있는 자리로 나가는 과정에는 내적인 연약함과 외적인 장애물들이 놓여 있다. 그런데도 그 자리로 가야만, 나와 세상을 향한 생생한 하나님의 천둥같이 포효하는 "세미한" 소리를 들을 수 있다.

---

20 이 본문에 대한 해석학적인 아이디어로서, 요 17:3의 인용과 그 구속사적 연결은 Van't Veer, *My God is Yahweh*, 389에 빚지고 있다.

♣ 개인 묵상과 소그룹 성경 공부를 위한 토론 질문 ♣

1. "오직 나만 남았거늘"(왕상 19:10, 14)이라고 하나님께 말한 엘리야는 일종의 "정체성 혼돈 및 왜곡" 현상을 겪고 있다고 할 수 있다.
세상의 상황과 일들과 시련을 너무 크게 느낀 나머지 하나님의 관점이 아닌, 나의 좁은 안목을 가지고 자신과 언약 공동체를 지나치게 비관적으로 규정하는 오류는 없는가?

2. 하나님의 임재와 분명한 음성을 듣고 경험하는 것에 방해되는 것들과 도움이 되는 것이 있으면 나누어 보라.

3. 내 삶에서 하나님의 생생한 음성을 듣는 시간과 장소가 있는가?

Elijah-Elisha Narratives:
The Prophetic Ministry to Have Life & Have It Abundantly

제7장
하나님의 부르심

Topic : 엘리야-엘리사 내러티브(7)
Title : 하나님의 부르심
Text : 열왕기상 19:19-21
Theme : 하나님의 부르심에 즉각적으로 응답하는 삶을 살자.

1. 서론 및 문맥

갈멜산에서 호렙산까지의 엘리야의 고된 여정에서 쌓인, 깊은 딜레마와 한 맺힌 질문은 호렙산의 동굴 사건에서 완전히 해소되었다. 엘리야는 호렙산에서 어떠한 추가적 질문을 제기하지 않는다. 이어진 문맥(19절)은 엘리야의 믿음과 순종만 있을 뿐이다. 즉 그는 '거기서 떠나'(19절) 받은 사명을 수행하기 위한 새 출발의 여정으로 이동한다. 그 첫걸음은 미래 자신의 후임자가 될 엘리사가 있는 곳을 향한다.[1]

엘리사의 소명을 위한 엘리야의 행위는 자의적인 것이 아니라, 열왕기상 19:15-16에서 호렙산에서 생생한 하나님의 음성으로 들려주신, 확실한 말씀의 내용(세 가지 기름 부음의 임직 명령)에 대한 순종 행위이다.

---

[1] 엘리야에게 주어진 호렙산의 3가지 기름 부음에 대한 사명의 말씀 가운데, "광야를 통하여 다메섹에 가라"(왕상 19:15)라는 엘리야를 향한 여호와의 이 명령이 엘리야의 순종 여정 안에서 실제로 어떻게 성취되었는지는 다소 불확실하고 애매함이 존재한다. 성경이 기록상으로 보여 주는 엘리야의 처음 공식 여정은 엘리사가 있는 아벨므홀라였다.

즉 하사엘에게 기름을 부어 아람 왕이 되게 하고, 예후에게 기름을 부어 이스라엘의 왕이 되게 하고, 아벨므홀라 사밧의 아들 엘리사에게 기름을 부어 자신을 대신하여 선지자가 되게 하라는 말씀에 근거한다.

2. 일터에서 부름을 받는 엘리사(19절)

호렙산에서 내려온 엘리야는 그 첫걸음을 약 300마일 떨어진, 이스라엘 땅에 속한 곳으로서 요단강의 약간 서편에 있는 아벨므홀라 성읍의 사밧의 아들 엘리사를 찾아 나섰다. 돌아보면, 호렙산은 그에게 반전의 장소가 되었다. 엘리야가 호렙산으로 올라가는 여정은 살인 위협의 공포와 풀리지 않은 딜레마를 안고 가는 무거운 발걸음이었다. 그러나 호렙산에서 내려오는 여정은 그 반대가 되었다. 먼저, 아합과 이세벨이 엘리야의 '생명을 찾아 빼앗으려'는 살인 위협에 대하여는 예후에게 기름을 부어 이스라엘 왕을 교체하라고 말씀하신 만군의 여호와 하나님을 의지하고 내려왔을 것이다.

'홀로 남은 자'에 대한 왜곡된 자기 정체성의 인식을 가진 엘리사의 마음은 상실감과 공허감으로 가득 차서 호렙으로 올라갔다면, 이제 호렙으로부터 내려오는 여정은 '남은 자' 칠천 명이 있다는 굳 뉴스를 듣고서는 위로와 안도감으로 가득 채움을 받아 내려오게 되었다.

그리고 호렙을 향해 오를 때는 '이스라엘 자손이 주의 언약을 버리고 주의 제단을 헐고 배교한 행위' 때문에 여호와에 대한 엘리야의 특출한 열심이 무익한 것 같아서 선지자 직분을 종료하려고 하였었다. 그런데 호렙산에서 자신의 선지자 "은퇴 청원서"가 여호와에 의해 반려되고, 도리어 3대 기름 부음의 사명(왕상 19:15-16)을 주셔서, 다시 언약적 열심을 쏟아 부을 직무와 일터를 주셔서 가벼운 발걸음으로 내려오게 되었다. 올라가는 길은 여호와께서 보내신 천사가 가져온 두 차례의 배달 음식을 로뎀나무 아래서 먹고 그 "음식의 힘"을 의지하고 40일 여정을 지나왔다면, 내려가는 길은 호렙산 동굴 어귀에서 나타나신 여호와 자신의 현현과 말씀을 믿는 "믿음의 힘"으로 나아간다.[2]

---

2 Van't Veer, *My God is Yahweh*, 415.

내려오는 엘리야의 발걸음이 얼마나 가벼웠는지, 어느덧 광야를 포함한 300마일의 여정을 벗어나 이스라엘 땅 아벨므홀라 들판에 도착하였다고 내레이터는 기술한다. 여기까지 오는 여정에 보니 요단강에는 어느덧 제법 물줄기가 흐르고 있는 장면이 엘리야의 눈에 들어왔을 것이다. 지난 3년 이상 동안, 오랜 가뭄으로 생명이 죽어가는 조국 이스라엘 땅이었는데, 몇 개월 전에 엘리야 자신이 갈멜산 꼭대기에서 간절히 기도한 결과 여호와께서 내려주신 비 이래로, 그 후부터는 기후가 어느 정도 회복되었을 것이다. 그리하여 메마른 대지를 충분히 적신 것 같았다.[3]

들녘 곳곳에는 농부들이 엘리야의 기도로 내린 비 때문에(또는 그 이후 기후 회복으로 내린 비 때문에), 촉촉한 대지에 나가서 이제 한숨을 돌리고 저마다 밭을 갈고 씨앗을 뿌리는 아름다운 전경이 펼쳐지고 있었다. 대지에는 가뭄으로 지친 사람들이 이제는 굵은 땀방울을 흘리며 저마다 밭을 갈고, 밝은 소망의 미소를 지으면서 만든 고랑마다 씨앗을 여기저기에 뿌리고 있었다.

이것이 진노 가운데 한시적으로 나마 베푸신 하나님의 언약의 복의 회복의 장면이 아니던가!

---

3 학자들은 호렙산 재소명 사건 이후, 엘리야의 첫 사역으로의 복귀와 그 방문 장소에 대하여는 몇 가지 서로 다른 견해를 가진다. 엘리야가 다메섹의 광야로 가는 길(왕상 19:15)에 엘리야가 엘리사를 방문했다는 가능성과 호렙산에서 주신 여호와의 말씀(왕상 19:15)에 따라, 엘리야는 먼저 광야로 가서 거기서 얼마 동안의 시간을 홀로 보내다가 엘리사를 방문했다는 가능성이다.
이런 견해들은 가능성에 대한 것이지만 언급하는 이유는 엘리야의 갈멜산 기도 사건으로 비가 내린 것과 엘리사의 소명 사건이 언제 발생한 것인지에 영향을 줄 수가 있기 때문이다. 만약 갈멜산 사건이 11월에 발생했다면, 엘리사의 소명 사건은 12월에 밭을 가는 사건이 발생할 수 없다. 대신, 늦은 비 이후 4월에 밭을 가는 시즌에 엘리사가 소명을 받았을 것으로 추정한다. Van't Veer, *My God is Yahweh*, 417-418. 그러나 필자는 이런 시간적 계산 방법은 별 의미가 없다고 생각한다. 왜냐하면, 3년 이상의 가뭄에서 엘리야의 기도의 응답이 우기를 맞추어 비가 왔다고 주장하는 것은 결국 그 사건이 기적이 아닌 것으로 치부할 가능성이 있다. 다만 엘리사가 브엘세바에서 호렙까지 여유 있게 40일간 (원래는 약 10일간 거리) 걸렸고, 다시 내려오는 시간을 10-40일 잡고, 브엘세바에서 엘리사의 고향까지 100마일 정도의 거리이다. 그렇다면 갈멜산 사건으로부터 브엘세바와 호렙산 사건을 거쳐서 다시 엘리사의 홈타운인 아벨므홀라까지 다시 오는데, 넉넉히 잡아 100일(약 3개월)간의 날짜가 소요되었다고 할 수 있다. 그리고 광야에 홀로 머물렀다는 주장은 근거가 없다. 다만 갈멜산 사건으로 내린 비가 농사에 적합한 환경이 될 만큼의 가뭄을 완전 해갈했는지, 아니면 그 비는 일회용 기적 사건이 되었고 그 후로는 우기에 비가 내리는 일상적 기후가 회복되었는지 확정할 수 없을 뿐이다.

저 넓은 밭에서 12겨릿소 곧 24마리의 소들을 각각의 멍에와 밭 가는 한 벌의 큰 쟁기로 서로 연결하여 몰면서, 그 소들 뒤에서 쟁기를 잡고 밭을 가는 농부들이 엘리야의 눈에 띄었다. 1겨리(2마리)의 소로 한 고랑의 밭을 간다고 할 때, 1겨리당 한 명씩 인원을 배치하였다면 12명의 일꾼이 24마리(12겨리)의 소들의 뒤에 위치하여 밭을 가는 모습이다.

가히 트랙터 수준이다. 한 번에 24마리로 12고랑의 밭을 가는 정도니, 그 밭은 아주 넓은 토지였다. 엘리야가 자신의 후임의 선지자로 세울 그 엘리사는 종들도 많았고 밭도 넓고 소도 많은 부농의 아들인 것 같았다.

엘리사는 바로 그 밭주인 사밧의 아들로서 12번째 겨릿소와 함께 밭을 가는 위치에서 종들을 지휘하면서 밭을 갈고 있었던 것이다.[4] 밭을 가는 엘리사의 시선을 엘리야 자신에게로 주목하도록 하고, 엘리야는 점점 엘리사에게 가까이 다가갔다. 그리고 엘리야는 선지자 직분을 상징하면서 동시에 선지자의 능력을 상징하는(왕하 2:8, 13-14) 자신의 '겉옷'(אַדֶּרֶת, 아데레트)을 벗어서 엘리사에게 던졌다(19절). 누군가의 어깨에 겉옷을 던지는 행위는 그 옷을 던지는 사람이 자신의 소유권을 주장하거나 자신에게 속한 자로 그 사람을 징집했다는 것을 알리는 상징적 행위라고 여길 수 있는 고대 근동의 문화 안에서, 겉옷을 던지는 자의 종으로서 또는 던지는 자가 하는 일을 함께하는 동역자(후임자)로의 부름이라는 것을 엘리사는 이해했을 것이다.[5]

엘리야의 '겉옷의 능력'이 나타났는지, 엘리사는 자기 앞에 일어난 일이 하나님께서 자신을 선지자로 부르시는 소명 사건임을 깨닫게 된다. 의심할 여지가 없이, 호렙산 사건을 통해 엘리야를 엘리사에게 보내신 주권적인 하나님 자신의 강권적인 부름을 엘리사는 거부할 수 없었던 것이다.[6]

---

4 Van't Veer는 "the foreman supervising the workers in the field (He was probably the oldest son of Shaphat)"라는 언급을 하는데, 엘리사가 12번째 겨리의 소 뒤에서 밭을 가는 모습에서 엘리사가 주인으로서 리더십의 위치에 있다는 필자의 견해와 같은 생각을 하고 있음을 발견했다. Van't Veer, *My God is Yahweh*, 421. 참고로, 여기서 그는 흥미로운 해석을 하나 소개하는데, 12겨리의 소로 밭을 가는 장면은 이스라엘의 12지파의 묶은 밭을 기경하는 것이라는 알레고리적 해석을 소개한다. 물론 그와 필자도 이 해석에 동의하지 않는다. 즉 엘리사의 소명이 이스라엘의 회복을 위한 소명일지라도 '12'라는 숫자 그 자체는 부유한 농부임을 나타내는 실제 수이다.

5 Van't Veer, *My God is Yahweh*, 423을 참고하라.

6 엘리사의 소명에 대한 반응은 요나와는 반대인 반면, 이사야와는 비슷하다. 선지자 요나는

구약성경에서 많은 선지자가 선지자의 직분으로 또는 새로운 사역으로의 부름을 담은 본문들을 포함한다. 이것을 '선지자 소명 본문'(Prophetic Call Narratives)이라고 부른다.[7] 비문필 선지자인 엘리야와 엘리사와 달리(역사서 저자가 대신 기록), 많은 문필 선지자는 그들의 소명 사건을 성경에 기록한 소명 본문을 남기고 있다. 일반적으로 신현현(theophany), 이상(vision), 또는 말씀 사건(word events)과 함께 관련되어 있는 선지자들의 소명 기사(call narrative, call account, call record)[8]를 구약성경에서 읽을 수 있다.

이 소명 기사들은 기본적으로 "재창조"(re-creation) 라고 불리어 질 수 있는 '하나님의 심판과 구원'의 주제를 포함한다. 이 재창조의 사역은 하나님에 의해 부름을 받은 자(vocandus)들에게, 소명의 과정에서 일어날 뿐만 아니라, 그 후 부름을 받은 자들이 "선지적" 직분과 사역을 통해 그들의 소명을 수행할 그 대상인 국가(공동체)들에게도 그러한 재창조가 발생한다.

이런 점에서 재창조는 개인적일 수 있고 또 공동체적일 수 있다. 이러한 소명 장면들은 대개 비슷한 문학적 형태(Gattung)를 취하지만, 하나님이 자신(Himself)과 그분의 구원 계획(Heilsplan)을 계시한, 상이한 역사(Geschichte)를 바탕으로 한다. 보통 소명 본문들 안에서 불, 연기, 구름, 빛, 지진 등과 같은 가시청적인(visible-audible) 자연현상들인 신현현의 요소들이 동반되어 하나님의 심판과 구원의 사역 즉 재창조의 사역을 고양시킨다.[9]

소명을 받고 반대의 방향으로 도주했으며(욘 1:1-3), 선지자 이사야는 "내가 여기 있사오니 나를 보내소서"(사 6:8)라고 하나님의 "은혜로운 초대"에 응했다. Leon J. Wood, *Elijah: Prophet of God* (Eugene, OR: Wipf & Stock, 2009), 143.

[7] 이기업, "선지자의 소명 본문들의 정경론적 성격"(Compositional Natures of Call Narratives: Retrospective and Re-creative)", 황창기 교수 은퇴기념논문집, 『하나님의 나라와 신학(The Kingdom of God and Theology)』(부산: 고신대학교출판부, 2008): 191-223. 선지자들의 소명 기사에 대한 정경론적 비교 연구를 위하여 필자의 본 논문을 참고하라.

[8] "선지자" 소명 기사(the prophetic call narratives)는 출 3:1-12(모세의 소명), 렘 1:4-10(예레미야의 소명), 사 6:1-13(이사야의 소명), 그리고 행 9:1-9(바울의 소명) 등에 기록되어 있는 것으로써, 하나님이 "선지자"의 직분과 임무를 부여하는 장면을 기록한 성경 본문들을 의미한다.

[9] Jeffrey J. Niehaus, *God at Sinai: Covenant and Theophany in the Bible and Ancient Near East*, 29: "These phenomena are not just accessories. They are significant consequences of God's advent. They have their own story to tell of God's superhuman holiness and supernatural power."

엘리야의 호렙산의 재소명 사건은 이러한 신현현의 현상들과 말씀 사건이 병행되었지만, 엘리사의 소명 사건은 엘리야의 겉옷을 던지는 상징 행위와 대화 행위가 전부였다. 구체적인 말씀의 언급은 없을지라도, 부름 받은 엘리사가 전적인 헌신을 결단하는 결과로 봐서, 그 장면은 하나님의 강한 임재의 능력 없이 설명될 수 없는 상황이다. 이런 점에서, 엘리사의 소명 장면에 직접적인 신현현은 발견되지 않을지라도, 하나님의 능력과 임재의 자리였을 것이다.

엘리야와 엘리사의 소명 사건과 달리, 구약 문필 선지자들의 소명 기사들은 상호 내용과 표현에 있어서 일관성(unity)과 연속성(continuity)을 지향한다. 특히, 문학적 일관성과 연속성은 구약성경의 정경론적 과정 안에서 반영된 인간 저자의 신학적 의도를 추적할 수 있도록 한다.

소명 기사들 상호 안에서 발견되는 문학적 일관성과 연속성은 우리로 하여금, 어떤 선지자의 소명 기사가 더 오래된 소명기사들의 내용과 형태에 대한 선이해가 있었음을 추정하게 하며, 아울러 어떤 신학적 동기가 있음을 짐작케 한다. 그들이 그들 자신의 소명 사건(the call event)을 그들이 처한 새로운 삶의 정황 안에서 기록할 때, 이후의 선지자들은 이전의 소명 기사들에 대한 그 선이해의 바탕 위에서 "창조적"으로 재형성하였다.

동시에 각각의 독특성(particularity) 안에 있는 선지자들의 소명 사건이 기록의 형태로 바뀔 때, 다른 소명 본문들 사이에서 문학적 보편성(universality)의 형태를 띠게 된다. 이때, 각 소명 기사들은 궁극적으로 시내산 소명 기사(the Sinai call narrative)인 모세의 소명을 그 바탕으로 하며, 그것을 지향한다는 점이다.[10]

---

10 모세를 향한 시내산 소명 기사(the Sinai call narrative)는 문학적 형태나 신학적 의도의 측면에서 이후의 모든 소명 기사들(the post-Sinai call narratives)의 한 원형이 된다. 소명 기사들은 물론 시내산 소명 기사 이전에도 창세기에도 여러 유형으로 나타난다. 예를 들면, 아브라함도 선지자라로 일컬음을 받았기에 아브라함을 부르시는 장면도 역시 선지자의 소명 본문으로 이해할 수 있다. 그런데도 소명 기사를 구분하는 중요한 한 분기점은 하나님의 백성을 구원하시는 출애굽 사건이라고 할 수 있다. 즉 출애굽을 위해 여호와 하나님이 시내산에서 모세를 부르는 사건이다. 그래서 구약과 신약성경에 나타나는 모든 소명 기사는 출애굽을 분기점으로 하여 각 소명 기사를 the Pre-Sinai call narrative, the Sinai call narrative, and Post-Sinai call narrative로 구분할 수 있다. Post-Sinai call narrative는 신약성경에 기록된 the apostolic call narrative까지 포함한다. 예를 들면, 행 9:1-12에 기록된 바울의 소명 장면이다. 물론 바울의 경우 그것이 calling인지, conversion인지 논란이 되고 있는 것은 사실이다.

그러한 정황이 선지자들의 소명기사들에 대한 비교 연구 안에서 발견된다.

소명 사건으로부터 기록된 선지자들의 소명 기사들은 소명 사건이 있은 후에, 선지자들이 이스라엘에게 그들이 선지자라는 "신임장"(prophetic credentials)을 의미하는 듯한, 문학적 방식으로 표현되었다. 이런 방식은 그들의 앞선 선임 선지자들의 소명 전통과 잘 일치하는 면이 있다. 소명 본문의 일정한 형태를 통해서 그들의 소명 사건을 표현함으로써, 선지자들은 공적으로 그들 자신을 "선지자적 전통"의 흐름 안에서 하나님의 말씀의 대변자(God's spokesmen)로 동일시한다.

그러므로 소명 기사들은 단순히 어떤 '자서전적인 정보'(autobiographical information)를 담고 있는 이른바 양식사 비평(form-criticism)이 말하는 문학적 단편 조각이 아니라, 이스라엘 가운데서 활동 중인 '여호와의 대리인'(Yahweh's agent)임을 변증적으로 선언하는 일종의 선지자들의 '공적이고 공개적인 선언'(open proclamations)인 셈이며, 결국 일정한 보편적(universal) 형태로 표현되어진 소명 기사의 문학적 형태는 소명 받은 자의 독특한 본질을 부정하는 것이 아니라, 선지자 자신이 여호와의 대변인임을 공적으로 나타내는 그 문학적인 표현 방식을 통해 그 본질을 더욱 강조하고 있다.[11]

그러므로 선지자들의 소명 사건과 소명 본문은 하나님의 부름을 받은 직분의 정당성과 합법성을 보장하는 역사적, 문학적 신분증과 같다. 호렙산에서 엘리야의 재소명 사건과 12겨릿소로 밭을 가는 현장에서 발생한 엘리사의 소명 사건과 그 정경적 기록은 모두 참 선지자로서 그들의 직분의 정당성과 합법성을 공인하는 것이 된다.

신약성경의 사도들의 부르심(마 4:18-22; 마 9:9-13; 10:1; 막 1:16-20; 2:13-17; 3:13-19; 눅 5:1-11, 27-32; 6:12-16)과 그리스도 안에서 교회의 사역자로의 부르심은 모두가 이러한 소명 사건과 연속성이 있다. 더 확장하면, 그리스도인으로의 부르심과 그리스도인을 어떤 특정한 미션으로의 부르심도 마찬가지이다. 부르심이 곧 그 존재와 사역의 정당성을 보장한다. 그러한 부르심을 기점으로, 그 이전의 존재와 그 이후의 존재는 다른 존재이다. 소명은 결국

---

11   Norman Habel, "The Form and Significance of the Call Narratives", 316-317. 노만 하벨은 양식사(form-criticism) 비평가인데, 필자는 비평적으로 그의 글을 읽는다.

삶의 초점, 방향성을 바꾼다.

부르심을 받은 자는 '존재'(being)에 있어서 옛것은 지나고 새것이 되었다. 새로운 피조물이다(고후 5:17). 부르심을 받은 자는 '행함'(doing)에 있어서, '그 부르심에 합당한 자'(살후 5:11)로 살아야 한다. 행위가 존재를 증명해야 한다.

3. 부름에 응답하는 엘리사(20절)

엘리야의 겉옷 던짐을 통한 선지자로의 부르심의 소명 사건 앞에서 일하던 소를 버리고 엘리야에게로 달려온다(20절). 부름에 대한 즉각적인 응답이다. 엘리야에게로 달려온 엘리사는 '내 부모와 입 맞추게 하소서'(לְאָבִי וּלְאִמִּי אֶשְּׁקָה־נָּא, 에쉬카-나 레아비 울이미)라고 말하여 작별 인사의 시간을 달라고 요청한다. 엘리사는 아버지와 어머니 모두 있는 아들임을 암시한다. 부모님에게 작별인사를 한 후에 엘리야를 따를 것이라고 반응한다.

이 장면과 비슷한 신약의 기사가 있다(눅 9:59-62). 예수께서 길 가시다가 어떤 사람에게 다음과 같이 부르셨다.

> 나를 따르라(눅 9:59).

그의 대답은 다음과 같다.

> 나로 먼저 가서 내 아버지를 장사하게 하옵소서(눅 9:59).

그 대답에 대한 예수님의 말씀은 다음과 같다.

> 죽은 자들로 자기의 죽은 자들을 장사하게 하고 너는 가서 하나님의 나라를 전파하라 (눅 9:60).

예수님은 사명 우선순위의 원리를 말씀하신다. 그리고 동일한 부름을 받은 또 다른 사람은 다음과 같이 요청한다.

> 주여 내가 주를 따르겠나이다 마는 나로 먼저 가서 내 가족을 작별하게 허락하소서(눅 9:61).

예수께서는 이 사람에게 다음과 같이 말씀하신다.

> 손에 쟁기를 잡고 뒤를 돌아보는 자는 하나님의 나라에 합당하지 아니하니라(눅 9:62).

하나님 나라를 위한 예수님의 부름을 받은 둘 가운데, 전자는 죽은 아버지에 대한 장사의 행위가 그 이유였으며, 후자는 살아있는 부모에 대한 작별의 행위가 그 이유였다. 특히, 후자는 엘리사의 경우와 거의 유사하다. 누가복음에서는 이 둘에 대한 결론으로서 다음과 같은 말씀으로 교훈하시며 그 단락이 끝난다.

> 손에 쟁기를 잡고 뒤를 돌아보는 자는 하나님 나라에 합당하지 아니하니라(눅 9:62).

하나님 나라의 긴급성, 우선성을 강조한 표현이다.

그런데 작별 인사를 허락해달라는 요청에 다음과 같은 아주 난해한 표현의 대답을 엘리사에게 말한다.

> 돌아가라 내가 네게 어떻게 행하였느냐(왕상 19:20).[12]

---

[12] 엘리야의 승천을 앞두고 엘리사와 함께 선지자 제자 공동체가 있는 장소들을 방문하는 여정에서, 엘리사가 "당신의 성령이 하시는 역사가 갑절이나 내게 있게 하소서"(왕하 2:9)라고 간구했을 때, 엘리야가 "네가 어려운 일을 구하는도다"(왕하 2:10)라고 대답했다. 엘리야-엘리사 내러티브에서 가장 난해한 표현이 두 가지가 있다면, 하나는 "돌아가라 내가 네게 어떻게 행하였느냐"(왕상 19:20)라는 표현과 "어려운 일"(왕하 2:10)이라는 표현일 것이다.

그런데도 그 의미는 허락한 것을 의미한다. 이와 같이, 하나님의 부르심은 강요나 강압적인 소명이 아니라, 인격적이고 대화를 통해 자발적 응답을 유도하기 위한 설득적 소명임을 보여 준다. 그 주된 동인으로서 말씀과 성령의 역사를 통하여 부르시는 그 소명을 효과적인 부르심이 되도록 만든다.

4. 부름의 시작부터 헌신과 섬김을 실천하는 엘리사(21절)

엘리야의 허락을 받은 엘리사는 부모에게 작별 인사를 하고 1겨릿소(2마리)를 잡고 나무로 만든 소의 기구를 불태워서 고기를 삶고 이웃을 초대하여 함께 먹는 작별의 식사 자리를 만들었다(21절). 여기에는 몇 가지 상징적 행위들이 나타난다. 부르심의 시작부터 헌신과 섬김을 위한 소명이라는 것을 상징적 행위들로 보여 주고 있다.

1) 1겨리의 소를 잡고 소의 기구를 불사르는 헌신

아버지의 아들로서 밭을 갈던 12겨리의 소들 가운에 1겨리(2마리)의 소와 1겨리가 매던 멍에(기구)를 불살랐다는 것은 밭의 주인을 위해 사용되었던 1겨리의 소와 기구들처럼, 이제는 소명 받은 엘리사도 하늘의 주인이 되신 여호와 하나님의 미션을 위해 하나님 나라의 밭을 갈고 말씀의 씨앗을 뿌리는 말씀의 도구가 되어야 함을 상징적으로 암시하고 있다. 소명이라는 것이 이러한 헌신과 섬김이 필요한 것이라는 것을 미리 인지하고 예상해야 한다. 부름을 받을 때, 이러한 부르심의 의미를 이해하지 못했더라도, 자라가면서 인식하고 실천하면서 제자도를 바르게 인식해야 한다.

신약성경은 부르심과 제자도에 대한 분명한 말씀을 포함한다(눅 14:26-33). 이 말씀에는 예수님께 헌신된 제자는 부모와 처자와 형제와 자매와 심지어 자신의 목숨도 미워해야 한다. 이것을 '자기 십자가'를 지고 따르는 삶이라고 표현한다. 여기는 두 가지 비유가 있는데, 하나는 망대를 세울 자는 자신의 소유를 가지고 그 비용을 들어갈 것을 미리 계산해야 한다. 또 다른 비유는 전쟁에 출전하는 왕이 현재의 군사와 무기로 상대 대적의 군사와 무기와 비교하여 이길 수 있을지 계산하며 작전을 짜고 전쟁을 수행해야 된다. 상대편보다 열세가 된다면 전쟁이 아니라, 사신을 보내어 화친을 청해야 한다.

이 두 비유의 결론으로서, 예수님은 다음과 같이 말씀하신다.

> 누구든지 자기의 모든 소유를 버리지 아니하면 능히 내 제자가 되지 못하리라(눅 14:33).

그러므로 부름 받은 자는 그것이 의미하는 바를 마땅히 예상해야 한다. 이것이 진정한 제자도의 출발점이다. 부름은 헌신이 요청된다. 헌신은 부르심에 대한 효과적인 응답이다.

2) 그 고기를 삶아 백성에게 나누어 섬김

한 겨리의 소를 삶아서 백성들에게 나누어 먹게 했다는 것은 가족들과 이웃들과의 고별 식사(the farewell meal)이다. 이 식사는 식사에 초대되어 참여하는 자와 더 이상 함께 교제할 수 없고 앞으로는 부르심에만 선택과 집중으로 전적인 헌신과 순종을 해야 할 자라는 것을 스스로 그리고 공동체적 식사를 통해 모두가 인지하는 자리가 된다.

이 자리를 통해, 이웃을 향한 과거와 현재까지의 모든 배려에 대한 사랑과 감사를 표현하는 자리가 된다. 그 이웃들을 향한 자신의 과오에 대하여는 이 자리를 통해 용서와 아량을 구하는 자리가 된다. 그리고 미래에는 함께할 수 없기에 이웃을 향한 의무를 계속할 수 없으니 이해를 구하면서, 자신과 가족을 위한 이웃의 축복을 기대하는 자리도 되었을 것이다. 이것이 엘리사의 고별 식사의 사회학적 의미일 것이다.

그리고 이 고별 식사는 하나님 나라의 관점에서 갖는 상징적 의미도 있다. 부름을 받는 엘리사가 그 부름의 의미를 호렙산에서 재소명을 받는 엘리야처럼 충분한 이해에 아직 이르지 못하였을지라도, 적어도 자신의 이후의 삶이 이스라엘 백성들을 하늘의 양식인 말씀을 선포하는 선지자 엘리야를 돕고 섬기는 언약적 봉사라는 것은 인지했을 것이다.

그렇다면 이 여정은 언약의 배반으로 하나님을 등진 언약 백성들에게 하늘의 언약의 양식을 공급하며 섬기는 미션에 충성할 자가 되어야 함을 스스로 인지하는 자리였을 것이다.

  삭개오가 예수님의 부름을 받고 그는 예수님을 초대하여 잔치를 베푼다(눅 19:1-9). 예수께서는 자신이 죄인들과 함께 식사하시는 메시아이심을 계시하신다. 반면, 삭개오는 다음과 같이말함으로, 그 자리는 이웃을 향한 회개와 용서를 통한 회복의 자리가 된다.

> 내 소유의 절반을 가난한 자들에게 주겠사오며 만일 누구의 것을 속여 빼앗은 일이 있으면 네 갑절이나 갚겠나이다(눅 19:8).

  이것 또한 주님의 부름을 받은 자가 어떤 존재가 되고 어떤 삶을 실천해야 할지를 미리 예상하면서 행한 것이다. 삭개오의 식사 자리는 자신의 회개, 헌신의 제자도의 한 부분이라고 할 수 있다. 그리스도인으로 부르심이 있을 때, 기회를 주실 때, 섬김과 헌신을 내일로 미루지 말고 현재 시점부터 시행해야 한다. 그리하면 제자로서 더 깊고 구체적인 인도하심의 여정이 열릴 수 있다.

3) 부름 받은 종으로서 주인을 섬김

  소명 사건 이후 엘리사는 열왕기하 2:1까지 나타나지 않는다.
  그는 어디에서 무엇을 하고 있었을까?
  엘리야를 수종 드는 훈련의 무명시절을 보내었을 것이다. 이것은 고별 식사 후 엘리야와 함께하는 여정이다. 여기에서 종의 모습은 전혀 부각되지 않는다. 복음의 종으로 부름 받아 사는 자의 삶도 마찬가지이다. 우리를 제자로 불러주신 주님께 수종 들며, 다음과 같은 하나님 나라의 종의 정신으로 살아야 한다.

> 그는 흥하여야 하겠고 나는 쇠하여야 하리라(요 3:30).

5. 결론 및 적용

 엘리야를 통한 엘리사의 소명 장면에서, 엘리사는 하나님의 부르심에 즉각적으로 응답하는 반응을 나타냈다. 부동의 효과적인 성령 하나님의 부르심일 것이다.
 많은 성경의 인물들은 일터에서, 그리고 자신의 일을 성실히 하는 중에 부름을 받았다. 때로 그 부르심은 그 일들을 그만두게 했다. 때로는 그 일의 방향을 바로 잡아서 더 효과적으로 수행하게도 했다. 오늘날, 그리스도인을 향한 하나님의 부르심의 다양성이 있기에, 하던 일을 모두가 그만둘 필요는 없다.
 현재의 일터에서, 현재 하는 일을 통해서, 어떻게 하나님의 부르심을 구현할 수 있는지 상고해야 한다. 전체를 중단해야 할지, 방향만 수정해야 할지, 새로운 동역자를 만나야 할지, 다양한 결정과 결단이 필요할 것이다. 자신의 일터에서 구별된 삶과 구별된 사명을 발견했다면, 정직하고 신속하게 응답해야 한다. 그리고 부르심의 시작부터 나를 향한 소명이라는 것을 인식하고 그에 합당한 삶을 살아야 한다. 그것이 바로 그 일터에서, 그 현장에서 나를 부르신 이유일 것이다.

Elijah-Elisha Narratives:
The Prophetic Ministry to Have Life & Have It Abundantly

♣ 개인 묵상과 소그룹 성경 공부를 위한 토론 질문 ♣

1. 나는 나의 일상적인 일터에서 주님의 인도와 인정을 받는 자가 되어야 한다.
   나에게 있어서 삶의 방향이 수정될 곳과 혹 있을 수 있는 왜곡된 열정과 열심은 어떤 부분인가?
   나의 열정 및 열심은 하나님의 열심을 반영하는 것인가?

2. 엘리사는 엘리야를 통한 소명 사건에 즉각적이고 자발적인 응답을 나타낸다.
   주께서 나로 하여금 자발적으로 순종하도록 행하시는 일이 있는가?
   인도하심과 부르심에 자발성이 약화되고 있다면 무엇 때문인가?

3. 엘리사는 일터에서 엘리야를 통해 부르심을 받았다. 일터로 찾아가는 엘리야의 "일터 사역"의 열매이다.
   당신의 일터에는 복음과 복음을 전하는 자가 있는가?
   당신은 일터에서 어떤 복음적인 일을 하고 있는가?

4. 주님을 따르는 여정에서 나는 현재 이웃을 향한 섬김과 헌신으로 실천해야 할 부분과 영역은 어떤 것인가?
   주님을 따른다고 해서 모든 지상의 관계적 의무가 불필요한 것인가?

제8장
죽여야 사는 전쟁 "헤렘"

> Topic : 엘리야-엘리사 내러티브(8)
> Title : 죽여야 사는 전쟁 "헤렘"
> Text : 열왕기상 20:1-43
> Theme : 악은 완전히 진멸해야 한다.

1. 서론 및 문맥

엘리야-엘리사 기사(Elijah-Elisha Narratives)는 열왕기상 17장에서 시작되었다. 그리고 엘리사의 죽음의 장면이 있는 열왕기하 13장까지 엘리야-엘리사 스토리는 계속된다. 그 가운데, 엘리야의 사이클에서 엘리야가 등장하지 않는 본문은 열왕기상 20장(아람과 이스라엘의 전쟁 기사)과 22장(아합에 대한 선지자 미가야의 경고 사건)이다. 그리고 엘리사의 사이클에서 엘리사가 등장하지 않는 본문은 열왕기하 10-12장이다. 그런데도 엘리야와 엘리사의 부재 본문들(왕상 20장, 22장; 왕하 10-12장)은 엘리야-엘리사 내러티브의 전개를 위한 문학적, 역사적 문맥 형성에 기여한다.

20장과 22장에는 엘리야-엘리사 선지자는 등장하지 않지만, 다른 선지자들이 다수 등장하고 있다. 20장에서는 익명의 "한 선지자"(13절)가 아합 왕에게 하나님의 말씀을 전달한다. 그리고 22절에서 "그 선지자"라는 표현으로 익명의 선지자가 다시 등장하여 아합 왕에게 아람 왕이 다시 침략할 터이니 준비하라고 말씀한다. 28절에서 그 익명의 선지자는 "하나님의 사람"으로 등장하여 여호와 하나님의 말씀을 전달한다.

이어서 35절에 집단적인 "선지자의 무리 중 한 사람"이 등장하여 동료 친구 선지자에게 "너는 나를 치라"라고 말한다. 그리고 22장에서는 이스라엘 왕이 '선지자 400명'을 불러서 아람과의 전쟁에 대하여 문의한다. 이스라엘 왕과 유다 왕이 사마리아 성문 어귀 광장에 왕좌를 펼치고 거기에 앉아서 선지자들의 예언을 듣는다. 그들을 "모든 선지자"라고 표현하여 집단적으로 그 선지자들을 묘사한다. 그리고 아합과 동맹한 유다 왕 여호사밧이 물을 만한 여호와의 선지자를 찾을 때, 이믈라의 아들 미가야 선지자를 아합은 거명한다(8절). 그러나 미가야는 '길한 일'보다는 '흉한 일'만 예언한 자였기에, 아합은 그를 찾기를 꺼려한다. 즉 미가야는 번영의 신학적 예언과는 거리가 먼 참 선지자였다.

그러나 유다 왕 여호사밧의 설득으로 그를 부른다. 그리고 집단적으로 선지자가 등장하고 그 그룹에서 "그나아나의 아들 시드기야"라는 실명으로 등장한 자가 철로 뿔들을 만들어 아람을 치는 것이 하나님의 뜻이라고 예언한다(11절). 미가야가 도착하여 그가 본 비전과 예언을 전달한다(17-23절). 미가야는 천상에서 "거짓말하는 영"이 아합의 모든 선지자에게 들어가서 거짓말하게 하였다고 증언한다. 그때, 그나아나의 아들 시드기야는 미가야 가까이 다가가서 뺨을 치며 다음과 같은 예언 충동을 일으킨다.

여호와의 영이 나를 떠나 어디로 가서 네게 말씀하시더냐(왕상 20:24).

2. 아람과 이스라엘에 거듭되는 전쟁

1) 아람의 사마리아 포위(1-12절)

본문 1절에 아람 왕 벤하닷이 그의 군대를 이끌고 '왕 32명'이 그와 함께 동맹하여 사마리아를 포위하였다는 전쟁 상황을 기술한다. 여기에 등장하는 아람 왕 벤하닷은 벤하닷 2세를 가리킨다. 아람 왕들 가운데 '벤하닷'이라는 이름을 가진 자는 총 3명이다. 벤하닷 1세(900-860 B.C.)는 유다 왕 아사가 통치할 때 등장한 자이다(왕상 15:18, 20). 벤하닷 2세(860-841 B.C.)는 여기 열왕기상 20장과 열왕기하 6:24과 8:7-15에 등장하는 자이다. 그리고 마지막으로, 벤하닷 3세(806-770 B.C.)는 벤하닷 2세를 이어 반역으로 왕이 된 하사엘을 이어 왕이 된 하사엘의 아들이다.

표 15. 아람 왕들의 연대기(2)

아람 왕	통치 연대	관계	성경 구절
헤시온 (Hezion, 르손, Rezon)	940-915 B.C.	엘리아다의 아들	왕상 11:23-25; 15:18
다브림몬 (Tabrimmon)	915-900 B.C.	헤시온의 손자 다브림몬의 아들 벤하닷	왕상 15:18
벤하닷 1세 (Ben-Hadad I)	900-860 B.C.	헤시온의 '증'손자	왕상 15:18, 20
벤하닷 2세 (Ben-Hadad II)	860-841 B.C.	벤하닷 1세의 아들	왕상 20장; 왕하 6:24; 8:7-15
하사엘 (Hazael)	841-806 B.C.	벤하닷 2세의 신하로서 벤하닷 2세를 살해 후 즉위	왕상 19:15, 17; 왕하 8:7-15; 9:14-15; 10:32; 12:17-18; 13:3, 22-25
벤하닷 3세 (Ben-Hadad III)	806-770 B.C.	하사엘의 아들	왕하 13:3, 24, 25

벤하닷 2세가 주변 도시 국가들의 왕 32명과 동맹하여 사마리아를 포위한 때의 이스라엘 왕은 오므리 왕조의 아합 왕이 다스리던 시기였다. 이에 앞서, 아합은 다메섹과 주변 시리아의 9개의 도시 국가들과 연합하여 앗수르 왕 살만에셀 3세(Shalmaneser III)를 콰카(Qarqar) 전투에서 대항한 적이 있었다.

그 전쟁은 요단강 동편에 있는 이스라엘 영토였던 길르앗 라못(Ramoth-Gilead)을 다시 회복하고자 하는 이스라엘을 위한 전쟁이었을 수 있으며, 이때 아합은 한 병사가 무심코 쏜 화살에 맞아서 전사했을 수도 있다 (853-852 BCE).[1] 이 사실로부터, 콰카 전투 이후에 이스라엘과 다메섹 사이에 또 다른 전쟁이 한 번 있었던 것으로 카이저는 추정한다.[2] 그래서 카이저는 이 암시적 전투를 포함하여, 열왕기상 20장은 이스라엘과 아람 사이의 전쟁

---

1 Walter C. Kaiser, Jr, *The Lives and Ministries of Elijah and Elisha*, 37.
2 Walter C. Kaiser, Jr, *The Lives and Ministries of Elijah and Elisha*, 37.

이 두 번이 아닌, 세 번이라고 주장한다. 지금 사마리아를 포위한 벤하닷 2세는 포위된 사마리아성 안에 있는 아합 왕에게 사신들을 보내어 다음과 같이 위협적인 메시지를 전달했다.

> 네 은금은 내 것이요 네 아내들과 네 자녀들의 아름다운 자도 내 것이니라(왕상 20:3).

겁을 먹은 아합은 다음과 같이 사신들에게 굴욕적으로 말했고 사신들은 만족하며 되돌아갔다.

> 나와 내 것은 다 왕의 것이니이다(왕상 20:4).

그런데 아합은 일시적으로 위기를 모면했으나, 그 말대로 실행하는데 주저한 것 같다. 그래서 시간이 지나 아람의 사신들이 두 번째 다시 방문하여 다음과 같은 메시지를 재차 전달한다.

> 너는 네 은금과 아내들과 자녀들을 내게 넘기라(왕상 20:5).

그리고 그 실행 시점을 "내일 이맘때"라고 못을 박았다(6절). 아람 나라의 사신의 1차와 2차 방문 시, 전달했던 메시지를 상호 비교하면, 거기에는 다른 하나의 내용이 추가된 사실을 발견할 수 있다. 그것은 다음과 같은 메시지이다.

> 네 신하들의 집을 수색하여…잡아 가져가리라(왕상 20:6).

아합은 아람의 사신을 물리고 나라의 장로들을 불러 모아서 의논한다. 그 사실이 백성들에게도 알려졌다. 그래서 모든 장로와 백성은 허락하지 말라고 아합 왕에게 간청한다. 그래서 아합은 아람에서 온 사신들을 불러서, 벤하닷이 보낸 사신의 1차 방문 때에 요청한 것들(3절)은 수용할 것이지만, 아람의 사신의 2차 방문 시 전달한 메시지 곧 '신하들의 집을 수색하고 잡아가는 것'은 수용할 수 없다는 최후 메시지를 전달한다(9절). 그 보고를 들은 벤하닷은 3번째 사신을 다시 보내어 신들의 이름으로 맹세를 하면서 사마리아를 칠 것을 결의한다(10절).

아람 왕이 보낸 세 번째 사신의 메시지를 들은 아합은 다음과 같은 한 전쟁 속담으로 대항할 의지를 담은 메시지를 전달한다.

> 갑옷 입는 자가 갑옷 벗는 자 같이 자랑하지 못할 것이라(왕상 20:11).

이 표현은 전쟁을 시작하기 위해 갑옷을 입는 아람 왕과 군사들이 마치 전쟁을 승리로 종결하고 갑옷을 벗는 사람처럼 오만하다는 말이다. 아람 왕은 세 번째 사신을 보내어 최후통첩을 보냈으니, 이스라엘이 순순히 응할 줄 알고 자신의 진영에서 동맹한 도시 국가의 왕들과 술을 마시며 즐기고 있었다. 그러한 주연을 누리고 있을 때, 세 번째 사신들이 돌아와서 아합의 항전 의지 메시지를 벤하닷에게 전달한다. 이로 인하여, 벤하닷 2세는 전쟁 개시 명령을 하달한다(12절).

2) 이스라엘의 기습 공격(13-21절)

본문 13절에 한 익명의 선지자가 등장하여 아람과의 전쟁과 관련된 여호와의 신탁을 아합에게 전달한다. 그 신탁의 내용은 다음과 같은 말씀이다.

> 여호와의 말씀이 네가 이 큰 무리를 보느냐 내가 오늘 그들을 네 손에 넘기리니 너는 내가 여호와인 줄 알리라(왕상 20:13).

이 신탁을 들은 아합은 다음과 같은 비교적 명석한 질문을 그 선지자에게 한다.

> 누구를 통하여 그렇게 하시리이까(왕상 20:14).

그 선지자는 다음과 같은 신탁을 다시 전달한다.

여호와의 말씀이 각 지방 고관의 청년들로 하리라(왕상 20:14).

아합은 다음과 같은 구체적인 질문을 그 선지자에게 한다.

누가 싸움을 시작하리이까(왕상 20:14).

그 선지자는 다음과 같이 대답한다.

왕이니이다(왕상 20:14).

이로써 아합은 군사 징집과 군사 작전 계획이 모두 수립된 셈이다. 그래서 각 지방 고관의 청년들을 징집하여 계수하니 232명이었으며, 그리고 모인 이스라엘 백성들을 계수하니 7,000명이었다. 즉 232명의 고관의 청년들은 전쟁 리더인 장교들이 되었음을 의미하고 7,000명의 백성은 일반 군사들이 되었음을 가리킨다.

흥미롭게도 이 7,000명의 숫자는 바알에게 무릎을 꿇지 않고 입 맞추지 않은 순결한 예배자로 남은 자인 7,000명(왕상 19:18)과 동일한 숫자이다. 그리고 벤하닷과 동맹한 도시 국가 왕들의 숫자가 32명이었는데(왕상 20:1), 이스라엘의 각 지방 고관의 청년들(장교들)의 숫자가 232명이었다. 마지막 두 자리 숫자가 "32명"으로 일치하는 특이점을 보여 준다. 그러나 여기에 특별한 의미를 부여할 필요는 없다.

아람 왕 벤하닷 2세와 그의 동맹 군주들은 승리를 확신했는지, 그 장막에서 술을 마시고 취한 중에 있었다(16절). 여호와의 명령을 따라, 아합은 청년 군사들을 먼저 내보내어 전쟁을 주도적으로 시작했다. 벤하닷의 정탐꾼들이 이 장면을 보고 사마리아에서 사람들이 나온다는 보고를 한다. 벤하닷은 자신감이 있는지 다음과 같은 명령을 내린다.

화친하러 나올지라도 사로잡고 싸우러 나올지라도 사로잡으라(왕상 20:18).

그러나 이스라엘의 7,232명의 군대는 적진을 치기 시작한다. 이로 인하여, 아람 군사들을 파죽지세로 도주하기 시작했고 아람 왕 벤하닷은 긴급히 말을 타고 마병들의 호위를 받으며 도주하여 피한다. 이스라엘은 도주하는 아람 군사들을 치고 큰 승리를 획득한다(21절). 이 전쟁은 이스라엘의 익명의 한 선지자를 통해 주신 여호와의 신탁의 말씀대로 전쟁을 수행했으며, 그 말씀대로 큰 승리를 거두었다. 전쟁에 대한 예언이 성취되었음을 보여 준다.

3) 전쟁 후기와 복기(22-34절)

이스라엘이 아람 군대의 연합군을 대파하고 승리를 쟁취했다. 익명의 그 선지자가 이스라엘 왕 아합에게 다시 와서 지혜를 일러준다(22절). 그것은 다음과 같은 지혜의 말씀이다.

> 왕은 가서 힘을 기르고 왕께서 행할 일을 알고 준비하소서(왕상 20:22).

승리의 자리에서 도취되는 것이 아니라, 힘을 기르는 자리로 돌아가라는 것이다. 그리고 왕의 직무로서 행할 일을 알고 준비하라는 말씀이다.
무엇을 위한 준비인가?
'해가 바뀌면'(22절), 아람 왕이 다시 이스라엘을 치러 올 것이기 때문이다. 내년에 있을 전쟁에 대한 예언을 말한 것이다. 이 장면은 이스라엘 진영에서의 전쟁에 대한 일종의 '후기'(後記)였다.
한편, 아람 진영에서는 자신들의 패배에 대한 전쟁의 '복기'(復棋)를 하기 시작한다. 아람의 신하들은 신들의 정체성과 능력에 대한 비교를 통해 전쟁 환경을 개선할 것을 주문한다. 즉 이스라엘의 신은 '산의 신'(gods of hills)이기 때문에 이스라엘 군대가 자신들보다 강하였다고 복기를 한다. 그러나 전장의 환경이 산지가 아닌, 평지에서 싸운다면 자신들이 반드시 이길 수 있을 것이라는 '예기'(豫期)를 늘어놓는다.
그리고 아람의 신하들은 아람 왕이 새로 시행할 일을 제안한다(24-25절). 현재 시리아 땅에 존재하는 모든 작은 도시 국가들의 왕들을 폐위 및 제거하고 각 도시에 그들을 대신할 총독을 파송하여 세울 것을 제안한다. 이것은 시리아 지역의 지방 분권적 체제를 중앙집권체제로 전환하여 아람의 통일 왕국을 건설하자는 제안이다.

그리고 금번에 패배한 전쟁에서 잃어버린 군대를 재건하고 보충하여 마병과 보병 체계를 재정비하여 내년 전쟁 시기에 산지가 아닌, 평지에서 싸우면 전략적으로 강한 군대가 되어 이길 것이라는 확신을 왕에게 제공한다. 왕은 그 말에 설득되어 정치 개혁과 군사 개혁 그리고 새로운 전장 환경(평지)에 서 있게 될 전쟁을 위한 구체적 준비에 돌입했다(25절).

이로써, 이스라엘 진영과 아람의 진영 모두에서 양국 왕들과 신하들과 백성들은 내년에 다가올 전쟁 준비에 매진하게 된다. 드디어 '해가 바뀌어'(22, 26절), 아람 왕 벤하닷 2세는 다시 아람 군대를 소집하고, 갈릴리 호수 동편에 있는 성읍인 아벡(Aphek)으로 올라와서 이스라엘과 전쟁하기 위해 진을 쳤다. 이스라엘 진영에서도 군사를 소집하였다. 소집된 군사들은 군량미를 받고 아합은 군사를 이끌고 사마리아에서 60-70마일 북동쪽에 있는 아벡으로 진군했다. 그런데 본문의 내레이터는 아벡에서 대치 상황에 있는 양국의 군사들의 모습을 대조적으로 묘사한다.

이스라엘 자손은 두 무리의 적은 염소 떼와 같고 아람 사람은 그 땅에 가득하였더라(왕상 20:27).

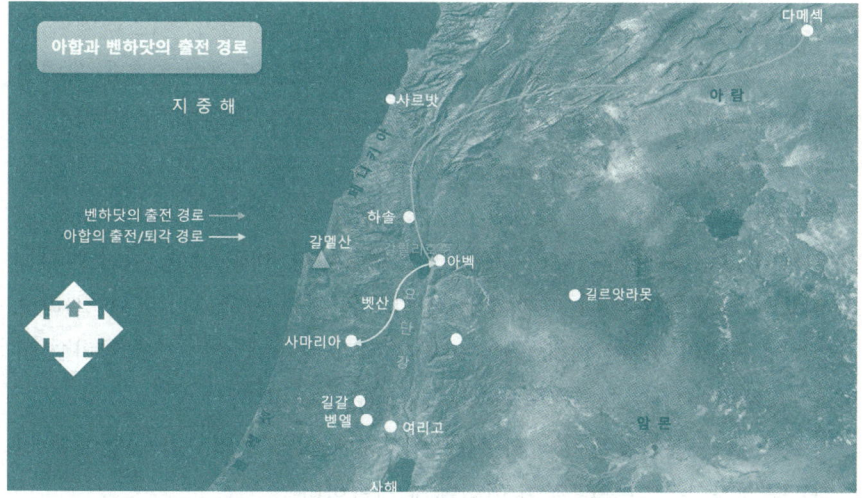

지도 3. 아합과 벤하닷의 출전 경로

이때에, '하나님의 사람'이라고 불려지는 익명의 선지자가 다시 이스라엘 왕에게 나아와서 여호와의 신탁을 전달한다.

> 여호와의 말씀에 아람 사람이 말하기를 여호와는 산의 신이요 골짜기의 신은 아니라 하는도다 그러므로 내가 이 큰 군대를 다 네 손에 넘기리니 너희는 내가 여호와인 줄을 알리라 하셨나이다(왕상 20:28, cf. 왕상 20:23).

그 선지자에 의해 "도청"된(23절) 이스라엘의 하나님 여호와에 대한 아람의 신(神) 이해는 지극히 '지역과 지형'에 따라 능력이 제한되는 개념을 가지고 있다. 모든 공간과 상황에 임재할 수 있는 신 임재의 보편성이 없는 개념이다. 그들의 신관은 국부적인 지역의 신 개념 그 이상도 아니다. 여호와는 특정 전장 환경과 무기에 영향 받는 신이 아니라, 모든 전장 환경과 무기를 지배하고 그 위에 존재하는 전능하신 창조주 하나님이시다.

양 진영이 아벡에서 대치한 지가 7일이 되었다(29절). 그날에 전쟁이 시작되었다. 이스라엘 군대가 아람 보병 10만 명을 죽이는 대승을 거두었다. 생존하여 남은 아람 군사들은 아벡으로 도주하여 성읍으로 들어갔다. 그 성벽이 남은 아람 군사 27,000명 위에 무너져서 전멸한다. 아람 왕 벤하닷 2세는 도주하여 아벡 성읍 깊이 들어가 한 골방으로 들어간다.

그때, '그들의 신은 산의 신이라'고 했던 아람의 신하들이 "이스라엘 집의 왕들은 인자한 왕이라"(31절)라는 말을 아람 왕에게 전달하여 죽음을 모면할 계획을 세운다. 그래서 아람 왕의 신하들과 잔병들이 '굵은 베'로 허리를 동이고 '테두리'를 머리에 쓰고 이스라엘 왕에게 나아가 "내 생명을 살려 주옵소서"(32절)라고 항복을 선언한다. 이 소리를 들은 아합은 "그가 아직도 살아 있느냐 그는 내 형제이니라"(32절)라고 반응한다. 바로 그때, 아람 신하들은 아합의 말꼬리를 잡아 아합에게 "벤하닷은 왕의 형제니이다"(33절)라고 간교하게 맞받아 응수한다. 그러자 아합은 아람 왕을 데려올 것을 말하고 아람 왕이 오자 아합은 그를 존중하여 병거에 오르게 한다.

병거에 오른 벤하닷은 양국의 선왕들 시대에 있었던 역사를 아합에게 말한다. 즉 벤하닷은 다음과 같이 아합에게 제안한다.

> 내 아버지(벤하닷 1세)께서 당신의 아버지(오므리)에게서 빼앗은 모든 성읍을 내가 돌려보내리이다 또 내 아버지께서 사마리아에서 만든 것 같이 당신도 다메섹에서 당신을 위하여 거리를 만드소서(왕상 20:34).

피정복국의 수도에 정복국의 군주 이름으로 거리명을 정하여 건설하는 것은 정복국 군주의 업적과 권위를 피정복국에게 기념하여 과시하는 정책이다. 아합은 이를 합당히 여기고 양국 간에 조약을 체결한다. 이 조약을 맺은 후에 아합은 아람 왕 벤하닷 2세를 놓아준다.

4) 벤하닷에 대한 아합의 불필요한 자비(35-43절)

한편, 양국 왕들 사이에 발생한 이런 일과 관련된 여호와의 신탁이 선지자에게 임하였다(35절). 선지자 무리 가운데 있는 한 선지자가 신탁을 받아서 동료 선지자에게 "너는 나를 치라"(35절)라고 말하자, 그 친구가 치기를 싫어했다. 그랬더니, 그 선지자는 친구에게 다음과 같이 말했다.

> 네가 여호와의 말씀을 듣지 아니하였으니 네가 나를 떠나갈 때에 사자가 너를 죽이리라 (왕상 20:36).

잠시 후, 그 친구가 길 갈 때에 사자 한 마리가 나타나서 그를 죽였다. 그 선지자는 또 다른 사람을 만나서 다음과 같이 말했다.

> 너는 나를 치라(왕상 20:37).

아마 직전의 일을 들은 것인지, 이 사람은 그 선지자를 상하기까지 쳤다(37절). 여호와께 신탁을 받은 이 선지자의 예언 활동은 상징적으로 계속되고 있다. 이번에는 맞아서 상한 자신을 수건으로 눈을 가리고 변장하여 이스라엘 왕 아합이 지나기를 길에서 기다리다가 왕이 지나갈 때, 왕을 불러서 다음과 같이 가상적 이야기를 꾸며 비유로 말했다.

종이 전장 가운데에 나갔더니 한 사람이 돌이켜 어떤 사람을 끌고 내게로 와서 말하기를 사람을 지키라 만일 그를 잃어버리면 네 생명으로 그의 생명을 대신하거나 그렇지 아니하면 네가 은 한 달란트를 내어야 하리라(왕상 20:39).

그리고 그 선지자는 계속하여 왕에게 전쟁 포로의 상실의 상황을 다음과 같이 말했다.

종이 이리저리 일을 볼 동안에 그가 없어졌나이다(왕상 20:40).

변장한 선지자로부터 이 이야기를 들은 아합은 다음과 같이 말한다.

네가 스스로 결정하였으니 그대로 당하여야 하리라(왕상 20:40).

이제 변장과 가상적 이야기로 된 비유가 끝났다.
이제 그 선지자는 자신의 눈을 가린 수건을 벗고 왕 앞에 자신의 정체를 드러냈다. 수건을 벗으니, 아합은 그가 선지자 중의 한 사람이라는 것을 알아보았다(41절). 이 선지자는 아합에게 전쟁 준비와 승리의 전략을 일러준 그 선지자인 것 같다. 그제서야 그 선지자는 그 비유 이야기에 대한 현실 이야기에 연결하여 해석을 보인다. 다음과 같은 말씀처럼 여호와의 신탁을 전달한다.

여호와의 말씀이 내가 멸하기로 작정한 사람(벤하닷)을 네 손으로 놓았은즉 네 목숨은 그의 목숨을 대신하고 네 백성은 그의 백성을 대신하리라(왕상 20:42)

이 일로, 이스라엘 왕 아합은 '근심과 답답함'(סַר וְזָעֵף, 싸르 웨자에프)을 가지고 그의 왕궁으로 되돌아가려고 사마리아에 도착했다(43절).
이 무명의 선지자가 여호와의 신탁을 받아서 잘못을 범한 아합 왕에게 비유를 통해 전달한 방식은 나단 선지자가 범죄한 다윗 왕에게 비유로 말하여 그의 죄악을 지적한 방식과 유사하다. 그러나 다윗은 회개함으로 하나님의 긍휼을 입었다. 그런데 여기서 아합 왕은 자신의 과오에 대하여 슬퍼하여 하나님께 돌아오지 않고 다만 '근심하고 답답하여' 그의 왕궁으로 되돌아갔다. 여기 42절에 '멸하기로 작정한 사람'(אִישׁ־חֶרְמִי, 이쉬-헤르미, "man under my ban")이라는 히브리어 표현은 '헤렘'(חֵרֶם)이라는 중요한 단어를 사용했다.³ '헤렘'이라는 단어는 문자적으로 "바쳐진 것"(devoted thing), "헌신"(devotion), 또는 "금지"(ban)를 의미한다. 이것은 또한 "여호와께 온전히 바쳐진 것"(레 27:28)을 의미한다.

이것은 구약의 여호와의 전쟁에서 반드시 멸하여야 하는 대상이다. 여기서는 아람과의 전쟁에서 포로가 된 아람 왕 벤하닷 2세를 가리킨다. 즉 그를 친구로 삼아서 살려서 내보낼 것이 아니라, 그를 죽여야만 하는 것이 여호와의 뜻이라는 것이다.

아합은 바로 여호와 자신의 전쟁에서 철저히 죽이고 완전히 멸하여야 할 대상인 '헤렘'의 규정을 어긴 것이다. 헤렘의 규정을 어긴 것은 현재적으로 승리한 것 같으나, 반드시 그 징계의 대가를 지불해야만 한다.

여호수아의 여리고 전투에서 아간은 철저히 멸하여야 할 것을 남겨서 헤렘의 법을 어겼다. 이것은 이어지는 아이성의 전투에서 이스라엘의 패배의 주된 원인이 되었다.

이것은 영적 전투의 한 전형으로서, 그리스도께서 허물과 죄로 죽은 자기 백성의 죄를 지시고 대속의 죽음을 당하심으로 스스로 완벽한 '헤렘'이 되셨다. 그리스도인은 예수 그리스도의 '헤렘의 죽음'의 대가로 다시 생명과 승리를 얻은 자이다. 그리스도인의 삶은 죄에 대하여 철저히 죽고 이기는 자로 살아야 한다.

---

3 Walter C. Kaiser, Jr, *The Lives and Ministries of Elijah and Elisha*, 44에서 카이저도 동일한 언급을 하고 있다.

3. 결론 및 적용

전쟁에서 전리품을 취할 것인지, 아니면 멸할 것인지는 전적으로 하나님께 달려 있다. "헤렘"이 선포된 여호와의 전쟁에서는 남기지 말고 완전히 진멸해야 한다. 반면 남겨서 삶에 유익함을 위해 전리품으로 취해야 할 여호와의 전쟁도 있다. 헤렘의 전쟁에서는 자기 백성의 영적인 그리고 도덕적인 순결함 삶을 지키고자 하시는 하나님의 배려와 목적이 있기 때문이다. 악한 영향을 받지 않게 하시려고 아깝지만 완전히 도말하기를 원하심이다. 이것은 "실용적" 목적이다.

그리고 진멸해야 할 대상인 사람과 유무형의 재산은 악을 상징하는 경우가 많다. 그래서 악은 완전히 진멸하고 언약 백성은 거룩한 삶을 도모하며, 하나님의 말씀에 순종하며, 만물의 주인이신 하나님을 경외하게 된다.

여호와의 전쟁에서 대적과 그 소유는 더 이상 적군의 소유이나 아군의 소유가 아니라, 하나님의 것이며, 완전히 진멸해야 완전한 승리를 보장받게 된다. 완전히 멸해야 할 죄악의 대명사로 상징되기 때문이다. 이것은 "상징적" 목적이다.

이러한 상징성은 죄에 대하여 완전히 죽는 것 또는 죽이는 것을 의미한다. 허물과 죄로 죽은 우리는 하나님의 원수와 대적이었다. 영원한 언약의 저주로 죽은 자를 위해, 자신의 의를 죄로 여기시고 스스로 하나님의 진노의 칼을 한 몸에 받은 "헤렘"의 완전한 종결자가 되신 그리스도는 완전히 죽으셨다. 그리스도께서 헤렘이 되시어 순종하심으로, 우리는 그 공로로 의로운 자(순종한 자)가 되어서 산 자가 되었다. 이제 그리스도인은 죄에 대하여 죽고 의에 대하여 산 자로 전투적인 삶을 살아야 한다.

♣ 개인 묵상과 소그룹 성경 공부를 위한 토론 질문 ♣

1. 오늘날 영적 전투에서 내가 치열하게 대적하고 싸워야 할 대상은 무엇인가?
   반복적이고 습관적인 대적이 있는가?

2. 내가 세상에서 "평판 좋은 자" 또는 "좋은 사람"으로 남기 위해 처신하면서, 그것이 하나님 앞에 "인정받는 자"가 되지 못하는 부분이 있는가?

   그리스도를 섬기는 자는 하나님을 기쁘시게 하며 사람에게도 칭찬을 받느니라 (롬 14:18).

Elijah-Elisha Narratives:
The Prophetic Ministry to Have Life & Have It Abundantly

제9장
악에 대한 열심이 특출한 사람

```
Topic   : 엘리야-엘리사 내러티브(9)
Title   : 악에 대한 열심이 특출한 사람
Text    : 열왕기상 21:1-29
Theme   : 악이 일시적으로 승리하는 것 같으나, 하나님은 반드시 공의를
          시행하신다.
```

1. 서론 및 문맥

아람과의 전쟁(왕상 20장)에서 이스라엘 왕 아합과 이스라엘은 '헤렘'의 규정을 어겼다. 그리하여 익명의 선지자로부터 다음과 같은 '심판에 대한 여호와의 신탁의 말씀'이 선언되었다.

> 내가 멸하기로 작정한 사람을 네 손으로 놓았은즉 네 목숨은 그의 목숨을 대신하고 네 백성은 그의 백성을 대신하리라(왕상 20:42).

이스라엘 왕 아합은 이 일로 '근심과 답답함'을 가지고 사마리아로 돌아갔다. 이 심판의 말씀을 들은 아합과 이스라엘은 장소와 시간이 바뀐다고 하더라도 그 사실이 없어지는 것이 아니라, 아합과 이스라엘은 여호와의 '헤렘' 규정을 위반한 것에 대하여 심판이 임박한 상태에 놓여졌다는 사실로 20장의 문맥은 종결되었다.

열왕기상 17장에서 시작된, 엘리야-엘리사 기사(Elijah-Elisha Narratives)는 엘리사의 죽음의 장면이 있는 열왕기하 13장까지 계속된다. 특히, 엘리야의 사이클에서 엘리야가 등장하지 않는 본문은 열왕기상 20장과 22장이다. 이러한 두 본문인 열왕기상 20장(아람과 이스라엘의 전쟁 기사)과 22장(아합에 대한 선지자 미가야의 경고 사건) 사이에, 아합과 이세벨에 의한 '나봇의 포도원' 갈취 사건으로서 엘리야의 기사(21장)가 중간에 놓여져 있는 문맥을 형성한다.

이 사건을 기술하기 위하여 21장에서 전체 29개의 절을 할애하여 내용을 전개하고 있다. 내용이 긴 만큼, 이 사건은 이어지는 엘리야-엘리사 내러티브에서 문맥을 발전시키는 중요한 역할을 하고 있다. 특히, 아합의 길을 걷는 아합의 집 모든 사람에 대한 심판과 그 구체적인 죽음의 장면까지 미리 예언하고 후에 성취되는 방식으로 문맥이 발전된다. 호렙산 동굴에서 천사는 엘리야에게 다음과 같이 질문했다.

> 엘리야야 네가 어찌하여 여기 있느냐(왕상 19:9).

엘리야는 다음과 같이 대답했다.

> 내가 만군의 여호와께 열심이 유별하오니(왕상 19:10).

엘리야는 자칭 '여호와께 열심이 유별한 자'였다. 반면, 아합은 '악에 대한 열심이 유별한 자'(왕상 21:25-26)로 묘사된다. 이 본문은 2개의 인간 죄악 행위(탐심, 행악)와 그것에 대한 하나님의 2개의 성품 계시(공의, 사랑)로 구성되어 있다.

2. 악의 시작은 탐심이다(1-10절)

본문 1절은 다음과 같은 표현으로 시작한다.

> 그 후에 이 일이 있으니라(וַיְהִי אַחַר הַדְּבָרִים הָאֵלֶּה, 와예히 아하르 하데바림 하에레, 왕상 21:1).

이와 같이 내러티브의 새로운 시작을 알리는 이 표현은 직전의 문맥과 시간적으로, 사건적으로 긴밀하게 연관되어 있음을 나타내는 수사학적 장치가 된다. 즉 20장 마지막 절에 있는 장면 곧 이스라엘 왕 아합이 전쟁 포로인 아람 왕 벤하닷 2세를 죽여야 하는 '헤렘'의 법을 어긴 후, 선지자로부터 심판에 대한 선언을 듣고 그가 마음에 근심과 답답함을 안고 그의 왕궁으로 돌아갔던 장면이다.

이 장면은 마치 음식이 상하지 않도록 하기 위하여 무기한 "냉동 보관"으로 처리한다던지 또는 어떤 문서를 보관 창고에 저장해버리는 듯한 방식으로 처리하면 안 된다는 것을 보여 준다. 20장의 사건이 하나님의 기억에 현재적으로 생생하게 보존되며, 그것이 이어지는 21장의 문맥 안에서 그대로 저자의 마음에 새겨져서, 내러티브가 연속되게 기술되고 있다는 의미이다.

디셉 사람 엘리야가 혜성같이 등장하여 아합과 대면하여 말했듯이(왕상 17:1), 이스르엘 사람 나봇이 갑작스레 등장하여 아합과 대면하는 장면이 이어진다.[1] 이스르엘(Jezreel)은 북이스라엘의 영토로서, 이스라엘 수도인 사마리아에서 북쪽으로 25마일(약 40킬로미터)의 지점에 위치하고 있는 곳으로서, 비옥한 계곡에 있는 한 도시이다. 이곳은 또한 이스라엘 왕의 겨울 궁전이 있는 곳이며, 엘리야-엘리사 내러티브에서도 플롯을 발전시키는 중요한 사건이 전개되는 공간적 배경이 된다.

나봇은 그곳에 조상의 때부터 아름다운 포도원을 가지고 있었다. 이 포도원은 아합의 궁전과 가까이 위치하고 있었다(1절). 그래서 아합이 왕궁을 출입할 때마다, 자주 그의 눈에 띄었던 곳으로 보여진다. 볼수록 아름답고 볼수록 소유하고 픈 마음이 일어났다. 그래서 아합은 어느 날 나봇을 그의 포도원 근처에서 만날 기회가 있어서, 나봇이 소유한 포도원을 자기에게 달라고 하면서, 그 대가로 더 아름다운 포도원을 주겠다고 거래를 제시한다.

물물교환의 방식의 거래가 아니면, 금전으로도 매입하겠다는 의사를 표명했다(2절). 그가 나봇의 포도원을 소유하겠다는 의도는 포도 자체보다도 그

---

[1] '나봇'이라는 이름이 전체 성경에서 엘리야-엘리사 내러티브에서만 22회 사용되는데, 그 처음이 열왕기상 21:1이고 그 마지막 사용이 열왕기하 9:26이다. 본 내러티브 대부분의 본문에 산재된 이러한 사실은 엘리야-엘리사 내러티브의 플롯 구성과 발전에 중요한 등장인물이라는 점을 암시하고 있다.

포도원을 자신의 채소밭으로 사용하겠다는 용도를 밝힌다. 이 밭이 이스르엘의 비옥한 계곡 가까이 있으면서, 자신의 왕궁과 가까이 있으니, 자신과 가족들을 위한 신선한 채소를 생산하여 가족들에게 공급하겠다는 의도일 것이다. 전적으로 자신의 식탐이 주된 동기이다.

그런데 나봇은 아합 왕에게 다음과 같이 율법의 규정을 언급한다.

> 내 조상의 유산을 왕에게 주기를 여호와께서 금하실지로다(왕상 21:3).

모세 율법에 따르면, 토지는 무르는(redeeming) 것이지, 매매의 대상이 아니다(레 25:23; 민 36:7; cf. 겔 46:18). 나봇의 거절 이유는 왕과 거래를 하지 않는다는 것이 아니라, 여호와께서 율법을 통해서 조상들로부터 물려받은 토지를 매매하지 말라는 율법의 말씀에 순종하기 위한 것이다. 그는 여호와를 경외하며 그의 법을 지키기를 즐겨하는 의인으로, 그 인물의 캐릭터가 자신의 대화를 통해 간접적으로 특징화되고 있다.

이어진 구절(4절)은 이 사실을 강조하기 위하여 나봇이 했던 말(3절)을 반복적으로 기술하여 의인 나봇의 캐릭터를 강조함과 동시에 중단되지 않는 아합의 탐욕을 강조한다. 나봇의 토지 매매 거부는 아합의 내면과 행동을 묘사하는 근거가 되고 있다. 그래서 다음과 같이 표현한다.

> 아합이 근심하고 답답하여 왕궁으로 [돌아왔다](וַיָּבֹא אַחְאָב אֶל־בֵּיתוֹ סַר וְזָעֵף, 와야보 아흐압 엘-베토 싸르 웨자에프)(왕상 21:4).

이 표현은 20장 마지막 절(43절)에서 사용한 표현과 거의 비슷한 히브리어 표현을 사용하고 있는 것이 매우 흥미롭다.

> [아합이 '헤렘의 법'을 어기고 여호와의 심판의 신탁을 들은 후에] 근심하고 답답하여 왕궁으로 [돌아왔다](וַיֵּלֶךְ מֶלֶךְ־יִשְׂרָאֵל עַל־בֵּיתוֹ סַר וְזָעֵף, 와예렉 메렉-이스라엘 알-베토 싸르 웨자에프, 왕상 20:43).

차이가 있다면, 전자는 주어를 '이스라엘 왕'으로 사용하고 후자는 주어를 '아합'으로 사용하며 그리고 '가다/오다'라는 동사를 전자는 '하라크'(הָלַךְ)를 사용하고 후자는 '보'(בוֹא)를 사용하는 차이점뿐이다.

왕의 내면을 묘사하는 두 핵심 형용사인 '근심스런'(סַר, 싸르, "stubborn, resentful, sullen, implacable")과 '답답한'(זָעֵף, 자에프, "out of humor, vexed")이라는 형용사는 두 경우 모두 동일하다. 반복되는 아합의 캐릭터 표현으로써, '완고하며 짜증내는' 그의 내면 스타일이 강조된다. 왕궁으로 돌아온 아합은 침상에 누워 얼굴을 돌리고 식사도 중단하였다(4절). 이것은 자신이 소유하고자 하는 탐욕에 대한 집요함을 어린 아기 같은 행동으로 표현하는 그의 기질이 묘사된다.

이어진 구절(5-7절)은 아합과 그의 아내 이세벨 사이에 벌어진 대화를 기술한다. 이세벨은 이러한 아합의 '근심'(רוּחֲךָ סָרָה, 루하카 싸라)의 이유를 묻는다. 왕은 이세벨에게 자신이 근심하는 이유를, 나봇이 한 말을 그대로 직접 화법을 통해서 인용하면서 다시 반복한다(6절).

이러한 거듭된 반복은 아합의 탐욕과 나봇의 의로움이 과거에 머물지 않고 계속적으로 이어진 문맥에서 반복됨으로, 두 캐릭터의 현재성을 강조하고자 함이다. 시간과 공간이 달라져도 아합의 탐욕은 그대로이며, 나봇의 의로움도 그대로 신실하다는 것이다. 왕의 이유를 들은 이세벨은 왕에게 그의 '현재적 정체성'을 확인시킨다. 즉 아합에게 2인칭 독립 대명사 주어인 '당신은'(אַתָּה, 아타)이라는 표현을 별도로 사용하여 강조하며 그리고 '지금'(עַתָּה, 아타) 아합이 이스라엘을 다스리는 왕이다(미완료형: תַּעֲשֶׂה, 타아세)는 사실을 미완료 동사를 통해 현재도 계속되는 왕권의 소유자임을 강조한다.

그러고 나서, 그녀는 왕에게 식사를 하고 마음을 즐겁게 가지라고 격려한다. 그러면서 다음과 같이 자신의 의지를 표현한다.

> 내가 이스르엘 사람 나봇 사람의 포도원을 왕께 드리이다(왕상 21:7).

여기에서 이세벨은 나봇의 포도원을 왕에게 주는 주체인 '자신'을 강조하기 위하여, 1인칭 독립 대명사 주어를 별도로 사용하여 '내가'(אֲנִי, 아니)라는 표현으로 강조하고 있다.

다음의 구절(8-10절)은 이세벨의 간교한 계략이 시행되는 과정을 편지를 통해 보여 준다. 이세벨은 먼저 아합의 이름으로 여러 통의 편지를 쓰고 왕의 도장(어인)을 찍고 봉인하여 나봇이 사는 성읍인 이스르엘 장로들과 귀족들에게 보낸다(8절). 그 편지 내용에 따르면, 먼저 금식을 선포하여 사태가 긴급하고 상황이 엄중하다는 것을 백성들에게 조작적으로 선동하게 한다.

그리고 그러한 사태와 상황의 중심에 나봇이 핵심 인물이라는 사실을 대중적으로 주목하게 하기 위하여 백성들 가운데 '높은 곳에'(בראש, 베로쉬) 앉게 한다(9절). 이것은 재판정의 피고석에 앉게 한다는 의미일 것이다. 그리고 그 반대편에 불량자 두 명을 증인석에 앉히게 한다(10절). 그 불량 증인 두 사람으로 하여금 나봇은 '하나님과 왕을 저주하였다'라고 거짓 증언을 하게 한다. 그러고 나서, 나봇을 끌고 나가서 돌로 쳐 죽이게 하는 것이다.

3. 탐심은 행악으로 발전한다(11-16절)

이어지는 구절(11-16절)에서, 이스르엘 성읍의 장로들과 귀족들은 편지를 통해 이세벨의 지시 사항을 받고 그대로 그 악에 동참하는 모습을 보여 준다.

편지에 적힌 이세벨의 계략대로, 실제 시행되는 장면을 묘사한다(11-13절). 계획이 실행 단계에서 다시 반복적으로 표현된다. 결국, 거짓 증인들의 증거로 나봇을 성읍 밖으로 끌고 가서 하나님과 왕을 저주하였다는 죄목으로 돌로 쳐죽였다.

이세벨의 계략은 율법이 정한 '증인의 수'에 대한 필요조건을 갖추기는 했으나, '증인의 질'에 대한 충분조건은 미비했다. 율법은 어떤 범죄의 혐의자를 죽이고자 할 때, 재판에서 다음과 같이 규정하고 있기 때문이다.

두 사람이나 세 사람의 증언으로 죽일 것이요(왕상 21:10; 신17:6; 19:15; cf. 민 35:30).

이세벨은 율법에 따라 증인의 최소 필요 수를 충족시켰으나, 그 증인들의 증거 내용의 진실성은 확보하지 못했다. 십계명의 제9계명을 결정적으로 범했기 때문이다.

거짓 증거하지 말라(출 20:16).

율법을 지키는 시늉을 하는 것 같으나, 그것은 율법적 종교 문화 안에 있는 대중들을 선동하기 위한 것일 뿐이다.

여기에는 주동자 이세벨을 위시하여, 그녀의 편지를 받고 동조한 자들인 이스르엘 성읍에 사는 장로들과 귀족들(11절) 그리고 고용된 불량자 두 사람, 이 세 당사자(three parties)는 함께 연합하여 율법을 생명보다 더 귀하게 여긴 의인 나봇을 죽이는데 동참한 공동 살인자들이다. 이들의 살인죄(제6계명)는 이를 위한 거짓 증거의 죄(제9계명)와 연결되었고 그 토지를 강탈하는 도둑질의 죄(제8계명)로 나아갔다. 무엇보다 이 모든 죄를 시초적으로 야기시켰던 아합의 토지에 대한 탐욕과 탐심의 죄(제10계명)가 모든 죄의 토대가 되었다. 십계명의 마지막 제10계명은 다음과 같이 정하고 있다.

네 이웃의…밭이나…네 이웃의 모든 소유를 탐내지 말지니라(신 5:21; cf. 출 20:17).

바알과 아세라를 섬긴 아합과 이세벨에게는 다른 신을 둔 죄(제1계명)와 다른 신을 만들어 섬긴 죄(제2계명)는 기본적으로 범하고 있는 중인데, 그들은 이러한 죄의 기본기 위에서 나봇의 포도원 강탈 사건에서 범하게 된 제6계명(살인), 제8계명(도둑질), 탐심의 죄(제10계명)는 간과했다. 앞서 언급한 대로, 거짓 증거와 관련된 계명(제9계명)에서 증인의 수만 형식적으로 확보하고 그 증거의 질(진실성)은 전적으로 무시했다. 거짓과 조작에 의해 증인과 증거가 시행되고 채택되었기에 탈법이며, 위법이며, 반율법적이며, 율법을 따라 사는 의인을 죽여서 하나님을 모독했다.

신약성경에서는 다음과 같이 강력하게 경고하고 있다.

그러므로 땅에 있는 지체를 죽이라…탐심이니 탐심은 우상 숭배니라(골 3:5).

이 말씀에 비추어 볼 때, 아합과 이세벨 그리고 당시 이스라엘은 바알과 아세라를 섬긴 '문자적 우상 숭배'를 했을 뿐만 아니라, '탐심을 통한 우상 숭배'의 죄도 함께 저질렀던 것이다.

아시아의 일곱 교회 가운데, 두아디라 교회에 보내는 편지에서 사도 요한은 다음과 같이 두아디라 교회가 "이세벨"의 죄를 용납하고 동참한 죄를 지적한다.

> 자칭 선지자라 하는 여자 이세벨을 네가 용납함이니(계 2:20).

이세벨의 정체성에 대한 사도 요한의 증언은 다음과 같이 규정된다.

> 내 종들을 가르쳐 꾀어 행음하게 하고 우상의 제물을 먹게 하는 자(계 2:20).

여기서 "꾀다"(πλανάω)라는 헬라어 동사는 '적절한 방향 감각 없이 나아가게 하다'(to proceed without a sense of proper direction), '길 잃다'(go astray, wander about aimlessly), '~을 속이다'(deceive oneself)라는 의미를 가진다.[2] '꾀어서 유혹하는'(deceived, seduced) 방법론을 주된 무기로 사용하는 이세벨은 '성령의 권위'(the Spirit's authority)를 주장하는 듯하나, 실제로는 '사탄의 힘'(satanic force)으로 역사하는 자이며, 많은 하나님의 종들을 이단으로 이끄는 거짓 선지자나 거짓 교사들의 대명사다.[3]

이세벨이 아합과 이스라엘을 초대하여 바알을 숭배하는 영적인 간음 곧 여호와와 우상을 함께 섬기는 종교적 혼합주의의 죄악을 범하게 했듯이(왕상 16:31; 21:25), 소아시아 지역의 거짓 교사들은 두아디라 교회로 하여금 '두아디라 지역의 우상 숭배적 문화'를 기독교 신앙과 교리 안으로 수용하도록 하여 신앙의 혼합주의를 야기시켰다.[4] 여기서 '이세벨의 교훈을 따르는 자들'은 궁극적으로 '우상 숭배적인 세상의 시스템'과 동일시 되는 자를 가리키는데, 이들은 계시록의 문맥 안에서 심판받을 세상 나라 '바벨론'으로 지칭되

---

[2] W. Arndt, F. W. Danker, W. Bauer & F. W. Gingrich, *A Greek-English Lexicon of the New Testament and Other Early Christian Literature* (Chicago: University of Chicago Press, 2000, 3rd ed.) , 821 on Logos.

[3] Grant R. Osborne, *Revelation*, BECNT (Grand Rapids, MI: Baker Academic, 2002), 157-158.

[4] G. K. Beale, *The Book of Revelation*, NIGTC (Grand Rapids, MI: William B. Eerdmans Publishing Company, 1999), 260-262.

는 자들이며, '이세벨'은 이런 자들을 대표하는 대유적 존재로 사용된다.[5]

삼위 하나님의 은혜의 선물로 그리스도의 몸된 교회에 주신 진리의 말씀과 진리의 성령의 은사들을 귀하게 여기고 바르게 사용하여, 그리스도의 몸된 교회를 건강하고 튼튼하게 자라가게 해야 한다. 이러한 은혜에 대하여 감사와 만족을 누리지 못하면 세상의 문화나 가치에 대한 관심과 탐심을 품게 된다. 탐심을 통해 "이세벨의 죄악"을 교회에 들어오게 한다. 탐심은 "이세벨"이 교회에 들어오는 길을 만들어 주는 것이다. 탐심을 제거함으로 이세벨의 죄악이 교회 안으로 들어오는 것을 원천적으로 차단해야 한다.

나봇이 돌에 맞아 죽었다는 통보가 이세벨에게 전달되고 이세벨은 왕에게 가서 다음과 같이 말했다.

> 나봇의 포도원을 차지하소서(왕상 21:15).

아합은 나봇이 죽었다 함을 듣고 나봇의 포도원을 차지하기 위하여 포도원으로 발걸음을 옮기고 있었다(16절). 그의 마음에는 탐욕과 죄악이 가득차 있었다.

반면, 주의 말씀을 그 발의 등을 삼고 그 길에 빛을 삼는 자(시 119:105)는 그 마음에 하나님의 법이 있기 때문에 그 걸음은 실족함이 없다(시 37:31). 의인 나봇의 발걸음을 주의 말씀에 굳게 세우시니 어떤 죄악도 그를 주관하지 못하게 되었다(시 119:133). 그러나 악인 아합의 발걸음은 죄를 짓는데 빨라서 승리자처럼 보일지라도, 그리고 의인의 피와 악인의 죄는 여호와께 잊은 바가 될 수 없어서 멸망을 재촉할 뿐이다.

신명기의 율법에 따르면, 이스라엘의 왕으로 세움을 입은 자의 가장 중요한 의무들 가운데 하나는 다음과 같이 규정한다.

> 율법서의 등사본을 레위 사람 제사장 앞에서 책에 기록하여 평생에 자기 옆에 두고 읽어 그의 하나님 여호와 경외하기를 배우며 이 율법의 모든 말과 이 규례를 지켜 행할 것이라(신 17:18-19).

---

[5] G. K. Beale, *The Book of Revelation*, 262.

이 규례를 망각하면, "그의 마음이 그의 형제 위에 교만"하여 "왕 위에 있는 날이 장구"하지 못하게 된다(cf. 신 17:20). 즉 율법 준행의 의무이다. 그것이 언약 공동체의 다른 형제와 공존할 수 있는 겸손이다. 그 결과는 그 왕직을 오래도록 유지하도록 하시는 은혜를 입게 된다.

4. 악행에 대한 공의의 성품 계시(17-26절)

아합이, 이세벨의 간계로 죽은 나봇의 포도원을 차지하러 발걸음을 빠르게 옮기고 있을 바로 그 시점에, 여호와의 말씀이 디셉 사람 엘리야에게 임했다(17절).

너는 일어나 내려가라(קוּם רֵד, 쿰 레드, 왕상 21:18).

명령의 말씀이 왔는데, 그 이유는 "죽인" 나봇의 포도원을 '차지하러'(יָרַשׁ, 야라쉬) 가는 아합을 만나도록 하기 위함이다(18절). 하나님께서 엘리야를 통해 아합에게 하시는 질문은 다음과 같다.

네가 죽이고 또 빼앗았느냐(הֲרָצַחְתָּ וְגַם־יָרָשְׁתָּ; 하라차흐타 웨감-야라쉬타, 왕상 21:19).

여기서 "빼앗다"라는 동사는 바로 앞 18절에서 "차지하다"(יָרַשׁ, 야라쉬)라는 표현과 같은 동사를 사용한다. 그런데 여기서 "빼앗았느냐"라는 표현 앞에, "그리고 또"(וְגַם, 웨감)라는 접속사와 부사가 결합된 표현이 있다. 여기서 "그리고 또"라는 표현은 '죽인 행위'에 이어진 부가 행위를 강조하기 위한 것인지, 아니면 전에도 빼앗은 행위가 있었는데 지금 또 빼앗는 동일한 행위를 중복하는 것을 강조하는 것인지 애매하다. 전자의 해석은 아합이 나봇을 죽였다는 것이 된다. 물론 이세벨이 주도하여 죽였음에도 이 책임을 아합이 죽인 것으로 보신다는 의미다. 즉 살인 행위에 이어 부가된 탈취 행위이다.

후자의 해석은 아합이 이전에도 남의 것을 탈취한 행위들이 사람 앞에 감추어졌는데, 하나님께서 아합의 숨겨진 죄악을 드러내시는 전지하신 신성을 드러내신 것이 된다. 전자가 더 문맥적 해석이라면 후자는 정황적 해석이다. 그러면서 둘 모두는 아합의 죄가 연속적이면서 누적되었다는 사실을 보여준다. 그리고 이어서 '여호와께서 이와 같이 말씀하셨다'라는 뜻을 가진 메신저 포뮬러 "코 아마르 여호와"(כֹּה־אָמַר יְהוָה)를 사용하여 아합의 미래 운명을 예언한다. 다음과 같은 말씀이다.

> 개들이 나봇의 피를 핥은 곳에서 개들이 네 피 곧 네 몸의 피도 핥으리라(왕상 21:19).

이것은 그대로 성취된다(19절).
엘리야를 대면한 아합은 엘리야에게 다음과 같이 말한다.

> 내 대적자여 네가 나를 찾았느냐(왕상 21:20).

과거에 아합은 엘리야에게 다음과 같이 호칭한 적도 있다.

> 이스라엘을 괴롭게 하는 자(왕상 18:17).

엘리야는 아합에게 다음과 같이 말씀한다.

> 네가 자신을 팔아 여호와 보시기에 악(רַע, 라)을 행하였으므로(왕상 21:20).

여기서 아합이 자신을 팔았다는 표현은 아합 왕의 이름으로 이세벨이 편지를 쓰고 그 인을 치고 봉하여(8절) 범죄했다는 것이다.
즉 이스라엘 왕의 직분과 직위를 남용해 범죄하는데 사용한 죄악을 가리킨다. 그 결과 여호와의 '재앙'(רָעָה, 라아)을 아합에게 내려 아합에게 속한 모든 남자를 다 멸할 것이라는 심판 예언이다(21절). 여기서 '악'(רַע, 라)과 '재앙'(רָעָה, 라아)은 모두 동일 히브리어 자음인데, 전자는 남성 명사며 후자는 여성 명사일 뿐이다. 여호와 보시기에 '악'을 행하면, 여호와의 '재앙'을 맞이한다는 점을 강조한다. 하나님 공의의 성품을 언어 유희(word play)를 통해 지혜롭게 보여 준다.

하나님의 공의의 성품이 구현되는 구체적인 방식으로서 아합의 집에 대한 심판 선언이 이어진다. '아합의 집' 곧 오므리 왕조(44년간: 885-841 B.C.)가 다음과 같다고 말씀하신다.

> 느밧의 아들 여로보암의 집처럼 되게 하고 아히야의 아들 바아사의 집처럼 되게 하리니 (왕상 21:22).

여기서 '여로보암의 집'은 이스라엘의 1대 왕조인 여로보암 왕조(22년간: 931-909 B.C.)를 가리키며 그리고 '바아사의 집'은 이스라엘의 2대 왕조인 바아사 왕조(24년간: 909-885 B.C.)를 가리킨다. 이스라엘의 역사에서 가장 부패한 왕조들이다. 이들 왕조는 하나님의 진노를 가져왔는데, 아합의 집 역시 하나님을 '노하게' 하였고 "이스라엘이 범죄하게 한 까닭"이라고 심판의 정당성을 말씀하신다(22절). 이것은 오므리 왕조 전체에 대한 심판 선언이다.

오므리 왕조에 대한 심판을 선언한 후에, 아합의 아내이며, 나봇을 죽이고 나봇의 포도원을 갈취한 범죄의 주범인 이세벨에 대하여 다음과 같이 악의 축에 대한 심판을 선언하신다(23절).

> 개들이 이스르엘 성읍 곁에서 이세벨을 먹을지라(왕상 21:23).

그리고 이어진 저주의 선언은 아합에게 속한 자들에 대한 심판으로서, 성읍에서 죽은 자들은 개들이 먹고 들에서 죽은 자들은 공중의 새들이 먹는다는 저주이다. 이 표현은 연쇄적으로 모든 곳에서 철저히, 비참한 죽음으로 겪게 될 하나님의 언약적 심판의 저주를 강조한다.

25-26절에, 아합 왕의 직위와 힘을 의지하여 즉 권력 남용으로 왕의 어인을 찍고 이세벨이 그 왕명의 서신을 작성하여 보내는 방식으로, '자신을 팔아'(20, 25절; cf. 8절) 여호와 앞에서 악을 행한 유일한 자인데, 그런 존재가 된 것은 그의 아내 이세벨이 충동하였기 때문이라고 역사가는 설명한다. 이것은 출애굽 공동체가 광야 여정을 거쳐서 가나안 땅에 들어온 이래로, '여호와께서 이스라엘 자손 앞에서 쫓아내신 아모리 사람의 모든 행함같이' 아합도 우상에게 복종

하여 심히 가증하게 행하는 자라는 "역사적인 범죄자"라고 낙인을 찍는다.

그는 아모리 사람과 동등한 급의 죄인이며, 악에 대한 열심이 특별한 자였으며 그리고 악의 최상급의 인물로 특징화된다. 죄에 대한 양심이 무딘 가족이다. 죄는 또 다른 죄를 연쇄적으로 범하고 결국 죄의 결과는 사망을 가져왔다(롬 6:23).

5. 악행자에 대한 긍휼의 성품 계시(27-29절)

엘리야를 통해 심판의 저주의 신탁을 들은 아합은 과거에 두 번의 '근심과 답답함'(סַר וְזָעֵף, 싸르 웨자에프)을 표현한 적이 있다. 한 번은 아람과의 전쟁에서 사로잡은 아람 왕 벤하닷을 놓아주어 '헤렘'의 법을 어겼을 때, 익명의 선지자를 통해서 심판의 저주를 듣고, '근심과 답답함'을 가지고 왕궁으로 돌아가 버렸다(왕상 20:43). 그리고 또 한 번은 의인 나봇에 의해 포도원 매각에 대해 거부를 당했을 때, '근심과 답답함'을 보이면서 왕궁으로 돌아와 침상에 누웠다. 전자는 헤렘의 율법을 주신 여호와께 거부를 당한 경우이며, 후자는 기업에 대한 율법을 주신 의인 나봇에 의해 거절을 당한 경우이다(왕상 21:4). 두 경우 모두, 자신이 거부 및 거절당했을 때, '근심과 답답함'을 가지고 왕궁으로 돌아가 버렸다. 이번에는 과거의 경우들과 달리 반응한다.

아합 자신과 아합의 집 그리고 아합에 속한 모든 자에 대한 여호와의 심판 신탁(왕상 21:17-26)을 엘리야를 통해 전해 들은 아합은 전부터 여호와 보시기에 악을 행함으로 누적된 죄악에 대한 여호와의 최후통첩을 무겁게 받아들인다(27-29절). 그래서 아합은 자신의 옷을 찢고 굵은 베로 몸을 동인다. 진심으로 자신의 과오를 뉘우친다. 그리고 금식하고 굵은 베(요와 이불)에 눕는다. 이것은 나봇에게 포도원 매각 제안을 거절당한 후에, 식음을 전폐하고 침상에 눕는 모습과 다르다. 그의 이러한 내면은 "풀이 죽어 다니더라"(אַט וַיְהַלֵּךְ, 와예하레크 아트)라는 외적 모습으로 나타났다. 왕궁 안팎에서 아합이 다니는 모습을 '풀이 죽어'(אַט, 아트, "gentleness")라는 표현으로 묘사하고 있는

데, 이 단어(명사)는 오직 부사적인 의미로만 성경에서 사용된다.[6]

이 부사적 의미(softly, gently)는 그의 내적인 마음과 외적인 태도가 심판 신탁으로 그에게 만들어진, 일종의 "온유하고 겸손한" 태도를 의미할 수 있다. 그래서 이 문장을, "심지어 그는 나약하게 돌아다녔다"(and he went about softly/gently)로 직역할 수 있다. 그렇다면 아합의 뉘우침의 행위 다섯 가지(27절)는 진정한 회개인가 아니면 일시적 회개인가 고민하게 된다.

일단 아합의 이 태도에 대하여 여호와의 말씀이 디셉 사람 엘리야에게 임했다(28절). 그 말씀의 내용을 볼 때, 결국 아합의 뉘우침이 진정성이 있는 것으로 판단된다. 아합의 행동은 여호와 앞에서 '겸비함'으로 보여졌다(29절). 여기서 '겸비하다'(כָּנַע, 카나)라는 동사가 2회 반복적으로 사용했으며, 그 결과로 주어지는 '그 재앙'(הָרָעָה, 하라아)이라는 표현도 2회 반복적으로 사용했다. 아합이 여호와 앞에 보인 '겸비함' 때문에 '그 재앙'은 그의 시대에는 내리지 않고 유보되었으며, 그리고 그의 '겸비함' 때문에 '그 재앙'은 그의 아들의 시대에 내리게 될 것이다.

이와 같이, 악인의 회개는 하나님의 진노의 칼을 잠잠하게 하는 능력이 있다. 사랑의 하나님 앞에서 용서받지 못할 죄가 있겠는가. 그러나 그것은 아합의 일시적인 뉘우침이었다. 그런데도 일시적으로나마 아합이 악을 스스로 시인하고 하나님의 의를 인정하는 효과를 만들어내었다. 이런 점에서, 자신의 죄를 온전히 회개하고 언약의 하나님께 온전히 돌아올 필요가 있다(요일 1:9). 죄악을 자복하고 회개하면, 용서의 긍휼은 그분의 몫이다.

6. 결론 및 적용

아합과 이세벨은 그동안 수많은 악행을 하나님 앞에서 행해왔다. 그런데도 그들에 대한 직접적 심판은 아직 임하지 않았다. 그런데 나봇의 포도원 갈취 사건이 결정적 계기가 되어 개인적 심판을 당면하게 된다. 이 과정에서

---

[6] F. Brown, S. R. Driver & C. A. Briggs, *Enhanced Brown-Driver-Briggs Hebrew and English Lexicon* (Oxford: Clarendon Press, 1977), 31 on Logos.

의인 나봇은 희생자가 되었다.

하나님은 나봇과 같은 의인을 희생자로 "사용하는" 의도가 무엇일까?

나봇과 같은 의인의 죽음을 악행자들인 아합과 이세벨을 심판하는 결정적 도구로 사용하신다. 나봇의 억울한 형편과 죽음을 볼 때, 너무나도 참담하고 하소연할 때도 없다. 악인들로 구성된 구조적인 악과 사회적인 악에 대하여 힘 없는 자들과 의인들은 무력감과 허무감을 가졌을 것이다. 그러나 악행자들에 대한 심판이 나타나기까지 그렇게 오랜 시간이 걸리지 않았다. 하나님은 살아 계신 분이시며, 공의를 행하시는 분이시다.

악행을 향한 발 빠른 악인이 "풀이 죽어 다니더라"라고 그 악인을 묘사하는대로, 하나님은 악인과 악을 완전히 제압하실 궁극적 신적인 보복의 날을 도래하게 하실 것이다. 악인과 악에 대한 완전한 제압의 장면이 예수님의 혼인 잔치의 비유에서 묘사된다(마 22:1-14). 그 혼인 잔치에 참여하게 된 자들 가운데, 예복을 입지 않은 한 사람에게 혼주(the wedding host)로서 임금은 다음과 같이 말했다.

> 친구여 어찌하여 예복을 입지 않고 여기 들어왔느냐(마 22:12).

그의 모습은 다음과 같았다.

> 아무 말도 못하였으며(마 22:12).

이어서 그 임금은 다음과 같이 사환들에게 명령을 내린다.

> 손발을 묶어 바깥 어두운 데에 내던지라 거기서 슬피 울며 이를 갈게 되리라(마 22:13).

여기서 예복 입지 않은 자의 '말이 없는 상태'(speechless)와 '손발이 묶인 상태'(binding)와 '슬피 울며 이를 가는 상태'(weeping and gnashing of teeth)는 악인이 풀이 죽어 "영원히 잠잠한 상태"를 종말론적으로 보여 준다(cf. 시 147:6;

149:7-9).[7]

그런데 본문은 행악자들(아합과 이세벨)에 대한 공의의 심판을 포함하며, 행악자의 겸비한 회개에 대하여 하나님의 긍휼을 허락하신다. 그런데도 하나님의 말씀대로 살다가 희생된 이스르엘의 포도원의 주인 나봇에 대하여는 본문이 하나님의 보응과 그 성품을 일체 언급하지 않으므로 침묵한다.

만일 하나님께서 행악자에 대한 공의의 심판을 행하시고 행악자의 회개에 대하여 긍휼을 베푸셨다면, 하물며 의인 나봇의 행실에 대하여 공의와 사랑을 행하시기 위해 살아 계신 하나님의 상급이 어찌 없겠느냐고 행간의 침묵을 통해 도리어 역설적으로 강변하는 것 같다.

요컨대, 이 본문은 두 가지의 인간의 악행(탐심과 행악)을 언급하고, 이어서 두 가지의 하나님의 성품(공의와 사랑)을 계시하고 있다. 두 가지의 인간의 악행과 그에 따른 두 가지의 하나님의 성품 계시를 통하여 네 가지 교훈을 전달한다.

첫째, 탐심이 죄악의 시작이 된다는 것을 알고 경계해야 한다.
둘째, 악행은 언약의 하나님을 무시하고 언약 관계를 파괴한다는 것을 알고 피해야 한다.
셋째, 행한 대로 갚으시는 공의의 하나님을 경외해야 한다.
넷째, 죄악을 회개하면 용서의 긍휼을 베푸시는 하나님을 신뢰해야 한다.

이 네 가지 교훈은 우리에게 "악이 일시적으로 승리하는 것 같으나, 살아 계신 하나님은 반드시 공의를 시행하신다"라는 메시지를 들려준다.

---

7   시편 1편에서 시작된 '의인과 악인'의 구도가 150개의 전체 시편을 통해서 "대결 구도"를 형성하면서 문맥이 발전된다. 의인은 악인들의 대적 행위로 인하여 '탄식'을 쏟아내며, 그러나 결국은 의인의 '찬양'으로 귀결된다. 시편 전체 5권에서 앞부분으로 올수록 '탄식시'가 많고 뒷부분으로 진행될수록 '찬양시'(예: 할렐루야 시편들)가 많다. 이러한 시편의 문맥 안에서, '악인'의 마지막 등장은 시 147:6("여호와께서 겸손한 자를 붙드시고 악인들은 땅에 엎드러뜨리시는도다")이다. 이것은 시편에 있는 "종말론적 심판"의 한 장면이다. 나라들, 민족들, 왕들, 귀인에 대한 종말론적 심판은 시 149:7-9에 묘사된다. 결국, 악인들의 마지막은 아합처럼 풀이 죽은 상태인데, 이 두 시편에서는 '땅에 엎드러뜨린 장면'과 '결박된 장면'으로 묘사된다.

♣ 개인 묵상과 소그룹 성경 공부를 위한 토론 질문 ♣

1. 탐심이 행악으로 자라가서 결국은 하나님의 심판 또는 징계를 직면할 수 있다. 내가 이미 범한 어떤 죄악에 대하여 하나님의 징계를 아직 받기 이전의 상태에 있다면, '작은 탐심'이라는 죄의 씨앗이 어떻게 내 안에 심어졌는지 기억을 되짚어 보라.
최근에 내 안에 새롭게 발생하려고 하는 어떤 탐심이 있는가?
그리고 그 탐심이 어떻게 자라가려 하는지 주시하고 경계하라.

2. 나의 죄악에 대한 하나님의 공의의 손길과 긍휼의 성품이 나에게 어떤 유익을 주는지 서로 나누어 보라.

3. 악이 일시적으로 승리하는 것 같은 상황에서 "하나님의 침묵"이 지속될 때, 나는 그리스도인으로서 어떻게 이해하고 행동을 하는가?

Elijah-Elisha Narratives:
The Prophetic Ministry to Have Life & Have It Abundantly

제10장
아람과의 전쟁을 위한 아합과 여호사밧의 동맹

> Topic : 엘리야-엘리사 내러티브(10)
> Title : 아람과의 전쟁을 위한 아합과 여호사밧의 동맹
> Text : 열왕기상 22:1-53
> Theme : 치밀한 인간의 거짓과 계획으로도 하나님의 주권적인 뜻을 바꿀 수 없다.

1. 서론 및 문맥

　직전의 문맥인 열왕기상 21장 마지막 절(왕상 21:29)에서, 아합이 엘리야를 통해 심판 신탁의 말씀을 듣고 진심으로 그러나 일시적으로나마 '겸비함'을 가졌다고 여호와 하나님의 입으로 2회에 걸쳐서 엘리야에게 말씀하셨다. 그래서 내리기로 작정된 그 재앙이 아합의 시대에는 내리지 않고, 아합의 다음 세대에 내릴 것이라고 심판에 대한 "집행 유예"의 은혜를 받게 되었다. 그리고 이어지는 22장의 첫 문맥(왕상 22:1)에서, 아람과 이스라엘 사이에 전쟁이 없이 3년간의 평화의 시기였다고 내레이터는 역사를 기술한다. 이러한 문맥적 인과관계의 관점에서 볼 때, 아합의 회개는 자신도 긍휼을 받게 되고 이스라엘도 평화의 시기를 은혜로 받아 누리게 된 것이다.

　엘리야-엘리사 기사는 열왕기상 17장에서 열왕기하 13장(엘리사의 죽음의 장면)까지 계속된다. 그 가운데, 엘리야의 사이클에서 엘리야가 등장하지 않는 본문은 열왕기상 20장(아람과 이스라엘의 전쟁 기사)과 22장(아합에 대한 선지자 미가야의 경고 사건)이다. 이 본문은 바로 두 개의 장 가운데 마지막 장이다.

역사적인 배경으로서, 북이스라엘에서 오므리(885-874 B.C.)를 이어서 그의 아들 아합(874-853 B.C.)이 통치하던 시기에, 남왕국 유다의 왕은 여호사밧(873-848 B.C.)-여호람(854-841 B.C.)이 통치했다.[1] 아합의 시대에는 비록 엘리사가 엘리야에 의해 소명을 받았더라도, 그 주도적인 사역은 엘리야 선지자가 활동하던 시기였다. 그리고 유다 왕 여호사밧은 부귀와 영광을 크게 떨친 왕이었고 아합의 가문과 혼인함으로 인척 관계를 형성하였다(대하 18:1). 즉 아합의 딸 아달랴와 여호사밧의 아들 요람/여호람과 결혼하였다(대하 21:6). 그래서 여호사밧과 아합 사이에 자유로운 방문과 교제와 결탁이 있는 정치적, 군사적 동맹 관계가 형성되었다.

2. 아람과의 전쟁을 위한 아합과 여호사밧의 동맹(1-40절; 대하 18장)

1) 전쟁의 발단(1-4절)

이스라엘은 아람과의 전쟁이 없는 3년간의 샬롬의 기간을 보냈다(1절).[2] 두 나라 사이에 전쟁이 없는 '제3년째'에 유다 왕 여호사밧이 이스라엘 왕 아합에게 방문의 형태로 대면한다(2절). 여기서 "셋째 해"라는 말은 두 나라 사이에 전쟁이 없었던 기간의 '제3년째'라는 의미를 갖는 것 같다. 그러나 병행 본문인 역대하 18:2에 따르면, '2년 후에'라고 표현한다. 이것은 아합과 여호사밧 사이에 동맹을 맺고 나서 2년 후라는 의미 곧 제3년째라고 역대하 18:1-2에서는 의미하는 것 같다. 만약 두 본문이 모순이 없다면, 아람과 이스라엘 사이에 전쟁이 없던 평화의 시기에 이스라엘과 유다 사이에 결혼 동맹을 맺었다는 것이 된다.

---

[1] 유다 왕 여호람/요람에 대한 통치 연도는 학자들마다 차이가 있다. Eugene H. Merrill, *Kingdom of Priest*, 337에서는 848-841 B.C.로 언급하였으며, Walter C. Kaiser Jr. and Paul D. Wegner, *A History of Israel*, 853-841 B.C.로 언급한다.
[2] 이것은 이스라엘 주도적 전쟁이 아니라, 아람 주도적 침략 전쟁이 없었던 평화의 기간을 의미한다. 왜냐하면, 이어진 문맥은 이스라엘이 주도적으로 전쟁을 개시하려고 하기 때문이다.

그리고 이어진 문맥적 사실은 아마 아합이 여호사밧을 초대한 것 같다.[3] 왜냐하면, 이스라엘 왕이 그의 신하들에게 다음과 같이 전쟁 개시의 의중을 밝히고 있기 때문이다.

> 길르앗 라못은 본래 우리의 것인 줄을 너희가 알지 못하느냐 우리가 어찌 아람의 왕의 손에서 도로 찾지 아니하고 잠잠히 있으리요(왕상 22:3).

이어서 아합은 방문한 여호사밧에게 다음과 같이 전쟁 의사를 묻는다.

> 당신은 나와 함께 길르앗 라못으로 가서 싸우시겠느냐(왕상 22:4).

여호사밧은 아합에게 다음과 같이 철저한 동맹 의사를 표명한다.

> 나는 당신과 같고 내 백성은 당신의 백성과 같고 내 말들도 당신의 말들과 같으니이다 (왕상 22:4).

이로 인하여 이 둘 사이에, 길르앗 라못 회복을 위한 전쟁 동맹의 요청과 수용이 성사되었다.

2) 제2의 갈멜산 영적 대결(5-28절)

전쟁을 개시하기 전에, 비교적 경건한 유다 왕 여호사밧은 이스라엘 왕 아합에게 하나님의 뜻을 문의할 것을 요청한다(5절). 그래서 아합은 이스라엘의 선지자 400여 명을 불러 모으고 다음과 같이 묻는다.

> 내가 길르앗 라못에 가서 싸우랴 말랴(왕상 22:6).

---

[3] 열왕기상 22장에서, 아합의 죽는 장면까지(왕상 22:39-40) '아합'이라는 실명을 사용하지 않고 '이스라엘 왕'이라는 호칭으로만 사용된다. 반면 병행 본문인 대하 18장에서는 그 익명의 이스라엘 왕은 '아합'이라고 명시적으로 밝혀서 사용한다.

그들은 다음과 같이 일제히 대답한다.

> 올라가소서 주께서 그 성읍을 왕의 손에 넘기시리이다(왕상 22:6).

과반이나 다수결도 아닌, 만장일치(cf. 13절, "하나같이")로 조작된 신탁을 만들어 왕 앞에 제시한 것이다. 이들은 곧 개시할 상황에 있는 아람과의 전쟁에서 승리와 번영의 메시지를 전달한다.

선지자들로 일컬어지는 이들 400명이 누구인가?
갈멜산 사건으로 기손 시내에서 죽임을 당한 바알 선지자 450명(왕상 18:19, 40) 이외에, 다른 바알 선지자들 또는 그들의 제자들인가?
아니면 갈멜산 사건에서 살아남은 아세라의 선지자 400명(왕상 18:19)인가?

이들의 구체적인 소속을 말하는 것은 난해한 부분이다. 그런데도 이들은 하나님을 경외하는 자들은 아니며, 여호와의 신탁을 여호와로부터 직접 듣고 전달하는 자들도 아닌, 왕과 좋은 관계를 유지하고자 하는 인본주의자들이다. 카일은 "하나님의 소명 없이 송아지 우상을 섬기고" 물질적 이익을 목적으로 여호와의 이름으로 예언 활동을 하는 자들로 그 정체성을 이해한다.[4]
그런데 여호사밧은 자신의 눈치인지, 영적인 분별력인지 모르겠지만, 느낌이 좀 이상한 것 같았다. 아마 그는 엘리야의 갈멜산 사건에 대한 소문을 들어서 잘 알고 있는 상태이기에, 이스라엘 땅에 거짓 선지자들이 많이 있을 것이라는 사실을 짐작하고 있을 것이다. 그래서 이들 400명의 선지자들 이외에 물을 만한 여호와의 선지자가 여기 없는지 아합에게 질문한다(7절; cf. 왕하 3:11).
아합은 이믈라의 아들 미가야라는 선지자 한 명을 소개하나, 그는 그동안 아합에게 길한 일은 예언하지 않았고 흉한 일만 예언한 자였다고 과거 경험에 기초하여 여호사밧에게 불평을 늘어놓는다(8절). 이 사실은 아합이 그동안 개인사나 국가의 중요한 정책을 결정할 때, 선지자 미가야의 반대 예언을

---

4 C. F. Keil, *1 and 2 Kings, 1 and 2 Chronicles*, C. F. Keil and F. Delitzsch, Commentary on the Old Testament, Vol 3 (Peabody, MA: Hendrickson Publishers, 1996), 194.

많이 들어서 귀에 거슬렸다는 말일 것이며, 동시에 그간 자기 귀에 좋은 말만 하는 자들을 선택적으로 불러서 영적인 자문을 구했다는 것을 의미한다.

왕의 이러한 성향에 맞추어 권력에 기생하여 예언활동을 했던 자들이 400명이나 되었다. 이 말은 결국 현재 아합 앞에 모인 선지자 400여 명은 참된 여호와의 선지자들이 아님을 암시한다. 분별력이 있는 여호사밧은 다음과 같이 말한다.

> 왕은 그런 말씀을 마소서(אַל־יֹאמַר הַמֶּלֶךְ כֵּן, 알-요마르 하마렉 켄, 왕상 22:8).

유다 왕 여호사밧의 설득을 받아 아합은 한 내시를 시켜서 이믈라의 아들 미가야(Micaiah) 선지자를 속히 입궁하도록 명령을 내린다(9절). 그런데 400명의 선지자들과 이믈라의 아들 미가야를 불러서 예언을 듣는 장면이 아주 특이하게 묘사되고 있다. 아합은 이미 400명의 선지자를 통해서 답을 들었음에도(6절), 참 선지자인 미가야와 다시 대결 구도로 몰아가려고 의도하고 있다. 그만큼 미가야 한 사람을 두려워하고 있다는 증거가 될 것이다.

이제 내시를 통해서 미가야를 호출하러 간 사이에, 아합은 유다 왕 여호사밧과 함께 왕복을 입고 사마리아 성문 어귀 광장에서 각기 왕좌에 앉아 있다.

그리고 양국 왕의 보좌 앞에 400명의 모든 선지자도 당면한 전쟁을 앞두고 예언을 공적으로 하기 시작한다(10절). 그들 가운데 한 대표자인 그나아나의 아들 시드기야(Zedekiah)는 자신의 예언과 관련된 상징물로써 '철 뿔들'(קַרְנֵי בַרְזֶל, 카르네 바르젤)을 만들고 그것을 예언을 전달하는 상징적 도구로 삼고 "여호와께서 이와 같이 말씀하시니라"(כֹּה־אָמַר יְהוָה 코-아마르 야훼)라는 메신저 포뮬러를 사용하여, "이것들(철 뿔들)로 당신은 아람을 들이받을 것이다"(직역)라는 예언을 여호와의 이름으로 아합 왕에게 말했다(11절).

거기 모였던 모든 선지자는 동의하면서 한 목소리로 다음과 같이 목소리를 높인다.

> 길르앗 라못으로 올라가 승리를 얻으소서 여호와께서 그 성읍을 왕의 손에 넘기시리이다(왕상 22:12).

소위 "아멘"의 화답이다. 이러한 분위기를 일찍이 파악한(6절) 왕의 내시 및 사신은 미가야를 방문하여 미리 바람을 잡아 놓는다. 다음과 같은 언질을 준다.

> 선지자들의 말이 하나같이 왕에게 길하게 하니 청하건대 당신의 말도 그들 중 한 사람의 말처럼 길하게 하소서(왕상 22:13).

이것에 대한 미가야의 응답은 여호와의 이름으로 맹세를 하면서, 다음과 같은 의지와 결단을 전달한다.

> 여호와께서 내게 말씀하시는 것 곧 그것을 내가 말하리라(왕상 22:14).

드디어 미가야가 사마리아 성문 어귀 광장에 펼쳐진 이스라엘 왕 아합과 유다 왕 여호사밧의 왕좌 앞에 도착했다. 그리고 거기에는 400여 명의 선지자가 모여있고 모두가 전쟁 승리에 대한 예언 일색이다. 거기에는 많은 백성도 모여서 그 장면을 지켜보았을 것이다. 그렇다면 이 장면은 '제2의 갈멜산' 사건과 같다. 엘리야가 바알 선지자 450명과 아세라 선지자 400명을 모으고 많은 백성이 갈멜산에 모였을 때, 불로 응답하는 신이 참 신이다라고 했던 엘리야의 영적 대결의 장면을 연상시킨다. 그것이 산 위의 사건이라면, 지금은 사마리아 광장에서 펼쳐진 공적이고 열린 대결의 장면이다.

그렇지만 사건의 전개는 완전 다르게 진행된다. 아합은 400여 명의 선지자에게 했던 동일한 질문(6, 15절)을 도착한 미가야에게 한다. 미가야는 이번에는 다음과 같이 직전에 대답했었던 400여 명과 동일한 대답을 한다.

> 올라가서 승리를 얻으소서 여호와께서 그 성읍을 왕의 손에 넘기시리이다(왕상 22:15).

아합은 뜻밖의 대답을 한 미가야에게 거듭하여 맹세를 시키며, 여호와의 이름으로 '진실한 것만'(רַק־אֱמֶת, 라크-애메트)을 말하라고 명령한다(16절).

그러자 미가야는 "내가 보니"(רָאִיתִי, 라이티)라는 표현을 두 번(17, 19절)을 사용하여 여호와께서 보여 주신 장면을 연속적으로 설명하는 방식으로 여호와의 신탁을 왕에게 전달한다. 먼저 그가 본 첫 번째 장면으로서, 이스라엘이 목자 없는 양같이 산에 흩어진 장면이다. 이 장면에 대한 여호와의 말씀은 다음과 같은 신탁이다.

> 이 무리에게 주인이 없으니 각각 평안히 자기의 집으로 돌아갈 것이니라(왕상 22:17).

이 신탁은 전쟁에서 패배하여 후퇴할 것이라는 비유적인 신탁이다. 아합은 '그러면 그렇지' 미가야는 길한 것을 예언하지 않고 흉한 것을 예언하는 그의 전매 특허라는 아합 자신의 "예언"이 적중했다고 여호사밧에게 넋두리한다(18절).

이제 미가야가 보았던 두 번째 장면으로서, 여호와께서 하늘 보좌에 앉으신 장면이다. 여호와의 보좌 좌우편에는 하늘의 천사들의 무리가 모시고 서 있다(19절). '여호와의 회의'의 장면이다. 그때, 다음과 같은 여호와의 말씀이 있었다.

> 누가 아합을 꾀어 그를 길르앗 라못에 올라가서 죽게 할꼬(왕상 22:20).

그러자 주위의 여러 천사들은 각기 방법을 제시한다. 그때, '한 영'(הָרוּחַ, 하루아흐)이라고 일컬어진 자가 다음과 같이 1인칭 단수 대명사 주어(아니)를 사용하여 꾀는 일을 행할 주체를 강조한다.

> [여호와 앞에 서서] 내가 그를 꾀겠나이다(אֲנִי אֲפַתֶּנּוּ, 아니 아파테누, 왕상 22:21).

즉 '바로 내가 하겠습니다'라는 의미이다. 이 일은 '나에게' 가장 적합한 일이며, '나'의 전공이라는 뉘앙스를 전달한다. 여기서 '한 영'으로 번역했으나, 특정한 '그 영'(הָרוּחַ, 하루아흐)으로 번역할 수 있다. 그러자 여호와께서 '그 영'에게 그 방법을 물으시니, 그는 자신이 나가서 '거짓말하는 영'(רוּחַ שֶׁקֶר, 루아흐 쉐케르)이 되어서 아합의 모든 선지자의 입에 있는 방법을 사용하겠다고 보고한다. 그 방법을 들으신 여호와는 다음과 같이 최종 승인을 주신다.

너는 꾀겠고 또 이루리라 나가서 그리하라 (왕상 22:22).

그 결과, '거짓말하는 영'(רוּחַ שֶׁקֶר)을 왕의 선지자들의 입에 넣으셨다는 반복 표현으로 그 성취를 강조한다. 그러므로 현재 400여 명의 선지자가 하나같이 동일한 말을 하는 것은 바로 그 결과라는 것을 말한 것이다.

그런데 이 과정에서, 참 선지자 미가야가 처음부터 진실된 예언을 하지 않고, 어찌하여 400명의 선지자들과 같은 동일한 거짓 예언을 했는가?
아합을 두려워했는가?
아니면 의도적인 것인가?

필자가 판단하기에는 미가야가 아합에게 참 예언을 하면 싫어하고 믿지 않는 일들이 그간 반복되었기에 혹 거짓 예언을 하면 왕이 '그것은 믿겠는가'라는 역설적인 의도를 가진 것 같다. 결국, 왕이 미가야에게 반복적인 맹세를 시켜서 참 예언을 듣게 된다. 그래서 참 예언의 사실성을 강조하는 효과를 만들어내는 의도라고 할 수 있다. 게다가, 미가야가 보았던 두 개의 비전("내가 보니")은 그 사실성을 시각적으로 더 강화시켜준다. 이것은 미가야가 참 선지자와 거짓 선지자를 구분하는 중요한 조건인 하늘의 어전 회의인 '여호와의 회의에 참여'(렘 23:18; cf. 신 18:22)한 자라는 것을 암시한다. 여기서 유사한 두 장면이 오버랩되고 있다.

첫째, 땅의 어전 회의(the council of king)이다. 즉 사마리아 성문 어귀에 아합과 여호사밧의 두 왕들과 그들 주위에 선지자들의 모임이다.
둘째, 하늘의 어전 회의 곧 여호와의 회의(the Council of Yahweh)이다. 보좌에 앉으신 여호와와 그 좌우편에 수많은 천군이 둘러 서 있다. 하늘의 어전 회의의 결과가 땅의 어전 회의를 주도하고 있다. 즉 여호와의 왕권 아래서, 그 주권적인 뜻이 하늘에서 이루어진 것 같이 땅에서도 이루어지는 장면을 생생하게 묘사하고 있다. 이것이 하나님의 주권적인 뜻이 이루어지는 모습이다.

미가야가 여호와의 회의에 참석한 것에 대한 장면을 설명하자마자 철 뿔을 만들어 상징적 예언을 했던, 그나아나의 아들 시드기야가 미가야 가까이로 자리를 이동하여 그의 뺨을 치며, 다음과 같이 비난과 폭력을 행한다.

> 여호와의 영(רוּחַ־יְהוָה, 루아흐-야훼)이 나를 떠나 어디로 가서 네게 말씀하시더냐(왕상 22:24).

예언 충돌이 벌어졌다. 여호와의 이름으로 예언한 두 선지자의 예언이 서로 다르다. 그리고 시드기야는 '여호와의 영'의 개인 소유권을 주장하고 그 영의 시간적 동시성과 공간적 편재성을 무시하는 교만을 보인다.

그러자 미가야는 시드기야에게 다음과 같이 시드기야의 운명과 예언 성취에 대한 언급을 강조한다.[5]

> 네가 골방에 들어가서 숨는 그 날에 보리라(왕상 22:25).

그러자 아합 왕은 미가야를 잡아 성주 아몬과 왕자 요아스에게로 끌고 가라고 명령을 내린다(26절). 왕명은 미가야를 옥에 가두고 아합이 전쟁터에서 평안히 돌아올 때까지 '고생의 떡'(לֶחֶם לַחַץ, 레헴 라하츠)과 '고생의 물'(וּמַיִם לַחַץ, 우마임 라하츠)을 먹이라는 것이다(27절; 대하 18:26; cf. 사 30:20; 렘 37:21; 38:9). 여기서 거짓 선지자 시드기야가 들어갈 '골방'(חֶדֶר בְּחָדֶר, 헤데르 베헤데르)과 참 선지자 미가야가 들어갈 '옥'(בֵּית הַכֶּלֶא, 벧 하케레)이 서로 대조를 이룬다. 그리고 미가야가 그 옥에서 경험할 '고생의 떡과 고생의 물'은 시드기야가 '그 날에'(בַּיּוֹם הַהוּא, 바욤 하후) 그 골방에서 경험할 '보는 행위'(רֹאֶה, 로에)[6]와 '숨는 행위'(לְהֵחָבֵה, 레헤하베)[7]가 서로 '종말론적' 의미로서 대비된다.

참과 거짓 사이에 있는 두 선지자의 '종말론적' 운명은 참과 거짓 사이에 거짓에 치우친 아합의 '종말론적' 운명을 예견하고있다.

---

5 시드기야가 골방에 들어가 숨는 장면은 아람 왕 벤하닷이 아합과의 2차 전쟁에서 패하여 아벡 성읍으로 도주하여 골방으로 들어간 장면(왕상 20:30)을 연상시킨다. 이 사건은 도주와 은폐를 통해 비참한 운명의 상황을 예견적으로 묘사한다.

6 이 보는 행위는 '보다'(רָאָה, 라아)라는 동사의 분사형(רֹאֶה, 로에)으로 표현되었으며, 참 선지자 미가야가 2회 사용한 표현인 '내가 보니'(17, 19절)라는 비전에 대한 목격자임을 증언할 때 사용하는 지각 동사와 동일한 동사를 사용했다.

7 이 숨는 행위는 '숨다'(חָבָא, 하바)라는 동사의 닢알 부정사로 표현되었으며, 골방으로 들어가는 미완료 동사(תָּבֹא, 타보)의 목적을 나타낸다.

미가야는 왕에게 다음과 같이 왕의 최후 운명까지 암시하고 있다.

> 왕이 참으로 평안히 돌아오시게 될진대 여호와께서 나를 통하여 말씀하지 아니하셨으리이다(왕상 22:28).

동시에 미가야는 사마리아성 어귀에 모인 모든 백성에게 다음과 같이 말함으로 공적인 증거와 증인됨을 확인하게 한다.

> 너희 백성들아 다 들을지어다(왕상 22:28).

이 발언은 이스라엘 왕이 전쟁에서 평안히 돌아오지 못하고 전사할 것이라는 것이 하나님께서 미가야에게 말씀하신 하나님의 뜻이라는 것을 우회적으로 암시하는 표현이다. 즉 하나님께서 말씀하신 이유에 대한 것이다.

3) 왕복을 벗고 변장하여 출전한 이스라엘 왕(29-40절)

드디어 이스라엘 왕 아합과 유다 왕 여호사밧이 아람과의 전쟁을 위해 길르앗 라못으로 출전한다(29절). 출전한 아합은 여호사밧에게 다음과 같이 서로 의논하여 아합은 변장하고 여호사밧은 왕복을 입고 전쟁터로 들어갔다.

> 나는 변장하고 전쟁터로 들어가려 하노니(왕상 22:30).

한편 아람 진영에서 아람 왕은 병거의 지휘관 32명에게 명령을 내린다.[8] 아람 왕의 명령은 이들 32명의 특별 지휘관들의 공격 대상은 오직 이스라엘

---

[8] 아람 왕 벤하닷이 군사를 이끌고 이스라엘과 전쟁할 때 시리아 지역의 도시 국가 32명의 왕들과 동맹하여 이스라엘을 침범한 적이 있다(왕상 20:1). 이스라엘과 아람 사이의 또 다른 전쟁인 여기서 아람 나라의 병거의 지휘관 숫자가 32명으로 나타난다(왕상 22:31). 엘리야-엘리사 내러티브에서 '32'라는 숫자가 두 번 나타나는데, 모두 이스라엘과 아람과의 전쟁 기사에 등장하는 것이 흥미롭다. 특별한 상징적 의미를 갖는 것 같지는 않다. 다만 여기서 아람 왕의 병거 지휘관 32명이 아람의 한 신하의 정치 개혁안 대로 32개의 도시국가 왕들을 제압하고 총독을 파송하여 아람의 정치적 통일과 군사적 개혁안의 결과로 만들

왕으로만 한정하게 했다는 것을 의미한다(31절).

아람 군대의 지휘관들은 왕복을 입고 출전한 유다 왕 여호사밧을 보고 그가 이스라엘 왕인 줄 알고 그와 싸우기 위해 유다 왕을 집중적으로 공격한다(32절). 여호사밧은 자신이 집중 공격을 받아서 위험에 처하게 되자 소리를 질렀다. 추격과 공격을 하다 보니, 이스라엘 왕이 아님을 알고 추격과 공격을 갑자기 멈추었다(33절). 유다 왕을 죽이거나 사로잡으면 전공을 세우는 것임에도 중단했다.

무엇 때문인가?

여기에는 두 가지 이유가 있다.

첫째, 아람 왕이 오직 이스라엘 왕과만 싸우라고 제한적인 명령을 내렸기 때문이다. 아람의 32명의 병거의 지휘관들은 아람 왕의 특명에 복종한 것이다.

둘째, 여호사밧이 하나님을 경외한 자였기 때문이다.

아람 왕은 다음과 같이 명령했다.

너희는 작은 자나 큰 자와 더불어 싸우지 말고 오직 이스라엘 왕과 싸우라(왕상 22:31).

그러나 왕복을 입은 유다 왕 여호사밧을 추격하면서 죽이지 않았다(32-33절). 여기서 단지 열왕기 본문은 다음과 같이 언급할 뿐이다.

여호사밧이 소리를 지르는지라(왕상 22:32).

즉 열왕기 저자는 그 이유를 침묵하고 있다. 그러나 병행 본문인 역대기 저자는 다음과 같이 그 이유를 구체적으로 설명하고 있다.

어진 숫자로 서로 관련된 것으로 추정된다(왕상 20:23-25). 즉 아람 지역의 32개의 도시국가들마다 대표적인 군사 지휘관(과 군사들)을 한 명씩 파송하여 아람 왕을 호위하는 병거 지휘자들이라는 것이다.

여호사밧이 소리를 지르매 여호와께서 그를 도우시며 하나님이 그들을 감동시키사 그를 떠나가게 하신지라(대하 18:31).

여호사밧의 신앙 인격이 하나님을 감동시킨 결과이다. 한편 아람의 군사 한 명이 무심코 활을 당겨서 우연히 쏜 것이 이스라엘 왕 아합이 입은 갑옷의 솔기를 맞혔다. 여기서 '갑옷의 솔기'(בֵּין הַדְּבָקִים וּבֵין הַשִּׁרְיָן, 벤 핫바킴 우벤 하쉬르얀)는 배와 가슴 부분을 가리는 갑옷 부분의 연결 이음매가 있는 부분을 가리킨다. 이 장면을 구성하는 요소들은 전부가 인간의 관점에서는 특정 의도가 없이 우연으로 되어진 일임을 강조한다.

첫째, 무명의 병사 한 명이 특정한 타겟을 조준하지 않고 활을 쏘았다는 점이다.

둘째, 심장을 덮고 있는 갑옷의 주된 부분이 아니라, 그 갑옷이 연결되는 이음매 부분의 작은 홈과 같은 부분에 화살이 맞혔다는 점이다.

결국, 무명의 병사가 쏜 화살에 아람 왕이 자신의 지휘관들에게 특명을 내린 대상인 이스라엘 왕 아합이 맞았으며, 그 화살은 갑옷 연결 부위로 뚫고 들어가 아합의 심장을 찌른 것이다. 그 화살에 맞아 부상을 입은 아합은 자신의 병거를 모는 자에게 다음과 같이 명령을 내린다.

내가 부상하였으니 네 손을 돌려 내가 전쟁터에서 나가게 하라(왕상 22:34).

이 날에 전쟁이 맹렬하였고 부상을 입은 아합은 병거에서 부상을 입은 상태로, 병거 안에 고립되어 아람 군사들을 막다가 시간이 경과되어 저녁까지 전쟁이 진행되다가 병거 위에서 결국 전사하고 말았다. 그가 병거 위에서 흘린 많은 출혈로 피가 병거 바닥에 고이게 되었다(36절). 서쪽 하늘에 해가 기울 때에, 이스라엘 진중에서 '외치는 소리'가 있었다(35절). 그 명령의 소리는 다음과 같은 명령이다.

각기 성읍으로 또는 각기 본향으로 가라(אִישׁ אֶל־עִירוֹ וְאִישׁ אֶל־אַרְצוֹ, 이쉬 엘-이로 웨이쉬 엘-아르초, 왕상 22:36).

아마 이스라엘 왕의 전사 소식이 전해져 내려진 퇴각 명령으로 보여진다.

이 장면이 바로, 전쟁에 출전하기 직전에 사마리아 성문 어귀 광장에서 펼쳐졌던 "예언 대결"의 장면에서 참 선지자 이믈라의 아들 미가야 한 명과 아합 왕의 400여 명의 선지자와 그 대표격인 그나아나의 아들 시드기야의 영적 대결 장면에서 미가야가 보았던 두 비전("내가 보니") 가운데 첫 번째 비전(17절)에서, 이스라엘이 목자(아합 왕) 없는 양같이 산에 흩어지고 양 무리의 주인을 잃어버린 양떼들은 "평안히 자기 집으로 돌아갈 것이니라"(17절)라는 미가야의 예언이 그대로 성취된 장면이다. 이로써 신명기에서 모세가 언급했던, 참 선지자의 기준으로서 '여호와의 이름으로 말한 일에 증험과 성취함'(신 18:22)이 있었기에, 미가야는 참 선지자이며, 그의 예언이 참인 것을 보여 준다.

이스라엘 왕이 죽고 전쟁이 종료되었다. 왕의 피 묻은 병거와 시체는 사마리아로 되돌아와서 장사를 치렀다(37절). 피 묻은 왕의 병거를 씻기 위하여 병사들은 그 병거를 사마리아 못으로 끌고 가서 씻었다. 그곳은 '창기들이 목욕하는 곳'으로 알려진 장소이다. 이 장면은 결국 디셉 사람 엘리야가 예언한 대로 그대로 성취되었다(왕상 21:19). 이로써, 의인 나봇의 피를 흘린 것에 대한 부분적 심판이 이루어졌다. 그러므로 아합의 최종 운명에 대하여 예언했던, 두 선지자인 엘리야와 미가야의 예언은 그 신탁을 주신 여호와의 말씀대로 그대로 성취되었다.

마지막으로, 이렇게 본문을 전개하면서, 본문의 내레이터는 열왕기상 22장에서 이스라엘 왕의 실명을 처음부터 언급하지 않고 침묵을 지키면서 암시화했다.[9] 열왕기상 22장에 등장하는 유다 왕이 '여호사밧'이라는 실명을

---

9   이와 유사한 기법을 본문의 열왕기 저자는 한 번 더 사용하는데, 모압과의 전쟁을 위하여 이스라엘과 유다와 에돔이 3국 연합군을 이루어 전쟁하는 기사이다. 왕하 2:12에서 이스라엘 왕은 익명으로 '이스라엘 왕'이라 언급하고(에돔 왕과 마찬가지로), 유다 왕만 오직 실명을 사용하여 '여호사밧'이라고 표현한다.

언급하는 반면, 이스라엘 왕에 대한 실명을 언급하지 않고 아예 익명으로 등장한다. 22장 처음부터, 단지 '이스라엘의 왕'(2절이 최초)이라는 표현으로만 등장하면서, 유다 왕 여호사밧과 함께 아람과의 전쟁인 길르앗 라못의 전쟁에 참전한다. 적국 아람의 한 병사가 무심코 활을 쏘았는데, 거기에 맞아서 이스라엘 왕은 전사한다.

본문의 저자는 사마리아로 그의 시체를 메어 와서 장사하는 장면(37절)까지, 여전히 이스라엘 왕의 실명을 언급하지 않고 침묵한다. 이어서 다음과 같은 말씀이 있을 때, 비로소 독자들은 이것이 엘리야가 아합에게 예언한 것(왕상 21:19)이라는 것을 인식하게 된다.

> 그 병거를 사마리아 못에서 씻으매 개들이 그의 피를 핥았으니 여호와께서 하신 말씀과 같이 되었더라(왕상 22:38).

이러한 38절의 암시적 정보 외에, 22장에서 일체 침묵을 유지함으로 이스라엘 왕의 실명을 언급하지 않은 셈이다. 그리고 이스라엘 왕의 실명이 언급된 39절에서, 본문의 저자는 "아합의 남은 행적과 그가 행한 모든 일"에 대한 역사적 정보를 독자들에게 주기 전까지는 22장에서 일체의 정보를 알 수 없도록 했다. 그러나 병행 본문인 역대하 18장은 이스라엘 왕이 '아합'이라고 시작부터 밝히고 있다(대하 18:1).

열왕기상 22장에서는 왜 그러한가?

본문의 저자는 이스라엘 왕이 '익명의 존재'로 등장했더라도, 결국은 실명으로 정체성이 드러난다는 사실과 그러한 저자의 의도를 문학적으로 구현한 것으로 필자는 이해한다. 이러한 사실은 아합이 출전할 때, 왕복을 벗고 평민의 옷을 입고 변장했더라도, 그리고 아람 왕이 명령한 대로 다음과 같은 제한적인 공격명령을 내렸더라도, 아람의 무명의 한 병사가 무심코 활을 쏘아서 마치 우연히 그 화살을 맞아 전사한 이스라엘 왕이 아합이라는 사실을 드러내는 것과 비슷하다.

> 작은 자와 큰 자와 싸우지 말고 이스라엘 왕과만 싸우라(왕상 22:31).

결국, 인간이 무엇을 감추고 변장하더라도, 하나님은 그것을 드러내시는 주권적인 하나님이라는 점을 보여 준다. 즉 아합은 하나님의 주권적인 심판의 눈에서 피할 수 없는 자라는 사실을 본문의 저자는 문학적으로 아합의 실명을 의도적으로 감추어 오다가 마지막에 드러내는 기법을 사용하고 있다. 여기서도 저자의 탁월한 문예적 기법이 드러난다.

3. 유다 왕 여호사밧(41-50절)

이 본문은 이스라엘 왕 아합 왕의 비교 연대기에 해당하는 유다 왕의 연대기를 언급하는 것으로 시작한다. 아합 왕 제4년에 아사의 아들 여호사밧이 그의 나이 35세 때에 유다 왕으로 즉위했다는 역사적 정보다. 그는 예루살렘에서 총 25년간 통치했다. 여호사밧의 개혁 정책에 대한 정보도 제공한다. 그는 그의 부친 아사 왕의 악한 길로 행하지 않고(cf. 46절), 여호와 앞에 정직하게 행하였으나, 산당을 폐하지 아니하여 백성들로 하여금 여전히 산당에서 분향과 제사를 드리게 했다. 왕은 언약 백성들로 하여금 언약의 말씀대로 살도록 지도하는 역할을 하는 목자의 직분을 가진 자인데, 온전히 그 직분을 감당하지 못했다.

후에 여호사밧은 이스라엘 오므리 왕조의 왕 아합의 아들인 아하시야와 교제하였는데, 아하시야는 심히 악을 행하는 자였다(대하 20:35). 여호사밧이 사망하자, 그의 아들 여호람이 왕으로 즉위했다. 여호람은 왕이 되자 자신의 모든 아우(아사랴, 여히엘, 스가랴, 아사랴, 미가엘, 스바댜)와 유다의 방백들 중 몇 사람을 칼로 죽였다(대하 21:4). 그가 예루살렘에서 8년을 다스렸는데, 그는 다음의 말씀처럼 행했다.

> 이스라엘 왕들의 길로 행하여 아합의 집과 같이(대하 21:6).

왜냐하면, 그 주된 이유를 역대기 저자는 다음과 같이 증언한다.

> 아합의 딸(아달랴)이 그의 아내가 되었음이라(대하 21:6).

4. 이스라엘 왕 아하시야(51-53절)

바로 앞의 본문과 반대로, 이 본문은 유다 왕 여호사밧에 해당하는 비교 연대기에 해당하는 이스라엘의 왕의 연대기를 언급하는 것으로 시작한다. 즉 여호사밧 제17년에 아합의 아들 아하시야가 사마리아에서 이스라엘 왕으로 즉위했다는 역사적 정보를 제공한다. 그는 사마리아에서 2년간 통치했다. 그는 여호와 앞에 악을 행하여 그의 아버지 아합의 길과 그의 어머니 이세벨의 길을 따랐으며, 이스라엘로 하여금 범죄하게 했던 느밧의 아들 여로보암의 길을 행하게 했다. 바알을 숭배하여 이스라엘의 하나님 여호와를 노하시게 하였는데, 그의 부친 아합의 온갖 악행을 답습했다.

앞에서 살펴본 대로, 유다 왕 여호사밧과 그의 아들 여호람의 즉위 기사(41-50절)와 이스라엘 왕 아합의 아들 아하시야의 즉위 기사(51-53절)는 아합과 아하시야 사이에 맺었던 남북 왕조의 결혼 동맹이 계속되고 있다는 역사적 배경을 암시적으로 보여 준다. 오므리 왕조의 세 번째 왕인 아하시야와 유다 왕 여호사밧의 아들 여호람 사이는 처남 매부 관계이다(대하 21:6).

아합의 딸인 아달랴와 이스라엘 왕 아하시야는 남매 사이이다. 이세벨이 이스라엘의 오므리 왕조를 타락하게 했듯이 그녀의 딸 아달랴는 유다 왕조를 타락하게 한다. 그래서 유다 왕조를 아합의 집과 같이 아합의 길을 걷게 하여 여호와 앞에 악을 행하여 여호와의 진노의 대상이 되게 만든다. 이러한 죄악의 중심에는 '바알 숭배'가 있다. 열왕기상 마지막 22장의 마지막 53절이 '바알을 섬겨' 이스라엘의 하나님 여호와를 노하시게 했다는 표현은 계속적으로 이어지는 엘리야-엘리사 내러티브인 열왕기하 1장으로 문맥이 자연스럽게 연결되고 있다.

5. 결론 및 적용

여호사밧과 아합의 동맹(44절)에서, 물론 여호사밧도 그렇게 완벽한 인물은 아니었다(43절). 그런데도 여호사밧은 비교적 여호와를 경외하는 선한 왕이었다(대하 19:4-11). 여호사밧은 아합에게 좋은 영향을 끼치는 동맹 친구였다. 진정한 친구의 모델은 단연 '세리와 죄인의 친구'(마 11:19; 눅 7:34)로 당대에 일컬어 지셨으며, 그리고 '친구를 위하여 자기 목숨'을 버리심으로 가장 '큰 사랑'(요 15:13)을 표현해 주신 예수 그리스도이시다.

제2의 여호사밧 곧 그리스도 안에서, 우리 또한 주께서 다음과 같이 말씀해 주셨다.

> 명하신대로 행하면 곧 나의 친구라(요 15:14, 15).

누구와 동맹하며, 누구와 동역을 하고, 누구와 교제하느냐는 매우 중요하다. 물론 사람을 차별하지 말아야 하되, 모든 교제를 통해 선한 영향을 끼칠 수 있는 영적인 정체성이 강화된 신앙 인격체가 된다면, 의미 있는 교제가 될 것이다.

그리고 아합이 여호사밧에게 다음과 같이 발언했다.

> 저 사람이 내게 대하여 길한 것을 예언하지 아니하고 흉한 것을 예언하겠다고 당신에게 말씀하지 아니하였나이까(왕상 22:18).

'흉한 것'을 싫어하고 '길한 것'을 좋아하는 것은 인지상정이다. 그러나 하나님의 뜻을 찾을 때, 때로는 '흉한 것'이 하나님의 뜻일 수 있고 '길한 것'이 사람의 욕망일 수 있다. 언약적으로 말하면, 언약의 백성은 언약의 저주의 말씀도 들어서 교훈을 받아야 하며, 언약의 복의 말씀도 들어서 위로를 받아야 하는 것과 마찬가지이다. 복음의 이 두 요소를 들어야 한다.

아합이 변장하여 스스로 회피하더라도, 아람 왕이 다음과 같이 제한적인 명령을 내렸더라도, 아합이 전사한 것은 하나님의 심판에 대한 주권적인 뜻이었기 때문이다(왕상 21:19).

> 작은 자나 큰 자와 더불어 싸우지 말고 오직 이스라엘 왕과 싸우라(왕상 22:31).

반면, 여호사밧을 위하여는 하나님께서 위기 가운데 도우시고, 적군들을 감동시켜서 사망에서 보호하셨다. 선악 간에 우리가 행하고 품었던 모든 행위는 사람과 자신의 눈은 속이고 감출 수 있을지라도, 하나님의 눈을 피할 수는 없다. 이 사실은 하나님의 위로가 되고 하나님을 경외해야 될 이유이다. 나의 지혜로 살지 말고 하나님의 은혜로 살아야 한다.

♣ 개인 묵상과 소그룹 성경 공부를 위한 토론 질문 ♣

1. 어떤 점에서, 누구와 동맹하고 교제하느냐가 중요하다고 생각하는가?
   나의 약함도 함께 기도제목으로 나눌 수 있는 좋은 관계와 교제가 있는가?
   결혼을 위해 신실한 믿음의 성도를 만날 수 있도록 기도하라.

2. 다음과 같은 질문을 생각해 보자.

   하나님의 뜻을 찾을 때, '번영의 신학적 메시지'에만 매도되고 영향을 받지 않는가?
   나에게 건강한 비판을 하는 사람보다 "좋은 말"을 해 주는 자를 더 선호하고 좋아하는가?
   나는 누군가에게 '선호 인물' 또는 '호감의 인물'(persona grata)인가, 그렇다면 그것은 무엇 때문이라고 생각하는가?

3. 하나님의 주권적인 뜻은 반드시 성취된다고 믿는가?
   선악 간에 우리의 생각과 행위를 알고 계시는 하나님 앞에서, 나의 생각과 행위에 있어서 '선한 것' 한 가지와 '악한 것' 한 가지를 나누어 보라.

제11장
"이 병이 낫겠나 물어 보라"

Topic : 엘리야-엘리사 내러티브(11)
Text : 열왕기하 1:1-18
Title : "이 병이 낫겠나 물어 보라"
Theme : 하나님의 자녀된 자존감을 회복하고 하나님의 권위를 높이는 삶을 살아야 한다.

1. 서론 및 문맥

북이스라엘의 4번째 왕조인 오므리 왕조의 둘째 왕인 아합(874-853 B.C.)이 죽고 그의 아들 아하시야(853-852 B.C.)가 상속하여 북이스라엘의 왕이 되었다(왕상 22:40, 51). 아합이 죽은 후에 모압이 이스라엘을 배반하였다(1절; 왕상 3:5). 열왕기상 22:51-53에 따르면, 아하시야의 행적이 다음과 같이 기록되어 있다.

> 유다의 여호사밧 왕 제십칠 년에 아합의 아들 아하시야가 사마리아에서 이스라엘의 왕이 되어 이 년 동안 이스라엘을 다스리니라 그가 여호와 앞에 악을 행하여 그의 아버지의 길과 그의 어머니의 길과 이스라엘에게 범죄하게 한 느밧의 아들 여로보암의 길로 행하며 바알을 섬겨 그에게 예배하여 이스라엘의 하나님 여호와를 노하시게 하기를 그의 아버지의 온갖 행위같이 하였더라(왕상 22:51-53).

아합이 바알 숭배와 나봇의 포도원 갈취 사건과 관련된 여러 죄악의 결과로, 그의 죽음에 대한 엘리야와 미가야 선지자의 예언대로 성취되었다. 아합을 이어 그의 아들 아하시야가 그의 아버지 아합의 길과 그의 어머니 이세벨의 길을 걸었다. 자신과 이스라엘로 범죄하게 했다. 아합과 그의 아들 아하시야 부자를 비교할 때, 아들의 범죄의 행위가 부친과 동질성이 있을 뿐만 아니라, 그 결과인 '여호와를 노하시게' 하였다는 것에도 부친과의 동질성을 가지고 있다.

아합이 죽은 후에, 발생한 대외적인 국제정세 중의 하나는 모압이 이스라엘을 배반하였다고 내레이터는 기술한다(1절; 왕하 3:4-5). 그리고 이것은 아합의 범죄로 엘리야가 여호와의 심판 신탁이 선언되었을 때, 아합이 겸비함을 표현하여서, 내리기로 한 그 재앙이 일정기간 동안 집행 유예가 되고 아합의 아들의 시대에 재앙을 내리시겠다고 말씀하셨는데(왕상 21:29), 그것을 위한 시작이 될 수 있다.

지도 4. 아하시야의 바알세불에게 질병 문의 여정

2. 하나님을 찾아야 한다(1-8절)

이 섹션은 아합의 아들 아하시야가 이스라엘을 통치할 때의 일로서, 아하시야의 낙상과 질병에 대하여 바알세불에게 문의하는 내용을 포함하고 있다. 아하시야는 자신의 사마리아 왕궁의 다락 난간에서 낙상하여 부상을 입고 병들어 있었다(2절). 그래서 낙상과 질병으로 야기된 자신과 왕국의 미래 운명이 궁금해졌다. 아람과의 전쟁을 앞두고 자기 부친인 아합에 대한 여호와의 선지자 엘리야와 미가야의 예언의 성취로 전사한 그 과정을 보아왔을 것이다.

그런데 이런 심판의 장면을 보고 경고로 받아서 회개하는 것이 회복으로 나아가는 길일 것인데, 도리어 여호와와 참 선지자에 대한 그의 분노와 증오가 싹튼 것이 아닐까 추정된다. 그리고 그도 그의 부친 아합처럼, '길한 예언'만 좋아하고 '흉한 예언'은 싫어하는 번영의 예언의 선호자였을 것이다(cf. 왕상 22:8).

그래서 아하시야 왕은 사신을 보내어 이방 신 곧 에그론의 신 바알세불에게 보내어 자신의 명령을 다음과 같이 내린다.

> 이 병이 낫겠나 물어보라(왕하 1:2).

에그론은 블레셋 사람들이 사는 땅의 도시들 가운데 하나이다. 그 땅 사람이 섬기는 신 이름이 '바알세붑'(Baalzebub)이다.[1] 이 신명(마 12:24)은 어원론적으로는 '바알'(Baal)이라는 이름과 '세불'(zebul) 또는 '세붑'(zebub)이라는 단어의 합성어인데, 세불 또는 세붑은 '똥'(dung)을 의미하는 히브리어 '세벨'(zebel)과 동의어이다. 또 다른 한편으로는 '바알세벨'(Baalzebel, "Baal Prince")로 읽는다면 '세벨'(zebel)은 '이세벨'(Jezebel)의 이름과 유사하다.[2] 그리고 여기서 '물어보다'(שָׁרַד,

---

[1] '바알세붑'(בַּעַל זְבוּב, LXX, Βααλ μυῖαν, "Baal, a fly" 또는 "Baal (lord) of flies")이라는 이름은 성경에서 4회(왕하 1:2, 3, 6, 16) 사용되며, '바알세불'(Βεελζεβούλ, Βεελζεβούβ, ἄρχων τῶν δαιμονίων)이라는 이름은 신약성경에서만 "귀신의 왕"이라는 의미로 7회(마 10:25; 12:24, 27; 막 3:22; 눅 11:15, 18, 19) 사용된다. 후에, 복음서에 언급된 바알세불/바알세붑은 가나안 땅의 바알 신과 관련된 신성(deity)으로 발전된 것 같다. G. K. Beale, *A New Testament Biblical Theology*, 419, n. 83.

[2] J. A. Montgomery, *A Critical and Exegetical Commentary on the Books of Kings* (New York:

다라쉬)라는 단어는 단순히 궁금한 점을 질문하는 행위가 아니라, 신에게 어떤 신탁을 구하고 영적으로 자문을 구하는 표현을 위한 전문용어이다.[3]

바로 그때, 여호와의 사자가 디셉 사람 엘리야에게 임하여 다음과 같은 명을 전달한다.

> 너는 일어나서 사마리아 왕의 사자[들]을 만나라(왕하 1:3).

그러면서 아하시야에게 전달할 메시지로써 다음과 같은 말씀이 임하였다.

> 이스라엘에 하나님이 없어 너희가 에그론의 신 바알세붑에게 물으러 가느냐(왕하 1:3).

여기서 '왕의 사자[들](מַלְאֲכֵי מֶלֶךְ, 말아케 메렉)이라는 히브리어 표현과 '여호와의 사자'(מַלְאַךְ יְהוָה, 우말아크 야훼)라는 표현은 '언어 유희'(a word play)와 '의미 유희'(a sense play)를 동시에 이루면서 '보냄을 받은 자'로서 각각 땅과 하늘의 왕의 메신저들이며, 이 둘 사이에 디셉 사람 엘리야가 또 다른 메신저로 등장한다.

3절과 4절의 관계는 수사학적으로 인과관계의 논리 안에 있다. 즉 바알세붑에게 물으러 가는 행위 때문에, '그러므로'(וְלָכֵן, 웨라켄)라는 히브리어 복합 접속사를 문두에 두고 아하시야의 "사망 선고"가 전달된다. 이 사망 선고는 인간적 증오나 보복 또는 개인적 희망이나 예상적 가능성을 언급한 것이 아닙니다. 그것은 "여호와께서 이와 같이 말씀하셨느니라"(כֹּה־אָמַר יְהוָה, 코-아마르 여호와)라는 메신저 포뮬러를 통해서 직접 화법으로, 최후 운명에 대한 확언적인 여호와의 신탁을 다음과 같이 생생하게 전달한다.

> 네가 올라간 침상에서 내려오지 못할지라 네가 반드시 죽으리라(왕하 1:4).

Scribner, 1951), 349.

3   J. D. Barry and Others. *Faithlife Study Bible* (Bellingham, WA: Lexham Press, 2012, 2016), 왕하 1:2 on Logos.

물론 여기서 엘리야가 직접 사신들에게 메시지를 전달하지 않는다. 먼저 여호와의 사자가 엘리야에게 메시지를 전달했으며, "엘리야가 이에 가니라"(וַיֵּלֶךְ אֵלִיָּה, 와예렉 에리야)라는 두 개의 히브리어 어휘로, 여호와의 사자가 전해준 신탁을 아하시야의 사자들에게 가서 그대로 전달했다는 순종의 표현으로 반복을 생략하는 특이한 부분이다.

사마리아에서 에그론까지 거리가 약 30-40마일의 거리인데, 왕이 보낸 사신들이 엘리야를 만남으로 예상보다 훨씬 일찍 되돌아갔다. 에그론의 신 바알세붑에게 왕의 운명에 대한 신탁을 구하러 보냄을 받은 사신들이 그 왕명 수행을 중단하고 사마리아로 되돌아간 것이다.

그렇다면 왕의 사신들은 자기들 앞에 나타나서 왕의 운명에 대하여 말하는 그가 누구인지 알았는가?

또는 그의 말을 믿었는가?

아마 사신들은 털이 많은 사람의 모습을 하고 허리에는 가죽 띠를 띠고(cf. 8절), 그들 앞에 나타나 사신들의 행선지와 그 목적까지 알고 있는 자(cf. 3절)로 등장하여 말하니, 그와 그의 말이 대수롭지 않다는 판단을 하고 사마리아로 되돌아 간 듯하다. 돌아온 그들은 왕에게 그대로 보고를 한다(6절).

엘리야-엘리사 내러티브에 가장 중요한 수사학적 기법들 가운데 하나인, '반복'(repetition)에 대한 내러티브 전개 수단을 언급하고자 한다. 이러한 반복은 많은 경우, 예언과 성취라는 구조 안에서 나타나는 보편적인 현상이다. 즉 예언의 장면에서 표현된 신탁의 내용이 성취의 장면에서 그대로 재현되어, 예언 성취를 통해 드러난 하나님의 신실성을 강조한다.

또 다른 경우는 받은 신탁을 또 다른 사람에게 전달하는 방식으로 등장인물들의 대화를 통해서 반복이 일어나기도 한다. 유사한 연속적인 장면의 반복도 있다(왕하 1:3-6; 2:2-6). 물론 반복은 내레이터에 의해서 발생할 때도 있다. 여기 본문 3-6절에서 '반복과 생략'의 미학을 동시에 본다(아래 구조를 보라).

표 16. 엘리야-엘리사 내러티브에서의 반복과 생략의 수사학

장면	등장인물	구조	대화 및 내레이션(왕하 1:3-6)	장소
장면 1	여호와의 사자, 엘리야	A	명령: "너는 일어나 올라가라"(3절): קוּם עֲלֵה	엘리야의 거처
		B	신탁: "그에게 이르기를 이스라엘에 하나님이 없어서 너희가 에그론의 신 바알세붑에게 물으러 가느냐 그러므로 여호와의 말씀이 네가 올라간 침상에서 내려오지 못할지라 네가 반드시 죽으리라"(3-4절)	
장면 2 (생략)	내레이터	C	(엘리야가 왕의 사자들에게 전달하는 대화 생략) 내레이션: "엘리야가 가니라"(4절): וַיֵּלֶךְ אֵלִיָּה	길
장면 3	왕의 사자들, 아하시야 왕	A'	명령: "너희는 돌아가라"(6절): לְכוּ שׁוּבוּ	사마리아 왕궁
		B'	신탁: "그에게 고하기를 여호와의 말씀이 이스라엘에 하나님이 없어서 네가 에그론의 신 바알세붑에게 물으려고 보내느냐 그러므로 네가 올라간 침상에서 내려오지 못할지라 네가 반드시 죽으리라"(6절)	

본문 3-6절의 내러티브의 구성은 "대략적으로" 3개의 장면으로 구성되어 플롯이 전개된다.

첫째, 장면 1에서는 등장인물로 등장한 여호와의 사자가 엘리야에게 현현하는 장면이다. 여기서 그는 엘리야에게 다음과 같은 명령형으로 말한다(A).

너는 일어나 올라가라(קוּם עֲלֵה, 쿰 아레, 왕하 1:3).

이어서 그 사자는 엘리야에게 여호와의 신탁을 전달한다(B).
둘째, 장면 2에서는 엘리야가 에그론으로 가는 여정에 있는 왕의 사자들을 만나는 장면이다. 여기서 엘리야는 그들에게 장면 1에서 받은 여호와의 신탁을 전달했을 것이지만, 이 대사는 여기서 생략을 하고 있다. 구체적인 장면을 묘사하는 대신에(생략), 단지 내레이터가 다음과 같이 내레이션을 기술한다(C).

엘리야가 가니라(וַיֵּלֶךְ אֵלִיָּה, 와예레크 에리야, 왕하 1:4).

셋째, 장면 3에서는 길에서 엘리야를 만났던 왕의 사자들이 다음과 같은 명령대로(A'), 사마리아 왕궁으로 되돌아와서 왕 앞에서 보고하는 장면이다.

너희는 돌아가라(לְכוּ שׁוּבוּ, 레쿠 슈부, 왕하 1:6).

여기서 왕의 사자들은 엘리야를 통해서 들었던 여호와의 신탁을 왕에게 전달한다(B').

여기서 가상적인 장면 2에서 발생할 대사들이 생략된 이유는 장면 3에서 반복될 것을 염두에 둔 저자의 사려 안에 있는 문예적 의도이다. 즉 오직 두 개의 히브리어 어휘를 사용하여 "엘리야가 가니라"(וַיֵּלֶךְ אֵלִיָּה, 와예레크 에리야)라는 표현을 내레이션으로 대체하는 방식으로 그 장면과 대화를 생략한다. 두 번에 걸쳐서 반복적으로 표현된, 순수한 신탁의 언어만 비교하면, 두 가지 어휘에 차이가 있으며, 그리고 어순에 있어서 차이를 발견할 수 있다.

구체적으로, 장면 1에서의 신탁(B)과 장면 3에서의 신탁(B')을 비교해 보자. 장면 1의 신탁(B)에서 "너희가 ~가느냐"(אַתֶּם הֹלְכִים, 아템 홀킴)는 복수 분사형과 2인칭 복수 대명사로 표현하는 반면, 장면 3의 신탁(B')에서는 "네가 ~보내느냐"(אַתָּה שֹׁלֵחַ, 아타 쇼레아흐)는 단수 분사형과 2인칭 단수 대명사로 표현한다. 전자는 천사를 통해 받은 여호와의 신탁을 엘리야가 왕의 사자들에게 전달한 것이고, 후자는 왕의 사자들이 엘리야를 통해 전달 받은 여호와의 신탁을 아하시야 왕에게 전달한 것이다. 그리고 신탁을 전달하기 위하여, "여호와께서 이와 같이 말씀하시니라"라는 뜻을 가진 동일한 메신저 포뮬러(כֹּה־אָמַר יְהוָה, 코 아마르 여호와)를 공통적으로 사용한다. 두 신탁을 비교 및 대조할 때, 두 어휘의 차이점 외에 다른 어휘들은 동일하다. 다만 어순의 차이가 있을 뿐이다.

이 두 장면에서, 서로 다른 사람에 의해서 서로 다른 대상에게 전달되는 동일한 여호와의 신탁의 차이점은 좁은 의미에서 어떤 역사적인 사건을 내러티브를 통해 기술하는 일종의 "역사적 재구성"(historical reconstruction)이다. 즉 신탁 사건이 장면 1에서 한 번 내러티브화 되었고 다시 장면 3에서 그 신탁 사건이 그 표현에 변환을 통해서 다시 내러티브화된 것이다. 이 경우는 역사적 내러티브 두 본문 사이에 존재하는 시간적, 공간적 간격이 아주 짧은 경우다.

V. 필립 롱(V. Philips Long)은 서로 동일한 다윗 언약의 신탁 사건에 대하여 서로 다른 시기에 기록한 두 본문(삼하 7:1-17; 대상 17:1-15)을 비교 연구한 적이 있다.[4] 이 경우는 시간과 공간적 간격이 비교적 큰 경우로써, 특정 과거 사건을 서로 다른 역사적 상황에서 기술한 내러티브를 비교한 연구이다. 상황화(contextualization)와 재상황화(re-contextualization)를 통해 생성된 본문들이다. 과거 사건에 대하여 내러티브를 통한 역사적 재구성을 위하여 필요한 것이 그 역사적 사건에 대한 역사가의 지식이다. 이러한, 과거 역사에 대한 지식의 핵심은 '사건으로서 역사'(history-as-event)와 '기록으로서 역사'(history-as-record) 둘 사이에 존재하는데, 특히 '기록으로서의 역사'는 역사가의 '창의적인 작업'이라고 설명한다.[5]

필립 롱의 연구의 결론을 요약하면 다음과 같다.[6] 이스라엘의 동일한 역사적 사건(synoptic history)에 대한 두 본문 사이에 가장 큰 차이점은 사무엘서에서는 다윗의 후손이 범죄하면 다음의 징벌적 예언을 포함하고 있다.

> 내가 사람의 매와 인생 채찍으로 징계하려니와(삼상 7:14).

그러나 역대하 17:13에서 역대기 저자는 이 징벌적 예언 부분을 생략하고 있다. 이 차이점은 역사적 진전에 따른, 포로 후기의 청중을 고려한 역대기 저자의 저작 의도 때문이다. 그래서 '역사적 보도'(historical reportage)는 피사체를 있는 그대로 찍는 '사진'(photography)에 가깝기보다는 그 대상을 저자의 색깔로 입혀서 표현하는 '그림'(painting)에 더 가깝다.

이런 점에서, 필립 롱의 결론은 성경 역사가들의 동일한 사실에 대한 "창의성의 크기"가 역사 기술의 차이점을 결정한다고 할 수 있다. 비록 필립 롱의 동일 역사(synoptic history)에 대한 비교 연구에 사용된 두 본문과 차이가 있을지라도, 여기서 열왕기하의 동일한 문맥 안에서 동일 저자의 표현일지라도,

---

4 V. Philips Long, "History and Fiction: What is History?" in V. Philips Long (ed.), *Israel's Past in Present Research: Essays on Ancient Israelite Historiography* (Winona Lake, IN: Eisenbrauns, 1999): 232-254.

5 V. Philips Long, *History and Fiction: What is History?*, 241.

6 V. Philips Long, *History and Fiction: What is History?*, 249-254를 보라.

서로 다른 인물에 의한 서로 다른 장면에 존재하는 다른 대상에게 전달한, 동일한 신탁을 기록한 방식은 두 히브리어 어휘인 주어(인칭 대명사)와 동사(분사)의 변환과 어순을 바꾸어 표현했다. 이것은 신탁을 받는 서로 다른 청중을 고려한 것으로 말미암았다. 즉 바뀐 대상과 장면이 전환된 상황(여호와의 사자→엘리야→왕의 사자들→왕)으로 내러티브를 새로운 상황에 순응시키는 저자의 창의적 역사 기술을 반영한다.

되돌아온 신하들의 보고(report)를 들은 왕은 자신이 보냈던 그들에게, 자신의 죽을 운명에 대한 메시지를 전달한 자가 누구인지 묻는다(7절). 신하들과 왕 사이에서 대화를 통한 그 사람의 인물의 특징화가 이루어지고 있다. 즉 그는 '털이 많은 사람'이며, '허리에 가죽 띠'를 띤 자이다(cf. 마 3:4). 왕은 이 두 특징을 듣고 엘리야와 동일시한다.

부친 아합이 죽은 후에, 국제정세는 모압이 이스라엘을 배반하였으며, 그리고 개인적으로 그는 다락 난간에서 낙상하여 죽을 지경에 이르렀다. 신하들을 통해 간접적으로나마 아하시야에게 도착한 엘리야의 메시지는 하나님을 가까이하지 않는 죄의 결과로 사망 선고를 받은 자라는 사실을, 반복을 통해 저자는 강조적으로 표현하고 있다. 범죄함에 대한 언약적 저주는 하나님의 진노 안에서 죽음이라는 것을 보여 준다.

3. 하나님 나라의 질서를 회복해야 한다(9-18절)

이스라엘 왕 아하시야는 자신의 질병과 운명은 여호와께 달려 있는 줄을 뒤늦게나마 알고 여호와의 선지자 엘리야를 찾기 위해 몇 차례에 걸쳐서 군사들을 보낸다. 군사를 보낸 것으로 보아, 먼저는 수색에 목적이 있는 것 같다. 그리고 찾은 후에는 선지자에 대한 '강압적 초대'의 의도가 있는 듯 하며, 만약 거부 시에는 체포하여 왕 앞으로 데려가려는 목적도 있는 것 같다.

이 단락 역시, 반복을 통해 내러티브를 전개한다.

첫째, 첫 번째로 보냄을 받은 오십부장과 그의 군사 오십 명은 산꼭대기에 앉은 엘리야를 발견하고 다가와서 다음과 같이 말했다.

> 하나님의 사람이여 왕의 말씀이 내려오라 하셨나이다(왕하 1:9).

이에 대하여 엘리야는 다음과 같이 대답했다.

> 내가 만일 하나님의 사람이면 불이 하늘에서 내려와 너와 너의 오십 명을 사를지로다(왕하 1:10).

그러자 하늘로부터 내려온 불이 그들을 살라버렸다.
둘째, 다시 왕은 오십부장과 그의 군사 오십 명을 보내었다. 그 오십부장은 엘리야에게 다음과 같이 왕명을 전했다.

> 하나님의 사람이여 왕의 말씀이 속히 내려오라 하였나이다(왕하 1:11).

첫 번째 오십부장과의 대표적인 차이점은 '속히'(מְהֵרָה, 메헤라)라는 부사가 사용되었다.[7] '신속'이라는 어휘를 사용한 것은 왕의 질병의 발전과 강압적인 명령이 배후에 있는 듯하다. 12절에서 엘리야의 대답과 하늘의 불이 떨어져 모두를 불사른 일이 10절에서처럼 다시 반복된다.[8] 그런데도 아하시야

---

[7] 두 오십부장의 표현에서, **첫째 차이점**은 '속히'(מְהֵרָה, 메헤라)는 히브리어 여성 명사 (haste, speed)의 사용이다(두 번째 오십부장의 표현). 이 단어는 명사이지만, 일반적으로 부사적 의미(hastily, quickly)로 자주 사용된다(수 8:19; 10:6; 23:16). 여기서도 마찬가지이다. **둘째 차이점**은 메신저 포뮬러의 사용 여부와 어순의 차이이다. 즉, 9절에 הַמֶּלֶךְ דִּבֶּר רָדָה אִישׁ הָאֱלֹהִים, 이쉬 하애로힘 하메렉 디베르 레다)은 히브리어 도치 구문(주어+동사) 을 사용했으나, 메신저 포뮬러를 사용하지 않았다. 반면 11절(כֹּה־אָמַר הַמֶּלֶךְ מְהֵרָה רָדָה אִישׁ הָאֱלֹהִים, 이쉬 하애로힘 코-아마르 하메렉 메헤라 레다)은 히브리어 정치 구문(동사+ 주어)을 사용했으며, 메신저 포뮬러(코-아마르 함메렉)를 사용했다.

[8] 10절에서 엘리야의 첫 번째 오십부장에 대한 대답과 12절에서 엘리야의 두 번째 오십부장에 대한 대답을 비교할 때, 두 가지 차이점이 있다. **첫째**, 10절의 '하나님'(אֱלֹהִים, 애로힘) 과 달리, 12절에서 관사를 포함하여 '그 하나님'(הָאֱלֹהִים, 하애로힘)으로 표현하였다. **둘째**, 10절은 '불'(אֵשׁ, 에쉬)로 표현하였다면, 12절은 '하나님의 불'(אֵשׁ־אֱלֹהִים, 에쉬-애로힘)로 표현했다. 전자는 두 번째 사건이기 때문에 '그 하나님'으로 표현하여 심판의 주체를 강조했으며, 후자는 불을 내리는 주체가 하나님이라는 사실을 명시화하여 더욱 강조했다. 이러한 주체의 강조는 두 번씩이나 100여 명에게 떨어진 불로 인한 무자비한 죽음이라는 의혹이 독자들의 마음에 일어날 때, 그것을 "불태워버리는 소각"의 역할을 한다. 즉 하나님의 관점에서 이유가 있는 심판이라는 사실을 암시적으로 강조한다.

왕은 집요하게 군사들을 엘리야에게 보낸다. 자신의 건강과 미래 운명에 대한 두려움이 그만큼 컸을 것이기 때문이다.

셋째, 이제 왕은 또 다른 오십부장과 그의 군사 오십 명을 엘리야에게 보냈다(13절). 엘리야가 있는 산꼭대기까지 와서, 그는 먼저 자신의 무릎을 꿇어 엎드려 간구한다. 이 행위가 하나님께 행해지면 그것은 경배 행위가 된다(왕상 8:54; 스 9:5). 여기서는 상대에 대한 극존칭의 태도와 자신을 극도로 낮추는 행위가 된다.

그는 다음과 같이 아주 낮은 자세로 긍휼을 구한다.

> 하나님의 사람이여 원하건대 나의 생명과 당신의 종인 이 오십 명의 생명을 당신은 귀히 보소서(왕하 1:13).

그는 자기 앞에 왔던 오십부장 2명과 100명의 군사들이 두 차례에 걸쳐서 모두 불에 타 죽은 것을 알고 있다. 그와 동행한 50명의 군사들은 모두 두려움에 떨었을 것이다. 이 사실로 미루어 볼 때, 앞의 두 명의 오십부장들은 "하나님의 사람이여"라고 호칭을 했으나, 그것은 진심이 아니라 조롱의 의미를 담아서 말한 것이다.

반면 세 번째 오십부장이 "하나님의 사람이여"라고 부를 때, 그는 진심과 경외감으로 하나님의 사람으로 호칭했을 것이다. 그의 외적인 태도가 그의 내면을 반영하고 있기 때문이다. 수사학적으로 표현하면, 세 번째 오십부장은 '생명'(נפשׁ)이라는 단어를 2회 반복 사용하여, 엘리야-엘리사 내러티브의 핵심 주제인 '생명'의 모티프와도 잘 조화를 이루는 캐릭터로 등장하고 있다.

세 번째 오십부장의 태도와 말에 대한 엘리야의 대답은 생략하면서, 하늘에서 '하나님의 불' 대신에 여호와의 사자가 엘리야에게 나타나 다음과 같이 말씀한다.

> 너는 그를 두려워하지 말고 함께 내려가라(왕하 1:15).

세 번째 오십부장의 하나님의 사람에 대한 경외가 하늘에 닿아 자신의 생명을 구한 것이며, 자기 수하의 오십 명의 생명도 구하였으니 지혜로운 리더가 된 것이다. 그래서 엘리야는 은혜로 생명을 보존한 세 번째 오십부장과 그 오십 명의 군사들과 함께 내려가 사마리아 궁의 아하시야 왕 앞에 섰다. 엘리야는 아하시야 앞에서, 그의 오류와 선지자의 책망 그리고 그가 "반드시 죽으리라"는 최후 사망 선고의 신탁을 다시 반복하여 전달한다(3, 6, 16절).

하나님과 말씀을 조롱하는 오만한 자들에게, 하늘에서 떨어지는 '하나님의 불'로 심판하는 장면은 보냄을 받은 예수님의 제자들에 의해서 남용적으로 사용된 적이 있다.

예수께서 "승천하실 기약이 차가매"(눅 9:51) 예루살렘으로 올라가기로 굳게 결심하시고 예수님은 "사자들을 앞서 보내시매"(눅 9:52), 그들이 앞서 가서 사마리아의 한 마을로 들어갔다. 사마리아 마을에서 사람들이 예수님을 받아들이지 않았다.

표 17. 오십부장 내러티브에서의 반복

장면	등장인물	구조	대화 및 내레이션(왕하 1:9-15)	장소
장면 1	오십부장, 부하 오십 명, 엘리야	A	보냄: "이에 오십부장과 그의 군사 오십 명을 엘리야에게로 보내매"(9절 상)	산꼭대기
		B	발견: "그가 엘리야에게로 올라가 본즉 산꼭대기에 앉아 있는지라"(9절 중)	
		C	전언: "그가 엘리야에게 이르되 하나님의 사람이여 왕의 말씀이 내려오라 하셨나이다"(9절 하)	
		D	응답: "내가 하나님의 사람이면 불이 하늘에서 내려와 너와 너의 오십 명을 사를지로다 하매 불이 하늘에서 내려와 그와 그의 군사 오십 명을 살랐더라"(10절)	
장면 2	오십부장, 부하 오십 명, 엘리야	A'	보냄: "왕이 다시 다른 오십부장과 그의 군사 오십 명을 엘리야에게로 보내니"(11절 상)	산꼭대기
		B'	발견: 생략	
		C'	전언: "그가 엘리야에게 말하여 이르되 하나님의 사람이여 왕의 말씀이 속히 내려오라 하셨나이다"(11절 하)	
		D'	응답: "내가 만일 하나님의 사람이며 불이 하늘에서 내려와 너와 너의 군사 오십 명을 사를지로다 하매 하나님의 불이 곧 하늘에서 내려와 그의 군사 오십 명을 살랐더라"(12절)	

장면 3	오십부장, 부하 오십 명, 엘리야	A"	보냄:"왕이 세 번째 오십부장과 그의 군사 오십 명을 보낸지라"(13절 상)	산꼭대기 → 왕궁
		B"	발견:"셋째 오십부장이 올라가서 엘리야 앞에 이르러"(13절 중)	
		C"	간구:"그의 무릎을 꿇어 엎드려 간구하여 이르되 하나님의 사람이여 원하건대 나의 생명과 당신의 종인 이 오십 명의 생명을 당신은 귀히 보소서 불이 하늘에서 내려와 전번의 오십부장 둘과 그의 군사 오십 명을 살랐거니와 나의 생명을 당신은 귀히 보소서 하매"(13절 하-14절)	
		D"	응답:"여호와의 사자가 엘리사에게 이르되 너는 그를 두려워하지 말고 함께 내려가라 하신지라 엘리야가 곧 일어나 그와 함께 내려와 왕에게 이르러"(15절)	

그래서 제자 야고보와 요한은 다음과 같이 묻는다.

주여 우리가 불을 명하여 하늘로부터 내려 저들을 멸하라 하기를 원하시나이까 (눅 9:53).

그때 예수님은 그 제자들을 돌아보시며 꾸짖으셨다.[9] '하늘의 불'과 관련된 이 두 장면은 모두가 '승천'을 앞둔 상황에 발생한 사건들이다. 예수님의 경우, 누가가 증거하듯이 다음과 같이 시간적 배경을 설명했다.

예수께서 승천하실 기약이 가까워 오는 때(눅 9:51).

마찬가지로 엘리야의 경우도 다음과 같이 시간적 배경을 바로 이어진 문맥의 첫 머리에서 설명하고 있다.

여호와께서 회오리 바람으로 엘리야를 하늘로 올리고자 하실 때에(왕상 2:1).

---

9 개역개정의 난외주에도 언급하듯이 한 고대 사본에는 "이르시되 너희는 무슨 정신으로 말하는지 모르는구나 인자는 사람의 생명을 멸망시키러 온 것이 아니요 구원하러 왔노라 하시고"(cf. 눅 9:56)라는 표현을 소개하고 있다.

즉 공통점은 두 경우 모두, 승천이 임박한 상황에서 '하나님의 사람'(엘리야) 및 '하나님의 아들'(메시아)을 거부하는 자들에 대한 심판으로서 '하늘의 불'이 언급되었다. 전자는 그 불이 실행되었고 후자는 그 불이 유보되었다.

그런데도 엘리야의 경우, 죄에 대한 불의 심판을 강조했다면, 예수님의 경우 죄인의 생명을 구원하러 오신 것에 강조점이 있다. 이것은 양자택일의 문제가 아니라, 복음의 두 요소인 심판과 구원, 사망과 생명, 공의와 사랑을 함께 보여 주고 있다. 열왕기하 1장도 이 두 주제가 함께 어우러져 있는데, 캄캄한 "죽음의 계곡"(아하시야와 102명의 군사)에서 세 번째 오십부장과 그의 오십 명의 군사들은 긍휼을 입어 생명을 보존했다.

이어진 마지막 두 절(17-18절)은 역사적 정보를 제공함으로 1장을 닫는다. 아하시야는 엘리야가 전한 여호와의 말씀대로 죽었으며, 그가 아들이 없으므로 아합의 또 다른 아들이며, 아하시야의 형제인 여호람/요람이 이스라엘의 4대 왕조인 오므리 왕조의 마지막 왕으로 등극한다. 이때의 유다의 비교 연대기는 여호사밧의 아들 여호람의 통치 연도 두 번째 해였다. 이로써, 남북 왕들의 이름이 모두 여호람/요람이라는 동일 이름을 가진 자가 통치하게 되었다. 이 둘 사이는 처남과 매부 관계이며, 양국의 언약 백성들로 하여금 더욱 범죄하게 하는 악행을 저지르게 된다.

4. 결론 및 적용

범죄한 자리에서 회개는 하나님과의 언약 관계를 회복하는 길로 나가지만, 하나님의 존재와 능력을 무시하고 회의를 가지고 다른 의존자(우상, 점보기 등)를 찾는 행위는 하나님의 생명으로부터 점점 멀어져서 결국 "사망"으로 이끈다. 이런 자들은 하나님의 자녀의 자존감도 상실하고 비참한 자리로 떨어진다. 하나님을 믿음으로 간절히 찾고 가까이하는 자가 되어 언약의 복을 누려야 한다.

이 본문의 또 다른 적용으로서, 건강한 권위에 겸허히 복종하고(수직적 권위: 눅 9:54-55), 지체를 존귀하게 여길 때(수평적 권위: 약 2:1-4) 하나님 나라의 질서가 회복된다는 메시지를 전달한다.

그리스도인은 하나님과 말씀에 대한 건강한 권위에 복종하여야 한다. 그리고 그리스도인은 주 안에서 형제자매를 존귀하게 여기는 수평적 권위를 인정하는 자로 살아야 한다. 수직적 권위에 대한 순종의 삶이 예배라면, 수평적 권위에 대한 순종의 삶은 사랑의 교제라고 할 수 있다.

♣ 개인 묵상과 소그룹 성경 공부를 위한 토론 질문 ♣

1. 하나님을 믿는 자들 가운데 사주팔자, 토정비결, 점을 보기 위하여 무속인을 찾고, 무덤과 집터를 구하면서 풍수지리설을 따르는 자가 주위에 있는가? 그런 자들에게 어떤 말로 권면하고 도울 수 있는가?

2. 하나님 나라의 질서를 회복하는 일을 위해, 건강한 권위를 바르게 이해하고 인정하는 자가 되어야 한다.

   나는 가정에서 부모로서 정당한 권위를 자녀들에게 행사하고 인정받는가?
   자녀는 부모의 정당한 권위에 복종하는가?
   학교와 직장과 교회에서 건강한 권위에 복종하고 있는가?

   나와 정치적 신념과 견해가 다른 위정자들일지라도, 건강한 권위라면 어떻게 복종할 수 있는지 토의해 보라.

제12 장
바람의 사람

> Topic : 엘리야-엘리사 내러티브(12)
> Text : 열왕기하 2:1-18
> Title : "바람의 사람"
> Theme : 하나님과 연합된 자가 되어 능력을 받아 사명을 감당하자!

1. 서론 및 문맥

엘리야 선지자의 대 이스라엘 사역의 황혼기가 다가오고 있다. 자신을 잇는 후임 선지자의 승계 실행이 남았을지라도 그 마지막 사역은 다음과 같은 말씀을 들으므로 시작되었다.

> 너는 그를 두려워하지 말고 함께 내려가라(왕하 1:15).

엘리야의 마지막 사역은 이 말씀을 들은 후 이스라엘 왕 아하시야를 대면하고 다음과 같은 신탁을 선포하는 일이었다.

> 너는 반드시 죽으리라(왕하 1:16).

언약의 불순종자들에 대한 언약적 저주인 '죽음'의 주제가 열왕기하 1장의 문맥을 형성하면서 그 마지막을 닫았다면, 이어진 문맥으로서 열왕기하 2장은 언약의 일꾼인 엘리야의 이 땅에서 죽지 않는 '승천'을 통해 '영원한 생명'의 주제를 드러내어 내러티브를 1장과 대조시킨다.

이 본문은 엘리야-엘리사 내러티브에서, 엘리야 사이클이 끝나는 '엘리야 고별 내러티브'(왕하 2:1-18)에 해당한다.[1] 이 내러티브는 엘리야와 엘리사의 사역의 교체(transition) 및 승계(succession)의 장면을 담고 있다. 이런 점에서, '엘리야 고별 내러티브'를 엘리야와 엘리사의 '승계 내러티브'라고 부를 수 있다.

열왕기하 1장에서처럼, 동일한 표현의 연속적 내러티브가 3회 반복되는 동일한 전개 방식이 이 본문에서도 나타난다.

첫째, 첫 번째 오십부장과 그 오십 명의 군사가 엘리야에게 와서 오만한 태도로 왕의 메시지를 전하다가 하늘의 불이 내려와 불사르는 사건이 있었다.
둘째, 이어 두 번째 오십부장과 그 오십 명의 군사가 동일한 경험을 했다.
셋째, 마지막으로 세 번째 오십부장과 그 오십 명의 군사는 경외와 겸손으로 생명을 보존하는 은혜를 입는다.

첫 두 번의 반복은 심판(죽음, 공의)의 모티프를 부각하고 마지막 세 번째 반복은 앞에 있는 두 번의 장면에서 선행되었던 패턴을 깨뜨리면서 구원(생명, 사랑)의 모티프를 부각시킨다.

마찬가지로, 여기서 엘리야와 엘리사의 대화와 장소 이동과 제자들의 질문 등이 3회 반복된다. 여기서도, 첫 두 번의 반복은 엘리야의 '승천'을 강조하고. 마지막 세 번째 반복은 앞에 있는 두 번의 장면에서 드러낸 패턴을 탈피하여 엘리사를 향한 '승계'를 강조한다.

---

1 엘리야-엘리사 내러티브(왕상 17장-왕하 13장)에서, 엘리야 사이클의 마지막 장면인 '엘리야 고별 내러티브'(왕하 2:1-18)는 엘리사 사이클의 마지막 장면인 '엘리사 고별 내러티브'(왕하 13:14-21[25])와 대비된다.

표 18. 엘리야-엘리사 승천-승계 내러티브에서의 반복

장면	등장인물	구조	대화 및 내레이션(왕하 2:2-6)	여정
장면 1	엘리야, 엘리사, 제자들	A	부탁:"너는 여기 머물라 여호와께서 나를 벧엘로 보내시느니라"(2절 상)	길갈→벧엘
		B	맹세:"여호와의 살아 계심과 당신의 영혼의 살아 있음을 두고 맹세하노니 내가 당신을 떠나지 아니하겠나이다"(2절 하)	
		C	확인:"여호와께서 오늘 당신의 선생을 당신의 머리 위로 데려가실 줄을 아시나이까…나도 또한 아노니 너희는 잠잠하라"(3절)	
장면 2	엘리야, 엘리사, 제자들	A'	부탁:"너는 여기 머물라 여호와께서 나를 여리고로 보내시느니라"(4절 상)	벧엘→여리고
		B'	맹세:"여호와께서 살아 계심과 당신의 영혼이 살아 있음을 두고 맹세하노니 내가 당신을 떠나지 아니하겠나이다"(4절 하)	
		C'	확인:"여호와께서 오늘 당신의 선생을 당신의 머리 위로 데려가실 줄을 아시나이까…나도 아노니 너희는 잠잠하라"(5절)	
장면 3	엘리야, 엘리사, 제자들	A"	부탁:"너는 여기 머물라 여호와께서 나를 요단으로 보내시느니라"(6절 상)	여리고→요단
		B"	맹세:"여호와의 살아 계심과 당신의 영혼이 살아 있음을 두고 맹세하노니 내가 당신을 떠나지 아니하겠나이다"(6절 하)	
		C"	확인:(생략)"선지자의 제자 오십 명이 가서 멀리 서서 바라보매 그 두 사람이 요단 가에 있더니"(7절)	

2. 하나님을 가까이에서 사랑하는 삶(1-11절)

전지적 작가 시점 안에서 영감 받은 저자는 여호와께서 회오리 바람으로 엘리야를 하늘로 올리고자 하신다는 승천 정보를 제공함으로 내러티브가 시작된다(1절). 엘리야와 엘리사도 이 사실을 알고 있는 것 같다. 이 지식은 선지자들의 예지적 지식의 범주 안에 있는 것이기 때문이다. 심지어는 그 제자들도 알고 있다.

가시적 승천 사건은 구약성경에서 첫 번째이며 마지막 사건이다. 차이는 있지만, 이와 유사한 사건으로서 하나님께서 에녹을 데려가신 사건이 있다. 에녹에 대한 모세의 표현을 보면 다음과 같은 증거이다.

> 에녹이 하나님과 동행하더니 하나님이 그를 데려 가시므로 세상에 있지 아니하였더라 (창 5:24).

에녹은 '하나님과 동행하는 자'(וַיִּתְהַלֵּךְ חֲנוֹךְ אֶת־הָאֱלֹהִים, 와이트하렉 하녹 에트-하애로힘)와 '하나님이 데려가신 자'(כִּי־לָקַח אֹתוֹ אֱלֹהִים, 키-라카흐 오토 애로힘)와 '세상에 있지 않는 자'(וְאֵינֶנּוּ, 웨에네누)라는 캐릭터로 특징화되고 있다.

이 세 가지 특징들 가운데, '하나님과 동행하는 자'는 지상에서 그의 삶의 스타일에 대한 것이며, '세상에 있지 않는 자'라는 특징은 그의 천상에서의 삶의 스타일을 간접적, 암시적으로 보여 주며, 그리고 이 둘 사이에 '지상에서 천상으로' '하나님이 데려가신 자'라는 개념이 위치한다. 에녹의 지상에서 삶의 특징으로서, '하나님과 동행'이라는 개념은 하나님과의 관계에 대한 삶의 개념이다. 에녹의 데려가심은 그 현재적 동행의 관계의 삶이 "영원한 현재적 삶"으로 하늘에서 살아있는 존재가 되었다는 의미이다.

마찬가지로, 엘리야의 대표적 캐릭터는 '하나님께 열심이 특출한 자'(קַנֹּא קִנֵּאתִי לַיהוָה, 카노 키네티 라야훼, 왕상 19:10, 14)였는데, 이 캐릭터는 언약 백성 이스라엘에 대한 '언약의 기소자'로서 언약에 충실한 삶을 사는 자임을 나타낸다. 이 표현 역시 하나님과의 관계 개념이다. 지상에서 율법을 순종하는 엘리야의 현재적 삶이 에녹처럼 승천을 통해 "영원한 현재적 삶"이 되었다는 것을 보여 준다.

그러므로 에녹과 엘리야는 모두 하나님께서 데려가셨다는 공통점이 있는 구약의 인물들이지만, 에녹의 경우는 하나님께서 데려가심으로 '땅에서 사라짐'의 결과를 강조했다면, 엘리야의 경우는 하나님께서 데려가시므로 '하늘로 올라감'의 과정을 강조한다. 그리고 에녹과 엘리야의 독특한 삶은 하나님에 의해 "신비로운 사라짐"(mysterious disappearance)을 야기시켰는데, 이것은 후대에 유대인 전통과 기독교 전통에서 '메시아의 도래'에 앞서서 '엘리야의 회귀'에 대한 기대를 만들게 된다(말 4:5; 마 11:14; 17:10; 요 1:21; 마카비 1서 2:58).[2] 즉 그리스도가 오실 길을 예비하는 세례 요한을 일컬어서 "엘리야"라고 말라기와 복음서 저자들은 부르고 있다.

---

2   D. Slager, "Preface", P. Clarke, S. Brown, L. Dorn, & D. Slager (Eds.), *A Handbook on 1 & 2 Kings*, Vol. 1–2 (New York: United Bible Societies, 2008), 709 on Logos.

지도 5. 엘리야-엘리사 승천-승계 여정

1) 길갈에서 벧엘까지 (2-3절)

엘리야는 엘리사와 함께 길갈에서 남쪽으로 10-15마일 거리의 벧엘로 이동한다. 길갈(Gilgal)은 엘리사의 사역 센터들 가운데 하나가 되며(왕하 4:38), 후에 길갈은 아모스(4:4; 5:5)와 호세아(4:15; 9:15; 12:12) 선지자들에 의해 '이교적인 제단'(sanctuary)이 있는 곳으로 혹평을 받는다.[3] 지상에서 이 두 사람의 마지막 여행의 첫 여정은 길갈에서 출발하여 벧엘로 향하는 여정이다. 먼저 엘리야는 엘리사에게 부탁을 하는데, 다음과 같이 말한다.

> 너는 여기 머물라 여호와께서 나를 벧엘로 보내시느니라(왕하 2:2).

이것에 대한 엘리사의 응답은 맹세로 다음과 같이 응답한다.

> 여호와의 살아 계심과 당신의 영혼의 살아 있음을 두고 맹세하노니 내가 당신을 떠나지 아니하겠나이다(왕하 2:2).

---

[3] J. A. Montgomery, *A Critical and Exegetical Commentary on the Books of Kings*, 353-354: 왕상 12:25-33, 13:1-10 on Logos를 보라.

엘리사의 이 응답은 여호와의 이름으로 행한 맹세이다. 엘리야-엘리사 내러티브의 전개에서 '반복'의 표현 이외에, 또 다른 중요한 수사학적 수단인 '맹세'가 여기서 사용된다. 열왕기서(상하)에서 '여호와의 이름으로'(살아 계심으로) 맹세하는 총 13회(왕상 2:24; 17:1, 12; 18:10, 15; 22:14; 왕하 2:2, 4, 6; 3:14; 4:30; 5:16, 20)의 용례들 가운데, 거의 대부분인 12회가 엘리야-엘리사 내러티브에서 발생한다는 사실은 매우 흥미로운 통계임을 앞에서 살펴본 바가 있다.

맹세는 맹세하는 자의 진정성을 공적으로 표명하는 것이며, 그 맹세한 바대로 행하겠다는 강한 결의와 의지적 행함을 반영하고 있다. 맹세의 구문들은 서로 유사한 수사학적 패턴을 가지고 있다.

이른바, '맹세의 공식'(oath formula)이다. 엘리야-엘리사 내러티브에서 여호와의 이름으로 맹세한 총 12회의 맹세자들은 엘리야(2회), 사르밧 과부(1회), 오바댜(1회), 미가야(1회), 엘리사(5회), 수넴 여인(1회), 게하시(1회)이다. 이들 가운데, 맹세를 가장 많이 한 자는 단연 엘리사(12회 가운데 5회: 왕하 2:2, 4, 6; 3:14; 5:16)이다. 다섯 번의 엘리사의 맹세들 가운데 첫 번째 맹세부터 세 번째 맹세까지가 엘리야의 고별(승계) 내러티브인 열왕기하 2장에서 발생한다. 여기서 엘리사의 맹세는 스승 엘리야와 끝까지 함께 동행하겠다는 의지와 두 선지자의 사역의 연속성을 강조한다. 맹세의 문맥 안에서 엘리야의 직임과 능력의 승계가 이루어진다.

그런데 여기서 다음과 같은 표현을 사용한다.

> 벧엘로 내려가니(왕하 2:2).

"내려가다"(יָרַד, 야라드)라는 표현은 다소 이상한데, 왜냐하면 벧엘이 길갈보다 해발 고도가 더 높은 지역이기 때문이다.[4] 칠십인역은 단지 "they went to Behtel"(καὶ ἦλθον εἰς Βαιθηλ)로 표현한다.

그런데 무엇 때문에 열왕기서 저자는 길갈에서 두 선지자가 다음과 같은 표현으로 기록했을까?

---

4 D. Slager, "Preface," 11 on Logos.

벧엘로 내려가니(왕하 2:2).

주석가들은 다양한 대안을 제시하여 이 난제를 해결하고자 시도해왔다. 이에 앞서, 열왕기하 2장의 '길갈'(Gilgal)과 무관한 비교적 "덜 알려진" 또 다른 '길갈'이라는 지명들도 존재한다는 사실을 알아야 한다.[5] 그리할 때, 이 연구에 혼돈을 줄 일 수 있다고 필자는 판단하기 때문이다. 그것들을 제외하고 '벧엘로 내려갔다'라는 의미에 대하여 비교적 가능성이 있는 대표적 세 가지 견해를 소개하고자 한다.

첫째, "벧엘로 내려갔다"라고 할 때, 그 출발점으로써 열왕기하 2:1에 있는 "길갈"(Gilgal)은 또 다른 지명으로서 "길갈"로 주장하여 그 대안을 제시

---

[5] 관심있는 독자들을 위하여 여기서 언급한 '길갈'에 대한 연구와 문헌 정보에 대한 필자의 노트는 Joel S. Burnett, "Going Down' to Bethel: Elijah and Elisha in the Theological Geography of the Deuteronomistic History", *JBL* 129, no. 2 (2010): 281-297, 284-285, n. 10을 전적으로 의존하여 재인용하였음을 밝힌다. '여리고 근처에 있는 길갈'이 아닌, '또 다른 길갈'에 대하여는 *Eusebius's Onomasticon* 에서 '벧엘에 아주 가까운 길갈'을 언급하는데, 여기서 이것을 성경적 구절과 전혀 연결시키지 않는 문제점이 있다. Eusebius of Caesarea, *The Onomasticon: Palestine in the Fourth Century A.D.* (trans. G. S. R Freeman-Grenville, ed. Joan E. Taylor, indexed by Rupert L. Chapman, Jerusalem: Carta, 2003), 41, Eusebius of Caesarea, *Ono masticon: The Place Names of Divine Scripture, Including the Latin Edition of Jerome* (trans. and with topographical commentary by R. Steven Notley and Zeev Safrai, Jewish and Christian Per- spectives 9, Boston: Brill, 2005), 65. 그리고 그 외에, 여호수아서와 신명기에는 많은 '길갈'이 등장한다.
(a) 여호수아에서 정복한 땅을 분배할 때, 여리고 근처의 '길갈' 이외에 서로 다른 두 곳의 '길갈'(수 3-5)이 언급된다. 그러나 이 '길갈'들은 왕하 2장과 관련 없는 '길갈'들이다.
(b) 유다와 베냐민 지파의 경계에 있는 '길갈'(수 15:7)이 있는데, 이것은 'Geliloth'(수 18:17)로 불려지기도 한다.
(c) 맛소라 본문의 여호수아 12:23에서 정복된 왕의 명단 가운데 '고임 왕'(King Goiim) 또는 '길갈'에 있는 민족의 왕에 대한 언급 안에 있는 '길갈'(MT)이 있는데, 칠십인역은 이것을 'Galilee"(LXX)로 읽는다.
(d) Muilenburg는 신명기 11:30에 등장하는 '길갈'은 "난해하다"(difficult)라고 지적하면서, 그것은 세겜(Shechem) 근처의 한 장소를 가리키는 것 같다"고 판단하며, 그런데도 그 문맥은 독자로 하여금 '여리고 근처의 길갈'에 대한 언급을 기대하게 한다(Muilenburg, "Gilgal", 399, Kotter, "Gilgal", 1023-1024). 어쨌든 덜 알려진 이 모든 '길갈'들'(Gilgals)은 모두 열왕기하 2장에 있는 '길갈'과는 다른 곳이다(Muilenburg, "Gilgal", 398-399, Kotter, "Gilgal", 1022-1023을 보라).

한다. 또 다른 지명으로서 "길갈"은 에브라임 지역에 위치한 곳이며, 벧엘의 북쪽 12킬로미터 지점에 있는 "질주리에"(Jiljulieh, Jiljilia)라고 주장한다.[6] 그러나 이곳(774미터)은 해발고도에 있어서 벧엘(881미터)보다 낮다.[7]

둘째, 히브리어 동사 **"야라드"**라는 동사는 '내려가다'라는 의미 이외에, 좀 폭넓은 의미를 가지는데, "남쪽 방향으로 가다"(going southwards)라는 의미로 해석하는 경우이다.[8] 지리적 위치를 정확하게 말하면, 길갈에서 벧엘로 가기 위하여는 북서 방향으로 가야 한다. 그런데도 전체적인 위도상으로는 벧엘이 길갈보다 남쪽에 위치하기 때문에 가능할 수 있다. 이 경우는 해발 고도가 기준이 아니라, 남북의 지리적 개념이 기준이 된 것 같다. 일반적으로 북쪽이 윗 방향이며, 남쪽이 아랫 방향이라는 보편성에 기초한다.

셋째, "벧엘로 내려간다"라는 표현은 두 선지자가 벧엘에서 금지된 제단에서 예배할 가능성에 대한 암시 자체를 회피하기 위한 목적으로 이해한다.[9] 이런 이해의 배경에는 벧엘을 향해 "올라간다"(going up)라는 표현은 순례자들이 "성전(제단)"이 있는 곳으로 가서 예배하는 것을 가리키기 위해 자주 사

---

6 Otto Thenius, *Die Bücher der Könige* (2nd ed., Leipzig: S. Hirzel, 1873), 270-71, George A. Smith, *The Historical Geography of the Holy Land* (25th ed., New York/London: Harper & Brothers, 1931), 318 (orig, 1894, reprinted, New York: Harper, 1966), Carl F. Keil and F. Delitzsch, *Commentary on the Old Testament,* vol. 3, *I & II Kings, I & II Chronicles, Ezra, Nehemiah, Esther* (trans. James Martin, Grand Rapids: Eerdmans, 1900-), 290, James Muilenburg, *Gilgal*, IDB 2:398-399, 398, Kristin Weingart, *My Father, My Father! Chariot of Israel and Its Horses! (2 Kings 2:12//13:14): Elisha's or Elijah's Title?*, JBL 137, no. 2 (2018):257-270, 284, n. 8, Joel S. Burnett, *'Going Down' to Bethel: Elijah and Elisha in the Theological Geography of the Deuteronomistic History*, JBL 129, no. 2 (2010): 281-297, 284. 그런데 '또 다른 길갈'이 Otto Thenius와 George A. Smith 등이 주장하는대로 여리고 근처의 길갈로서 'Jiljulieh'일 수 있을지라도, Chapman은 그것을 "벧엘 근처의 미확인된 장소"로 여긴다. Freeman-Grenville, Chapman, and Taylor, *Palestine in the Fourth Century A.D,* 33, 41, 50, 132, 181, Notley and Safrai, *Place Names of Divine Scripture,* 4, 48, 64-65, 82, 175, Joel S. Burnett, *'Going Down' to Bethel: Elijah and Elisha in the Theological Geography of the Deuteronomistic History*, 284, n. 10에서 재인용.
7 Joel S. Burnett, *'Going Down' to Bethel: Elijah and Elisha in the Theological Geography of the Deuteronomistic History*, 284, n. 9을 참고하라.
8 G. R. Driver, *On* הלע *'Went up Country' and* דרי *'Went down Country,'* ZAW 28 (1957): 74-77.
9 Joel S. Burnett, *'Going Down' to Bethel: Elijah and Elisha in the Theological Geography of the Deuteronomistic History*, JBL 129, no. 2 (2010): 281-297을 참고하라.

용되었다.[10] 벧엘은 여로보암의 통치 시기에 금송아지를 만들어서 벧엘과 단에 설치하고, 여로보암은 이스라엘 백성들에게 금송아지가 그들을 애굽에서 인도하여 낸 신들이라고 말하면서 예루살렘으로 올라가서 예배하는 것을 금지시켰다(왕상 12:25-33).

그때, 익명의 '하나님의 사람'이 등장하여 벧엘의 제단에서 제사 행위를 반대하는 여호와의 신탁을 선포한다(왕상 13:1-10). 이런 신학적 전통의 연장 선상에서, 벧엘에서의 제사 드리는 것에 대한 관용적 표현으로써 "올라가다"라는 표현을 일부러 회피하고자 한 것이며, 실제로도 두 선지자가 '벧엘 안으로는 들어가지 않았다'라고 이해한다.[11] 즉 여로보암 시대 이래로 벧엘의 제단에서 금지된 제사 곧 '반벧엘 제사에 대한 신학적 정서'(anti-Bethel polemic)에 대한 의혹을 회피하고자, 벧엘로 "올라가다"(아라)라는 동사 대신에 "내려가다"(야라드)라는 동사를 의도적으로 본문의 저자(서기관)가 썼을 것이라는 것이다.[12]

재언하면, 엘리야나 엘리사가 벧엘로 "올라갔다"(들어갔다)라고 표현하는 것은 그들이 벧엘의 금지된 제단에서 제사에 혹 참여했을 수 있다는 것으로 1차 독자들과 내러티브의 등장인물들(선지자의 제자들)에게 야기될 의혹과 오해를 불식시키기 위한 의도로 보는 것이다.

---

10 히브리어 동사 '올라가다'(to go up)는 순례자들이 제단(sanctuary)이 있는 곳으로 제사 드리기 위해 브엘세바, 미스바, 실로, 예루살렘 성전, 갈멜산, 예루살렘, 시온 등으로 올라가는 것을 의미한다(창 26:23; 삿 21:5, 8; 삼상 1:3, 7, 21-22; 2:19; 왕상 12:27-28; 18:42; 시 122:3-4; 렘 31:6; 슥 14:16-19). Joel S. Burnett, *'Going Down' to Bethel: Elijah and Elisha in the Theological Geography of the Deuteronomistic History*, 286.

11 이런 의도 때문에, 열왕기하 2:2에 "나를 벧엘로 보내시느니라"(יְהוָה שְׁלָחַנִי עַד־בֵּית־אֵל, 야훼 쉐라하니 아드-벧-엘)는 표현에 사용된 히브리어 전치사(אד, 아드)를 'to'라는 의미 대신에 'as far as'로 해석한다. 즉 엘리야는 벧엘 안으로 들어간 것이 아니며, 벧엘이 있는 곳 정도의 거리쯤으로 이동했다는 것으로 해석한다. 그리고 열왕기하 2:3의 해석도, 벧엘에 있는 선지자의 제자들도 엘리사를 만나기 위해서 '벧엘에서 나와서'(out of) 이야기한 것으로 해석한다. Joel S. Burnett, *'Going Down' to Bethel: Elijah and Elisha in the Theological Geography of the Deuteronomistic History*, 294.

12 이것은 초기의 서기관들에 의한 일종의 '신학적 수정'(scribal correction)의 흔적이라고 본다. 이러한 현상들은 히브리어 성경에서 종종 있는 일이다. Kristin Weingart, *My Father, My Father! Chariot of Israel and Its Horses! (2 Kings 2:12//13:14)*, 262.

그러므로 "벧엘로 내려가다"라는 히브리어 표현에 대하여, 필자는 위에서 언급한 유세비우스(Eusebius of Caesarea)가 주장하는 '질주리에'(Jiljulieh, Jiljilia)라는 대안적 지명은 성경적 근거가 없다는 점 때문에 고려의 대상에서 제외시키고자 한다. 그리고 드라이버(G. R. Driver)가 주장하는 '지리적 보편성'의 개념(남쪽으로 내려갔다)과 버네트(Joel S. Burnett)가 제시하는 '반벧엘의 신학적 정서'를 고려하는 해석이 타당하다고 판단한다.[13]

벧엘에 있는 선지자의 제자들은 다음과 같이 엘리사에게 질문한다.

> 여호와께서 오늘 당신의 선생을 당신의 머리 위로 데려가실 줄을 아시나이까 (왕하 2:3).

엘리야 자신뿐만 아니라, 엘리사 그리고 선지자의 제자들도 엘리야의 승천에 대한 하나님의 계획에 대한 지식을 모두 공유하고 있다. '오늘'(הַיּוֹם, 하욤)이라고 하는 구체적인 시간까지 알고 있다. 그리고 하나님의 계획은 여호와의 신명에 이어진 동사의 분사형(יְהוָה לֹקֵחַ, 야훼 로케아흐)을 통해, 가까운 미래에 있을 승천의 장면을 그림을 그리듯이 묘사하고 있다. 그리고 '당신의 선생'에 해당하는 히브리어는 복수형 '**아도나이**'(אֲדֹנֶיךָ, 아도네카)를 사용한다.

여기서 '**아도나이**'에 해당하는 자는 물론 엘리야를 가리킨다. 장엄 복수형을 사용하여 승천할 대상으로서 분사의 목적어(아도나이)를 강조했다. 그리고 "당신의 머리 위로"(מֵעַל רֹאשֶׁךָ, 메알 로쉐카)라는 표현에서, 히브리어 전치사와 함께 사용된 명사 "머리"(רֹאשׁ, 로쉬)라는 단어는 실제로 짐승이나 사람의 신체 기관으로서 머리나 머리카락을 가리키는 경우(출 29:15, 19; 삿 9:53; 13:5; 16:7; 삼하 13:19; 욥 39:23; 애 3:54; 겔 1:22, 25, 26; 10:1; 고전 11:10)가 있으며, 짐승이나 사람의 존재와 인격을 가리키는 경우(사 35:10; 51:11; 렘 30:23)도 있으며, 그리고 짐승이나 사람의 존재가 있는 곳을 기준으로 하늘 윗 방향을 가리키는 경우(신 28:23; 왕하 2:3, 5; 마 27:37; 계 10:1)도 있다.

---

13 세 번째의 버네트(Joel S. Burnett)의 해석을 현대적 관점으로 보면 "이원론"의 문제가 있을 수는 있다. 왜냐하면, 엘리야와 엘리사는 벧엘에 들어가는 행위에 대한 성경의 기록에서 제외시키고 그들의 제자들은 벧엘에서 공동체를 이루어 살고 있기 때문이다(왕하 2:3).

여기서는 세 번째의 경우를 의미한다. 그러므로 "당신의 머리 위로"라는 표현은 엘리사의 존재가 있는 현장에서 하늘 위의 방향이라는 의미를 나타내는 관용적 표현 같다. 즉 엘리사는 엘리야의 승천을 현장에서 목격자로 참여할 것이라는 사실을 생생하게 묘사한 것이다.

엘리야와 엘리사 사이의 고별(승계) 내러티브에서, 이들의 첫 대화는 '엘리야의 부탁'과 그것에 대한 응답으로 '엘리사의 맹세'에 이어서, 다시 선지자의 제자들에 의한 질문과 엘리사의 확인 대답으로 구성되어 있다. 이와 같은 대화의 형식이 이어지는 문맥에서 연속적으로 반복된다.

2) 벧엘에서 여리고까지(4-5절)

엘리야와 엘리사는 함께 벧엘 "근처에"(as far as) 도착했다. 엘리야는 침묵하나, 엘리사는 벧엘의 제자들과 대화를 통해서 교제를 나누었다(3절). 벧엘 근처에서 얼마간의 시간이 경과되었는지 알 수 없다. 거기서 엘리야는 엘리사에게 다음과 같은 표현을 반복한다.

> 너는 여기 머물라 여호와께서 나를 여리고로 보내시니라(왕하 2:4).

이것에 대한 대답으로써, 엘리사는 엘리야에게 2절에 언급된 지명과 동사를 제외하고 동일한 맹세를 여기 4절에서 반복적으로 표현한다.

단지 차이점은 2절에서 다음과 같은 표현을 사용하여 출발지에서 계획한 목적지를 강조했다.

> 그들이 벧엘로 내려갔다(וַיֵּרְדוּ בֵית־אֵל, 와예르두 벧-엘, 왕하 2:2).

반면에 4절에서는 다음과 같은 표현으로 도착 지점에 대한 강조로 대치된다.

> 그들이 여리고에 이르매(וַיָּבֹאוּ יְרִיחוֹ, 와야보우 예리호, 왕하 2:4).

벧엘에서 동쪽으로 15-20마일을 이동하여 여리고에 도착한 두 선지자는 여리고에 얼마 동안 머물렀다. 여기서 엘리야는 침묵하는데, 엘리사와 여리고의 제자들 사이에는 앞의 경우와 동일한 질의와 대답의 대화를 통해 교제를 나눈다(5절). 여기까지는 완전한 반복의 패턴이 유지된다.

3) 여리고에서 요단까지(6-11절)

엘리야와 엘리사가 함께 도착한 여리고에서 얼마 간의 시간을 보냈는지 알 수 없으나, 일정한 시간이 경과되었다. 엘리야는 거기서 엘리사에게 다음과 같이 부탁을 한다.

> 너는 여기 머물라 여호와께서 나를 요단으로 보내시느니라(왕하 2:6).

그것에 대한 엘리사의 대답으로, 길갈에서의 맹세(2절)와 "벧엘에서의" 맹세(4절)와 동일한 맹세를 여리고에서 반복하여 엘리사의 세 번째 맹세가 만들어진다. 그리하여 세 차례의 엘리야의 부탁과 세 차례의 엘리사의 맹세가 반복된 것이다. 그리고 두 사람은 함께 여리고를 향하여 갔다(וַיֵּלְכוּ שְׁנֵיהֶם, 와 엘쿠 쉐네헴).

그런데 두 번째까지 반복된 각 지역(벧엘, 여리고)의 제자들의 질문은 세 번째 장면에서는 반복되지 않는다. 반복 패턴이 깨지는 순간이다. 대신에, 요단에서 선지자의 제자 50명(1장의 50명의 군사들과 동일한 숫자)이 요단 강가에 서 있는 두 선지자를 멀리서 쳐다보는 장면으로 대치된다. 이것은 마치 1장에서 엘리사를 찾기 위하여 방문한 첫 번째 두 오십부장과 각각의 오십 명의 군사들이 하늘에서 떨어진 불로 태움을 당하고, 마지막 세 번째 오십부장과 그의 오십 명의 군사들은 생명을 보존함으로 앞의 두 경우와 다른 것과 유사하다. 즉 앞의 두 번까지는 반복되다가 마지막 세 번째는 어느 정도까지는 동일한 행위와 언어가 반복되다가, 그 결과의 장면에서는 사망이 아닌 생명이라는 것으로 차별화하여 연속적인 반복 패턴을 깨뜨렸다.

마찬가지로, 세 번째 오십 명의 제자들의 행위는 앞의 두 지역의 제자들이 엘리야의 승천에 대한 질문을 엘리사에게 하고 엘리사가 대답했던 반복과 달리, 여기서도 단지 제자 50명이 두 선지자들을 원거리에서 쳐다보는 장면으로 반복의 패턴을 깨뜨려 차별화하고 있다.

여기서 세 차례에 걸쳐서 엘리사가 맹세한 내용 가운데 다음과 같은 표현은 또 다른 역사서에 등장하는 사사 시대의 한 여인의 고백과 유사하다.

> 내가 당신을 떠나지 아니하겠나이다(왕하 2:2, 4, 6).

나오미는 두 며느리들에게 다음과 같이 말했다.

> 내 딸들아 돌아가라(שֹׁבְנָה בְנֹתַי, 숩나 베노타이, 룻 1:11).

이때 룻은 다음과 같은 말로 나오미의 제안을 거절한다.

> 당신이 가는 곳에 내가 갈 것이며, 당신이 머무는 곳에 나도 머물 것이다(룻 1:16).

그리고는 나오미의 여정의 끝날까지 함께하겠다 말한다. 이를 위해, 또 다른 맹세 포뮬러인 다음과 같은 맹세로 결연한 의지를 보였다.

> [~하면] 여호와께서 내게 벌을 내리시고 더 내리시기를 원하나이다(룻 1:17).

엘리야와 엘리사의 대화에서 사용된 히브리어 표현이 나오미와 룻의 대화에서 사용된 그 표현과는 다르다.

> 너는 여기 머물라(룻 1:2, 46).

그의 명령에 맹세 포뮬러를 사용하여 동행의 의지를 다음과 같이 결연히 밝힌다.

> 내가 당신을 떠나지 아니하겠나이다(룻 1:2, 4, 6).

룻의 그 맹세와 나오미를 따름을 통해서, '유력한 자'(룻 2:1, אִישׁ גִּבּוֹר חַיִל, 이쉬 기보르 하일), '가까운 자'(룻 2:20, קָרוֹב לָנוּ, 카롭 라누) 그리고 '기업 무를 자'(룻 2:20, 3:9, מִגֹּאֲלֵנוּ, 미고아레누)로 일컬어지는 보아스에게 "가까이 있으라"(룻 2:21, 23)는 헤쎄드를 받아 누리는 자가 되었다. 결국, 룻은 보아스의 '옷자락' 또는 '날개'(룻 3:9, כְּנָפֶךָ, 케나페카) 안으로 들어가 '곁에 있는 자' 또는 '돕는 베필'이 되어 다윗의 아버지 이새의 부친인 오벳을 낳아(룻 4:17), 메시아와 "가까운 자"가 되는 영광을 얻었다. 하나님을 가까이하는 자가 받는 복을 제대로 받는 자가 된 것이다.

그리고 엘리야의 고별 내러티브와 관련하여, 성령과 그 능력을 기다리는 구약과 신약의 제자(들)의 태도가 대비되는 장면을 발견할 수 있다.

내가 당신을 떠나지 않겠나이다(왕하 2:2, 4, 6).

이처럼 엘리야의 '성령의 능력을 갑절'로 받기 위한 제자 엘리사의 맹세를 통한 그 실천은 '인격적 머무름'(동행)을 통한 성령의 능력을 기다리는 제자의 신실함을 보여 준다.

여기서 엘리야의 이동 공간이 길갈, 벧엘, 여리고, 요단으로 진행되더라도, 제자 엘리사는 스승 엘리야만 따르고 그와 동행하겠다는 인격 중심의 함께함을 보인다. 인격 중심의 함께함은 다양한 공간은 부수적인 환경일 뿐이다. 그리고 예수님의 승천 메시지는 다음과 같다.

예루살렘을 떠나지 말고 내게서 들은 바 아버지께서 약속하신 것(성령)을 기다리라(행 1:4).

이 명령에 순종하는 메시아 공동체는 '공간적 머무름'을 통한 성령의 강림을 기다리는 제자 공동체의 신실함을 나타낸다. 스승이신 그리스도와는 육체적으로 일시적으로 떨어져 있으나, '제자 공동체'(신약 교회의 원조)라는 인격적 개념이 공간화된 표현인 '예루살렘'에 머무는 신실함을 보여 준다. 구약과 신약에서, 동행의 열정과 기다림의 순종은 각각 성령과 그 능력으로 "새 옷"을 입는 것으로 결실되었다.

요단 강가에 도착한 엘리야는 그곳에서 자신의 '겉옷'(אַדֶּרֶת, 아다르토)을 벗어서 말았다. 그리고 그것으로 요단 강물을 치니 물이 이리저리 갈라졌다. 그래서 두 선지자는 마른 땅 위로 강을 건넜다(8절, cf. 14절). 이 사건은 출애굽 공동체가 광야 초기에 홍해를 갈라서 마른 땅 같이 건넌 사건(출 14장)과 광야 말기에 여호와의 언약궤를 앞세우고 요단을 마른 땅 같이 건넌 사건 (수 3장)을 상기시킨다. 모세의 인도로 홍해를 건넜던 첫 번째 출애굽에 대한, "작은 규모의 출애굽" 모티프가 이 본문에서 재현된다.[14]

이 본문의 명백한 목적 중에 하나는 '엘리야-엘리사'를 '모세-여호수아' 와 동일시하려는 의도이다.[15] 즉 이스라엘이 모세의 인도로 홍해를 건넜고 여호수아의 인도로 약속의 땅 가나안에 입성했던 것처럼, 여기서도 엘리야 가 주도적으로 요단강을 건너고 다시 엘리사가 요단을 반대방향으로 다시 건너서 가나안 땅으로 되돌아오는 방식이다. 그래서 이어지는 엘리사의 사 역은 바알 숭배자를 여호와에 대한 예배자로 되돌리려는 이스라엘의 회복의 사역으로 나아간다.

이러한 구약의 두 사건, 곧 '모세-여호수아' 그리고 '엘리야-엘리사'의 사역에 대한 궁극적 성취는 '세례 요한-예수님'이 요단강 세례 사건(마 3:5-6; 13-17)을 기점으로 시작하여 예수님의 '새 이스라엘의 회복'을 위한 복음 사역이 시작되는 것으로 나타난다. 이와 같이 마태는 예수님의 구속 사역의 여정을 '새 출애굽'의 관점으로 전개한다. 이것은 '물을 건넘으로'(사 11:15; 43:2, 16-17; 44:27-28; 50:2; 51:9-11), 또한 '강을 건넘으로'(사 11:15; 42:15; 43:2; 44:27; 50:2), 이스라엘의 회복에 대한 새 출애굽의 예언들이 성취된다는 것을 보여 준다.[16]

그리고 홍해와 요단의 물을 건너는 옛 출애굽 공동체의 여정은 구원과 안식의 땅으로 들어가는 의미를 담고 있기도 하지만, 도전과 사명과 하나님의 과업을 수행하는 새로운 현장이 열린다는 것도 의미한다. 엘리야와 엘리사가 함께 요단을 건너는 것은 엘리야에게는 승천을 통한 하늘의 안식으로 들어가는 문

---

14 Gregory K. Beale, *A New Testament Biblical Theology*, 412.
15 Gregory K. Beale, *A New Testament Biblical Theology*, 412.
16 Gregory K. Beale, *A New Testament Biblical Theology*, 412-413.

이라면, 엘리사에게는 대 이스라엘 회복을 위한 엘리야의 남은 사역을 계속적으로 수행하는 승계된 직분으로 들어가는 의미를 동시에 함의한다.

함께 요단강을 마른 땅 같이 건넌 후, 엘리야는 자신에게 세 번이나 반복적으로 맹세를 하면서 떠나지 않겠다고 했었던 엘리사에게 다음과 같이 말한다.

> 나를 네게서 데려감을 당하기 전에 내가 네게 어떻게 할지를 구하라(왕하 2:9).

그래서 엘리사는 다음과 같은 소원을 엘리야에게 말한다.

> 당신의 성령이 하시는 역사가 갑절이나 내게 있게 하소서(왕하 2:9).

그렇다면 엘리사는 여기서 왜 '갑절의 능력'을 구하였는가?
갑절의 능력은 무엇을 의미하는가?
엘리사가 갑절의 성령의 역사를 구한 것은 스승을 넘어서겠다는 자기 욕심이나 공명심이나 명예를 위한 것이 아니다.
그렇다면 그것은 무엇 때문인가?

첫째, '정당한 관계의 발견'에서 출발된 간구이다. 엘리야와 선지자의 제자들(엘리사 포함)은 고대 근동의 극존칭의 호칭을 통해 '아버지-아들' 관계로 은유되어 사용된다(예: 12절). 제자 공동체 내에서 엘리사는 단연 "장자"의 위치에 있다. 율법에 따르면, 장자는 '장자의 권리'(the right of the first-born)를 가진다(신 21:17).[17]

---

17 Joseph Blenkinsopp, *A History of Prophecy in Israel* (Louisville, KY: Westminster John Knox Press, 1996, revised and enlarged), 62. 그러나 Blenkinsopp의 이 주장이 완벽한 것은 아니다. 왜냐하면, 장자의 상속권에 대한 율법(신 21:15-17)에서 '두 몫'(a double portion)을 받는 것이 '장자의 권리'라고 명시하는 것은 사실이나, 이 '두 몫'은 다른 아들들이 유업으로 받는 양의 '두 몫' 또는 '갑절'이라는 의미지, 유업을 나누어 주는 당사자인 '부친'(엘리야)의 소유의 '두 배'가 아니기 때문이다. 여기서 엘리사는 엘리야가 소유했던 성령의 능력의 '갑절'을 원하는 것이다. 그러나 관점을 약간 변경시켜서 이해하면 가능하다. 진정한 의미에서 '갑절의 능력'을 주는 분은 인간 엘리야가 아니라, 엘리야의 하나님께서 주시는 분이기 때문에, 적어도 엘리야가 승천한 이후에는 엘리사가 B.C. 9세기 북이스라엘의 선지자 공동체의 '장자'라고 할 수 있다. 이런 점에서는 가능할 듯하다.

장자는 부친으로부터 '두 몫'(a double portion)을 받는 권리를 가진다. 엘리사는 여기서 영적인 유업을 영적인 부친으로부터 '갑절'(a double portion)을 요구하는 것은 율법의 말씀에 기초하여, 엘리사 자신과 엘리야 사이의 관계를 부자 관계로 인식하는 가운데 갖는 일종의 '장자의 권리'이다. 이러한 관계적 인식은 율법적 정당성을 두 선지자의 관계에 적용한 것이다.

둘째, '건강한 자기 발견'에서 시작된 간구이다. 지금까지는 능력의 선지자이며, 위대한 스승 엘리야가 곁에 있었으며, 그의 리더십을 따르는 종의 역할을 했다. 엘리야 없는 상황을 생각하니, 엘리사는 자신의 연약함을 인식했을 것이다. 스승보다 더 연약한 존재이니, 능력이 갑절이나 필요할 것으로 인식한 것이다.

셋째, '건강한 사회 발견'에서 나온 간구이다. 이스라엘이 언약을 버리고 배교의 길에서 멸망(722 B.C.)을 향하여 더욱 가속화하여 달려가고 있는 현실 앞에서, 엘리사는 더욱 암울한 역사의 검은 그림자가 몰려오고 있음을 진지하게 통찰했기 때문인 것으로 보인다. 스승의 시대보다 갑절이나 암울한 역사를 맞이하려면, 즉 그것에 걸맞은 시대적 소명을 감당하려면, 갑절의 능력이 필요했던 것이다.

그런데 갑절의 요청에 대한 엘리야의 대답은 다음과 같다.

> 네가 어려운 일을 구하는도다(הִקְשִׁיתָ לִשְׁאוֹל, 힉쉬타 리쉬올, 왕하 2:10).

여기서 사용된 동사 '어렵게 하다'(קָשָׁה, 카샤)라는 동사는 사역형(힢일) 동사로서 '어렵게 만들다, 무겁게 만들다'라는 의미이다. 이 장면은 예수님의 수난 예언이 주어졌을 때의 상황과 유사하다. 마가가 기록한 복음서에 따르면, 예수님의 죽음과 부활(수난 기사)에 대한 예언을 예루살렘으로 올라가는 여정에서 3회에 걸쳐서(막 8:31; 9:31; 10:32-34) 동행한 제자들에게 말씀하셨다. 3회 모두 제자들의 반응은 무지의 반응들을 각각 나타내었다.

첫째, 베드로가 예수님을 붙들어 항변까지 했다(막 9:32).
둘째, "서로 누가 크냐"라는 제자들의 쟁론을 마가는 기술한다(막 9:32, 34).
셋째, 예수께서 다음과 같이 질문하셨다.

> 너희에게 무엇을 하여 주기를 원하느냐(막 10:36).

세베대의 두 아들인 야고보와 요한은 다음과 같이 요청한다.

> 주의 영광중에서 [오실 때] 우리를 하나는 주의 우편에 하나는 좌편에 앉게 하여 주옵소서(막 10:37).

그때, 예수님은 다음과 같이 말씀하시며 제자들의 무지함에 대하여 안타까워하신다.

> 너희가 구하는 것을 알지 못하는도다(Οὐκ οἴδατε τί αἰτεῖσθε, 막 10:38).

이 말씀은 엘리야가 언급한 "네가 어려운 일을 구하는도다"라는 말과 비슷하다. 그런데 예수님의 제자들의 무지의 반응과 엘리사의 반응은 차이가 있다. 갑절의 능력을 간구한 엘리사에게 엘리야는 "네가 어려운 일을 구하는도다"('Ἐσκλήρυνας τοῦ αἰτήσασθαι, LXX)라고 했는데, 이것은 이해하기 어려운 난해한 일이라는 의미가 아니다. 앞서 언급한 대로, 엘리사는 이미 정당한 관계 이해와 건강한 자기 이해와 건강한 상황 이해를 가지고 있다. 그렇다고 그 갑절의 능력의 수여자는 엘리야 자신이 아니라, 엘리야의 하나님 자신이다.

그런 점에서, '어려운 일'을 구한다는 의미는 하나님께는 어려운 일이 아니다. 엘리야는 엘리사의 정당한 관계 이해와 건강한 자기 이해와 건강한 사회 이해에 대한 동의와 동정을 한다는 것을 의미한다. 그런데도 암울한 이스라엘을 제자 엘리사에게 무거운 짐으로 남긴다는 것이 엘리야의 마음이 어렵고 무겁다는 의미가 된다. 동시에 엘리야를 데려가시는 하나님이 암울한 이스라엘과 자신의 연약함을 인식하는 엘리사에게 합당한 은혜를 주실 것이라는 의미가 내포되어 있다.

그런데도 그 조건은 하나님께서 엘리야를 데려가시는 승천 장면을 엘리사가 '보면'(אִם־תִּרְאֶה, 임-티르에) 이루어진다는 것이 성취의 조건이다. '보면 갑절의 능력을 받는다'라고 할 때, 여기서 조건절의 동사인 '보다'(רָאָה, 라아)라는 단어는 눈으로 보는 행위를 의미하되, 단순히 눈으로 보는 행위 그 이상을 의미한다. 이 동사는 종종 하나님의 계시를 받는 행위(사 30:10; 겔 13:3)를 위해 사용되며, 배워서 경험적으로 확실히 깨달아 아는 행위(신 33:9)를 의미하기도 하며, 그리고 보는 행위의 주체가 기쁨과 즐거움과 만족을 가지면서 보는 행위(왕하 10:16; 욥 37:24; 시 138:6; 말 7:9; 사 52:8; 53:11; 렘 29:32)를 위해 사용된다.

이런 뉘앙스를 엘리사가 엘리야의 승천 장면을 '보는 행위'에 적용하면 어떤 의미가 될까?

첫째, 엘리사는 엘리야가 죽지 않고 하나님께서 데려가시는 승천에 대하여 "계시적인" 의미를 발견하고 배워서 깨닫고 알아야 된다는 것을 의미한다.

무엇을 배워야 하는가?

엘리야가 승천하여 떠난다고 할지라도, 언약의 하나님을 배반하여 언약적 저주와 사망 가운데 있는 언약 백성들의 회복을 위한 사역은 중단되지 아니하고, 계속적으로 진행된다. 왜냐하면, 엘리야의 죽음 대신 승천(ascension)은 살아 계신 언약의 하나님의 존재와 능력이 이스라엘과 함께 계속 하신다는 점을 확인하는 자리이기 때문이다. 즉 언약의 하나님의 존재와 능력의 계속성을 엘리야의 승천 장면에서 보고 배워야 한다. 그럴 때, 엘리사에게 갑절의 능력이 주어질 것이다. 그 능력은 선한 하나님의 뜻과 목적을 위한 것이다. 이러한 '보는' 행위는 인지적 발견이다.

둘째, 엘리사가 엘리야의 승천의 모습을 목격해야만 하는 것은 엘리야가 남겨준 사역이 멸망을 향해 질주하는 암울한 이스라엘의 역사 가운데서조차 '무겁거나 어려운 일'이 아니라, 엘리야를 하늘로 데려가시는 장면에서, 살아 계신 하나님의 능력을 받으면 감당할 수 있다는 믿음을 가지고 '기쁨과 즐거움으로 본다'는 것을 의미한다.

요약하면, 엘리야의 승천 장면을 엘리사가 본다는 것은 단순한 소극적 주시 행위가 아니라, "계시의 말씀"(하나님의 뜻)이 주는 능력을 사모하면서, "기쁨과 즐거움"을 가지고 바라보며, 그 능력이면 어떤 어려움에도 승리할 수 있다는 "믿음으로" 주시하는 행위를 가리킨다. 이것은 믿음이 주는 정서적 발견이다. 사실, 엘리사에게 "기름 부음"의 성령의 능력이 임하는 것은 호렙산에서 받은 엘리야의 3대 "기름 부음"의 사건 가운데 하나로서, 엘리사를 통해 이루어지는 하나님의 뜻의 온전한 성취이기 때문이다. 성취적 감격의 기쁨이 내재된 '보는' 행위에 동참하는 것이다.

셋째, 엘리야의 승천을 미리 예감했던 선지자의 모든 제자가(적어도 여리고의 제자들) "보는" 가운데, 승천하는 엘리야를 엘리사가 "본다"라는 공동체적인 의미가 있다. 이 장면은 엘리사만 보는 것이 아니라, 약 7마일 정도 떨어진 '맞은 편 여리고'(왕하 2:15)에 있는 선지자의 제자들조차 회오리 바람과 불수레와 불말들 하늘 높이 올라가는 모습을 희미하게나마 보는 증인 공동체가 되어 있다는 점을 암시한다. 그래서 이것은 엘리야의 선지자 직분과 능력이 엘리사처럼 부름 받아 훈련을 받아 온 수많은 제자가 있을지라도, 단지 제자 엘리사에게만 이양되고 승계되는 것이 합법성과 정당성을 갖는다는 공적인 의미를 내포한다. 공적인 증인들은 멀리서 쳐다보는 선지자의 제자들이 될 것이다. 앞에서 언급했던, 인지적 발견과 정서적 발견은 개인적인 측면에서 보는 경험이라면, 마지막 세 번째의 보는 행위는 공동체적 경험이다.

결국, 두 선지자가 길을 가고 있는데, 갑자기 하늘에서 불수레와 불말들이 임하여 두 사람 사이를 갈라놓았다. 엘리야는 회오리 바람으로 들어올려져 승천한다(11절). 회오리 바람, 불수레와 불말들, 올라가는 엘리야를 엘리사는 생생하게 자신이 서 있는 그 자리에서 하늘 위(머리 위)로 올라가는 모습을 엘리사는 본다.

앞서 언급한 의미대로, 엘리야의 승천 모습을 엘리사는 "의미 있게" 그리고 "깊이 있게" 그림을 그리듯이 찬찬히 쳐다보았을 것이다. 올라가는 엘리야를 보는 것은 떠나는 엘리야가 아니라, 앞서 언급한 3중적인 '보는' 경험으로서, 언약 백성 이스라엘을 위하여 그들 가운데 현존하시는 하나님과 그 능력을 보는 것이리라.

이러한 엘리야의 가시적 승천 장면이 신약성경 저자들의 그리스도의 승천 장면을 묘사하는 방식에서 그대로 재현된다.

누가는 다음과 같이 묘사한다.

> 그들이 보는데 올려져 가시니…올라가실 때에 제자들이 자세히 하늘을 쳐다보고 있는데 (행 1:9-10).

그리스도의 '올라가심'(Ascension)을 묘사한 것이다(cf. 딤전 3:16, "영광 가운데 올려지셨느니라"). 그러면서 그렇게 하늘을 쳐다보는 자들에게 다음과 같은 말씀으로 다시 '내려오심'(Descension)에 대한 약속이 주어진다.

> 하늘로 올려지신 이 예수는 하늘로 가심을 본 그대로 오시리라(행 1:11).

때로 비유적이고 비인격적 존재들이 '내려오는 하강'의 이미지와 '올라가는 상승'의 이미지는 성경에서 자주 나타나지만(예: 시 24:3),[18] 실체적이고 인격적인 존재의 "가시적" 승천은 구약에서 엘리야가 유일하다.

그런데 그러한 실체적이고 인격적인 존재의 "가시적" 하강과 상승의 궁극적 인물은 전체 구속 역사 안에서 예수 그리스도가 유일하다. 그리스도의 "가시적" 올라가심(승천)과 가시적 내려오심(재림) 때문에, 하늘을 향한 성도의 "올라감"이 은혜로 허용되었다(엡 2:5-6).

3. 내러티브 비교 분석

엘리야의 고별(승계) 내러티브는 한 공간에서만 발생한 사건이 아니며, 제자들의 공동체가 있는 장소들을 거치면서 진행되는 독특성을 보여 준다. 그래서 이 내러티브는 엘리야와 엘리사의 여행 여정을 담은 내러티브(traveling narrative)이다.

문맥적으로, 이 내러티브는 엘리야의 사이클과 엘리사의 사이클을 연결하는 다리 역할을 하는 본문이다. 이 내러티브의 플롯은 지리적 공간에 따라 전개된다. 여기에 관련된 대표적인 장소는 벧엘 지역, 여리고, 그리고 요단이다. 그 핵심은 엘리야의 호렙산 재소명 사건(왕상 19:15-16)에서의 3대 기름 부음의 사건 가운데 마지막 세 번째로 언급된 엘리사에게 기름을 부어 엘리야를 대신하는 선지자가 되게 하라는 말씀의 온전한 성취에 있다.

---

[18] Douglas Farrow, Ascension, Kevin J. Vanhoozer (ed.), *Dictionary for Theological Interpretation of the Bible* (Grand Rapids, MI: Baker Academic, 2005): 65-68, 66.

이것은 시초적으로 엘리야가 자신의 '겉옷'을 밭에서 일하는 엘리사 앞에 던지는 소명 사건으로 시작되었고(왕상 19:19-21), 이제 '성령의 능력'으로 "기름 부음"을 받는 최종 승계 사건으로 완전히 성취된다. 이러한 여정을 담고 있는 본문의 구조를 살펴보면 다음과 같다.[19]

A: **벧엘**을 통과하는 엘리야와 엘리사(2b-4a절)
　B: **여리고**를 통과하는 엘리야와 엘리사(4b-6절)
　　C: **요단**을 도하(7-8절)
　　　D: **엘리야의 승천과 엘리사의 승계(9-12절)**
　　C': **요단**을 도하(13-14절)
　B': **여리고**에서 엘리사(15-22절)
A': **벧엘**의 여정에 오른 엘리사(23-25절)

엘리야-엘리사 내러티브의 전개의 중요한 수사학적 도구들 가운데 하나는 반복을 통한 강조인데, 여기 승계(고별) 내러티브(1-11절)의 장르적인 이해와 반복 표현에 대한, 내러티브 비교 분석에 대한 연구를 좀 더 심층적으로 하고자 한다. 엘리야/엘리사의 고별(승계) 내러티브에서 세 번에 걸쳐서 반복되는 내용 및 패턴과 관련한 가장 최근의 흥미로운 연구 가운데 하나는 엘리야 고별(승계) 내러티브(왕하 2장)와 마가복음에서의 그리스도의 수난 예언 내러티브(막 8:27-10:45)와의 상관관계를 비교하는 연구이다.[20]

19　왕하 2장의 교차대칭구조(chiastic structure)는 엘리야의 승계(고별) 내러티브가 지리적 공간에 따라 전개됨을 시각적으로 잘 보여 준다. Burke. O. Long, *2 Kings*, The Forms of Old Testament Literature X (Grand Rapids, MI, 1991), 19-36; Charles Conroy, *Hiel between Ahab and Elijah-Elisha: 1 Kgs 16:34 in Its Immediate Literary Context*, updated from the 15th IOSOT Congress held at Cambridge, England, in July 1995: 210-218, 215. 그러나 또 다른 한편으로, 이 구조가 열왕기하 3:25에서 벧엘에서 길갈(cf. 왕하 2:1)로 되돌아오지 않고 갈멜산으로 향하며 그리고 다시 사마리아로 이동한다. 이런 점에서 교차대칭구조가 완벽하지는 않다. 왜냐하면, 열왕기하 2:1은 '길갈'을 포함하고 있기 때문이다. 열왕기하 4:38에서 비로소 엘리사는 다시 '길갈'에 도착한다. Kristin Weingart, 'My Father, My Father! Chariot of Israel and Its Horses!'(*2 Kings 2:12 //13:14*): Elisha's or Elijah's Title?, JBL 137 no. 2 (2018): 257-270, 261을 보라.
20　Adam Winn, *Mark and the Elijah-Elisha Narrative: Considering the Practice of Greco-Roman*

마가의 수난 예언 기사는 가이사랴 빌립보 지방에서 베드로의 신앙고백(막 8:29), 변화산 사건(막 9:2-8), 말 못하고 못 듣는 귀신 들린 자의 치유(막 9:14-29), 예수님의 3회의 수난 예언(막 8:31; 9:31; 10:32-34), 제자도(막 10:35-45) 등을 포함하고 있다.

아담 윈(Adam Winn)은 두 내러티브 사이에 존재하는 몇 가지 공통점(연속성)을 언급한다.[21] 첫째는 엘리야의 이름에 대한 마가의 사용과 관련되어 있다.[22] 마가의 수난 예언 기사에는 '엘리야'라는 이름이 무려 6회나 등장한다.[23] 이와 같은 사실은 두 내러티브의 비교 연구의 시초적인 작은 촉진제 역할들 가운데 하나일 것이다.

또 다른 연속성은 지리적 장소에 따라 예언의 내러티브가 전개되는 공통점도 있다.[24] 마가는 빌립보 가이사랴(막 8:27)에서 예수님이 자신의 수난에 대한 예언을 첫 번째로 한 것을 기록으로 남기고 있으며, 마가의 두 번째 수난 예언의 배치를 빌립보 가이사랴를 떠나 갈릴리(막 9:30)를 지나면서 언급한 것으로 기록한다. 그리고 예수님의 수난 예언을 세 번째로 언급한 장소를 예루살렘으로 올라가는 길(막 10:32)에서 언급하신 것으로 기록한다. 즉 북쪽

Imitation in the Search for Markan Source Material (Eugene, OR: Pickwick Publications, 2010), 92-99. 이 연구는 마가복음과 엘리야-엘리사 내러티브의 구조의 연속성에 대한 연구인데, 그리스-로마 사회의 문학적 모방을 창의적으로 마가가 사용했을 가능성이 있다는 논지를 전개하는 연구이다. 즉 마가는 '단순한 모방성'이 아닌 '창의적 모방성'을 반영한다는 것이다. 이와 비슷한 연구로써, 엘리야-엘리사 내러티브를 누가복음과 비교 연구하는 논문들도 있다. Thomas L. Brodie, *Chapter 1. Luke's Use of the Elijah-Elisha Narrative* in John S. Kloppenborg and Joseph Verheyden (eds.), *The Elijah-Elisha Narrative in the Composition of Luke*, Library of New Testament Studies 493 (London: Bloomsbury, 2014): 6-29. 이 논문에서, 토마스 브로디는 두 내러티브를 비교하는데, 다음과 같다. (a) 주님의 죽음에 대한 계획과 생각과 출발(왕하 1:1-2a, 4, 6b, 15-17; 2:1, 9-14; 눅 9:51), (b) 메신저들의 파송과 돌아옴(왕하 1:2b-8; 눅 9:52-53), (c) 하늘의 불이 떨어지기를 요청(왕하 1:9-14; 눅 9:54-55), (d) 한 장소에서 다른 장소로 이동하는 여정(왕하 2:2-18; 눅 9:56). 이 논문에서, 브로디의 결론은 누가가 엘리야 내러티브의 칠십인역의 일부를 반영했으며(imitated), 그리고 엘리야를 계속 이어서 첫 번째로 성취한 자는 바로 예수님 자신이었다고 주장한다.

21 Adam Winn, *Mark and the Elijah-Elisha Narrative*, 92-99를 참고하라.
22 Adam Winn, *Mark and the Elijah-Elisha Narrative*, 92-93.
23 신약성경에서 '엘리야'라는 이름은 29회(마태: 9회, 마가: 9회, 눅: 7회, 요: 2회, 롬: 1회, 약: 1회) 가운데, 마가복음의 9회중 3분의 2에 해당하는 6회(막 8:28; 9:4, 5, 11, 12 13)가 마가의 수난 예언 기사에서 사용되었다.
24 Adam Winn, *Mark and the Elijah-Elisha Narrative*, 96.

도시인 빌립보 가이사랴에서 갈릴리를 거쳐서 예루살렘으로 이동하는 가운데 3회에 걸쳐서 수난 예언이 실행되었다.

이와 같은 지리적 장소의 이동에 따른 전개 방식이 엘리야의 승계 내러티브에서 그대로 선례로 존재하고 있음을 발견할 수 있다. 즉 길갈에서 벧엘 지역으로, 벧엘에서 여리고로, 여리고에서 요단으로 이동하면서 드러난, 엘리야의 "죽음" 곧 승천에 대하여 엘리사와 각 지역의 제자들이 함께 공유하도록 문맥이 전개 및 발전된다.

두 내러티브 사이에 존재하는 마지막 세 번째 연속성은 문학적 패턴에 대한 것이다. 마가의 첫 번째 두 개의 수난 예언 기사와 엘리야의 승천에 대한 예언은 유사한 패턴 안에서 전개된다.[25]

첫째, 두 내러티브는 마지막 떠남에 대한 예언으로 시작한다(죽음과 승천).
둘째, 두 내러티브는 예언에 대한 제자들의 "이해"에 대한 진술을 포함한다.
셋째, 두 내러티브는 예언-응답 패턴은 신실한 제자도와 관련된 교훈과 실천을 포함하고 있다.

이것에 대한 얄브로-콜린스(Yarbro-Collins)의 분석에 따르면, 마가의 세 차례의 수난 예언 중 처음 두 예언의 단락은 모두 다음과 같은 요소들을 포함하고 있다.[26]

첫째, 예언
둘째, 혼동된 응답(이해 실패)
셋째, 제자도

그런데 마가복음에서 마지막 세 번째 수난 예언 기사 단락(막 10:32-40)과 첫째와 둘째 기사와의 관계가 엘리야의 승천 내러티브 세 번째 장면(왕

---

25 Adam Winn, *Mark and the Elijah-Elisha Narrative*, 94-95.
26 Adam Winn, *Mark and the Elijah-Elisha Narrative*, 95.

하 2:9-11)과 첫째와 둘째 장면과의 관계와 같은 유사한 차이점(패턴 파괴)을 가지고 있다. 그러면서 두 내러티브의 세 번째 장면(기사)들의 내용은 놀랄 만한 유사성이 있다(아래의 비교 도표를 보라). 특히, 스승에게 제자가 무엇을 요청하는 대화와 그것에 대한 스승의 응답의 내용에 대하여, 아담 윈(Adam Winn)은 탁월한 비교를 만들고 있다.[27]

예수님의 수난 예언 기사의 세 번째(막 10:32-40)에서 야고보와 요한은 예수님의 영광의 재림 때에 하나는 주의 우편에 하나는 주의 좌편에 앉게 해 달라는 요청을 한다. 마찬가지로, 엘리야의 고별 내러티브에서의 세 번째 장면(왕하 2:9-11)에서도 엘리사는 스승 엘리야가 가졌던 성령의 능력을 갑절로 요청을 한다. 두 경우 모두, 제자의 요청을 성취하는 것은 '어려운 일'로 언급된다. 예수님은 제자들에게 다음과 같이 말씀한다.

> 너희는 너희가 구하는 것을 알지 못하는도다(막 10:38).

엘리야는 엘리사에게 다음과 같이 응답한다.

> 네가 어려운 일을 구하는도다(왕하 2:10).

그리고 두 경우 모두, 그 요청들에 대한 최종 응답은 하나님께로 넘겨진다. 예수님은 다음과 같이 말씀한다.

> 내 좌우편에 앉는 것은 내가 줄 것이 아니라 누구를 위하여 준비되었든지 그들이 얻을 것이니라(막 10:40).

엘리야는 엘리사에게 다음과 같이 조건적인 성취를 말한다.

> 나를 네게서 데려가시는 것을 네가 보면 그 일이 네게 이루어지려니와 그렇지 아니하면 이루어지지 아니하리라(왕하 2:10).

---

27   Adam Winn, *Mark and the Elijah-Elisha Narrative*, 95-96.

다음의 도표에서 보듯이, 요단(9-11절)에서 엘리야와 엘리사 사이의 대화의 네 요소들 가운데 세 번째인 '요청의 난해성'(10절)과 예루살렘으로 가는 도중에 예수님과 제자들 사이의 대화의 네 요소들 가운데 세 번째인 '요청의 난해성'(막 10:38-39) 사이에는 그 뉘앙스의 차이가 있다. 엘리사의 갑절의 능력을 요청한 것에 대한 엘리야의 대답에 언급된 '어려운 일'은 엘리사의 자신과 상황에 대한 이해에 대한 엘리야의 동정과 동의의 의미를 가진다.

표 19. 엘리야의 고별 내러티브와 마가의 수난 예언 내러티브 비교[28]

엘리야의 떠남의 예언(왕하 2:1-11)		예언 순서	예수님의 수난의 예언(막 8:27-10:45)	
장소	대화 내용		장소	대화 내용
벧엘 (2-4절)	a. 승천 예언(3절) b. 예언에 대한 제자들이 이해 (3절) c. 신실한 제자의 모범(4절)	첫째 예언	빌립보 가이사랴 (8:31-38)	a. 죽음/부활 예언(8:31) b. 예언에 대한 제자들의 불이해(8:32) c. 제자들에게 교훈(8:34-38)
여리고 (5-6절)	a. 승천 예언(5절) b. 예언에 대한 제자들의 이해(5절) c. 신실한 제자의 모범(6절)	둘째 예언	갈릴리 (9:30-10:37)	a. 죽음/부활 예언(9:31) b. 예언에 대한 제자들의 몰이해(9:32) c. 제자들에게 교훈(9:33-37)
요단 (9-11절)	a. 승천 예언(9절) b. 능력에 대한 제자의 요청(9절) c. 요청의 난해성(10절) d. 요청은 하나님에 의해만 성취(10절)	셋째 예언	예루살렘 (10:32-40)	a. 죽음/부활 예언(10:32-34) b. 능력에 대한 제자들의 요청(10:35-37) c. 요청의 난해성(10:38-39) d. 요청은 하나님에 의해서만 성취(10:39-40)

반면, 야고보와 요한이 주께서 영광 중에 오실 때, 주님의 좌우편의 '능력'의 자리에 앉게 해달라는 요청에 대한 예수님의 대답에 언급된 '알지 못하는

---

[28] 엘리야의 고별(승계) 내러티브와 마가의 예수님 수난 예언 내러티브의 비교 도표는 Adam Winn, *Mark and the Elijah-Elisha Narrative*, 96-97에 있는 도표를 필자가 재조정하여 만든 것이다. 그는 첫째, 둘째, 셋째 예언으로 절을 구분하였으나, 필자는 장소별로 절을 구분하였기에 약간의 차이점이 존재한다. 2, 4, 6절이 모두 맹세로 공통점이 있음에도, 그는 4절과 6절은 '신실한 제자의 모범'이라는 제목으로 할당했고, 그 결과로 동일한 맹세의 구절인 2절을 누락시키는 단점이 있다.

것'은 스승의 뜻에 대한 제자들의 무지를 의미한다. 전자는 스승 앞에 제자의 겸손과 건강한 자기 이해를 바탕으로 하나의 '팀 정신'을 나타내었다.

반면, 후자는 스승 앞에 제자들의 욕심과 스승에 대한 이해의 실패를 바탕으로 열 제자가 야고보와 요한에게 화를 내어(41절) 공동체 '팀워크'를 훼손했다.

4. 성령님의 능력으로 무장하는 사명의 삶(12-18절)

이 섹션은 크게 두 부분으로 나눌 수 있다. 전반부(12-14절)는 승천한 엘리야로부터 그 직분과 능력이 승계된 선지자 엘리사는 제2의 소명이 시작되었다는 것을 보여 주며, 후반부(15-18절)는 승천한 엘리야에 대한 오해로 인한 선지자의 용감한 50명의 제자들이 낙상하여 떨어진 엘리야의 몸을 수색하기 위하여 사흘 동안 찾는 제자들의 행위에 대한 내용을 담고 있다.

1) 승계된 선지자 엘리사(12-14절): "제2의 소명"

회오리 바람과 불수레와 불말들의 등장과 함께 엘리야의 승천 장면을 지켜보면서, 엘리사는 다음과 같이 소리쳤다.

> 내 아버지여 내 아버지여 이스라엘의 병거와 그 마병이여(왕하 2:12).

'아버지'라는 호칭은 고대 근동에서 극존칭으로 사용되었다. 그리고 '이스라엘의 병거와 그 마병'이라는 말은 대적과의 전쟁에서 이스라엘을 위해 싸우고 지키는 진정한 무기와 병사는 엘리야(의 하나님)라는 의미이다.

다음과 같은 시편 기자의 고백은 전쟁을 앞두고 병거도, 말도 승리를 위한 전쟁 무기가 아니라, 오직 여호와 하나님만이 승리를 주시는 분이라는 의미이다.

> 어떤 사람은 병거, 어떤 사람은 말을 의지하나 우리는 여호와 우리 하나님의 이름을 자랑하리로다(시 20:7).

그래서 여호와의 이름만 의지하고 자랑하겠다는 것이다. 엘리사가 엘리야를 향하여 이 호칭으로 부르는 것은 엘리야의 하나님은 이스라엘의 승리의 원천이라는 의미이다. 이 호칭은 구약성경에서 오직 엘리야(왕하 2:12)와 엘리사(왕하 13:14)에게만 주어지는 군사적 호칭이다.

이런 점에서, 이 두 선지자의 사역은 연속성 안에 존재한다. 그런데 어떤 학자는 본문의 문맥적 순서와 연대기적 순서를 무시하고 원래는 이 호칭이 엘리사를 위해서만 사용되었는데, 엘리야에게는 후에 사용되었다고 주장한다.[29] 왜냐하면, 엘리사가 엘리야보다 훨씬 더 전쟁에 많이 개입되어서 활동했기 때문이라고 근거를 제시한다. 그렇다고 반드시 엘리야와 엘리사가 전쟁에서 직접적으로 싸운 것은 아니다.

그리고 문자적인 전쟁으로만 제한할 필요가 없다. '병거와 마병'이 군사적인 용어임에는 틀림없으나, 엘리야는 바알 종교(아합과 이세벨)와 싸움에 더 집중되었다면, 엘리사는 대적 아람과의 전쟁에 더 집중되어 쓰임을 받았다. 이 두 종류의 전쟁은 결국 여호와의 언약을 저버리고 배교한 죄악에 대한 하나님께서 일으키신 심판의 전쟁의 성격을 가지기에 서로 인과관계 안에 있다.

하늘 높이 승천하는 엘리야의 모습이 여운으로만 남고, 다음과 같은 외침이 메아리로 사라져갈 때, 엘리사는 자신의 옷을 잡아 둘로 찢었다(12절 하).

> 내 아버지여 내 아버지여 이스라엘의 병거와 그 마병이여(왕하 2:12).

이것은 옛 자아를 버렸다는 상징성을 갖는 행위이다. 이어서 그는 승천할 때, 엘리야의 몸에서 떨어진 엘리야의 '겉옷'을 주워서 다시 돌아오기 위하여 반대 방향을 향하여 요단 언덕에 섰다(13절). 다음과 같은 표현이 반복되어서 엘리사 자신의 겉옷과 차별화시킨다.

> 엘리야의 몸에서 떨어진 겉옷(왕하 2:13, 14).

---

[29] Kristin Weingart, 'My Father, My Father! Chariot of Israel and Its Horses!'(2 Kings 2:12 //13:14): Elisha's or Elijah's Title?, 257-270. 여기에서 Kristin은 다음과 같이 말한다. "I will argue that the title has its origins in the Elisha tradition and was only secondarily applied to Elijah, a process in which the succession narrative in 2 Kgs 2:1-18 played a decisive role."

엘리사는 다음과 같이 소리치며, 엘리야의 겉옷으로 요단 강물을 엘리야가 쳤던 것처럼 쳤다.

> 엘리야의 하나님 여호와는 어디 계시니이까(왕하 2:14).

엘리사의 이 외침과 이 행위는 엘리야에게 간구했던 '갑절의 능력'이 자신에게 임했는지 역사를 보여달라는 확인의 행위 같다. 그랬더니, 요단 강물이 이리저리로 갈라졌다. 그래서 엘리사가 돌아오는 길도 마른 땅으로 요단을 건너서 되돌아오게 된 것이다. 승천한 엘리야는 땅에 부재하나, 그 엘리야의 하나님의 능력은 엘리사 안에 그리고 이스라엘 가운데 현존하고 있다.

이와 같이, 엘리야-엘리사 내러티브에서 '겉옷 모티프'는 본문을 전개하는 중요한 문맥적 도구가 된다. 시초적 장면은 호렙산에서 지나가시는 여호와의 영광 앞에 대면하여 서기 위하여 동굴 어귀로 나갈 때, 엘리야는 자신의 얼굴을 가리기 위해 '겉옷'을 사용했다(왕상 19:13). 이어서 엘리야의 '겉옷 던지기'(왕상 19:19)가 엘리사를 부르는 소명의 장면에 있었다.

그리고 엘리사의 자신의 '겉옷 찢기'(왕하 2:12)는 자신의 옛 자아를 버림을 상징하며(cf. 출 3:5; 수 5:15; 행 7:33; 슥 3:3-5; 고후 5:17), 그리고 엘리야의 승천 직후, 떨어진 '겉옷 줍기'(왕하 2:13)와 '겉옷으로 물 치기'(왕하 2:8, 14)는 엘리야의 능력이 엘리사에게 위임되는 제2의 소명 장면 같다. 엘리야의 겉옷은 엘리야 자신의 인격, 직분, 사역을 상징하기에, 그의 떨어진 겉옷을 그의 제자 엘리사가 주웠다(후에, 입었다)는 것은 엘리야의 모든 것이 엘리사에게 위임되었다는 것을 암시한다. 확실한 승계가 이루어진 것이다.

2) 사흘 동안의 용감한 50명의 엘리야 수색(15-18절)

요단 강물을, 엘리야가 남긴 겉옷으로 쳐서 갈라진 강의 마른 땅으로 건너오는 엘리사를, 여리고 맞은편에 있는 선지자의 제자들이 엘리사를 향해 다음과 같이 서로 말하면서, 가까이 다가오는 엘리사에게로 그들은 나아가 '땅에 엎드려 그에게 경배'(15절; cf. 왕하 1:13)를 했다.

> 엘리야의 성령이 하시는 역사가 엘리사 위에 머물렀다(왕하 2:15).

엘리야의 성령이 엘리사 위에 머문 것을 제자들은 확신했다. 그런데 '갑절의 능력'이라는 것이 어떤 방식으로 성취되었는지 산술적으로 계량화하기는 난해하다.

다만, 두 선지자의 사역의 내용들을 비교할 때, 엘리야-엘리사 내러티브의 핵심 주제인 '생명' 사건으로서, 엘리야에 의한 죽은 자를 일으키는 부활 사건이 1회 등장하고 엘리사(사전, 사후)에 의한 죽은 자를 일으키는 부활 사역은 2회 발생하다. 그리고 하나님의 능력을 받은 사람을 암시하는 호칭인 '하나님의 사람'이라는 호칭이 엘리야에게 사용된 것보다, 엘리사에게 사용된 용례가 거의 3배 이상의 용례들을 가진다. 기적의 양을 비교할 때, 엘리야의 수보다 엘리사의 기적의 수가 더 많다.[30]

그리고 엘리야의 사이클과 엘리사의 사이클을 비교할 때, 엘리야에게 할당된 본문의 양보다 엘리사에게 할당된 본문이 더 많다. 그러나 이러한 차이가 '갑절'의 능력을 받은 것을 의미한다고 판단하기에는 무리가 있다. 도리어 엘리야와 엘리사, 이 두 선지자가 함께 일한 것이 어느 한 사람이 사역하는 것보다 두 사람이 사역함으로 '갑절'로 일했다고 할 수 있다. 이 두 선지자는 '한 사람 같은 두 사람이고, 두 사람 같은 한 사람'으로 일컬어질 수 있는 하나님의 사람이다. 하나로 연합된 팀 사역자로서 '하나의 팀'(one team)으로서 하나님 앞에 쓰임을 받은 종들이었다.

돌아온 엘리사를 대면한 제자들 가운데서 '용감한 사람'(בְּנֵי־חַיִל, 베네-하일)으로 50명의 정예 멤버로 자처하는 자들이 있다. 여기서 '용감'(חַיִל, 하일)이라는 명사는 '힘, 부, 군사'를 의미한다. 제자들은 엘리야와 엘리사의 관계를 '당신의 주인'(אֲדֹנֶיךָ, 아도네카)으로 표현하여, 엘리야(몸)를 찾도록 허

---

30 미드라쉬에 따르면, 엘리야의 기적은 8회이며, 엘리사의 기적은 그 두 배인 16회로 계산한다. *Mishnat R. Eliezer b. R. Yosi HaGelilil Midrash Lamed-Bet Midot* in *Yal.y Gen. VaYera* 92, cited in *Rashi* to 2 Kgs 2.14 and 3.1, the miracles are enumerated in *Zayit Raanan* to *YaL,* and Yehudak Kil, *Introduction to Sefer Melachim Im Pirush Daat Mikra* (Jerusalem: Mossad HaRav Kook, 1989): Nachman Levine, "Twice as Much of Your Spirit: Pattern, Parallel and Paronomasia in the Miracles of Elijah and Elisha", *JSOT* 85 (1999): 25-46, 25, n. 1에서 재인용.

락해달라고 엘리사에게 요청한다(16절). 왜냐하면, 제자들은 '여호와의 성령'(רוּחַ יְהוָה, 루아흐 야훼)이 엘리야를 들고 가시다가 어느 산이나 골짜기에 던지신 것으로 생각하고 있었기 때문이다. 제자들은 구약의 유일한 가시적 승천 사건의 목격자들로서, 엘리야를 데려가신 하나님과 승천한 엘리야의 몸에 대한 왜곡된 이해를 가지고 있는 것 같다.

아마 승천에 대한 제자들의 이해는 영혼과 육체가 일체된 존재로 하늘로 올라가는 것이 아닌, 영혼만 하늘로 가고 엘리야의 육체는 엘리사 앞에 '떨어진'(נָפַל, 나팔) 그의 겉옷처럼, 땅으로 '던져서'(שָׁלַךְ, 샤라크) 떨어진 것으로 여기고 있다. 물질적이고 육적인 것은 흙으로 돌아가야 하는 것으로 이해하는 것 같다. 그러나 엘리사는 엘리야를 데려가신 하나님의 역사와 승천한 엘리야의 현재적 위치에 대하여 이해하는 것 같다. 그래서 "50명의 수색대"(בְּנֵי־חַיִל, 베네-하일)의 보냄을 반대한 것이다.

하지만 엘리사가 당황하여 난처할 만큼 그들이 재촉하자, 그는 50명의 수색대를 보내도록 허락했다(17절). 이들 제자 50명의 수색대는 엘리야가 지상 사역을 할 동안에 다락 난간에서 '떨어져' 병들어 죽게 된 이스라엘 왕 아하시야가 자신의 남은 미래 운명을 최종적으로 알기 위하여, 3회에 걸쳐서 3명의 오십부장들을 필두로 하여 50명의 군사들(חֲמִשִּׁים, 하미쉼)을 각각 보내어 엘리야를 찾는 모습과 대비된다.

양측의 그룹 모두가 엘리야를 찾기 위한 목적을 가지고 있다. 전자는 엘리야의 "죽은, 떨어진" 몸을 찾고자 '산과 골짜기'를 다니다가 찾지 못한 50명이라면, 후자는 엘리야의 살아 있는 몸을 찾기 위해 '산꼭대기'(왕하 1:9)에서 찾았던 50명(3회)이었다. 전자는 '불수레와 불말'로 하늘로 올라간 엘리야를 찾다가 3일 후에 돌아온 자들이라면, 후자의 50명(2회)은 하늘에서 떨어진 '불'로 태움을 받아 죽었고 3번째 50명의 그룹만 살아서 돌아온 자들이 된다.

이 두 경우에 모두 등장하는 숫자 '50명' 그리고 '3회' 또는 '3일'은 상당히 상호 대비적 의미를 갖는다. 두 내러티브를 분석 및 비교하면 아래와 도표와 같다.

표 20. 오십 명의 군사와 오십 명의 수색대 비교

오십 명(x3)의 군사(왕하 1:9-16)	구분	오십 명의 수색대(왕하 2:15-18)
살아있는 엘리야 찾는 50명의 군사(חֲמִשִּׁים) x3회	인원	죽은 엘리야 찾는 50명의 "군사"(בְּנֵי-חַיִל) x3일
다락 난간에서 '떨어진'(נָפַל) 왕이 명령함으로 '보내어져'(שָׁלַח) 엘리야 찾기(9, 11, 13절)	동기	승천 시에 '던져진'(שָׁלַח) 엘리야 찾기 위해 엘리사가 '보내어'(שָׁלַח) 엘리야 찾기(16, 17절)
'산꼭대기에'(עַל-רֹאשׁ הָהָר) 올라가 엘리야를 찾음(9절)	장소	'산'(הֶהָרִים)과 '골짜기'에서 엘리야를 수색함(16절)
세 번째 오십부장이 무릎을 꿇고 '간구하여'(חָנַן) 엘리야가 수용함(13, 14절)	강청	오십 명의 제자가 부끄러워하도록 '강청하여'(פָּצַר) 엘리사가 수용함(17절)
3회에 걸쳐서 엘리야를 찾음	횟수	3일 동안 엘리야를 수색함
왕이 '올라간'(עָלָה) 침상에서 '내려오지'(יָרַד) 못함(16절)	결과	엘리야가 하늘에 '올라가서'(עָלָה) 발견하지 못함(11, 17절)
두 그룹의 50명과 50부장과 왕은 죽음	주제	엘리야의 몸의 지상의 부재는 곧 영원한 생명

그들은 '사흘 동안' 찾으러 산과 골짜기로 다녔으나, 엘리야의 몸을 발견하지 못하였다. 그때, 엘리사는 여리고에 머물고 있었는데, 수색대가 돌아오는 것을 보게 된다.

엘리사는 그들에게 다음과 같이 말한다.

> 내가 가지 말라고 너희에게 이르지 아니하였느냐(왕하 2:18).

이들의 무지와 열정을 엘리사는 알고 있었다. 그런데도 유사 이래 처음 발생한 가시적 승천에 대한 이해가 없는 상황에서, 제자들의 요청을 뿌리치지 못하고 엘리사는 관용적으로 허용했을 것이다.

엘리사가 판단하기에 선지생도들의 수색 행위는 불필요하였지만, 스승에 대한 존중함이 그들에게 있기에 거절하지 않았을 것이다. 이런 경우는 스스로 경험하여 배우고 깨닫게 하는 방법이 차선일 것이다. 그러나 이 제자들은 "산 자"를 "죽은 자" 가운데서 찾은 격이 되었다(눅 24:5).

그리고 하나님은 죽은 자의 하나님이 아니요 살아 있는 자의 하나님이심을 알아야 했었다(cf. 눅 20:38). 이들은 '3일'이라는 수색 기간을 지나서야 엘리야의 몸까지 살아서 승천한 것으로 이해했을 것이다. 즉 엘리야는 3일 만에 "부활하여 산 자"로 인식되었을 것이다. 결국, 엘리야의 승천은 그가 죽지 않고 영원한 생명으로 존재함을 암시한다. 더 나아가, 엘리야의 하나님은 언약에 신실하셔서 언약 백성들과 영원히 함께 계심을 간접적으로 보여 준다.

5. 결론 및 적용

하나님의 부르심과 맡기심과 보내심에 효과적으로 응답하는 길은 '능력'에 있다고 생각할 때가 많다. 그러나 능력 이전에 필수 행위가 있다면, 그것은 바로 그 하나님과 '함께함'과 '동행함'이다. 능력이 먼저가 아니라, 함께함과 동행함이 먼저이다. 하나님과 연합됨, 함께 사는 동행이 생명을 풍성히 누리는 길이다. 하나됨이 힘이며, 함께함이 생명이다. 물론 이것은 기계적, 형식적 함께함이 아닌, 관계적, 교제적 함께함이다. 이를 위해 예수님은 당신과 함께 있도록 우리를 부르셨다(막 3:14; cf. 눅 22:56, 59). 그분께서 우리를 그렇게 부르심은 그리스도의 죽으심과 사흘째의 부활과 그리고 하늘에 앉은 자로 온전히 연합된 자로 재창조해 주셨기 때문이다(엡 2:5-6). 그리스도의 영으로 또한 우리 안에 거하심으로 함께함의 삶으로 초대하셨다.

거룩한 삶으로 영광 돌리며(고전 3:16; 6:19-20), 증인의 삶으로 그분과 동행해야 되지 않겠는가?(행 1:8)

♣ 개인 묵상과 소그룹 성경 공부를 위한 토론 질문 ♣

1. 보이지 아니하시는 하나님을 가까이하는 삶은 다양하게 실행될 수 있다. 어떤 삶이 현재 내 삶에 있어서 하나님을 더 가까이 모시는 삶일까?
사랑은 '함께함'이다. 함께 있으면서 사랑하지 않는 것은 진정한 함께함이 아니다. 함께함이 어떻게 사랑인지, 사랑이 어떻게 함께함인지 나누어 보라.

2. 나는 누군가에게, 신앙의 여정에서 닮고 싶은 사람, 가까이 교제하고 싶은 사람인가?
내가 닮고 싶은 사람과 가까이에서 교제하고 싶은 사람은 누구인가?

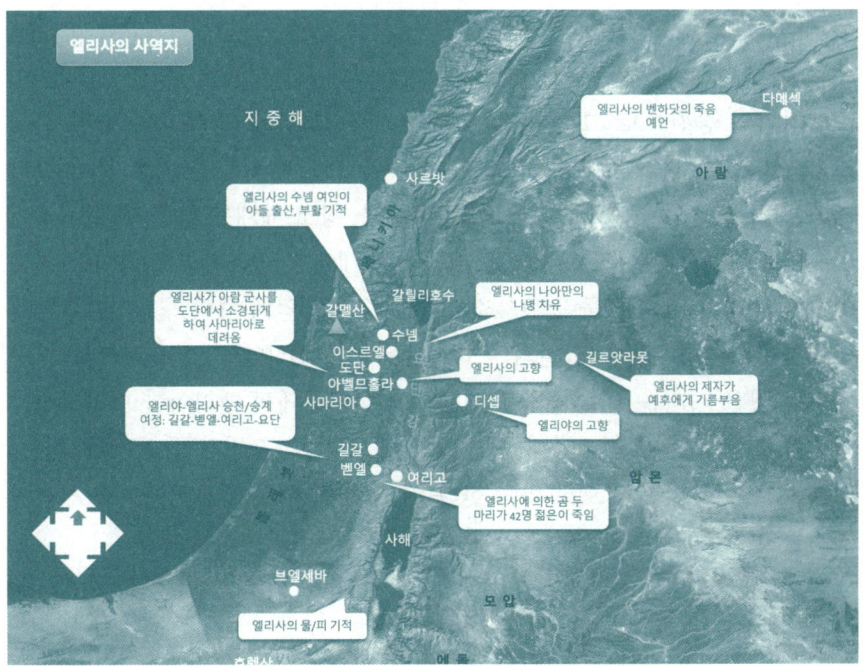

지도 6. 엘리사의 사역지

제13장
아동 학대인가, 말씀 학대인가?

> Topic : 엘리야-엘리사 내러티브(13)
> Text : 열왕기하 2:19-25
> Title : 아동 학대인가, 말씀 학대인가?(Child abuse, Word abuse?)
> Theme : 하나님을 경외하고 이웃을 사랑하자.

1. 서론 및 문맥

엘리야의 승천으로 그는 갔으나, 지상에서 그의 '몸'의 부재와 승천 시에 그가 떨어뜨려 남긴 '겉옷'을 엘리사가 주워 요단의 강물을 치고 물이 갈라지자 마른 땅으로 엘리사는 다시 되돌아왔다. 창조 세계를 향한 엘리사의 이 첫 기적은 맞은 편 여리고에 있는 제자 공동체에게 엘리야의 성령이 하시는 역사가 엘리사 위에 머물렀다(왕하 2:15)는 증거를 얻게 했다.

비록 엘리사가 구한 '갑절의 능력'(פִּי־שְׁנַיִם, 피-쉐나임)을 산술적으로 계량화하는 것은 어려운 일일지라도, 엘리사가 하나님께서 엘리야를 데려가시는 장면을 곁에서 보았기 때문에, 엘리야가 제시한 그 '조건적 성취'에 대한 응답은 이미 이루어진 것으로 봐야 한다. 그 암시적 성취가 공적이고 명시적인 제자들의 증거 안에 포함되어 있다고 할 수 있다.

> 회개하라 천국이 가까왔느니라(마 3:2).

이와 같은 말씀 선포로 마치 세례 요한이 유대 광야에서의 고독의 시간을 보낸 후에, 메시아의 오실 길을 예비하는 '주의 사자'(엘리야, 말 3:1; 4:5; 막 1:2-4)로서 이스라엘 가운데 하나님 나라의 사역자로 데뷔한 것처럼, 또 다른 말라기의 '사자'(엘리야)가 준비해준 그 대도(the high way)를 따라서, 엘리사는 이제 선지자로서 대 이스라엘 사역의 공적 무대에 데뷔하고 있다. 그의 공적인 첫 사역의 무대는 바로 여리고 성읍이다. 여리고는 가나안 땅으로 들어오는 입구로서, 약 550여 년 전에 여호수아가 여리고 성을 정복하고 여리고에 대한 저주를 선언했던 곳이다(수 6:26; 왕상 16:34).

엘리사가 여리고에서 행한 사건을 시작으로 일련의 여정을 기록한 이 본문은 두 부분으로 나눌 수 있다. 전반부는 19-22절까지의 여리고의 여정이다. 그리고 후반부는 23-25절까지의 벧엘의 여정이다. 전반부는 '땅의 치유와 회복'에 관한 주제를 담고 있다. 21절에 보면, 다음과 같이 말씀한다.

> 다시는 죽음이나 열매 맺지 못함이 없을지니라(왕하 2:21).

즉 땅의 영원한 회복에 대한 것이다. 그리고 후반부는 '사람의 회복'(사람들이 변화되지 않고 죽음으로 끝나는 내용)에 관한 것이다. 그런데 여기서 사람이 회복되지 않고 도리어 죽는 사건이 기록되어 있다.

24절에 따르면, 다음과 같이 말씀한다.

> 여호와의 이름으로 저주하매…아이들 중의 사십이 명을 찢었더라(왕하 2:24).

전자는 '땅에 대한 하나님의 회복'이라면, 후자는 '사람에 대한 하나님의 심판'이라고 할 수 있다. 뚜렷한 대조(clear contrast)를 담고 있는 문맥이다. 그런데 왜 서로 다른 내용의 본문이 나란히 이어져 기록되어져 있는가?

첫째, 구조적 관점 때문일 것이다. 즉 '벧엘→여리고'를 향한 여정을 지나서 그 여정의 절정의 장소인 '요단'에서 승천 및 승계가 완료되고, 다시 '여리고→벧엘'로 돌아오는 여정(chiasm)이다.

둘째, 주제의 관점(thematic perspective) 때문이다. 앞서 언급한 대로, 연속된 두 내러티브는 뚜렷한 대조를 통해 하나님의 언약 백성들과 1차 독자들에게 하나님과의 관계의 회복과 삶의 변화를 촉구 및 강조하려고 하는 것이다. 이것이 저자가 보여 주려고 하는 본문의 구조적, 문맥적 의도이다.

2. 여리고에서 말씀으로 회복되는 땅(19-22절)

이스라엘의 공적인 무대에 데뷔한 선지자 엘리사에게 여리고 성읍 사람들이 방문한다(19절). 그들은 엘리사를 '우리 주인'으로 부르나, 실제의 히브리어 표현은 '나의 주인'(אֲדֹנִי, 아도니)이다. 대표자 한 사람이 발언한 것으로 추정한다. 그들의 말대로, 엘리사도 이 지역에 거주하는 동안 '성읍의 위치'(מוֹשַׁב הָעִיר, 모샵 하이르) 좋으나(טוֹב, 토브), 물이 나빠서(וְהַמַּיִם רָעִים, 웨하마임 라임) 열매들이 익지 못하고 떨어지는 상황을 알게 되었다. 여기서 '좋다'(טוֹב, 토브)라는 형용사와 '나쁘다'(רַע, 라)라는 형용사가 대조를 이룬다.

이런 문제를 가지고 엘리사를 방문한 것은 엘리사에 대한 이들의 이해가 어느 정도 반영되어 있다. 즉 엘리야가 가졌던 능력의 갑절의 소유자라는 소식이 성읍 사람들에게까지 전달되어 공유된 정보가 되었다(cf. 왕하 2:15).

그리고 성읍 사람들의 또 다른 지식은 현실의 문제가 '물의 문제'라는 사실까지 인지하고 있는 상태이다. 그런데 여기서 '토산이 익지 못하고'(וְהָאָרֶץ מְשַׁכָּלֶת, ἡ γῆ ἀτεκνουμένη)라는 표현에서 '샤칼'(שָׁכַל)이라는 동사(피엘, 분사)는 사역의 의미(causative)를 가지는데, 그 땅으로 하여금 결실하지 못하게 했다(to make childless, cause abortion/barrenness)라는 의미이다.

이 동사는 목적어를 동물(창 31:38; 삼상 17:46), 식물(말 3:11), 심지어 사람에게도 사용되어 '아기를 잉태하지 못하는 태'(호 9:14, 힢일)를 의미할 때도 사용된다. 칠십인역은 "아기를 갖지 못하다"(to make childless)라는 의미를 가진 동사(헬, 아테크노오)를 사용한다. 여기서는 농경적인 의미가 그 주된 것일지라도, 사람에게 적용되는 것을 배제하기 어렵다. 그렇다면 이것은 농작물의 결실, 그리고 심지어는 사람의 출산(유산)에도 영향을 미치는 여리고의 땅에 존재하는 "저주"라고 할 수 있다.

반생명적인 문제를 안고 있는 땅과 물이다. 언약의 저주의 상태가 생태계 및 인간계의 영역까지 미치고 있는 상황이다. 이러한 문제를 해결하기 위하여 엘리사는 '새 그릇에 소금'을 담아서 자기에게 가져오라고 명령하고 성읍 사람들은 그렇게 했다(20절). 여기서 '새 그릇'(צְלֹחִית חֲדָשָׁה, 체로히트 하다샤)에 담아온 '소금'(מֶלַח, 메라흐)은 죽음을 야기시킨 그 땅의 물을 치료하여 '새롭게 창조하는 말씀의 능력'을 상징한다.

'새 그릇'은 새 창조, 정결, 헌신, 회복을 상징한다(cf. 렘 18:4; 사 66:20; 딤후 2:20-21). '소금'은 '언약의 말씀'을 상징한다(cf. 민 18:19; 대하 13:5). 여기서, 소금의 맛이나 양 자체가 물에 영향을 주는 것이 아니라, 그것은 상징적으로 사용되고 도리어 그 상징적인 행위와 더불어, 다음과 같은 말씀이 선포된 결과다.

> 여호와의 말씀이 내가 이 물을 고쳤으니 이로부터 다시는 죽음이나 열매 맺지 못함이 없을 지니라(왕하 2:21).

치료의 말씀, 회복의 말씀이 여리고의 "죽음"을 "생명"으로 바꾸고 결실치 못함이 열매 맺음으로 재창조된 것이다.

엘리사의 첫 번째 공적인 기적은 '물의 변화'에 대한 기적 사역이다. 물이 변화되어 그 땅의 모든 사람에게 생명의 재창조의 소식을 안겨주었다. 이것은 마치 예수님의 첫 번째 공적인 기적인 갈릴리 가나 혼인 잔치에서 물을 포도주로 바꾼 '물의 변화'를 전망하게 한다. 둘 다 물의 "화학적 변화"이다. 예수님은 물의 변화를 통해 모든 사람에게 풍성함을 제공하여 하나님 나라의 기쁨을 주시는 분이라는 것을 드러내셨다.

그리고 뒤로는 엘리사가 요단을 건넌 사건 후에 첫 번째 기적을 여리고에서 행한 것처럼, 모세가 홍해를 건넌 직후에 수르 광야에서 사흘 길을 걸었으나 물을 얻지 못하는 이스라엘 자손들에게 마라의 쓴 물을 단물로 바꾼, 모세의 물의 치료 사건을 회고하게 한다(출 15:23-25). 그 물들은 모두, 말씀을 믿고 순종하는 자리에서 일어난 기적이었다. 결국, 여리고 성읍의 물이 엘리사가 선포한 말씀대로 고쳐져서(רָפָא, 라파), 엘리야-엘리사 내러티브가 기록되던 시점까지 생명 회복의 상태가 계속 유지 되었다(22절). 이런 점에서, 엘리사는 '새로운 모세'이며, 예수님은 '새로운 엘리사'이다.

여리고 성읍의 생태학적인 한 요소로서 물의 문제로부터 물의 치유로 생명의 회복으로 나아간 것은 언약의 말씀을 믿고 순종할 때, 언약의 복의 회복으로서 생명이 회복된다는 교훈을 주고 있다. 더 나아가, 좀 더 거시적이고 역사적인 관점으로 '여리고 성읍' 전체에 대한 의미를 상고하자. 여호수아의 정복 전쟁의 때에, 여리고는 가나안 땅으로 들어가는 출입문이라는 지리적 위치를 점하고 있었다. 여리고 정복 전쟁 후에, 여호수아는 여리고에 대한 저주를 선언한다(수 6:26).

이 저주가 엘리야-엘리사 내러티브가 시작되는 직전의 문맥에서, 여호수아의 저주가 벧엘 사람 히엘이 여리고를 재건하다가 맏아들과 막내아들을 잃었다는 사실을 언급하여, 여리고에 대한 여호수아의 저주가 성취되었다는 것을 언급한 적이 있다(왕상 16:34). 엘리사가 '새 그릇에 담긴 소금'을 조금 담아 물 근원으로 가서 던지면서 다음과 같은 '여호와의 말씀'을 선포하니, 엘리사가 선포한 말씀대로 '고침'(라파)을 받았다.

> 다시는 죽음이나 열매 맺지 못함이 없을지니라(왕하 2:21).

이런 점에서, 엘리사의 치료와 회복에 대한 말씀을 선포하는 사역은 여리고 성읍에 대한 여호수아의 죽음의 저주를 "뒤집었으며"(reverses), 이것은 여리고에 대한 엘리사의 "새로운 정복"(the new conquest) 사건이며, 이 정복은 여호수아에 의해 저주받은 여리고가 "복과 치료"(blessing and healing)을 받게 되었다.[1]

여호수아에 의한 '첫 번째 여리고 정복 사건'은 "생명을 취하는" 심판의 모티프를 보여 주었다면, 이로부터 약 550년 후에 발생한 19-22절의 말씀에서, 여리고에 대한 엘리사의 새로운 역할은 '소금과 말씀'에 의한 치료를 통해 "생명을 살리고 보존하는" 역할을 수행한 것이다.[2] 엘리사는 '제2의 여호수아'이며, '새로운 여호수아'이다.[3]

---

[1] Joel S. Burnett, *'Going Down' to Bethel: Elijah and Elisha in the Theological Geography of the Deuteronomistic History*, JBL 120:2 (2010): 281-291, 293.

[2] Joel S. Burnett, *'Going Down' to Bethel: Elijah and Elisha in the Theological Geography of the Deuteronomistic History*, 281-291, 293.

[3] Satterthwaite, *Elisha Narratives*, 8-11, Joel S. Burnett, *Going Down to Bethel*, 293에서 재인용.

다시 계시 역사가 전진되어, 엘리사로부터 약 850년 후에, '궁극적 예수아'와 '궁극적 엘리사'로 오신 그리스도께서 다시 여리고(Jericho)로 들어가셨다(눅 19:1). 예수께서 여리고에서 세리장 삭개오를 만나셔서 그와 교제하시며 천국 복음을 전파하셨다. 그 결과, 그는 참된 회개(눅 19:8)의 열매를 맺으며, 예수님에 의해 다음과 같은 말씀이 선언되었다.

<blockquote>오늘 구원이 이 집에 이르렀으니 이 사람도 아브라함의 자손임이로다(눅 19:9).</blockquote>

그리고 또 다른 사건으로서 '여리고에 가까이 가셨을 때'(눅 18:35) 또는 '여리고에서 떠나 갈 때에'(마 20:29) 또는 '여리고에서 나가실 때에'(막 10:46), 길에 앉은 디매오의 아들인 맹인 거지 바디메오가 다음과 같이 소리쳤다.

<blockquote>다윗의 자손 예수여 나를 불쌍히 여기소서(마 20:31; 막 10:46; 눅 18:38).</blockquote>

예수께서 그 맹인의 눈을 뜨게 하심으로 세상의 빛이 되심을 드러내셨다. 요약하면, 여리고에서 세리장 삭개오를 아브라함의 언약 안으로 회복시키셨으며, 여리고 경계 지점에서 다윗의 언약 성취자께서 맹인의 눈을 뜨게 하심으로 회복의 은혜를 주셨다. 그러므로 여호수아의 여리고 땅의 정복, 엘리사의 여리고 물의 치료에 이어지는 예수 그리스도의 여리고의 사람 구원 및 치유 사건인 '새 창조'(a new creation)의 사역은 옛 언약의 저주로부터 해방시킴으로 하나님의 여리고 "정복" 사역의 완결을 보여 준다.

3. 벧엘에서 회복될 수 없는 사람들(23-25절): 아동 학대인가, 말씀 조롱인가?

'새로운 여호수아'로서 엘리사는 '새 그릇의 소금'과 '여호와의 말씀'으로 '두 번째의 여리고 정복'을 통하여 여리고에서 생명을 회복하고 그 생명을 여리고로 하여금 누리도록 했다. 그 다음 여정으로서, 그는 벧엘을 향하여 올라갔다(23절). 벧엘은 여로보암이 금송아지 우상을 만들어 둔 장소로서 단과 함께 또 다른 한 곳이다(왕상 12:29; 13장).

엘리사가 여리고에서 북서쪽으로 약 15킬로미터(약 4시간)의 거리에 있는 벧엘로 올라갈 때, 그 성읍에서 '작은 아이들'(וּנְעָרִים קְטַנִּים, 운아림 케타님)이 나와서 그를 향하여 '조롱하여' 말하기를 다음과 같이 소리쳤다.

> 대머리여 올라가라 대머리여 올라가라(왕하 2:23).

여기서 엘리사를 조롱하기 위해 등장한 벧엘에서 나온 "작은 아이들"(וּנְעָרִים קְטַנִּים, παιδάρια μικρά, "little children")은 누구인가?

구약성경에서 사용된 이 단어의 용례들을 관찰할 필요가 있다. 이 단어는 창세기 22:12에서 아브라함이 하나님께 드릴 번제물로 모리아산 제단 위에 묶어 놓은 이삭에게 칼을 대려고 할 때, 여호와의 사자가 아브라함에게 다음과 같이 말씀하셨다.

> 그 아이에게 네 손을 대지 말라(창 22:12).

거기서 사용된, 이 단어("그 아이")가 이 본문에 있는 '아이'와 같은 히브리어 단어이다. 이때, 이삭의 나이는 20대 초반이었다. 그리고 창세기 37:2에 요셉이 17세의 소년일 때, 이 단어가 사용되었다.

그리고 열왕기상 20:14-15에 청년 군인들이 등장하는데, 그때 이 단어가 사용되었다. 사무엘상 16:11-12에 사무엘이 하나님께서 사울 대신 왕 삼을 자를 찾아서 기름을 부으려고 할 때, "네 아들들이 다 여기 있느냐"라고 할 때, 이때 다윗이 양들을 맹수나 사나운 짐승으로부터 지키고 골리앗을 전쟁에서 물리칠 수 있는 청년의 나이이다. 그리고 이 본문에서 '작은'(קָטָן, 카탄, "small, young, unimportant")이라는 단어도 '어린'이라는 말이 아니라, '젊은'(young)으로 번역해야 한다. '작은 아이들'은 '젊은 청년들'로 이해해야 한다. 구약성경에서 이 단어는 대략 12-30세에 사이의 청소년이나 청년들을 주로 가리킬 때 사용된다.

벧엘에서 나온 '젊은 청년들'이 엘리사에게 조롱한 말은 2회 반복된 "대머리여 올라가라"(עֲלֵה קֵרֵחַ, 아레 케레아흐)라는 표현이다. 여기서 '올라가다'(עָלָה, 아라)라는 동사는 열왕기하 2:1과 2:11에서 엘리야가 회오리 바람으로 '하늘로 올라가다'라고 할 때 사용된 단어와 동일한 히브리어 동사(עָלָה, 아라)를 사용했다. 벧엘에 사는 젊은 사람들이 엘리사를 향해 '대머리'라고 조롱하면서 "올라가라"(Go on up)고 한 말은 자신의 동네에 들어오지 말하는 정도가 아니라, 소위 '승천했다'라고 하는 네 스승 엘리야처럼 '올라가라' 또는 이 땅에서 완전히 '꺼져라'라는 의미이다.[4] 이들과 이들의 말과 행위는 결코 어린아이들의 동화 이야기가 아니다. 이들은 분명한 의식과 의도를 가진 젊은 청년들로서 하나님과 하나님의 말씀을 배척한 행위를 한 것이다. 이어진 엘리사의 대응도 마찬가지이다.

그리하여 엘리사는 그들을 향하여 '여호와의 이름으로' 저주를 했다(24절). 엘리사의 저주는 단순한 감정적 대응이 아니라, 언약의 하나님을 대적한 것에 대한 언약적 저주인 것이다. 왜냐하면, 여기서 사용된 "저주하다"(קָלַל, 카랄)라는 히브리어 동사는 '심판을 선언하다'라는 의미로 해석될 수 있기 때문이다.[5] 엘리사의 저주 선언과 심판은 "아동 학대 사건"이 아니라, 그들의 "말씀 학대 사건"에 대한 정당한 심판인 것이다.

그랬더니, 수풀에서 암곰 두 마리가 나와서 '아이들 중의 42명'을 찢어서 죽였다. 여기 등장하는 '암곰 2마리'는 현재 및 미래의 흉포스러운 심판을 상징하며, 곰에 의해 죽임을 당한 젊은 청년의 수(42명)는 '상징적 수'이면서, 악한 전조의 의미를 담은 '실제적인 수'(exact figure)이다.[6] 그래서 이것은 이 심판의 '스토리의 사실성'을 더욱 강화하는 역할을 한다. 야생동물에 의한 그 '흉포스런 심판'을 통해서, 벧엘의 사람들은 경고를 받아서 일시적으로 하나님을 경외하고 하나님의 말씀과 하나님의 사람 엘리사를 경외하고 두려워했을 것이다.[7]

---

[4] 월터 카이저, 『구약성경 윤리』, 홍용표 역 (서울:생명의말씀사, 1994), 316.
[5] 월터 카이저, 『구약성경 윤리』, 317.
[6] 성경에서 "42"라는 숫자는 악한 전조를 사실적으로 묘사하는 의미를 갖는 실수로 종종 사용된다(왕하 10:14; 계 11:2; 13:5): J. A. Montgomery, *A Critical and Exegetical Commentary on the Books of Kings*, 356.
[7] Keil & Delitzsch, *2 Kings*, 212, n. 1. 어거스틴에 따르면 이 무례한 젊은 청년들은 그들의 부모들의 부추김과 선동으로 이 일을 했다고 주석하는데, 결국, 이 사건을 통해 일시적으로나마 벧엘의 어른들과 이들의 부모된 자들이 경고를 받아 하나님을 경외하도록 하는 결과를 초래했다.

레위기 26:21-22은 다음과 같이 말씀한다.

> 너희가 나를 거슬러 내게 청종하지 아니할진대 내가 너희의 죄대로 너희에게 일곱 배나 더 재앙을 내릴 것이라 내가 들짐승을 너희 중에 보내리니 그것들이 너희의 자녀를 움키고 너희 가축을 멸하며 너희 수효를 줄이리니 너희의 길들이 황폐하리라(레 26:21-22).

그래서 이 사건은 B.C. 9세기경에 모세 율법이 성취된 한 사건이라고 할 수 있다.

더 나아가, 두 마리 곰에 의한 비참한 이 사건은 먼저 B.C. 722년에 앗수르에 의해서 북이스라엘이 멸망하는 하나님의 심판을 전망하는 것일 수 있다. 만약 엘리사의 저주와 함께 곰을 통한 심판 후에, 북이스라엘이 진정으로 회개했다면 멸망이 유예되었을 것이다. 그런데도 북이스라엘은 진정으로 회개하여 언약의 하나님께 돌아오지 않고 점점 그들의 죄악을 증가시킴으로, 마지막 앗수르라는 무자비한 "곰" 의해 최종적으로 멸망을 당하게 되었다.

그리고 이 무자비한 심판은 남쪽 유다에게도 예외가 아니었다. 남왕국 유다도 동일한 죄를 반복하게 되었다.

역대하 36:16은 다음과 같이 말씀한다.

> 그의 백성이 하나님의 사신들을 비웃고 그의 말씀을 멸시하며 그의 선지자를 욕하고 여호와의 진노를 그의 백성에게 미치게 하여 회복할 수 없게 하였으므로(대하 36:16).

결국, 남쪽 유다 왕국도 하나님과 말씀을 대적함으로, B.C. 586년에 바벨론이라는 또 다른 "곰"에 의해 멸망 당했다. 하나님의 사람과 말씀을 욕하고 배척한 행위는 곧 그를 보내신 하나님 자신에 대한 증오와 배척 행위이기 때문에, 하나님께서 심판하신다는 것을 분명하게 보여 준 것이다. 이것은 하나님의 권위에 대한 거부와 말씀 배척 행위의 죄악이기 때문이다.

벧엘의 젊은 청년들의 말씀 학대 사건에 대한, 암곰 2마리를 통한 하나님의 무자비한 심판 직후, 열왕기하 2장의 마지막 여정으로서 엘리사는 거기서부터 갈멜산을 향하여 발걸음을 옮겼으며, 그리고 다시 사마리아로 갔다(25절).

만약 엘리사가 벧엘에서 다시 여리고로 돌아왔다면, 그리고 다시 길갈로 다시 왔다면,[8] 2장에서의 여정이 '요단'을 중심으로 하는 완벽한 교차 대칭 구조(chiasmus)를 형성하여, "길갈→벧엘→여리고→**요단**→ 여리고→벧엘→길갈"의 여정이 될 수 있었다. 그런데 여기 25절에서, 이러한 구조는 완전히 파괴되어 진다.

그런데도 엘리사가 갈멜산 여정으로 향한 것은 무엇 때문일까?

벧엘의 사역을 마친 엘리사가 사마리아로 바로 직행하여 가면 거리도 얼마 걸리지 않는데, 왜 2배 이상의 거리에 있는 갈멜산을 굳이 방문한 후에 다시 사마리아로 되돌아오는 여정을 택했을까?

이것은 일종의 "성지순례"의 여정이라고 필자는 판단한다. 갈멜산은 스승 엘리야 시절에 배교자들에 대한 여호와의 승리의 현장이었다. 거기서 바알 선지자들과 영적 대결을 한 곳이며, 3년 이상의 가뭄 가운데 엘리야가 갈멜산 꼭대기에서 간절히 기도함으로 다시 비가 오게 된, 엘리야의 기도의 산이었다. 이러한 갈멜산의 순례 여정을 엘리사가 선택한 것은 과거 농부였던 자신에게 스승 엘리야가 자신의 '겉옷'을 던져주었고(소명), 승천 시에는 자신의 '겉옷'을 떨어뜨려 준(재소명), 스승의 여정을 답사하는 의미로 엘리사의 영적인 여정(기도와 묵상)일 가능성이 많다. 그래서 이곳은 엘리사에게 '영적인 고향'(spiritual home)과 같은 곳일 수 있으며, 또한 엘리사의 '영구 거주지'(fixed home)일 수도 있다.[9]

그래서 엘리사의 갈멜산 여정은 스승과 관련된 선지적 직분 수행과 믿음의 역사성과 정통성을 계승하겠다는 의지를 재확인하는 여정이 되었을 것이다. 언약의 일꾼으로서 '여호와께 열심이 특출한 엘리야'(왕상 19:10)를 본받아, 자신의 사명을 완수하고자 하는 결의의 여정인 셈이다.

이것은 서로의 목적은 다를지라도, 엘리야에게 있어서 '호렙산 여정'과 비슷하다. 그렇다면 이것은 히브리서 기자가 보여 준 그 '간절한 소망'과 다르지 않다.

---

8 엘리사의 여정에 있어서, Wellhausen은 25절의 '갈멜'을 '길갈'로 수정하여 읽기를 제안한다. J. A. Montgomery, *A Critical and Exegetical Commentary on the Books of Kings*, 356.

9 J. A. Montgomery, *Critical and Exegetical Commentary on the Books of Kings*, 356.

> 우리가 간절히 원하는 것은 너희 각 사람이 동일한 부지런함을 나타내어 끝까지 소망의 풍성함에 이르러 게으르지 아니하고 믿음과 오래 참음으로 말미암아 약속들을 기업으로 받는 자들을 본받는 자 되게 하려는 것이니라(히 6:11-12).

히브리서 말씀처럼, 엘리야의 열심이 곧 엘리사의 '동일한 부지런함'이 되었고 그 열정을 본받아 다지는 갈멜의 여정인 것이다. 신약성경은 엘리야의 그 열심(קִנְאָתִי, 카노 키네티, LXX, Ζηλῶν ἐζήλωκα, 제이론 에제이로카)과 같은 동일한 종류의 '열심'(ζηλόω, 제이로오)을 신약 교회의 성도들이 본받고 추구해야 할 열심으로 격려하고 있다(고전 12:31; 14:39; 고후 11:2; 갈 4:17; 계 3:19).

4. 결론 및 적용

"죽음의 땅" 여리고에서 말씀으로 땅이 회복됨으로 생태계의 생명이 재창조되며(19-22절), 벧엘에서 말씀의 종을 조롱의 말로 대적하는 자들은 생명을 잃는 심판을 경험한다(23-25절). 하나님의 사람을 대적하는 벧엘 사람들은 회복과 치유 이전의 죽은 땅으로서 여리고의 땅과 같은 상태였다.

여리고에서 죽은 물과 땅은 재창조되어 생명을 회복했는데, 반면 벧엘에서 사람들은 여전히 죽은 자로 살겠는지를 역설적으로 질문한다. 역으로, 벧엘에서 하나님을 경외하지 않고 대적하여 죽음을 당한 사람들은 여리고에서 죽은 땅과 물의 회복으로 땅의 소산물이 생명으로 회복된 것을 알지 못하느냐고 호소한다. 결국, 두 연속적인 서로 다른 본문은 언약적 회복과 심판에 대하여 상호 보완적 교훈을 주는 문맥적 상보 관계를 형성한다.

"여리고에서 말씀으로 회복되는 땅"의 섹션에서, 우리는 하나님의 말씀을 믿고 순종하는 자가 되어야 한다는 교훈을 받는다. 하나님의 말씀의 능력을 신뢰하는 믿음으로 살아야 한다. 물과 생태계가 회복되는 것처럼, 피조물의 으뜸인 사람 곧 하나님의 백성이 먼저 회복되어야 될 것을 말씀하고 있다. 인간의 죄악으로 말미암아 만물이 탄식하고 있다(롬 8:22). 하나님의 아들들이 나타날 것을 만물이 탄식하며 고대하고 있다(롬 8:19).

"벧엘에서 대적하는 조롱의 말로 회복될 수 없는 사람들"의 섹션에서, 우리는 하나님을 경외하는 자가 되어야 한다는 교훈을 받는다. 하나님과 말씀의 권위를 인정해야 한다는 첫 번째 섹션의 교훈을, 두 번째 섹션의 조롱 사건을 통해 역설적으로 교훈한다. 피조물(물과 생태계)은 회복되는데 반하여, 피조물의 으뜸인 사람은 회복의 길로 나아가지 못했다. 창조 질서의 뒤틀림의 현상을 역설적으로 보여 준다. 하나님에 대한 수직적 권위에 복종하고 수평적 권위를 가진 이웃을 있는 그대로 사랑하고 섬겨야 한다.

♣ 개인 묵상과 소그룹 성경 공부를 위한 토론 질문 ♣

1. 그리스도인들은 생태계의 환경문제, 지구온난화 현상, 분리수거 등의 환경 문제에 어떤 방식으로 참여할 수 있는가?
환경 회복이 인간 생명 회복과 어떤 관련이 있는지 토의해 보라.

2. 포스트모더니즘 사회에서, 성경과 하나님의 권위, 교회의 직분적 권위, 부모의 권위, 교사의 권위 등이 일체 약화 내지는 부인되어가고 있다. 권위주의는 배격을 해야겠지만, 건강한 권위는 지켜져야 한다. 건강한 권위가 훼손 되는 경우가 있는지 함께 나누고 토의해 보라.

3. 가정에서, 교회에서 언약의 부모가 언약의 자녀들에게 성경적인 건강한 권위를 어떻게 가르치고 교훈할 수 있을까?
자녀들과 교우들과 학생들의 건강한 자존감을 어떻게 세워줄 수 있는가?

제14장
실패하지 않은 전쟁, 승리하지 못한 전쟁

Topic : 엘리야-엘리사 내러티브(14)
Text : 열왕기하 3:1-27
Title : 실패하지 않은 전쟁, 승리하지 못한 전쟁
Theme : 영적 회색 지대를 정리하여 온전한 승리의 축복을 누리자.

1. 서론 및 문맥

갈멜산을 거쳐서 이스라엘의 수도 사마리아로 돌아온 엘리사의 여정처럼 (왕하 2:25), 엘리야-엘리사 내러티브의 저자는 아합의 아들 여호람/요람이 이스라엘의 왕으로 12년 동안 통치했던 사마리아로 문맥의 앵글을 옮긴다. 이 본문은 모압과의 전쟁 기사를 포함하고 있다.

이 본문에서 언급된, '이스라엘과 모압과의 관계'는 통일 왕국 시대의 사울과 다윗 왕까지 거슬러 올라간다. 이스라엘의 초대 왕이었던 사울이 모압과의 전쟁에서 이겼다는 기록을 성경은 증거하고 있다(삼상 14:27, B.C. 1030년경). 그리고 사무엘하 8:2에 따르면 다음과 같이 기록되어 있다.

> 다윗이 또 모압을 쳐서 그들로 땅에 엎드리게 하고 줄로 재어, 두 줄 길이의 사람은 죽이고 한 줄 길이의 사람(즉 키가 작은 소년이나 노인들)은 살리니 모압 사람들이 다윗의 종들이 되어 조공을 드리니라(삼하 8:2).

이때가 B.C. 1,000년경, 통일 왕국의 시대였다. 분열 왕국 시대로 들어와서 모압의 조공은 북이스라엘로 이어지게 되었다.

통일 왕국 다윗 때부터 분열 왕국 북이스라엘의 오므리 왕조까지, 모압은 매년 조공을 바쳐오고 있었다. 오므리 왕조의 두 번째 왕인 아합이 죽은 후에, 모압은 이스라엘을 배반하여 조공을 더 이상 바치지 않았다(왕하 1:1; 3:5). 그들이 바친 조공의 양은 매년 새끼 양 100,000마리의 털과 숫양 100,000마리의 털을 이스라엘 왕에게 바쳐 왔다(왕하 3:4). 이 많은 조공은 다윗을 통해 이스라엘 백성에게 베풀어 주신 하나님의 축복의 한 면이었다. 왜냐하면 다음과 같이 말씀하기 때문이다.

> 다윗이 다메섹 아람에 수비대를 두매 아람 사람이 다윗의 종이 되어 조공을 바치니라 다윗이 어디로 가든지 여호와께서 이기게 하시니라(삼상 8:6).

2. 역사적 서문(1-3절)

북이스라엘의 네 번째 왕조인 오므리 왕조의 마지막 네 번째 왕인 요람 또는 여호람(Joram/Jehoram)이 이스라엘의 왕이 되어 총 12년을 통치하였다. 그가 즉위할 당시의 비교 연대기로써 남왕국 유다의 왕은 여호사밧(873-848 B.C.)의 통치 18년의 해이다(1절). 엘리야 시대 때, 그의 부친 아합 왕이 범죄하던 일에 대한 엘리야의 심판 신탁의 말씀대로 죽임을 당했으며(왕상 22:34-35), 그리고 그의 형제이면서 아합의 또 다른 아들이었던 아하시야 왕이 왕국 다락 난간에서 떨어져 죽을 질병이 걸렸을 때, 역시 엘리야의 심판 신탁 선언으로 죽게 되었다(왕하 1:16).

이런 일련의 일들은 아합의 또 다른 아들로서 이스라엘의 왕이 된 요람/여호람으로서는 많은 경고를 받은 셈이다. 그래서인지 그는 여호와 보시기에 여전히 악을 행하였으나, 그의 부모와 같이 여호와에 대한 반역적인 죄악을 노골적으로 범하지 않은 것 같다. 그래서 그는 그의 부친 아합이 만들어 섬겼던 '바알의 주상'(אֶת־מַצְּבַת הַבַּעַל, 에트-마츠바트 하바알)을 없애는 정화적인 정책을 폈다(2절). '주상'은 돌로 만든 기둥 모양으로 만든 바알 신상이다.

그러나 요람/여호람은 여전히 북이스라엘의 초대 왕이었던 여로보암이 이스라엘에게 범하게 한 배교의 죄를 완전히 떠나지는 않았다(3절). 이 상황은 아마 바알 주상을 일부 제거했거나, 아니면 바알 신상들은 어느 정도 제거했더라도 아세라 상을 섬기는 것은 지속되었을 수 있다. 왜냐하면, 아직 생존해 있던 그의 모친 이세벨의 영향력과 후원으로 그대로 방임했을 수도 있기 때문이다. 그리하여 이스라엘의 목자(왕)로서 자신도, 그리고 백성들로 하여금 여호와의 언약대로 믿고 순종하는 삶을 회복하지 못한 것이다.

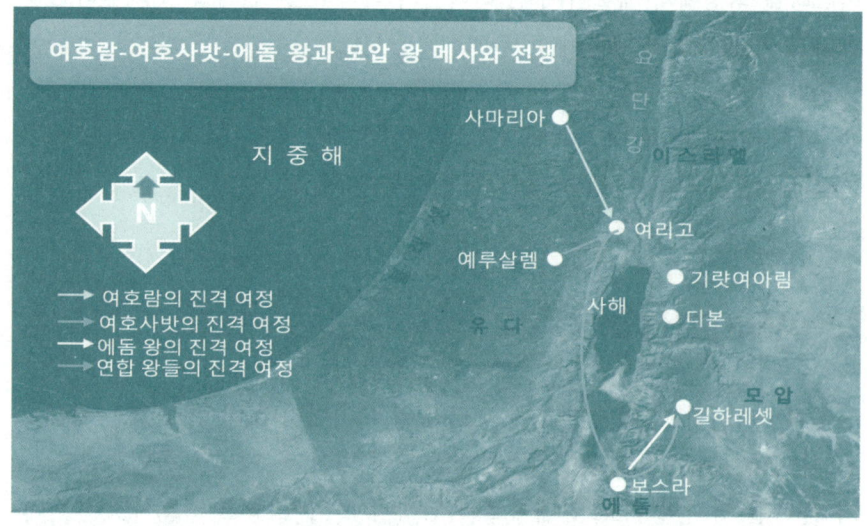

지도 7. 여호람-여호사밧-에돔 왕과 모압 왕 메사와 전쟁

3. 실패하지 않은 전쟁(4-25절): 유다 왕 여호사밧 때문에 승리를 주심

이 섹션에서 전개되는 내러티브는 네 부분으로 나눌 수 있다.

첫째, 남북 동맹군 결성(4-7절)
둘째, 엘리사를 방문(8-12절)
셋째, 엘리사의 응답(13-20절)
넷째, 동맹군의 승리(21-25절)

본 내러티브의 발단이 되는 이스라엘과 모압과의 관계에 대한 역사적인 정보를 제공함으로 스토리가 시작된다.

앞에 있는 서론에서 언급했듯이, 통일 왕국 다윗 이래로 모압 왕 메사는 양을 치는 자로서 매년 새끼 양 십만 마리의 털과 숫양 십만 마리의 털을 이스라엘 왕에게 조공을 바쳐왔다(4절). 그런데 아합이 죽자 이를 배반하고 조공을 중지했다(5절). 이것과 관련된 정보는 성경 이외의 고고학적 자료(메사의 비석 또는 모압의 비석: 특주 1. "성경 고고학"을 보라)에서도 발견된다. 그래서 여호람은 "그 날에"(בַּיּוֹם הַהוּא, 바욤 하후) 수도 사마리아에서 나가서 온 이스라엘을 '둘러보았다'(6절). 여기서 '둘러보다'라는 히브리어 동사는 '파카드'(פָּקַד)라는 동사인데, '방문하다, 임명하다, 주의 깊게 관찰하다' 등의 의미를 가진다. 문맥적으로 관찰할 때, 이 행위는 전쟁을 위해 준비하는 용의주도한 행동을 의미할 수 있다.

이 행위가 대내적인 전쟁 준비 행위였다면, 이어서 여호람은 대외적인 전쟁 준비도 시행한다. 즉 그는 남왕국 유다 왕 여호사밧에게 사신을 보내어 다음과 같은 질의를 한다.

> 당신은 나와 함께 가서 모압을 치시겠느냐(왕하 3:7).

여호사밧은 다음과 같이 응답한다.

> 나는 당신과 같고 내 백성은 당신의 백성과 같고 내 말들도 당신의 말들과 같으니이다(왕하 3:7; cf. 왕상 22:4).

혼연일체의 동맹 관계의 의지를 표명한 것이다. 이러한 동맹 관계는 일찍이 아합과 여호사밧의 사돈 관계 곧 결혼 동맹으로 시작되었고, 그리고 전쟁 동맹으로서 이미 아합과 여호사밧이 함께 아람과의 전쟁에 출전한 적이 있었다(왕상 22장). 그 전쟁에서 아합은 부상을 입어 전사했을지라도, 현재 아합의 아들인 여호람과 여호사밧의 동맹은 여전히 유효하다는 것을 보여 준다.

그리하여 유다 왕 여호사밧은 군사를 이끌고 여호람이 이끄는 이스라엘 군대와 함께하게 된 것이다. 작전을 구상하는 중에 여호람은 공격 방향에 대한 의견을 묻고 여호사밧은 북쪽 방향보다는 모압의 남쪽 국경으로 들어가는 길을 선호하여 추천한다. 당시 모압으로 진격하는 길은 이스라엘과 모압 사이에 가로놓인 사해 바다를 중심으로 두 방향이 있었다.

첫째, 사해 바다 위쪽으로 올라가면 요단강이 있는데, 요단강을 건너서 모압의 북쪽 국경으로부터 아래를 향하여 모압에 접근하는 길이었다.

둘째, 사해 바다를 기준으로 해서 남쪽으로 내려오면 에돔의 산악 지형이 있는데, 이곳으로부터 모압의 남쪽 국경으로 들어가는 길이었다.

결국, 이들은 사해 바다의 아래쪽 남쪽으로 내려와서 에돔 광야 길로 가는 것이 좋다는 전략을 세웠다(8절). 이 길은 산악 지형이기 때문에 군대가 진격하기에 더 어렵고 시간도 많이 걸리는 길이다.

그런데도 이 길을 선택한 것은 모압이 방심할 수 있는 길일 수 있으며, 그리고 사해 바다 위쪽 곧 북쪽으로 진격하는 것은 혹 있을 수 있는 시리아(아람) 사람들에 의한 측면 공격 가능성 때문인 것으로 보인다.[1]

그래서 이제 연합군은 에돔이 있는 남쪽으로 진격한다. 이스라엘 왕과 유다 왕은 에돔 쪽으로 진격하기에, 그 방향에 위치한 에돔 왕의 도움을 요청하고 에돔 왕도 이에 동참한다. 그래서 모압 왕 메사를 공격하기 위한 연합군은 총 3개국 동맹으로 조직되었다. 드디어 3개국 연합군의 진격이 시도되었는데, 이 길은 너무 험난했고 시간도 오래 걸리다 보니, 군사들이 지치고 당시의 교통수단이었던 약대나 말 같은 짐승들을 먹일 물이 없어서 7일간 방황하기 시작한다(9절). 이것이 모압을 향한 진군의 길에 직면한 첫 번째 위기였다.

이 상황에서, 이스라엘 왕은 다음과 같이 푸념을 늘어놓기 시작한다.

> 슬프다 여호와께서 이 세 왕을 불러 모아 모압의 손에 넘기려 하시는도다(왕하 3:10, 13).

전쟁은 자기가 유다 왕과 에돔 왕과 연합군을 조직하여 시작해 놓고 하나님을 원망하기 시작한다. 그렇다고 하나님을 향한 신뢰나 어떤 대안도 찾지

---

1   C. F. Keil, *1 and 2 Kings, 1 and 2 Chronicles*, 214.

않는다. 하나님의 주권을 이상하게 들먹이고 있다. 이 세 나라의 왕과 군대를 모은 것은 다름이 아니라, 하나님이라고 그는 말한다. 여기까지는 좋다. 그 다음 말이 무엇인가?

> 여호와께서 [자기들을] 모압의 손에 넘기려 하시는도다(왕하 3:10).

그의 이 '불신'의 말은 물이 없어 목마른 것과 앞으로 싸우게 될 적군 모압 군대를 만나는 위기보다 어쩌면 더 큰 위기일 수 있다. 반면, 유다 왕 여호사밧은 다음과 같이 하나님과 그 뜻을 찾는 모습을 보인다.

> 우리가 여호와께 물을 만한 여호와의 선지자가 여기 없느냐(왕하 3:11).

여호사밧은 전에도 아합과 동맹하여 아람을 칠 때, 하나님의 선지자를 찾는 동일한 모습을 보인 적이 있었다(왕상 22:5). 그러자 이스라엘 왕 여호람의 신하들 중에 하나가 다음과 같이 대답한다.

> 전에 엘리야의 손에 물을 붓던 사밧의 아들 엘리사가 여기 있나이다(왕하 3:11).

이 발언은 하나님의 사람 엘리사를 상당히 폄하하는 표현이다. 마치 벧엘의 젊은 청년들이 엘리사를 향한 다음과 같은 발언에 준하는 말이다.

> 대머리여 올라가라 대머리여 올라가라(왕하 2:23).

여호와와 그 말씀을 경시하고 대적하는 행위이다. 그런데도 여호사밧은 다음의 말씀과 같이 판단한다.

> 여호와의 말씀이 그에게 있도다(왕하 3:12).

그는 자신의 이름 '여호사밧'(יְהוֹשָׁפָט, "여호와가 판단하신다")의 의미대로 살아온 '믿음'의 사람이다. 저자는 그러한 믿음과 경건한 사람을 불신의 사람으로부터 전략적으로 차별화한다. 여호사밧이 여호와의 선지자를 찾은 행위(11절) 이전에 표현된 3국 연합군에 대하여, 다음과 같이 표현했다.

  이스라엘 왕과 유다 왕과 에돔 왕(왕하 3:9).

반면, 위기 가운데서 여호사밧이 여호와의 선지자를 찾은 행위(11절) 이후의 표현은 다른 두 왕과 달리 유다 왕에 대하여 그의 실명인 '여호사밧'이라는 이름을 사용하여, 다음과 같이 표현하고 있다.

  이스라엘 왕과 여호사밧과 에돔 왕(왕하 3:12).

이 말은 열왕기하 본문의 저자가 하나님의 뜻을 구하고 하나님의 사람을 찾는 그 믿음의 사람의 인격과 존재를 부각시켜서 강조하려는 경향을 보인 것이다. 이것이 본문의 저자의 의도다.

그에 대한 엘리사의 응답이 주어진다(13-20절). 먼저 엘리사는 이스라엘 왕에게 아주 냉담한 말로 시작 한다(13절). 그로 하여금 낮아지게 하고 회개하도록 하기 위한 의도인 것 같다. 그런데도 그는 조금도 변화가 없이 여호와의 행하심에 대하여 앞서 왜곡된 언급(10절)을 한 것처럼, 여기서 다시 반복하여 "다음과 같이 엘리사에게 말한다.

  여호와께서 이 세 왕을 불러 모아 모압의 손에 넘기려 하시나이다(왕하 3:13).

엘리사는 다음과 같이 말한다.

  내가 당신과 무슨 상관이 있나이까(왕하 3:13).

그리고 여호와의 이름으로 맹세를 하며, 다음과 같이 말한다.

  만일 유다 왕 여호사밧의 얼굴을 봄이 아니면 [이스라엘 왕을 만나주지도 않았을 것이다](왕하 3:14).

우리 그리스도인 또한 하나님과 상관없는 원수된 자였는데, '제2의 여호사밧'인 예수 그리스도 때문에 하나님을 대면하는 은혜를 입은 자이다.

엘리사의 맹세 5회(왕하 2:2, 4, 6; 3:14; 5:16) 가운데, 여기서 그의 4번째의 맹세가 이루어진다. 엘리사의 맹세 5회 가운데 4회는 "의인" 앞에서 행한 맹세였다. 즉 그의 첫 3회의 맹세는 그의 스승 엘리야 앞에서 한 맹세였다(왕하 2:3, 4, 6).

그리고 그 마지막은 치료 받은 나아만 앞에서 한 맹세였다(왕하 5:16). 그러나 여기서의 맹세는 유일하게 악한 왕인 이스라엘 왕 여호람/요람 앞에서 행한 맹세였다(왕하 3:14). 엘리사의 맹세는 여호와 하나님에 대한 이스라엘 왕의 불신과 배교 등의 죄악이 얼마나 큰 것인가를 반영해 주고 있다. 그런데도 의인의 얼굴 때문에 악인에게 긍휼의 얼굴을 비춰준다는 것이다. 엘리사는 왕에게 거문고 탈 자를 요구한다.

엘리사가 거문고를 연주하는 자를 요청한 이유가 무엇인가?

그것은 "악기의 부드러운 톤으로 세상의 것들로부터 자신의 마음을 한곳으로 집중하기 위하여, 그리고 세상과 자신의 삶으로부터 신적인 직관에 깊이 몰입하기 위한" 목적이다.[2] 실제로 거문고를 연주할 때, '여호와의 손이 엘리사 위에' 임하는 역사가 나타났다(15절). 그래서 엘리사는 자신이 받은 여호와의 신탁을 전달한다. 이 신탁은 전쟁에 승리하기 위한 신적인 모략이다(16-17절). 먼저 다음과 같은 명령이다.

> 개천을 많이 파라(왕하 3:16).

그리고 비와 바람도 없는데, 골짜기에 물이 가득하여 사람과 가축 및 짐승이 다 마실 것이라는 기적이 발생한다는 것이다(17절). 이 물은 이어지는 문맥 안에서 대적 모압에게 착시를 만드는 또 다른 기적이 된다. 그리고 승리에 대한 약속들도 주어진다(18-19절). 불가능한 상황에서조차 이기게 하시는 능력은 여호와 보시기에 오히려 '작은 일'이라고 말씀한다. 이 모든 것은 모압을 이스라엘의 왕의 손에 넘기실 것이라는 약속이다(18절). 이 약속 안에서, 모압의 모든

---

2 C. F. Keil, *1 and 2 Kings, 1 and 2 Chronicles*, 215. 그러나 필자는 거문고 연주자가 '하나님의 신'에 감동된 자일 것이라고 판단한다(cf. 삼상 16:16, 18, 23).

견고한 성읍과 모든 아름다운 성읍을 치고 모든 좋은 나무를 베고 모든 샘을 메우고 돌로 모든 좋은 밭을 헐 것이라고 말씀한다.

그런데 모세 율법은 어떤 성읍을 포위하여 점령할 때, 유용한 좋은 과일나무를 베는 것을 금지하고 있다(신 20:19-20).

그렇다면 여기서 주어진 명령(19절)은 반율법적인 행위인가?

하나님의 자기모순인가?

이것은 가나안 정복과 모압의 정복이 서로 다르다는 것을 보여 준다. 정착지 가나안 전쟁에서는 정복지의 생산물을 재활용하도록 하기 위한 것이었다. 그러나 이스라엘의 주된 대적 가운데 하나인 모압에 대한 이 전쟁은 완전히 진멸하는 일종의 '헤렘'의 전쟁이라고 할 수 있다. 그 응답이 '아침 소제 드릴 때'(20절)에 '물'의 응답으로 시작되었다. 엘리야의 경우는 '저녁 소제 드릴 때'(왕상 18:36)에 '불'의 응답이 있었다. 두 경우 모두 소제 드릴 시각에 하나님의 기적의 불과 물이 임했다. 여기서 예배는 신적인 약속이 성취되는 타이밍이 되고 있다. 예배 시간이 응답의 시간이었지만, 예배가 응답을 위한 도구나 수단은 아니다. 예배는 하나님께 집중하는 드림의 시간인데, 그 자체가 목적이다. 집중하여 헌신된 예배를 받으시는 하나님께서 그 시간에 응답을 주신 것이다.

모압도 전쟁 준비를 하고 그 전쟁은 동맹군의 승리로 이어진다(21-25절). 한편, 모압도 세 왕들로 구성된 연합군이 진격한다 함을 듣고 전쟁 준비에 돌입하는데, 갑옷 입을 만한 자로부터 그 이상이 다 모여 경계 근무에 들어갔다(21절). 일종의 전체 국민 전시 동원령이다. 그런데 아침에 모압 사람들이 일찍 일어나 보니, 떠오르는 태양 빛이 연합군의 진영의 골짜기에 파놓은 많은 개천에, 여호와께서 가득 흘러들어오게 하신 그 물에 비치어 온통 붉은 빛깔을 내었다.

'에돔' 쪽에서 부터 흘러들어온 물(20절)은 멀리서 볼 때, 그 물들 전체가 '붉은' 피와 같이 보였다(22절)는 표현에서 언어 유희를 이루고 있다.[3] 모압 사람들에게 일어난 착시 현상이었다. 그들의 착시 현상에 이어서 착각 현상도 벌어졌다. 즉 그들은 다음과 같이 오판하였다.

---

3 김정우, 『너는 어찌 여기 있느냐: 엘리야의 열정과 엘리사의 사랑 이야기』 (서울: 생명의 말씀사, 2009), 223.

이는 피라 틀림없이 저 왕들이 싸워 서로 죽인 것이로다(왕하 3:23).

이 장면에서, 엘리사에 의한 기적들이 연쇄적으로 일어난 것이다. 마른 땅에 물이 가득하게 유입된 기적, 물이 피와 같이 보이게 된 기적, 연합군의 내분으로 서로 죽인 것으로 판단한 기적이다. 이 3중적 연쇄적인 기적은 거문고 타는 자가 연주할 때 엘리사 위에 임하신 '하나님의 손'(יַד־יְהוָה, 야드-야훼)의 능력이었다(cf. 15절).

그래서 모압 군대는 진격하여 노략하기 위해 연합군 진영으로 출격했다. 바로 그때, 이스라엘 진에서 반격이 시작되었다. 모압 군사들은 파죽지세로 도주하게 되었고 연합군은 모압 진영까지 추격하여 공격했다(24절). 그 구체적 장면은 19절에서 엘리사를 통해 주신 명령을 그대로 순종하여 모든 좋은 것들을 파괴했다는 사실을 반복을 통해 강조하고 있다(25절). 오직 한 가지 예외가 있다면, '길하레셋의 돌들'(אֲבָנֶיהָ בְּקִיר חֲרָשֶׂת, 아바네하 바키르 하라세트)은 남겼다는 사실이다. 여기서 '돌들'(אֲבָנֶיהָ, 아바네하)은 돌로 쌓은 성벽을 가리킨다. '길하르셋'(Kir Hareseth 또는 Kir Heres)은 모압의 남부에 있는 큰 도시인 '길모압'(Kir-Moab)과 동일 지명이며(사 15:1; 16:7; 렘 48:36), 이곳은 사해 동쪽으로 11마일(18킬로미터)과 아르논 강의 남쪽 15마일(24킬로미터) 지점에 위치한 곳이다.[4]

모압의 파멸 리스트(19, 25절) 가운데, 오직 이곳만 남게 되었다. 남기게 된 이유는 이 성채(citadel)의 지형적 위치와 견고함 때문인 것으로 보인다. 이 성채는 모압의 '주요 요새'로서, 높고 가파른 협곡의 석회암 암반 위에 건설되었고, 주위는 깊고 높은 계곡으로 둘러져 있어 접근성이 난해한 이유 때문에 파멸을 시키지 못한 것으로 판단된다.[5] 여기까지는 연합군의 확실한 승리임에 틀림없다. 이 승리는 의로운 여호사밧 한 사람 때문에 하나님께서 베푸신 은혜의 승리였다.

---

[4] D. Slager, *Preface* in P. Clarke, S. Brown, L. Dorn, & D. Slager (Eds.), *A Handbook on 1 & 2 Kings*, Vol. 1-2 (New York: United Bible Societies, 2008), 756 on Logos.

[5] C. F. Keil, *1 and 2 Kings, 1 and 2 Chronicles*, 216-217.

4. 승리하지 못한 전쟁(26-27절): 이스라엘의 실패

이어진 마지막 장면(26-27절)에서, 이 전쟁의 반전이 일어난다. 연합군은 모압을 향하여 가열찬 공격을 퍼부었다. 모압 왕은 전세가 상당히 불리함을 판단하고 '칼찬 군사 칠백 명'의 정예 친위 부대를 이끌고 연합군 가운데 상대적으로 전세가 약하다고 판단되는 에돔 왕이 있는 방향으로 돌파하여 반전을 시도했다(26절). 그러나 이마저 쉽지 않았다. 그래서 모압 왕은 갑자기 엄청난 계획을 실행하려고 한다. 그는 자신을 이어 왕이 될 자신의 맏아들을 데려와 성 위에서 번제를 집행한다(27절).

여기서 언급된 번제를 행한 위치인 "성 위에서"(עַל־הַחֹמָה, 알-하호마)라는 표현에 있는 '그 성'(הַחֹמָה, 하호마)은 아마 25절에서 언급된 연합군이 파괴시키지 못했던 '길하레셋'의 성채를 가리키는 것 같다. 높은 성 위에서 모든 모압의 군사들이 볼 수 있도록 하고 그러면서 동시에 모든 연합군이 볼 수 있도록 자신의 첫째 아들을 모압의 신인 그모스에게 번제로 태워서 희생 제사를 집행한다. 아마 모압 왕이 판단하건대, 그모스 신이 노하여 자기들이 전쟁에서 불리하다고 판단을 한 것 같다.

노한 그모스 신에게 모압 왕은 자신의 맏아들을 제물로 번제로 바쳐서 그 노여움을 풀어야 한다고 생각했을 것이다. 동시에 이것은 모압 왕을 이어 차기 왕이 될 자이니, 차기 왕을 죽여 번제로 바치는 것은 모압 나라의 미래의 운명과 관련되어 있다. 자국 군사들과 국민들에게는 조국이 멸망하고 죽음이나 노예로 전락할 수 있다는 위기감을 고취시키는 일종의 배수진을 치는 효과를 만들어서 결사 항쟁을 하도록 의도한 것이다. 성 위에서 번제를 집례할 때, 모압 사람뿐만 아니라, 이스라엘, 유다, 에돔의 연합 군사들도 번제로 타오르는 연기를 보며, 냄새를 맡으며 그 비참한 장면을 보았을 것이다.

그런데 연합군이 엘리사의 예언대로 제사드릴 때 '물'로 여호와께서 응답하셨듯이(20절), 지금 모압 진영에서 인간 번제의 제사가 그들의 신인 그모스에게 열납된 것인가?

그때, 갑자기 "이스라엘에게 크게 격노함이 임하매"라고 말씀한다(27절). 여기서 '큰 격노함'(קֶצֶף־גָּדוֹל, 케체프-가돌)은 무엇을 의미하는가? 어떤 격노함인가?

열왕기와 역대기에서 '격노함'(קֶצֶף, 케체프)이라는 이 단어는 총 10회(구약성경에서 총 62회)의 용례를 가지는데, 그 가운데 '하나님의 분노와 진노'를 의미하는 용법으로만 8회(왕하 13:19; 대상 27:24; 대하 19:2, 10; 24:18; 29:8; 32:25, 26) 대부분을 할애하고 있다.[6]

그리고 여기서 그 격노함이 "이스라엘에게" 임했다고 명시적으로 말씀한다.

하나님에 의한 것일 수 있는 그 분노함이 왜 이스라엘에게 임하였고 그것도 모압의 신 그모스(Chemosh)에게 모압 왕의 맏아들을 번제물로 바치는 그 시점에, 모압이 아닌 이스라엘에게 임한 것인가?
이 큰 격노함이 임한 후에, 이스라엘을 중심한 연합군들은 왜 각기 고국으로 귀국해버렸는가?
모압 진영에서 일어난 '번제 사건'과 연합군 진영에서 일어난 '큰 진노' 및 '패배적 회군'과는 무슨 상관관계가 있는가?
이스라엘의 하나님 여호와와 모압의 신 그모스 사이의 '신들의 전쟁'에서 그모스가 이긴 것인가?

사실 이러한 많은 질문이 난해한 이 표현을 둘러싸고 있다. 그런데도 여기에는 분명하고 확실한 몇 가지 사실이 있다.

첫째, 하나님은 인간, 특히 자녀를 번제로 바치는 것을 죄악이라고 명확하게 많은 곳에서 언급하고 있다. 레위기 율법에 따르면(레 18:21; 20:1-5), 반드시 죽여야 하는 죄악들 가운데 가장 먼저 언급되는 죄악이 바로 '자녀를 번제물로 바치는 죄악'이었다.

---

6 열왕기상하와 역대기상하에서 총 10회 용례들 가운데, 단지 처음 두 용례(왕하 3:27과 5:11)만 제외하고 나머지 8회는 모두 명시적으로 또는 문맥적인 암시 안에서 '하나님의 진노'를 위해 사용되었다. 왕하 5:11에서 나아만의 분노를 위해 사용되었는데, 이 경우는 오직 '인간의 분노'를 위해 사용된 유일한 용례이다. 여기서 사용된 왕하 3:27처럼, '격노함'의 주체가 없는 비슷한 방식으로 대상 27:24에서도 사용한다. 그런데도 여기서(대상 27:24)도 하나님의 진노를 암시한다. 이런 점에서, 필자는 "모압 군대의 격노함"이라고 해석하는 김정우의 견해에 동의할 수 없다. 김정우, 『너는 어찌 여기 있느냐: 엘리야의 열정과 엘리사의 사랑 이야기』, 226를 보라.

그리고 이스라엘 백성들이 자녀들을 불에 살라서 번제로 바치는 행위는 다음과 같다고 예레미야를 통하여 분명하게 말씀하신다.

<blockquote>하나님께서 명령 하지도 아니하였고 마음에 생각지도 아니한 일(렘 7:31; cf. 왕상 11:7).</blockquote>

그러므로 인간 번제는 하나님 앞에 중대한 범죄 행위이다. 그렇다면 하나님의 진노의 대상은 이스라엘이 아니라, 모압이 되어야 맞다. 그런데 그 진노는 의문스럽게도 이스라엘에게 임했다.

둘째, 이스라엘 위에 임한 '큰 격노함'은 하나님의 분노이다. 그 진노가 임한 대상이 이스라엘이기 때문에 다른 원인을 기대할 수 없다. 죽은 모압 신 그모스가 이런 일을 행할 수가 없다는 것은 자명한 일이다.

그런데 왜 하필이면 이스라엘 위에 하나님의 진노가 임한 것인가?

두 번째 이 확실성 안에도 첫 번째와 동일한 문제점이 존재한다.

셋째, 이스라엘 위에 임한 하나님의 '큰 격노함'은 이스라엘이 하나님 앞에 죄를 지었다는 것을 간접적으로 암시한다는 사실이다. 문제는 이스라엘이 이 전쟁에서, 하나님 앞에 어떤 죄악을 범하여 하나님의 진노를 야기시켰는가 라는 것이다. 그런데 이 문제를 해결하려고 할 때에, 문맥과 타이밍이 해석에 혼돈을 야기시킨다는 점이다.

정리를 하면, 자녀를 번제로 바치는 모압의 행위는 하나님 앞에 그모스를 섬기는 우상 숭배와 살인의 죄임에도 불구하고, 하나님은 이스라엘의 죄를 지적하고자 하신다.

그렇다면 이스라엘은 어떤 죄를 범했는가?

이 전쟁의 과정에서 어떤 유형적인 불순종의 행악의 죄는 아닌 것 같다. 그렇다면 내면적인 죄일 수 있다. 그것은 무엇인지 질문을 가지게 된다. 모압 왕의 맏아들을 번제로 바치는 행위는 모압 군사들의 사기를 끌어올렸고 그들로 하여금 결사 항쟁의 의지를 불타오르게 했다. 그래서 일시적으로 전세가 모압에게 유리한 방향으로 기울어진 것으로 추정된다. 그때, 이스라엘은 모압의 국가 전쟁의 신인 그모스가 그 번제를 받고 능력을 나타내기 시작했다고 판단하여, '두려움과 공포감'을 가졌을 것이다.

이런 위기 상황에서, 이스라엘 왕은 전쟁 개시 직전에 표현했던 대로, 다음과 같은 생각을 다시금 했을 것이다.

[여호와께서] 이 세 왕을 불러모아 모압의 손에 넘기려 하시나이다(왕하 3:13).

이것은 하나님에 대한 불신의 죄악이다. 그뿐만 아니라, 다음과 같은 약속까지 엘리사를 통해서 받아서 전쟁을 시작했다.

여호와께서 모압 사람도 당신의 손에 넘기시리니(왕하 3:18).

그런데도 일시적 전세의 기울어짐 앞에서 이 약속을 온전히 믿지 못한 것 같다. 결국, 여호와의 말씀과 그 능력을 신뢰하기보다는 모압 왕의 맏아들을 그모스에게 번제물로 바치는 그 이방 제사를 통해, 국가 존폐의 위기 앞에서 결사 항쟁의 배수진의 전략에 속은 것이다. 이것은 살아 계신 여호와를 신뢰하는 것이 아니라, 죽은 그모스를 두려워하는 것이 된다. 이스라엘은 일시적 전세의 기울어짐과 위기 앞에서도, 여전히 여호와와 그 약속의 말씀을 믿음으로 전쟁을 끝까지 수행했어야 했던 것이다. 그러한 믿음의 부재는 우리가 생각했던 것보다 그리고 본문에 표현된 것보다 훨씬 더 큰 문제점으로 하나님께 드러난 것 같다.

사사 입다의 무남독녀의 번제는 그의 종교적 남용 행위의 결과이었듯이, 모압 왕의 자녀 번제는 전쟁에서의 패배와 멸망에 대한 두려움으로 행한 '전략적 잔꾀'로 규정하고 여호와와 그 능력을 의지하고 약속의 말씀을 믿음으로 그 전쟁을 마무리 지어야 했었는데, 그렇지 못했던 것이다. 그리하여 여호와의 '큰 격노함'이 모압 왕이 자신의 맏아들을 번제물로 바칠 때, '이스라엘에게 임하여' 연합군이 퇴각한 것이다. 불신이 패전의 원인이었다. 이러한 해석은 이 본문의 문맥이 제공해 주는 전부이다.

그러므로 이 전쟁의 승패의 주인은 그모스가 아니라 여호와 하나님이시다. 살아 계신 하나님께서 이 전쟁을 다스리고 계신다. 살아 계신 하나님께서는 믿음의 사람 유다 왕 여호사밧 때문에 연합군에게 개전 초기에 승리를 안겨 주셨다. 반면 불신의 사람 여호람과 북이스라엘의 불신 때문에, 전쟁의 종반부에서 패배를 주셨다. 이 전쟁은 매우 영적으로 예민한 변별력이 있는 전쟁이었다. 이 전쟁의 당사자인 북이스라엘과 남유다를 매우 선별적으로 변별력 있게 하나님은 다루고 계신다.

여호사밧의 믿음 행위와 여호람의 불신 행위와 죄악에 대해 하나님께서 불꽃 같은 눈으로 선별적으로 취급하고 계신다. 이것이 살아 계신 하나님의 변별과 분별의 눈이다. '여호사밧'의 이름의 뜻처럼, 여호와가 심판자이시다. 하나님의 지혜이다. 하나님의 사랑과 공의이다. 이 본문은 하나님의 사랑과 공의를 매우 분명하게 깨끗하게 전쟁의 승패를 통해서 드러내신다. 사랑받을 믿음의 사람에게 은혜를 확실히 베풀어 주신다. 반면 불신과 죄악된 악인들의 행위에 대하여 공의의 심판을 분명히 보여 주신다.

여호람이 여호사밧과 함께 섞여 있다고 해서 그의 죄가 대속되는 것은 아니다. 여호람의 "영적인 현주소는 회색 지대"에 있다. 하나님을 불신하며 죄악을 범하면서 믿음의 사람 여호사밧과 함께 있다. 이 자체가 여호람 자신에게 승리를 보장해 주지 못했다. 그러므로 죄인이 의인과 함께 한다고 죄인이 반드시 복을 받는 것은 아니다. 악인이 복을 일시적으로 받는다면, 그것은 전적으로 죄인 곁에 있는 의인 몇 사람 때문이다. 여호람이 복을 받고 그가 혼자 영적인 단독자로서 하나님 앞에 은혜와 긍휼을 입으려면, 여호람이 회개하고 하나님을 찾고 믿는 자가 되어야 한다.

영적 회색 지대(A Spiritual Grey Zone)

결국, 이 전쟁으로 이스라엘은 모압을 다시금 컨트롤하여 다윗 왕 때부터 아합까지 계속된 조공 관계를 회복시키지 못했다. 이것은 다윗을 통해 주셨던 하나님의 축복에서 멀어졌다는 것을 의미한다. 다윗이 가는 곳곳마다 전쟁에 승리를 주셔서 조공 관계를 맺어 전리품을 이스라엘이 취한 것은 하나님의 복과 은혜였다. 이 전쟁의 시작과 그 동기와 목적이 있다면 바로 하나님의 복으로 주신 조공 관계의 회복이라고 할 수 있다. 이스라엘은 이 관계를 회복하지 못했기에, 이 전쟁에서 패배한 것이다.

이런 점에서, 이 마지막 전쟁의 장면은 연합군의 패배라고 부르기보다는 북이스라엘의 패배라고 보아야 한다. 유다 왕 여호사밧의 패배가 아니라, 북이스라엘 왕 여호람의 패배라고 보아야 한다.

무엇 때문인가?

더 근원적으로 여호람과 북이스라엘의 회개하지 않는 죄악 때문이다. 여호와와 그 말씀을 대적하고 바알 숭배와 아세라 상을 섬기는 우상 숭배의 죄악 때문이다.

마지막으로, 본문 27절을 구문론적으로 고찰하고자 한다. 그리할 때, 앞서 언급한 필자의 해석을 더욱 고증해 줄 것이다. 본문 27절에는 5개의 연속적인 동사들(waw-consecutive verbs)이 나타난다. 이 다섯 개의 연속 동작을 분석하면 다음과 같다. 2개의 연속 동작 행위는 '모압 진영'에서 일어났다. 즉 모압 왕 메사가 자기의 맏아들을 데려오는 행위이다. 그리고 그 맏아들을 그모스에게 번제로 바치는 행위이다.

그리고 '하나님 편'에서 어떤 일이 일어났는가?

하나님께서는 큰 진노를 이스라엘에게 임하게 하신 행위이다.

마지막으로, '연합군 진영'에는 어떤 연속적인 행위들이 있었는가?

연합군 진영에서는 두 가지 연속적인 동작 행위들이 있었다.

첫째, 연합군들이 모압에서 떠나는 퇴각 행위가 있었다.

둘째, 연합군들은 자기 고국 땅으로 귀국하는 행위이다.

행위의 주체 중심으로 구문을 관찰하면, "모압 왕의 두 가지 행위(A와 A')-하나님의 행위(C)-연합군의 두 가지 행위(B와 B')"의 구조를 이룬다(Chiasmus).

표 21. 열왕기하 3:27의 다섯 동사의 연속적 행위

구조	와우 계속법 미완료 동사(waw-consecutive impf)	행위의 주체	진영
A	그리고 그는…왕이 될 맏아들을 데려왔다(וַיִּקַּח)	모압 왕의 행위	모압 진영
A'	그리고 그는 그를…번제로 드렸다(וַיַּעֲלֵהוּ)	모압 왕의 행위	
C	그리고 큰 격노함이 이스라엘에 위에 임했다(וַיְהִי)	하나님의 행위	하나님
B	그리고 그들은 그곳으로부터 떠났다(וַיִּסְעוּ)	연합군의 행위	연합군 진영
B'	그리고 그들은 자기들의 땅으로 돌아갔다(וַיָּשֻׁבוּ)	연합군의 행위	

문법적으로 말하면, 이 '다섯 행위들 가운데, 첫 번째 행위와 두 번째 행위는 모압 진영에서 일어난 연속적인 행위다(3인칭 단수 동일 주어 사용). 그리고 네 번째 행위와 다섯 번째 행위는 연합군 진영에서 일어난 연속적인 행위다(3인칭 복수 동일 주어 사용). 그 사이에 하나님에 의한 행위가 1개 있다(3인칭 단수 주어 사용). 문법적으로는 5개 동사 모두 연속적 행위이지만, 서로 다른 진영에서 서로 다른 주어와 주체에 의해 발생한 동작이다.

이 5개 동사는 시간적, 논리적으로는 연속성은 있으나(와우 계속법의 구문론), 신학적으로는 불연속성이 있는 것으로 보아야 정당하다. 즉 모압 왕이 맏아들을 번제물로 드린 결과로 그리고 그것 때문에 하나님의 큰 진노가 이스라엘 위에 임한 것이 아니다. 연합군이 패하여 후퇴하게 된 표면적인 이유가 있다면, 그것은 번제 행위 때문이 아니라, 번제의 결과로 모압의 대동 단합 때문이다.

이것이 전세를 일시적으로 뒤집게 되어 약간의 위기 앞에서, 이스라엘은 불신을 나타내었으며, 그것에 대한 하나님의 '큰 진노'가 이스라엘에게 임하였던 것이다. 그러므로 모압의 번제와 하나님의 진노는 직접적으로 아무런 연관이 없다. 단지 시간적인 연속성 안에 있었기 때문이다. 이 말은 그모스 신이 그 번제를 열납해서 전쟁에 이기도록 한 것이 아니라는 것이다.

5. 결론 및 적용

1) 누구 때문에 승리했는가?

> 여호사밧이 이르되 여호와의 말씀이 그에게 있도다 하는지라 이에 이스라엘 왕과 여호사밧과 에돔 왕이 그에게로 내려가니라(왕하 3:12).

이 말씀에서 본문의 저자는 다른 두 왕과 달리, 유다 왕 여호사밧의 이름만 실명으로 기록하고 있다. 이것은 그의 영적인 캐릭터를 강조하려고 하는 의도를 보이고 있다.

> 여호사밧이 이르되 우리가 여호와께 물을 만한 여호와의 선지자가 여기 없느냐(왕하 3:11).

즉 '여호와께 물을 만한 여호와의 선지자'(11절)를 찾는 자이며, '여호와의 말씀이 그에게 있도다'(12절)고 하나님의 사람 엘리사를 신뢰하는 인물이다.

> 여호사밧이 이르되 여호와의 말씀이 그에게 있도다 하는지라(왕하 3:12).

세 명(나라, 군사)이 함께 동행하고 있으나, 믿음의 사람은 오직 한 사람 여호사밧 밖에 없다. 엘리사도 다음과 같이 명시적으로 말씀한다.

> 여호사밧의 얼굴을 봄이 아니면 그 앞에서 당신을 향하지도 아니하고 보지도 아니하였으리이다(왕하 3:14).

우리 자신도 하나님을 모르는 에돔 왕과 하나님의 이름을 들어본 적이 있으나 믿음이 없는 여호람과 같은 자였으나, 오직 한 분 곧 제2의 여호사밧으로 오신 그리스도 때문에 하나님의 구원과 긍휼을 입어 의인이 되었다. 의인 된 그리스도인의 삶은 영적인 전투이다.

이 전투에서, 그리스도인의 승리는 그리스도께서 세상을 이기셨기에 우리가 그분 안에서 의롭게 되었으며, 그분 안에서 우리 또한 승리를 누리는 자임을 확신해야 한다. 예수 그리스도의 공로로 덧입혀진 의와 승리이다. 그런데도 "종교 생활"은 우리에게 자동적인 승리를 주지 않는다. 주를 믿는 "믿음 생활"로 계속 승리하는 자가 되어야 한다.

2) 누구 때문에 패배했는가?

본문 27절 하반절에 다음과 같이 말씀한다.

<small>이스라엘에게 크게 격노함이 임하매 그들이 떠나 각기 고국으로 돌아갔더라(왕하 3:27).</small>

여기서 '격노함'의 주체가 누구인지 언급하지 않는다. 그런데도 이 단어는 하나님의 격노함을 가리키는 전문적인 용어이기에, 하나님의 격노함으로 볼 수 있다.

그렇다면 하나님의 격노함이 연합국의 다른 두 왕인 유다 왕 여호사밧이나 에돔 왕에게 임하지 않고 또는 모압 왕에게 임하지 않고 '이스라엘에게' 임한 것인가?

하나님의 진노는 정확하게 진노를 받을 자에게 실수 없이 떨어졌다. 그것은 바로 이스라엘(여호람)에게 임하였다. 이스라엘은 다윗 왕 이래로 주신 언약적 복 가운데 하나인 조공 관계 회복에 실패했다. 그들은 여전히 우상 숭배자들이었고 참 믿음과 참 회개가 없었다. 그래서 이스라엘이 하나님의 진노의 대상이라는 것을 본문은 독특한 방식으로 강조하고 있다.

여호사밧은 하나님을 경외하는 유다 왕이었고 그는 선지자 엘리사와 그의 말씀을 믿는 인물이었다. 에돔 왕은 하나님의 이름을 모르는 이방 왕이었다. 이스라엘 왕 여호람은 이 둘 사이에 존재하는 인물이었다. 그는 하나님의 이름을 알고 있으나, 하나님을 무시하고 말씀을 믿지 않는 자였다. 여호람은 '회색지대'(Grey Zone)에 있는 캐릭터라고 할 수 있다.

오늘날, 그리스도인의 패배는 참 믿음과 참 회개함이 없는 연약함 때문이다. 그러므로 덜 성화되고 유혹과 죄에 약한 성품을 성령과 말씀으로 강건해져야 한다. 자신의 연약함을 고백하고 약한 것들을 주 앞에 자랑하자. 그리고 범행한 것을 회개하고 주의 은혜를 덧입어 더 이상 패배하지 말고 이기는 자로 살아야 한다.

"영적 회색 지대"(하나님을 찾지 않고 세상의 방법을 의존하는 양다리 신앙, 행함이 없는 믿음의 삶, 거짓 복음을 믿는 자, 혼합주의, 자기 의와 자기 우상을 섬기는 자, 전통에만 사로잡힌 자 등)를 정리해야 한다. 몸은 은혜의 영역에 두고 마음은 다른 곳에 분리하여 두지 말아야 한다. 몸도 마음도 하나님께 돌아와서 하나님을 참 마음과 온전한 믿음으로 섬기는 예배자가 될 때 온전한 승리를 누릴 것이다.

♣ 개인 묵상과 소그룹 성경 공부를 위한 토론 질문 ♣

1. 내가 속한 공동체에서 우리 공동체(가정, 교회, 기관, 소그룹 등)를 아름답고 건강하게 세우는 일에 헌신된 분들의 사랑의 수고와 기도와 섬김에 대하여 감사와 칭찬과 위로를 표현하는 시간을 가져 보라.

2. 내가 속한 공동체가 건강하고 성숙되게 자라가는데 있어서, 나의 연약함 때문에 선한 영향력이나 모범이 되지 못한 점이 있다면, 용기를 내어 정직하게 지체들 앞에 나누고 지체들의 기도와 도움을 구하고 결단하는 시간을 가져 보라.

[특주]
성경 고고학(1)
모압의 비석(Moabite Stone)과 테트라그람마톤(YHWH)

1. 개요

모압의 비석(Moabite Stone) 또는 메사의 비석(Mesha Stele)은 1868년 8월에 사해의 동쪽 20마일에 위치한, 현재의 요르단의 디반(Dhiban: 민 21:30 '디본')에서, 아라비아의 추장이 발견하고, 독일의 선교사 클라인(F. A. Klein)에게 보여 주었다. 그 후, 모압에서 출토되었기에 이 비석을 '모압의 비석'이라고 불려졌다. 또 다른 한편, 그 비문의 내용에 등장하는 모압 왕 이름을 따서 '메사의 비석'으로도 불려지고 있다. 이 비석의 제원은 높이가 1미터, 폭 60센티미터, 두께가 35센티미터의 흑색 현무암에 새겨졌다. 모양은 윗부분이 둥근 아치형으로 되어 있다.

발굴 후에 현지 아랍인들은 이 비석에 보석이 포함되어 있다고 여겨서 폭약으로 터뜨려버렸다. 그래서 2개의 큰 파편과 18개의 작은 파편들로 나누어져 버렸다. 당시 예루살렘에 주재한 프랑스 영사관은 큰돈을 지불하고 이 비석을 매입하였다. 20개의 크고 작은 파편들을 Charles Simon Clermont-Ganneau가 모아서 복원하였다. 현재는 프랑스 파리의 루브르미술관에 소장되어 있다.

모압의 비석/메사의 비석[1]

2. 배경(역사적, 성경적)

학문상의 중요한 고고학적인 자료로써, 이 비석에는 34줄의 히브리어 고서체(모압어)로 된 비문이 새겨져 있다. 발견 당시에 현장에서 복사한 탁본에 의해서 그 내용이 알려졌다. 이 비석은 B.C. 840년에 모압 왕 메사가 이스라엘의 4대 왕조인 오므리 왕조의 한 왕을 전쟁에서 이기고 그 승리를 기념하여 세워졌다.

이 전승 기념을 위한 비석의 비문의 시작은 이렇게 시작한다.

> 나 메사는 그모스의 아들이며, 디본 족속 모압의 왕이다. 나의 아버지는 30년 간 모압의 왕이었고 나는 내 아버지를 이어서 왕이 되었다. 그리고 나는 구원을 위하여 성 안에 그모스(모압 국가의 전쟁의 신)를 위한 이 신전을 세웠다. 왜냐하면, 그는 모든 왕으로부터 나를 구했기 때문이며, 그리고 나의 모든 적으

---

1 By Unknown artist - Mbzt 2012, CC BY 3.0, https://commons.wikimedia.org/w/index.php?curid=22090379, By Mark Lidzbarski - Handbuch der nordsemitischen Epigraphik, nebst ausgewählten Inschriften, Public Domain, https://commons.wikimedia.org/w/index.php?curid=18317665 in Wikipedia (2020-10-10).

로부터 승리를 나에게 주었기 때문이다. 오므리는 이스라엘의 왕이었고 그는 많은 날 동안 모압을 억압했다. 왜냐하면, 그모스가 그의 영토에 노했기 때문이다. 그리고 그의 (오므리) 아들/후손이 그 (오므리)를 대신해서 왕이 되었고 오므리의 아들/후손은 또한 '나는 모압을 억압할 것이다'고 말했다…. 그러나 나는 그와 그의 집에 승리했다. 그리고 이스라엘은 영원한 파괴를 겪었다 (중략)….

3. 모압 비석의 텍스트

모압어로 된 비문을 현대 히브리어로 옮긴 텍스트이다.[2]

1. אנכ. משע. בנ. כמש... מלכ. מאב. הד
2. יבני | אבי. מלכ. על. מאב. שלשנ. שת. ואנכ. מלכ
3. תי. אחר. אבי | ואעש. הבמת. זאת. לכמש. בקרחה | ב[נס. י]
4. שע. כי. השעני. מכל. המלכנ. וכי. הראני. בכל. שנאי | עמר
5. י. מלכ. ישראל. ויענו. את. מאב. ימנ. רבן. כי. יאנפ. כמש. באר
6. צה | ויחלפה. בנה. ויאמר. גמ. הא. אענו. את. מאב | בימי. אמר. כ[...]
7. וארא. בה. ובבתה | וישראל. אבד. אבד. עלמ. וירש. עמרי. את. א[ר]
8. צ. מהדבא | וישב. בה. ימה. וחצי. ימי. בנה. ארבענ. שת. ויש
9. בה. כמש. בימי | ואבנ. את. בעלמענ. ואעש. בה. האשוח. ואבנ
10. את. קריתנ | ואש. גד. ישב. בארצ. עטרת. מעלמ. ויבנ. לה. מלכ. י
11. שראל. את. עטרת. ואלתחמ | בקר. ואחזה | ואהרג. את. כל. העמ. [מ]
12. הקר. רית. לכמש. ולמאב | ואשב. משמ. את. אראל. דודה. וא[ס]
13. חבה. לפני. כמש. בקרית | ואשב. בה. את. אש. שרנ. ואת. אש
14. מחרת | ויאמר. לי. כמש. לכ. אחז. את. נבה. על. ישראל | וא
15. הלכ. הללה. ואלתחמ. בה. מבקע. השחרת. עד. הצהרמ | ואה
16. זה. ואהרג. כלה. שבעת. אלפנ. גברנ. ו[גר]נ | וגברת. וגר
17. ת. ורחמת | כי. לעשתר. כמש. החרמתה | ואקח. משמ. א[ת. כ]
18. לי. יהוה. ואסחב. המ. לפני. כמש | ומלכ. ישראל. בנה. את
19. יהצ. וישב. בה. בהלתחמה. בי | ויגרשה. כמש. מפני | ו
20. אקח. ממאב. מאתנ. אש. כל. רשה | ואשאה. ביהצ. ואחזה.
21. לספת. על. דיבנ | אנכ. בנתי. קרחה. חמת. היערנ. וחמת
22. העפל | ואנכ. בנתי. שעריה. ואנכ. בנתי. מגדלתה | וא
23. נכ. בנתי. בת. מלכ. ואנכ. עשתי. כלאי. האש[וח לנ]י[ן. בקרב
24. הקר | ובר. אנ. בקרב. הקר. בקרחה. ואמר. לכל. העמ. עשו. ל
25. כמ. אש. בר. בביתה | ואנכ. כרתי. המכרתת. לקרחה. באסר
26. [י]. ישראל | אנכ. בנתי. ערער. ואנכ. עשתי. המסלת. בארננ.
27. אנכ. בנתי. בת. במת. כי. הרס. הא | אנכ. בנתי. בצר. כי. עינ
28. ----- ש. דיבנ. חמשנ. כי. כל. דיבנ. משמעת | ואנכ. מלכ
29. ת[י] ----- מאת. בקרנ. אשר. יספתי. על. הארצ | ואנכ. בנת
30. [י. את. מה]דבא. ובת. דבלתנ | ובת. בעלמענ. ואשא. שמ. את. [...]
31. ----- צאנ. הארצ | וחורננ. ישב. בה. ב
32. --------- אמר. לי. כמש. רד. הלתחמ. בחורננ | וארד
33. ---------[ויש]בה. כמש. בימי. ועל[...]. משמ. עש
34. ------------- שת. שדק | וא

---

2 필자는 이 텍스트의 정확한 인용처를 상실했는데, 약간의 차이가 있는 또 다른 텍스트도 읽을 수 있다. https://betterthanesdras.files.wordpress.com/2011/04/meshahebrew.jpg (2021-07-26).

[특주] 성경 고고학(1) 311

특히, 모압의 비석의 18행에는 테트라그람마톤(Four Letters: 네 문자 신명, YHWH)이 쓰여져 있는데, 이것은 테트라그람마톤에 대한 가장 오래된(840 BCE) 비문이다.[3] 이 비문의 히브리어(모압어)를 통해 히브리어 알파벳 발전의 역사에 대한 중요한 한 자료가 되고 있다.

1)모압 비석의 비문 그래픽[4]

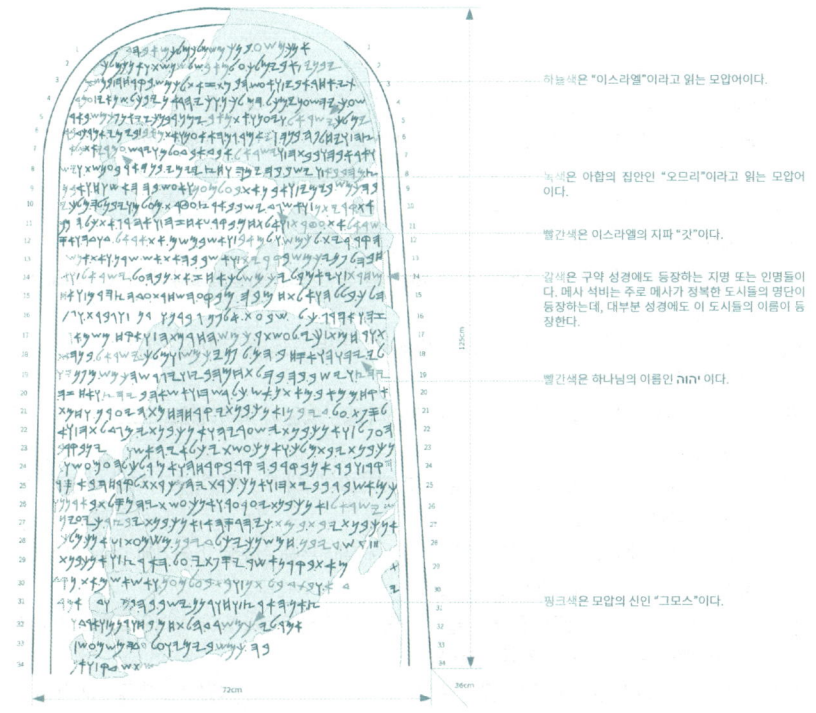

---

[3] 에블라 지역에서 8,000여개의 토판들이 발견 (1974-1976)되기까지는 '여호와'(야훼)라는 테트라그람마톤이 새겨진 가장 오래된 고고학적인 자료는 메사의 비석이었다. B.C. 2,500-2,250년에 기록된 이 토판들이 발견되어 이 신명의 연대가 아브라함 이전의 시기까지 올라가게 되었다. 그리고 또 다른 문헌은 이집트 18왕조(1550-1295 BCE)부터 지중해 동편 이스라엘 골짜기-이쉬켈론-시나이 지역에 이르는 지중해 동쪽 해변가에 살았던 샤수(Shasu)에 대하여, 아멘호텝 3세(Amenhotep III, B.C. 14세기경)와 람세스 2세(Ramesses II, B.C. 13세기경)의 문헌에서 이들이 살던 땅을 "야훼(를 섬기는) 샤수의 땅"이라고 칭하고 있다.
https://biblia.co.il/%eb%a9%94%ec%82%ac-%ec%84%9d%eb%b9%84/ (2020-10-02).

[4] https://biblia.co.il/%eb%a9%94%ec%82%ac-%ec%84%9d%eb%b9%84/ (2020-03-09).

2) 모압 비석의 비문의 구조 및 행별 한글 번역[5]

←비문의 구조→
1부(1-4행): 서론
2부(4-21행): 군사 작전
3부(21-28행): 건축 행위들
4부(28-31행): 결론
5부(31-끝): 부록

1행: 나는 메사, 그모스의 아들, 모압의 왕이며 디[본]
2행: [디]본 사람이다. 나의 아버지는 모압을 30년간 통치했고 나도 통치했
3행: 는데, 내 아버지를 뒤 이었다. 그리고 나는 그모스를 위하여 케레하에 이 산당을 만들었다.
4행: 왜냐하면, 그가 모든 공격자로부터(?) 나를 구해 주었기 때문이고 그가 내 모든 대적을 무시했다. 오므[리는]
5행: [오므]리는 이스라엘의 왕이었고 그는 많은 날 동안 모압을 압제했다 왜냐하면 그모스가 자기 땅에 분노했기 때문이다.
6행: 그의 아들이 그를 계승했고 그 또한 말하기를 "나는 모압을 압제할 것이다." 내 시대에 그가 말한 대로 했으며,
7행: 그리고 나는 그와 그의 집을 무시했고 이스라엘은 영원히 파멸되었고 오므리는 그 땅을 소유했는데,
8행: 곧 메헤데바였다. 그리고 (이스라엘)은 거기에 그의 시대와 그의 아들의 시대 반 곧 40년 간을 거주했다. 그리고
9행: 그모스는 내 시대에 그것을 회복시켰고 나는 바알메온을 건축했고 거기에 나는 저수지(?)를 만들었고 나는 [키리아텐]을 건축했다.
10행: 키리아텐을 [건축하였다] 갓 사람들은 옛적부터 아타로트의 땅에 살아왔으며 그리고 이 [스라엘의] 왕은 자신을 위해 건축하되
11행: [이]스라엘의 왕은 아타로트[를 건축했다]. 나는 그 도시와 싸웠고 그것을 차지했고 나는 [그 도시의] 모든 사람을 살해했다.
12행: 그모스와 모압을 위해 풀 뜯는 짐승도. 그리고 나는 희생제물로 그 도시의…나는 그의 삼촌의 화로를 그곳에서 가져다가

---

5 이 비문의 구조는 K. A. D. Smelik의 것이며, 한글 번역을 위하여 필자는 두 가지 텍스트를 사용했다. H. F. B. Compston, *The Inscription on the Stele of Mesa Commonly Called the Moabite Stone: The Text in Moabite and Hebrew* (London: Society for Promoting Christian Knowledge, 1919), 14-16, K. A. D. Smelik, "The Literary Structure of King Mesha's Inscription." *Journal for the Study of the Old Testament* 46 (1990): 21-30.

13행: 케리오트에 있는 그모스의 앞에 옮겼다. 나는 샤론 사람들을 그곳에 살게 하였고, [마하리트] 사람들도 그렇게 하였다.
14행: 마하리트 [사람들도 그렇게 하였다] 그리고 그모스가 나에게 말하기를, "가라, 이스라엘로부터 느보를 취하라." 그래서 나는 [갔다].
15행: [나는] 밤에 갔다. 그리고 새벽부터 낮까지 싸웠다. 나는 점[령하였다].
16행: 나는 [점]령하였다 그리고 나는 모든 사람을 죽였다. (전체 수는) 7,000명의 남자…그리고 여자…그리고….
17행: 여종들을 (죽였다.) 왜냐하면 내가 아쉬타르 그모스를 위해서 구별해 놓기 위해서이다. 그리고 거기에서 나는 [여호와의 …을] 탈취하였다.
18행: 여호와의…을 [탈취하였다.] 그리고 그것을 그모스 앞에 옮겼다. 이스라엘의 왕은 [야하스를] 건축하였다.
19행: 야하스를 [건축하였다.] 그리고 그는 나와 전쟁을 하는 동안 거기에 머물렀다. 그모스는 그를 (내) 얼굴 앞에서 쫓아냈다.
20행: 나는 200명의 모압 사람들 그 부대를 취하였다 그리고 나는 야하스로 올라갔다. 그리고 그곳을 점령하였다.
21행: 디본에 (야하스를) 복속시키기 위해서 [그곳을 점령하였다] 나는 케리호를 건축하였다. 나무로 성벽을 세우고, [성채의] 벽을 둘렀다.
22행: 성채의 [벽을 둘렀다.] 문들을 만들고 망대를 세웠다. 그리고 나는
23행: 왕궁을 건설하고 [그 도시의] 내부에 ᄋᄋ의 샘의 물 저장고를 만들었다.
24행: 그 도시의 [내부에 이중의 샘 물 저장고를 만들었다], 케리코의 성읍 안에는 물 저장고가 없었다. 그래서 나는 모든 사람에게 말하기를, "너희 각 사람은 만들어라."
25행: "너희 [각 사람은] 집에 물 저장고를 [만들어라.]" 그리고 나는 [이스라엘의] 포로들에게 케리코의 물길을 파게 하였다.
26행: 이스라엘의 [포로들]. 나는 아로엘을 건축하고, 아르논에 군사 도로를 만들었다.
27행: 나는 벳 바모트를 건축하였다 왜냐하면 그곳이 파괴되었기 때문이다. 나는 베셀을 건축하였다 왜냐하면 (그 곳이) 폐허(로 남겨졌기 때문이다).
28행: 디본 (사람들)은 전쟁 명령을 대기하고 있었으며, 모든 디본 사람들이 내 수하에 있게 되었다. 나는 왕이다.
29행: 나는 수백 개의 마을을 거느리고 있는 왕이다. 나는 그 땅을 확장하고 있다. 그리고는 나는 건축해왔다.
30행: [나는] (벳 메데)바와 벳 디블라임 그리고 벳 바알 므온을 [건축하였다.] 그리고 거기에 데리고 왔다….
31행: 그 땅의 양들을 [데리고 왔다.] 그리고 하우란 사람들이 거기에 거주하고 있었다….
32행: 그모스가 내게 말하기를, "내려가라, 하우란 사람들과 싸우라." 나는 내려갔다….
33행: 그모스는 나의 날에 회복시켰다…. 거기서부터….
34행: 그리고 나는….

3) 테트라그람마톤(Tetragrammaton)[6]

테트라그람마톤(4문자 신명: YHWH, "여호와")은 히브리어 문자의 발전 역사에 따라 다양한 문헌이 발견되고 있다. 대략적으로, 대표적인 세 가지 발전 형태들은 아래와 같다. 먼저 B.C. 12세기부터 150년까지 사용된 페니키아 문자(Phoenician Letter)로 쓰여진 것으로부터 시작하여, B.C. 10세기경부터 A.D. 135년경까지 사용된 고대 히브리어(Paleo-Hebrew), 마지막으로 B.C. 3세기경부터 현재까지 사용되는 스퀘어 히브리어(Square Hebrew)의 알파벳의 형태로 발전되어 왔다. 아래의 왼쪽에 있는 테트라그람마톤은 순서대로 세 가지 형태를 보여 주고 있다.[7]

 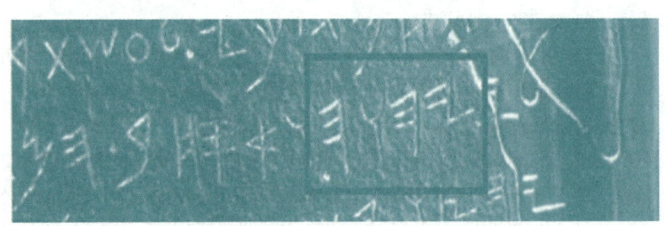

테트라그람마톤에는 모음이 없기 때문에, 그리고 유대인들은 이것을 '아도나이'로 읽어왔었기 때문에, 결국 역사 속에서 정확한 발음을 상실하고 말았다. 만약 아도나이(Adonai)와 애로힘(Elohim) 대신에 사용되었다면, Yahweh에 대한 이론적인 히브리어 알파벳과 발음은 다음과 같다.

모압의 비석 다음으로, 오래된 시기(c. 650-587 BCE, 포로 전기)에 제작된 테트라그람마톤(YHWH)을 포함하는 고고학적 발굴은 1979년에 옛 예루살렘 도성의 남서쪽에 위치한 Ketef Hinnom(כֶּתֶף הִינוֹם, "shoulder of Hinnom")에서 돌

---

6 https://en.wikipedia.org/wiki/Tetragrammaton#cite_note-61 (2020-03-16).
7 https://en.wikipedia.org/wiki/Tetragrammaton (2020-10-11).

[특주] 성경 고고학(1)

을 떠내어 만든 일련의 묘실들이 발견되었다. 이 가운데 하나(Chamber 25 of Cave at Ketef Hinnom: 아래 첫 번째 사진)에서,[8] 일종의 "부적"(amulets)으로 사용되었던 은(silver)으로 만들어진 두 개의 작은 두루마리 조각인 KH1과 KH2가 발굴되었다(아래 두 번째 사진).[9] 여기에 대제사장 아론의 축복(민 6:24-26)의 내용이 새겨져 있으며, 이것은 고대 히브리어(Paleo-Hebrew)의 글씨들을 포함한다. 현재 이 자료는 이스라엘 박물관에 소장되어 있다.

←Ketef Hinnom

Silver Scroll→

---

8 "Ketef Hinnom" By Tamar Hayardeni, Attribution, https://commons.wikimedia.org/w/index.php?curid=23802552 (2020-10-19).
9 "Ketef Hinnom," https://commons.wikimedia.org/wiki/File:Birkat_kohanim_22.jpg (2020-10-19).

B.C. 6세기경(587 BCE)의 테트라그람마톤(YHWH)은 라기쉬 서신에서 읽을 수 있다. 이스라엘의 헤브론산과 쉐펠라 사이에 위치한 라기쉬(Tell ed-Duweir)에서 1935-1938년에 18개의 서신들이 발견되었다. 이 서신들은 흙으로 만든 도자기 위에, 고대 히브리어 문자로 탄소 막대기로 쓰여졌는데, '라기쉬 서신들'(The Lachish Letters or Lachish Ostraca; Hoshaiah Letters)이라고 불려진다. 라기쉬 서신은 유다 왕 히스기야의 통치 기간 중, 주전 588/6년에 바벨론 왕 느부갓네살 2세가 이끄는 바벨론 군대가 라기쉬를 파괴하기 직전에 쓰여진 것으로 보인다(cf. 렘 34:7).[10]

이들 라기쉬 서신들 가운데 두 번째 서신의 내용을 소개하면 아래와 같다.[11] 이 서신의 첫 번째 줄에 테트라그람마톤(YHWH)을 2회 포함하고 있다.

- Letter Number 2

To my lord, Yaush, may YHWH cause my lord to hear tiding(s) of peace today, this very day! Who is your servant, a dog, that my lord remembered his [se]rvant? May YHWH make known(?) to my [lor]d a matter of which you do not know.

---

10 "Lachish letters", https://en.wikipedia.org/wiki/Lachish_letters (2020010-19): 아래의 도자기 사진(c. 590 B.C.제작, 1935년 발견)과 드로잉 그래픽 여기서 발췌하여 인용했다.

11 Translation from Aḥituv, Shmuel. *Echoes from the Past.* Jerusalem: CARTA Jerusalem, 2008, pg. 60, https://en.wikipedia.org/wiki/Lachish_letters (2020-10-11).

그 외에도, 유사한 하나님의 이름들(Theonyms)이 다양한 문헌에서 발견된다. B.C. 5세기경의 엘리판틴 파피리(Elephantine papyri: 아래 왼쪽 사진)에서[12] 하나님이 이름으로서 'YHW'와 'YHH'가 발견된다. 고고학 발굴에 의한 한 도자기 파편(ostracon)에서 발견된 'YH'라는 신명은 오리지널로 여겨질 수 있는 한 신명인 'YHW'에서 마지막 문자가 상실된 것으로 추정한다. 즉 이것들은 4개의 문자가 아닌, 3개의 문자로 된 신명이다. 그런데 이들 본문은 아람어로 된 본문이지, 히브리어 테트라그람마톤(Tetragrammaton: YHWH)이 아니다.

그런데도 이 신명들은 유대인들에 의해 기록된 것이기 때문에 동일한 하나님을 언급하는 것으로 추정된다. 그래서 두 가지 가능성이 있을 수 있는데, 하나는 테트라그람마톤의 생략형으로도 볼 수 있으며, 또 다른 하나의 가능성은 테트라그람마톤이 이들 신명으로부터 발전된 것으로도 이해될 수 있다.[13]

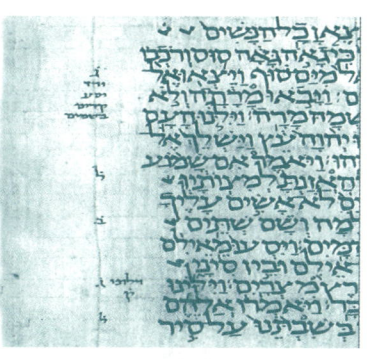

엘리판틴 파피리[14]   레닌그라드 코덱스[15]

---

12 엘리판틴 파피리(Elephantine Papyri)는 이집트의 국경 요새인 엘리판틴과 아스완(Aswan)으로부터 수백 개의 파피루스가 발견되었는데, 이것들은 B.C. 5세기경에 거기에 거주했던 유대인 공동체가 만든 것들로서, 전체 175개의 문서들이 다양한 영역에 걸쳐서(법, 결혼 문서, 노예 계약문서, 부동산 문서, 차용 증서, 비즈니스, 종교 등)약 100년간의 기간을 걸쳐서 만들어진 자료들이다. 여기에는 다신론적 신앙을 가졌던 유대 종파들의 문서도 포함되어있다.

13 "Tetragrammaton", https://en.wikipedia.org/wiki/Tetragrammaton#cite_note-61(2020-08-11).

14 Receipt for a Grain Loan, December 402 BCE, Brooklyn Museum에 소장된 자료이며, 사진은 Charles Edwin Wilbour에 의한 것이다. "Elephantine papyri", https://en.wikipedia.org/wiki/Elephantine_papyri (2020-10-20).

15 Leningrad Codex text sample, portions of Exodus 15:21-16:3이며, 사진은 Shmuel ben Ya'akov에 의한 것이다. "Leningrad Codex", https://en.wikipedia.org/wiki/Leningrad_Codex (2020-10-20).

현존하는 맛소라 본문의 근간이 되는 레닌그라드 코덱스(1008-1010)에서 테트라그람마톤(4문자 신명)이 6개의 형태가 발견된다.[16] 구약성경 맛소라 본문에서 테트라그람마톤이 총 6,828회 사용되며, 가장 많이 사용된 책은 예레미야(726회), 시편(695회), 신명기(550회), 이사야(450회), 에스겔(434회) 등의 순서로 용례를 갖는다.

---

[16] "Tetragrammaton", https://en.wikipedia.org/wiki/Tetragrammaton (2020-10-11). יְהוָה(Yəhwāh, 창2:4), יְהֹוָה(Yəhōwāh, 창 3:14), יְהֹוִה(Yĕhōwih, 삿 16:28), יְהוִה(Yĕhwih, 창 15:2), יְהֹוִה(Yəhōwih, 왕상 2:26), יְהוִה(Yəhwih, 겔 24:24).

제15장
기름이 쏟아지게 하라

> Topic : 엘리야-엘리사 내러티브(15)
> Text : 열왕기하 4:1-7
> Title : 기름이 쏟아지게 하라!(The Widow's Cruse)
> Theme : 말씀을 믿고 순종함으로 풍성한 기적의 삶을 살자!

1. 서론 및 문맥

이 본문이 기록된 열왕기하 본서 전체는 성경의 문학적 장르에 있어서 북쪽 이스라엘과 남쪽 유다의 역사를 기록한 역사서이다. 이 본문의 바로 앞장인 열왕기하 3장은 그 역사 가운데 이스라엘과 모압의 전쟁에 관한 역사이다. 그리고 이어지는 열왕기하 4:1부터 열왕기하 8:6까지 엘리사 선지자가 행한 이적 사건들을 기록해 놓았다. 물론 열왕기하 3장의 전쟁 기사에도 몇 가지 기적들을 포함하고 있다(왕하 3:17, 20). 그리고 열왕기하 8:7부터 다시 역사적인 내용이 이어진다. 이 본문은 모압과의 전쟁(왕하 3장) 이후에 이어지는 일련의 연속적인 엘리사의 기적 사건들 가운데 처음으로 등장하는 기적 사건이다.

본 사건의 발단은 선지자의 제자들 가운데 한 명이 원인을 알 수 없으나 죽게 되었다. 이 선지자의 제자는 생전에 여호와 하나님을 경외하는 사람이었다. 그런데도 하나님을 경외하는 자가 일찍 처자를 남기고 사망했다는 것은 하나님의 주권적 역사라는 것을 암시한다. 사회적, 경제적으로 고대 근동 세계에서 아버지는 가족을 부양해야 하는 가장 중요한 위치에 있었다.

만약 남편과 아버지를 잃었다면, 그 가족은 생존 자체가 위협을 받았던 사회였다. 그래서 남편과 아버지를 잃은 이 유가족은 빚을 내어 생계를 연명했던 것 같다. 그것도 이제는 한계에 도달했다. 빚을 준 사람이 와서 이 과부의 두 아들을 데려가 그의 종을 삼고자 하는 안타까운 상황을 직면하게 되었다. 이것이 그녀가 직면한 현실적 문제였다. 이 본문의 기적 사건은 엘리야가 행한 기적과 유사하다(왕상 17:8-14). 이 기적 역시 엘리야-엘리사 내러티브의 전체 주제인 '생명의 풍성함'으로 재창조되는 하나님의 역사를 담고 있다.

현대 물질 문명의 풍성함 속에서 궁핍함을 경험하지 못한 세대가 점점 많아지고 있다. 신앙의 박해와 핍박 없는 안락한 신앙만을 구가하던 세대가 점점 늘어나고 있다. 전쟁 경험이 없는 전후 세대가 전쟁의 비참과 공포를 추상적으로 여기는 강도가 점점 더하여 져서 평화의 가치를 망각하고 거짓 평화의 종노릇을 하는 시대가 되었다.

테크놀로지의 발전으로 생활의 불편함이 점점 없어지는 디지털 시대에, 우리의 "도덕적 자유"를 불편하게 하는 하나님의 말씀을 단순한 도덕적 지침이나 종교적 언설 정도로 여기는 시대가 되어가고 있다. 의료와 제약 기술의 발달과 음식 및 운동 등 웰빙 문화의 꽃을 피운 시대가 됨으로, 질병의 공포를 모르는 건강 100세 시대에, 죽음에 대한 공포가 약화되는 시대를 살고 있다. 이러한 시대를 살고 있는 우리 세대에게, 이 본문은 하나님을 경외하는 자의 삶의 가치와 그 자손이나 가정에 발생한 궁핍과 결핍과 가난조차도, 어떻게 하나님의 언약적 복을 받는 기회가 되게 하는지를 잘 보여 주고 있다.

2. 세 남자들에 대한 한 여인의 부르짖음(1-2절)

본문 1절은 선지자의 제자 공동체의 한 가정에 일어난 상황을 간구의 형태 안에서 보여 준다. 얼마나 다급한 상황인지 시작부터 한 여인이 엘리사에게 부르짖는 간구로 시작한다. 그녀가 자신의 남편과 엘리사와의 3자 관계를 동격 구문으로써, '당신의 종'(עַבְדְּךָ, 압데카) 곧 '나의 남편'(אִישִׁי, 이쉬)으로 표현한다. 그리고 이 두 호칭의 당사자가 "죽었다"(מֵת, 메트)라는 사실(완료 동사)을 먼저 언급함으로, 현재에 남편의 부재가 가져온 절망적인 고통을 유가족이 겪고 있다는 상황을 호소한다. 그녀는 남편의 프로파일을 계속하면서, 그가 '여호와를 경외하는 자'였다는 사실을 "당신이 안다"(יָדַעְתָּ, 야다타)라는 표현으로 그 사실을 엘리사에게 주지시킬 때는 두 호칭 가운데 "당신의 종"이라는 표현만 사용한다. 이것은 죽은 자가 '나의 남편'으로 사는 삶보다 '당신의 종'으로 사는 삶, 곧 하나님의 선지자의 제자로 사는 삶에 더 헌신된 삶을 살았다는 점을 엘리사도 잘 알고 있을 만큼의 신실한 자였다는 사실을 강조한다.

그리고 아는 주체(엘리사)를 강조하기 위하여 2인칭 단수 독립 대명사 주어(אַתָּה, 아타)를 문두에 사용하여 강조한다. 그 결과로써, 빚을 준 사람이 찾아와서 그녀의 두 아들을 '그의 종들'(לוֹ לַעֲבָדִים, 로 라아바딤)로 삼고자 하는 안타까운 상황을 간구한다. 이 한 절 안에서, '종'(עֶבֶד, 에베드)이라는 명사가 3회 사용된다(cf. 2절, '계집종'). 이 종의 정체성은 한 가정 안에 존재하는 '한 여인의 세 남자들'의 과거와 현재의 정체성을 나타내는 키워드이다. 두 번의 용례는 '당신의 종'으로 표현되었고 마지막 한 번은 빚을 준 채주의 '종들'로 언급한다.

그래서 과거에 선지자의 신실한 제자로 살았던 죽은 남편의 삶과 현재에 빚을 지고 종의 신분으로 전락하는 살아있는 두 아들을 대조시켜, 이 여인의 안타까움과 간절함을 강조한다. 채주가 이방인인지, 히브리인인지 본문은 침묵한다. 만약 히브리인일지라도, 최소 6년 동안 그리고 최대 희년(50년간)까지는 그 주인을 섬겨야 하는 것이 율법의 규정이다(출 21:2; 레 25:39-42).

어쨌든 이 상황은 하나님의 사람(선지자, 하나님)의 종으로 살다가 죽었는데, 그의 두 아들이 '채권자의 종'으로 전락하는 것은 하나님의 영광과 공의가 훼손되는 상황이다. 이런 상황에서, 그녀의 간구는 단순히 물질적 필요 즉 가난의 극복만을 위해서 기도한 것이 아니라, 하나님의 영광과 하나님의 정의에 대한 신적 성품을 의지하고 간구한 기도가 된다. 하나님을 경외하는 삶은 반드시 어떤 형태로든지 하나님의 인정을 받는 삶으로 보상되는 것이 신적인 정의이다(창 22:12; 욥 1:1, 8; 행 10:22, 35).

이러한 강조가 히브리어 구문에서도, 주어와 동사를 도치시킨 도치 구문으로 강조되고 있다. 일반적으로, 히브리어 구문은 동사가 먼저 나오고 명시적 주어가 뒤에 이어지는 구문이 정치 구문이다. 그런데 여기서 몇 개의 문장들이 주어와 동사의 위치가 바뀐, 도치 구문으로 표현되어 있다. 예를 들면, "한 여인이 부르짖었다"(주어와 동사의 도치)라는 표현과 "당신의 종, 나의 남편이 죽었다"(주어와 동사의 도치)라는 표현과 그리고 "당신의 종은 여호와를 경외한다"(주어와 동사의 도치)라는 표현이다. 이러한 강조 용법들은 모두 그녀의 한 가지 행동 곧 "부르짖다"라는 외침을 위한 것이 되고 있다. 그녀의 이 간구는 슬픔과 고통의 현실에서 도움과 회복을 요청하는 간절한 부르짖음이 되고 있다.[1]

요약하면, 하나님을 경외한 선지자의 그 제자는 한 여인의 남편과 두 아들의 아버지로서 죽었다. 그의 사후, 하나님께서 유가족을 돌보시는 것은 언약적 복의 성취의 한 측면이다. 하나님은 다음과 같이 말씀하신다.

> 나를 사랑하고 내 계명을 지키는 자에게는 천 대까지 은혜를 베푸느니라(출 20:6; 신 5:10).

> 그런즉 너는 알라 오직 네 하나님 여호와는 하나님이시요 신실하신 하나님이시라 그를 사랑하고 그의 계명을 지키는 자에게는 천 대까지 그의 언약을 이행하시며 인애를 베푸시되(신 7:9).

결국, 여인의 이 간구는 단순한 보상 심리나 원망이나 탄식이 아니라, 하나님의 긍휼을 구하는 간구이다. 이 간구는 모세 율법 곧 시내산 언약을 성취하는 것이 되고 언약에 신실하신 하나님의 성품에 호소하는 기도이다.

여인의 부르짖음에 대한 엘리사의 응답은 '내가 너를 위하여 어떻게 하랴'(2절; cf. 왕하 4:13, 14; 창 27:37; 삼상 10:2)라는 "열린" 응답으로 시작한다. 이것은 기도하도록 하고 그 기도를 들으심을 통해, 자녀의 필요를 채우시는 신적인 아버지의 의도이다. 엘리사는 그의 빚 자체를 없앨 수 없었다. 물론 엘리사 자신에게 빚을 졌다면 그는 그 빚을 탕감해 주었을 것이다. 그런데도 빚은 채무자가 채권자에게 갚을 때, 정의가 시행된다. 빚에 대한 탕감권은 오직 채권자에게만 있다. 그래서 엘리사는 그 과부를 돕기 위하여 한 기적을 행하여 그 빚을 갚을 수 있도록 돕고자 한 것이다.

여인의 간구에 응답한 엘리사의 이 열린 질문은 하나님의 정의에 기초한 긍휼의 응답으로 볼 수 있다. 이것은 마치 성전 세 반 세겔을 납부하기 위하여 예

---

1 J. Swanson, *Dictionary of Biblical Languages with Semantic Domains : Hebrew (Old Testament)* (electronic ed.). Oak Harbor: Logos Research Systems, Inc, 1997) on Logos.

수님께서 베드로에게 낚시하도록 명령하신 경우(마 17:24-27)와 비슷하다. "그들이 실족하지 않게 하기 위하여"라는 말 안에는 예수님의 정의관이 내포되어 있다. 두 경우 모두 빚(세금)을 직접 탕감시키는 기적이 아니라, 그 빚(세금)을 갚을 수 있도록 공급하심의 기적을 베푸신다.

그러면서 "네 집에 무엇이 있느냐"라는 구체적인 표현이 이어진다. 그녀는 자신의 집에 '기름 한 그릇' 외에는 아무것도 없다고 한다. 엘리야가 시돈에 속한 사르밧 과부의 가정에 방문했을 때, 그녀에게 남아 있는 것은 '가루 한 움큼과 병에 기름 조금뿐'이었다(왕상 17:12). 그런데 여기서, 엘리사에게 부르짖은 이 여인의 가정에는 가루는 없고 기름 한 병뿐이다. 이 말은 이 여인과 두 아들은 빵을 만들 가루가 없기 때문에, 이미 굶어오고 있었다는 의미가 된다. 적어도 '최후의 양식'이 없다는 것이다. 그녀의 현재의 재고에 대한 언급은 모든 것이 '절대적 필요' 안에 있다는 것을 간접적으로 표현한 것이다. 이것은 엘리사로 하여금 그녀의 비참한 형편을 재확인하는 것이 되었을 뿐만 아니라, 거기서 전능하신 하나님의 능력이 나타나는 시발점이 된다.

새 언약의 중보자 그리스도께서는 다음과 같은 "열린" 기도의 명령을 주시고 있다.

> 무엇이든지 구하라(마 18:19; 21:22; 막 11:24; 요 14:14; 15:7; 16:23).

그리고 다음과 같은 '열린' 약속까지 주신다.

> 내 이름으로 무엇이든지 내게 구하면 내가 행하리라(요 14:14).

그 조건은 '주 안에 거하고 말씀대로의 삶을 사는 것'이다. 즉 '진리'의 범주라는 '닫힌' 조건이다. 요한은 다음과 같은 말씀을 기록하여 전하고 있다.

> 너희가 내 안에 거하고 내 말이 너희 안에 거하면 무엇이든지 원하는 대로 구하라 그리하면 이루리라(요 15:7).

3. 골방에서 "손맛"(3-6절)

엘리사는 그녀에게 세 가지 명령을 한다.

첫째, 모든 이웃으로부터 빈 그릇을 많이 빌리라는 명령이다. 그것도 조금 빌리지 말고 최대한 많이 빌리라는 것이다.
둘째, 빈 그릇을 빌린 후에는 두 아들과 함께 방에 들어가서 문을 닫으라는 명령이다.
셋째, 모든 빌린 빈 그릇에 기름을 옮겨 부으라는 명령이다.

이 명령들은 기름이 넘칠 것이라는 그녀를 향한 하나님의 약속과 같다. 그런데 이 명령에 순종하는 것은 쉬운 일 같으나 결코 쉬운 일은 아닐 것이다. 왜냐하면, 가난하여 먹을 것이 없는데, 무엇을 담으려고 빈 그릇을 저렇게 빌리러 다니느냐, 굶다 보니 정신이 이상해졌느냐는 등, 약속을 받은 노아가 방주를 만들 때의 경우처럼 이웃으로부터 온갖 종류의 의혹과 비난을 감수해야만 하는 상황이기 때문이다. 그런데도 그녀와 두 아들은 하나님의 사람으로부터 약속을 받았기에 기쁨과 소망으로 감당할 수 있었을 것이다. 주신 말씀에 대한 믿음 없이 순종할 수 없는 명령이다.

본문에서 이 여인과 두 아들이 이웃에게 가서 빈 그릇을 빌리는 장면들은 생략되어 있다. 시간은 경과되었고 본문은 문을 닫은 이후부터 기술하는데, 이것은 기적이 일어나는 장면을 강조하기 위한 의도이다. 그래서 그녀는 두 아들과 함께 들어가서 문을 닫은 후의 장면부터 새로운 장면이 전개된다(5절). 여기서 이들의 첫 번째 순종 행위로서 '문을 닫는 행위'는 엘리사의 명령 안에 언급된 것이며 그리고 그들의 순종 행위에서도 그대로 반영되고 있다는 점을 보여 준다. 엘리야-엘리사 내러티브에서 문을 닫는 행위는 특별한 의미가 있다.

이 행위는 하나님과 그분의 역사에 주목하고 집중하는 행위로 묘사된다(왕상 17:19, 23; 왕하 4:33, 9:2, 3). 문을 닫으면, 거기는 바깥과 단절된 '골방'이 된다. 엘리야가 죽은 아이를 살릴 때도 문을 닫았으며, 엘리사가 죽은 아이를 살릴 때도 문을 닫았다.

엘리야와 엘리사에게 문을 닫은 그 방은 먼저는 시체가 누운 '무덤'이 되었다. 그리고 그 문을 닫았다는 의미는 선지자가 무덤과 죽음 안으로 들어갔다는 것을 의미한다. 그리고 거기서 선지자의 기도를 통해서 다시 살아날 때, 문을 닫은 그 방은 죽은 자가 살아나는 새 생명이 재창조되는 방이 된다. 여기서 이 여인과 두 아들이 들어가서 문을 닫은 그 방은 작은 기름병에 담긴 기름이 중단되지 않는 기름 저장 탱크가 된다. 그 방은 하늘과 연결된 기름 파이프 같다. 그 방은 창조자 하나님의 능력이 숨을 쉬는 재창조의 방이었다. 여인과 두 아들은 바로 그러한 하나님과 그분의 능력을 눈으로 보고 계속 흐르는 기름 소리를 듣고 만지는 '능력 체험 방'안에 있었던 것이다. 외부와의 공간적 단절은 더 깊은 하나님의 은혜를 체험하는 환경적 요인이 되었다.

이들의 두 번째 순종 행위로서, 두 아들은 그녀에게 빈 그릇을 계속 가져오는 행위를 방 안에서 하고 있다. 세 모자는 지난날의 궁핍의 비참과 조금 전의 그릇을 빌리는 수고와 기름을 붓고 옮기고 팔고 하는 전 과정에 함께 동참하고 있다. 세 모자는 이렇게 함께 기적의 현장에 동참함으로 '신앙의 공동체화'가 발생함과 동시에, 다음 세대로 신앙이 전수되는 '신앙의 사회화'까지 일어나는 효과가 발생했다. 이것은 하나님을 경외했던 남편과 아버지(1절)가 물질적 유산을 남긴 것이 없었을지라도, 신앙의 유산과 복을 이어가는 은혜를 입은 결과가 되었다.

마지막 행위는 기름을 빈 그릇에 붓는 행위이다. 이 행위는 믿음과 순종의 결정판이 되는 행위이다. 이 행위는 작은 기름병을 빈 그릇에 부으면서 그 기름병의 무게가 줄지 않는 기적의 능력을 느끼는 "손맛"을 본 행위이다. 이 과정에서, 지난날 남편과 아버지를 잃고 겪어온 배고픔과 온갖 설움들이 기름을 부으면서 다 씻어지고 치유되었을 것이다. 기름병을 잡은 여인의 그 "손맛" 갈릴리 가나 혼인 잔치에서 말씀대로 빈 항아리에 물을 붓고 말씀대로 연회장에게 떠서 갖다 주는 종들의 "손맛"과 다르지 않을 것이다.

갈릴리 가나의 혼인 잔치에서 포도주가 떨어졌을 때, 예수님의 어머니 마리아가 하인들에게 다음과 같이 말했다.

너희에게 무슨 말씀을 하시든지 그대로 하라(요 2:5).

이 말을 믿고 순종한 행위와 비슷하다. 그 하인들에게 예수님은 다음과 같이 말씀하셨다.

> 항아리에 물을 채우라 (요 2:7).

예수님의 말씀대로 그들은 물을 가득 채웠다. 예수님은 또한 하인들에게 다음과 같이 말씀하셨다.

> 이제는 떠서 연회장에게 갖다 주라 (요 2:8; cf. 요 2:1ff).

그리고 그들은 그대로 갖다 주었다. 단지 그들은 6개의 빈 돌 항아리에 말씀대로 물을 부었고 말씀대로 그 돌 항아리의 물을 옮겨 담을 때 이미 포도주로 변했다는 것을 알고 있었다. 권위 있는 말씀을 믿고 순종한 자만이 기적의 현장에서 기적을 경험할 수 있다는 교훈이다. 예수님은 결국 이 사건을 통해 당신께서 메시아의 영광을 드러내신 사건이며 제자들은 예수님을 믿는 결과가 되었다.

그리고 기름을 붓는 여인의 그 "손맛"은 갈릴리 바다에서 말씀에 순종하여 깊은 데로 가서 그물을 내리고 그물 한쪽 끝을 잡은 베드로의 "손맛"과도 다르지 않을 것이다. 누가복음 5장에, 예수께서 갈릴리 호숫가에서 하나님의 말씀을 가르치시려고 하셨다. 예수님께서는 호숫가에 배 두 척이 있는 것을 보셨다. 어부들은 배에서 나와서 그물을 씻고 있었다. 예수님께서 한 배에 오르시고 배를 육지에서 조금 떼기를 청하시고 배에 앉으셔서 무리들에게 말씀을 전하셨다. 그 배는 베드로의 배였다. 그 배를 빌려준 것에 대해 감사하는 표시였는지, 예수님은 베드로에게 다음과 같이 말씀하셨다.

> 깊은 데로 가서 그물을 내려 고기를 잡으라 (눅 5:4).

베드로는 다음과 같이 말하고 씻은 그물을 다시 배에 싣고 배를 타고 깊은 데로 노를 저어 갔다 (cf. 눅 5:4).

> 선생님 우리들이 밤이 새도록 수고하였으되 잡은 것이 없지마는 말씀에 의지하여 내가 그물을 내리리이다(눅 5:5).

그는 평생 갈릴리 바다에서 그물을 던지는 일을 해왔다. 지난밤에 고기를 잡으러 나갔다는 것은 고기 잡힐 시점이 언제인지 그가 경험적으로 잘 알고 있었다는 것을 의미한다. 그런데 고기가 없는 시간대에 그물을 던지라는 말씀에 이해되지 않았을 것이다.

그런데 그분이 조금 전, 자기 배에서 말씀을 무리에게 가르치시는 것을 보니 그 말씀이 예사롭지 않게 들렸다. 그리고 지금 자기에게 깊은 데로 가서 그물을 내리라는 음성이 그에게 매우 권위 있는 분의 말씀처럼 느껴 진 것이다. 그래서 베드로는 그 말씀을 의지하고 순종하여 깊은 데로 노를 저어 갔다. 깊은 데로 도착하여, 베드로는 그물을 예전과 다름없는 방식으로 던졌다.

그런데 이게 웬일인가?

그물을 갈릴리 호수에 던지자마자, 그물의 한끝을 잡는 그의 투박한 손에는 '미세한 감각'이 오기 시작했다. 그물을 던지고 그물의 한쪽 끝을 잡고 있는 그의 손에는 갈릴리 바다의 모든 고기가 베드로의 그물 안으로 모두가 쑥쑥 들어오는 소리가 들리는 것처럼 미세한 감각을 느낄 수가 있었다. 이 순간이 바로 말씀에 순종하여 그물을 내리고 베드로가 느낀 "손맛"이었다. 말씀을 믿고 순종하는 자는 그 현장에서 이런 하나님의 능력을 "손맛"으로 느끼는 즐거움을 주신다.

기름병을 잡은 여인이 느끼는 그 손맛은 언제 끝날 것인지 궁금했을 것이다. 기름이 남게 될지, 아니면 빌린 빈 그릇이 남게 될지, 그 손맛이 언제까지 계속될지는 문을 닫고 기름을 붓는 여인의 행복한 고민이었을 것이다. 여인은 마지막 그릇에 기름을 부으면서 두 아들을 향하여 또 다른 그릇을 가져오도록 준비시켰을 것이다. 그런데 아들들은 "이제 다른 그릇이 없다"고 말한다. 닫힌 방에서 모자간의 이 대화를 끝으로 내레이터는 다음과 같이 설명한다.

> 기름이 곧 그쳤더라(왕하 4:6).

여기서 기적에 대한 교훈을 얻는다. 수고한 만큼 열매를 맺는 이 일반적이고 상식적인 교훈이 기적의 장면에도 나타난다. 전능하신 하나님의 자기 능력의 '절제하심과 제한하심'이 없다면, 생산적인 기적이 아닌, 파괴적인 기적이 될 것이다. 그리고 빌린 그릇이 더 이상 없었을 때, 그녀가 '더 크고 더 많은 그릇을 빌렸다면 좋았을 것을'이라는 아쉬운 마음을 가졌다면, 불만으로 감사하지 못했을 것이다. 하나님께서 현재에 필요한 양만큼 충분히 주셨을 것이다.

그리고 현재의 재고량이 떨어지면, 다시 굶어 죽지 않도록 또 다른 은혜를 준비해 주실 것이다. 현재에 감사하고 이어지는 삶 속에서 하나님을 경외하는 자로 살아야 한다. 차후 다시 결핍의 상황에서는 하나님께서 이번에 이와 같이 풍성하게 주신 하나님이라면, 미래에도 채워주실 것이라는 믿음과 신뢰로 살아야 할 것이다. 이것이 이 기적을 이 가정에 베푸신 이유이며, 기적의 은혜를 경험한 자의 태도일 것이다.

4. 종에서 자유자로!(7절)

문을 닫고 함께 기름을 부은 자들은 과부와 그녀의 두 아들이었다. 여기까지의 이들의 행위는 엘리사의 명령의 말씀(3-4절)에 있는 그대로 믿고 순종한 행위였다(5-6절). 그 다음의 행위에 대하여는 아직 말씀이 없었다.

그녀는 다음 단계로서, 그 기름들을 스스로 시장으로 들고 먼저 가지 않았다. 그 여인은 그 기적의 현장에서 닫은 방문을 열고 조용히 나와서 하나님의 사람에게 나아갔다(7절). 그리고 자신이 말씀대로 그대로 순종한 것들을 말하였다. 이 행위는 일종의 '송영으로의 회귀 행위'일 수 있다. 여기서 쏟아진 기름에 매몰되지 않고, 빈 그릇에 기름 붓는 능력을 베푸신 분께 나아와 감사하며, 그 풍성한 기름을 어떻게 사용할 것인지 지혜를 구하는 겸허한 여인의 모습을 본다. 기도 응답으로 주신 풍요에 취하는 것이 아니라, 그 기도 응답을 주신 능력의 하나님께로 다시 돌아가는 자의 모습이다.

1절에서 동격 관계 안에서 언급된 두 호칭인 "당신의 종" 곧 "나의 남편"이 두 표현 가운데서, 여호와를 경외한 자를 "나의 남편"이라고 부르지 않고 "당신의 종"이라고 칭한 적이 있다. 그것은 하나님께 헌신된 신실한 자는 바로 "당신의 종"이었음을 강조한 것이었다.

그런데 이제 여기서 두 호칭 가운데, 그 남자에 대한 호칭은 본문이 침묵하고 있을지라도, 하나님의 사람에게로 송영을 위한 회귀의 걸음에서 그녀가 그를 "나의 남편"이라고 호칭을 사용하고자 하는 것 같다. 왜냐하면, 그녀가 다시 돌아옴은 죽은 남편의 아내와 아들들은 아버지가 걸어온 길 곧 '여호와를 경외'하는 길을 계속 걸어갈 것이라고 사인을 보내는 무언의 발걸음 같아 보이기 때문이다.

선지자 엘리사는 그녀의 말을 듣고 다음과 같이 말씀한다.

> 너는 가서 기름을 팔아 빚을 갚고 [그리고] 남은 것으로 너와 네 두 아들이 생활하라(왕하 4:7).

전자는 채무자의 빚을 갚는 의무를 다함으로 정의를 시행하는 것을 의미한다. 후자는 궁핍과 비참의 삶(1-2절)이 채움과 잉여의 삶이 되는 회복의 은혜를 입는 것을 의미한다. 전자는 종이 될 뻔한 결박의 삶으로부터 벗어나서 자유인이 되는 해방이다. 후자는 주림으로 죽음을 향한 여정에서 벗어나서, 새로운 생명을 풍성히 누리는 회복이다. 이런 삶으로의 '획기적 변화'의 재창조는 말씀을 믿고 순종함을 통해서, 특히 문을 닫은 골방에서 하나님의 능력과 임재를 입체적으로 경험한 결과이다. 이것이 곧 기쁜 소식의 복음일 것이다.

'하나님이 구원하신다'라는 그 이름 '엘리사'(Elisha)가 그 가정에 구원자로 임한 것이다. 인생을 종에서 자유로, 죽음에서 생명으로 구원하실 이는 오직 우리 주 메시아의 은혜가 아닐 수 없다.

5. 결론 및 적용

하나님을 경외하는 선지자의 한 제자가 죽고 그의 아내가 과부가 되어 어린 두 아들이 종으로 팔려가는 위기 상황에서, 그녀는 하나님의 사람에게로 나아와 부르짖는다. 그녀의 부르짖음을 듣고 그녀에게 기적의 현장으로 엘리사는 안내한다. 그녀는 말씀을 믿고 순종함으로 골방에서 하나님의 능력이 임하는 것을 생생한 "손맛"으로 경험한다. 그리고 "종의 신분"에서 해방되어 자유자의 삶으로 나아간다. 이것이 복음이며, 그 복음은 사망에서 생명으로 옮기고 그 생명을 더욱 풍성히 누리는 하나님의 능력이다.

하나님의 말씀을 믿고 순종하는 자가 되어 종에서 해방되는 하나님의 은혜와 복을 누리자!

♣ 개인 묵상과 소그룹 성경 공부를 위한 토론 질문 ♣

1. 신앙 공동체나 우리 지역 공동체에서 타인의 궁핍함과 필요에 대하여 우리는 어떻게 반응하는가?
   나의 필요와 궁핍에 대하여 하나님께서 어떤 방식으로 채워 주심을 경험했고 또한 경험하고 있는가?

2. 나는 기도의 골방에서, 하나님을 만나는 은밀한 곳에서 하나님이 나와 함께 깊이 역사하고 있는 임재의 "손맛"을 느끼며 사는 자인가?
   이 "손맛"이 나에게 "살맛"이 되는가?

제16장
생명의 선물

> Topic : 엘리야-엘리사 내러티브(16)
> Text : 열왕기하 4:8-37
> Title : 생명의 선물(The Gift of Life)
> Theme : 하나님의 복과 영생의 은혜를 누리자.

1. 서론 및 문맥

바로 앞의 본문(왕하 4:1-7)에서 선지자의 제자의 아내가 죽은 남편으로 인해, 채권자가 그녀의 두 아들을 데려가 종으로 삼고자 하는 상황이 있었다. 엘리사 선지자는 채무의 의무 자체를 없애는 일을 하지 않고 채무를 갚을 수 있도록 이웃에 가서 빈 그릇을 많이 빌려와 기름을 붓는 기적을 행하여, 그녀의 채무를 해결하고 그 남은 것으로 그녀와 두 아들의 생활고의 문제를 해결하였다. 이 본문이 선지자 공동체 안에 있는 한 가정의 문제를 다루었다면, 이어지는 이 본문(왕하 4:8-37)은 선지자 공동체 밖에 있는 또 다른 한 가정의 문제와 관련되어 있다.

이러한 본문의 내용은 엘리사의 스승이었던 엘리야 선지자가 경험했던 것(왕상 17:17-24)과 비슷한 상황을 엘리사가 다시 직면한다. 가정 사역을 통한 섬김이다. 엘리야-엘리사 내러티브에서 두 선지자는 이스라엘 혹은 이방인의 가정을 방문 또는 역 방문하여 섬기는, 즉 "가정 사역"에 관련되어 있음을 보여 준다. 엘리야는 이방 지역인 시돈에 속한 사르밧 과부의 가정을 방문하여 섬겼다(왕상 17:8-24).

엘리사는 선지자의 죽은 제자의 가정을 섬긴다(왕하 4:1-7). 그리고 엘리사의 두 번째 가정 사역의 섬김은 수넴 여인의 가정을 방문과 재방문하여 섬기는 사역이다(왕하 4:8-37). 그리고 가뭄으로 인해 이주했던 수넴 여인의 역이주 후에, 엘리사(게하시)의 섬김이 또 다시 한번 발생한다(왕하 8:1-6). 엘리사의 사역에서 깊이 관련된 반복적인 가정 사역의 대상은 수넴 여인의 가정이다. 두 선지자를 통해 섬김을 받은 가정은 왕가(royal family)를 제외하고 세 가정인데, 사르밧 과부의 가정, 선지자 제자의 가정, 그리고 수넴 여인의 가정이다. 가정 사역의 영역만 고려하면, 엘리사는 엘리야의 '갑절'의 가정 사역을 했다고 할 수 있다.

표 22. 엘리야-엘리사 내러티브에서 가정 사역

본문	가정	가족	선지자	섬김 내용
왕상 17:8-24	사르밧 과부의 가정 사역	과부, 아들 1명	엘리야	양식 공급, 죽은 아들 부활
왕하 4:1-7	엘리사의 죽은 제자의 과부 가정 사역	과부, 아들 2명	엘리사	기름 공급, 빚과 생활 해결
왕하 4:8-37	수넴 여인의 가정을 방문과 재방문 사역	부부, 아들 1명	엘리사	아들 출산, 죽은 아들 부활
왕하 8:1-6	수넴 여인의 역 이주 후 가정 사역	수넴 여인, 아들 1명	엘리사	부동산(집과 전토) 회복

그리고 각 가정에 대한 선지자들의 사역에 대한 주도권(initiative)을 비교하면, 사르밧 과부의 가정 사역은 여호와께서 엘리야를 보내심으로 시작되었으며, 엘리사의 죽은 제자의 아내와 두 아들의 가정 사역은 그 과부된 아내가 엘리사에게 부르짖음으로 시작되었으며, 그리고 수넴 여인의 가정 사역은 수넴 여인이 직접 엘리사에게 간절히 권하여 초대함으로 시작된다.

이 세 가정 모두는 보냄을 받은 하나님의 사람을 통해서 각각 하나님의 능력의 기적을 경험하고 생명을 얻고 또 풍성히 누리는 선지자의 생명 사역의 현장들이 된다. 이 본문은 "하나님을 가까이하는 자"가 누리는 생명의 은혜와 복을 잘 드러내고 있다.

2. 하나님을 가까이 모시는 사랑(8-16절)

이 본문에 의하면, 하루는 엘리사가 수넴(Shunem)이라는 곳에 이르렀는데, 거기에 한 귀한 여인이 엘리사를 간권하여 음식을 대접했다(8절). 그 후, 엘리사는 그곳을 지날 때마다 음식을 먹으러 그리로 들어갈 만큼 교분이 두터워지게 되었다. '수넴'(Σουνὰν)은 이스라엘의 12지파 가운데 잇사갈 지파에 속한 작은 성읍이었다. 지리적으로, 이 성읍은 길보아산(수 19:18)의 북쪽에 있는 이스르엘 계곡 근처에 위치하고 있다. 이 성읍은 블레셋 사람들이 사울왕과 싸울 때 진을 친 곳이며(삼상 28:4), 다윗의 말년에 몸이 차가워서 '이스라엘 사방 영토 내에 아리따운 처녀'를 찾던 중 아비삭을 찾았는데, 그 여인의 고향이 바로 수넴이었다(왕상 1:1-4).

1) 세심한 배려의 여인(8-10절)

수넴 여인으로 불려지는 이 여인은 '귀한 여인'(אִשָּׁה גְדוֹלָה, 이샤 게도라)으로 일컬어진다(8절). ESV와 NRSV는 "부요한 여인"(a wealthy woman)으로 번역했으며, NASB는 "유명한 여인"(a prominent woman)으로 번역했고 NIV는 "풍요한 여인"(a well-to-do woman)으로 번역한다. 또 다른 용례로써, 욥을 동방 사람 중에 가장 "훌륭한 자"(הָאִישׁ הַהוּא גָדוֹל, 하이쉬 하후 가돌)로 번역한다. 히브리어 형용사 '가돌'(גָדוֹל, great)의 남성형은 욥에게 사용된 적이 있으며, 여성형은 수넴 여인에게 사용되고 있다. 이 형용사는 경제적으로 '부요한'이라는 의미가 되지만, 도덕적, 영적으로는 인격이 '훌륭한' 또는 '존귀한'이라는 의미로 번역될 수 있다.

그러던 어느 날, 수넴 여인은 그녀의 남편에게 엘리사에게 호의를 베풀기 위하여 엘리사에 대하여 얘기를 하면서 다음과 같이 소개한다.

> 이 사람은 하나님의 거룩한 사람인 줄 내가 아노니(왕하 4:9).

그녀가 엘리사를 '안다'(יָדַע, 야다)라는 표현은 '세심한 관찰'의 결과로 자세히 알게 된 것을 의미한다. 반복적 경험을 통해서 그녀가 알게 된 엘리사는 '하나님의 거룩한 사람'(אִישׁ אֱלֹהִים קָדוֹשׁ, 이쉬 애로힘 카도쉬)으로 불려지고 있다.

다른 모든 곳에서는 '하나님의 사람'(אִישׁ אֱלֹהִים, 이쉬 애로힘)으로만 사용되었는데, 구약성경 전체에서 유일하게 이 여인은 '거룩한'이라는 형용사를 사용하여 '하나님의 거룩한 사람'(אִישׁ אֱלֹהִים קָדוֹשׁ, 이쉬 애로힘 카도쉬)으로 부르고 있다. 이러한 호칭 사용은 선지자 엘리사에 대한 극도의 존경과 경외적인 태도를 가졌다는 것을 의미한다. 이런 이유 때문인지, 그녀를 '귀한 여인'(אִשָּׁה גְדוֹלָה, 이샤 게도라)이라고 소개하며 부를 때, 그것은 단순히 '부유한 여인' 정도가 아니라, 도덕적, 영적 캐릭터를 반영하고 있다고 볼 수 있다.

수넴 여인은 자신의 남편에게 엘리사를 위한 '담장 위에 작은 방'(עֲלִיַּת־קִיר קְטַנָּה, 아리야트-키르 케타나)을 만들자고 제안한다(10절). 여기서 '방'이라는 단어는 '지붕'이나 '벽'(קִיר, 키르) 위에 있는 다락방(עֲלִיָּה, 아리야)을 가리키는데, '작다'(קָטָן, 카탄)라는 형용사도 함께 사용되고 있다. 엘리야를 위해 지을 작은 다락방 안에 들어갈 가구 품목들이 네 가지 나열된다.

첫째, 침상(מִטָּה, 미타)
둘째, 책상(שֻׁלְחָן, 술한)
셋째, 의자(כִּסֵּא, 키쎄)
넷째, 촛대(מְנוֹרָה, 메노라)

엘리사를 위하여 남편에게 제안한 수넴 여인의 그 제안은 '세심한 배려'가 녹아져 있다. 본문의 저자는 '담장 위에 작은 방' 또는 '지붕 위의 작은 방'이라고 표현하면 그 방에 들어갈 필요한 품목은 상식 안에서 이해될 수 있을 것인데도, 수넴 여인의 입에서 나온 그 네 가지 구체적인 품목을 나열한다. 그것은 그녀의 '하나님의 거룩한 사람' 엘리사를 향한 깊은 세심한 배려가 문학적 표현으로 강조되고 있으며, 그것은 곧 그녀 역시 '귀한 여인'으로 저자에 의해서 불려지는 이유일 것이다.

제임스 조단(James. B. Jordan)은 엘리사의 작은 다락 방과 그 방에 들어갈 세부 품목들을 성막과 성막 안에 비치된 품목들과 비교를 한 적이 있는데,[1] 필

---

1 한국동남성경연구원 (KOSEBI) 주최로 해외석학초청세미나(2009년 10월)에서 James B.

자가 구체적으로 도표와 그래픽을 통해 표현하여 비교하고자 한다. 상호 비교할 때, 동일한 히브리어 단어는 오직 '촛대'(מְנוֹרָה, 메노라) 하나만 공통점으로 일치한다. 그리고 엘리사의 다락 방에 들어갈 가구들의 배치 및 위치(필자의 임의적 배치)에 대한 언급을 본문이 포함하고 있지 않아서 성막 안의 가구들의 확정된 위치와는 단순 비교가 불가하다.

표 23. 성막과 엘리사의 다락방의 품목에 대한 비교

성막(성소/지성소)의 구조 (קֹדֶשׁ הַקֳּדָשִׁים. הַקֹּדֶשׁ הַמִּשְׁכָּן)	상징적 의미 (Symbolic Meaning)	엘리사의 다락방 구조 (עֲלִיַּת־קִיר קְטַנָּה)
언약궤 (הָאָרוֹן)	여호와의 안식처 / 엘리사의 안식처	침상 (מִטָּה)
분향단 (מִזְבַּח הַקְּטֹרֶת)	기도의 향연 / 기도의 자리	의자 (כִּסֵּא)
진설병상 (שֻׁלְחַן הַפָּנִים)	제사장의 떡상 / 선지자의 말씀의 책상	책상 (שֻׁלְחָן)
촛대 (מְנוֹרָה)	조명의 영 / 조명의 영	촛대 (מְנוֹרָה)

그런데도 그 시도 자체는 의미가 있는 것 같아서, 필자는 여기서 각각이 상징하는 바를 의미론적으로 연관 지은 도표와 가구의 배치도를 통해 비교해 보고자 한다. 그런데 성막과 엘리사의 다락방의 비교를 통한 구속사적 의미를 찾는 것은 다소 무리가 있어 보인다. 그런데도 엘리야-엘리사 내러티브 본문에서 저자가 이 네 가지 가구들을 일일이 언급하여 어떤 사실을 강조하고자 한다는 사실 만큼은 분명한 것 같다. 그 사실은 다름이 아니라, 수넴 여인의 '하나님의 거룩한 사람'을 위한 '세심한 배려'(כָּל־הַחֲרָדָה הַזֹּאת, 콜-하하라다 하조트, 13절)라는 메시지를 강조적으로 보여 주려고 하는 것 같다.

성막과 엘리사의 다락방의 구조 비교

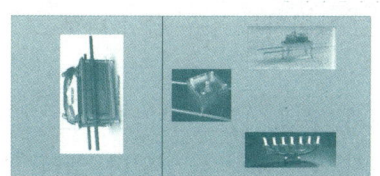 

Jordan이 언급한 적이 있는데, 정확한 자료를 찾을 수 없고 필자의 기억에 의존한다.

이와 같이 "세심한 배려"(13절)를 베푸는 수넴 여인의 부부는 신약성경의 브리스길라(브리스가)와 아굴라 부부를 연상케 한다(6회 등장: 행 18:2, 18, 26; 롬 16:3; 고전 16:19; 딤후 4:19). 바울은 제2차 전도여행 때 고린도에서 이 부부를 처음 만났다. 이 부부는 바울의 개척 사역과 복음 사역을 물심양면으로 돕고 가까이서 교제했다.

그리고 자기 집을 제공하여 교회당으로 사용했다(롬 16:5, "저의 집에 있는 교회", 고전 16:19, "아굴라와 브리스가와 그 집에 있는 교회"). 브리스길라와 아굴라 부부의 구약 버전이 바로 수넴 여인과 그 남편 부부이다. 이 두 부부는 하나님과 말씀의 종을 향한 '세심한 배려'로서, 자신과 가정을 헌신하여 하나님 나라의 도구로 드리는 부부의 헌신된 삶의 표준이 되고 있다.

2) 세심한 배려에 대한 세심한 화답으로서 '세심한 은혜'(11-16절)

엘리사를 위하여, 수넴 여인이 남편에게 섬김을 제안한 10절과 이미 마련된 그 다락방에 들어가서 누워있는 11절 사이에는 상당한 시간이 경과되었음을 보여 준다. 엘리사가 수넴 여인의 집에 마련된 다락방에 들어간 날을 '하루는'(One day)이라는 표현으로 정해지지 않은 막연한 어느 날을 나타내는 것 같다.

그러나 그 표현의 히브리어 표현(וַיְהִי הַיּוֹם, 와예히 하욤)을 직역하면 'And it was the day'라는 의미가 된다. 여기서 '그 날'(הַיּוֹם, 하욤)은 문맥상으로 9절에 있는 '항상'(תָּמִיד, 타미드, always, continually)으로 표현된 엘리야의 규칙적인 방문과 관련이 있다. 즉 그 날은 엘리사가 정기적으로 또는 규칙적으로 수넴 지역을 방문할 때, 반복된 경험을 통해서 수넴 여인이 엘리사에 대하여 자세히 알게 되었으며, 그 반복적인 규칙적인 방문의 날에 엘리사가 수넴 여인의 가정에 다시 방문하여 머물 것을 요청 받고 들어가서 누운 날이 바로 그 날이라는 의미이다.

엘리사는 그 다락방에서 사환 게하시에게 '수넴 여인을 불러오라'고 명령한다(12절). 수넴 여인은 부름을 받아 엘리사 앞에 와서 서 있었다. 엘리사는 게하시를 통해서 '네가 이같이 우리를 위하여 세심한 배려를 하는도다'라고 극찬을 한다(13절).

여기서 '세심한 배려를 하다'라는 표현을 위해 동사(חָרַד, 하라드, "to be anxiously careful")와 목적어(חֲרָדָה, 하라다, "trembling, fear, anxiety")를 사용하고 있는데, 여기서 사용된 동사의 어근과 목적어의 어근이 동일한 동족 단어이다. 이 동사는 신현현(theophany)과 관련되어 '떨다, 진동하다'라는 의미로 사용되기도 한다(출 19:18). 여기서 수넴 여인이 '세심한 배려를 하는 행위'는 하나님께 하듯 상당한 경외감을 가지고 세심하게 주의를 기울이는 행위를 나타낸다. 그렇다면 수넴 여인의 순수한 배려와 섬김은 두 가지 내적 의도를 내포한다.

첫째, 하나님의 사람(하나님)을 가까이 모시고 섬기고자 하는 봉사적인 내면을 표현한 것이다.
둘째, 하나님의 말씀을 늘 곁에서 듣고 싶은 영적인 갈망을 반영한 것이다.

이 교제가 주님을 닮게 하고 믿음이 자라게 하여, 후에 아들이 죽는 위기에서 그녀의 침착하고 하나님 중심의 집중력 있는 대처 방식을 만들어 낸 것으로 문맥 안에서 표현된다.
그러한 엘리사의 칭찬에 이어 다음과 같은 요청을 한다.

내가 너를 위하여 무엇을 하랴(왕하 4:13).

이어서 엘리사는 구체적인 보답 행위를 언급하는데, 즉 다음과 같은 질문을 한다.

왕에게나 사령관에게 무슨 구할 것이 있느냐(왕하 4:13).

그녀는 다음과 같은 대답으로 완곡히 거절한다.

나는 내 백성 중에 거주하나이다(왕하 4:13).

그래서 수넴 여인의 세심한 배려의 봉사가 순수한 섬김이라는 것을 나타낸다. 그러자 엘리사는 그녀를 위하여 무엇이 좋을지 게하시에게 물어보니, 그녀는 아들이 없으며, 현재 남편은 늙었다는 대답을 게하시로부터 듣는다 (14절). 이 상황은 아브라함과 사라의 부부의 경우처럼, 다음과 같은 상황과 유사하다.

> 아브라함과 사라는 나이가 많아 늙었고 사라에게는 여성의 생리가 끊어졌는지라 (창 18:11).

그리고 세례 요한의 부모의 형편과도 유사한데, 다음과 같은 상황이다.

> 엘리사벳이 잉태를 못하므로 그들에게 자식이 없고 두 사람의 나이가 많더라(눅 1:7).

그래서 엘리사는 게하시를 통해 수넴 여인을 다시 호출한다(15절). 엘리사의 방 문 앞에 선 수넴 여인에게 엘리사는 그녀의 출산에 대한 굳 뉴스를 예언으로 전달한다.

> 한 해가 지나 이때 쯤에 네가 아들을 안으리라(왕하 4:16).

이와 같은 엘리사의 예언에 그녀는 다음과 같이 대답한다.

> 아니로소이다 내 주 하나님의 사람이여 당신의 계집종을 속이지 마옵소서 (אַל־אֲדֹנִי אִישׁ הָאֱלֹהִים אַל־תְּכַזֵּב בְּשִׁפְחָתֶךָ, 알-아도니 이쉬 하엘로힘 알-테카젭 베쉬프하테카, 왕하 4:16).

여기서 그녀의 당황스런 심정이 히브리어 부정어을 두 번 사용하여 강조되고 있다. 그러면서 지금까지 엘리사에 대한 호칭을 주로 3인칭('하나님의 사람')으로 불러오다가 여기서 '주'(אָדוֹן, אֲדֹנִי, 아도나이, 아돈)라는 명사에 1인칭 단수 대명사 접미어가 접속된 '나의 주'(אֲדֹנִי, 아도니)라는 표현을 '하나님의 사람'이라는 표현에 함께 부가하여 사용하고 있다. 이것은 자신이 존경과 경외감(13절, "세심한 배려")을 가진 분으로서 엘리사 선지자의 입에서 나온 말이 너무나 뜻밖의 말이기 때문이다.

그래서 자신을 "속이지 마소서"라고 말한 것이다. 이 대화 역시 아브라함의 가정에 방문한 천사와의 대화와 비슷하다.

> [아브라함에게 찾아온] 그가 이르시되 내년 이맘때 내가 반드시 네게로 돌아오리니 네 아내 사라에게 아들이 있으리라 하시니 사라가 그 뒤 장막 문에서 들었더라 (창 18:10).

이 출산 예언에 대하여, 다음과 같이 대답한다.

> 사라가 속으로 웃고 이르되 내가 노쇠하였고 내 주인도 늙었으니 내게 무슨 즐거움이 있으리요 (창 18:12).

하나님께는 모든 것이 가능하다. 그는 생명의 창조주이시며, 생명의 주인이시다. 수넴 여인의 세심한 배려에 대한 하나님의 사람의 화답은 세심한 은혜이다. 섬김과 배려에 대하여 참 선지자로 오신 예수님은 다음과 같은 약속을 주시고 있다.

> 너희를 영접하는 자는 나를 영접하는 것이요 나를 영접하는 자는 나를 보내신 이를 영접하는 것이니라 선지자의 이름으로 선지자를 영접하는 자는 선지자의 상을 받을 것이요 의인의 이름으로 의인을 영접하는 자는 의인의 상을 받을 것이요 또 누구든지 제자의 이름으로 이 작은 자 중 하나에게 냉수 한 그릇이라도 주는 자는 내가 진실로 너희에게 이르노니 그 사람이 결단코 상을 잃지 아니하리라 하시니라 (마 10:40-42; 마 7:2; 막 4:24; 눅 6:38).

다음과 같은 말씀들은 수넴 여인과 하나님의 사람 엘리사의 관계와 대화를 잘 반영해 주고 있다.

> 하나님께 가까이 함이 내게 복이라 (시 73:28).

하나님을 가까이하라 그리하면 너희를 가까이하시리라(약 4:8).

3. 하나님께 위기를 맡기는 믿음(17-37절)

이 섹션은 세 부분으로 나누어진다.

첫째, 아이의 출산과 사망의 위기 가운데서 하나님께 집중하는 믿음의 여인(17-25a절)
둘째, 수넴 여인의 탄식과 맹세(25b-31절)
셋째, 엘리사의 도착과 생명 회복 사역(32-37절)

1) 아이의 출산과 사망(17-25a절)

엘리야의 예언한 대로, 수넴 여인은 잉태하고 한 해가 지나 아들을 출산하였다(17절). 이 사건은 구약과 신약에서 아이를 가질 수 없는 몇몇 노부부가 잉태 및 출산하는 사건들을 상기시킨다. 사라의 잉태와 출산(창 21:1-2)과 엘리사벳의 잉태와 출산(눅 1:57) 사건이다. 수넴 여인의 가정에 일어난 이 기적은 엘리사를 통한 생명 탄생의 기적이다. 인간 생명 탄생과 부활의 기적에 대하여 엘리야와 엘리사의 사역을 비교하면, 엘리야에게서는 흥미롭게도 생명 탄생의 기적은 발견되지 않는다. 반면 엘리사는 불임 노부부인 수넴 여인의 부부에게 생명 탄생의 기적이 나타나도록 역사한다. 이 사건은 엘리야-엘리사 내러티브에서 유일한 생명 탄생의 기적이다.

그리고 두 선지자의 생명의 사역의 연장 선상에서, 죽은 생명을 소생하게 하는 사역이 공통적으로 나타난다. 엘리야와 엘리사가 방문했던 가정의 죽은 아들들이 각각 부활되는 기적이 나타나는데, 엘리야의 경우는 사르밧 과부의 아들이 갑자기 병이 들어서 죽게 되고 그 죽은 아들의 생명을 소생하게 한 일이다.

반면 엘리사의 경우는 불임 부부인 수넴 여인의 부부에게 기적으로 출생한 아들이 성장하여 어느 날 갑작스런 두통으로 죽게 되었고 그 죽은 아들의 생명이 다시 소생되는 기적이다. 그리고 부활 사건에 있어서 중대한 차이점은 엘리사는 자신이 죽은 후에 무덤에 있던 그의 뼈에 닿은 죽은 시체가 부활하는 사건을 포함한다(왕하 13:21). 그러므로 엘리사의 생명 사역의 경우는 아이의 탄생의 기적과 더불어 엘리사의 사후에도 죽은 자의 부활의 기적이 나타난다. 이런 점에서, 인간 생명 사역과 관련하여 엘리사는 엘리야의 '갑절'의 능력을 나타냈다고 할 수 있다.

수넴 여인의 불임 부부는 엘리사의 기적으로 태어난 아들이 성장하여 '어느 날'(וַיְהִי הַיּוֹם, 와예히 하욤),² 그 아이(יֶלֶד, 예레드, "child, boy")가 그의 아버지가 추수의 일을 하는 들판에 나갔다(18절). 그 아이는 아버지에게 '내 머리야 내 머리야' 하며 두통을 호소했다. 그래서 그 아이의 아버지가 사환에게 말하여 아이의 어머니인 수넴 여인이 있는 집으로 데려가도록 했다(19절). 아픈 아들은 당일 낮까지 어머니의 무릎에 앉아 있다가 죽었다(20절). 여기서 '낮'(הַצָּהֳרַיִם, 하차하라임)이라는 표현은 단수 명사(צֹהַר, 초하르, "noon, midday")가 있는데도, 일반적으로 복수형(쌍수)으로만 사용된다(23회). 두 가지 해석이 가능하다.

첫째, 하루에 정오와 하오가 두 번 있다는 의미에서 쌍수로서 복수형이 사용되었을 수 있고,

둘째, 그 아이의 출생 예언이 주어진 '어느 날'(הַיּוֹם, 하욤, 11절)과 그 아이가 아픈 날로서 '어느 날'(הַיּוֹם, 하욤, 18절)과 댓구를 이루면서 그 아이가 아픈 날의 '낮'(הַצָּהֳרַיִם, 하차하라임)을 강조하기 위한 강조 복수로도 해석할 수 있다.

전자의 해석은 쌍수로만 사용되는 사전적 용법(lexical usage)이라면, 후자의 해석은 강조 복수로서 사용되는 문맥적 용법(contextual usage)으로 볼 수 있다.

수넴 여인은 죽은 아이 앞에서 일체의 당황과 놀람의 표현을 하지 않는 것으로 기술된다. 그 아이가 죽은 직후에 어머니로서 수넴 여인의 행동은 다음

---

2 열왕기하 4:11의 '어느 날'(וַיְהִי הַיּוֹם, 와예히 하욤)은 특정한 한 날이라면, 여기 열왕기하 4:18의 '어느 날'(וַיְהִי הַיּוֹם, 와예히 하욤)은 불 특정한 한 날을 가리킨다. 열왕기하 4:11의 '어느 날'에 대하여는 본서에서 해당 구절의 필자의 주석을 참고하라.

과 같은 표현에 묘사되고 있다.

> 그의 어머니가 올라가서 아들을 하나님의 사람에 침상에 두고 문을 닫고 나와(왕하 4:21).

여기서 '올라가다'(עלה, 아라)라는 동사는 수넴 여인이 자신의 죽은 아들을 안고 엘리사의 다락방으로 올라가는 행위를 가리킨다. 이 동사는 주로 공간적인 위치의 개념으로서 '높은 곳으로 올라가는 행위를 위해 사용된다. 그리고 동일한 어근으로부터 파생된 명사인 '번제물'(עלה, 오라)과 함께 사용될 때는 번제를 드리기 위해 그 제물을 제단 위에 올리는 행위를 위해 사용된다. 그 한 예가 바로 직전의 문맥인 모압과의 전쟁에서 위기를 직면한 모압 왕은 자신의 맏아들을 그모스 신에게 번제로 바치기 위하여 성 위의 제단 위에 올렸다(왕하 3:27). 이 동일한 동사가 바로 다음에 이어져 사용되는 곳이 수넴 여인이 죽은 아들을 엘리사의 다락 방으로 안고 '올라가서' 그의 침상에 눕히는 장면에서 사용되었다.

두 장면에서 동일한 동사는 의미론적으로 흥미로운 대조를 보인다. 모압 왕은 살아있던 자신의 맏아들을 죽여서 번제물로 '올리는' 행위(עלה, 아라)를 했다면, 수넴 여인은 두통으로 죽은 자신의 독자를 엘리사의 다락방으로 '올라가서' 침상에 눕히는 행위(עלה, 아라)를 위하여, 동일한 동사를 사용한다. 전자는 아버지가 자신의 맏아들을 그모스 신전의 번제물로 올리는 사건으로써, 이스라엘에게 하나님의 '큰 격노함'이 임하는 결과를 맞이했다면, 후자는 어머니가 자신의 독자를 하나님의 사람의 다락방의 침상으로 올리는 사건에서 하나님의 사람의 '큰 능력'이 임하도록 문맥이 전개된다.

이 장면을 엘리야의 경우와 비교하면, 엘리야는 사르밧 과부의 죽은 아들을 어머니의 품에서 받아가지고 직접 자신이 거처하는 다락방으로 올라가서 자기 침상에 눕혔다(왕상 17:19). 반면 엘리사의 경우는 수넴 여인이 직접 자신의 죽은 아들을 안고 엘리사가 거처하는 다락방으로 올라가서 그의 침상에 눕혔다. 하나님의 사람의 다락방에 올라가 침상에 눕힌 두 여인의 죽은 아들들은 각각 생명이 소생하는 기적이 일어난다.

수넴 여인의 다음 행동은 그녀의 남편에게 사환 한 명과 나귀 한 마리를 자신에게 보내달라고 부탁하고 하나님의 사람에게 방문할 것을 계획한다(22절).

남편은 초하루나 안식일과 같은 절기도 아닌데, 하나님의 사람을 방문하는 것이 이상하여 방문 이유를 물었으나, 수넴 여인은 구체적인 대답은 피하고 다음과 같이 대답한다.

> 평안을 비나이다(왕하 4:23).

여기서 수넴 여인의 남편은 다음과 같이 표현한다.

> 초하루도 아니요 안식일도 아니거늘(לֹא־חֹדֶשׁ וְלֹא שַׁבָּת, 로-호데쉬 웨로 샤바트, 왕하 4:23).

이 표현에서 사용된 히브리어 부정어(אֹל, 알)를 두 번 각각의 명사에 사용함으로, 수넴 여인이 하나님 사람에게 비정기적으로 방문하는 것에 대한 '의아함'을 강조한다. 이것은 마치 엘리사가 수넴 여인에게 아들 출산 예언을 했을 때, 사용했던 또 다른 히브리어 부정어(אֹל, 알)를 두 번 사용하여 출산 예언에 대한 '의심'을 강조한 것과 비슷하다. 남편의 의아함이 반영된 질문에 수넴 여인은 '샬롬'(שָׁלוֹם)이라는 한 단어로만 짧게 대답함으로 이어지는 그녀의 행동을 침묵으로 암시화한다. 그녀의 절제된 침묵은 이 문제를 오직 하나님께 맡기고 하나님만 바라본다는 내적 의지를 반영하고 있다.

여기서 그녀가 언급하는 '평안'은 남편의 질문에 노코멘트하고 '평안하소서'라고 남편에게 인사하는 의미도 될 수 있고, 동시에 남편의 질문에 별일은 아니고 일상적인 평안의 일로 방문하려고 한다는 의미도 될 수 있다. 즉 수넴 여인과 달리, 믿음이 약한 남편이 걱정할까봐 죽은 아이에 대하여는 말하지 못했을 수도 있다. 수넴 여인은 나귀에 안장을 지우고 자기 사환에게 특별한 요청이 없으면, 다음과 같은 명령을 한다.

> 나를 위하여 달려가기를 멈추지 말라(왕하 4:24).

그녀의 급한 마음을 반영하는 표현이다. 그녀의 급한 마음을 실은 사환이 모는 나귀는 어느덧 엘리사가 거처하는 갈멜산에 도착했다(25절).

2) 수넴 여인의 탄식과 맹세(25b-31절)

엘리사는 멀리서 산 아래에서 다가오는 수넴 여인을 주목한다. 그리고 사환 게하시에게 수넴 여인을 맞이하되, 다음과 같이 명령한다.

지금 너는 달려가라(עַתָּה רוּץ־נָא, 아타 루츠-나, 왕하 4:26).

여기서 엘리야가 게하시에게 '지금 달려가라'는 명령에서 '달리다'(רוּץ, 루츠)라는 동사를 사용했는데, 이 동사는 집에서 출발할 때, 남편에게 하나님의 사람에게 '달려갔다' 돌아오겠다는 표현에서도 사용된 동일한 동사이다. '달리다'라는 동사로 표현된, 전자는 수넴 여인의 급함을 담고 있으며, 후자는 수넴 여인의 급한 마음을 읽은 엘리사의 급함을 반영한다.

그래서 엘리사는 게하시로 하여금 그녀에게 세 가지 평안을 묻도록 한다(הֲשָׁלוֹם לָךְ הֲשָׁלוֹם לְאִישֵׁךְ הֲשָׁלוֹם לַיָּלֶד, 하샤롬 라크 하샤롬 레이쉐크 하샤롬 라야레드).

첫째, '너는 평안하냐'라는 인사이다.
둘째, '네 남편이 평안하냐'라는 인사이다.
셋째, '네 아이가 평안하냐'라는 인사이다(26절).

구별된 '평안'을 세 번 각각 물은 것은 그녀의 모든 가족 관계 안에 혹 있을 수 있는 문제를 확인하라는, 곧 '세심한 문진 행위'를 강조한다. 그런데 수넴 여인은 게하시를 통한 엘리사의 각각의 문안 인사에 '평안하다'라고 대답한다. 그러면서 그녀는 엘리사가 있는 산 정상에 도착했다.

엘리사 앞에 선 수넴 여인은 갑자기 허리를 숙여 엘리사의 발을 붙잡고 안았다(27절). 옆에 서 있던 게하시가 다가와서 그녀를 물려내려고 하니, 엘리사는 '가만두라'(הַרְפֵּה־לָהּ, 하르페-라흐)라고 말한다. 여기서 "가만두다"(רָפָה, 라파)라는 동사의 사역형(힙일)으로서 '남기다'(to leave alone)라는 의미이다(cf. 신 9:14). "가만두라"라고 말하는 이유는 그녀의 영혼에 괴로움이 있는데 여호와께서 엘리사에게 숨기시고 말씀하시지 않은 그 무엇이 있다고 판단했기 때문이다. 여기서 선지자의 지식의 한계성을 보게 된다. 선지자는 여호와께서 보게 하시는 것만큼만 볼 수 있다. 드디어 수넴 여인은 엘리사를 향하여, 다음과 같이 말한다.

> 내가 내 주께 아들을 구하더이까 나를 속이지 말라고 내가 말하지 아니하더이까(왕하 4:28절).

그런데 여기서 수넴 여인의 이 말은 그녀의 탄식인가 아니면 원망인가? 필자가 판단하건데, 이것은 불신앙적인 원망이라기보다는 신앙적인 탄식으로 이해해야 한다. 히브리어 문학에서 일반적으로 탄식은 어둡고 답답한 현실에 하나님의 공의와 뜻이 속이 이루어지기를 간절히 염원하는 내적 열망을 외적인 직설적인 언어로 하나님께 표현하는 방식이다(cf. 왕상 17:20).

수넴 여인이 죽은 아들에 대한 안타까운 상황에서 하나님께서 어서 이 문제를 해결해달라는 간절한 역설이라고 볼 수 있다. 그녀의 이 탄식은 살아계신 하나님의 존재와 전능하신 그분의 능력을 기본적으로 믿는 바탕 위에서 표현된 것이다. 즉 불신앙적인 원망이 아닌 탄식이다. 그 증거는 오직 하나님의 사람을 향한 '집중'하는 그녀의 말과 태도에서 볼 수 있다.

첫째, 죽은 아이를 엘리사의 침상에 눕혀 놓고 소생을 준비한다는 점이다.
둘째, 남편에게 평안의 인사만 하고 하나님의 사람이 있는 갈멜산을 향한 나귀와 사환을 요청한다.
셋째, 그녀의 사환에게 하나님의 사람이 있는 갈멜산을 향하여 특별한 말이 없으면 달리라고 명령한다.
넷째, 하나님의 사람 가까이에 있는 게하시에게조차 평안의 인사만 하고 내면의 얘기는 감추면서 엘리사에게로 향한다.
다섯째, 영혼의 괴로움과 영혼의 탄식을 엘리사 앞에 무릎 꿇고 엘리사의 발을 안고 엘리사에게만 토로한다는 점이다.

이와 같이, 자신의 문제를 해결할 수 있는 분으로서 오직 하나님의 사람에게만 집중하여 나아가는 태도는 그녀의 믿음을 반영하는 것이다. 그녀에게 없었던 아들, 곧 무로부터 유로의 생명도 출생하게 하신 능력이라면, 죽은 아들을 살리는 문제는 그분께는 어렵지 않다는 믿음일 것이다.
　수넴 여인의 영적인 집중력은 열두 해를 혈루증으로 앓아 온 한 여인의 영적인 집중도와 유사하다. 오직 예수님께만 가면 된다는 믿음과 의지이다. 그분께 다가가서 만질 수 없다면, 그분의 옷자락만 만져도 살아날 수 있다는 믿음과 의지이다. 그런데 그 사건이 어떤 문맥 안에 놓여있는지 알면 그녀의 집중도가 더욱 확실해진다.
　회당장 야이로의 딸이 병들어 죽어갈 때(마 9:18-26; 막 5:21-43; 눅 8:40-56), 다음과 같이 간청했다.

> 내 어린 딸이 죽게 되었사오니 오셔서 그 위에 손을 얹으사 그로 구원을 받아 살게 하소 (막 5:23).

　그 장면에서 삽입 기사가 있는데, 열두 해를 혈루증으로 앓아 온 한 여인이 예수님께 조용히 그러나 간절히 다가오고 있었다. 무리에 끼어서 예수님 뒤로 조용히 다가온다.

> 내가 그의 옷에만 손을 대어도 구원을 받으리라 생각함일러라(막 5:28).

　이렇게 생각하면서 예수님의 옷을 터치했다. 예수님은 자신에게 능력이 나간 줄 아시고 다음과 같이 말씀하셨다.

> 누가 내 옷에 손을 대었느냐(막 5:30).

　그 여인에게 예수님은 다음과 같이 선언하셨다.

> 딸아 네 믿음이 너를 구원하였으니 평안히 가라 네 병에서 놓여 건강할지어다(막 5:34).

　이와 같이, 예수님께 가면 된다. 예수님의 능력이면 해결된다는 믿음이다.

수넴 여인에게 있는 집중력 있는 믿음이 바로 혈루증에서 치료 받은 여인의 믿음과 동일한 믿음이다. 이런 집중력이 있는 믿음이 역사를 일으킨다. 어떠한 위기 앞에서도 하나님은 해결하실 수 있다. 하나님께 나가서 그분의 긍휼을 받으면, 아무리 큰 문제도 문제가 안된다 라는 믿음으로 승리해야 한다.

엘리사는 그녀의 탄식을 듣자마자 그녀의 불신앙에 대한 지적을 하지 않는다. 불신앙이 아니라, 그 탄식은 하나님의 능력에 대한 믿음과 의지이기 때문이다. 그래서 엘리사는 즉시 게하시로 하여금 허리를 묶고 엘리사의 지팡이를 들고 갈 것을 명령한다(29절). 신속히 갈 것을 명령한 것이다.

그리고 가는 길에 아는 사람이 인사할지라도 대답하지 말고 갈 것을 지시받는다. 이것은 엘리사에게서 발견되는 집중력이다. 도착한 후에는 엘리사의 지팡이를 수넴 여인의 죽은 아들의 얼굴 위에 놓으라는 지시사항을 받는다. 그런데 이러한 지시사항들은 수넴 여인으로 하여금 엘리사가 직접 가지 않는 것처럼 비쳐진 것 같다. 그래서 수넴 여인은 여호와의 이름과 선지자의 이름으로 맹세를 하면서 다음과 같은 결의를 보인다.

> 내가 당신을 떠나지 아니하리이다(왕하 4:30).

그러자 선지자는 일어나서 수넴 여인을 따라 함께 여정에 오른다. 여기서 수넴 여인은 맹세 포뮬러를 사용한다. 엘리야-엘리사 내러티브에서 여호와의 이름으로 맹세하는 맹세들 총 12회(왕상 17:1, 12; 18:10, 15; 22:14; 왕하 2:2, 4, 6; 3:14; 4:30; 5:16, 20) 가운데, 여인의 맹세가 2회 나온다.

첫째, 엘리야에게 사르밧 과부가 한 맹세(왕상 17:12)
둘째, 엘리사에게 수넴 여인이 한 맹세(왕하 4:30)

사르밧 과부의 맹세는 자신의 가난한 형편(가루 한 움큼과 병에 기름 조금)에 대한 진실성을 표현하고 맹세자인 자신과 아들의 죽음의 결과를 "예측"하는 역할을 한다면, 수넴 여인의 맹세는 죽은 아들을 살릴 자는 엘리사 뿐이니 함께 동행해 달라는 간절함을 강조하는 역할을 한다. 전자의 경우, 지면에 비가 내리는 날까지 그 통의 가루와 그 병의 기름이 없어지지 하여 죽을 지경에서 생명의 풍성함을 누렸다면, 후자는 죽은 아들의 생명을 소생하게 하는 생명 소생의 결과를 체험하게 한다.

게하시는 엘리사가 준 지팡이를 가지고 엘리사와 수넴 여인보다 앞서서 출발하여, 엘리사의 지침대로 수넴 여인의 집 다락방의 침대에 눕힌 죽은 아들의 얼굴에 그 지팡이를 놓았다(31절). 그런데도 그의 생명이 돌아오지 않았다. 게하시는 다락방에서 내려와 뒤따라왔던 엘리사를 맞이하면서, 죽은 아이가 깨어나지 않았다고 보고한다.

그렇다면 여기서 엘리사가 자신의 지팡이를 사환을 통해 먼저 보내어 아이의 얼굴에 놓게 하는 이유가 무엇일까?
선지자의 분신같은 지팡이로 생명 소생을 위해 미리 행한, 일종의 워밍업을 하기 위함일까?
아니면 일종의 블루투스 기능으로써 자신의 지팡이를 죽은 아이의 얼굴에 미리 둠으로, 엘리사가 오는 길에 죽은 아이의 상태를 계속 "무선 원격 진료" 차원에서 죽은 자의 생명 회복 여부를 모니터링하고자 한 것인가?
그것도 아니면, 자신의 수족 같은 지팡이를 죽은 아이의 얼굴에 놓는 방법으로 "좌표"를 찍어놓고 생명 회복을 위한 기도의 "미사일"을 쏘기 위함일까?

필자가 볼 때, 비인격적인 지팡이와 죽은 아이 사이의 "연합"보다 인격적인 엘리사의 몸과 죽은 아이의 몸이 서로 상징적으로 "결합"하는 방법을 통하여 수넴 여인의 죽은 아들을 다시 살게 하시는 하나님의 생명 소생 방법을 강조적으로 보여 주시기 위한 것이 아닐까 한다.

엘리사가 게하시를 통해 자신의 지팡이를 먼저 보낸 행위는 수넴 여인에게는 그녀가 엘리사를 '떠나지 아니하고 곁에 있을 것'이라는 맹세를 즉각적으로 이끌어내게 했다. 그 맹세의 핵심은 곧 엘리사가 직접 가서 자신의 죽은 아들의 곁에서 인격적인 대면으로 함께 해 줄 것에 대한 그녀의 암시적인 간구이다. 이것이 그녀가 갈멜산으로 오면서 하나님께 받은 "기도 응답" 내지는 "주관적 확신"인지 모른다. 이것은 마치 엘리사가 그의 스승 엘리야의 승천을 앞두고 갑절의 능력을 구했을 때, 엘리야의 비인격적인 '겉옷'만 떨어뜨려 주면

될 것인데 자신을 하나님께서 데려가실 때 그 광경을 엘리사가 '곁에서 보면' 이루어지고 '못 보면' 이루어지지 않을 것이라고 대답하는 상황과 유사하다.

맹세를 통해서 간구하는 수넴 여인의 모습에서, 과거 엘리야 앞에서 갑절의 능력을 구할 때 엘리야로부터 "네가 보면"이라는 조건적 응답을 듣던 엘리사 자신의 투영된 모습을 보지 않았을까?

사실 엘리야의 승천 직전에 엘리야에게 행한 엘리사의 맹세 내용("내가 당신을 떠나지 아니하겠나이다", 왕하 2:2, 4, 6)과 엘리사 앞에 행한 수넴 여인의 맹세의 내용("내가 당신을 떠나지 아니하리이다", 왕하 4:30)이 놀랍게도 정확하게 일치한다. 전자는 '대면적 목격'이 엘리사에게 응답의 조건이 되고, 후자는 '대면적 치료'가 수넴 여인의 간구의 핵심이 된다.

그리고 수넴 여인의 내적인 영혼의 괴로움을 여호와께서 엘리사에게 알지 못하게 하시고 오직 그녀와의 '대면적 접촉'을 통해 그녀의 아들의 죽음의 상황을 서서히 알게 하신 것처럼(선지자의 지식의 한계성), 여기서도 엘리사의 지팡이는 아무런 능력을 나타내지 못했고(선지자의 능력의 한계성), 오직 '대면적 접촉'을 통해 그녀의 죽은 아들의 생명이 회생할 것이라는 것을 엘리사도 서서히 알게 되었을 것이다.

이런 사실은 죽은 아이를 다시 살리는 것은 엘리사의 지팡이(도구)가 아니라, 엘리사의 기도를 들으심으로 엘리사의 하나님에 의해 되어진다는 것을 이어지는 문맥은 보여 준다. 그야말로 엘리사는 지팡이 같은 도구임을 보여 준 것이다.

3) 엘리사의 도착과 생명 회복 사역(32-37절)

이제 엘리사는 자신이 머물렀던 다락방에 올라가 보니, 죽은 아이가 자신의 침상에 눕혀져 있는 광경을 보았다(32절). 엘리사는 들어가서 방문을 닫았다. 여기서도 '방문을 닫는 행위'는 하나님의 역사에 집중하기 위한 일종의 "골방 사역"이다(cf. 왕하 4:4, 5). 그 방에 남겨진 자들은 "두 사람 뿐이라"(שְׁנֵיהֶם, 쉐네헴)라고 강조한다(33절). 한 사람은 수넴 여인의 죽은 아들이며, 또 한 사람은 하나님의 사람이다. 지금 그 다락방은 죽은 사람의 무덤이 되며, 산 사람의 기도의 골방이 된다. 사망과 생명이 그 방에 공존하고 있다. 죽은 자의 코에는 호흡이 중단되었으나 산 자의 영혼은 기도의 호흡으로 생명을 불어넣고 있다.

닫힌 방에서 엘리사가 행한 행위는 두 가지이다. 하나는 '여호와께 기도하는' 행위이다(33절). 그리고 죽은 아이를 다시 살리기 위한 또 다른 행위로써, 엘리사는 죽은 '아이 위에 올라 엎드리는' 행위이다(34절). 그 아이 위에 엎드리는 엘리사의 구체적인 행위를 묘사하는데, 자신의 입을 그의 입에, 자기의 눈을 그의 눈에, 자기 손을 그의 손에 대고 엎드렸다. 즉 산 자의 입과 죽은 자의 입이 맞대고, 산 자의 눈이 죽은 자의 눈과 맞대고, 산 자의 손과 죽은 자의 손이 맞대고 있다. 다른 말로, 이 장면의 행위들은 살리는 자의 온몸과 죽은 자의 온몸이 하나되고 연합되는 장면을 연출한다.

그 결과가 생명 소생의 상태를 점진적 회복이라는 점을 다음과 같이 보여 준다.

> 아이의 살이 차차 따뜻하더라(왕하 4:34).

엘리사는 그러한 행위를 반복하면서 집(방) 안에서 한 번 이리저리 다니고 다시 아이 위에 엎드렸다(35절). 그때 아이가 '일곱 번 재채기'를 하고 눈을 떴다. 여기서 죽은 아이가 '일곱 번 재채기'했다는 것은 '완전한 생명 회복'이라는 점을 상징한다. 엘리사는 게하시를 통하여 수넴 여인을 오게 하여 대면한 후에 아들을 데려가라고 말한다(36절).

그에 대한 응답으로 수넴 여인은 엘리사의 발 앞에 엎드려 절하고 아들을 안고 나간다(37절). 수넴 여인의 아들의 죽음부터 완전한 생명 회복의 전 과정에서 드러난, 수넴 여인과 엘리사의 선택과 집중의 태도를 비교하면 아래 도표와 같다.

표 24. 수넴 여인과 엘리사의 상호 집중 비교

구 분	수넴 여인의 하나님을 향한 집중	선지자의 하나님의 회복에 대한 집중
1. 예행성	죽은 아들: 죽은 아들을 선지자의 방의 침상에 누임(21절; cf. 왕상 17:19)	지팡이: "네 허리를 묶고 내 지팡이를 손에 들고 가라 사람을 만나거든 인사하지 말며 사람이 네게 인사할지라도 대답하지 말고 내 지팡이를 그 아이 얼굴에 놓으라"(29절)

2. 일상성	남편: 일상적인 방문 의도로 설명: "평안을 비나이다"(23절)	폐쇄: 문을 닫고 기도하는 행위: "들어가서 문을 닫으니 두 사람 뿐이라 엘리사가 여호와께 기도하고"(33절)
3. 계속성	사환: 여인이 사환에게 신속히 갈 것을 요구: "내가 말하지 아니하거든 나를 위하여 달려가기를 멈추지 말라"(24절)	연합(1): "아이 위에 올라 엎드려 자기 입을 그의 입에, 자기 눈을 그의 눈에, 자기 손을 그의 손에 대고 그의 몸에 엎드리니 아이의 살이 차차 따뜻하더라"(34절)
4. 반복성	게하시: 엘리사가 게하시를 통해 여인에게 인사함: "너는 평안하냐 네 남편이 평안하냐 아이가 평안하냐", "평안하다"(26절)	연합(2): "엘리사가 내려서 집 안에서 한 번 이리저리 다니고 다시 아이 위에 올라 엎드리니"(35절)
5. 대면성	엘리사와 수넴 여인: 여인의 탄식: "내가 내 주께 아들을 구하더이까 나를 속이지 말라고 내가 말하지 아니하더이까"(28절; cf. 16절):	수넴 여인과 엘리사: 생명의 선물: "저 수넴 여인을 불러오라…네 아들을 데리고 가라"(36절)

엘리야-엘리사 내러티브에서 죽은 인간의 생명이 회복되는 사건들 사이에는 유사성과 다양성이 관찰된다. 인간 생명 회복의 기적으로서, 사르밧 과부의 죽은 아들을 살리는 엘리야의 기적, 수넴 여인의 죽은 아들을 살리는 엘리사의 기적 그리고 익명의 죽은 자의 시체가 죽은 엘리사의 묘실에 있는 엘리사의 뼈에 닿자 소생하여 살아나는 기적이다. 여기서 엘리야와 엘리사의 죽은 아이를 다시 살리는 부활 사건을 상호 비교하면 아래 도표와 같다.

표 25. 엘리야-엘리사 내러티브에서 죽은 아들을 살리는 기적

구 분	엘리야의 생명 기적(왕상 17:8-24)	엘리사의 생명 기적(왕하 4:8-37)
등장인물	사르밧 과부와 아들	수넴 여인과 남편+노부부에게 아들 득남
전반부 기사	가루와 기름의 기적으로 연명(8-16절)	"세심한 배려"로 엘리사를 섬김과 아들 출산(8-17절)
후반부 기사	아들의 죽음과 부활(17-24절)	아들의 죽음과 부활(18-37절)
아들 죽음 원인	병들어 증세가 위중하여 죽음(17절)	두통("내 머리야 내 머리야")으로 죽음(19-20절)
아들 죽음 후 선지자의 위치	가까이에 있는 엘리야에게 말함(18절)	여인이 엘리사가 있는 갈멜산으로 방문(22-25절)
여인의 탄식	"당신이 나와 더불어 무슨 상관이 있기로…내게 오셨나이까"(18절)	"내가 내 주께 아들을 구하더이까 나를 속이지 말라고 내가 말하지 아니하더이까"(28절), 내적인 "영혼의 괴로움"(27절), 맹세(30절)

구 분	엘리야의 생명 기적(왕상 17:8-24)	엘리사의 생명 기적(왕하 4:8-37)
밀폐된 사망의 방	죽은 아이를 받아서 거처하는 다락방에 올라가 자기 침상에 누임(19절)	죽은 아이가 이미 침상에 눕혀 있고 들어가서 문을 닫음(32-33절)
선지자의 탄식	"내 하나님 여호와여…재앙을 내리사 그 아들이 죽게 하셨나이까"(20절)	선지자의 탄식이 없다
부활 방법	아이 위에 몸을 세 번(3회) 펴서 엎드리고 여호와께 부르짖음: "아이의 혼으로 그 몸에 돌아오게 하소서"(21절)	여호와께 기도(내용 없다), "아이 위에 올라 엎드려 자기 입을 그의 입에, 자기 눈을 그의 눈에, 자기 손을 그의 손에 대고 그의 몸에 엎드리니"(33-35절), 다시 반복하여 엎드림(2회)
시간 경과	즉각적으로 영혼이 몸으로 돌아와 살아남(22절): 즉각적 생명 부활	"아이의 살이 차차 따뜻하더라"(34절), "아이가 일곱 번 재채기하고 눈을 뜨는지라"(35절): 점진적 생명 부활
선지자의 선언	"보라 네 아들이 살아났느니라"(23절)	"네 아들을 데리고 가라"(36절)
여인의 응답	"내가 이제야 당신은 하나님의 사람이시요 당신의 입에 있는 여호와의 말씀이 진실한 줄 아노라"(24절)	"여인이 들어가서 엘리사의 발 앞에서 땅에 엎드려 절하고 아들을 안고 나가니라"(37절)
예수님의 부활과 성도의 영생	"나는 부활이요 생명이니 나를 믿는 자는 죽어도 살겠고 무릇 살아서 나를 믿는 자는 영원히 죽지 아니하리니 이것을 네가 믿느냐"(요 11:25-26) 예수님의 3대 생명 부활 사건: (1) 회당장 야이로의 딸을 살리심(막 5:39-42), (2) 나인성 과부의 아들을 살리심(눅 7:11-17), (3) 죽은 나사로를 살리심(요 11:43-44)	

두 선지자의 생명 부활 사건은 모두가 죽은 자와 살려주는 자가 하나(접촉)되는 동일한 방식을 취한다. 이것은 둘째 아담으로 오신 그리스도께서 죄와 허물로 죽은 인생을 다시 살리는 방식을 상징적으로 그리고 전망적으로 보여 주고 있다. 새 생명으로 거듭한 성도는 그리스도와 함께 죽었으며, 그리스도와 함께 일어났고 그리스도와 함께 하늘에 앉힌 자가 되어(엡 2:5-6), 주와 함께 부활 생명 곧 영생을 얻은 새로운 피조물로 재창조되었다(고후 5:17).

[누구든지] 내가 진실로 진실로 너희에게 이르노니 내 말을 듣고 또 나 보내신 이를 믿는 자는 영생을 얻었고 심판에 이르지 아니하나니 사망에서 생명으로 옮겼느니라 진실로 진실로 너희에게 이르노니 죽은 자들이 하나님의 아들의 음성을 들을 때가 오나니 곧 이때라 듣는 자는 살아나리라(요 5:24-25).

이 말씀대로 믿는 자는 새 생명을 얻는다.

4. 결론 및 적용

그리스도인은 하나님을 가까이 모시고 사랑해야 한다. 그 사랑은 세심하고 구체적인 행동으로 실천할 때, 더 큰 사랑을 경험할 수 있다. 하나님을 가까이 모시고 교제할 때, 그분에 대한 믿음과 신뢰가 자란다. 그런 상황에서 훈련된 믿음은 다가오는 위기와 시련을 이기는 영적인 원동력이 된다. 평소의 교제가 힘이 된다.

> ♣ 개인 묵상과 소그룹 성경 공부를 위한 토론 질문 ♣
>
> 1. 나에게 하나님을 가까이하면서 그분을 사랑하는 구체적인 행위는 어떤 것들이 있는가?
>   현재 하는 일들이 하나님을 가까이하는 삶과 사랑하는 삶과 어떤 관련이 있는가?
>   주의 이름으로 형제자매를 향해 베풀었던 세심한 배려의 섬김이 나에게 세심한 은혜로 다가온 경험을 나누어 보라.
>
> 2. 하나님은 사랑하는 자녀들에게 은혜로 무엇을 주시기도 하시고 때로는 은혜를 주시기 위해서 거두어가시기도 하신다.
>   그렇다면 현재 무엇이 없는 상태는 은혜를 바랄 수 있는 소망의 시간이 아닐까?
>   시련이나 위기 가운데 놀라지 않고 두려워하지 않는 마음은 어디서 어떻게 오는 것일까?

제17장
섬세하신 공급자

Topic : 엘리야-엘리사 내러티브(17)
Text : 열왕기하 4:38-44
Title : 섬세하신 공급자(The Divine Delicate Provider)
Theme : 나는 말씀을 순종함으로 영육 간 생명의 복을 풍성히 누리는 자가 되어야 한다.

1. 서론 및 문맥

먼저 본문의 배경과 문맥을 살펴보자. 엘리야-엘리사 기사(Elijah-Elisha Narratives, 왕상 17장-왕하 13:21)의 상황은 영적으로 여호와 하나님을 섬기는 이스라엘이 하나님과의 언약을 일방적으로 파괴하고 이방 신을 섬기는 우상 숭배를 하는 배교의 상황이었다. 그 결과, 경제적으로는 흉년과 기근으로 인한 가난과 굶주림의 상황이었다. 엘리야-엘리사 내러티브는 그 주된 주제 가운데 하나로서, 영육 간의 복합적인 무질서와 혼돈의 상황 그리고 절망과 죽음의 상황에서 생명의 풍성함을 하나님의 긍휼과 도움으로 누린다는 내용으로 가득 차 있다.

엘리야-엘리사 내러티브에서 '생명'은 죽은 자가 죽음에서 다시 살아나 생명을 얻는 기적을 의미한다. 예를 들면, 엘리야는 사르밧 과부의 죽은 아들을 살렸으며(왕상 17:17-23), 엘리사는 수넴 여인의 죽은 아들을 살렸다(왕하 4:17-37). 그리고 '생명'은 인간생명을 단축시키는 먹는 음식의 문제(궁핍과 독)와 질병의 문제가 하나님의 능력으로 해결되어 육체적 생명이 연장되어 또 다른 의미에서 생명의 풍성함의 길로 나아가는 내용을 포함한다.

예를 들면 홀로된 가난한 여인과 두 아들의 가정에 이웃을 돌며 빌려서 준비한 빈 그릇을 기름으로 채워주신 사건이다(왕상 17:12-16; 왕하 4:1-7). 이와 같이 죽은 사람이 다시 생명 얻는 것과 절망적 상황에서 생명의 풍성함을 누리도록 하는 선지자의 사역을 우리는 '선지자의 생명 사역'(the Prophetic Life Ministry)이라고 부를 수 있다. 이와 같은 선지자의 생명 사역들이 엘리야-엘리사의 스토리 안에 가득하다. 이런 점에서, 엘리야-엘리사 내러티브는 "생명의 책"이다.

다양한 죽음의 상황에서, 두 선지자는 '생명의 사역'을 일관적으로 행하고 있다. 이 본문 역시 '선지자의 생명 사역'을 기록한 본문들 중에 하나이다. 두 가지 기적 사건이 기록된 이 본문은 크게 두 부분으로 나눌 수 있다. 이 본문의 전반부인 열왕기하 4:38-41까지에는 '죽음의 독'이 든 국솥에 담긴 국을 해독하는 기적 사건을 포함한다. 그리고 이어지는 열왕기하 4:42-44의 후반부 본문에는 보리떡 20개와 자루에 담은 채소를 가지고 백 명의 사람을 풍성히 먹이고 남는 기적 사건에 대하여 기록하고 있다. 이 두 사건은 생명의 주인 되신 하나님께서 자기 백성들의 생명을 매우 다양한 방식으로 돌보신다는 것을 보여 준다.

문맥적으로 살펴볼 때, 열왕기하 4장의 첫 번째 본문(왕하 4:1-7)은 선지자의 "전직 제자"의 사망 이후에 발생한 한 가정의 궁핍의 문제를 다루었다면, 열왕기하 4장의 마지막 본문(왕하 4:38-41, 42-44)은 길갈에서 선지자의 "현직 제자" 공동체에 발생한 궁핍의 문제를 다룬다. 이 두 본문 사이에 있는 본문(왕하 4:8-37)은 수넴 여인의 가정에서 선지자 자신이 섬김을 받는 것과 거기서 발생한 아들의 출생과 사망과 부활의 내용을 담고 있다(chiasm).

A: 전직 제자의 가정 공동체의 삶의 궁핍 문제(왕하 4:1-7)
B: 수넴 여인의 가정에서 생명의 기적(왕하 4:8-37)
A': 현직 제자 공동체의 삶의 궁핍 문제(왕하 4:38-44)

4장 마지막에 위치한 이 본문(왕하 4:38-44)은 흉년 중에 엘리사가 행한 서로 다른 두 기적을 통해 제자들이 풍족하게 먹도록 하여 생명을 풍성히 누리는 주제를 담고 있다. 즉 전반부는 '음식의 질적인 변화의 기적'(왕하 4:38-41)을 포함하며, 후반부 본문은 '음식의 양적인 변화의 기적'(왕하 4:42-44)을 담고 있다.

2. 죽음의 독을 해독하는 생명 사역(왕하 4:38-41): 건강하게 먹이시는 하나님

엘리사는 다시 길갈에 도착했다(38절). 그가 수넴 여인의 집의 다락방에 거주하다가 길갈로 왔는지, 아니면 수넴 여인의 집에서 죽은 아들을 다시 살리는 생명의 사역을 마치고 그의 본 거주지인 갈멜산으로 되돌아 갔다가 길갈로 다시 왔는지 그의 실제 여정은 확실하지 않다.

다만 문맥적 순서상으로는 수넴으로부터 길갈로 문맥적 공간이 이동되었다. 길갈(Gilgal)에는 선지자의 제자들이 있는 곳이었다(왕하 2:1). 길갈에 도착해 보니, 흉년이 그 땅에 있었다. 엘리사 선지자가 길갈에 도착한 시점에 그 땅에는 흉년이 진행 중이라고 말할 수 있다. 하지만 하나님께서 흉년이 있는 길갈에 엘리사 선지자를 보내시는 섬세한 이유가 있었다. 그 이유는 이 본문의 상황이 잘 묘사하고 있는데, 흉년 가운데서도 선지자의 제자들을 먹이시기 위함이다.

열왕기하 4:13에서 수넴 여인의 하나님의 사람인 엘리사를 향한 '세심한 배려'가 언급되었는데, 여기서는 하나님의 사람 엘리사를 통한 하나님의 '세심한 배려'가 하나님의 자녀들을 향하여 표현되고 있다. 특히, 하나님은 자신의 종들 곧 선지자들(제자들)을 먹이시기 위해, 흉년이 있는 길갈로 미리 보내시는 신적인 의도를 드러내신다.

길갈에 도착한 엘리사 앞에 선지자의 제자들이 앉았다. 선지자 앞에 앉는 행위는 선지자의 말씀을 듣기 위한 제자들의 행위이면서, 동시에 제자들의 상황을 파악하기 위한 선지자의 행위라고 볼 수 있다. 그래서 그들은 흉년 가운데 굶주린 제자들의 주린 상황을 선지자에게 알게 했던 것이다.

이 위기를 극복하기 위한 엘리사의 처방으로, 먼저 엘리사는 자기 사환인 게하시에게 다음과 명령을 내린다.

> 큰 솥을 걸고 선지자의 제자들을 위하여 국을 끓이라(왕하 4:38)

그런데 엘리사는 국을 끓일 아무런 재료를 제공해 주지도 않았다.

대체 무엇으로 국을 끓이라는 것인가?
무엇으로 흉년 가운데 굶주린 제자들을 먹이라는 것인가?
그런데 국 재료는 어디에 있는가?

너무나 막연한 명령 같다. 그런데도 선지자의 말씀이니, 게하시는 큰 솥을 걸고 물을 붓고 불을 지피도록 했다. 물을 끓이라는 것인지, 국을 끓이라는 것인지 혼동될 상황이다.

지도 8. 바알살리사에서 길갈에 온 제자의 여정

이 난해하고 애매한 상황에서 누가 보냈는지, 아니면 자원한 것인지 익명의 한 사람이 국 재료를 위해 채소를 채취하러 들로 나갔다. 아마 제자 중 한 사람을 엘리사나 게하시가 보내었든지, 아니면 그 날에 취사를 담당하는 제자 한 명이 자원해 습관처럼 들로 나가서 국을 끓일 재료를 채취하도록 한 것 같다. 그는 들에서 '들포도덩굴'(גֶּפֶן שָׂדֶה, 게펜 사데)을 만나고 거기에 달린 '들호박'(בַּקֻּעַת שָׂדֶה, 파쿠오트 사데, a vine bearing poisonous gourds, wild cucumbers, citrullus colocynthis, with purgative properties)을¹ 채취해 옷자락에 가득 채워 돌아왔다(39절).

그런데 그는 처음부터 이 들호박을 따기 위해 간 것 같지는 않다. 왜냐하면, '채소'(אֹרֹת, 오라, "herb")를 채취하러 갔다가 우연히 만난 것이 들호박이었기 때문이다. 그 익명의 제자는 거기서 들호박을 그의 옷자락에 채워와서, 그것들을 썰어서 국 끓이는 솥에 넣었다. 여기까지 39절의 히브리어 구문의 주어는 3인칭 남성 단수이다. 그는 익명의 제자일 것이다. 이 익명의 제자가 행한 다섯 개의 연속 행위들이 순서대로 열거되어 있다.

첫째 동사는 (들에) '그가 나갔다'(וַיֵּצֵא, 와예체)이며,
둘째 동사는 (들포도덩굴을) '그가 만났다'(וַיִּמְצָא, 와임차)이며,
셋째 동사는 (들호박을) '그가 땄다/모았다'(וַיְלַקֵּט, 와예라케트) 이며,
넷째 동사는 '그가 돌아왔다'(וַיָּבֹא, 와야보)이며,
다섯째 동사는 '그가 썰었다'(וַיְפַלַּח, 와예파라흐)이다.

다시 말해, 이 다섯 개의 연쇄적인 행위들(와우 계속법 미완료)의 주체는 익명의 한 사람(אֶחָד, 에하드)을 가리키는 3인칭 남성 단수 주어("그")로서 동일 인물이다.

그리고 39절의 마지막 완료 동사로서 "그들은 알지 못했다"라는 표현에서 '알다'(יָדְעוּ, 야다우)라는 동사만 3인칭 남성 복수 주어를 사용했다. 이 복수 주어는 물론 제자 공동체를 가리킨다. 그리고 이어진 40절의 첫 번째 동사는 '그들이 국을 폈다'(וַיִּצְקוּ, 와이츠쿠)라는 동작은 복수 주어이다.

즉 국 재료를 채취하러 간 사람과 그것을 썰어서 솥에 넣기까지의 모든 연속적 행위들은 오직 한 사람의 익명의 제자(단수 주어)에 의한 것이며, 국을 퍼서 배식하는 과정에서 주어는 복수 주어로 바뀌고 있다. 이 이유 때문에, 제자 공동체(복수 주어)는 그 익명의 제자(단수 주어)가 채취한 국 재료에 대하여, 경험자들의 확인 및 조언할 기회가 없어서 그들은 전혀 몰랐던 것이

---

1   '들호박'(Citrullus colocynthis, with many common names including colocynth) 으로 불리는 이것은 다양한 이름을 가진다. bitter apple, bitter cucumber, desert gourd, egusi, vine of Sodom, or wild gourd, is a desert viny plant native to the Mediterranean Basin and Asia, especially Turkey, and Nubia: https://en.wikipedia.org/wiki/Citrullus_colocynthis (2020-04-27).

다. 그래서 39절 끝에 다음과 같이 말씀하고 있다.

> 그들은 무엇인지 알지 못한지라(왕하 4:39).

들호박을 채취한 그 제자는 그것이 전에 먹었던 것과 비슷하여 식용으로 여긴 것으로 보이고, 국을 배식하는 자들 역시, 끓여진 국만 본 것이다. 엘리사가 게하시 국을 끓인 제자에게 다른 음식 재료는 제공하지 않은 것으로 보아서, 들에서 채취한 그 재료가 국의 주재료인 것 같다. 이른바, 그 국은 "들호박 국" 또는 "들호박 죽"인 셈이다.

들호박 사진[2]

배식하던 제자들은 국을 퍼다가 무리에게 주어 먹게 하였다(40절). 그런데 그 '무리가' 국을 먹다가 갑자기 다음과 같이 소리쳤다.

---

[2] "Citrullus colocynthis", https://en.wikipedia.org/wiki/Citrullus_colocynthis(2020-04-27). 발췌된 네 개의 사진은 여기서 인용했다.

하나님의 사람이여 솥에 죽음의 독이 있나이다(왕하 4:40).

"하나님의 사람이여 솥에 '독'(מָוֶת, 마웨트)이 있나이다"(מָוֶת בַּסִּיר אִישׁ הָאֱלֹהִים, 마웨트 바씨르 이쉬 하애로힘)라는 표현의 히브리어 원문은 동사를 포함한 동사문이 아니고 명사로만 된 명사문이다. 직역하면, "하나님의 사람이여(호격), 그 솥에 '죽음'(이 있습니다)"라고 번역된다. 명사문을 사용하는 용법들 가운데 하나는 긴급한 상황을 언어적으로 간결하게 표현하는 수사학적 생략 구문이다(cf. 왕하 6:13).

반면, 해독 후에는 "솥 가운데 독이 없어지니라"(וְלֹא הָיָה דָּבָר רָע בַּסִּיר, 웨로 하야 다바르 라 바씨르)라는 표현에서는 동사문을 사용하여 내레이터에 의한 완전한 구문으로 묘사했다. 그런데 지금 국에 독이 있다는 소리에 모두 놀라서 식사를 중단했다.

그러자 엘리사는 다음과 같이 명령한다.

가루(קֶמַח, 케마흐)를 가져오라(왕하 4:41).

여기서 '가루'는 화학 조미료나 국을 화학적으로 변화시키는 특별한 화학적 물질이 아니고 빵을 만드는 단순한 밀가루이다(cf. 창 18:6; 왕상 17:14). 그렇다면 정황상 이 흉년 중에 그들에게 밀가루가 그렇게 많았던 것 같지는 않다.

엘리사는 제자들이 가져온 가루를 독이 든 국솥에 던지게 했다(41절). 여기서 '던지다'(שָׁלַךְ, 샤라크, "throw, fling")라는 동사는 일반적으로 사람의 몸(시체)을 던질 때 많이 사용된다. 그런데 엘리야-엘리사 내러티브에 12회(왕상 19:19; 왕하 2:16, 21; 3:25; 4:41; 6:6; 7:15; 9:25, 26; 10:25; 13:21, 23)의 용례들 가운데, 사람의 몸(시체)을 던지는 용례는 5회(왕하 2:16; 9:25, 26; 10:25; 13:21; cf. 13:23)이다.

예를 들면, 엘리사의 승천한 몸을 여호와께서 '던지신' 것으로 제자들은 오해했는데, 이것은 엘리사의 죽지 않은 영원한 생명을 역설한다(왕하 2:16). 예후의 화살에 맞은 요람의 시체를 나봇의 밭에 '던지고'(왕하 9:25, 26), 바알 숭배자들을 죽이고 시체들을 '던지게' 했는데(왕하 10:25), 이것들은 심판으로서 언약의 저주의 결과이다.

반면, 익명의 죽은 사람의 시체를 엘리사의 묘실에 '던질 때' 그 시체가 다시 살아났는데(왕하 13:23), 이것은 생명의 부활을 일으켰다. 그리고 사물(겉옷, 소금, 돌, 가루, 나뭇가지)을 던지는 용례가 6회(왕상 19:19; 왕하 2:2; 3:25; 4:41; 6:6; 7:15) 발생한다.

본 내러티브에서 기적 사건을 위해 던지는 것은 오직 엘리사에 의해서만 발생한다(왕하 2:2; 4:41; 6:6). 즉 엘리사는 소금을 던져 물을 치료하고(왕하 2:2), 가루를 던져 국을 해독하고(왕하 4:41), 나뭇가지를 던져 물에 빠진 도끼를 떠오르게 한다(왕하 6:6). 그러므로 엘리야-엘리사 내러티브에서, '던지다'라는 동사의 목적어가 사람(몸)이든지, 사물이든지 그것은 '생명의 복'(회복)과 '사망의 저주'(심판)라는 용법으로 사용된다. 즉 이 동사는 엘리야-엘리사 내러티브의 핵심 주제인 언약의 복으로써 생명의 회복과 언약의 저주로써 사망의 저주를 위한 용법으로 사용된다.

그리고 엘리사는 다음과 같이 명령한다.

> 퍼다가 무리에게 주어 먹게 하라(왕하 4:41).

내레이터는 다음과 같이 기술한다.

> 이에 솥 가운데 독이 없어지니라(왕하 4:41).

여기서 '독'에 대한 히브리어 표현은 40절의 '독'을 "죽음"(מָוֶת, 마웨트)으로 표현한 것과 달리, "나쁜 것"(דָּבָר רָע, 다바르 라, "bad/evil thing")으로 표현되어 있다. 국 해독 사건은 엘리사가 여리고에서 물을 치료할 때, '새 그릇에 소금'을 담아오게 하여 물 근원으로 가서 던져서 죽음이 치료되는 기적(왕하 2:19-22)과 비교할 때, 상징적으로 사용된 약간의 '소금'과 약간의 '가루'를 사용했다는 점에서 유사하다. 둘 다, 물질의 "화학적" 변화를 통한 생명의 회복을 위한 기적이다(cf. 출 15:25; 요 2:9).

지금까지 엘리사가 베푼 기적들과 비교해 보면, 이 본문에 기록된 엘리사의 기적과는 그 대상에 있어서 명확한 차이점이 있다. 먼저, 여리고 성읍의 물이 나빠서 토산이 익지 못하고 떨어지는 상황에서, 엘리사가 물 근원으로 나아가서 소금을 던지며 그 물을 고치고 다시는 그 땅에 죽음이나 열매를 맺지 못함이 없게 된 사건(왕하 2:19-22)에서는 생태학적인 환경문제 즉 물을 취급한 사건이다. 즉 치유와 기적의 대상은 물이었다. 그리고 모압과의 전쟁에서 유다 왕 여호사밧과 이스라엘 왕 여호람과 에돔 왕과의 연합군이 엘리사에게 전쟁에 대한 자문을 구하러 온 장면(왕하 3장)에서는 여러 국가 왕들이 엘리사의 취급 대상이었다.

열왕기하 4장에서는 선지자의 제자의 미망인으로 홀로된 가난한 한 여인과 그녀의 두 아들의 가난의 상황에서 준비한 많은 빈 그릇에 기름을 쏟아부어주신 기적 사건(왕하 4:1-7)과 그리고 수넴 여인의 가정에서 불가능한 가운데서 아들 출산과 죽은 그 아들을 다시 살린 기적 사건(왕하 4:8-37), 이 두 경우는 모두 가정의 문제가 엘리사의 섬김의 대상이었다. 그런데 이 본문에 기록된 엘리사의 섬김의 대상은 물과 같은 환경이나, 전쟁을 직면한 국가나 가난과 위기를 직면한 가정의 문제가 아니라, 엘리사의 제자들 공동체가 그 섬김의 대상이다. 하나님께서는 지금 그의 선지자를 길갈에 있는 선지자 공동체에 보내셨다.

본문에 기록된 이 사건은 하나님을 경외하고 혼탁한 세상 가운데서 하나님의 말씀을 배우고 살아가며, 그 말씀을 혼탁한 영적인 상황을 직면한 이스라엘에게 예언의 말씀을 증거하는 선지자 공동체에 일어난 사건이다. 이 공동체는 혼탁한 죄악의 세상에서, 구별된 하나님의 백성 공동체로서 세상을 향한 사명을 감당하는 사명 공동체라고 할 수 있다. B.C. 9세기의 구약의 예언 공동체의 한 면이라고 할 수 있다. 즉 이 공동체는 선지적 사명을 감당하는 구약 시대의 주님의 교회공동체이다.

이 사건에서, 중요한 순간에 하나님의 사람 엘리사의 말씀 행위가 3회 있다. 모두가 위기 가운데 주신 말씀이었다.

첫 번째 말씀 행위는 흉년 가운데 주린 선지자의 제자들을 위해 '국을 끓이라'는 말씀 행위이다.

두 번째 말씀 행위는 국에 독이 든 심각한 죽음의 상황에서 '가루를 가져오라'는 말씀 행위이다.

세 번째 말씀 행위는 가루를 국솥에 던진 후에, 먹지 않고 두려워하며 주저할 수 있는 상황에서 '퍼서 먹게 하라'는 말씀 행위이다. 이 말씀 행위가 있자마자, 즉각적으로 독이든 국솥에서 독이 없어졌다고 본문은 밝히 증거한다.

각각의 단계에서 하나님의 사람 엘리사의 말씀 행위는 위기를 탈출하는 가이드 북이 되었다. 낯선 여행길에 문제를 해결해 주는 여행 가이드 북과도 같다. 말씀 순종의 결과는 다음과 같다.

첫 번째 말씀 행위는 흉년의 굶주림의 문제를 위한 해결책이었다.
두 번째 말씀 행위는 독이 발견된 죽음의 위기에서 독을 해결하는 해결책이었다.
세 번째 말씀 행위는 즉각적으로 해독되어 흉년의 굶주림의 상황을 해결하고 먹게 되는 결정적 행위가 뒤따랐다.

이 세 번의 말씀 행위는 모두가 위기를 해결하고 음식을 먹게 하는 섬세한 하나님의 손길이었다. 말씀은 능력이요 말씀 순종은 제자들로 하여금 건강한 식사를 하게 했다. 그런데 한꺼번에 세심한 배려를 하셨다면, 하나님께서 더 섬세한 공급자가 아니냐고 말할지 모르겠다. 그러나 각 과정에서 말씀하심은 각 과정에서 순종하는 사람의 믿음을 보시기 위함이다. 과정이 있었기에 사람이 하나님의 섬세한 손길을 깨닫고 알게 된다. 과정이 없고 최종적인 결과만 있으면, 사람이 깨닫지 못한다. 그래서 무지한 인생에게 과정이 필요한 것이다.

문제의 핵심은 모든 과정과 상황에서, 하나님께서는 말씀하시는 분이시다. 그리고 인생은 하나님의 말씀을 들어야 제대로 살 수 있다. 말씀을 들어야 죽음에서 생명으로 나아 갈 수 있다. 말씀에 순종해야 우리를 향한 풍성한 축복과 행복의 삶을 살 수가 있다. 말씀은 우리의 길에 빛이다. 등불이다. 말씀의 지도(direction)를 받고 말씀을 지도(map)로 삼아 살아가는 삶이 되어야 한다.

여기서 또 다른 흥미로운 점은 길갈에 있는 선지생도들에 대한 다양한 표현 세 가지가 본문에 등장한다. '선지자의 제자들'(וּבְנֵי הַנְּבִיאִים, 웁네 한비임)라는 표현은 선지자의 제자 공동체에 대한 보편적인 호칭이다(38절). 그런데 국에 들어 있는 '죽음' 또는 '나쁜 것'(רָע דָּבָר, 다바르 라)이 들어 있는 상태와 해독된 후에 제자 공동체를 호칭하는 한글 번역의 '무리'(개역개정)/'사람들'(바른성경)이라는 히브리어 표현은 서로 다른 단어를 사용한다. 즉 해독되기 전의 제자 공동체를 '무리에게'(לָאֲנָשִׁים, 라아나쉼)로 표현했는데(40절, 개역개정), 히브리어를 직역하면 '그 남자들/사람들에게'가 된다.

반면 해독된 이후에 제자 공동체를 '무리에게'(לָעָם, 라암)라고 표현했는데 (41, cf. 42, 42절, 개역개정), 히브리어를 직역하면 '그 백성에게'가 된다. 이와 같이 호칭의 변경이 매우 흥미롭다. 즉 독이 든 음식을 위하여는 일반적인 남성 및 사람을 의미하는 '이쉬'의 복수형인 '아나쉼'을 사용하여, '그 남자들/사람들에게'(לָאֲנָשִׁים, 라아나쉼)라고 표현했다(40절). 반면, 먹을 수 있는 음식을 위하여는 '백성'(עָם, 암)이라는 단어를 사용하여, '그 백성에게'(לָעָם, 라암)라고 표현했다.

이것에 대한 저자의 의도가 무엇인지 의문을 가지게 된다. 첫째 의도는 '아나쉼'(사람들)에 대한 대용어로서 '암'(사람들)을 사용했을 수 있다. 만약 또 다른 의도가 있다면 무엇인지 질문을 가지게 된다. 이를 위해, 이 단어가 사용된 문맥을 살펴보자. 여기서 사용된 '백성'(왕하 4:41, 42, 43)이라는 표현은 열왕기하에서 최초의 사용은 열왕기하 3:17이며, 그리고 이 본문의 전후 문맥에서 '백성'(왕하 3:17; 4:13; 6:30)이라는 표현은 분명 '이스라엘'을 가리키는 용법으로 사용되었다. 그렇다면 하나님은 엘리사를 통해 범죄의 결과로 흉년이 도래하여 먹지 못하고 주린 상태와 언약의 백성 이스라엘 백성을 염두에 두지 않았을까 추정한다.

해독된 안전한 음식을, 배고로 징계 가운데 있는 이스라엘 곧 제자 공동체에서 더 확장된 자기 백성으로서 '그 백성에게'(לָעָם, 라암) 먹이고 싶은 하나님의 마음을 암시하고 있는 듯하다. 현재 "죄악의 악한 독" 또는 "죽음의 독"에 감염된 자기 백성을 향한 치유와 회복의 마음을 이 해독 사건을 통해 역설적으로 표현했을 수도 있다. 그 이유 때문에, '백성'이라는 단어를 의도적으로 이어지는 문맥에서 3회 반복적으로 사용했을 것이다. 이런 점에서 해독된 음식을 먹을 수 있는 현재의 제자 공동체는 미래에 회복될 자기 백성이 누릴 생명의 은혜라는 것을 '음식 먹음'을 통해서 예표적으로 보여 준다고 할 수 있다. 그들은 선지자를 통해 선포된 죄악을 회개하고 여호와께 돌아와서 회복되어야 할 그의 백성이다. 그리할 때, 언약의 복을 누릴 수 있을 것이다. 안타깝게도, 이스라엘의 백성의 역사는 암담할 뿐이다.

마지막으로, 39절에서 묘사된 다섯 개의 행동의 주체인 "한 사람"(אֶחָד, 에하드)의 수고와 헌신에 대하여 살펴보자. 바로 앞 단락에서 자기 '백성'(עַם, 암)을 향한 하나님의 세심한 관심을 읽을 수 있다면, 여기서 '한 사람'(אֶחָד, 에하드)을 향한 하나님의 배려를 본다. 들에서 국 재료로 들호박을 채취한 사람이 식용으로 오해하여 그러한 일이 일어났을 가능성이 많다. "죽음의 독이 있나이다"라는 소리를 들었을 때, 그 사람은 가슴이 철렁했을 것이다. 하나님 나라 공동체를 섬기기 위하여 헌신하여 수고를 하다가 어려움을 직면한 것이다. 이 경우는 열왕기하 6:5에 등장하는 또 다른 "한 사람"(הָאֶחָד, 하에하드)과 유사하다. 가난한 상황에서 어떤 한 사람이 이웃에게 쇠도끼를 빌려와서 하나님 나라 확장을 위한 수고에 참여하고 있었다.

그런데 "한 사람이 나무를 벨 때에 쇠도끼가 물에 떨어져" 난처한 상황을 직면한다. 말씀에 대한 순종의 과정에서 자신의 자원적 수고와 헌신이 공동체에 덕이 되지 않고 도리어 독이 들어 있는 국이 되었더라도, 그 헌신과 수고는 귀한 것이며 하나님께서 긍휼히 여겨 주셔서 먹을 수 있는 국으로 바꾸어 주시는 기적의 은혜를 체험한 것이다. 이런 점에서 이 사건은 바로 그 '한 사람'에게도 큰 위로가 되었을 것이다. 그 기적은 공동체를 먹이는 생명의 양식이 되었을 뿐만 아니라, 그 기적은 한 사람의 영혼의 위로를 위한 양식이 되었다. 그래서 자기 백성을 향한 하나님의 위로는 단순한 '정서적 위로' 그 이상의 위로이다.

사도 요한을 통하여 에베소 교회 사자에게 보낸 편지에 의하면, 다음과 같이 위로하고 계신다.

> 이제도 계시고 전에도 계셨고 장차 오실 이[가] 내가 네 행위와 수고와 네 인내를 알고 (계 1:4; 2:2).

이 위로는 그분의 신실한 교회를 위한 "종말론적인 위로"이다. 신실한 주의 백성은 이 땅에서도 "종말론적 위로"에 동참할 뿐만 아니라, 새 땅이 임할 때도 이 위로 안으로 깊이 들어갈 것이다. 위에 계신 하나님은 이 위로가 필요한, 땅에 사는 그 한 사람을 놓치지 않으시며 외면하지 않으시는 위로의 아버지이시다.

3. 음식을 풍족히 먹고 남긴 생명 사역(왕하 4:42-44): 풍족하게 먹이시는 하나님

또 다른 익명의 '한 사람'이 이어지는 두 번째 본문의 문맥에 등장한다. 그는 '바알 살리사'(Baal-shalishah)라는 성읍에서 온 사람이다. 이 지명 '바알 살리사'는 "주인"(lord, master)이라는 뜻을 가진 '바알'(Baal)이라는 단어와 "삼, 셋째, 세 가지(three things, third 또는 three)라는 뜻을 가진 '살리사'(Shalishah)라는 단어가 합성된 단어이다. 그래서 '바알 살리사'(Baal-shalishah)라는 지명은 "세 가지 것들에 대한 주인", "세 번째 우상" 또는 "세 번째 남편"을 의미한다. 성경의 지명으로서 '살리사'(삼상 9:4)라는 곳과 '바알 살리사'(왕하 4:42)라는 곳은 각각 유일한 용례를 가진다. 그러나 구약성경에서 유일한 용례를 가지는 이곳의 지리적 위치에 대하여는 정확한 장소를 지정하는 것에 대하여는 어려움이 많다.[3] 그런데도 그곳은 길갈에서 그렇게 멀지 않은 곳으로 추정할 수 있다.

그 '한 사람'이 "학기 중에" 고향에 다녀왔는지 아니면 새로운 신입생인지 알 수 없다. 그가 길갈의 선지생도 공동체로 올 때, '처음 만든 떡' 곧 '보리떡 이십 개'와 '자루에 담은 채소'를 가지고 왔다. 아마 자기 집에서 생산한 곡식의 '첫 열매'를 가지고 만든 보리떡 이십 개와 신선한 채소 한 자루를 가지고 하나님의 사람에게 정성스럽게 드린 것이다(42절). 이 음식을 하나님의 사람에게 드리는 사람의 마음속에는 이런 생각이 들었을 것이다. '100여 명의 모든 제자가 먹기에는 턱없이 부족하지만, 5명당 떡 한 개씩을 나눠 먹고 채소를 한 잎씩 먹는다면 입에 풀칠을 하지는 않을까' 하는 생각을 하면서 드렸을 것이다.

---

[3] 유세비우스와 제롬에 따르면, '바알 살리사'는 텔아비브에서 동남쪽 15마일 지점에 위치한다고 주장한다. 유세비우스는 Bathsarisa와 동일시하며, 에브라임 산 서쪽에 위치한 Serisiyyah와 동일시하기도 한다. 그리고 에브라임 산의 동북쪽에 있는 Kafr Thulth로 보기도 하며, 탈무드는 매년 익은 과일이 풍성한 에브라임 최 동쪽의 장소를 가리킨다고 보기도 한다. https://en.wikipedia.org/wiki/Shalishah(2020-04-27).

엘리사는 그것을 받아서 다음과 같이 명령한다.

> 무리에게 주어 먹게 하라(왕하 4:42).

여기서 '주라'(תֵּן, 텐)라는 명령형의 주어가 2인칭 단수(You)이기에 특정인 한 사람에게 말한 명령으로 보인다. 그는 이어진 문맥에서 "그 사환"으로 불려진다. 그는 엘리사에게 다음과 같이 반문한다.

> 내가 어찌 이것을 백 명에게 주겠나이까(왕하 4:43).

여기서 '그의 사환'(מְשָׁרְתוֹ, 메샤르토)이라는 히브리어 표현은 '섬기다'라는 피엘형 동사(שָׁרַת, 샤라트)의 분사(명사적 용법: 사환, 섬기는 자)이다. 이 동사는 엘리야-엘리사 내러티브에서 단지 3회(왕상 19:21; 왕하 4:43; 6:15) 사용되는데, 한번은 선지자로 부름을 받은 엘리사가 자신을 부른 엘리야를 '수종 들다'(שָׁרַת, 샤라트)라는 표현에서 사용되었고(미완료 동사, 왕상 19:21), 마지막으로 사용된 곳은 엘리사의 사환(6:15)을 가리키는 것으로 명사적으로 사용되었다. 여기서도 분사의 명사적 용법으로서 엘리사의 사환 게하시를 가리킬 것이다.

엘리사의 첫 번째 명령의 말씀(42절)인 다음과 같은 말씀에 사환의 반문이 있었다.

> 무리에게 주어 먹게 하라(왕하 4:42).

사환의 반문에 대하여 엘리사는 또 다시 동일한 말씀을 한다.

> 무리에게 주어 먹게 하라(왕하 4:43).

이처럼 동일한 말씀으로 반복적으로 명령한다. 다만 차이가 있다면, 43절은 다음과 같은 표현을 포함한다.

여호와의 말씀이 그들이 먹고 남으리라 하셨느니라(כִּי כֹה אָמַר יְהוָה אָכֹל וְהוֹתֵר, 키 코 아마르 야훼 아콜 웨호테르, 왕하 4:43).

이유의 접속사(כִּי, 키)와 히브리어 직접 화법 표현이 사용되었다(cf. 왕하 2:21). '코 아마르 야훼'(כֹה אָמַר יְהוָה), 여기서 사용된 '직접 화법 지시 구문'(Markers of Direct Speech) 또는 '담론 지시어'(Discourse Markers) 가운데 '메신저 포뮬러'(Botenformet, BtF: "Messenger formula")이다. 히브리어 어순에서 문장 가운데 사용하여 이유를 나타내는 강조 용법으로 사용되었다.[4]

히브리어 성경(주로 선지서)에서 메신저 포뮬러를 사용하는 기본적인 의도는 신탁을 말씀하시는 하나님 자신의 권위와 그 말씀의 신실성과 그 신탁을 전달하는 메신저로서 선지자에게 위임된 신적인 권위와 그 예언의 확실성을 나타낸다. 메신저 포뮬러에는 기본적으로 3종류가 있다.

첫째, 가장 많이 사용되는 메신저 포뮬러인 '**네움 야훼**'("여호와의 말씀이니라")이다. 이것은 문장 내에서 그 위치에 따라 용법이 다르다. 즉 문두에서는 서론적 용법이며, 문중에서는 강조 용법이며, 그리고 문미에서는 확언적 종결 용법이다.

둘째, '**코 아마르 야훼**'("여호와께서 이와 같이 말씀하시니라")인데, 이것은 주로 새로운 신탁을 소개하는 서론적 용법으로만 사용된다.

셋째, '**아마르 야훼**'("여호와의 말씀이니라")인데, 이것은 '**네움 야훼**'와 비슷한 용도로 사용된다(서론적, 강조적, 종결적 용법). 다만 '**네움 야훼**'는 어근상으로 명사형 메신저 포뮬러이고 '**아마르 야훼**'는 어근상으로 동사형(완료 동사) 메신저 포뮬러이다.

이 세 가지 기본형(표준형) 메신저 포뮬러에 최소 1개에서 최대 4개의 어휘가 추가되어 변형된, 다양한 확장형 메신저 포뮬러를 만들어 사용된다(아래 도표를 참고하라).[5]

---

4 일반적으로 메신저 포뮬러 '코 아마르 야훼'(כֹה אָמַר יְהוָה)는 문장의 시작(문두)에서 신탁을 소개하는 서론적 용법으로 사용되는데, 여기서는 그 용법이 파격적이다. 즉 문장 사이(문중)에 두어 강조 용법으로 사용되었다.

5 아래의 메신저 포뮬러(공식)의 도표는 필자의 예레미야주석(근간)에서 인용한 것이다.

표 26. 메신저 포뮬러의 유형과 용법

불변형 메신저 포뮬러		가변형 메신저 포뮬러	
'네움 여호와'(נְאֻם־יְהוָה) '아마르 여호와'(אָמַר יְהוָה) ("여호와의 말씀이다")		'코 아마르 여호와'(כֹּה־אָמַר יְהוָה) ("여호와께서 이와 같이 말씀하셨다")	
서론적 용법 (문두)	'네움 여호와' (נְאֻם־יְהוָה) '아마르 여호와' (אָמַר יְהוָה)	기본형/표준형	'코 아마르 여호와' (כֹּה־אָמַר יְהוָה)
강조적 용법 (문중)	'네움 여호와' (נְאֻם־יְהוָה) '아마르 여호와' (אָמַר יְהוָה)	긴 확장형 (기본형+4어휘)	'코 아마르 여호와 애로헤 체바오트 애로헤 이스라엘' (כֹּה־אָמַר יְהוָה אֱלֹהֵי צְבָאוֹת אֱלֹהֵי יִשְׂרָאֵל)
종결적 용법 (문미)	'네움 여호와' (נְאֻם־יְהוָה) '아마르 여호와' (אָמַר יְהוָה)	중간 확장형 (기본형+3어휘)	'코 아마르 여호와 체바오트 애로헤 이스라엘' (כֹּה־אָמַר יְהוָה צְבָאוֹת אֱלֹהֵי יִשְׂרָאֵל)
용법: 위치에 따라 상이한 용법		짧은 확장형 (기본형+2어휘)	'코 아마르 여호와 애로헤 이스라엘' (כֹּה־אָמַר יְהוָה אֱלֹהֵי יִשְׂרָאֵל)
		가장 짧은 확장형 (기본형+1어휘)	'코 아마르 여호와 체바오트' (כֹּה־אָמַר יְהוָה צְבָאוֹת)
		용법	주로 서론적 용법

메신저 포뮬러 '네움 여호와'(נְאֻם־יְהוָה)의 변형된 형태들에 대한 예레미야의 용례들

기본형	'네움 여호와'(נְאֻם־יְהוָה): "여호와의 말씀이다"		
변형형	נְאֻם־אֲדֹנָי יְהוִה צְבָאוֹת '네움 아도나이 여호와 체바오트'	기본형+아도나이 체바오트	렘 2:19; 49:5; 50:31(3회)
	נְאֻם־יְהוָה צְבָאוֹת '네움 여호와 체바오트'	기본형+체바오트	렘 8:3; 25:29; 30:8; 49:26(4회)
	נְאֻם־אֲדֹנָי יְהוִה '네움 아도나이 여호와'	기본형+아도나이	렘 2:22(1회)
	נְאֻם־הַמֶּלֶךְ יְהוָה צְבָאוֹת '네움 함멜렉 여호와 체바오트'	기본형+함멜렉 체바오트	렘 46:18; 48:15; 51:57(3회)
합계	4가지 유형	기본형+1개/2개 어휘	용례 11회

메신저 포뮬러(코 아마르 야훼)를 사용하여 여호와의 말씀이 '남을 것이다'라고 했기에, 그 사환이 제자들에게 나누어 주었더니, "여호와께서 말씀하신 대로"(כִּדְבַר יְהוָה, 키드바르 야훼) 그 음식이 남는 결과가 되었다(44절).

직전의 첫 번째 사건은 '국 끓이라'는 말씀에 직접 제자 중에 한 사람이 들에 나가서 채취했다. 그것으로 끓인 국은 독이 든 사망의 국이었지만, 하나님의 사람의 능력으로 먹는 건강한 음식으로 변화되었다. 죽음의 국이 생명의 국으로 변화되었다. 이것은 음식의 질적인 변화의 기적이다. 반면 이어지는 두 번째 사건은 한 제자가 바친 '처음 만든 떡 곧 보리떡 20개와 채소 한 자루'를 통해 음식의 양적 변화의 기적을 취급한다. 전자의 기적은 자기 백성을 건강하게 먹이시는 사건이며, 후자의 기적은 자기 백성을 풍족히 먹이시는 사건이다.

이러한 기적들은 우리 주 예수 그리스도의 사역을 전망하게 한다. 그리스도의 지상 사역에서도, 음식의 질적 변화를 가나 혼인 잔치에서 행하셨고 음식의 양적 변화를 오병이어와 칠병이어의 사건에서 행하셨다. 음식의 변화의 기적 사건은 모두 예수님이 하나님의 나라의 기쁨을 주시는 분과 그분께서 생명의 떡으로 오신 분이신 메시아의 인격과 사역을 계시하는 방편으로 사용되었다.

4. 결론 및 적용

이 본문의 두 사건은 '흉년'(왕하 4:38)에 일어난 두 가지 먹이시는 음식에 대한 이적 사건이다. 하나님께서 위기 가운데 있는 자기 백성을 먹이시는 방법이 다양하다. 그 먹이시는 방법이 다르다. 하지만 하나님께서 먹이시는 다양한 방법에는 하나님의 세심한 사랑이 반영되어 있다. 자기 백성을 위기 가운데서 풍족하게 먹이시는 세심한 하나님의 사랑은 말씀 행위를 통해서 표현되고 나타났다. 여기서 이적 사건의 의미는 다음과 같다.

첫째, 엘리사 선지자가 사환에게 제자들을 위하여 국을 끓이라고 명령했다. 이것은 갈릴리 가나 혼인 잔치에서 물로 포도주를 만드신 예수님의 첫 번째 기적 사건과 유사하다. '질적인 변화' 또는 '화학적 변화'의 기적을 통해 사람들의 필요를 채우시는 하나님의 섬세한 사랑이다.

둘째, 바알 살리사에서 온 한 사람(한 제자)이 처음 만든 떡 곧 보리떡 이십 개와 채소 한 자루를 하나님의 사람에게 처음 열매를 바쳤다. 이것은 오병이어의 기적을 베푸신 예수님의 기적과 비슷하다. 양을 많이 변화시킨 '양적인 변화' 또는 '물리적 변화'의 기적을 통해 사람들의 필요를 채우시는 하나님의 풍족한 사랑이다.

이처럼 하나님께서는 당신의 백성을 먹이시고 돌보시고 인도하시는 방편과 방법이 매우 다양할 수 있다. 하나님께서는 무에서 유를 창조하실 수도 있다. 하나님께서는 유에서 유를 창조하시기도 한다. 음식의 질을 재창조하시기도 하시며, 약간의 음식의 양을 풍족하게 만드는 재창조를 하시기도 한다. 하나님께서 자기 백성을 먹이시는 방법은 너무나 다양하다. 우리의 필요를 채우시는 방법은 너무 세심하시고 다양하다.

특히, 유에서 유를 창조하실 때, 즉 있는 약간의 것으로 질적으로 양적으로 풍성한 역사를 일으키실 때에, 우리는 오해하고 착각하기가 매우 쉽다. 왜냐하면, 내가 구하여 가져온 것이고 내가 제공한 것으로 여기기 때문이다. 하지만 내가 하는 것 같으나, 하나님의 인도하심과 돌보심과 도와주심 없이는 불가능하다. 내가 하는 것 같으나, 사실은 내가 할 수 있는 것이 하나도 없다. 하나님은 우리가 알지 못하는 영역에서 심지어 그것이 의식의 영역이든지 무의식의 영역이든지, 우리가 알든지, 모르든지 하나님께서는 우리를 위한 일을 하시고 계신다.

자녀들은 이렇게 생각할 수 있다. '우리 엄마 아빠가 직장에서 땀을 흘려서 그 대가로 우리가 풍족한 생활을 하고 있다.' 그리고 부모는 이렇게 생각할 수 있다. '우리 자녀가 밤잠 안 자고 저렇게 열심히 공부하니 공부를 잘하는구나.' 모두가 맞는 말이다. 그러나 이러한 이해와 지식은 반쯤은 맞을지는 모르겠다. 하나님의 도우심과 공급하심이 없이는 우리의 노력과 수고와 땀이 헛수고가 될 수 있다는 것도 알아야 한다(시 127:1-2; 128:1-2).

> 여호와께서 집을 세우지 아니하시면 세우는 자의 수고가 헛되며 여호와께서 성을 지키지 아니하시면 파수꾼의 깨어 있음이 헛되도다 너희가 일찍이 일어나고 늦게 누우며 수고의 떡을 먹음이 헛되도다(시 127:1-2).

> 여호와를 경외하며 그의 길을 걷는 자마다 복이 있도다 네가 네 손이 수고한 대로 먹을 것이라 네가 복되고 형통하리로다(시 128:1-2).

예수님은 선한 목자이시다. 우리는 그분의 양이다. 선한 목자이신 예수님께서는 우리를 잔잔한 물가로 푸른 초장으로 이끌어 주신다. 중요한 것은 하나님은 일하실 때 먼저 말씀을 주시는 분이시다. 이런 점에서 하나님의 말씀은 내 발에 등이요 내 길에 빛이다. 그래서 말씀은 아름다운 경치를 소개하는 "미쉐린 그린 가이드"와 같다. 하나님의 말씀은 맛있는 장소를 소개하는 "미쉐린 레드 가이드"와 같다.

말씀은 우리의 인생의 나침반이다. 심지어 사망의 음침한 골짜기로 다닐지라도, 그 위기 가운데서 주께서 우리를 생명의 풍성한 길로 인도하시고 지켜 주신다. 예수님께서는 우리 생명의 주인이시며, 우리의 일용할 양식의 주인이시기 때문이다. 장인정신보다 더 섬세한 하나님의 사랑이 우리와 함께하신다. 먹는 문제 너무 염려하지 마라. 도리어 어떻게 살아야 하는지 사명 문제에 더 집중하라. 사명의 길은 말씀대로 믿고 순종하는 삶을 통해 실현된다.

♣ 개인 묵상과 소그룹 성경 공부를 위한 토론 질문 ♣

1. 하나님은 선한 목자로서 양들을 먹이시고 돌보신다. 영육 간에 건강한 "음식"(빵과 말씀)을 먹이시는 은혜를 나누어 보라.

2. 선한 목자이신 그리스도께서 나와 우리에게 영육 간에 풍족히 먹이신 경험을 나누고 감사하며 주님을 찬양하라!

제18장
큰 용사와 어린 소녀

Topic : 엘리야-엘리사 내러티브(18)
Text : 열왕기하 5:1-14
Title : "큰 용사와 어린 소녀"(A Great Man & A Little Girl)
Theme : 어린아이같이 말씀에 순종하는 자로 변화되자.

1. 서론 및 문맥

　엘리야-엘리사 내러티브에서 지금까지 하나님의 사람 엘리사의 사역과 섬김의 대상은 많은 경우 개인이든지 국가이든지, 이스라엘의 편에서 볼 때, 주로 '아군'이나 '민간인'이 그 대상이었다. 특히, 열왕기하 4:38-44의 본문에 기록된 두 가지 기적 사건은 모두가 선지자 제자 공동체에서 일어난 사건이었다. 즉 독이 든 국 해독 사건과 보리떡 20개와 채소 한 자루로 100여 명이 먹고 남은 기적이었다. 선지자 제자 공동체에서 일어난 두 가지 기적 사건은 모두가 먹는 음식의 질과 양을 변화시켜서, 건강하게 그리고 풍성하게 먹는 생명의 누림에 대한 기적 사건들이었다. 이런 점에서, 하나님은 자기 백성을 영육 간에 먹이시는 '섬세한 공급자'(the Delicate Divine Provider)이셨다.
　그런데 이 본문은 좀 차이점이 있다. 본문에 등장하는 나아만(Naaman)이라는 사람은 이방 나라 아람 왕의 군대 장관이었다. 그는 이스라엘의 적장이었다. 역사적으로 아람(수리아 또는 시리아)은 북이스라엘과 13번의 전쟁이 있었다(925년 여로보암 때 1회, 890년 바아사 때 1회, 853년 아합 때 3회, 845년 여호람 때 2회, 841년 여호람 때 1회, 820년 예후 때 1회, 810년 여호아하스 때 1회, 798년 요아스 때 1회,

795년 요아스 때 1회, 793년 요아스 때 1회, 780년 여로보암 2세 때 1회).[1] 13번의 시리아(아람)와 이스라엘과의 전쟁에서 아람이 5번 이기고 이스라엘이 8번 승리했다. 아람은 13전 5승 8패이고 이스라엘은 13전 8승 5패이었다. 여기 등장하는 대표적인 인물들(나아만, 어린 소녀)의 사회적 신분과 지위는 이러한 전쟁 과정을 겪으면서 형성되었다. 이 본문은 두 단락으로 나눌 수 있다.

첫째, 아람 군대장관 나아만의 방문(왕하 5:1-7)
둘째, 나아만의 나병의 치유(왕하 5:8-14)

2. 나아만의 변화: "나만주의"(Naamanism) → "주만주의"(Jumanism), '큰 자에서 작은 자로'

군대 장관 나아만은 그의 주인 앞에서 '크고 존귀한 자'(לִפְנֵי אֲדֹנָיו וּנְשֻׂא פָנִים אִישׁ גָּדוֹל, 이쉬 가돌 리프네 아도나이우 운수 파님)라고 본문 1절은 소개하고 있다. 여기서 '그의 주인'이란 아람 왕을 가리킨다. 이 아람 왕의 이름은 벤하닷(Ben Hadad I, 왕하 6:24; 8:7)이라는 이름을 가진 아람 왕을 의미한다(벤하닷 2세는 왕하 13:25에 등장). 나아만은 '큰 자'(אִישׁ גָּדוֹל, 이쉬 가돌)이다. 그리고 그는 '존귀한 자'(וּנְשֻׂא פָנִים, 운수 파님)라고 불리어지고 있다.

나아만은 아람 나라에서 그리고 자기 나라 왕 앞에서 '큰 자이며, 존귀한 자'라는 명성을 듣는 자였다. 그리고 그는 '큰 용사'(גִּבּוֹר חַיִל, 기보르 하일)라고 일컬어지고 있다. 이 본문은 이러한 그의 명성에 맞지 않게 옥에 티처럼, 그는 '나병환자'(מְצֹרָע, 메초라)라는 그의 육체적 '건강 진단서'에 관한 정보를 주고 있다. 나병은 격리가 필요한 '사회적 혐오 질병'이어서, 모든 "건강한" 장소에는 환영 받지 못하는 '혐오 인물'(persona non grata)이 된다.[2]

---

[1] 존 H. 월톤, 『차트 구약: 구약 연대표 및 배경사』, 김명호 역 (서울: 기독교문서선교회, 1992), 106.
[2] Walter Brueggemann, *Testimony to Otherwise: The Witness of Elijah and Elisha* (St. Louis, MO: Chalice Press, 2001), 47.

그런데 나아만이 '그의 주인 앞에서 크고 존귀한 자'가 된 이유를 본문은 무엇 때문이라고 말씀하고 있는가?

그가 전쟁에서 혁혁한 공을 세웠기 때문이라고 말씀하는가?

그것이 틀린 것은 아니지만, 본문은 그렇게 설명하지 않는다. 본문은 다음과 같이 말씀한다.

> 이는 여호와께서 전에 그에게 아람을 구원하게 하셨음이라(왕하 5:1).

여호와 하나님께서 아람을 이스라엘과 전쟁에서 승리하게 하셨다고 말씀한다. 하나님께서 아람 군대의 군대 장관인 나아만으로 하여금 이스라엘과의 전쟁에서 승리하게 하셨다는 것이다(853년 아합 때 이스라엘이 패전). 그래서 그는 큰 용사가 되었다고 말씀한다(cf. 1절).

이 본문이 좀 이상하지 않는가?

하나님께서 이방 나라 군대장관 나아만을 위대한 사람, 큰 용사로 만들어 주셨다는 말씀인가?

하나님께서 자기 백성 이스라엘을 등지시고 아람 군대를 위해 싸우신다는 말씀인가?

하나님께서 이스라엘의 하나님이 아니시고 아람의 하나님이신가?

하나님이 이스라엘 편이 아니고 이방 나라 아람의 편이라고 말씀하고 있는가?

매우 혼돈스러운 본문인 것 같다. 이와 비슷한 말씀이 다니엘 1:2에도 나타난다.

> 주께서 유다 왕 여호야김과 하나님의 전 그릇 얼마를 그의 손에 넘기시매(단 1:2).

범죄한 자기 백성을 바벨론의 왕 느부갓네살에게 "주께서" 부치셨다고 말씀한다. 하나님의 심판과 구원 사역은 우주적으로 이루어지고 있다. 여기서 우리는 우주적인 통치권(Universal Kingship)을 가지신 하나님을 본다. 이스라엘은 이방인을 개처럼 여기고 배타적 우월주의에 빠져 있었다. 이스라엘은 이방인을 포함하는 하나님의 우주적인 구원 계획을 깨닫는 데 실패했다. 하나님은 이방 나라를 사용하여 자기 백성을 징계할 수도 있고 그 이방 나라 가운데 이방 사람을 구원하실 수도 있다. 모든 것은 하나님의 주권 안에 있다.

본문 2절에 '어린 소녀'(נַעֲרָה קְטַנָּה, 나아라 케타나, "a little maid")가 등장한다. 이 어린 소녀는 나아만의 캐릭터라고 할 수 있는 '크고 존귀한 자' 그리고 '큰 용사'로서의 나아만과는 대조적인 캐릭터이다. 나아만은 전쟁에서 승리한 아람의 군대 장관이며, 성인 남자이다. 그리고 그는 이방인이다.

반면 '어린 소녀'는 패전국 이스라엘의 전쟁 포로다. 이스라엘 사람이다. 미성년자이며, 여자이다. 노예 또는 여종으로 현재의 신분이 묘사되어 있다. 1절에서 나아만이 크고 존귀한 자가 되었고 큰 용사가 된 것이 여호와 하나님께서 이스라엘에게 승리하게 하셨기 때문이라면, 나아만의 아내를 수종드는 이스라엘에서 전쟁 포로로 잡혀 온 여종으로 '어린 소녀'의 경우 역시, 여호와 하나님의 주권 안에서 일어난 것이라고 말할 수 있다. 즉 '큰 용사'와 '어린 소녀'는 대조적인 인물이면서, 그들의 현재의 신분은 각각 하나님의 주권 안에서 일어났다는 것을 의미한다. 이 어린 소녀는 본문에서 이스라엘과 아람을 연결하는 통로 역할을 한다. 유대인과 이방인을 연결한다.

그리고 이 소녀는 아람의 군대 장관인 나아만과 이스라엘의 하나님의 선지자인 엘리사와 연결한다. 이 어린 소녀는 한 나병환자와 치료자를 연결한다. 그리고 이방 신을 섬기는 나아만을 이스라엘의 하나님과 연결하는 역할을 한다. 패전국의 어린 노예 소녀는 더 이상 작은 자가 아니라, 하나님의 '큰 일'을 이루는 하나님의 주권적인 뜻에 쓰임을 받고 있다. 이 어린 소녀를 큰 용사의 집으로 보내신 하나님의 주권적인 뜻이 서서히 드러나기 시작한다. 이 어린 소녀는 그녀가 섬기는 나아만의 아내에게 다음과 같이 말한다.

> 우리 주인이 사마리아에 계신 선지자 앞에 계셨으면 좋겠나이다 그가 그 나병을 고치리이다 (왕하 5:3).

여기서 '고치다'라는 히브리어 동사는 일반적으로 사용되는 '라파'(치료하다)라는 동사 대신에, "제거하다"(אָסַף, 아싸프, to remove)라는 동사를 사용한다. 그래서 치료의 의미보다, '크고 존귀한 자, 큰 용사'라는 캐릭터에서 유일한 흠인 나병을 '떼어 놓으면'(분리) 최고의 명성에 걸맞은 자로서 손색이 없을 것이라는 점을 강조한다.

물론 여기서 언급된 선지자는 '하나님의 사람'으로 일컬어지는 하나님 자신의 대리자 곧 엘리사를 가리킨다. 어린 소녀의 이 말은 결국 하나님의 능력을 믿는 것에서 왔다. 이방 나라에서 하나님의 능력을 증거하고 있다. 자기 주인인 나아만의 문제는 하나님만이 유일한 치료자, 해결자라는 것을 증거한다. 이런 점에서, 어린 소년의 믿음은 오직 하나님 중심의 신앙이다. 오직 하나님께서 함께 계시면, 문제가 해결된다는 믿음이다. 하나님의 능력이면 된다는 확신이다. 문제 해결의 열쇠는 오직 하나님이라는 증거이다. 이 확신과 증거의 고백을 여기서 필자는 "주만주의" 또는 "주마니즘"(Jumanism)이라고 부를 것이다.

이방 땅에서 전쟁 포로, 노예로 가족과 조국을 떠나 홀로 있으면서도 이 어린 소녀는 매우 건강한 자아상을 소유하고 있다. 하나님에 대한 그녀의 믿음을 내적으로 가지고 있을 뿐만 아니라, 그녀의 주인에게 자신의 믿는 바를 증거한다. 하나님의 능력을 소개한다. 하나님에 대한 어린 소녀의 고백과 증거는 과거의 하나님으로만 머물지 않고 현재에도 동일한 하나님이라고 믿는 신앙이다. 고국 이스라엘에서의 하나님은 현재 적국 아람에서도 동일한 하나님이다. 특정한 이슈나 특정한 문제만 해결하는 제한된 능력의 하나님 아니라, 모든 것을 해결하는 전능하신 하나님이다. 이 소녀의 믿음은 시간과 공간을 초월한 하나님의 주권과 능력을 믿는 믿음이다. 이것이 바로 "주만주의"(Jumanism) 신앙이다.

이 어린 소녀의 이야기를 그의 아내를 통하여, '큰 용사'인 나아만은 듣게 되었다. 나아만은 그 어린 소녀의 말을 믿어보기로 작정한 것 같다. 그만큼 간절하다는 의미일 것이다. 그래서 나아만은 국경을 넘어 적국으로 가야 하는 것이기에, 그의 조국 아람 왕에게 그 어린 소녀가 한 말을 설명한다. 이 이야기를 들은 아람 왕은 흔쾌히 승락을 한다(5절). 그뿐만 아니라, 이스라엘 왕에게 보낼 편지도 하나 써 주었다. 그리고 나아만이 이스라엘의 사마리아를 향하여 길을 떠날 때는 아람 왕이 "은 십 달란트와 금 육천 개와 의복 열 벌"을 주면서, 이스라엘 왕과 선지자를 위한 선물까지 준비했다. 이 정도의 배려는 나아만이 아람 왕 앞에서 '크고 존귀한 자'이며, '큰 용사'라는 것을 잘 보여 준다.

아람 왕이 이스라엘 왕에게 나아만을 통해 전달한 편지의 내용이 어느덧 이스라엘 왕 앞에서 읽혀지고 있다. 그 내용은 다음과 같은 글이다.

> 내가 내 신하 나아만을 당신에게 보내오니 이 글이 당신에게 이르거든 당신은 그의 나병을 고쳐 주소서(왕하 5:6).

이 편지를 읽은 이스라엘 왕은 자기 옷을 찢으며, 다음과 같이 신하들에게 말했다.

> 내가 사람을 죽이고 살리는 하나님이냐 그가 어찌하여 사람을 내게로 보내 그의 나병을 고치라 하느냐 너희는 깊이 생각하고 저 왕이 틈을 타서 나와 더불어 시비하려 함인 줄 알라(왕하 5:7).

이스라엘 왕이 옷을 찢었다는 소식을 하나님의 사람 엘리사가 듣고 사환을 보내어서, 다음과 같은 메시지를 전했다.

> 왕이 어찌하여 옷을 찢었나이까 그 사람을 내게로 오게 하소서 그가 이스라엘 중에 선지자가 있는 줄을 알리이다(왕하 5:8).

그래서 이어지는 9절에, 나아만은 "자기의 말들과 병거들을 거느리고" 큰 행렬 안에서 과연 '큰 용사'답게 엘리사의 집(수넴 여인의 집? 또는 길갈 공동체? 혹은 갈멜산) 문까지 다다랐다.

> 나아만이 이에 말들과 병거들을 거느리고 이르러 엘리사의 집 문에 서니(왕하 5:9).

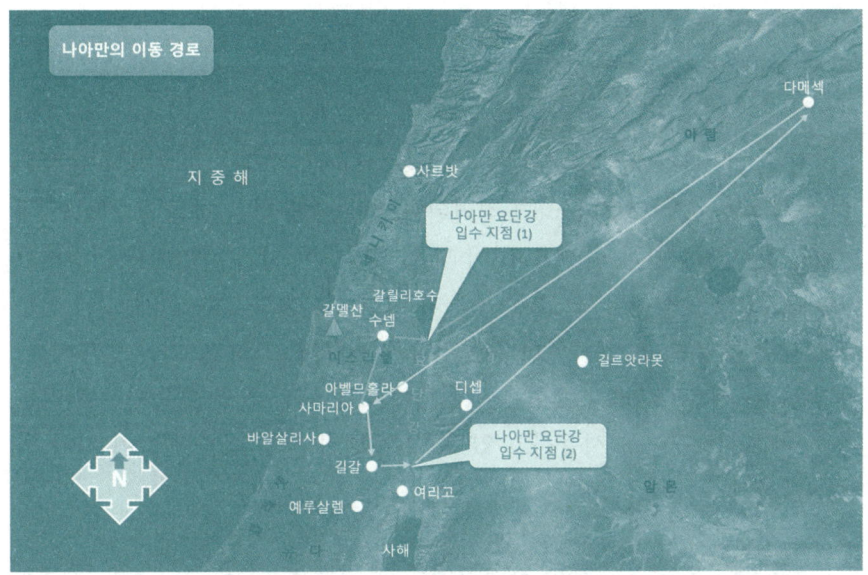

지도 9. 나아만의 이동 경로

엘리사는 그 '크고 존귀한 자'이며, '큰 용사'인 나아만을 나가서 예를 갖추어 맞이하지 않았다(10절). 단지 사자를 보내어 치료책을 이렇게 전달한다.

너는 가서 요단강에 몸을 일곱 번 씻으라 네 살이 회복되어 깨끗하리라(왕하 5:10).

이 이야기를 들은 나아만의 반응이 무엇인가?

나아만이 '노하여'(וַיִּקְצֹף, 와익초프)라고 그의 심리를 묘사한다(11절). 그리고 그는 '물러가며'(וַיֵּלַךְ, 와예라크) 그리고 '이르되'(וַיֹּאמֶר, 와요메르)라고 세 가지 연쇄적인 반응이 언급되어 있다. 여기서 나아만의 반응 동작 세 가지는 구문론적으로 연속 동작이다(와우 계속법). 즉 '노하다'라는 행동과 '물러가다'라는 행위와 '말하다'라는 행위가 연속적 동작 안에서 일어났다. 이 말은 그가 노한 감정에서부터, 되돌아가는 행위와 그의 생각을 말하려는 언어 행위가 연속적으로 일어난 것을 보여 준다.

그가 한 말이 무엇인가?

> 내 생각에는 그가 내게로 나와 서서 그의 하나님 여호와의 이름을 부르고 그의 손을 그 부위 위에 흔들어 나병을 고칠까 하였도다 (왕하 5:11).

여기서 '내 생각에는'(אָמַרְתִּי אֵלַי, 아마르티 에라이)이라는 히브리어 표현은 "나는 나 자신에게 말했다"라고 직역된다. 자신에게 말한 것은 곧 자신의 내면에 있는 생각이라는 의미이다. 이 말은 나아만이 자기 나라에서 인정받고 있는 대로, 그 명성대로 '크고 존귀한 자'이며, '큰 용사'라는 현재 그의 신분에 걸맞은 대우를 받기를 원한다는 것을 암시한다. 그리고 '그가 반드시 나와'(יָצֹא יֵצֵא, 예체야초)라는 표현은 엘리사가 직접 나와야 할 행동의 주체라는 것을 강조하는 구문을 사용하고 있다.[3] 그러면서 그는 다음과 같이 자기 의견을 말한다.

> 다메섹 강 아바나와 바르발은 이스라엘 모든 강물보다 낫지 아니하냐 내가 거기서 몸을 씻으면 깨끗하게 되지 아니하랴 (왕하 5:12).

그러고 나서, 저자는 그의 행동을 다음과 같이 묘사한다.

> [나아만은] 몸을 돌려 분노하여 떠나니 (왕하 5:12).

직역하면, "그리고 그는 (몸을) 돌렸다. 그리고 그는 분노와 함께 갔다"이다. 여기서 '몸을 돌리다'라는 동사와 '분노하여 떠나다'라는 동사 역시 연속적인 동작이다. 이것은 그의 내적 상태와 외적 상태가 매우 큰 분노 안에 휩싸여 있다는 것을 의미한다.

무엇 때문에 그러한가?

그는 현재 자칭 '크고 존귀한 자'가 되어 있다. 그는 지금 '큰 용사'라는 사회적 명성과 명예와 인기 안에 사로잡혀 그가 '나병환자'라는 사실을 알지

---

3 일반적으로 히브리어 동족 동사의 부정사 독립형과 동족 동사의 미/완료형 동사와 함께 당위성, 확실성을 강조할 때 사용되는 강조 구문의 어순이지만, 여기서는 히브리어 동사(יֵצֵא, 예체)의 미완료 동사(יֵצֵא, 예체)가 먼저 오고, 뒤이어서 같은 어근의 부정사 독립형(יָצֹא, 야초)이 사용되었다.

못하고 있다. 이것보다 더 큰 문제는 이러한 외적인 것들에 사로잡혀 하나님 앞에서 인생의 본 모습을 바로 보지 못하는 영적인 나병환자라는 것을 저자가 드러내고 있다. 결국, 그는 세상 나라 아람에서의 명성에 의한 자신의 그릇된 자아상 때문에, 현재 하나님 앞에서의 자신의 참된 자아상을 발견하는 데 실패하고 있다. 세상 나라에서 그에 대한 사람과 세상의 평가와 명성 때문에, 하나님 나라에서 자신의 본 모습을 보는 데 실패했다.

나아만의 이러한 모습은 비록 이스라엘로부터 전쟁 포로로 잡혀왔지만, 아람 나라에서도 하나님의 능력을 믿었던 어린 소녀의 건강한 자아상과 매우 대조적인 것이다.

먼 나라에서 그것도 많은 정성스런 선물과 국왕의 외교문서까지 동봉하여 협조를 구하는데, 하나님의 사람 엘리사가 이렇게 박대하는 듯하게 나아만을 대우한 이유가 어디에 있는가?

엘리사는 다음과 같은 말을 통해 이미 그 의도를 밝혔었다.

그가 이스라엘 중에 선지자가 있는 줄을 알리이다(왕하 5:8).

이것은 엘리사가 이스라엘의 민족적 자긍심이나 문화적 우월감을 이방 나라 아람 사람에게 나타내기 위한 것이 아니다. 이스라엘에 살아 계신 하나님께서 계신다는 것을 보여 주기 위한 실천을 통한 "신 존재 증명"이다. 살아 계신 하나님을 보여 주는 것에 강조점이 있다. 하나님께서 하나님의 사람 엘리사를 통해서 나아만을 그렇게 대우하도록 하신 것은 하나님 앞에 그의 왜곡되고 삐뚤어진 자아상을 깨뜨리기 위함이다. 그는 지금 스스로 "존귀한 자, 큰 자, 큰 용사"로 심지어 하나님 앞에서도 그렇게 생각하고 있는 것 같다.

그래서 11절에서 "내 생각에는"이라는 말을 했는데, 나아만은 자기 생각과 주장과 고집으로 가득 찬 사람이다. 이런 사람의 성향과 삶의 모습을 "나만주의" 또는 "나마니즘"(Naamanism)이라고 부를 수 있다. 이것이 복음을 모르는 세상 사람의 무지와 교만의 죄이다. 문제는 복음을 믿는 자들이 교회에서 종종 사회, 경제적 조건으로 비교 우월적 태도를 가지고, 비교 열등한 자를 무시하는 것도 '나만주의'의 죄악이다.

야고보는 다음과 같이 말씀한다.

> 내 형제들아 영광의 주 곧 우리 주 예수 그리스도에 대한 믿음을 너희가 가졌으니 사람을 차별하여 대하지 말라(약 2:1).

사람을 차별하지 말라는 명령의 말씀을 듣는 자가 누구인가?
"영광의 주 곧 우리 주 예수 그리스도에 대한 믿음을 가진 자"이다. 그러면서 야고보는 계속해서 다음과 같이 말씀한다.

> 너희 회당에 금가락지를 끼고 아름다운 옷을 입은 사람이 들어오고 또 남루한 옷을 입은 가난한 사람이 들어올 때에 너희가 아름다운 옷을 입은 자를 눈여겨보고 말하되 여기 좋은 자리에 앉으소서 하고 또 가난한 자에게 말하되 너는 거기서 있든지 내 발등상 아래에 앉으라 하면 너희끼리 서로 차별하며 악한 생각으로 판단하는 자가 되는 것이 아니냐 하나님께서 세상에서 가난한 자를 택하사 믿음에 부요하게 하시고 또 자기를 사랑하는 자들에게 약속하신 나라를 상속으로 받게 하지 아니하셨느냐(약 2:2-5).

이러한 차별은 이웃 사랑도 아니며, 하나님 나라의 원리인 의와 공평도 아니라고 말씀하는 것이다.
왜 우리가 교회에서 사람을 차별하지 말아야 하는가?

> 내 형제들아 영광의 주 곧 우리 주 예수 그리스도에 대한 믿음을 너희가 가졌으니, 사람을 차별하여 대하지 말라(약 1:1).

우리는 '영광의 주 곧 우리 주 예수 그리스도에 대한 믿음'을 가졌다. 그리고 '영광의 주 곧 우리 주 예수 그리스도에 대한 믿음'을 가진 자의 모임이 교회이다. 영광의 주를 섬기는 교회는 세상적인 영광의 많고 적음에 따라 사람을 판단하지 말아야 한다. 대신에, 우리는 공평과 사랑으로 다른 사람을 대하는 은혜로 영광스런 존재가 된 하나님 나라의 백성으로서 합당한 생각과 행동을 실천해야 한다.

이 본문으로부터 우리는 또 다른 적용을 할 수 있다. 세상에서 '크고 존귀한 자'이며, '큰 용사'와 같은 명예와 인정을 받는 자라고 해도, 교회에 와서 교회 안에서 그대로 그것을 세상의 방식대로 유지하고 주장하려고 한다면 그것은 교회의 질서와 예법에 무지한 행동이며 무례한 행동을 범하는 것이 된다. 하나님 앞에서는 누구나 다 동일한 죄인이며, 누구나 동일한 의로우신 예수님이 필요하다. 모두가 공평한 예배자이다. 우린 모두가 동일한 "영광의 주 곧 우리 주 예수 그리스도에 대한 [동일한] 믿음"을 선물로 받은 자이다.

그런데 세상에서 하던 생각과 태도와 방식대로 '나아만'처럼 생각하고 행동하면, 이웃과 하나님을 고려하지 않은 불신 행위이며, 이것은 '나(아)만 주의'(Naamanism)의 교만이다. "자기 중심주의"이다. 교회에서 나만 옳고 나만 인정받아야 하고 나만 주장하면서, '내 생각에는'이라고 목소리를 높여서 말하는 나아만의 태도를 유지한다면, 자신도 교회도 모두 하나님 나라의 더 깊은 은혜의 세계 안으로 들어갈 수가 없다. 이것이 '나만주의'(Naamanism) 또는 '나아만의 함정'(Naaman's Trap)이다. 교회는 '나만주의'가 아니라, '함께주의'이다. '한몸주의'이다. 서로 배려하고 사랑하고 존경하고 피차 복종하며 섬겨야 한다. 이것은 본문 3절에 포로로 잡혀 온 '어린 소녀'가 "우리 주인이 하나님의 선지자 앞에 있었더라면 모든 것이 해결될 수 있을 텐데"라는 "주만주의"(Jumanism)의 삶과는 대조적인 삶이다.

나아만은 '크고 존귀한 자'이며, '큰 용사' 나아만이 '나만주의'(Naamanism)에 빠져서 하나님의 은혜를 받지 못하고 치유와 회복과 구원의 은혜를 받지 못하고 돌아서고 있다. 이러한 나아만에게 그의 종들이 다음과 같이 말한다.

> 내 아버지여 선지자가 당신에게 큰일을 행하라 말하였더라면 행하지 아니하였으리이까 하물며 당신에게 이르기를 씻어 깨끗하게 하라 함이리이까(왕하 5:13).

여기서 '큰일'(דָּבָר גָּדוֹל, 다바르 가돌)이라고 나아만의 종들이 표현했는데, '큰, 크다'(גָּדוֹל, 가돌)라는 형용사를 사용했는데, 동일한 표현이 1절에도 '크고 존귀한 자'라고 할 때 사용되었다.

그리고 다른 단어를 사용했지만 1절에 '큰 용사'(גִּבּוֹר חַיִל, 기보르 하일)라고 할 때도 그 의미가 다르지 않다. 나아만과 같은 사람은 사회적 명성과 세상적인 '크고' 폼이 나고 겉으로 멋있게 보이는 것을 선호한다. 그 반대의 것을 요구하면, 싫어하고 화낼지도 모른다. 나아만을 향한 그의 종들의 말의 요지는 이것이다. 당신은 폼이 나고 체면 세우는 일 같은 것을 요구했다면 당연히 했을 것이다. 그런데 하물며, 하찮고 귀찮고 보잘것없는 일 같은 것이지만, 그것도 당신을 위해서 다음과 같은 "씻어 깨끗하게 하라"(13절)라고 하는 이 요구를 따르지 못할 이유가 어디에 있겠느냐고 말한 것이다. 나아만은 지혜로운 그의 종들의 이 말에 설득이 되었다.

본문 14절에 나아만의 순종 행위가 묘사되고 있다. 사실 14절의 이 순종 행위는 10절의 엘리사의 명령인 "가서 요단강에 몸을 일곱 번 씻으라"라는 명령 다음에 바로 이어져야 할 응답 행위였어야만 했었다. 그랬다면 11-13절까지의 내용이 필요하지 않다. 이런 점에서, 하나님 앞에서 '크고 존귀한 자' 또는 '큰 용사'라는 사회적 신분의 삐뚤어진 자아상과 하나님 앞에서 "내 생각에는"이라고 말하는 것은 시간 낭비일 뿐이다. "내 생각에는"이라는 표현은 건강한 토론과 자기 의사를 표현하는 현대의 민주적 절차에 따라 자기 의견을 피력하는 좋은 의미로 하는 그런 종류가 아니다. 나아만의 그것은 불신 행위이다. 교만의 죄이다. 하나님 없는 자기 중심의 삶의 결정체적 표현이다.

엘리사의 10절의 명령 다음에 곧 바로 14절의 "나아만이 이에 내려가서"라고 이어진다면 너무나 자연스럽고 아름다운 행위의 장면일 것이다. 늦었지만 이제 나아만은 '나만주의'를 포기하고 자기만의 길, 세상적 '큰 길' 또는 '넓은 길'을 포기하고 말씀에 순종한다. 세상 사람이 가지 않는 순종의 좁은 길로 간다. 나아만은 하나님의 사람의 말대로 '요단강에 일곱 번 몸을 담구었다. 그의 나라 아람에 있는 자기 아내의 여종이며, 이스라엘의 전쟁포로인 그 '어린 소녀'가 "우리 주인이…선지자 앞에 계셨더라면 좋겠나이다 그가 그 나병을 고치리이다"라고 말한 그 확신과 믿음의 고백대로 되어가고 있다.

드디어 엘리사가 의도했던 바 곧 '이스라엘 중에 선지자가 있는 줄을 알리이다'(8절)라는 말씀대로 되어가고 있는 것이다. 나아만은 나만주의(Naaman-ism)에서 주만주의(Jumanism)로 돌아서고 그는 용서받은 용사가 되어가고 있다. 이것이 회개이고 회심이다. 그리할 때 회복의 은혜가 임하는 것이다. 드디어 내레이터는 다음과 같이 증거한다.

그의 살이 어린아이의 살 같이 회복되어 깨끗하게 되었더라(왕하 5:14).

여기서 말씀에 순종하여 완벽하게 치료되고 회복된 상태를 어디에다 비유했는가?

'어린아이의 살 같이'(כִּבְשַׂר נַעַר קָטֹן, 킵사르 나아르 카톤)라고 비유했다. 여기 14절에 '어린아이'(נַעַר קָטֹן, 나아르 카톤)라는 표현은 2절에 언급된 '어린 소녀'(נַעֲרָה קְטַנָּה, 나아라 케타나)라는 표현이 한글 표현은 다르지만, 히브리어 원문은 남성/여성(gender)만 다르지 같은 단어를 사용했다. 둘 다 직역하면, '작은 아이'이다(작은 남자아이, 작은 여자아이).

이 두 번의 '작다, 작은'(קָטֹן, 카탄, "small, young, unimportant")이라는 표현은 앞에서 언급된 '크다, 큰'(גָּדוֹל, 가돌, "great")이라는 표현과 대조적인 표현이다. 엘리야-엘리사 내러티브에서 가장 문학적 탁월성이 높은 부분이 있다면, 필자는 바로 이 부분을 꼽을 것이다.

나아만의 나병의 치유와 회복은 어떻게 시작되어 어떻게 완결되었는가?

'큰 용사'로서 '크고 존귀한 자'로서 '작은' 어린 소녀의 말을 경청하는 것에서 시작되었다. 그리고 13절에 '크고' 멋있는 치료 행위의 방식을 생각했던 '나만주의'(Naamanism)에서 탈피하고 하나님의 말씀에 어린아이같이 순종했을 때, 작은 '어린아이의 살 같이' 회복되었다. 그러므로 나아만은 '큰 자'에서 '작은 자'로 변화되었다. '큰 자의 길'을 행하는 삶의 태도인 나만주의에서 말씀 순종의 삶의 태도이며, '작은 자의 길'을 행하는 삶의 태도인 주만주의로 전환될 때 치유와 회복이 일어났다.

이것이 복음으로 변화된 새로운 피조물의 모습이다. 예수님께서 교훈하신 천국 정신도 결국 겨자씨나 어린아이와 같은 '작은 것'에 있다. 우리에게 있어서도 신앙생활의 모든 병리적인 현상이 치료되는 참된 비결은 바로 여기에 있다. 즉 나만주의의 삶의 방식에서 주만주의의 삶의 방식으로 바꾸는 것이다. 나 중심의 삶에서 하나님 중심의 삶으로 회복되는 은총을 사모해야 한다.

3. 결론 및 적용

우리는 참 선지자를 배척하는 이스라엘과 은혜의 품으로 영접받는 이방인과 관련된 이 본문을 누가복음 4:16-30의 빛 아래서 해석하여 적용할 수가 있다. 엘리야 시대에 3년 6개월 동안 하늘이 닫히어 온 땅에 큰 흉년이 들었을 때에, 언약의 백성인 이스라엘에 많은 과부가 있었지만 엘리야는 이스라엘의 과부들에게는 한 번도 보냄을 받지 않았다.

오직 엘리야는 시돈 땅에 있는 사렙다의 한 과부에게로만 보냄을 받았다. 그리고 엘리사 시대에도 이스라엘에 많은 나병환자들이 있었지만, 엘리사 선지자는 이스라엘의 나병환자들에게는 한 번도 보냄을 받지 않았다. 엘리사는 오직 아람(수리아) 사람 나아만에게만 보냄을 받았다고 예수님께서는 누가복음 4:16-30의 본문에서 증거하고 있다.

이 말씀을 하신 예수님은 고향 나사렛에서 배척을 받았다. 심지어 나사렛 동네 밖으로 쫓겨나서 그 동네가 건설된 산 낭떠러지까지 끌려가서 밀쳐 떨어뜨리는 위험에까지 직면했다고 누가복음 4:29에 증거하고 있다.

> 일어나 동네 밖으로 쫓아내어 그 동네가 건설된 산 낭떠러지까지 끌고 가서 밀쳐 떨어뜨리고자 하되(눅 4:29).

이와 같이 예수님은 가까운 자들에게서 배척을 당하고 거부를 당하셨다. 그리고 엘리야 선지자는 동족인 이스라엘 왕 아합으로부터 박해와 거부를 당하고 죽음의 위험을 당했다. 예수님도 고향 사람 나사렛 사람으로부터 선지자가 고향에서 환영을 받지 못한다는 말씀(눅 4:24)대로 배척을 받았다.

그리고 엘리사의 나병 치유도 역시 이스라엘 동족 가운데서는 아무도 치유를 받지 못했다. 도리어 이방 나라 아람 왕의 군대장관 나아만이 와서 큰 자에서 작은 자로 변화되어 치료를 받았다.

그렇다면 당시 이스라엘은 어떤 상태였는가?

이스라엘 왕과 동족 이스라엘 사람은 하나님을 버리고 세상의 큰 길인 죄악의 길로 나아갔고 끝내 돌이키지 않았다. 이스라엘은 하나님을 배반하고 바알에게 제물을 바치고 배교의 길을 행하였다.

그러나 이방 나라 아람에서 온 나아만은 다음과 같이 고백했다.

> 번제물과 다른 희생 제사를 여호와 외 다른 신에게 드리지 아니하고 다만 여호와께 드리겠 나이다(왕하 5:17).

그리고 이방 사람인 나아만은 상천 하지에 살아 계신 하나님은 한 분 하나님밖에 없다는 것을 다음과 같이 고백했다

> 내가 이제 이스라엘 외에는 온 천하에 신이 없는 줄을 아나이다(왕하 5:15).

당시 이방 나라 가운데서 하나님의 택함을 입은 자들은 엘리야와 엘리사 선지자를 하나님의 보내신 자로, 즉 하나님의 사람으로 믿고 그 말씀을 받아들이고 순종하여 치유와 회복, 구원과 생명의 은혜를 입었다.

예수님은 누가복음 4:24에 언급된 대로, 참 선지자로 오셨으나 동족과 동향의 유대인으로부터 배척을 당하셨고 하나님의 사람, 인자로 인정받지 못하고 십자가에 내어주신 바가 되었다.

> 또 이르시되 내가 진실로 너희에게 이르노니 선지자가 고향에서는 환영을 받는 자가 없느니라(눅 4:24).

이것은 바울에게도 마찬가지였다. 동족인 유대인들이 바울의 복음을 배척하였기에 바울을 이방인의 수가 차기까지 이방인의 전도에 헌신하여 복음이 이방인을 향하여 갔다.

그래서 마침내 이방인인 우리가 유대인이 거부한 복음을 받아들임으로 하나님의 새로운 공동체인 교회가 되었다. 우리도 전에는 죽었던 자였다. 세상적으로 넓은 길, 큰 길을 좋아하는 자였다. 그러나 참 선지자로 오신 예수 그리스도의 말씀을 믿고 순종함으로 우리는 세상의 '큰 자'에서 하나님 나라의 '작은 자'로 변화의 은혜를 입었다. 이제 남을 삶은 '나만주의'를 버리고 '주만주의'의 삶을 선택하고 실천하여야 한다.

♣ 개인 묵상과 소그룹 성경 공부를 위한 토론 질문 ♣

1. 나아만은 "큰 자에서 작은 자"로의 변화를 경험을 한 자이다. 그 변화는 말씀에 순종한 것에 대한 열매이다. 자기 중심의 삶에서 하나님 중심의 삶으로 바뀐 변화의 은혜를 경험한 것이다. 이러한 '나아만의 변화'를 "나만주의"(Naamanism)에서 "주만주의"(Jumanism)로의 변화라고 필자는 부른다. 내가 아직 내려놓지 못하는 자기 중심주의와 교만은 어떤 것들이 있는지 살피고 기도하라.

2. 하나님을 만나서 믿는 자가 되었음에도 아직 바뀌지 않은 성품이 어떤 문제를 일으키고 있는지 나누고 그 성품이 어떻게 변화될 것인지 생각해 보라.

3. 새로 믿은 어린 그리스도인의 연약함이 어떤 것들이 있으며, 그것들을 어떻게 도울 수 있을까?

Elijah-Elisha Narratives:
The Prophetic Ministry to Have Life & Have It Abundantly

[특주]
나아만의 믿음과 행위, 거짓인가 참인가?
(왕하 5:1-19)

1. 서론

나아만은 엘리사 선지자의 말대로 요단 강에 일곱 번 몸을 담구었더니 그의 피부가 어린아이의 살 같이 깨끗하게 회복되고 치료되었다. 이러한 은혜를 경험한 나아만은 다음과 같이 유일신 여호와에 대한 신앙고백을 했다.

> 내가 이제 이스라엘 외에는 온 천하에 신이 없는 줄을 아나이다(왕하 2:15).

그리고 그는 다음과 같이 예배적 삶을 결단했다.

> 이제부터는 종이 번제물과 다른 희생제사를 여호와 외 다른 신에게는 드리지 아니하고 다만 여호와께 드리겠나이다(왕하 2:17).

그러던 그가 오직 한 가지 일의 예외 사항을 두기를 원하고 있다. 즉 자기가 섬기는 아람 왕이 림몬 신당에서 경배할 때, 다음과 같이 엘리사에게 간청한다.

> 내가 림몬의 신당에서 몸을 굽히오니…당신의 종을 용서하시기를 원하나이다(왕하 2:18).

그렇다면 나아만의 이러한 신앙과 태도는 그의 믿음과 행위가 거짓인가, 아니면 참인가? 라는 의혹을 제기하게 한다. 이러한 "이중적인" 나아만의 믿음과 행위와 관련된 핵심 이슈는 세 가지다.

첫째, 나아만의 믿음에 대하여
둘째, 나아만의 행위에 대하여
셋째, 엘리사의 인사에 대하여

2. 나아만의 믿음에 대하여

1) 참 믿음 vs. 거짓 믿음(혼합주의 신앙)?

(1) 하나님에 대한 나아만의 내적 신앙고백과 림몬 신당에서의 외적인 종교 행위(경배행위)가 구별되지 않는 혼합주의 신앙과 같다.
(2) 그러나 나아만의 믿음은 참 믿음이다("참 믿음= 내적 신앙고백 + 외적 행위의 열매").
  ① 하나님에 대한 참된 신앙고백이 있다(15절).

  내가 이제 이스라엘 외에는 온 천하에 신이 없는 줄을 아나이다(왕하 5:15).

  ② 믿는 하나님에 대한 예배(제사) 행위와 예물 드림 행위가 있다.

2) 어린 신앙 vs. 장성한 신앙?

(1) 나아만의 믿음은 참 믿음이지만, 이제 막 태어난 어린 신앙의 소유자이다.
  ① 내적 믿음이 외적 신앙고백으로 표현되었을지라도(15절).
  ② 믿는 바 내적 신앙고백이 외적 행위로 드러나야 온전한 장성한 신앙이다.
(2) 그렇다면 나아만의 세 가지 외적 행위는 무엇인가?

① 예물 드림 행위: 신앙고백 후에 감사의 예물 드림 행위가 있다(15절).

청하건대 당신의 종에게서 예물을 받으소서(왕하 5:15 하반절).

② 흙 요청 행위: 신앙고백 후에 오직 여호와께만 드릴 제사 행위 때문 (cf. 출 20:24, 토단을 쌓고 번제물과 희생 제사를 드리기 위함이다). 그는 귀국하여 계속 여호와께 예배자로 살겠다는 결단을 보인다.

그러면 청하건대 노새 두 마리에 실을 흙을 당신의 종에게 주소서 이제부터는 종이 번제물과 다른 희생 제사를 여호와 외 다른 신에게는 드리지 아니하고 다만 여호와께 드리겠나이다(왕하 5:17).

③ 용서 간청 행위: 미래의 잘못된 행위에 대한 일종의 "회개" 행위가 있다.

오직 한 가지 일이 있사오니 여호와께서 당신의 종을 용서하시기를 원하나이다 곧 내 주인께서 림몬의 신당에 들어가 거기서 경배하며 그가 내 손을 의지하시매 내가 림몬의 신당에서 몸을 굽히오니 내가 림몬의 신당에서 몸을 굽힐 때에 여호와께서 이 일에 대하여 당신의 종을 용서하시기를 원하나이다(왕하 5:18).

즉 예물 드림 행위가 거부당했는데, 그것은 자신의 치유 받은 것이 값없이 주시는 하나님의 은혜에 의한 것임을 강조하기 위한 엘리사 선지자의 의도였다. 그것으로 "하나님의 은혜"에 대하여 배운 후에, 자신의 미래 범죄 행위에 대한 "하나님의 은혜"에 의한 용서를 간청했다. 그는 "하나님의 은혜"를 의지하는 참 믿음을 소유했다.

3. 나아만의 행위에 대하여

1) 림몬(태양신, 석류/풍요와 번영의 신) 신당에서의 행위(출입과 경배 행위)가 종교 행위? vs. 문화적 행위?

(1) 문화적 행위로 본다면, 그가 고백한 신앙에 대하여 이 행위는 정당한 것이며, 죄가 아니라는 의미가 된다.
(2) 그러나 단순한 문화적 행위라기보다는 1, 2계명을 위반하는 종교 행위로 보는 것이 정당하다.
　① 나아만이 림몬 신당의 행위에 대하여 '죄'라는 자의식을 갖고 있다.
　　㉠ 그래서 "용서하다"라는 동사를 2회 사용한다(18절).
　　㉡ 이 동사의 용례는 구약에서 오직 5회만 사용되는데, 왕하 5:18에 2회 사용되는 것 이외에 민수기 30:6, 9, 13절에서 여호와의 죄 용서의 용법으로만 사용하는 제한된 용례를 가진다. 즉 림몬 신당에서의 나아만의 몸을 굽히는 이 행위는 죄이며, 그 행위는 단순한 문화적 행위가 아닌, 1, 2계명 우상 숭배에 대한 종교 행위를 가리킨다.
　② 아람 왕의 '경배 행위'와 나아만의 '몸을 굽히는 행위'의 비교 (18절)
　　㉠ 아람 왕이 림몬 신당에서 '몸을 굽히는' 행위는 확실한 종교 행위이다.
　　㉡ 나아만이 '몸을 굽히는' 행위도 동일한 동사를 사용한다(LXX: προσκυνέω).
　　㉢ 그러나 대부분의 영역과 개역개정은 아람 왕의 행위는 종교 행위로서 '경배 행위'로 번역하며, 나아만의 행위는 그가 섬기는 왕에게 복종하는 신하로서의 "영혼 없는" 문화 행위 정도로 "몸을 굽히다"로 다소 중립적으로 번역하고 있다.
　　㉣ 진정한 우상 숭배이든지 (아람 왕), 우상의 제단 앞에 신하로서 예를 갖추는 "영혼 없는" 섬김 행위(나아만)든지, 모두 사람에게는 우상 숭배로 여겨질 수 있다. 그러나 하나님께서 어떻게 판단하실지는 모른다.

4. 엘리사의 인사에 대하여

본문은 다음과 같이 말씀한다.

> 엘리사가 이르되 너는 평안히 가라 하니라(יֹאמֶר לוֹ לֵךְ לְשָׁלוֹם, 왕하 5:19).

이 구절이 위치한 전후 문맥을 살펴보면, 18절에서 나아만이 엘리사에게 림몬의 신당에서 아람 왕과 함께 몸을 굽힐 때에 그 행위를 하는 자신을 '용서해달라'라고 말한 후에, 엘리사 선지자가 응답으로서 19절에서 길 떠나는 나아만을 향하여 다음과 같이 인사하고 있다.

> 너는 평안히 가라(왕하 5:19).

그렇다면 엘리사의 이 인사 행위는 어떤 성격을 가지는가?

1) 단순한 인사?

림몬 신당에서의 나아만의 행위에 대한 나아만의 용서 간청 행위와 상관없이 이스라엘에서 아람으로 가는 길에서 평안하기를 바라는 엘리사의 송별 인사로서의 문화적 행위이다. 이 경우, 나아만의 간청에 대하여 엘리사는 동문서답식으로 나아만의 행위에 대해 노코멘트함으로 의도적으로 외면하고 침묵한다는 약점이 있다.

2) 허락의 인사?

나아만의 림몬 신당에서의 행위에 대한 나아만의 '용서 간청 행위'에 관한 엘리사의 응답으로 보는 견해이다. 나아만이 참된 신앙고백(15절)을 이미 했고 그 열매로서 오직 여호와께만 제단을 쌓고 예물을 드리겠다(17절)라고 했기 때문에, 나아만의 "영혼 없는" 그러한 '경배 행위'는 하나님께서 이해해 줄 수 있다는 것이 된다.

이 경우, 나아만의 그 행위는 단순히 "몸을 굽히는" 행위이기에 죄가 아닐 수도 있고 만약 "우상 숭배"의 죄가 된다면 그 정도는 이해해 줄 수가 있다는 의미가 된다.

3) 바른 믿음으로의 성장을 위한 평화 기원의 인사

첫째, 시간적으로, 아람 나라로 길 떠나는 여정을 위하여 인사했기 때문에, 일단은 송별 인사의 의미를 포함한다.

둘째, 문맥적으로, 나아만의 용서 요청 행위에 대한 엘리사의 응답이기 때문에, 나아만이 '죄'라는 자의식과 '용서'라는 표현을 사용하였기에, 림몬 신당에서의 아람 왕과 함께하는 "영혼 없는" "경배 행위"일지라도 다음과 같은 제1, 2계명을 위반하는 것이기에 '허락의 인사'로 보기에는 무리가 따른다.

> 나 외에 다른 신을 네게 두지 말라…그것들에게 절하지 말며 그것들을 섬기지 말라 (출 20:3-5).

셋째, 그러므로 엘리사의 '샬롬'(평화)에 대한 인사는 '단순한 인사'의 의미를 포함하면서도 '허락의 인사'의 개념은 포함될 수 없다. 그러나 단순한 인사 그 이상을 의미한다.

그렇다면 엘리사가 나아만에게 기원한 하나님의 평화(샬롬)가 나아만과 함께한다는 의미가 무엇인가?

하나님의 평화가 나아만과 함께하고 나아만이 하나님의 은혜와 평화에 대하여 믿고 소망하면, 아직 연약하여 행위가 온전히 변화되지 못하는 연약한 그의 믿음조차 장성하고 온전한 믿음으로 자라갈 수 있다는 것을 암시한다.

엘리사의 이 인사는 나아만이 자신의 보스(아람 왕)를 두려워하는 것보다 오직 여호와를 경외하고 오직 여호와만 섬기는 믿음으로 자라가라는 기원의 의미로서의 평안의 인사이다. 그리고 엘리사의 예물 거부행위를 통해, 자신의 나병 치유는 오직 하나님의 은혜의 선물이라는 것을 배운 후, 앞으로도 오직 하나님의 은혜를 통해서만 자신의 믿음의 자람이 가능하다는 것을 보여 준다.

5. 신약성경의 응답은 무엇인가?

나아만에 대하여는 신약성경에서 예수님에 의해 오직 1회 인용되어 사용되는 것이 누가복음에 나타난다. 누가에 따르면 다음과 같이 말씀한다.

> 또 선지자 엘리사 때에 이스라엘에 많은 나병환자가 있었으되 그중의 한 사람도 깨끗함을 얻지 못하고 오직 수리아 사람 나아만뿐이었느니라(눅 4:27).

이 구절의 문맥을 관찰하면, 예수님께서 요단강에서 세례를 받으신 후에 성령의 충만함을 받아 광야에서 40일 동안 성령에 이끌려 마귀의 시험을 이기고 통과하신 후에 성령의 능력으로 갈릴리와 나사렛에 있는 회당에서 가르치셨다. 예수께서 이사야 본문(사 61:1 이하; 눅 4:18-19)을 회당에서 가르치시면서 자신이 메시아이심을 드러내셨다. 그때에 예수님의 고향 나사렛 사람들은 다음과 같이 말했다.

> 가버나움에서 행한 일을 네 고향 여기서도 행하라(눅 4:23).

예수님은 이 말을 들으시고 다음과 같이 말씀하셨다.

> 선지자가 고향에서는 환영을 받는 자가 없느니라(눅 4:24).

그러면서 그 한 예로써, 엘리사 당시에 이스라엘(고향, 고국) 백성이 엘리사와 하나님의 말씀을 믿지 않고 거부했기에 이방 수리아 사람 나아만만이 하나님의 치유는 은혜를 받았다고 우회적으로 말씀하신다. 이 본문에서 예수님은 나아만을 나병으로부터 깨끗함(치유: "구원")을 받은 자라고 확언하신다. 즉 나아만은 하나님의 은혜를 받은 자라고 말씀하신 것이다.

이 치유를 전인적인 치유로서 "구원"의 의미로 본다면, 구원의 주 예수님께서 친히, 나아만은 오직 구원 얻는 믿음(the saving faith)을 가졌으며, 그리고 믿음의 주요 또 그 믿음을 온전케 하시는 분(히 12:2)이신 예수님께서 친히, 나아만이 구원받은 그 믿음은 계속 자라가야 하는 성화를 위한 믿음(the sanctifying faith)임을 말씀하시는 것과 같음을 보여 준다.

여기서 또 다른 흥미로운 사실을 하나 첨언하면, 누가복음 4장의 문맥의 시작이 메시아의 대관식으로서 공생애의 시작인 예수님의 요단강 세례 사건으로 시작되었으며("요단강에서 돌아오사", 눅 4:1), 이러한 요단강 물에 몸을 잠금의 행위의 연장 선상에서, 예수님께서 언급하신 수리아 사람 나아만의 나병 치유 사건(눅 4:27)도 "요단강에 일곱 번 몸을 잠그니"(왕하 5:14) 그의 살이 어린아이의 살 같이 회복되어 깨끗해졌다는 사실과 병치(parallel)를 이룬다.

전자(예수님)가 "이는 내 사랑하는 아들이요 기뻐하는 자"라는 아버지의 음성을 들었다면, 후자(나아만)는 '어린아이의 살'을 가진 하나님 아버지의 아들이요 기뻐하는 자로 그리고 세상의 '큰 자'에서 하나님 나라의 '작은 자'로 그 정체성이 변화된 자라고 할 수 있다.

6. 결론

다시 열왕기하 5장으로 되돌아가면, 엘리사를 통해서 하나님의 은혜로 치유를 받은 나아만은 이제 막 "복음"을 듣고 구원받고 세례받은 현대 교회의 "어린 성도"와 같다. 그 믿음은 참 믿음이지만, 아직 어린 믿음이기에 더 자라가야 하는 믿음이다.

구원을 얻는 믿음도 오직 하나님의 은혜였으며, 구원받은 이후의 믿음의 성장도 오직 하나님의 은혜로 가능하다. 이러한 믿음의 장성을 위한 여정에는 하나님의 은혜 안에서 "평안"(샬롬)이 필수적이다. 나아만을 향한 엘리사의 평안(샬롬)의 인사는 그것을 반영하고 있다.

그러므로 나아만의 믿음의 시작과 과정, 믿음 생활의 알파와 오메가는 오직 하나님의 "은혜와 평강"(Grace & Peace)이다!

제19장
신앙의 변질

> Topic : 엘리야-엘리사 내러티브(19)
> Text : 열왕기하 5:15-27 [20-27]
> Title : 신앙의 변질(Deterioration of Christian Faith)
> Theme : 탐욕과 유혹으로 인한 신앙의 변질을 주의하자.

1. 서론 및 문맥

바로 앞의 문맥적 본문은 나아만의 변화의 과정을 포함했다. 나아만은 이 방 나라 소속이다. 하나님과 거리가 먼 자이었다. 그는 세상적으로 "크고 존귀한 자"였으며, "큰 용사"였다(왕하 5:1). 그러한 그는 나병환자였다. 그는 나병을 치료받기 위해서 국경을 넘어 먼 길을 마다하지 않고 엘리사에게 왔다. 엘리사는 그에게 다음과 같은 말씀을, 치료를 위한 말씀으로 주었다.

> 요단강에 몸을 일곱 번 씻으라 네 살이 회복되어 깨끗하리라(왕하 5:10).

나아만은 엘리사의 이 말에 분노하였다(왕하 5:11, 12). 그가 예상했던 치료의 방식과 완전히 다른 방식이었기 때문이다.
나아만이 생각했던 치료의 방식이 어떤 것이었는가?

> 내 생각에는 그가 내게로 나와 서서 그의 하나님 여호와의 이름을 부르고 그의 손을 그 부위 위에 흔들어 나병을 고칠까 하였도다(왕하 5:11).

이와 같이 그의 생각을 밝혔다. 나아만의 생각은 "그가 내게로 나와 서서" 치료할 줄 알았다. 자기 중심주의 태도이다. 체면과 폼 나게 고쳐줄 줄 알았다. 여기서 나아만이 말한 "내 생각에는"이라는 것이 바로 "자기 중심주의"(self-centered life style), 내 생각만 옳다는 "나만주의"(Me-Alonism)의 삶의 스타일이다. 나아만의 한글 이름처럼, '나만'(Me Alone) 생각하는 주의(ism)이다. 하지만 후에 그는 그의 종들의 말에 설득되어 엘리사의 처방대로 요단강에 일곱 번 몸을 담구었다. 다음과 같이 말씀한다.

> 요단강에 일곱 번 몸을 잠그니 그의 살이 어린아이의 살 같이 회복되어 깨끗하게 되었더라 (왕하 5:14).

이것이 나아만의 변화이다.
그의 변화는 어떤 변화인가?

나아만의 변화는 외형적으로는 나병이라는 육체적 질병이 치유된 건강을 회복한 변화다. 더 본질적인 변화는 영적인 변화이다. 즉 "자기 중심주의"(나만주의, Me-Alonism)에서 하나님의 말씀 중심주의(주만주의, God-Alonism)로 바뀐 변화이다. 자기 중심주의에서 하나님 중심주의로 변화될 때, 그의 "나병"이 "어린아이 살" 같이 치료되고 회복되었다. 이 사건은 그의 "육체적 나병"만 치료 받은 것이 아니다. 그의 "영적인 나병"(나만주의)도 치유를 받았다. 즉 그는 살아 계신 하나님을 만나고 새로운 신앙을 고백하게 되었다.

그의 변화의 핵심에는 다음과 같은 살아 계신 하나님께 대한 그의 참된 신앙고백이 있었다(cf. 왕상 18:24; 왕하 5:8).

> 내가 이제 이스라엘 외에는 온 천하에 신이 없는 줄을 아나이다(왕하 5:15).

그의 병든 육체만 어린아이 살같이 치료되었을 뿐만 아니라, 그의 영혼도 어린아이와 같은 하나님의 말씀을 믿고 순종하는 자로 변화되었다. 한마디로 요약하면, 나아만은 '큰 자'에서 '어린아이'로의 축복된 변화를 경험했다. 나아만의 변화는 '큰 자'에서 '작은 자'("종", 17, 18절)로의 변화이다. 이것이 바로 앞 본문의 문맥적 내용이다.

이제 이어지는 본문 20-27절까지의 본문은 먼 이방 나라 아람의 군대 장관의 신분과 달리, 하나님의 사람 가장 가까운 지근 거리에서 섬기며, 하나님의 역사를 경험하며 살아가는 하나님의 사람 엘리사의 사환 게하시에게 일어난 사건이다. **나아만의 변화**와 달리, 여기서는 **게하시가 변질**되는 모습을 대조적으로 묘사하고 있다. "변화와 변질"의 차이가 무엇인가? '변화'(change)는 긍정적인 바뀜을 의미한다(예. 물이 포도주로). '변질'(deterioration)은 부정적인 바뀜을 의미한다(예. 무더운 여름에 음식물이 변질되는 것).

2. 게하시의 변질: "주만주의"(Jumanism) → "나만주의"(Naamanism), '작은 자에서 큰 자로'

본문 5절에 나아만은 아람에서 올 때, 아람 왕이 준 엄청난 재물을 가지고 왔다. 은 10달란트, 금 6,000개와 의복 10벌이다.[1] 옷 10벌을 제외하고 은 10달란트(약 2억 원)와 금 6,000세겔(약 18억 원)하면 현시가로 총 20억 원에 상당하는 금액이다. 나아만은 아람 왕으로부터 이 정도의 엄청난 총애를 받는 자라는 것을 의미한다(정치적 신뢰를 받는 자). 이 엄청난 재물을 가져온 것은 나아만 자신의 핸디캡인 '나병'만 해결해준다면, 이 모든 것을 다 줄 수 있다는 대가 지불에 대한 강한 의지를 반영하고 있다(육체적 건강회복에 대한 강한 열망). 이러한 고비용의 선물을 가지고 온 것은 나아만 자신의 질병인 '나병'이 그에게 얼마나 큰 아픔이었는 가를 역설적으로 잘 대변하고 있다(예물의 양은 자신의 정서적 고충의 크기를 보여 주는 것이다). 나아만은 하나님의 은혜로 치유된 후에, 가지고 온 그 모든 고비용의 예물을 감사 예물로 바치려고 했지만, 하나님의 사람 엘리사는 받지 않았다. 그것도 "여호와께서 살아 계심을 두고 맹세"하면서 받지 않고 그것을 거절했다(16절). 그런데 나아만이 그 예물을 도로 가지고 되돌아가는 장면을 본 엘

---

[1] 현대 도량형으로 환산을 해 보면 1달란트는 34킬로그램이다. 은 10달란트는 340킬로그램이다(340킬로그램=90664돈, 1돈=3.75그램=2,400원). 은 340킬로그램(10달란트)의 현시가로 환산하면, 217,593,600원(약 2억 원)이다. 그리고 금이 6,000개(세겔)인데, 금 1세겔=11.4그램=3돈이다. 금 6,000세겔=18,239돈(14k/18k/순금 가격이 다르고 살 때와 팔 때의 가격이 다르지만 평균1돈=100,000원)의 가격은 1,823,900,000원이다(약 18억 원).

리사의 사환 게하시는 그 순간 욕심이 확 일어났다. 강한 유혹의 순간이다. 게하시는 속으로 다음과 같이 생각했다.

> 내 주인이 이 아람 사람 나아만에게 면하여 주고 그가 가지고 온 것을 그의 손에서 받지 아니하였도다 여호와께서 살아 계심을 두고 맹세하노니 내가 그를 쫓아가서 무엇이든지 그에게서 받으리라 (왕하 5:20).

그리고 그 내적인 결단을 행동으로 옮기고자 했다.

이러한 탐욕적 맹세를 한 자의 호칭을 "하나님의 사람 엘리사의 사환 게하시"(גֵּיחֲזִי נַעַר אֱלִישָׁע אִישׁ־הָאֱלֹהִים, 게하지 나아르 애리샤 이쉬-하애로힘)로 저자는 아주 긴 호칭을 사용했다. '게하시'라는 개인 이름에 선지자의 이름('엘리사')과 '하나님의 사람'이라는 표현이 중첩된 동격 어구로 표현했다. 그러한 "거룩한" 게하시가 이러한 "탐욕적" 맹세를 할 수 있는지에 관해, 이러한 의문을 독자들에게 던지는 것 같다.

여기서 흥미로운 것은 엘리사도 여호와 하나님의 살아 계심을 두고 '맹세'를 했고 게하시도 여호와 하나님의 살아 계심을 두고 '맹세'했다. 그러나 둘 다 하나님의 살아 계심을 두고 맹세를 했지만, 그 맹세한 내용과 동기가 서로 달랐다. 엘리사가 하나님의 살아 계심을 두고 맹세한 것은 전적으로 '하나님께서 하신 일'이라는 것을 보여 주고자 했던 것이다. 즉 나아만이 치료의 대가를 지불했기 때문에 고침을 받은 것이 아니라, 하나님의 말씀에 대한 믿음과 순종의 결과로서, 값없이 은혜로 받은 것인 줄 알게 하려는 것이 엘리사의 의도였다.

반면 게하시가 하나님의 살아 계심을 두고 그 예물을 받겠다고 생각한 의도는 순전히 자기 욕심 때문이었다. 자신의 탐욕을 하나님의 이름을 빙자하여 맹세했다. 그렇기 때문에 게하시의 죄가 그만큼 크다고 할 수 있다. 엘리사 선지자가 나아만에게 그 어떠한 예물도 받지 않은 것은 하나님의 살아 계심과 그의 이름, 그리고 하나님의 영광과 은혜를 나아만에게 가르치려는 의도 때문이었다. 이스라엘에 이런 '은혜의 하나님'이 계신다는 것을 알게 한 것이다(cf. 8절).

반면 게하시는 하나님의 살아 계심에 대한 맹세와 하나님의 이름을 자기의 욕심을 위해 사용했다. 그 욕심은 바로 재물에 대한 탐심이었다. 게하시의 이러한 탐욕주의적 자아상은 하나님의 이름과 영광을 위하는 것보다는 도리어 자기 욕망을 채우려는 자기 중심주의로 나타났다. 이런 점에서, 게하시의 영적인 자아상은 자기의 배만 채우려는 "나만주의"의 또 다른 모습이다. 현재의 게하시의 자아상은 나아만이 변화되기 전에 가졌던, 세상의 명성과 자기 중심의 삶과 유사한 자아상이다. 나아만 장군의 옛 모습과 게하시의 현재 모습은 모두가 자기 중심주의, 나만주의로 일치한다.

1) 행동하는 양심인가, 행동하는 탐심인가?

이제 게하시의 탐심이 드디어 행동하기 시작한다. 그의 양심은 "행동하는 양심"이 아니라, "행동하는 탐심"이다. 게하시는 나아만의 뒤를 따라갔다. 게하시는 나아만 가까이 가서 다음과 같이 거짓말을 한다.

> 우리 주인께서 나를 보내시며 말씀하시기를 지금 선지자의 제자 중에 두 청년이 에브라임 산지에서부터 내게로 왔으니 청하건대 당신은 그들에게 은 한 달란트[씩] (68킬로그램=18132돈=43,516,800원, 약 4천300만 원)와 옷 두 벌을 주라 하시더이다(왕하 5:22).

게하시가 나아만에게 요구한 금액은 옷 두 벌을 제외하고 현시가로 4천 300만 원 정도되는 금액이다. 하나님의 사람 엘리사가 하나님의 은혜를 가르치려고 의도적으로 나아만의 사례를 받지 않으려고 했는데, 거짓과 탐욕으로 물든 게하시는 질병 치유에 대한 대가를 요구하고 있다. 그러므로 게하시는 나아만에게 현시가로 4천 300만 원 상당의 부당한 소위 "대가성 뇌물"을 요구한다.

게하시는 속으로 20억 가운데 약 40분의 1에 해당하는 4천 300만 원이면 "새 발의 피다"라고 생각했는지 모른다. 이 정도이면 죄는 안 된다고 양비론적으로 생각했는지도 모르겠다. 그러나 이것은 엄연히 하나님의 살아 계심과 그 이름으로 맹세까지 한 거짓말이며 큰 죄악이다.

한편 나아만의 입장에서 생각해 보면 어떠한가?

나아만은 어차피 20억 원 상당의 모든 재물은 자신의 나병 치유를 위한 대가로 감사의 사례로 가져온 것이며, 이 모든 것을 다 엘리사에게 드리려고 했는데, 엘리사가 받지 않아서 마음이 찜찜했었던 참이었다. 마침 엘리사가 아주 조금만 받겠다는 말(거짓)을 게하시로부터 들었고 그 요구를 들어주는 것이 조금이나마 감사의 마음을 표현하는 길이 되었기에, 망설이지 않고 게하시가 요구한 것을 주었던 것이다.

그래서 게하시는 나아만에게서 은 두 달란트(약 4천 300만 원)와 옷 두 벌을 받는다. 은 두 달란트는 68킬로그램이기에 혼자 운반하기에는 약간 무겁다. 나아만은 소위 "사과박스" 두 개를 들고 갈 운반 책임자 두 명도 부쳐준다. 두 전대에 나누어 두 사환에게 지우게 하여 게하시 앞에서 지고 가도록 했다.

언덕에 이르러서 게하시는 그 물건을 나아만의 두 사환에게서 받아서 자기 집에 도착하여 그것을 감추었다. 그리고 나아만의 두 사환을 조용히 돌려보냈다. 이 일을 엘리사 선지자가 알면 어떡할까 조마조마하면서 잘 처리했다. 일단 비자금 은닉에 성공한 것 같다. 게하시는 모르는 척하고 주인 엘리사 앞으로 다가갔다. 그때 엘리사는 다음과 같이 물었다.

  게하시야 네가 어디서 오느냐(왕하 5:25).

순간 게하시는 가슴이 철렁했을 것이다. '엘리사 선생님이 모르시겠지' 라고 속으로 되뇌었을 것이다.

그런데 다음과 같은 질문의 의미는 무엇일까?

  게하시야 네가 어디서 오느냐(왕하 5:25).

에덴동산에서 최초의 인류에게도 이와 같은 하나님의 질문이 있었다. 하나님께서는 아담과 하와에게 동산의 모든 열매를 먹을 수 있으나 동산 가운데 있는 선악을 알게 하는 나무 열매는 먹지 말라고 명령하셨다. 그러면서 하나님은 그들에게 다음과 같이 경고하셨다.

  먹는 날에는 반드시 죽으리라(창 2:17).

하지만 뱀으로 가장한 사탄은 하와에게 다음과 같이 거짓말을 하여 유혹했다.

> 너희가 결코 죽지 아니하리라(창 3:4).

거짓말은 사탄의 고유한 전략이다.
그래서 신약성경은 사탄을 "거짓말쟁이의 아비"라고 부른다.

> 먹음직도 하고 보암직도 하고 지혜롭게 할 만큼 탐스럽기도 한 나무(창 3:6).

뱀의 거짓말의 유혹에 빠져 선악과를 탐욕의 눈으로 바라보니 먹음직도 하고 보암직도 하고 지혜롭게 할 만큼 탐스럽게 보였다.

> 이는 세상에 있는 모든 것이 육신의 정욕과 안목의 정욕과 이생의 자랑이니 다 아버지께로부터 온 것이 아니요 세상으로부터 온 것이라(요일 2:16).

요한일서 2:16의 표현을 빌리면, 육신의 정욕, 안목의 정욕, 이생의 자랑을 할 만큼 탐스럽게 보였다. 결국, 하와는 선악과를 따먹고 말았다. 그리고 남편을 유혹하여 남편 아담도 먹었다. 그들은 눈이 밝아져 벗은 상태를 부끄럽게 여겼다.
그래서 무화과나무 잎을 엮어서 치마를 만들어 입었다.

> 그 날 바람이 불 때(theophanic wind) 동산에 거니시는 여호와 하나님의 소리를 듣고 아담과 그의 아내가 여호와 하나님의 낯을 피하여 동산 나무 사이에 숨은지라(창 3:8).

하나님의 소리가 들리자 아담과 하와는 하나님의 낯을 피하여 동산 나무 사이에 숨어 있었다. 드디어 하나님의 음성이 들려왔다. 다음과 같은 음성이다.

> 아담아 네가 어디 있느냐(창 3:9).

하나님께서 지금 아담과 하와가 어디 숨어 있는지 몰라서 묻는 질문인가? 공간적인 장소를 묻는 것이 아니다. 그들의 현재의 실존을 물으신 것이다. 즉 아담과 하와의 영적인 현주소가 어디 있는지에 관한 질문인 것이다. 역시 이 본문에서 엘리사 선지자가 게하시에게 다음과 같이 물었다.

> 게하시야 네가 어디서 오느냐(왕하 5:25).

하나님의 사람 엘리사는 하나님과 "동격"으로 등장한다. 그래서 하나님의 사람 엘리사가 게하시의 내면과 그가 다녀온 걸음들을 다 알고 있다.
엘리사의 질문이 게하시의 공간적인 위치와 행적에 대한 질문인가?
그럴 수도 있겠지만, 엘리사의 질문의 의도는 역시 게하시의 영적인 현주소를 묻는 질문이다. 그의 영적 실존을 묻는 질문이다.
게하시가 엘리사에게 어떻게 대답을 하는가?

> 당신의 종이 아무데도 가지 아니하였나이다(왕하 5:25).

게하시는 "당신의 종이 아무데도 가지 아니하였나이다"라고 "근엄하고 거룩하게" 거짓말을 한다. 이것은 게하시의 두 번째 거짓말이다. 첫 번째 거짓말은 나아만에게 재물을 요구할 때 한 거짓말이었다.

2) 하나님의 마음이 동행한다는 것을 의식하는 삶

본문 26절에 엘리사는 게하시에게 다음과 같이 말씀한다.

> 한 사람이 수레에서 내려 너를 맞이할 때에 내 마음이 함께 가지 아니하였느냐 지금이 은을 받으며 옷을 받으며 감람원이나 포도원이나 양이나 소나 남종이나 여종을 받을 때냐(왕하 5:26).

그러나 게하시는 나아만에게 은과 옷만 받았다. 그런데 엘리사 선지자는 은과 옷뿐만 아니라, 감람원과 포도원과 양과 소와 남종과 여종까지 언급을 했다.

엘리사가 넘겨짚은 것인가?

아니면 본문에 언급되지 않은 다른 뇌물 목록(bribe list)이 더 있는 것인가?

이것은 아마 게하시가 나아만에게서 받은 은 2달란트(약 4천 300만 원)로 감람원과 포도원을 사고 양과 소와 남종과 여종까지 거느리고 살려고, 즉 그의 미래를 준비하고 계획했던 것 같다. 게하시의 "노후대책"인 줄 모르겠다. 그런데 매우 흥미로운 것은 하나님의 사람의 마음이 게하시와 함께 동행했다고 말씀한다. 이것은 철저한 하나님의 사람의 "전지성"을 보여 준다.

게하시는 아마 이런 생각을 했을 것이다. '내가 하나님의 사람 엘리사를 이런 식으로 따르는 것은 도덕적으로는 좀 바르고 깨끗하게 살지 모르나, 가난하게 사는 것은 분명하다'라고 여겼는지 모르겠다. 자기가 따르는 엘리사 선지자가 사는 방식대로 살면, 인생의 답이 안 보이는 것 같았다. 이것은 게하시의 "본전 생각"이다.

그래서 그는 하나님의 살아 계심을 두고 맹세한 것은 자기 욕심을 위한 맹세였다. 그러고 나서 나아만에게 가서 거짓말을 한 번하고 되돌아와서 엘리사에게 또 한번 거짓말을 했다. 게하시의 죄악이 하나님 불꽃 같은 눈앞에 적나라하게 드러났다. 하나님의 사람의 "마음이 함께" 갔다고 말씀하고 있다. 이것은 하나님께서 사람의 겉과 속을 정확하게 보시고 아신다는 의미이다.

오늘날도 우리의 입으로 거짓말을 하고 한 입으로 두말을 하는 것, 그리고 상황에 따라서 수시로 말 바꿈을 하는 행위는 모두가 살아 계신 하나님을 두려워하지 않는 삶의 결과다. 이런 삶을 사는 사람은 입으로 하나님의 이름을 부른다. 그러나 실상은 하나님을 믿지 않는 불신자와 같다. 슬픈 일은 이런 자가 현대 교회 안에 많이 있다는 것이다. 무서운 일이다.

살아 계신 하나님을 두려워하고 경외하는 삶이 회복되기를 바란다!

3) 변질에 대한 응답으로서 변질

그 결과가 어떻게 되었는가?

본문 27절에 다음과 같은 말씀이 떨어졌다.

그러므로 나아만의 나병이 네게 들어 네 자손에게 미쳐 영원토록 이르리라 (왕하 5:27).

이 말씀을 듣고 게하시가 엘리사 앞에서 물러 나오니 다음과 같이 말씀한다.

> 나병이 발하여 눈같이 되었더라 (왕하 5:27).

이 나병이 처음에 누구의 것이었는가?

나아만이 나병환자였다. 나아만은 자기 중심의 삶에서 하나님 중심의 삶으로 변화되어 영육 간의 나병이 치유되는 은혜를 경험했다. 나아만의 변화는 '큰 자에서 작은 자로의 변화'이었다. 자기 중심의 삶에서 하나님의 말씀 중심의 삶으로 순종의 길을 택했다. '나만주의에서 주만주의로 변화'된 인물이었다.

그런데 엘리사의 사환 게하시는 정반대다. 그는 하나님의 사람 엘리사와 함께 곁에 있던 자였다. 엘리사의 말씀을 전달하는 자였다. 그는 비록 가난하게 살았는지는 모르나, 하나님의 사람 곁에 말씀과 기적을 통해 늘 함께하는 삶이었다. 지금까지 부족했겠지만, '작은 자'의 삶을 살아왔을 것이다. 그뿐만 아니라 엘리사의 사환이었던 게하시는 나아만의 아내를 수종 드는 '어린 소녀'같이 동일한 종의 신분을 가진 게하시였다. 어린 소녀의 여주인의 남편 나아만이 다음과 같이 말한 하나님의 능력을 믿는 어린 소녀처럼 게하시도 그렇게 살아왔을 것이다.

> 사마리아에 계신 선지자 앞에 계셨으면 좋겠나이다 그가 그 나병을 고치리이다 (왕하 5:3).

적어도 그러한 삶을 보면서 살아왔을 것이다.

그러나 지금은 물욕에 눈이 어두워진 변질된 자이다. 미래에 대한 불안 때문에, 그의 "노후대책"의 일환으로 하나님의 이름을 빙자하여 하나님을 속였다. 그리고 그는 탐심으로 인하여 하나님과 사람을 두 번씩이나 속이며 거짓말을 했다.

세상적으로 부유한 '큰 자'였던, 나아만의 나병은 하나님의 말씀에 순종하는 '작은 자'가 될 때 없어졌다. 그러나 그동안 하나님 앞에 '작은 자'로 살아온 게하시는 세상적으로 부유한 '큰 자'로 살기 위해 자기 욕심을 내어 죄악을 행하였을 때 그 게하시는 한 때 세상의 큰 자로 있었던 나아만이 가졌던,

바로 그 나병이 게하시에게 옮겨왔다. 본문 27절에 게하시가 든 병이 그냥 "나병"이라고 언급하지 않았다.

무슨 병이라고 했는가?

"나아만의 나병"(וְצָרַעַת נַעֲמָן, 웨차라아트 나아만)이라고 명시적으로 표현했다. 저자의 어투는 저자의 신학적 의도를 반영하고 있다. 본문의 저자의 깊은 의도를 보아야 한다.

그것이 무엇인가?

나아만은 "큰 자에서 작은 자로 변화"라면, 게하시는 "작은 자에게 큰 자로 변질"이라는 강한 메시지를 전달하고 있다는 점이다. 나아만은 "나만주의에서 주만주의로의 변화"이다. 영육 간의 나병 치유이다. 이것이 본문의 저자가 보여 주려는 신학적 의도와 메시지이다. 이것이 엘리야-엘리사 내러티브에서 만날 수 있는 또 다른 문학적 탁월함이다.

그런데 하나님의 사람 곁에 늘 함께 있으며 말씀을 듣고 하나님의 뜻을 전달하는 위치에 있었던 게하시는 자기 욕심으로 인하여 "작은 자에서 세상의 큰 자로 변질"되었다. 게하시는 "주만주의에서 나만주의로의 변질"이다. 그는 나아만의 변화처럼 "영육 간의 나병 치유자"가 아니라, "영육 간에 나병 발병자"가 되었다. 그래서 그는 자신뿐만 아니라, 그의 후손들까지 영원히 나병이 발하는 심판을 받았다.

게하시와 같은 사람들은 신약성경에도 등장한다. 가룟 유다이다. 아나니아와 삽비라도 이와 비슷한 길을 걸었다. 돈에 대한 욕심과 거짓과 탐욕으로 심판을 받아 죽었다. 이것은 오늘날 주님을 가까이 따른다고 하는 우리가 경계와 거울로 삼아야 한다.

3. 결론 및 적용

　오늘 우리가 신앙생활을 할 때, 우리 앞에 여러 가지 길이 있다. 그리고 그 길들 가운데 어느 한 길을 선택하며 살아간다. 어떤 길은 사람의 보기에, 세상의 관점으로 매우 옳은 길 같다. 그러나 하나님 앞에서 그 길이 잘못된 길일 수도 있다. 반대로 어떤 길은 사람의 보기에, 세상의 관점으로 볼 때 매우 잘못된 길 같이 보인다. 하지만 그 길이 하나님 앞에서 옳은 길일 수도 있다.
　우리는 우리의 생각과 마음의 묵상과 마음의 결심과 행동의 전 과정이 하나님 앞에서, 하나님의 눈에 옳은 길을 선택해야만 한다. 이 길도 아니고 저 길도 아니고, 되는대로 살아가는 사람은 세상의 조류에 편승하는 자이다. 우리는 우리를 향하신 하나님의 선하시고 온전하시고 기뻐하시는 거룩하신 뜻을 분별하여 그 뜻을 위하여 살아가야 한다. 이것을 위해 주님께서 당신의 거룩한 피의 값을 지불하신 것이다.
　예수님의 피의 값으로 지불한 우리의 소중한 믿음과 영혼을 세상의 재물과 세상의 가치에 대한 탐욕으로 주님을 부인하거나 멀리하는 삶을 살지 말아야 한다. 주님의 피의 값으로 사신 교회를 자신의 탐욕의 수단과 목적으로 우습게 만들지 말아야 한다. 나 중심의 "나만주의", 나아만의 함정에 빠지지 말고 하나님 중심, 말씀 중심, 교회 중심의 "주만주의"의 삶으로 변화된 삶을 살아야 한다. 세상적인 큰 용사, 크고 존귀했던 변화되기 이전의, 과거의 나아만의 삶의 방식이었던 "나만주의"의 삶을 포기하고 내려놓아야 한다.
　대신에 하나님의 말씀의 능력을 믿고 하나님을 어떤 상황에서, 언제 어디에서도 동일하게 신뢰하는 나아만의 집에 있었던 전쟁포로로 잡혀 온 이스라엘의 어린 소녀가 가졌던 믿음의 삶, 곧 하나님 나라의 작은 자, 곧 "주만주의"의 삶을 추구하며 살아야 한다.
　사실, 엘리사의 마음은 게하시가 가는 길에서 함께 동행했다. 이 말은 하나님께서 우리의 모든 삶에 동행하셔서 보고 계신다는 의미이다. 신약 성도인 우리에게는 우리 안에 성령님이 내주하셔서 우리의 삶에 가장 가까이에서 함께 "밀착 동행"하시는 분이시다.

그래서 하나님은 선악 간에 우리를 잘 아시고 판단하시는 분이시다. 탐욕과 유혹으로 인해 신앙의 변질이나 변절이 아니라, 모든 상황 속에서 하나님 앞에서 사는 삶인 줄 알고 정직과 신실한 삶을 살아야 하는 것이다. 우리의 남은 인생이 하나님 앞에서, 하나님의 눈에 선하고 온전하고 기뻐하시는 거룩한 길을 선택하고 행동하는 주님의 자녀의 길을 걸어야 한다.

보이지 아니하시는 하나님과 들려주시는 하나님의 말씀 앞에서 신실한 믿음으로 사는 "작은 자"로 변화된 삶을 살아야 하리라!

♣ 개인 묵상과 소그룹 성경 공부를 위한 토론 질문 ♣

1. 게하시는 하나님의 사람의 곁에서 살면서 많은 은혜를 경험했을 것이다. 그러던 그가 탐심으로 거짓말을 하고 탐욕은 연쇄적인 죄를 낳았다. 이러한 게하시의 변질은 "주만주의"(Jumanism)에서 "나만주의"(Naamanism)로 변질되고 퇴보한 경우이다. 이것은 주 안에서 '작은 자'의 삶에서 세상의 부와 명예를 추구하는 '큰 자'로 변질이다.
   나에게 있는 고약한 신앙의 변질된 부분은 어떤 것인가?

2. 나는 '행동하는 양심'을 가진 자로 사는가, 아니면 '행동하는 탐심'을 가진 자로 사는가?

제20장
하나님 나라 공동체와 참여

Topic : 엘리야-엘리사 내러티브(20)
Text : 열왕기하 6:1-7
Title : 하나님 나라 공동체와 참여
Theme : 하나님 나라의 참여권을 누리자.

1. 서론 및 문맥

점진적으로 계시되어서 완결된 성경을 특징화하기 위하여, 학자들은 성경 계시의 '통일성'(unity)과 '다양성'(diversity)이라는 신학적 개념을 사용해왔다. 역사적으로 오랫 동안 그리스도인들은 성경의 통일성을 강조하면서 읽어 오다가, 18세기 계몽주의(Enlightenment) 이래로, 그 통일성이 점차 부인되거나 약화되어져 왔다. 그래서 자유주의 진영에서는 성경의 다양성을 강조하는 반면, 보수적인 복음주의권의 신학자들은 정경론적 문맥 안에서 성경의 통일성을 옹호하고 있다.

건강한 성경 해석은 통시적인(diachronic) 관점 안에서, 성경의 신적 저자이신 성령님께서 다양한 시대의 각기 다른 저자들을 사용하셔서 삼위 하나님의 통일된 구속사적인 계획을 계시했다고 믿는 성경의 통일성을 포함할 뿐만 아니라, 공시적인(synchronic) 관점 안에서, 성경이 기록될 당시의 역사적 상황에 따라 당시 청중들에게 독특한 계시가 주어졌기에 그러한 역사적 상황과 문맥 안에서 읽어야 한다는 성경의 다양성을 포괄해야 한다.

그러므로 성경의 통일성 안에 있는 주제와 메시지가 다양한 역사적 상황과 삶의 정황에서 다양한 인간 저자들을 통하여 어떻게 계시가 발전되어 기록되어져 왔는지를 살피며, 이전 계시와 이후 계시의 상관관계를 고려하는 독법이 성경에 대한 건강한 이해를 증진시킨다고 할 수 있다.

성경의 통일성의 관점에서 파악되는 주제들은 크게 '단일 주제'(a single theme)와 '이중적 주제'(pairs of theme)로 분류할 수 있다. 단일 주제의 경우를 예를 들면, 하나님의 언약, 하나님과의 만남, 하나님의 경륜, 예배, 복음, 구원, 정의, 새 창조, 선교 등이다. 그리고 이중적 주제의 경우를 예를 들면, 약속과 성취, 예언과 성취, 율법과 복음, 선택과 의무, 창조와 언약, 구원과 심판, 옛 언약과 새 언약 등이다.

특히, '하나님 나라'(천국, the Kingdom of God)라는 주제는 예수 그리스도께서 지상 사역을 통해 가르치신 교훈의 중심 주제이면서 명시적으로 선포하신 주제로 부각되어 있다. 엘리야-엘리사 내러티브 가운데 이 본문은 '하나님 나라'의 주제를 다양한 방식으로 포괄하고 있음을 관찰하고 연구하고자 한다.[1]

엘리사 사이클을 포함하는 열왕기하(총 25장)는 분열 왕국 후기의 역사에 대한 기록이다. 열왕기하 1-17장까지는 분열 왕국 후기 역사 가운데 북쪽 이스라엘 역사에 대하여 기록했으며, 열왕기하 18-25장까지는 남쪽 유다 왕국의 역사를 기록했다. 각각의 역사의 마지막은 모두가 하나님 앞에서 죄로 인한 심판으로 멸망으로 끝맺는다.

---

1 필자는 1990년대에 고신대학교 내에 있는 대학 교회의 전도사로 봉사하면서, 이 본문을 '하나님 나라'(the Kingdom of God)의 관점으로 해석하고 설교한 적이 있다. 현재의 이 본문에 대한 주해의 내용의 기초는 당시에 만들어진 설교문을 기초로 하여 신학적으로 발전되어 왔다. 당시 학문적으로 아직 일천한 상태에서 몇 개의 주석을 살펴보았으나 이러한 관점으로 보는 내용을 찾기 힘들었다. 금번에 엘리야-엘리사 내러티브에 대한 집중적인 연구를 하는 과정에 필자와 동일한 관점을 가지고 있는 한 문헌을 발견하였다. Ricki Moore, *Finding the Spirit of Elijah in the Story of Elisha and the Lost Axe Head: 2 Kings 6:1-7 in the Light of 2 Kings 2*, OTE 31/3 (2018): 780-789, 781, n, 2에 따르면, 그는 Ronald S. Wallace, *Elijah and Elisha: Expositions from the Book of Kings* (Edinburgh: Oliver & Boyd, 1957), 125에 있는 내용을 다음과 같이 인용하고 있다. "His primary idea about the significance of the axe head story has to do with how it shows that misfortunes that appear to upset the work of God's people can be 'taken up by God and made *to contribute to the building up of the Kingdom*"(필자의 이텔릭체).

북이스라엘은 B.C. 722년에 앗수르에 의해, 남왕국 유다는 B.C. 586년에 바벨론에 의해 멸망된다. 특히, 북쪽 이스라엘이 쇠퇴해가는 과정에서, 엘리야 선지자와 엘리사 선지자의 등장과 활동이 두드러진다. 엘리야 선지자는 회오리 바람이 부는 가운데 불수레와 불말들과 함께 하늘로 승천했다. 엘리사 선지자가 그를 뒤 이어 죄악으로 인해 쇠퇴해가는 북이스라엘에 영적인 파수꾼으로 등장하여 회개와 회복을 촉구하였다.

엘리사 선지자가 활동하는 때의 북이스라엘의 역사는 멸망을 향하여 달려가고 있었다. 당시 북왕국 이스라엘 역사는 캄캄한 밤과 같았다. 이스라엘 왕들과 국가가 하나님 앞에 우상을 숭배하고 범죄하여 멸망의 심판을 향하여 갈 때, 엘리사 선지자를 통해 심판을 촉구했지만 듣지 않았다. 열왕기하 6장의 역사적 배경은 아합의 아들 요람/여호람(Joram/Jehoram)이 통치하던 시기였다.[2] 그러나 많은 경우 엘리사의 기사들은 정확한 연대기적 순서로 배열되어 있지 않으며, 그렇다고 열왕기서 저자가 엘리사의 사이클에서 역사적 배경이 되는 이스라엘 왕의 이름을 정확하게 언급하고 있지도 않은 특징을 보이는데, 그래서 엘리사의 기사들 가운데 얼마나 요람/여호람과 관련된 것인지 파악하는 것은 난해한 일이다.[3]

해리슨(R. K. Harrison)은 그 이유를 다음과 같이 설명한다. 당시의 국가적 정황이 유일신에 대한 개념이 엘리야 이래로 완전히 무너졌으며, 이스라엘 국가는 유일신 여호와에 대한 정치, 사회, 종교적 제도를 수립 및 수행할 수 없을 만큼 타락하여, 하나님께서 이스라엘 국가 자체를 부정하신다는 내적 생각이 이미 엘리사의 마음에 내재하고 있었기 때문에, 저자는 의도적으로 엘리사의 기사에서 이스라엘 왕의 이름을 언급할 필요가 없었을 것이라고 추정한다.[4] 그런데도 엘리사는 할 일이 없는 것이 아니라, 그런 상황에서 열왕기상 19:18의 말씀의 토대 위에서 이스라엘에서 "의로운 남은 자"를 일으켜 세우는 것이었다.[5]

---

2 Walter C. Kaiser, Jr, *The Lives and Ministries of Elijah and Elisha*, 138.
3 R. K. Harrison, *Introduction to the Old Testament* (Peabody, MA: Hendrickson Publishers, 2004), 727.
4 R. K. Harrison, *Introduction to the Old Testament*, 727.
5 R. K. Harrison, *Introduction to the Old Testament*, 727-728.

이러한 캄캄한 역사 가운데 모든 사람이 하나님의 긍휼을 입은 것이 아니었다. 이스라엘 내에서 그리고 이스라엘 나라 밖에서(이방인 여인) 일부의 사람들이 기적을 통해 하나님의 구원과 능력과 치료와 생명을 얻게 된다. 하나님의 구원과 생명과 위로의 사역은 캄캄한 죄악의 영적인 깊은 밤 중에도 중단되지 않고 계속되고 있음을 본다. 하나님께서 신실하게 일하시기 때문이다.

이 본문에 기록된 이러한 사실은 우리에게 어떤 의미가 있는가?

필자는 이 본문의 주해를 통해 "하나님 나라의 백성의 참정권"에 대하여 논하고자 한다.

2. 예수님과 엘리사 사이의 인물, 사역, 공동체의 연속성

이 본문을 포함한 엘리야-엘리사 내러티브를 구속사적으로 관찰할 때, 엘리사와 예수님 사이에 사역의 유사성, 인물의 유사성, 그리고 공동체의 유사성(연속성)이 존재한다. 먼저, 엘리사 직전에 엘리야가 있었듯이, 예수님 직전에 세례 요한이 있었던 것과 유사하다. 구약의 마지막 선지자인 말라기 4:5에 "여호와의 크고 두려운 날이 이르기 전에 내가 선지자 엘리야를 너희에게 보내리니"라고 말씀한다.

이 말라기의 예언에 언급된 '선지자 엘리야'가 누구를 가리키는가?

그리고 임하게 될 '여호와의 크고 두려운 날'은 어떤 날을 가리키는가?

여호와의 크고 두려운 날은 바로 구약의 '여호와의 날'(the Day of Yahweh) 곧 '주의 날'이다. 여호와의 날은 구원과 심판의 날 곧 재창조의 날을 의미한다. 말라기가 언급한 이 날은 바로 메시아이신 예수 그리스도가 오셔서 행하실 구원과 심판의 날을 의미한다. 그리고 그 날의 재창조의 사역을 행하실 예수 그리스도의 길을 준비하는 자로서 '선지자 엘리야'는 바로 세례 요한을 가리킨다.

여기서, 예수 그리스도께서 오실 길을 내기 위한 준비자로서 세례 요한의 인격과 사역은 쉽게 이해할 수 있다. 그런데 엘리사를 위한 준비자로서 엘리야의 인격과 사역으로 규정하는 것은 다소 이해하기 힘든 것일 수 있다. 왜냐하면, 갈멜산에서 불로 응답하는 여호와의 역사와 삼 년 육 개월 동안 하늘의 문을 닫기도 하고 다시 열기도 하는 능력의 기도자(왕상 18:38, 41-46; 약 5:17-18)이며,

자칭 여호와께 "열심이 유별난 자"(왕상 19:10)였고, 불수레와 불말들과 회오리 바람으로 하늘로 승천한 자(왕하 2:1, 11)로 묘사되는 내러티브를 볼 때, 엘리야가 엘리사를 위한 '준비자'의 인격과 사역을 한 자로 정의하는 것에 "무리"가 있는 것 같이 보이기 때문이다. 그런데도 준비자-성취자의 관계로 이해할 여지가 있다. 첫째 엘리사는 엘리야가 가졌던 능력보다 '갑절의 성령의 역사'를 간구한 자였다(왕하 2:9). 물론 이 갑절의 능력의 소유자가 되도록 간구한 것과 실제 갑절의 능력의 소유자가 된 것과는 별개의 문제이다. 그런데도 엘리사가 갑절로 능력을 간구한 것은 세상의 인기와 주목을 끌고자 하는 의도도 아니고 자기의 이름을 내고자 하는 탐욕과 공명심의 발로도 아니다. 엘리사가 갑절의 능력을 간구한 이유는 두 가지 이유 때문인 것으로 보인다.

첫째, 자신의 연약함을 인식한 것 때문이다. 엘리사 자신의 스승이며, 자신을 선지자의 길로 부르신 소명의 주체인 엘리야가 곁에 있을 때는 선지생도 공동체를 향한 말씀 교육과 영적인 지도력을 행사하는 데, 별 어려움이 없었을 것이다. 대외적으로도 이스라엘 왕과 백성들을 향한 예언 사역에도 위대한 스승 엘리야가 곁에 있기 때문에 큰 염려는 없었을 것이다. 그러나 홀로 남는다는 것은 그 짐을 연약한 자신이 지어야 된다는 부담감을 안는 것이다.

둘째, 시대적 악함 때문이다. 앗수르에 의한 이스라엘의 멸망(B.C. 722년)을 향하여 엘리야보다 더 가까이 역사의 무대에 접근한 선지자는 엘리사이기 때문이다.

멸망을 향하여 기울어가는 조국 이스라엘의 멸망의 암울한 시대를 감당하려면 자신의 스승 엘리야보다 더 큰 능력이 있어야 감당할 수 있었을 것으로 판단했을 것이다. 능력의 사역의 관점에서 볼 때, 엘리야에게는 롤 모델을 만날 기회가 없었으나, 엘리사는 자신의 스승이면서 전임자가 행한 능력의 역사들을 보고 배우는 과정을 통하여 더 진일보된 하나님의 뜻에 수종 들게 된다. 이런 점에서 엘리야는 엘리사를 위한 의미 있는 준비자라고 할 수 있고 엘리사는 그 위에서 출발한 자이다.

그리고 둘째 이유는 엘리야와 엘리사의 사역의 연속성 안에서 엘리사는 전임자의 사역을 성취하는 사역자이기 때문에, 준비자로서 엘리야로부터 엘리사의 사역이 전개된다. 엘리야가 호렙산에서 재소명의 장면에서 보면, 세 가지 기름 부음의 사명을 여호와로부터 받는다. 하사엘에게 기름을 부어 아람 왕이 되게 하는 것과 예후에게 기름을 부어 이스라엘의 왕이 되게 하는 것과 그리고 엘리사에게 기름을 부어 엘리야를 대신하여 선지자가 되게 하는 것이었다.

그런데 여기서 엘리야가 소명 받은 세 가지 기름 부음의 일들 가운데, 오직 엘리사를 선지자로 부르는 일(기름 부음은 상징 및 암시적)만 엘리야가 수행하였다. 나머지 2개의 기름 부음의 사역 곧 아람의 왕을 새로 세우는 일과 이스라엘의 왕을 새로 새우는 일은 엘리야를 통해 부름을 받은 엘리사 시대에 수행되어진다. 그런데도 그 일들은 호렙산에서 엘리야의 재소명의 장면에서 발생했다. 이것은 엘리야와 엘리사 사이에 사역과 인격의 연속성과 불연속성을 보여 준다. 즉 엘리야와 엘리사는 하나님의 관점에서 '동일한 사역'을 하는 '한 팀'(one team) 사역이었으며, '연속적 사역'을 하는 '두 인격'(two persons)의 사역자들이었다.

이런 두 가지 이유들 때문에, 엘리야와 그 사역은 '준비'에 강조점이 있다면, 엘리사와 그 사역은 '성취'에 강조점이 있다고 할 수 있다.[6] 이러한 '준비자'로서 엘리야와 '완성자'로서 엘리사의 관계를 땅과 인간의 관점에서보면 이해하기 난해할 것이다. 그러나 하나님의 관점으로 보면 쉽게 이해될 수 있다. 각자의 역할과 기능이 있기 때문이다.

하나님 나라에서 역할론 및 기능론은 신약성경에서 바울에 의해서 더 구체화된다.

---

[6] 또 다른 관점에서, 엘리야는 독자적으로 예수 그리스도의 인격과 사역을 미리 보여 준 자였다(엘리사도 마찬가지지만). 예를 들면, "그의 말씀 사역, 백성들의 필요에 대한 그의 사역, 지도자들에 대한 그의 사역, 그리고 심판의 대리자로서의 그의 역할은 메시아께서 여호와의 자비와 구원과 심판의 사자로 오실 때 성취할 것이라는 것들을 분명히 보여 주었다." 게라르드 반 그로닝겐, 『구약의 메시아 사상』(Messianic Revelation in the Old Testament), 유재원, 류호준 역 (서울: 기독교문서선교회, 1997), 509를 참고하라. 그리고 엘리야와 엘리사의 승계 관계 안에서 살필 때, '준비자 엘리야'가 '성취자 엘리사'보다 신약성경에서의 빈도와 학자들의 연구 자료가 훨씬 더 풍부하다는 역설적 사실이 존재한다. 엘리야는 말라기에, 복음서에 여러 번, 그리고 야고보서에 한 번 언급된 반면, 엘리사는 열왕기상하 이외의 성경 문헌에는 단지 한 번만 언급될 뿐이다(눅 4:27). 그로닝겐, 『구약의 메시아 사상』, 509-510.

> 그런즉 아볼로는 무엇이며 바울은 무엇이냐 그들은 주께서 각각 주신 대로 너희로 하여금 믿게 한 사역자들이니라 나는 심었고 아볼로는 물을 주었으되 오직 하나님께서 자라나게 하셨나니 그런즉 심는 이나 물 주는 이는 아무것도 아니로되 오직 자라게 하시는 이는 하나님 뿐이니라 심는 이와 물 주는 이는 한가지이나 각각 자기가 일한 대로 자기의 상을 받으리라 우리는 하나님의 동역자들이요 너희는 하나님의 밭이요 하나님의 집이니라(고전 3:5-9).

고린도 교회에서 이 본문의 교훈은 '아볼로와 바울의 관계'에 그 일차적 강조점이 있는 것이 아니라, '아볼로와 하나님과의 관계' 또는 '바울과 하나님과의 관계'에 그 일차적 강조점이 있다. 즉 하나님께서 맡기신 역할론이 강조된 본문이다. 교회에서 각각의 기능 대로 수행한다는 것이다. 그리할 때, 각자가 '일한 대로 자기 상을 받으리라'는 약속이 언급된다. 하나님 나라에 대한 이 신인 관계의 교훈이 바로 인지될 때, 그 이차적 관계의 교훈인 '아볼로와 바울의 관계'가 정당하게 이해가 될 수 있다. 아볼로와 바울의 관계는 사람들로 하여금 '믿게 하는 사역자들'이며, '하나님의 동역자들'이다.

종종 교회에서 이러한 하나님의 관점에서의 서로 다른 역할론과 기능론을 망각하고 서로 비교하고 경쟁하는 경우가 많다. 어떤 이는 음지에서 일하고, 어떤 이는 양지에서 일한다. 어떤 이는 무대 뒤에서 사람에게 나타나지 않는 일을 할 수 있고, 어떤 이는 무대 전면에서 나서서 일하는 경우도 있다. 사역자 또는 봉사자를 보는 시선도 하나님의 관점으로 보는 훈련을 해야 한다. 봉사하는 당사자나 그 봉사자를 바라보는 공동체의 시선에서도 함께 적용되어야 할 교훈이다.

바로 이러한 관점으로 엘리야-엘리사 내러티브에서 '엘리야와 엘리사의 관계'를 '준비자와 완성자'로 볼 수 있는 것이다. 하나님께서 각자에게 맡기신 역할이 다르기 때문이다. 사실 진정한 준비자(the True Preparer)는 하나님 자신이시며, 진정한 완성자(the True Perfecter)도 하나님 자신이시다. 왜냐하면, 바울의 비유에서 보듯이, 바울이 심었던 '씨앗' 곧 전도의 복음이 하나님의 말씀이었고 아볼로가 주었던 '물'은 심은 뒤에 이어지는 "성령론적 교육 사역"이었으며, 자라게 하신 분도 하나님이라고 명시하고 있다. 그리고 이 두 사역자가 일한 일터도 '하나님의 밭'이고 '하나님의 집'이다.

모든 것의 주인이 하나님이시다!

우린 모두 하나님이 불러주신 종들이며, 하나님의 교회와 하나님 나라를 섬기는 일꾼들이다.

좀 더 거시적 관점에서, 말라기가 예언한 그 엘리야가 바로 예수님의 길을 예비하는 세례 요한을 가리켰던 것처럼, 엘리사와 예수님 사이에 이러한 '준비자-완성자'(the Preparer-Perfecter) 관계라는 연속성을 가지고 있다. 그래서 예수 그리스도를 '새로운 엘리사' 또는 '마지막 엘리사'라고 부르는 것이다. 예수님은 엘리사를 포함한 모든 선지자의 사역을 완성하신 '참 선지자'(the True Prophet)이며, 엘리사는 예수님의 모형(a proto-type)이다. 그러므로 예수 그리스도는 구약의 선지자 엘리사의 사역을 종결하시고 완성하신 '궁극적인 선지자'(the Ultimate Prophet)이시다(히 1:1-2).

필자가 여기서 엘리사와 그의 공동체를 예수님과 그의 제자 공동체로 구성된 사도적인 전통 안에 있는 신약의 교회와 계시-역사적으로 연관을 지어 상고하려는 이유는 세 가지 이유 때문이다.

첫째, 예수님과 엘리사의 인물의 유사성, 연속성 때문이다.
둘째, 예수님과 엘리사의 사역의 유사성, 연속성 때문이다.
셋째, 예수님과 엘리사가 인도하고 섬긴 공동체의 유사성, 연속성 때문이다.

인물의 유사성은 앞에서 살펴보았고 이어지는 섹션에서 각각의 사역과 공동체의 연속성의 문제는 이어지는 아래의 섹션들에서 논할 것이다.

3. 참 선지자 예수 그리스도는 생명을 주신 '기적의 종결자'

하나님 나라를 확장하기 위해서 오신 예수님은 요한복음에서 일곱 가지 기적을 행하셨다. 요한복음에 기록된 예수님의 일곱 가지 기적 사건들은 구약성경 열왕기하에 등장하는 "하나님의 사람"인 엘리사를 통해 나타난 일곱 가지 영역의 기적들(열두 가지)과 유사한 점이 많다. 아래 도표는 엘리사와 참 선지자로 오신 그리스도께서 행하신 일곱 가지 영역의 기적들을 비교한 것이다. 그 일곱 가지 영역들은 물질의 질적인 변화, 물질의 양적인 변화,

오랜 질병의 치유, 소경의 치유, 왕의 신하(의 아들)의 치유, 물을 건너는(물에 뜨게 하는) 기적, 그리고 부활의 기적이다.

요한복음에서 예수님의 일곱 가지 기적들은 요한복음의 기록 목적인 믿고 생명을 얻게 하는 것과 일치한다면, 엘리사의 일곱 가지 영역에서의 기적들(열두 가지 기적)은 생명을 얻고 풍성히 얻게 하는 것 엘리야-엘리사 내러티브의 기록 목적과 일치한다. 엘리사의 모든 기적은 그리스도의 생명의 기적 안으로 수렴되어 완성된다.

표 27. 예수님과 엘리사의 기적의 일곱 영역들 비교

요한복음의 예수님의 기적들	기적의 일곱 영역들	열왕기하의 엘리사의 기적들
갈릴리 가나 혼인 잔치에서 물로 포도주 만드신 기적(요 2:1-11)	물질의 질적 변화	(1) 여리고의 물을 고친 기적(왕하 2:18-22) (2) 독이 든 국을 해독한 기적(왕하 4:38-41)
오병이어로 오천 명을 먹이신 기적(요 6:1-13)	물질의 양적 변화	(1) 보리떡 20개와 약간의 채소로 100명이 먹고 남은 기적(왕하 4:42-44) (2) 선지생도 아내에게 빈 그릇에 기름을 붓게 한 기적(왕하 4:1-7)
38년 된 병자를 고치신 기적(요 5:1-9)	오랜 질병 치유	(1) 수넴 여인 부부의 오랜 불임 치유로 아들을 낳게 한 기적(왕하 4:8-17)
날 때부터 소경된 자 고치신 기적(요 9:1-41)	소경의 치유	(1) 사환의 눈을 열어 불말과 불병거를 보는 기적(왕하 6:17) (2) 아람 군사를 소경되게 하고 다시 보게 하는 기적(왕하 6:18, 20)
왕의 신하의 아들을 고치신 기적(요 4:46-54)	왕의 신하의 치유	(1) 아람 왕의 신하 나아만 장군의 문둥병을 고치는 기적(왕하 5장)
물 위를 걸으신 기적(요 6:16-21)	물을 건너는 기적	(1) 요단강 물을 가르고 건넌 기적(왕하 2:9-14) (2) 물에 빠뜨린 도끼를 떠오르게 한 기적(왕하 6:5-7)
죽은 나사로를 살리신 기적(요 11:1-44)	부활의 기적	(1) 수넴 여인의 죽은 아들을 다시 살리는 기적(왕하 4:18-37) (2) 죽은 시체가 엘리사의 뼈에 닿자 회생하여 일어나는 기적(왕하 13:20-21)
총 일곱 가지 기적	기적 횟수	총 열두 가지 기적
생명	핵심 주제	생명

이런 점에서, 엘리사는 예수님의 예표이며, 엘리사 공동체는 예수님을 머리로 하는 교회 공동체의 예표가 된다. 예수님은 '제2의 엘리사' 또는 '새 엘리사'이며, 교회 공동체는 '제2의 엘리사 공동체' 또는 '새 엘리사 공동체'이다. 예수님은 구약에서 여호와께서 행하신 모든 기적과 능력의 종결자로 오셨다. 전능하신 하나님은 예수 그리스도를 통해서 각종 기사와 이적을 나타내셨다. 그것들을 행하신 데는 분명한 목적과 이유가 있다.

좀 더 구체적으로 살펴보면, 구약성경과 신약성경에 기록된 기적은 말씀과 하나님을 믿게 하는 수단이다. 일곱 가지 영역에서 요한복음의 예수님의 기적들과 열왕기하의 엘리사의 기적들은 동일한 목적을 가진다. 엘리사의 기적들은 하나님과 그 능력으로 회복되고 치유되어 '생명의 풍성함'이라는 엘리야-엘리사 내러티브의 중심 주제를 발전시킨다. 마찬가지로, 예수님의 일곱 가지의 기적도 동일한 목적을 가진다. 요한복음이 포함하고 있는 일곱 가지 기적에 대한 그 기록 목적이 요한복음 20:31에 언급되어 있다.

> 오직 이것을 기록함은 너희로 예수께서 하나님의 아들이심을 믿게 하려 함이요 또 너희로 믿고 그 이름을 힘입어 생명을 얻게 하려 함이라(요 20:31).

다음과 같은 두 가지 목적이 있다.

첫째, 예수님이 하나님의 아들이심을 믿게 하려는 것이다. 이것은 예수님이 누구신가에 대한 것이다. 즉 예수님의 정체성을 알고 믿도록 하는 것이 그 목적이다.

둘째, 예수님을 믿어서 예수님의 이름을 힘입어 생명을 얻게 하려는 것이다. 즉 영원한 생명을 얻는 것이 그 목적이다. 이것은 예수님을 믿는 것에 대한 결과적 복에 대한 것이다.

예수님이 어떤 분이신가?

대속의 죽음을 죽으시고 장사 지낸 바 되셨다가 사흘 만에 다시 사신 분이다. 다시 사셔서 승천하신 후에 우리와 영원히 함께 계시기 위하여 아버지 우편에 계신 그리스도의 영 곧 오순절 성령님을 보내주셨다.

그리고 다시 오실 분이시다. 기적 중에 최고의 기적은 사람의 모양으로 오신 성육신과 죽으시고 다시 사신 예수님의 부활과 그리고 승천하셔서 성령님을 보내주신 것이다. 무엇보다 죄인의 몸과 인격 안에 그리스도의 영 곧 성령님이 들어오신 사건이다. 이런 구속사적인 기적들을 행하신 예수님을 굳게 믿고 예수님의 생명으로 충만해야 한다. 예수님은 우리에게 믿음과 생명을 주신 분이시다.

4. 진정한 하나님의 사람으로 만드는 재창조주

이 본문 6절은 엘리사를 '하나님의 사람'(אִישׁ־הָאֱלֹהִים, 이쉬-하애로힘)이라고 부르고 있다. '하나님의 사람'은 하나님께서 하나님 자신과 동일시하는 사람이다. 여기서 '하나님의 사람'(the man of God)이라고 할 때, '하나님의 사람'은 "~의"라는 속격, 소유격(possessive, genitive)의 의미도 있지만, 또 다른 관점에서 이것은 '하나님'과 '사람'이 동격 관계(appositive)로 이해할 수도 있다. '하나님의 사람'은 '하나님' 곧 '사람'이다. '사람' 곧 '하나님'이다. 하나님이며, 동시에 사람이라는 의미이다. '하나님의 사람'이라고 불려지는 사람은 그가 사람이지만, 하나님을 대행하는 기능을 하는 자다. 하나님께서 자신을 전적으로 위임한 사람이다. 하나님의 구원과 심판의 사역을 말씀과 표적을 통해 대언하고 대행하는 자다.

최초의 하나님의 사람은 누구인가?

하나님의 형상대로 지음을 받은 아담이다. 아담은 만물을 다스리는 하나님의 왕권을 대행하는 자가 되었다(창 1:26-28). 그 외에 모세, 사무엘, 선지자들, 다윗 등이 하나님의 사람으로 불려졌다. 이와 같이 구약 시대에 '하나님의 사람'이라는 의미는 하나님께서 자신을 전적으로 위임한 사람이다. 하나님의 존재와 능력을 대신하는 사람이다. 하나님의 구원과 심판의 사역을 말씀과 표적을 통해 대언하고 대행하는 자이다.

그런데 구약에 '하나님의 사람'이라는 불려지는 자의 인격적 개념에 대한 더 충만한 개념을 가진 분으로 오신 자가 있다.

누구인가?

하나님께서 사람의 모양을 입고 오신 '성육신' 된 예수님이다. 예수님은 완전한 하나님이다. 그리고 예수님은 완전한 사람으로 오셨다. 하나님과 사람으로 오신 예수님은 하나님의 사람의 종결자가 되신다. 이런 점에서 엘리사는 예수님의 예표이다.

마지막 아담이시고 하나님의 완벽한 참 형상이신 그리스도 안에서, 우리도 '하나님의 사람'(Son of God)이 되었다. 하나님의 사람은 하나님의 소유이며, 하나님께 속한 자이며, 하나님을 위해 사는 사람을 의미한다. 베드로전서 2:9에서 다음과 같이 말씀한다.

> 너희는 택하신 족속이요 왕 같은 제사장들이요 거룩한 나라요 그의 소유가 된 백성이니 이는 너희를 어두운 데서 불어내어 그의 기이한 빛에 들어가게 하신 이의 아름다운 덕을 선포하게 하려 하심이라(벧전 2:9).

하나님의 사람은 하나님과 나와의 관계와 행위를 규정한다.

우리는 하나님과 어떤 관계인가?

우리는 하나님의 '택하신 족속'이다. '왕 같은 제사장들'이다. '거룩한 나라'이다. 특히, '그분의 소유가 된 언약 백성'(교회)이다. 한마디로 그리스도 안에서 '하나님의 사람'(God's people)이 되었다.

하나님의 거룩한 백성(사람)이 된 자는 어떤 행위가 요청되는가?

우리를 부르신 하나님의 아름다운 '덕'(the excellencies)을 선포하는 삶을 살라고 말씀한다. 여기서 '덕'(Ἀρετή)이라는 말은 단순히 도덕적인 '선'(the goodness of God)을 의미하지 않는다. 이것은 '하나님의 영광(glory), 하나님의 위대함(greatness), 지혜, 정의, 능력' 등 하나님의 성품을 의미한다.

그리스도 안에서 이미 우리는 '하나님의 사람'이 되었다. 말씀과 성령 안에서 더욱 '하나님의 사람'으로서 합당한 '하나님의 성품'으로 자라가는 성화의 은총이 필요하다. 그리고 하나님의 성품을 선포하는 '하나님의 사람'으로 살아야 한다.

5. 자신의 곁을 내어주신 "거룩한 어깨"

엘리사는 예수님의 예표이며, 엘리사 공동체는 예수님을 머리로 하는 교회 공동체의 예표라는 구속사적인 관점으로 볼 때, 이 본문에 기록된 한글 성경의 "함께"라는 표현의 문맥적 용법과 의미는 하나님 나라의 공동체 개념을 의미심장하게 드러내고 있다.

1절, "함께"(거주하는: 과거)
3절, "함께"(하소서: 미래)
4절, "함께"(가니라: 현재)

"함께"라는 표현의 문맥적 용법과 의미는 다음과 같다.

첫째, 본문 1절의 "함께"라는 한글 부사는 여기서 완료나 과거(히, 분사)를 의미하는 "거주하다"(יֹשְׁבִים שָׁם, 요쉬빔 샴)라는 동사를 수식한다. 즉 이것은 하나님의 사람 엘리사가 과거로부터 제자들과 함께 쭉 있어 왔음을 의미한다.
둘째, 3절에 나타난 "함께"(אֶת, 에트)는 새로운 처소를 위해 요단을 향하여 갈 때, "종들과 함께하소서"(וְלֵךְ אֶת־עֲבָדֶיךָ, 웨레크 에트-아바데크)라고 말하고 있다. 즉 이것은 앞으로 다가올 미래에도 여전히 하나님의 사람이 함께 동행해 달라고 요청하는 표현이다.
셋째, 4절에 나타난 "함께"의 용례는 현재 동사 "가니라"(וַיֵּלֶךְ אִתָּם, 와예레크 이탐)를 수식한다(히브리어 전치사, 한글 부사). 즉 현재 하나님의 사람은 제자들과 함께 새로운 처소인 요단을 향하여 나아가고 있다.

더불어 보아야 할 것은 '우리'라는 낱말이 1절에 2회(מִמֶּנּוּ; אֲנַחְנוּ, 미메누, 아나흐누) 사용하며, 2절에 각각 3회(נֵלְכָה־נָּא וְנִקְחָה וְנַעֲשֶׂה־לָּנוּ, 넬카-나, 웨니크하, 웨나아세-라누) 총 5회 사용되고 있다. '함께'라는 말과 '우리'라는 낱말이 절묘하게 어우러져 사용되고 있다. 이것은 '공동체와 참여'(community and commitment) 라는 하나님 나라의 백성의 존재(정체성)와 삶을 잘 보여 주고 있다.

> 우리가 당신과 함께 거주하는 이곳이 우리에게는 좁으니(왕하 6:1).
>
> 우리가 요단으로 가서…우리가 거주할 처소를 세우사이다(왕하 6:2).
>
> 당신도 종들과 함께하소서(3절) 드디어 그들과 함께 가니라(왕하 6:3-4).

여기서 '우리'라는 말과 '함께'라는 말이 지칭하는 대상은 물론 '하나님의 사람 엘리사와 제자들'의 공동체를 가리킨다. 여기서 '선지자의 제자들'(בְּנֵי-הַנְּבִיאִים, 베네-한비임)을 "그 선지자의 아들들"로 히브리어 원문은 표현한다. 선지자 엘리사와 그 제자들의 관계를 '아버지와 아들'의 가족 관계 용어를 사용하여 매우 친밀한 표현을 하고 있다. 이 관계는 하나님의 말씀과 교훈을 배우는 제자 공동체, 주의 뜻을 배우고 행하는 제자 공동체를 가리키는 표현으로 사용되고 있다. 이 공동체는 신약 시대에 있게 될 교회공동체의 구약적인 한 원형을 보여 준다고 할 수 있다. 엘리사와 제자들로 구성된 이 공동체가 약 700년 뒤에 있게 될, '예수님과 12제자들'로 구성된 교회 공동체를 전망한다.

신약성경은 이것에 대한 많은 암시를 준다. 그 가운데 마가복음 3:14에 의하면 다음과 같이 말씀하고 있다.

> 이에 열 둘을 세우셨으니 이는 자기와 '함께' 있게 하시고(ἵνα ὦσιν μετ' αὐτοῦ, 막 3:15).

예수님께서 12제자를 부르시고 세우신 것은 '함께'(being with them) 있게 하시기 위한 것이라고 마가는 증거한다. 여기서 '함께'(메타)라는 말은 하나님 나라 공동체적 의미를 포함한다. 즉 공동체의 주인되신 예수님께서 하나님 나라 공동체를 구성하셨고 또한 그 공동체적 삶을 추구하셨다. 교회의 시작은 처음부터 '공동체'(community)로 시작되었다. 교회는 주님과 함께하는 '메타 공동체'이다. 교회의 머리 되신 예수 그리스도를 중심으로 우리는 서로 지체로서 연합하고 상합하여 섬기는 공동체이다.

특히, 부활의 주님을 개인적으로 만난 바울도 후에 그의 서신서인 에베소서 2:5-6에 동일하게 "함께"(물론 이 단어는 전치사 'with'와 달리 헬라어 동사에 접두사

'sun-'과는 다른 방식의 어휘이다)라는 단어를 매우 의미 있게 3회 사용한다("함께 살리셨고, 함께 일으키사, 함께 하늘에 앉히시니": 주와 함께 한 연합된 존재가 교회). 그는 이 문맥에서 구원의 주 예수님을 통해 구원받은 성도를 설명한다. 조금 어려운 말로 표현하면, 기독론(Christology)을 통해 교회론(Ecclesiology)을 설명한다. 하나님께서 우리와 함께 계시기 위하여 '임마누엘'로 오셨다. 구원자이신 주 예수님께서 구원공동체인 교회인 우리와 함께하시고 우리를 통치하고 계신다. 예수님께서는 교회의 머리이시기 때문이다.

예수님께서 십자가에 죽으시고 부활하시고 승천하신 후, 오순절 보혜사 성령님을 보내 주신 것도 우리와 영원히 함께 계시기 위함이다. 이것은 성령론적 공동체이다. 결국, 택하시고 부르신 자들을 삼위일체 하나님께서 영원한 왕으로서, 우리를 다스리시고 인도하시기 위한 것이다. 삼위 하나님의 통치적 임재가 교회인 우리와 함께하신다.

그래서 예수님은 나와 '함께함'의 종결자이시다. 함께하신 예수님은 환난 가운데 기댈 나의 '큰 어깨'가 되신다. 예수님과 함께하는 것이 위로와 능력이며 소망이 아닐 수 없다. 과거에도 함께하셨고 이제도 함께하시며, 영원히 함께 능력으로 계시는 분이시다(계 1:4, 8; 4:8). 예수님은 우리에게 "함께함"을 통하여 에벤에셀, 임마누엘, 여호와 이레의 하나님이 되신다.

6. 확장되어야 할 하나님 나라 공동체

신약성경에 따르면, 하나님 나라(천국)은 예수님의 인격과 사역을 통해서 '이미' 임했다고 말씀한다. 그리고 또 다른 관점에서, 하나님 나라는 믿는 성도가 죽어서 '미래에'(not yet) 들어갈 '영원한 나라'라고 소개한다. 이와 같이, 신약성경에서 하나님 나라는 '이미 임했다'라는 표현과 '아직 완전히 임하지 않았으며, 그래서 미래에 임할 것이라'고 말씀한다. 이것은 하나님 나라에 대한 시간적인 이중성의 개념이다.

그리고 하나님 나라(천국) '여기'(here) '이 땅에' 임했다고 하는가 하면, 하나님 나라는 하늘 나라 '저곳에'(there) 있다고 말씀한다. 이것은 하나님 나라의 장소, 즉 공간적 이중성에 대한 개념이다.

그렇다면 우리는 하나님 나라를 어떻게 이해해야 하는가?

우리는 성경이 말씀하는 대로, 하나님 나라(천국)를 시간적, 공간적 이중성의 개념을 함께 고려해야 한다. 그래야 하나님 나라(천국)에 대한 균형 잡힌 성경적 이해를 하는 것이며, 건강한 신학과 신앙을 가졌다고 할 수 있다.

이 본문도 하나님 나라의 시간적, 공간적 이중성에 대한 언어를 사용하고 있다. 먼저 본문 1절에 선지자의 생도가 엘리사에게 "보소서 우리가 당신과 거주하는 이곳이 우리에게는 좁으니"라고 현재의 상황과 형편을 말하고 있다. 여기서 '거주하는 이곳'(1절)이라는 의미는 이미(already) 그들이 살고 있는 곳이다. 이미 그들이 생활하고 있는 곳이다. 그러면서 선지자와 제자 공동체는 엘리사의 가르침과 교훈을 통해 **지금 여기에서** 하나님의 뜻을 배우며, 그 뜻을 행하는 삶을 살아가고 있다.

> 우리가 당신과 함께 거주하는 이곳이 우리에게는 좁으니(왕하 6:1).
>
> 우리가 요단으로 가서…우리가 거주할 처소를 세우사이다(왕하 6:2).
>
> 당신도 종들과 함께하소서(3절) 드디어 그들과 함께 가니라(왕하 6:3-4).

그리고 여기서 '거주하는 이곳'(1절)은 어디일까?

사회적, 공동체적으로는 '이곳'은 이미(already) 선지자 엘리사와 그 제자들이 살고 있는 곳이다. 함께 말씀을 배우고 함께 기도하며, 함께 교제하는 곳이다.

지리적으로는 이곳은 어디일까?

선지자 공동체가 있었던 곳은 대략 세 곳으로 압축될 수 있다.

첫째, '벧엘'(왕하 2:2-3)
둘째, '여리고'(왕하 2:4-5)
셋째, '길갈'(왕하 4:38)

이 세 곳은 엘리사가 그의 스승 엘리야 선지자의 승천을 앞두고 선지자의 제자들이 있는 '선지학교'가 있는 곳들로 엘리야와 엘리사가 이동하면서 드러난 장소들이었다. 아마 이 세 장소 가운데 하나일 것이다. 가장 가까운 추정은 요단강과 가까운 여리고에 있는 선지자 공동체가 있는 장소일 것이다.[7]

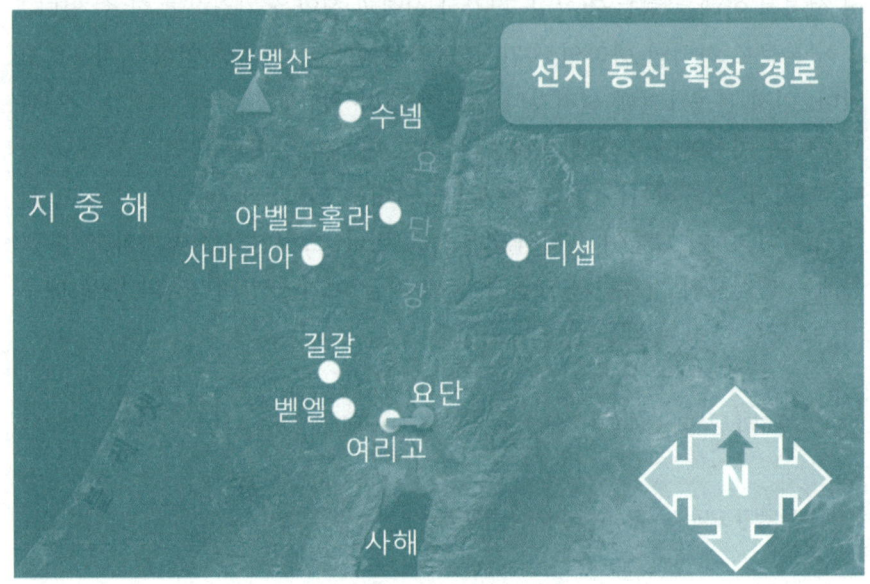

지도 10. 선지 동산 확장 경로

선지자 공동체가 지금 여기 머물면서, 엘리사 선지자를 통해서 예언의 말씀을 듣고 훈련하는 동안에, 이스라엘 왕과 백성은 바알을 숭배하며 언약의 하나님을 배반한 자로 살아가고 있는 중이다. 엘리사 공동체가 하나님과 함께 사는 삶을 사는 반면, 이스라엘은 하나님과 점점 멀어지고 있다. 그런데도 이스라엘은 하나님을 떠나서 하나님과 원수 된 삶을 자처하고 회개하지도 않고 있다.

그래서 선지자 공동체는 지금 이곳에서, 배교한 언약 백성들이 돌아오기를 기도하며 말씀 선포를 훈련하고 있다. 즉 이곳은 이미 그들이 하나님 나라의 회복을 위한 선지자들의 훈련의 장소이다. 그래서 엘리사 선지자와 제자 공동체는 엘리사의 가르침과 교훈을 통해 지금 여기에서 하나님의 뜻을 배우며, 그 뜻을 행하는 삶을 실제로 살아가고 있다. 그래서 엘리사 공동체

---

7 Walter C. Kaiser, Jr, *The Lives and Ministries of Elijah and Elisha*, 136.

는 지금 있는 곳에서, '하나님의 사람' 곧 하나님과 함께 여기에 거주함으로 현재적으로 하나님의 은혜의 도움과 긍휼의 위로를 통해 하나님 나라를 누리고 있다. 세상 속에서 "천국"과 같은 곳이라고 할 수 있다.

그런데 현재 거주하는 이곳이 '우리에게는 좁으니'라고 말한다. 여기서 '좁다'(צַר, 차르, "narrow, tight")라는 형용사는 명사로 사용되면 "고통, 괴로움"(distress)이라는 의미가 된다. 이 두 어휘의 어근은 두 가지가 있다.

첫째, "고통을 겪다"(צָרַר, 차라르)라는 동사이다(렘 4:31; 49:24).
둘째, "적의감을 나타내다, 짜증나게 하다"라는 동사이다(민 33:55).

이 동사들은 다양한 문맥 안에서, "감옥에 갇히다, 포위되다, 결박되다" 등으로 번역된다. 이 본문에서는 공간적인 협소함으로 인한 육체적, 감정적, 심리적인 불편함이 극에 달했다는 의미가 된다. 이러한 상태는 좁은 공간에 대한 공동체의 활용도가 비효율성 안에 처해져 있다는 것을 암시한다. 즉 개선되고 발전되고 변화되어야 할 여지가 있다는 의미가 된다.

그리고 본문 2절에서 또 다른 시간적, 공간적 이중성에 대한 언어를 사용한다. 2절에서 그 생도는 계속하여 엘리사에게 다음과 같이 제안하고 있다.

> 우리가 요단으로 가서 거기서 각각 한 재목을 취하여 그곳을 우리의 거주할 처소로 세우사이다(왕하 6:2).

여기서 '요단'이라고 하는 곳은 요단강 근처인 곳으로 보인다.
그렇다면 엘리사에게 요단은 어떤 곳이었을까?
엘리야-엘리사 내러티브에 따르면, 엘리사는 그의 스승 엘리야에게 다음과 같이 간청했던 것이 있다.

> [엘리야의] 성령이 행하신 역사가 갑절이나 내게 있게 하소서(왕하 2:9).

그때, 엘리야는 "마지막 순간까지 자신과 함께 있으면 그럴 것"이라고 대답했다(cf. 왕하 2:10).

두 선지자의 동행의 여정에서, 하나님께서 엘리야를 하늘로 데려가시기 직전에, 두 선지자가 함께 갔던 장소도 또한 '요단 지역'이다. 요단강변에서 엘리야는 자신의 겉옷을 말아서 물을 쳤을 때, 요단강 물이 갈라서 동행한 엘리사와 함께 마른 땅으로 건넜다(왕하 2:8).

그리고 엘리야에게 역사하셨던 성령의 갑절의 능력이 엘리사의 소원대로 엘리사에게 임했다고 확증된 장소도 또한 요단이다. 그리고 엘리야의 승천 이후에, 엘리야의 몸에서 떨어진 엘리야의 겉옷을 엘리사가 주워서 돌아와 요단 언덕에 서서 물을 쳐서 요단 강물이 갈라져 엘리사가 다시 건너온 곳이다(왕하 2:12-14).

이런 점에서, 요단 지역은 엘리사 선지자가 엘리야가 가졌던 성령의 능력을 갑절로 받은 곳이며, 스승 엘리야를 영원히 작별을 한 곳이기에, 엘리사 개인에게는 매우 의미 있는 장소이다.

그런데도 엘리사는 그러한 장소에 대한 중요성을 제자들에게 언급한 적이 없었다. 그리고 자신이 그곳에 가고 싶다는 의도를 제자들에게 말한 적도 없었다. 요단에 선지자 공동체를 세우자고 암시한 바도 없었다. 이 장소를 제안한 자들은 바로 엘리사의 제자들이었다. 그 이유는 두 가지로 판단된다.

첫째, 요단 지역에는 수목이 우거져서 하나님의 선지자들을 싫어하고 대적하는 자들로부터 안전을 확보하기 위한 '비밀 집회'(a larger conventicle)가 가능하다는 이유가 될 수 있다.[8]

둘째, 요단에는 수목이 많아서 집을 짓는 목재류가 풍부하다는 이유가 될 수 있다. 물론 본문이 밝히는 이유는 현재 머물고 있는 장소가 '좁다'는 것이며, 그래서 '더 넓은' 장소가 필요한, 현실적인 상황 때문이라고 설명한다.

---

8   "The place of *the sons of the prophets*, where *they sit before* their master (*cf.* 4:38), was *too narrow* for them, and decision was made to move down to the Jordan, where timber was to be had in plenty for a larger conventicle. For the large trees still to be found in that valley see Abel, GP 1, 213, noting the poplar, tamarisk, etc. An iron axe-head is dropped into the water, Elisha recovers it by a feat of imitative magic", *cf.* 4:38ff. J. A. Montgomery, (1951). *A Critical and Exegetical Commentary on the Books of Kings* (New York: Scribner, 1951), 381 on Logos.

장소에 대한 두 표현을 문맥적으로 그리고 수사학적으로 한번 살펴보자. 1절에 언급된 '거주한 이곳'이 현재 그들이 이미 거주한 곳이다. 과거부터 지금까지 엘리사와 제자들이 함께 쭉 있어온 곳이다. 반면 2절에 언급된 '거기서,' '그 곳에,' '거주할 처소'라는 말들은 미래적인 의미를 담고 있다. 이곳은 아직 그들이 가지 않은 곳, 아직 살지 않은 곳(but not yet)이다. 현재의 부족한 공간, 불편한 장소를 넘어서 엘리사와 제자들의 공동체가 하나님 나라의 확장을 위한 더 넓고 풍성한 공동체적 삶을 살기에 용이한 곳을 의미한다.

왜 그 선지생도가 선지자 엘리사에게 현재의 장소를 두고, 새로운 다른 장소를 제안하고 있는가?

자신의 편리와 이익을 도모하기 위함인가?

아니다. 현재 그들이 하나님의 말씀을 배우고 주의 뜻을 행하는 공동체가 매우 성장하여, 공동체의 사이즈가 시작할 당시보다 매우 큰 공동체로 발전된 것으로 여겨진다. 그래서 현재 그들이 거주하는 장소가 부족하게 된 것이다. 전적으로 하나님 나라의 현재적 확장 상태와 미래적 확장을 염두에 두고 말한 것이다.

여호수아가 요셉 자손에게, 현재 좁은 거주지의 해결을 위해 프론티어 정신(개척 정신)을 가지고 미래 거주할 곳을 찾으라고 격려하는, 한 "정복 내러티브"가 있다. 가나안 땅에 우거진 삼림과 가나안 족속의 철 병거가 강할지라도, 그들을 정복하여 쫓아내고 그 산지를 차지할 것을 격려한다. 이것은 하나님 나라의 공간적 확장의 한 측면을 잘 보여 준다.

> 요셉 자손이 여호수아에게 말하여 이르되 여호와께서 지금까지 내게 복을 주시므로 내가 큰 민족이 되었거늘 당신이 나의 기업을 위하여 한 제비, 한 분깃으로만 내게 주심은 어찌함이니이까 하니 여호수아가 그들에게 이르되 네가 큰 민족이 되므로 에브라임 산지가 네게 너무 좁을진대 브리스 족속과 르바임 족속의 땅 삼림에 올라가서 스스로 개척하라 하니라 요셉 자손이 이르되 그 산지는 우리에게 넉넉하지도 못하고 골짜기 땅에 거주하는 모든 가나안 족속에게는 벧 스안과 그 마을들에 거주하는 자이든지 이스르엘 골짜기에 거주하는 자이든지 다 철 병거가 있나이다 하니 여호수아가 다시 요셉의 족속 곧 에브라임과 므낫세에게 말하여 이르되 너는 큰 민족이요 큰 권능이 있은즉 한 분깃만 가질 것이 아니라 그 산지도 네 것이 되리니 비록 삼림이라도 네가 개척하라 그 끝까지 네 것이 되리라 가나안 족속

이 비록 철 병거를 가졌고 강할지라도 네가 능히 그를 쫓아내리라 하였더라(수 17:14-18).

여호수아의 이 내러티브는 엘리야-엘리사 내러티브보다 더 전투적인 장면이다. 그런데도 두 내러티브는 현재의 좁은 공간의 문제를 해결하고 미래에 거주할 공간을 확보하는 이른바 하나님 나라의 "땅"의 개념을 서로 다른 방식으로 형상화한다. 여호수아 내러티브는 가나안과의 전쟁의 관점으로 전개한다. 반면, 엘리야-엘리사 내러티브는 가나안의 신 바알 숭배와 배교의 이스라엘의 상황에서 예언 공동체의 확장을 영적 전투의 관점으로 전개한다.

이와 같이, 이 본문은 구약의 한 공동체인 엘리사 공동체가 직면한 '하나님 나라'에 대한, '지금 여기서'의 삶과 '미래 거기서'의 삶, 즉 하나님 나라의 시간적 이중성과 공간적 이중성의 개념을 관련 언어를 통해 매우 분명하게 보여 준다. 새로운 엘리사, 마지막 엘리사로 오신 예수 그리스도께서 오셔서 하나님 나라(천국)의 복음을 선포하셨다. 예수님의 하나님 나라(천국)에 대한 가르침은 항상 시간적 이중성과 공간적 이중성의 개념을 함께 가르치셨다.

예수 그리스도를 믿음으로 성도는 '이미' 하나님 나라(천국) 안으로 들어온 자이다. 그리고 장차 우리 주 예수께서 재림하실 때, 그리스도를 믿는 자는 영원한 하나님 나라(천국)로 들어갈 것이다. 성도는 그리스도 안에서 이미 구원받았다. 그러나 아직 육체의 구속을 남겨놓고 있다(빌 2:12).

은혜로 말미암아 예수 그리스도를 믿음으로 하나님의 자녀가 된 자, 이미 하나님의 백성이 되어 그의 나라 안으로 들어온 자는 어떻게 살아야 하는가?

이 질문에 응답하는 삶이 그리스도인으로서의 현재적 책임과 사명의 삶이다. 이것이 주의 자녀로서의 합당한 삶을 사는 것이라고 할 수 있다. 특별히 바울이 주의 나라 안으로 들어온 우리에게 에베소서 3장과 4장에서 큰 교훈을 주고 있다.

하나님 나라에 이미 들어온 자는 어떻게 살아야 하는가?

추구해야 할 삶(엡 3:14-19)이 있으며, 추방해야 될 삶(엡 4:17-32)이 있다는 것을 교훈한다. 실천적으로, 그리스도인은 하나님의 나라 확장을 위해 자원함과 헌신으로 드려야 한다. 미래만 쳐다보지 말고 현재 있는 곳에서 현 상황을 관찰하고 평가하고 시행할 일을 찾아야 한다. 그리고 하나님의 뜻을 구하는 가운데 미래에 대한 계획과 준비를 해야 하는 자이다. 이런 자가 지혜로운 그 나라의 백성이다.

7. 하나님 나라를 향한 여정에서 고난의 비밀과 기도의 중요성

하나님의 나라의 백성이 이미 된 자들은 지금 여기에서 훈련되고 연습하는 신앙의 과목들이 많이 있을 것이다. 그 가운데 이 본문은 가장 중요하고 본질적인 것이라고 할 수 있는 '고난과 기도'라는 주제를 담고 있다.

이 본문에서 2개의 기도의 형태와 구조를 관찰할 수 있다. 이를 위해 우리는 한 생도와 하나님의 사람, 엘리사와의 대화를 주목할 필요가 있다. 여기서 "하나님의 사람"(6절)이라는 표현은 '하나님'이라는 표현과 '사람'(엘리사 선지자)이 동격의 관계로 이해할 수 있다고 앞에서 언급했다. 한 생도와 하나님의 사람과의 대화는 곧 이 생도와 하나님과 자신과 대화하는 것을 의미한다.

다른 말로, 제자와 하나님 사람과의 대화는 하나님 나라의 백성과 하나님과의 기도를 통한 간구의 한 측면을 보여 준다. 이것은 세상의 나라와 세속적 공동체에서 가질 수 없는 신적인 연합의 삶이라고 할 수 있다. 즉 하나님을 아버지라고 부를 수 있는 인격적 관계 안에 있는 자만이 할 수 있는 기도이다. 기도를 통해서 하나님에 대한 신뢰를 표현하며, 기도를 통해서 하나님과 교제하며, 기도를 통해 일상의 필요와 도움을 아뢴다.

이 본문에 언급된 생도와 하나님의 사람과의 대화는 2개의 기도의 형태와 구조 안에서 표현되고 있다. 두 개 모두 먼저 상황을 제시하고, 간구하며, 그리고 응답으로 구성되어 있다. 먼저 1절과 3절에 있는 첫 번째 기도를 살펴보자. 이 기도는 일상적인 삶에서의 기도이다.

"우리에게는 좁으니"(1) ·················· 상황 제시
"청하건대 당신도 종들과 함께하소서"(3) ·········· 간　구
"이르되 내가 가리라"(3) ····················· 응　답

그리고 우리는 상황 제시, 간구, 그리고 응답으로 구성된 또 다른 기도의 형태를 5절과 7절에서 본다. 이 기도는 고난의 상황에서의 기도이다.

"쇠도끼가 물에 떨어진지라"(5) ·························· 상황 제시
"아아 내 주여 이는 빌려온 것이니이다"(5) ············· 간   구
"너는 그것을 잡으라 하니 그 사람이 손을 내밀어 그것을 잡으니라"(7)
·· 응   답

한 생도가 거할 처소를 건설하기 위하여 요단에서 나무를 베던 '그 도끼'(הַבַּרְזֶל, 하바르젤, "iron")는 빌려 온 것이다.

여기서 '빌려오다'(שָׁאַל, 사알)라는 말은 단순히 빌려오는 것을 의미하지 않는다. 이것은 '구걸하다'는 의미이다. 일반적으로 연장은 잘 안 빌려 주는데, 간절히 구걸하여 다른 사람에게 빌려왔다는 의미이다. 남에게 간절히 구걸하여 빌어 온 도끼를 실수로 물에 빠뜨려 유실하였던 것이다. 이웃에게 빌려온 것에 대한 규정을 언급한 모세 율법(출 22:14-15)에 따르면, 그 물건의 주인이 함께 있지 아니할 때 상하거나 상실(죽음)이 발생하면, 반드시 배상해야 한다. 그러나 그 임자가 그 물건(짐승)과 함께 현장에 있었으면, 배상하지 아니해도 된다. 이 율법에 따르면, 선지자의 이 제자 또는 선지자 공동체가 반드시 배상을 해야 하기에 재산상의 큰 손실이 발생할 형편에 처하게 된 것이다. 고대 이스라엘에서 이러한 철기 도구는 매우 소중하고 값진 것이었다.

만약 쇠도끼를 빌린 자가 배상 하지 못하면, 주인의 배려가 없는 이상, 그는 그 배상의 비용을 채울 때까지 '노예의 의무'("Debt Slavery")를 다 해야 했다.⁹ 이런 점에서, 이 상황은 작은 위기가 아니라, 그 제자와 선지자 공동체 전체에 큰 영향을 줄 수 있는 공동체적 위기이다. 그래서 그 제자가 "아아 내 주여!"라고 절규하며, 하나님의 사람에게 간구한 것이다.

또한, 이러한 긴급한 상황에서 하나님의 능력의 기적이 개입될 수밖에 없었던 것이다. 이런 점에서, 많은 학자가 이 본문에 있는 이 기적을 보잘것없는 작은 것으로 치부하는 것은 그 정황에 대한 이해의 결핍의 소치라고 판단한다.

하나님 나라의 관점으로 이 본문을 해석하고 적용할 때, 여기서 언급된 기도는 하나님 나라에서 매우 중요한 신앙 행위이다. 기도는 하나님 나라의 백성으로서 하나님 나라 확장을 위해 필수적인 신앙 행위다. 기도 없는 천국 운동, 영

---

9   Walter C. Kaiser, Jr, *The Lives and Ministries of Elijah and Elisha*, 137.

성 없는 하나님 나라 운동은 도덕론적이고 윤리적일 수밖에 없다. 이것은 엄밀히 말한다면, 그것은 신앙 운동이 아니라, 사회 운동이다. 캠페인으로 전락시킨다. 윤리와 도덕은 세상 다른 종교 안에도 얼마든지 있다. 교회와 하나님 나라는 윤리와 도덕을 포함하지만, 윤리와 도덕이 주 요소가 아니다.

영성 없는 사회참여, 복음 없는 사회운동, 그리고 살아 계신 하나님과 교제하는 삶인 기도 없는 현실 참여는 진정한 의미에서 하나님 나라를 구현할 수 없다. 이것은 하나님 나라의 현재성만 주장하는 삶의 형태이다. 하나님 나라의 현재성만 주장하는 자들에게는 하나님 나라의 미래가 없기 때문에, 지금 여기서 윤리적 종교로만 만족하고 사는 것이 된다. 반대로 하나님 나라의 미래성만 주장하는 자들은 현재적 사명과 윤리적 삶을 무시하고 자신들의 소속 종교 공동체만 생각하는 집단이기주의에 빠질 수 있다.

그러므로 하나님 나라의 현재성과 미래성에 기초한 균형 잡힌 신학과 신앙에 있어서, 기도는 매우 중요한 신앙 행위가 된다. 기도는 하나님 나라를 지금 여기서 구현하기 위한 중요한 수단이다. 하나님 나라 건설은 하나님의 통치와 뜻을 구현하는 것이다. 하나님의 통치와 그분의 뜻을 구현하기 위해, 하나님께서는 자기 백성의 기도를 사용하신다. 예수님께서 가르쳐주신 기도에는 다음과 같은 기도를 하라고 말씀하셨다.

> 뜻이 하늘에서 이루어진 것 같이 땅에서도 이루어지이다(마 6:10).

우리는 기도를 통해 주의 뜻을 이루어가기 때문에, 하나님과 함께 일하는 하나님의 동역자들이다. 우리는 믿음을 통해서 존재론적으로 주님과 함께한 자들일 뿐만 아니라, 우리는 기능론적으로 기도를 통해서 주님과 함께 행하며 하나님의 뜻을 지금 여기에서 추구하는 자이다. 이 본문에서도 2개의 기도의 구조를 가진 대화에서 언급된 그 기도를 통해, 하나님 나라의 백성은 하나님과 함께 일하며, 그분의 통치와 뜻이 이루어지는 주의 나라를 건설하는 기도의 역군이 되어야 함을 보여 준다.

여기서 기도와 교회 교육, 성경 교육, 신학 교육과의 관계에 적용이 필요하다. 교회는 하나님의 말씀을 가르치고 배우고 봉사하고 전파하는 '바른 성경 교육'을 통해 하나님 나라 확장에 참여하고 있다. 우리가 가르치고 배우는 교회 교육의 대상은 세상의 학문이 아닌, 하나님에 대한 '신지식'이다.

그런데 은밀하게 말하면, 하나님은 학문의 대상이 아니다. 하나님은 예배와 선포의 대상이시다. 다른 말로, 하나님은 '송영'(doxology)의 대상이다. 그 하나님에 대한 참된 신지식은 하나님을 예배하고 하나님을 선포하는 개인과 공동체에 의해 파악된다. 불신자도 성경을 읽을 수 있고 믿음 없는 일부 자유주의 신학자도 성경을 연구하고 신학을 할 수 있다.

하지만 그 신학은 생명이 아닌 사변일 뿐이다. 신지식 또는 하나님에 대한 앎에 대한 대표적 히브리어 단어는 '**야다**'(알다)라는 단어이며, 헬라어는 '**기노스코**'(알다) 이다. 두 단어 모두 주지주의적인 지식을 의미하는 단어가 아니다. 히브리어와 헬라어에서 '알다'라는 동사는 모두 인격적 관계에 대한 경험적 지식에 대한 표현이다. 신학적 지식도 결국은 하나님과의 인격적 언약 관계 안에서 파악되고 인격적 관계 안에서 바른 교회 교육과 성경 교육이 성취될 수 있다는 것이다. 하나님과의 인격적 관계를 누리는 대표적인 것이 기도를 통한 교제이다. 이런 점에서 기도 없는 교회 교육과 성경 교육은 열매를 맺지 못한다. '기도'는 신학과 교회 교육의 주된 방법론이라는 사실을 우리 모두는 깊이 인지할 필요가 있는 것이다.[10]

요약하면, 본문 1절과 3절에서 언급된 하나님의 사람과 제자와의 대화 곧 첫 번째 기도는 하나님 나라 확장을 위한 평상적 삶에서 행하는 기도라면, 본문 5절과 7절에 기록된 하나님의 사람과 제자와의 두 번째 기도는 하나님 나라 확장을 위해 일하다가 당한 고난과 위기의 삶에서 시작된 기도라고 할 수 있다.

왜냐하면, 이것은 그 제자 개인의 일을 하다가 그런 것이 아니라, 선지학교 공동체 사역을 하다가 당한 어려움이기 때문이다. 개인의 부주의함이라고 말할 수 있으나, 이 본문은 하나님의 사람 엘리사를 통해 어떤 주의나 책망 같은 것을 언급하지 않는다. 이것은 하나님 나라를 건설하다가 수종 드는 일꾼이 당한 '애매한 고난'이라고 할 수 있다. 얼마든지 하나님 나라를 위해 일하는 일꾼이 다양한 어려움에 봉착할 수 있다. 하나님 나라에 수종 드는 자들에게 있는 필수적인 고난과 어려움이 있다. 이와 유사한 종류의 어려움의 상황을 엘리야-엘리사 내러티브의 다른 본문에서도 발견할 수 있다.

10　유해무, 『개혁교의학: 송영으로서의 신학』 (서울: 크리스챤다이제스트, 1997), 526-530.

열왕기하 4:39-41에서 엘리사가 길갈에 있는 선지생도 공동체를 방문했을 때, 그 땅에 흉년이 들어 제자들을 먹이기 위해 엘리사는 큰 솥을 걸고 국을 끓일 것을 말씀한다. 그런데 선지자는 어떠한 국 재료도 주지 않고 다음과 같이 게하시에게 명령만 하였다.

> 선지자의 제자들을 위하여 국을 끓이라(왕하 4:38).

어떻게 보면, 이 장면은 어떠한 행동과 섬김은 없이 말만 하는 "편한 서비스"(Easy service)같이 보인다. 그때, 제자 중 무명의 '한 사람'이 자원하여 채소를 채취하기 위하여 들로 나선다. 들에 나가 들포도덩굴을 만나 들호박을 한 아름 가져와서 썰어서 국 끓이는 솥에 넣었다. 국이 다 되어서 제자들에게 주어 먹게 하였을 때, 국을 먹던 제자들은 다음과 같이 소리를 질렀다.

> 하나님의 사람이여 솥에 죽음의 독이 있나이다(왕하 4:40).

이때, 국 재료를 채취하러 갔었던 그 사람의 마음이 어떠했을까?
그 '한 사람'의 수고와 헌신은 공동체에 덕을 세우는 먹을 수 있는 국이 아니라, 사람을 죽일 수도 있는 독이 든 국이 되고 말았다.
얼마나 미안하고 죄송했을까?
하나님 나라 공동체를 위하여 자원하여 수고하고 헌신하여 마련해 온 국 재료가 공동체를 살리는 것이 아니라, 선지생도 공동체의 생명을 위태롭게 할 뻔 했기 때문이다.
엘리사는 그의 수고와 헌신으로 만들어진 국이 비록 독이 든 국이었을지라도, 그 제자의 중심을 알고 흉년 가운데 주림의 상황에 있는 공동체의 필요를 알기에, 해독을 위한 처방을 내리고 해독하여 맛있는 국이 되도록 기적을 행하였다. '능히 먹지 못하는 국'(40절)에 '가루'를 가져 오도록 하여 국 솥에 첨가하였더니 해독이 되어 먹게 되었다.
마찬가지로, 여기 열왕기하 6:5에서, 하나님 나라의 공동체의 확장을 위하여 '빌려온 도끼'로 요단에서 나무를 베다가 실수로 그 쇠도끼가 도끼 자루에서 빠져나와 물에 떨어져 고난을 당하는 익명의 또 다른 한 제자인 '한 사람'(왕하 6:5)의 상황과 유사하다.

  하나님 나라 공동체를 위해 헌신과 수고를 하다가 겪는 시련에 대하여, 엘리사의 해독 기적처럼 여기서 엘리사는 물에 빠진 쇠도끼를 물 위로 떠오르게 하는 기적을 행한다. 제자들이 겪는 고난의 상황에서 긍휼로 행한 엘리사의 기적은 고난을 당한 제자들에게 큰 위로가 되었을 것이다. 아울러 두 기적의 사건에 참여한 제자들은 선지자의 말씀에 순종함을 통해 위기의 상황에서 믿음이 훈련되는 시간이 되었을 것이다.

  로마서 8:17-18과 고린도후서 1:5에 "고난과 영광"을 병행적으로 기술함으로 주를 위한 고난이 무의미한 것이 아니라, 영광으로 갚아 주신다고 말씀하고 있다.

> 자녀이면 또한 상속자 곧 하나님의 상속자요 그리스도와 함께한 상속자니 우리가 그와 함께 영광을 받기 위하여 고난도 함께 받아야 할 것이니라 생각하건대 현재의 고난은 장차 우리에게 나타날 영광과 비교할 수 없도다(롬 8:17-18).

> 그리스도의 고난이 우리에게 넘친 것 같이 우리가 받는 위로도 그리스도로 말미암아 넘치는도다(고후 1:5).

  그래서 성도에게 고난은 하나님 나라의 신비이며, 하나님 나라의 비밀이다. 이 고난을 통해 우리를 깨끗하게 정화하며, 우리가 보잘것없는 존재임을 알게 한다. 고난을 통해 자신을 부인하게 되며, 자신과 죄와 세상을 미워하게 된다. 고난은 자기 사랑의 모든 유혹을 송두리째 뽑아버린다. 고난은 하나님을 의지하고 신뢰하게 만든다. 고난은 하나님과 온전한 연합을 이루도록 만들어 준다. 고난은 하나님의 능력을 소망하게 한다. 그래서 고난은 하나님의 새 일을 위한 시작이 될 수 있다. 고난은 믿음을 통해 그 고난 중에서조차 하나님께 감사하고 찬양하게 한다.

  그리고 고난이 해결될 결말에서도 하나님께 영광을 돌리게 한다. 믿는 자에게 고난은 신비다. 고난은 우리를 성화하게 하며, 자라고 성장하게 만든다. 그래서 고난은 비밀인 것이다. 고난은 성도의 삶에 큰 유익이다. 고난을 기쁨으로 대하는 전천후 신앙 인격자들로 자라가도록 이끄신다. 고난에서 기도는 단순히 필요를 간구하는 것 그 이상이다. 고난에서 기도함으로 하나님의 마음을 품고 하나님을 닮는 신앙 인격의 성화가 일어난다. 기도의 최고봉은 기도 응답이라기보다, 하나님의 성품을 닮는 성화에 있다.

8. 결론 및 적용

엘리사와 그의 공동체는 타락하여 하나님의 심판을 직면하는 상황에 있는 이스라엘 가운데 하나님의 뜻을 배워서 행하고 거룩을 실천하는 신실한 '남은 자 공동체의 일부'(선지공동체와 일부 이방인 및 백성)에게 하나님의 구원과 생명과 은혜와 위로와 임재의 은총이 변함없이 계속된다는 것을 보여 준다.

하나님의 말씀과 뜻을 버리고 하나님의 구원의 손길을 외면하는 심판을 향해 질주하는 세상 가운데서, 우리는 하나님의 위로와 생명과 위로의 임재를 계속적으로 경험하면서 살아가는 자가 되어야 한다.

어떻게 하면 그렇게 살아갈 수 있는가?

우리는 '지금 여기서' 거주하는 장소와 시간 안에서 추구해야 할 삶의 방식이 있다.

먼저, 우리는 지금 거주하는 여기서, 하나님의 사람 곧 하나님 자신의 통치적 임재가 모든 상황에서도 항상 우리와 함께 한다는 것을 믿음으로 살아야 한다(life trusting in God). 즉 이것이 믿음이다. 우리는 지금 거주하는 여기서, 하나님 나라 확장을 위해 우리의 사명과 책임을 완수하며 살아야 한다(missional life). 즉 이것이 미션이다.

그리고 우리는 지금 거주하는 여기서, 이것을 위해 살아갈 때 여러 가지 시련을 직면한다. 시련과 고난 가운데서 기도하는 삶을 통해 하나님을 바로 알고 바로 섬기는 삶을 훈련해야 한다(prayerful life). 즉 기도이다. 믿음은 하나님과의 신뢰의 관계이며, 미션은 세상을 향한 복음적 사명이며, 기도는 하나님과 세상을 연결하는 성령론적 교통이다. 성령론적 교통으로서 기도는 하나님에 대한 관계인 믿음을 강화시켜준다. 성령론적 교통으로서 기도는 세상과의 관계에서 우리의 사명적 미션을 이루어가도록 돕는다.

지금 여기서, 믿음과 미션과 기도의 삶이 바로 하나님 나라의 백성으로 부름 받은 우리가 하나님 나라의 백성의 참여권을 적극적으로 풍성하게 누리는 방식이다. 하나님 나라의 명목상 회원이 아니라, 실제적으로 그 참여권을 적극적으로 누리는 의미 있는 삶이 계속되어야 한다.

> ♣ 개인 묵상과 소그룹 성경 공부를 위한 토론 질문 ♣
>
> 1. 하나님 나라의 신학적 특성들을 설명해 보라.
>
> 2. 하나님 나라의 백성이 된 자들이 하나님 나라의 도래와 충만을 위해 무엇을 해야 하는지 토의해 보라.
>
> 3. 하나님 나라의 시간적 이중성과 공간적 이중성의 신학은 나에게, 교회에게 어떤 의미가 있는지 말해 보라.
>
> 4. 기도와 고난은 하나님 나라와 어떤 관련성이 있는가?
>
> 5. "지금 여기서" 하나님 나라 건설을 위해 나와 공동체가 해야 할 일이 무엇인지 나눠보고 함께 기도하라.

제21장
불말과 불병거

Topic : 엘리야-엘리사 내러티브(21)
Text : 열왕기하 6:8-23
Title : 불말과 불병거(The Horses and Chariots of Fire)
Theme : 기도하여 성령의 불을 받아 능력으로 살자!
   불안과 불신을 "불말과 불병거"(성령)로 정복하자!

1. 서론 및 문맥

직전의 문맥(왕하 6:1-7)은 B.C. 9세기의 북이스라엘에서 선지자 공동체의 공간적 확장을 통하여, 바알에게 무릎을 꿇지 않은 남은 자를 일으키는 방식으로, 하나님 나라의 확장을 도모했던 "건축 현장"을 둘러보았다. 이러한 하나님 나라 확장을 위한 선지자의 제자 공동체의 중심에는 엘리사가 있었다. 엘리사는 이스라엘의 대내적인 언약 공동체 회복에 매진했을 뿐만 아니라, 대외적으로도 대적들의 공격으로부터 언약 백성들의 생명을 보존하는 중심적인 역할을 하고 있었다. 당대 대표적인 대적은 아람(시리아)이었다. 이 본문은 이스라엘을 대적으로부터 파수하기 위한 선지적 통찰로서 "레이더" 역할을 해왔던, 엘리사에 대한 아람의 공격이 기획되는 단계부터 실행까지의 전 과정을 묘사하고 있다.

현대 군사 기술에 '스텔스 기술'(Stealth technology, Low Observable technology)이 있다. 아군의 비행기, 배, 잠수함, 미사일 등과 같은 물체가 적군의 레이다(radar), 적외선 탐지기(infrared detection method), 수중음파탐지기(sonar detection method)나 그 밖의 각종 전자 탐지기에 거의 탐지되지 않도록 하는 데 목적을 둔 군사과학기술을 의미한다. 스텔스 기술에는 다양한 기술 요소들이 포함되어 있다. 레이더파를 흡수하는 도료 기술(표면재와 코팅), 레이더파의 반사를 최대한 막는 설계 기술(돌출형보다는 유선형), 그리고 엔진의 배기가스 배출량을 줄이는 기술 등이다. 이러한 다양한 기술 요소들이 포함된 하나의 체계로서, 스텔스 기술은 레이더 상에서 잘 드러나지 않게 하여 생존성을 높일 수 있도록 하는 군사과학 기술이다. 현대 무기 체계는 대부분이 스텔스 기술을 포함하여 적에게 거의 노출되지 않도록 하는 전략적 무기이다. 그래서 군사적 측면에서 현대를 '스텔스 무기 시대'라고 부른다.[1]

지금부터 약 2,900년 전(B.C. 845년), 이스라엘의 여호람 왕과 아람(시리아) 나라의 벤하닷 1세 사이에 전쟁이 몇 차례 있었다(B.C. 853년 아합 왕 때 이스라엘이 2회 승리하였으며, 845년 여호람 때 이스라엘이 2회 승리하였음). 이때 사용된 무기가 바로 일종의 '스텔스 무기'가 사용된 전쟁이었다고 할 수 있다. 본문 17절에 따르면, 아람 군대가 엘리사를 잡기 위해 포위 했을 때, 엘리사의 사환이 두려워하고 있었다. 그때, 엘리사는 그를 위해 기도하니, 그 사환의 눈이 열려서 "불말과 불병거"(The horses and chariots of fire)가 가득하여 엘리사를 보호하고 있는 것을 보게 되었다. 이 '불말과 불병거'는 육안으로는 적들에게 잘 탐지되지 않는 현대의 스텔스 무기와 같다. 그런데도 그것은 거기에 실제로 있었던 영적인 능력의 현존이었다.

이스라엘과 아람과의 한 고대 전쟁에 사용된 하나님의 "거룩한 스텔스 무기인 불말과 불병거"(The divine stealth horses and chariots of fire)가 현대 그리스도인인 우리에게 어떤 의미가 있을까?

2. 모든 것을 알고 계시는 전지하신 하나님(Omniscience): 성부의 전지성

아람 나라(Syria, Aram)의 이스라엘을 향한 반복되는 도전에도 불구하고, 하나님의 사람 엘리사의 도움으로 이스라엘은 아람과의 전쟁에서 거듭 승리를

---

[1] "Stealth technology," https://en.wikipedia.org/wiki/Stealth_technology (2020-10-16).

누리고 있다. 거듭되는 실패 속에서 아람 왕은 마음속에 큰 고민이 생겼다.

이렇게 치밀하고 탁월한 전략에도 왜 거듭 실패하는 것인가?

이스라엘을 침공하려고 하는 그의 야망에 큰 브레이크가 걸린 것이다. 그 결과로서, 아람 왕의 마음 상태를 한 단어로 본문은 잘 묘사해 주고 있다. 본문 11절에 보면 다음과 같이 표현하고 있다.

마음이 불안하였다(וַיִּסָּעֵר לֵב, 와이싸에르 렙, סָעַר, 싸아르, "storm, whirlwind, tempest, 왕하 6:11).

여기서 아람 왕의 마음 상태를 보여 주고 있는 이 단어, "불안하다"라는 동사는 '폭풍, 회오리 바람이 불다'를 의미한다(סָעַר, 싸아르, 구약에서 총 15회 사용, 왕하 6:11; 시 55:9; 83:16; 사 54:11; 렘 23:19; 25:32; 30:23; 호 13:3; 암 1:14; 욘 1:4, 11ff; 합 3:14; 슥 7:14). 주로 시편과 선지서들에서만 사용되었는데, 역사서에서는 이 본문이 유일하게 이 동사를 포함하는 곳이다. 그리고 이 동사의 명사로서, 엘리사가 승천할 때 불어온 '회오리 바람'(סְעָרָה, 쎄아라, "storm-wind, tempest", 왕하 2:11)이다. 여기서 아람 왕의 마음에 일어난 내면 묘사로서, 폭풍이나 회오리 바람 같은 '엄청나게 큰 분노'를 가리킨다.

아람 왕은 마음에 폭풍같이 불어 닥치는 번뇌로 인하여, 고민하던 끝에 분명히 자기 신복들 중에서 첩자(spy)가 있다고 판단을 내렸다(11절). 왜냐하면, 그렇게 은밀하고 치밀한 전략이 거듭거듭 사전에 노출되어 이스라엘이 이것을 이미 다 알고 방비를 해버렸기 때문이다. 그러나 그의 한 신하를 통해서, 이스라엘 선지자 엘리사가 아람 왕이 자신의 침실(가장 은밀한 장소)에서 한 말조차도 이스라엘 왕에게 다 알려준다는 사실을 알게 된다. 아람 왕이 아무리 비밀스런 공격을 하더라도, "엘리사의 레이다"에 다 잡힌다는 것이다 (하나님의 사람의 전지성을 대적의 입으로 직접 말하도록 저자는 유도한다).

그러나 이러한 엘리사의 "도청 능력"은 오늘날 유선 전화는 물론이고 핸드폰 전화 내용같이 도청(Wiretap, Eavesdropping, bug)했던, 국민들의 일상적인 삶까지도 도청하고 감찰하는 현대 사회의 일부 비도덕적인 정보 감찰 행위와는 다르다. 엘리사의 행위는 불공평한 "전쟁 게임"을 만들고자 함도 아니다. 엘리사는 하나님께서 보여 주시는 뜻과 계시를 보고 전달하는 것이다.

하나님께서 보여 주시는 것을 말하고 들려주시는 것을 전달하는 미션이기에, 가장 정직하고 신실한 하나님의 사람이라고 할 수 있다. '선지자' 또는 '선견자'라는 호칭의 뜻도 "먼저 아는 자" 그리고 "먼저 보는 자"라는 뜻이라는 것을 알면 그 의미가 분명해진다.

아람이 이스라엘 침공을 위해 아무리 치밀하고 은밀한 계획을 세우더라도 거듭 실패하게 되었던 장본인은 이스라엘 선지자 엘리사 때문이라는 것을 아람 왕이 드디어 알게 된 것이다. 아람 나라를 패배하게 한 장본인이 다름 아닌 엘리사임을 알게 된 이상, 아람 왕은 신하들에게 긴급히 명령을 다음과 같이 하달했다.

> 엘리사가 어디에 있나 보라(왕하 6:13).

엘리사를 찾기 위해 시간이 얼마나 흘렀는지 알 수 없다. 아니면, 똑똑한 한 신하가 이미 실패 원인을 다 분석하고 엘리사의 위치를 파악해 놓고 그 해결방안까지 이미 마련해 놓았는지도 모르겠다. 아마 그런 것 같다.

바로 그때, 아람 왕의 신하 중의 하나가 왕에게 다음과 같이 말하며 정보를 보고했다.

> 엘리사가 도단에 있다(왕하 6:13).

히브리어 원문은 이 부분이 완전한 문장으로 된 표현이 아니다. "보라 도단을"이라는 감탄사 한 개와 고유명사 한 개, 총 2개의 단어로 사용된 아주 짧게 표현된 강조 구문이다. 이 표현은 엘리사를 찾기 위해 '간절한 노력'을 기울여 마침내 찾았다는 안도감과 감격을 담아서 말한 '간결한 표현'이다. 이 소식을 들은 아람 왕은 "말과 병거와 많은 군사를 보내매 저희가 밤에 가서 그 성을 에워쌌더라"(14절)라고 기록하고 있다. 야간 기습 공격이다.

그런데 13절에 엘리사의 위치에 대한 정보를 얻은 것과 14절에 엘리사가 있는 도단성을 향한 공격, 이 둘 사이에 어떤 행간의 내용이 숨겨져 있음을 추측해 볼 수 있다. 엘리사가 있는 장소에 대한 정보를 획득한 후, 그 정보의 정확성을 분석하고 엘리사를 잡기 위하여 아람 왕과 그의 참모들로 구성된 모종의

'비밀군사전략회의'가 극비 하에 진행되었을 것이다. 이스라엘을 향한 거듭된 실패로 그는 마음에 몹시 강한 스트레스를 받고 있는 중이었다. 자신들의 실패의 장본인이 엘리사임을 안 이상, 엘리사는 아람 왕의 눈엣가시와 같은 따가운 존재임이 분명하다.

더구나 그들이 잡고자 하는 엘리사는 아람 왕이 침실에서 한 말조차도 다 알아 이스라엘 왕에게 알려주는 "신비한 통찰력"을 가지고 있다. 그래서 그들의 전략회의는 극비 하에 진행되었을 것이다. 엘리사를 잡기 위한 그들의 전략회의는 고대사회의 가장 은밀한 장소들 중의 하나인 왕의 침실에서 한 말조차 엘리사에게 도청된다는 것(12절)을 감안할 때, 아람 왕은 침묵으로 또는 서판에 글(예: 사가랴 제사장)을 쓰면서 비밀 전략회의를 주재했는지도 모르겠다. 아니면 연막전술로서 아람 왕궁에 대 연회나 주연을 베풀어 놓고 아람 왕과 아람의 군대장관들이 무희들의 춤과 악사들의 연주 소리를 듣다가 갑자기 아람 왕이 보내는 은밀한 신호에 의해, 그 궁중 연회와 음악을 그들의 귓전에서 뒤로하고 조용히 그 연회장에서 또는 연회장 옆방 은밀한 곳에서 밀담을 나눴는지도 모를 일이다.

지금까지의 엘리사 체포 전략에 대한 말씀을 간략히 요약하면 다음과 같다. 아람 왕이 "엘리사가 어디에 있나 보라"라고 정보수집에 대한 명령을 내렸다. 그리고 한 신하가 "엘리사가 도단에 있다"라는 정보를 입수하여 왕에게 그 정보를 보고했다. 그런 연후, 본문은 자세한 내용을 밝히고 있지는 않지만, 아람 왕은 이스라엘 침공에 앞서 실패의 장본인인 엘리사를 잡기 위한 '비밀군사전략회의'를 주재했던 것 같다.

본문 14-19로부터, 아람의 비밀 군사 전략회의 내용은 다음과 같이 진행되었음을 추론해 볼 수 있다. 엘리사를 향한 그 실제 아람의 군사 공격은 크게 두 부분으로 나누어 볼 수 있다. 열왕기하 6:14-17(전반부)와 6:18-19(후반부)이다. 전반부의 첫 시작인 14절에서 다음과 같이 기록하고 있다.

(아람)왕이 말과 병거와 많은 군사를 보내며 밤에 가서 그 성을 에워쌌더라(왕하 6:14).

이 사실로부터 우리는 엘리사가 있는 도단성 전체에 대한 포위망을 구축하는 것이 아람 나라의 군사 작전 제1단계라는 것을 알 수 있다. 그리고 아람의 군사 행동의 후반부(18-19절)의 첫 시작인 18절에서는 다음과 같이 기록하고 있다.

> 아람 사람이 엘리사에게 내려오매(왕하 6:18).

즉 도단성 전체에 광범위한 지역적 포위망이 점점 좁아지는 것, 즉 군사 작전 제2단계가 전개되었다. 이것은 도단성이라고 하는 대지역 포위망으로부터 엘리사 개인을 향한 대인 포위망으로 점점 좁혀 전환시키는 작전이다.

아람의 이스라엘을 향한 이러한 비밀 공격 계획에 기초하여, 그날 밤, 아람 군대는 즉각적으로 밤에 대규모 군사 작전을 기습적으로 감행했다. '비밀군사전략회의' 시간과 실제 공격 시간과 시간적 간격이 크면 클수록 그 정보가 유출될 가능성은 그만큼 많아지기 때문이다. 모든 전쟁의 승리가 치밀한 전략이 기초가 되는 것이지만, 이 전쟁은 아마 아람 왕의 전쟁 역사에서, 아니 고대 전쟁사에서, 이처럼 은밀한 작전 계획과 물샐 틈 없이 정보를 차단하고 극도의 보안을 유지하는 가운데 치른 전쟁은 없었을 것이다. 무기도 가지고 있지 않은 엘리사 한 사람을 잡기 위해 엄청난 규모의 군사 작전을 수행하는 것을 볼 때, 아람 왕의 이스라엘을 삼키고자 하는 야망이 얼마나 컸음을 짐작할 수 있다.

동시에 그동안 그들의 패배의 주원인이었던 엘리사에 대한 적의감과 분노가 얼마나 컸는지 짐작 가능하다. 그리고 이것은 엘리사가 "이스라엘의 마병과 그 병거"(왕하 13:14; cf. 2:12) 그 이상임을 적군이 보여 준 것이다. 대적의 치밀한 전략과 기습적인 공격에도 불구하고, 이 본문은 선지자 엘리사의 통찰력을 통해 하나님의 전지성의 성품을 매우 분명하게 보여 준다.

하나님께서 전지하시다고 할 때, 하나님의 백성들에게 그것은 무엇을 의미하는가?
그리고 하나님의 전지하심 앞에서 어떻게 살아야 하는가?
하나님께서 나의 모든 것을 아신다고 할 때, 그것은 무엇 때문인가?

가장 우선적인 답은 하나님께서 나를 만드신 창조주이시기 때문이다. 만든 자가 그 만들어진 것에 대한 모든 것을 속속들이 가장 잘 아는 이치이다.

그분은 왜곡된 지식이나 부분적이고 편향적인 지식을 가진 분이 아니라, '완전한 지식'을 가지신 전지하신 분이시다(욥 37:16). 특히, 그분께서 인생을 지으셨기 때문에, "그가 인생의 체질을 아신다"(시 103:14). 흙으로 지으셨고(창 2:7), 우리는 '질그릇'(고후 4:7) 같은 존재이다. 우리의 중심과 생각과 의도까지 아신다(삼상 16:7; 대상 28:9; 시 139:1-4; 렘 17:10).

우리의 마지막 날까지 아신다(시 37:18). 우리의 연약함조차 너무 잘 알고 계시기에, 그 앞에 감출 것이 없고 가식적으로 꾸밀 필요도 없다. 있는 그대로 아시고 보신다. 이러한 하나님의 전지하심의 성품은 우리에 대한 대표적인 두 가지의 구체적인 신지식을 내포한다.

첫째, 하나님은 나의 모든 죄악을 아신다. 전지하신 하나님은 은밀한 장소, 은밀한 시간 안에서 은밀하게 행하는 나의 모든 행동까지도 알고 계신다(단 2:22). 현재 그분 앞에 감춰질 것이 아무것도 없다(딤전 5:24).

예컨대, 아담과 하와의 죄악을 알고 찾아오셨다. 아나니아와 삽비라 부부의 은밀한 거짓도 아셨다. 또한, 미래 하나님의 심판대 앞에 드러나지 않을 것이 없다. 하나님은 나의 '안고 일어섬'의 외적인 모든 행위를 아신다(시 139:2). 그뿐만 아니라, 나의 내적의 생각, 동기, 의도, 목적까지 다 아신다(시 139:2).

그렇다면 이 하나님 앞에 하나님의 백성들은 어떻게 살아야 하는가?

하나님을 경외하며 살아야 한다. 하나님은 경외의 대상으로서 하나님이다.

둘째, 하나님은 나의 모든 선행을 아신다. 전지하신 하나님은 히스기야의 기도와 눈물과 아픔 등 모든 연약함을 알고 계셨듯이(사 38:5; 왕하 20:5), 우리의 모든 연약과 고통을 아신다. 성령님께서 내 안에 내주하시기 때문에 그분 앞에 전 인격이 드러나 있는 상태이며, 나에 대한 가장 완전한 지식을 소유하고 계신다.

일곱 금 촛대 사이를 거니시는 교회의 머리가 되신 그리스도께서는 에베소 교회의 모든 것을 알고 계셨는데(계 2:2-3), 곧 '행위, 수고, 인내, 악한 자를 용납하지 않는 정의, 진실, 성실'을 아신다.

표 28. 하나님의 전지성에 대한 적용

하나님의 전지하심 (Divine Omniscience)	
"이는 그가 우리의 체질을 아시며 우리가 먼지 뿐임을 기억하심이로다"(시 103:14) "이와 같이 선행도 밝히 드러나고 그렇지 아니한 것도 숨길 수 없느니라"(딤전 5:25)	
나의 모든 죄악을 아신다.	나의 선행을 아신다.
(1) 구약: 인류 최초의 부부의 범죄 (2) 신약: 신약 교회 최초의 부부 범죄	(1) 창조주는 피조물의 체질을 아신다. (2) 성령님은 성도의 눈물의 기도를 아신다. (3) 예수 그리스도는 교회의 수고, 인내, 정의, 성실을 아신다.
"그는 깊고 은밀한 일을 나타내시며 어두운 데에 있는 것을 아시며 또 빛이 그와 함께 있도다"(단 2:22) "주께서 내가 앉고 일어섬을 아시고 멀리서도 나의 생각을 밝히 아시오며"(시 139:2)	"이는 그가 우리의 체질을 아시며 우리가 먼지 뿐임을 기억하심이로다"(시 103:14) "내가 네 기도를 들었고 네 눈물을 보았노라 내가 네 수한에 십오 년을 더하고"(사 38:5; 왕하 20:5) "내가 네 행위와 수고와 네 인내를 알고 또 악한 자들을 용납하지 아니한 것과 자칭 사도라 하되 아닌 자들을 시험하여 그의 거짓된 것을 네가 드러낸 것과 또 네가 참고 내 이름을 위하여 견디고 게으르지 아니한 것을 아노라"(계 2:2-3) "옳다 인정함을 받는 자는 자기를 칭찬하는 자가 아니요 오직 주께서 칭찬하시는 자니라"(고후 10:18)
나는 하나님을 경외하여 살아야 한다. "경외의 하나님"	나는 하나님의 위로가 있음을 알고 살아야 한다. "위로의 하나님"

삼위 하나님은 모든 선행을 알고 계신다(딤전 5:25).

하나님의 백성들은 어떻게 살아야 하는가?

하나님이 위로자이시기에 그 앞에서 그 선행을 하되 낙심치 말고 끝까지 행하여 열매를 맺어야 한다.

3. 기도로 믿음의 눈을 여는 중보자: 성자의 중보자 사역

아람 왕의 이런 군사 전략과 작전 수행 과정은 아주 기민하고 명민함을 보여 주고 있다. 아람 왕은 은밀하게 '군사비밀전략회의'를 가진 후, 기습적으로 군사 작전을 개시했다. 엘리사를 잡기 위한 도단성을 포위하기 위하여 기습적으로 공격하던 그 날 밤은 지나갔다.

1) 사환의 눈을 여심: 구원의 모티프

동트는 새벽 무렵, "하나님의 사람의 수종 드는 자"(מְשָׁרֵת אִישׁ הָאֱלֹהִים, 메샤레트 이쉬 하애로힘)가 일찍이 일어나서 나가보니, 간밤에 기습적으로 포위망을 구축한 아람의 군사와 말과 병거가 성을 온통 에워싸고 있는 것이다(15절). 그 광경을 본 엘리사의 사환은 다음과 같이 고함쳤다.

> 아아 내 주여 우리가 어찌하리이까(왕하 6:15, cf. 아아 하나님의 사람이여 이는 빌려온 것이니이다, 왕하 6:5).

엘리사의 사환이 지금 잠이 덜 깨서 비몽사몽 간에 보고 있는 광경인가? 아니면, 지난밤에 잠을 자다가 침대에서 떨어져 머리에 충격을 받아 의식이 희미한 것인가?

전혀 아니다. 그는 지금 헛것을 보는 것이 아니라, 가시화된 아람의 치밀한 군사 작전의 그 결과로 감행된 그 포위 상황을 실제로 보고 있는 것이다. 그 순간 그는 얼마나 당황했는지, 얼마나 다급했던지 "아아 내 주여 우리가 어찌하리이까"라고 하나님의 사람 엘리사에게 소리쳤던 것이다.

그런데 이 사환의 외침은 무엇을 의미하는가?

하나님의 사람의 수종 드는 그 사환은 하나님의 사람 엘리사 곁에서 수종 들면서, 늘 그는 하나님으로부터 말미암는 놀라운 능력과 기적을 보아왔을 것이다. 그런데도 지난밤 아람 군대의 기습적인 대규모 군사 행동 개시로 포위망으로 둘러싸인 그는 갑자기 충격적인 위기감과 두려움으로 그의 영적인 눈이 어두워져 버렸다. 믿음의 눈이 닫혀버렸다. 그리하여 그의 눈에는 아람의 군사와 말과 병거만 보이는 것이다. 이것만 그의 눈에 가득하며 그의 마음을 억누르고 있는 것이다.

여기서 하나님의 사람의 곁에 늘 있어 왔던 그 사환에 대한 호칭을 다음과 같은 호칭의 사용(15절)에 주목할 필요가 있다.

> 하나님의 사람의 수종 드는 자(메샤레트 이쉬 하애로힘, 왕하 6:15).

엘리사의 사환에 대한 호칭은 일반적으로 '게하시'(왕하 4:14, 29, 31; 5:23, 24, 27; 8:5)라는 실명만을 사용하거나, 선지자의 3인칭 단수 대명사 접미어(소유격) 또는 정관사를 사용하여 '그의 사환'(왕하 6:15), '그 사환'(왕하 4:43), 또는 '자기 사환'(왕하 4:12,13, 25, 38), 그리고 '그 청년'(왕하 6:17) 이라고 표현하는데, 여기서는 "하나님의 사람의 수종 드는 자"(분사: מְשָׁרֵת אִישׁ הָאֱלֹהִים, 메샤레트 이쉬 하애로힘)라는 비교적 긴 표현으로 호칭했다. 즉 이 "거룩한" 호칭(신분)과 그의 믿음 없음의 모습을 대조시킨다. 이와 유사한 예가, 엘리사에게 나병을 고침 받고 되돌아가는 나아만에게, 뒤따라 가서 재물을 요구하러 가기 직전에 게하시가 탐욕적 맹세를 할 때에 사용된 호칭을 다음과 같은 가장 긴 표현으로 사용했다.

> 하나님의 사람 엘리사의 사환 게하시(גֵּיחֲזִי נַעַר אֱלִישָׁע אִישׁ־הָאֱלֹהִים, 게하지 나아르 애리샤 이쉬-하애로힘, 왕하 5:20).

즉 호칭(신분)과 행함 사이에 부조화를 대조시키려는 저자의 의도이다.[2]

그리고 마지막으로 사용된 또 다른 긴 호칭이 사용되는 곳이 있다. 게하시가 수넴 여인이 칠년 흉년 기간에 엘리사의 말대로 블레셋에 이주갔다가 다시 되돌아오는 장면에서(왕하 8:1-6), 그녀의 신분과 재산이 왕 앞에서 회복되는 선한 일을 위하여 선지자의 사환다운 일을 할 때에, "하나님의 사람의 사환 게하시"(גֵּיחֲזִי נַעַר אֱלִישָׁע אִישׁ־הָאֱלֹהִים, 게하지 나아르 애리샤 이쉬-하애로힘)라는 "의미 있는" 긴 호칭이 사용된다(왕하 8:4). 그의 마지막 이 봉사의 장면에서, 본문의 저자로부터 이 "회복된" 호칭을 "훈장으로 수여" 받은 후에, 게하시는 엘리야-엘리사 내러티브에서 영원히 사라진다. 이러한 게하시의 호칭은 마치 언약 백성 이스라엘의 운명을 상징하는 것 같다. 언약의 여호와 하나님께 '하나님의 백성'으로 부름을 받아 거룩한 백성과 그분의 소유와 제사

---

2   게하시에 대한 호칭 사용에 있어서, 문맥상으로 처음 등장할 때는 혼돈과 오해를 피하기 위하여 정확하게 엘리사의 사환임을 지시하기 위하여 엘리사의 이름이나 호칭을 사용하여 그와의 관계 안에 있는 게하시의 이름이나 호칭을 사용하며(긴 호칭), 그리고 이어지는 동일 문맥 안에서는 자연스럽게 짧은 호칭을 사용할 수도 있다. 필자는 엘리야-엘리사 내러티브의 저자가 이러한 의도를 가지지 않았다고 생각하지는 않는다. 그런데도 거기에 추가하여 게하시의 신분(being)과 행위(doing)가 부조화를 이룰 때, 대조를 통해 독자들에게 암시적 교훈을 주려는 의도가 포함되어 있다고 본다.

장 나라가 되었으나, 그들은 언약을 배반하고 불순종하고 그 언약을 파괴하였다. 그래서 그들의 '거룩한 이름'과 '거짓의 삶'이 대조되고 있다. 그런데도 '이스라엘'이라는 이름을 그대로 남겨둔 것은 "아브라함과 이삭과 야곱과 더불어 세우신 언약 때문에"(왕하 13:23) 베푸신 여호와의 긍휼의 이름으로 남게 되고, 미래의 "새로운" 회복을 전망하는 소망에 참여하게 된 것이다.

지금 이 사환의 믿음이 어디에 있는가?
그 사환의 하나님은 어디에 있는가?
그 사환이 섬기고 있는 하나님의 사람이 믿는 하나님은 그 사환에게 어떤 의미를 갖는 것일까?

진실로 그 사환은 "우리와 함께 한 자"(16절)가 있다는 것을 보지 못하는 것이다. 세상만 크게 보이고 많게 보이는 것이다. 세상의 무기와 대적들만 확대되어 크고 많게 인식되는 것이다. 세상은 크고 많은데, 우리와 함께 한 자는 적거나, 없다는 것으로 그의 심령에 각인되고 있었던 것이다. 하나님께서 하나님의 사람과 함께하신다는 사실을 망각하고 있다. 세상과 비교하는 것으로부터 하나님에 대한 믿음이 상실되고 있다. 위기 앞에 하나님의 구원의 능력에 대한 믿음과 소망이 약화되었다.

마침 지난밤에 기습적으로 침투한 아람 군대처럼, 불신앙과 불안감이 그 사환의 심령을 향해, 그의 영혼 깊숙이 침투하고 있었다. 그의 속사람은 완전히 연약해져 버렸다. 그 사환은 아침 햇살이 떠오르는 미명에 일찍이 일어나서 나가 아람의 포위 광경을 누구보다 먼저 보았다. 그런데 그 순간 사환의 영적인 눈은 지난밤에 기습한 이방 나라 아람 군대가 하나님의 존재와 그 능력을 모른 채, 어두운 눈으로 다가오는 것과 조금도 다를 바가 없게 되었다. 하나님이 함께하는 하나님의 사람과 늘 함께 생활하는 그가 이러한 영적 오류와 불안과 불신에 빠져버리고 만 것이다. 한마디로, 아람 군대의 "소경 됨"이 엘리사의 사환의 "소경됨"으로 된 형국이다.

이것은 마치 무엇과 같은가?
아람의 군대장관 '나아만의 나병'이 사환 게하시의 나병으로 전이된 사건(왕하 5:27)을 기억하는가?

나아만의 나병이 게하시에게 그대로 옮겨진 것처럼, 대적 '아람의 어두운 눈'이 엘리사의 사환의 어두운 눈으로 이식되어버린 것이다. 이것이 신앙의 약화이다. 하나님의 사람 엘리사 선지자의 사환이 "아아, 내 주여 어찌하리이까"라고 놀라서 소리쳤을 때, 엘리사는 다음과 같이 위로했다.

> 두려워하지 말라 우리와 함께 한 자가 그들과 함께 한 자보다 많으니라(왕하 6:16).

그리고 엘리사는 그의 사환을 위하여 다음과 같이 기도했다.

> 여호와여 원하건대 그의 눈을 열어서 보게 하옵소서(왕하 6:17).

그러자 다음과 같이 말씀한다.

> 여호와께서 그 청년의 눈을 여시매(원인)(왕하 6:17).

엘리사 선지자가 그의 곁에 있는 그 청년을 위해 기도하니 여호와 하나님께서 그의 눈을 열어주셨다. 사환의 눈이 열렸다(결과).
이 사건은 상징적이거나 풍유적인 해석을 위한 단순한 문학적 표현이 아니고 실제 사건이며, 역사적 사실이다.
그렇다면 엘리사의 사환의 눈이 열렸다는 것을 어떻게 해석하여 우리에게 적용해야 하는가?
앞서 언급한 대로, 필자는 이 본문을 삼위일체론적으로 해석하고 있다.

첫 번째 섹션에서는 성부 하나님의 전지하신 성품 중심으로 초점을 모았다.
두 번째 섹션에서는 성자 그리스도 중심으로 해석하고 적용하고자 한다.

하나님의 사람으로서 엘리사의 기도로 사환의 닫힌 눈을 연 이 사건은 하나님과 사람 사이에 기도의 중보자이신 예수님의 중보 기도 사역을 전망하게 한다. 예수 그리스도는 참 하나님이시면서, 참사람으로 오셔서 하나님과 사람 사이에 대제사장으로 완벽한 중보자이시다.

그리고 게하시의 어두운 눈을 연 선지자 엘리사의 사역은 세상의 빛으로 오신 예수님의 소경의 눈을 뜨게 하신 지상 치료 사역을 전망하게 한다. 우리는 엘리야-엘리사 내러티브를 참 선지자로서 오실 예수님의 인격과 사역을 내다본다고, 엘리야-엘리사 내러티브의 서론에서 이미 언급한 적이 있다.

특히, 이 본문에서 기도로 사환의 닫힌 눈을 연 사건은 세상의 빛으로 오신 예수님의 능력이 함께하는 임마누엘의 은혜의 관점으로 해석하고자 한다. 왜냐하면, 임마누엘로 주께서 곁에 함께하시는 위로의 은혜는 엘리사의 사환의 눈을 열어서 하늘의 불말과 불병거가 가득하도록 함께 한 장면을 보게 하여 그의 사환을 위로하는 엘리사의 사역을 성취하는 측면이 있기 때문이다.

2) 참 선지자 그리스도의 눈 여심의 사건

요한복음 9장에 태어날 때부터 맹인이 예수님에 의해 치유되어 보게 되는 사건이 기록되어 있다. 이 기적 사건은 요한복음에 기록된 일곱 가지 기적 가운데 여섯 번째 기적이다. 유대인들은 나면서부터 맹인이 된 이 청년이 어떻게 보게 되었는지, 그를 고쳐준 자가 누구인지 물었다. 그리고 그들은 그 청년에게 다음과 같이 질문했다.

> 이에 맹인 되었던 자에게 다시 묻되 그 사람이 네 눈을 뜨게 하였으니 너는 그를 어떠한 사람이라 하느냐(요 9:17).

그 청년은 다음과 같이 말했다.

> 대답하되 선지자니이다(요 9:17).

요한복음 9장에서 태어나면서부터 맹인이 된 이 청년이 참 선지자로 오신 예수님에 의해 눈이 열어서 보게 되었다. 이 사실은 구약의 엘리사 선지자에 의해 "일시적으로" 닫힌 눈이 열고(사환, 아람 군사들), 열린 눈을 다시 "일시적으로" 닫게 하는 사건(아람 군사들)을, 참 선지자로 오신 예수님께서 나면서부터 맹인된 곧 "영구적으로" 닫힌 눈을 여신 사건으로 성취하셨다.

그리고 마태복음 9:27-31에, 두 맹인이 예수님을 따라오며 다음과 같이 소리쳤다.

> 다윗의 자손이여 우리를 불쌍히 여기소서(마 9:27).

이때, 예수님은 그들의 눈을 만지시며 다음과 같이 말씀하셨다.

> 네 믿음대로 되라(마 9:29).

그리고 성경은 다음과 같이 증언한다.

> 그 눈들이 밝아진지라(마 9:30).

이와 같이 성경에서 맹인이 눈이 열리어 보게 되는 것은 메시아 시대의 특징들 중에 하나이다(시 146:8; 사 6:10; 29:18; 35:5; 42:7, 18; 렘 5:21; 마 13:13-15; 요 12:40).

오늘날도 하나님께서 원하시고 역사하시면 소경이 눈을 뜨는 사건이 얼마든지 일어날 수 있다. 그런데도 이 시대는 기적이 보편적이지 않고 의사라는 특정 직업군에게 일반 은총의 영역으로 위임하셨고 일정 부분까지는 치료를 할 수 있다.

그러나 대부분의 소경의 경우, 그들은 소경된 채로 살아간다. 오히려 "믿음의 눈"이 열리면, 그런 것조차 하나님의 뜻으로 받아들이고 하나님께 어떻게 하는 것이 영광이 될까라고 생각하면서 살아간다. 그래서 소경이 육신의 눈을 뜨는 것은 오늘날 우리에게 문자 그대로 보편적으로 적용될 수는 없다.

그 대신에 우리는 이 본문에 기록된, 눈을 여는 엘리사의 기적을 "마음의 눈"을 하나님께서 여시는 신앙적 경험으로 적용할 수 있다. 예를 들면, 모세가 가나안 정탐꾼을 보냈고, 40일 후에 이들이 돌아와서 보고할 때, 마음 눈이 닫힌 사람들은 다음과 같이 보고했다.

> 그 땅 거주민은 강하고 성읍은 견고하고 심히 클 뿐 아니라 거기서 아낙 자손(거인들)을 보았다(민 13:28; cf. 13:32-33).

여기까지는 사실 그대로의 보고다. 이 사실로부터 여호수아와 갈렙을 제외한 자들은 네피림 자손인 아낙 자손들은 거인들인데 다음과 같이 말했다.

> 우리는 스스로 보기에도 메뚜기 같다(민 13:33).

자칭 그리고 타칭 '메뚜기'이다. 그래서 이들은 다음과 같이 말했다.

> 우리는 능히 올라가서 그 백성을 치지 못하리라 그들은 우리보다 강하니라(민 13:31).

그런데 갈렙은 다음과 같이 말했다.

> 우리가 올라가서 그 땅을 취하자 능히 이기리라(민 13:30).

그러면서 유다 지파의 갈렙(민 13:6)과 에브라임 지파의 호세아(여호수아, 민 13:8)는 다음과 같이 권고했다.

> 그들은 우리의 먹이(밥)이라 그들의 보호자는 그들에게서 떠났고 여호와는 우리와 함께하시느니라 그들을 두려워하지 말라(민 14:9).

신약의 호세아 곧 여호수아로 오신 예수님에 대한 믿음의 여부에 따라 이와 같이 된다. 같은 예수님을 믿고 있음에도, 마음의 눈이 열린 자와 닫힌 자는 그 삶이 천지 차이다. 그리스도 안에서 우리의 "마음의 눈을 밝히사"(엡 1:18) 우리를 부르신 소망이 무엇이며, 성도인 우리가 누리는 그 기업의 영광의 풍성이 무엇인지 알게 된다.

또한, 성경은 다음과 같이 권고한다.

> 너희가 전에는 어둠이더니 이제는 주 안에서 빛이라 빛의 자녀들처럼 행하라(엡 5:8).

그리할 때, 하나님께 영광이 될 뿐만 아니라, 어두운 세상에 사는 사람들이 우리의 빛 된 삶을 통하여 참빛이신 하나님을 보는 눈이 열릴 것이다.

사람의 눈을 여심은 하나님의 구원이다!

3) 아람 사람의 눈을 닫으심: 심판의 모티프

본문 18절에 아람 군대가 포위망을 좁혀서 엘리사에게로 다가왔다. 그때 엘리사는 여호와 하나님께 다음과 같이 기도했다.

> 원하건대 저 무리의 눈을 어둡게 하옵소서(왕하 6:18).

그러자 여호와 하나님께서 다음과 같이 말씀한다.

> 그들의 눈을 어둡게 하신지라(왕하 6:18).

엘리사는 그들에게 다음과 같이 말한다.

> 이는 그 길이 아니요 이는 그 성읍도 아니니 나를 따라오라 내가 너희를 인도하여 너희가 찾는 사람에게로 나아가리라(왕하 6:19).

그들은 엘리사 앞에서 엘리사인 줄을 알지 못하고 눈 뜬 "맹인"이 되어 엘리사의 인도를 받아 사마리아에 있는 이스라엘 왕 앞에까지 인도되었다. 아람 군대 전체가 이스라엘의 포로가 된 기적이다. 칼 한 번 휘두르지 않고, 피 한 방울 흘리지 않고 이스라엘이 승리한 전쟁이 되었다. 엘리사의 기도 때문이다.
이스라엘 왕 앞에 도착한 엘리사는 다음과 같이 다시 기도했다.

> 여호와여 이 무리의 눈을 열어서 보게 하옵소서(왕하 6:20).

그러자 그들의 눈이 열렸다. 기도로 닫힌 눈들을 기도로 다시 연 것이다. 아람 군사들은 집단적으로 어느덧 자신들의 무장이 해제되고 이스라엘 왕 앞에 포로로 와 있는 것을 발견했다.

여기서 '소경'의 상태가 계속 반복적으로 "전이"되고 있음을 본다. 처음에는 아람 군사들이 소경이 되어 엘리사를 둘러싼 불말과 불병거를 모르고 다가왔다. 그 광경을 본 엘리사의 사환에게로 그 소경됨이 전이되었다. 그때, 엘리사의 기도로 엘리사의 사환은 다시 눈을 떠서 불말과 불병거를 보았다. 그런데 엘리사가 기도함으로 사환의 소경됨이 아람 군대의 무리 전체가 소경됨으로 전이되었다. 그리고 이스라엘 왕 앞에서 엘리사가 다시 기도하자 사환이 눈이 열린 것처럼, 아람 군사들은 다시 시력을 되찾았다.

이 본문에서 두 가지의 '소경됨'이 나타난다. 하나는 사환의 소경됨과 그 눈의 열림이며, 또 다른 하나는 아람 군사들의 소경됨과 눈의 열림이다. 전자는 하나님의 백성의 "믿음의 안목"에 따라 가시성(visibility)이 결정된 경우이다. 후자는 하나님을 모르는 불신 이방인의 "무지의 안목"이 일시적으로 가시성과 불가시성을 좌우하게 된 경우이다. 그런데 두 경우 모두 '소경됨'과 '눈 열림' 또는 '눈 열림'과 '소경됨' 사이에 있었던 주된 동인은 다름 아닌 선지자 엘리사의 중보 기도였다. 하나님과 사람 사이에서, 하나님의 사람의 중보 기도는 눈을 만드신 하나님의 역사로 닫힌 눈을 열게도 하시고 열린 눈을 닫게도 하신다.

그런데 성경에서 눈을 열고 닫는 것은 무엇을 의미하는가?

성경에서 하나님께서 눈을 열어 보게 한 사건은 자기 백성을 향한 하나님의 빛과 구원을 의미한다. 반대로 눈을 닫게 하여 보지 못하게 한 사건은 세상 나라를 향한 하나님의 심판과 어둠을 의미한다. 엘리사의 사환의 소경됨은 대적으로 둘러싸인 포위 상태라면, 사환의 눈이 열림은 그 대적으로부터 구원이다. 그리고 아람 군사들의 소경됨은 이스라엘 왕 앞으로 잡혀 온 포로 상태라면, 아람 군사들의 눈이 열림은 포로에서 자유함을 의미한다. 이들의 눈이 육체적인 눈이든지, 아니면 영적인 안목이든지 마찬가지이다.

4) 소경을 보는 자로, 보는 자를 소경되게 하는 그리스도의 사역

이러한 눈 열림의 여부가 구원의 여부라는 사실을 신약성경이 잘 증거해 주고 있다. 나면서부터 맹인이 된 청년의 눈을 열어서 보게 하신 예수님의 표적 장면에서(요 9:39) 예수님께서 이 말씀을 하신 적이 있다.

> 예수께서 이르시되 내가 심판하러 이 세상에 왔으니 보지 못하는 자들은 보게 하고 보는 자들은 맹인이 되게 하려 함이라(영적인 맹인, 요 9:41).

예수님은 이 표적을 통해서, 예수님 자신께서 "세상의 빛"(요 8:12; 9:5)으로 오셨다는 것을 계시하셨다.

> 나는 세상의 빛이니 나를 따르는 자는 어둠에 다니지 아니하고 생명의 빛을 얻으리라(요 8:12).

> 내가 세상에 있는 동안에는 세상의 빛이로다(요 9:5).

즉 빛으로 오신 예수님께서 참빛으로 보고자 하는 자들에게는 눈을 열어서 보게 하신다. 반면 자신과 세상의 그림들로 눈에 가득 채운 자들에게는 스스로 본다고 할지라도, 예수님은 그들을 '맹인'으로 여기시고 참빛을 보지 못하도록 그대로 맹인이 되게 하신다. 즉 보는 것과 보지 못하는 것은 구원과 심판의 맥락이다.

그리스도인들은 '세상의 빛'으로 오신 예수님을 믿음으로 '빛의 자녀'가 된 자들이다. 그래서 주의 백성인 우리는 '빛 아래 있는 자'이다. 반대로 세상 사람들은 죄와 사망과 사탄의 권세 아래, 곧 '어둠 아래' 있다.

영적으로 보지 못하는 자가 세상의 빛이신 예수님을 통해 보게 된다. 그리고 육적인 눈으로는 보는 자라고 할지라도, 세상의 빛으로 오신 예수님을 보지 못하는 자가 있다(이러한 the twin theme이 요한복음 9장의 결론이다, 9:39-41). 보는 자는 빛에 소속된 것을 의미한다. 보지 못한 자는 어둠에 속한 것을 의미한다. 죄와 사망과 사탄의 권세 곧 어둠으로부터 우리를 해방시키러 오신 세상의 빛이신 예수님을 믿고 의지하고 주와 함께 빛 안에서 거하고 세상의 빛으로 살아야 한다.

4. 불같이 임하는 하나님의 능력: 성령의 능력 사역

이 본문의 마지막 세 번째 섹션으로서, '불말과 불병거'를 삼위일체의 세 번째 위격이신 성령론적 관점으로 해석하고 적용하고자 한다.

1) 불말과 불병거

조금 전까지만 해도, 엘리사의 사환은 "불신과 불안"이 그를 엄습하여 꼼짝없이 꽁꽁 묶어 버림을 당했다. 그러나 이제는 불신과 불안이 아니라, "불말과 불병거"가 그를 자유케 하고 있다. 그는 자신과 엘리사 선지자를 호위하고 지키고 있는 하나님의 능력과 임재를 목도하고 있다. 하나님께서 그 두 명을 지키려고 아람 군대와 함께 한 군사와 말과 병거보다 더 많은 '불말과 불병거'를 하늘에서 파견되어 진을 치고 있도록 하셨다.

엘리사의 사환이 본, 불말과 불병거는 육안으로는 보이지 않는 것이었다. 그런데도 거기에 분명히 있었던 '영적 실재'였다. 이것은 착각이나 착시 현상도 아니었다. 살아 계신 '하나님의 능력의 임재' 그 자체이다(Theophany). 마치 불말과 불병거는 현대 군사 무기들 가운데 스텔스 무기와 같다. 이 하늘의 거룩한 스텔스 병력으로 둘러싸여 있었음에도, 지금까지 사환은 자신의 심령 깊숙이 짓 눌렀던 '불신과 불안'이 그의 믿음을 좌초 시켰던 것이다. 불신과 불안이라는 영적 암초 때문에 불말과 불병거를 보지 못했던 것이다. 그러나 이제 엘리사의 기도로 지금 닫혔던 눈이 열리어, 하늘의 불말과 불병거를 보고 있다.

그렇다면 이제 그가 보고 있는 '불말과 불병거'(왕하 6:17, סוּסִים וְרֶכֶב אֵשׁ, 쑤씸 웨레켑 에쉬)는 어떤 존재일까?
이것은 마치 무엇과 비슷한 것 같은가?
이것은 마치 능력의 선지자 엘리야가 회오리 바람 가운데 승천할 때 나타났던 것이 있는데, 무엇이었는가?
'불수레와 불말들'(왕하 2:11, רֶכֶב-אֵשׁ וְסוּסֵי אֵשׁ, 레켑-에쉬 웨쑤쎄 에쉬)이다!

엘리사의 사환이 눈이 열려서 보게 된 '불말과 불병거'(왕하 6:17)는 마치 엘리야가 승천할 때 나타난 '불수레와 불말들'을 연상시키는 것 같지 않는가?

여기서 하나님께서 엘리야를 신현현의 회오리 바람(theophanic tempest)을 통해서 하늘로 들어올리시는 엘리야의 승천 장면에 등장한 '불수레와 불말들'(왕하 2:11)과 비슷하다. 그래서 지금 엘리사의 승천 시 나타났던 그 '불수레와 불말들'이 다시 출현한 것 같은 장면을 연출하고 있다.

그리고 그때, 엘리야의 승천 장면에 등장했던 그 '불수레와 불말들'과 함께 승천한 엘리야 선지자를 향하여 엘리사는 다음과 같이 외쳤다.

> 내 아버지여 내 아버지여 이스라엘의 병거와 그 마병이여(רֶכֶב יִשְׂרָאֵל וּפָרָשָׁיו, 레켑 이스라엘 우파라샤이우, 왕하 2:12).

열왕기하 2:11에서 '불수레와 불말들'은 엘리야의 승천을 위해 보내신 하나님의 도구였다. 그리고 열왕기하 2:12에서 '이스라엘의 병거와 그 마병'은 엘리야 선지자를 가리키는 은유적 표현으로 엘리사가 승천하는 스승을 향하여 부른 호칭이었다. 이 호칭의 의미는 이스라엘을 그동안 적들과 싸우고 적들로부터 보호하여 승리케 한 것은 이스라엘의 왕의 군대와 말의 힘이 아니라, 엘리야 선지자였다는 의미이다.

요약하면, 엘리야의 승천 장면에 나타났던 '불수레와 불말들'(רֶכֶב יִשְׂרָאֵל וּפָרָשָׁיו, 레켑-에쉬 웨쑤쎄 에쉬)은 하나님께서 그를 능력 가운데 데려가시기 위한 하나님께서 보낸 도구였다. 동시에 불로 임하신 하나님의 임재 자체였다. 하나님 자신께서 친구처럼 '하나님의 사람'을 친히 데려가셨다. 그리고 '이스라엘의 병거와 그 마병'(רֶכֶב יִשְׂרָאֵל וּפָרָשָׁיו, 레켑 이스라엘 우파라샤이우)은 하나님께서 범죄한 이스라엘을 위해 보내시고 세우신 '엘리야' 선지자를 향한 호칭이었다.

그 엘리야는 그동안 지상 사역을 통해서 '이스라엘의 병거와 마병'으로 싸웠던 영적인 전사였다. 여기서 '불수레와 불말들' 그리고 '병거와 마병'이라는 표현들 모두가 전쟁 용어들이다. 엘리야의 승천 시에 등장한 "불수레와 불말"(실체)은 하나님 자신의 임재의 실재라면, "이스라엘의 병거와 그 마병"(비유)은 엘리야를 가리키는 은유적 표현이다.

그렇다면 여기서 아람 군대의 포위망 앞에서 엘리사가 기도하자, 그의 사환의 눈을 열려서 보인 "불말들과 불병거"(왕하 6:17, סוּסִים וְרֶכֶב אֵשׁ, 쑤씸 웨레켑 에쉬)가 보였는데, 이것도 영적인 실체이면서, 동시에 '하나님의 임하심(임재)' 자체를 의미한다.

그리고 언어적 표현을 서로 비교하면, 엘리야에게 나타났던 '불수레와 불말들'이라는 표현이 엘리사에게는 '불말'과 '불병거'의 순서로 바뀌어 나타난다. 그런데도 동일한 히브리어 단어를 사용하고 있다. 그리고 번역은 엘리야에게 나타난 것은 '불수레'(히: 단수, רֶכֶב־אֵשׁ, 레켑-에쉬, 영: 복수, "chariots of fire")로 번역했으나, 엘리사에게 나타난 것은 '불병거'(히: 단수, וְרֶכֶב אֵשׁ, 웨레켑 에쉬, 영: 복수, "chariots of fire")로 번역했다. 그러나 둘 다 동일한 히브리어 단어(רֶכֶב־אֵשׁ, 레켑-에쉬)를 사용했다.

이러한 사실은 무엇을 의미할까?

이것은 매우 흥미롭게도, 승천한 능력의 선지자 엘리야가 다시 지상으로 내려 온 것 같은 장면을 연출하고 있다. 단지 차이점이 있다면, 엘리야에게는 지상 사역을 마치고 승천 장면에서 한 벌의(a set of) '불수레와 불말들'이 나타났고, 엘리사에게는 지상 사역 중에 대적 아람 군대의 공격 앞에서 '불말과 불병거'가 가득 집합한(a group of) 것을 경험했다.

문법적으로 관찰하면, 엘리야의 승천 시에 나타난 '불수레와 불말들'이라는 표현에서 그 '불수레'는 단수로 되어 있고 '불말들'은 복수(쌍수)로 되어 있다. 즉 '불수레 하나에 불말 2-3마리로 구성되었다. 즉 앞서 말한 '한 벌'이다. 반면 엘리사에게 나타난 '불말과 불병거'라는 표현에서 그 병거는 단수로 표현되었으며, 말은 복수(쌍수)로 사용한다. 그런데 이러한 한 쌍의 말과 병거 하나로 구성된 한 세트가 그룹으로 산에 가득하여 엘리사를 둘렀다고 했다(왕하 6:17). 결국, 양적 개념으로 말하면, 엘리사에게 나타난 불말과 불병거가 훨씬 많다.

이것은 승천한 엘리야가 엘리사에게 "성령의 갑절의 역사"를 약속했던 것의 "성취"의 한 측면으로서, 하나님께서 보내신 능력의 '불말과 불병거'가 "충만하게" 가득한 것으로 나타났다는 점이다. 물론 말과 병거의 숫자가 많다고 해서 하나님의 능력이 크다는 것은 아닐지라도, 그리고 전자는 승천의 상황이고 후자는 전쟁의 상황이라는 정황의 차이가 있을지라도, 엘리야의 성령의 역사의 갑절이라는 표현에 대한 산술적으로 수량화된 한 측면이라고 볼 수 있다.

이런 점에서, 엘리사의 시대가 엘리야의 시대보다 계시가 더 진전되고 충만한 능력의 성령님의 강림을 향하여 진일보된 시대였다고 할 수 있다. 이것은 구약 자체 내의 성취 내지는 이어지는 바로 다음 세대에 계시의 미세한 진전을 의미 있게 보여 준다.

2) "또 다른 보혜사"로 강림하신 성령님

그런데 이 상황과 이 장면은 궁극적으로 신약 시대에 어떤 방식으로 계시가 진전될까?

추호도 의심 없이 이 본문의 장면은 그리스도께서 지상 사역을 마치시고 승천하신 후에, '또 다른 보혜사'(위로자) 성령님을 보내주신, '성령 강림 사건'을 연상케 하는 장면이다!

왜 그런가?

더 구체적으로 비교해 보자. 엘리야의 제자였던 엘리사가 기도할 때, 여호와께서 '불말들과 불병거'가 '산에 가득하여 둘러져 있는 것'이 보였다. 여기서 '기도와 불'의 모티프가 함께 등장한다. '불'(불말과 불병거)은 연기나 지진이나 빛과 같이 하나님의 현현하심의 현상들 가운데 하나이다. 하나님께서 제사를 기뻐 받으시는 증거로서 제물 위에 하늘에서 불이 떨어져 태우는 것(왕상 18:24, 38)은 하나님 자신의 현현을 의미하는 것과 같다.

그러므로 이 '기도'가 땅에서 하나님의 백성들이 하늘에 계신 하나님께 구원을 위해 간구한 것이라면, '불'은 그 기도에 응답하신 하나님 자신과 하나님의 능력이 임하신 현현의 사건이다.

그런데 그 능력이 어떠한 방식으로 임했는가?

이 본문에서 엘리야의 제자였던 엘리사의 기도로 하늘에서 임한 불(불말과 불병거 가득히 충만한 장면)로 응답한 사건으로 묘사한다. 이것은 신약에서, 승천하신 예수님의 제자들이 한마음으로 기도할 때, 승천하신 그리스도께서 아버지로부터 약속하신 성령님을 보내실 때, "마치 불의 혀처럼 갈라지는 것들"(행 2:3)이 그들에게 보여 "각 사람 위에 하나씩 임하여"(행 2:3) 있었다. 그래서 그들이 "다 성령의 충만함을 받고"(행 2:4), 세상을 향하여 복음을 선포했다.

두 사건에서 세 가지 공통점이 있다.

첫째, 땅의 제자들이 기도했다는 점이다.
둘째, 하늘에서 그 기도를 듣고 하나님께서 응답했다는 점이다.
셋째, 둘다 승천한 스승이 있는 하늘에서 땅의 기도하는 제자에게 불로 "가득하게" 임했다는 점이다.

엘리사의 스승 엘리야가 승천을 했으며, 12제자의 스승인 예수님께서 승천하셨다. 두 사건 모두에서, 지상의 제자(들)의 기도를 통해서 하늘의 "불"이 능력으로 임한 것이다. 그것도 기도할 때, 불이 떨어진 것이다.

여기서 엘리사가 기도할 때, 눈이 열리고 하늘이 열리고 불말과 불병거가 그들이 머물렀던 산에 충만하게 임한 것이다. 그래서 하늘에서 보내신 '불말과 불병거'가 엘리사의 사환에게 거대한 하나님의 구원의 큰 반석이 되었으며, 견고한 산성(stronghold)이 되었다. 이러한 것은 큰물과 홍수가 세상을 엄몰할지라도, 주의 백성이 가질 수 있는 유일한 '불같은 위로요 뜨거운 확신'이 된다. 이것은 단순한 땅의 위로가 아니라, 하늘의 능력과 권세로 덧입었다는 것을 의미한다. 기도를 통해서, 눈이 열려야 보이는 '불말과 불병거'(cf. '불수레와 불말들' 왕하 2:11, '이스라엘의 병거와 그 마병' 왕하 2:12)였다.

그러므로 엘리사의 기도로 하늘로부터 임한 '불말과 불병거'가 산에 가득한 것을 사환이 본 이 사건은 구약에서 기도를 통해 충만하게 임하신 여호와의 능력의 '불'이 임한 사건으로 보아야 한다. 그것을 본 자는 거기에 임재해 계시는 신적인 능력을 보고 위로받고 힘을 얻어 담대해지는 것이다.

드디어 그는 눈이 열리자, 무지와 어둠의 세력이 아닌, 이제는 하늘의 불들(말과 병거)이 세상의 군대와 권세를 집어삼키고도 남을 기세로 둘려져 있는 것을 본다. 이것은 "영적인 무장이며, 영적인 "계몽"(Spiritual Enlightenment)과 같다. 그 사환의 눈이 열려 그에게 드리워져 있는 불안과 두려움의 어둠이 사라져 버렸다. 하늘의 불로 충만하여 새로운 용기와 힘을 얻는다.

그의 불신과 불안으로 얼어붙은 심령이 하늘의 뜨거운 불로 녹아버리고만 것이다. 그의 어두운 눈이 치료되어 버렸다. 그의 불신의 마음이 치유되었다. 그의 심령 속에는 살아 계시고 전능하시고 전지하신 하나님에 대한 믿음과 소망이 용솟음 치고 있다. '성령으로 말미암아 그의 속사람이 능력으로 강건'(엡 3:16)해진 것이다.

시편 33:16-20과 147:10-11은 다음과 같이 말씀한다.

> 많은 군대로 구원 얻은 왕이 없으며 용사가 힘이 커도 스스로 구하지 못하는도다 구원함에 말(horse)은 헛것이며 그 큰 힘으로 구하지 못하는도다 여호와는 그 경외하는 자 곧 그 인자하심을 바라는 자를 살피사 저희 영혼은 사망에서 건지시며 저희를 기근 시에 살게 하시는도다 우리 영혼이 여호와를 바람이여 저는 우리의 도움과 방패시로다(시 33:16-20).

> 여호와는 말(horse)의 힘(마병)을 즐거워 아니하시며 사람의 다리(보병)도 기뻐 아니하시고 자기를 경외하는 자와 그 인자하심을 바라는 자들을 기뻐하시는도다(시 147:10-11).

5. 결론 및 적용

왜 우리가 하나님을 의지해야 하는가?
잠언 21:30-31은 다음과 같이 말씀한다.

> 지혜로도 명철로도 모략으로도 여호와를 당치 못하느니라 싸울 날을 위하여 마병을 예비하거니와 이김(승리)은 여호와께 있느니라(잠 21:30-31).

승리가 하나님께 달려 있기 때문에 하나님을 간절히 의지하고 구하고 찾아야 한다!
환난과 역경과 시련과 질병으로 그리고 예기치 못한 일이 발생하고 뜻밖의 일이 일어나서 '불안'해 하는가?
하나님을 신뢰하지 못하는 '불만과 불평'의 그늘이 찾아오는가?
'불안과 불신'이라는 대적이 우리를 둘러싸고 있을 때, 우리는 하늘의 '불말과 불병거'가 우리를 둘러싸고 있는 것을 보아야 한다. 우리와 함께 한 자들이 그들과 함께 한 자들보다 훨씬 많다는 사실을 보아야 하는 것이다.
어떻게 그렇게 될 수 있는가?

참 선지자로 오시고, "새 이스라엘의 마병과 병거"가 되신 예수님의 이름으로 성부 하나님께 간절히 부르짖고 기도해야 한다. 그리하면 땅에서 그의 백성의 기도를 들으시고 하늘의 불로 응답하여 주실 것이다. 기도함으로 불로 응답받기를 바란다. 기도의 가장 큰 응답은 하나님 자신(성령님)으로 충만해지는 것이다. 기도할 때 성령님으로 충만해진다. 성령님으로 충만하면 권능을 얻는다. 권능을 얻으면 일이 효과적으로 진행된다.

기도함으로 성령의 불을 받으라!
성령의 불, 불같은 성령의 능력과 임재로 충만하라!
그리하여 불안과 불신을 정복하여 승리하는 믿음의 용사들이 다 되기를 바란다!

♣ 개인 묵상과 소그룹 성경 공부를 위한 토론 질문 ♣

1. 내 안에 있는 불안과 불신 그리고 불평과 불만이 있으면 그 원인과 이유가 무엇인지 나누라.

2. 성령 충만을 위해 기도하며, 내 어두운 눈을 열어서 하나님의 '불말과 불병거'를 보게 하시며, 현재 직면하고 있는 대적들의 눈을 어둡게 하셔서 승리하는 삶이 되게 하시기를 기도하라.

제22장
"그림의 떡"

Topic : 엘리야-엘리사 내러티브(22)
Text : 열왕기하 6:24-33; 7:1-2, 16-20; 7:3-15
Title : "그림의 떡"(Pie in the Sky)
Theme: 말씀 불순종을 회개하고 말씀을 믿음으로 하나님의 생명의 복을 누리자.

1. 서론 및 문맥

"그림의 떡"(Pie in the Sky, Pie in Picture)이라는 말이 있다. 아무리 우리의 마음에 들어도 우리의 능력이나 한계 밖에 있기 때문에 이용할 수 없거나, 소유할 수 없는 경우를 이르는 관용 표현이다. 한자성어로는 '화중지병'이다.

성경에도 '그림의 떡'과 같은 것으로 비유될 수 있는 것이 있다. 이 본문에서는 무엇이 없으면, '그림의 떡'과 같다는 메시지를 보여 주고 있다.

무엇이 없으면, '그림의 떡'이 될까?

열왕기하 6장의 마지막 10개의 절과 이어진 열왕기하 7장의 20개의 구절로 구성된, 이 본문(왕하 6:24-7:20)은 세 가지 메시지를 전달한다.

첫째, 참 회개가 없으면, 참 생명 회복이 없다(왕하 6:24-33).
둘째, 참 믿음이 없으면, 참 생명 회복이 없다(왕하 7:1-2, 16-20).
셋째, 참 실천이 없으면, 참 생명 회복이 없다(왕하 7:3-15).

이 점에서, 엘리야-엘리사 내러티브가 가지고 있는 핵심 주제인 '생명'의 주제를 이 본문도 의심 없이 내포하고 있다.
본문 24절에 따르면, 다음과 같이 말씀한다.

> 이후에 아람 왕 벤하닷이 그의 온 군대를 모아 올라와서 사마리아를 에워싸니 (왕하 6:24).

여기서 독자는 질문을 던질 수가 있다.
먼저 바로 앞의 구절(23절)과 비교로부터 제기할 수 있는 질문이다. 즉 바로 앞 구절(23절)의 마지막에 보면 다음과 같이 말씀했다.

> 이로부터 아람 군사의 부대가 다시는 이스라엘 땅에 들어오지 못하니라 (왕하 6:23).

그런데 이어진 24절에는 다시 아람 군대가 이스라엘 땅을 침범했다고 기록하고 있다. 모순처럼 보일 수 있다. 그것도 수도 사마리아를 포위까지 했다. 이 사실로부터, 우리는 23절과 24절 사이에는 일정 기간의 시간이 지났음을 알 수 있다. 그리고 독자가 제기할 수 있는 또 다른 질문은 열왕기하 6:12에 따르면, 아람 왕의 신하가 아람 왕에게 한 말은 다음과 같다.

> 오직 이스라엘 선지자 엘리사가 왕이 침실에서 하신 말씀을 이스라엘의 왕에게 고하나이다 (왕하 6:12).

하나님의 전지하심의 능력이 엘리사를 통해서 아람 군대의 침략 정보를 미리 알고 방비한 적이 한두 번이 아니었다고 했다. 그런데 본문 24절에서 아람 군대가 침입하여 사마리아를 포위할 지경에 이르렀는데, 이때 엘리사는 어디에 있었고 무얼 하고 있었는지에 관한 질문이다.
추정하건대, 이번의 경우는 하나님의 주권 안에서 아람의 침입이 허용되었고, 허용된 하나님의 뜻 안에서 일어난 이 일을 통해서 하나님께서 자기 백성들(또는 대적들)에게 하실 일이 있다는 것을 알 수 있다(cf. 33절, "이 재앙이 여호와께로부터 나왔으니").

2. 그림의 떡 1: 참 회개가 참 생명의 회복의 길이다(왕하 6:24-33)

1) 이스라엘의 현 상황 A: 물가 폭등의 상황

본문 25절에서 아람 군대가 사마리아를 포위한 결과를 설명하고 있다.
하나님의 주권적인 뜻 안에서 허용되어 아람 군대가 이스라엘을 침범하고 사마리아를 포위한 결과로 이스라엘에게 어떤 일이 일어났는가?

> 아람 사람이 사마리아를 에워싸므로 성중이 크게 주려서(왕하 6:25).

사마리아 "성중이 크게 주렸다"(there was a great famine in Samaria)라고 말씀하고 있다.
사마리아성 전체가 주려서 발생한 상황을 어떻게 묘사하고 있는가?
그 상황을 본문은 경제적으로 묘사하고 있다 포위되어 고립된 사마리아성 안에서의 수요-공급의 법칙이 적용되는 시장 경제의 현물 가격으로 설명한다. 다음과 같은 상황이 되었다.

> 나귀 머리 하나에 은 팔십 세겔이요 비둘기 똥 사분의 일 갑에 은 다섯 세겔(왕하 6:25).

물가가 폭등했다는 것이다. 현재의 물가의 수치가 사마리아성의 기근을 통한 영적인 상황을 수량화/계량화된 수치로 구체적으로 보여 주고 있다.
여기서 물가 폭등의 대표적인 예로써, 나귀 머리 하나에 은 팔십 세겔이라는 정보를 준다. 은 1세겔은 11.4그램이다. 은 80세겔은 912그램인데, 243돈이다. 은 1돈에 현시가로 대략 2,600원이다. 은 80세겔(=912그램=243돈)의 총 가격은 현시가로 631,800원에 해당한다. 평소에는 나귀 머리는 식용으로는 불결한 짐승으로 율법이 규정하고 있는데(레 11:1-47; 신 14:1-20), 영양가나 가치 면에서 보잘것 없는 나귀의 머리 하나가 아람 군대에 의해 포위당한 사마리아성 안에서 약 60만 원 이상(500달러)에 거래되고 있었다.
그리고 비둘기 똥 사분의 일 갑에 은 다섯 세겔로 거래되었다. 여기서 '갑'이라는 단위는 액체나 고체의 부피의 단위인데, 1갑은 1.3리터에 해당한다.

비둘기 똥 4분의 1갑은 0.325 리터이다(작은 컵으로 한 컵 정도의 양). 비둘기 똥 4분의 1갑(=0.325리터)이 은 다섯 세겔에 거래되었다. 그리고 은 다섯 세겔은 57그램(=15돈)이다. 현시가로 환산하면, 비둘기 똥 4분의 1갑은 39,000원이다(약 4만 원).

그런데 비둘기 똥은 어디에 사용된 것인가?

학자들마다 견해의 차이가 있지만, 먼저 비둘기 똥은 '채소 대용'으로 사용되었다는 설이 있다. 그리고 유대 역사가 요세푸스는 '소금 대용'으로 사용되었다고 전한다. 음식의 기능 외에도, '연료의 용도'로 사용되었다고 보는 견해도 있다. 어쨌든 불결하고 음식의 가치가 없는 나귀 머리 하나에 약 60만 원, 비둘기 똥 1/4갑(=0.3리터) 정도에 약 4만 원에 거래되었다. 그것도 없어서 먹지 못하여 비참하게 죽을 지경이었다. 이런 상황은 고대 이스라엘에게만 있는 것이 아니라, 역사적으로 현대 국가에도 얼마든지 있을 수 있는 이야기이고 실제로 있었던 이야기이다.

중일전쟁(1931-1945) 당시 1942년, 중국 허난성 대기근 때에 300만 명 이상이 굶어 죽었던 역사가 있다.[1] 당시 중국 사람들은 베개나 말 안장 속에 채워 넣었던 묵은 쌀겨까지 꺼내어 먹었다. 전쟁 전 0.6위안 정도 하던 밀 한 근 값은 1943년 봄이 되자 300위안으로 가격이 폭등했다. 음식 비용이 수백 배 이상 치솟아 올랐다. 당시 사람들은 초근 목피와 기러기 똥으로 연명했고 배고픔을 잊기 위해 흙을 집어 먹었다(북한 고난의 행군 때도 어린아이들이 흙을 먹음).

목숨을 부지한 사람들은 더 이상 버틸 수 없는 상황이 되자, 길거리에 널린 시체를 먹기 시작했다. 당시 길거리의 시체는 밤 사이에 허벅지나 팔 하나가 없어지곤 했다. 친딸을 먹어 치운 부부가 잡히기도 했다. 기존 고기 맛과 좀 다른 얼린 고기들이 유통되기 시작했는데, 만두를 파는 노점이나 솥 요리(곰탕류로 추정)를 지고 돌아다니는 장사꾼들이 파는 음식을 먹다 음식에서 사람의 손톱을 발견하는 경우도 왕왕 있었다. 사람이 인육을 식사 대용으로 사용한다는 것은 그 사회가 최악의 상황이 되었다는 것을 의미한다.

---

1 멍레이, 관궈펑, 궈샤오양, 『1942 대기근: 삼백만 명이 굶어죽은 허난 대기근을 추적하다』, 고상희 역 (서울: 길항아리, 2013). 논픽션으로서 이 기록에 따르면, 당시 그들은 기러기 똥, 흙, 가죽, 인육을 먹었다고 전한다.

그런데 이 본문에서 아람 군대가 침입하고, 성이 포위되어 물가가 폭등하는 상황이 발생하여 기근과 굶주림으로 아사 상태가 발생하는 것은 언약의 저주의 결과이다. 신명기에 기록된 언약의 말씀을 살펴보자. 언약 백성 이스라엘이 하나님의 말씀을 불순종할 때에, 신명기 28:25에 따르면 전쟁에 대한 언약의 저주가 선언되어 있다.

> 여호와께서 네 적군 앞에서 너를 패하게 하시니(신 28:25).

신명기 28:52-53(55, 57절)에는 다음과 같이 말씀한다.

> 적군이 쳐들어와서 성읍을 에워싸게 된다(신 28:52-53, 55, 57; cf. 단 1:1; 렘 25:1).

그러므로 이스라엘의 현 상황은 하나님께서 명하신 말씀을 순종하지 아니하고 모든 명령을 지켜 행하지 아니한 결과라고 할 수 있다(신 28:15). 물론 그 반대의 경우도 신명기 28:47에 따르면 언약적 저주가 임한다고 말씀한다.

> 네가 모든 것이 풍족하여도 기쁨과 즐거운 마음으로 네 하나님 여호와를 섬기지 아니함으로 말미암아(신 28:47).

2) 이스라엘의 현 상황 B: 인간성 상실의 상황

마침 그때에, 이스라엘 왕(아합의 아들 여호람/요람, Jehoram, 852-841 B.C.)이 사마리아성 위로 지나가고 있었다(26절). 그때, 사마리아성의 한 여인이 왕에게 소리치며 다음과 같이 말한다.

> 나의 주 왕이여 도우소서(왕하 6:26).

이 여인의 간청에 이스라엘 왕이 무엇이라고 대답하는가?

이스라엘 왕은 그 여인에게 다음과 같이 대답한다.

> 여호와께서 너를 돕지 아니하시면 내가 무엇으로 너를 도우랴 타작 마당(곡식)으로 말미암아 하겠느냐, 포도주 틀(음료)로 말미암아 하겠느냐(왕하 6:27).

이스라엘 왕 자신도 어떻게 할 수 없다는 말이다. 어떠한 곡식도 어떠한 음료도 제공할 수 없는 절대적 절망의 상태라는 것이다. 그 여인은 왕에게 그녀에게 최근에 있었던 일을 자초지종 설명한다(28-29절). 그녀는 그녀의 이웃의 친구 여인과 어떤 한 약속을 했다. 이 두 여인이 약속의 내용은 이러하다.

> 우리가 오늘 [네 아들을] 먹고 내일은 내 아들을 먹자 하매(왕하 6:28).

즉 '오늘은 내 아들을 잡아서 먹고 내일은 너의 아들을 잡아서 먹자'라는 것이었다. 그래서 하루는 한 여인의 아들을 잡아서 먹었다. 그런데 하루가 지나서, 다른 여인은 자기 아들을 잡을 차례인데, 차마 그렇게 할 수 없어서 그 여인은 자기 아들을 숨겨버렸다. 그래서 화가 난 이 여인은 자기의 상황을 사마리아성 위를 지나고 있는 왕에게 말하여 도와달라고 말한 것이다. 극도의 비참의 상황이다. 이 상황 역시 다름 아닌, 언약의 저주의 결과이다.

> 여호와의 말씀을 순종하지 아니하고 그 모든 명령을 지키지 아니하면…네가 적군에게 에워싸이고…네 하나님 여호와께서 네게 주신 자녀 곧 네 몸의 소생의 살을 먹을 것이라(신 28:15, 53).

그리고 다음과 같이 경고했다.

> 자기 다리 사이에서 나온 태와 자기가 낳은 어린 자식을 남몰래 먹으리니(신 28:57).

그리고 레위기는 다음과 같이 말씀한다.

> 너희가 아들의 살을 먹을 것이요 딸의 살을 먹을 것이며(레 26:29).

그러므로 이스라엘이 현재 직면한 물가 폭등의 상황과 인간성 상실의 상황은 단순한 경제문제가 아니다. 그리고 이것은 단순한 음식 문제가 아니다.

3) 상황 파악의 무능력: 언약의 저주라는 사실을 깨닫지 못함(회개의 기회 놓침)

어찌하여 하나님의 백성 이스라엘에게 이토록 비참한 상황이 발생한 것인가?
하나님은 자기 백성을 돌보지 않는 분이신가?
왜 그러한 재앙이 임하였는가?

모세 율법에 하나님과 맺었던 언약의 말씀을 지키지 아니하고 우상을 숭배하는 죄악을 범할 때, 하나님께서 언약의 저주에 관한 말씀을 이미 약 600년 전에 모세를 통해서 말씀하시고 경고하셨다. 그러므로 이스라엘의 작금의 이 상황은 그들의 죄악의 결과로, 하나님의 말씀이 문자적으로 그대로 심판으로 성취되었다는 것을 보여 주고 있다.
그런데 우연 같지만, 이스라엘 왕이 성 위로 지나갈 때 그 상황을 그 여인을 통해 듣게 된 장면이 우연일까?
하나님께서 그런 비참한 상황에서 그것도 모세의 언약의 말씀을 통해서 문자 그대로 성취되었다는 점을, 이스라엘 왕으로 하여금 자신의 눈으로 보고 귀로 듣게 하신 것이다. 독자를 향한 저자의 의도도 마찬가지일 것이다.
그런데 이스라엘의 왕이 이러한 비참한 상황에 대한 건강한 인식을 하고 있는가?
이것을 일반화하여 적용해 보자. 우리의 삶 속에서 발생하는 다양한 일에 대하여, 지나친 과민한 반응은 문제가 있지만, 지나치게 둔한 것도 문제가 있다. 하나님은 신호를 보내시고 경고의 메시지를 주시는 것 같은데, 잘 알아차리지 못할 때가 더러 있을 수 있다. 만약 우리가 하나님을 제대로 예배하지 않고 하나님을 경외하지 않는 삶을 사는데도 불구하고, 하나님께서는 즉각적으로 우리에게 말씀하지 않을 수도 있다. 말씀하시더라도 못 알아들을 때도 있다. 그래서 '아 이 정도는 별일이 안 일어나네 괜찮네'라고 생각하면서 지나쳐 버릴지 모르겠다. 그러나 하나님의 사랑하는 자녀들에게는 '징계'(discipline)가 있음을 알아야 한다. 히브리서 12:8에서 다음과 같이 말씀한다.

> 징계는 다 받는 것이거늘 너희에게 없으면 사생자요 친아들이 아니니라(히 12:8).

주 예수를 믿음으로 하나님의 자녀가 된 우리는 사생자가 아니요 하나님의 친아들, 친딸인 줄 믿는다. 그러면 사랑하는 자녀들이 말씀에 불순종하고 하나님 경외의 삶을 잃어버렸을 때, 아버지 하나님의 징계가 있을 수 있다. 하나님의 자녀는 영원한 심판은 면제되었으나, 현재적 징계가 있다.

> 너는 사람이 그 아들을 징계함 같이 네 하나님 여호와께서 너를 징계하시는 줄 마음에 생각하고 네 하나님 여호와의 명령을 지켜 그의 길을 따라가며 그를 경외할지니라(신 8:5-6).

> 내 아들아 여호와의 징계를 경히 여기지 말라 그 꾸지람을 싫어하지 말라(잠 3:11).

언약의 저주로 인한 징계는 하나님을 제대로 예배하지 않고 우상을 숭배하고, 하나님 중심이 아닌 나 중심의 그릇된 길로 가는 자에게 일어난다. 말씀을 반복적으로 주시는데도 불구하고, 불순종하는 자에게 징계를 주실 수 있다. 징계를 받을 때, 하나님의 징계의 손길을 깨달아야 한다. 하나님의 징계를 은혜로 여기고 돌이킬 수 있는 기회로 삼아야 한다. 그때는 하나님께로 돌아갈 기회가 되어야 한다. 하나님을 가까이하는 은혜의 때다.

4) 형식적 회개, 가식적 회개

그런데 이스라엘의 왕의 반응은 어떠한가?

아이를 잡아먹은 비참한 이 말을 들은 이스라엘 왕은 자기 옷을 찢었다(분노, 왕상 21:27; 왕하 5:8). 그리고 굵은 베옷을 입었다. 고대 근동에서 옷을 찢고 굵은 베옷을 입는 행위는 극한 슬픔(욥 1:20; 2:12)이나, 분노(왕하 5:8; 마 26:65; 막 14:63)를 표하는 당시의 종교-문화적인 표현 방식이었다. 때로는 회개(왕하

22:19; 대하 34:19, 27)의 표시이기도 했다.

하지만 지금 이스라엘 왕은 자신과 이스라엘의 우상 숭배의 죄악을 진심으로 회개하지는 않고 분노만 표출하는 것 같다. 왜냐하면, 이어지는 본문 31절의 말씀 때문이다. 이스라엘 왕은 다음과 같이 말했다.

> 사밧의 아들 엘리사의 머리가 오늘 그 몸에 붙어 있으면 하나님이 내게 벌 위에 벌을 내리실지로다(cf. 맹세 포뮬러: "벌 위에 벌을 내리다", 삼하 3:9, 35; 19:13; 왕상 2:23; 19:2; 20:10; 왕하 6:31).

여기서 왕이 '엘리사의 머리'를 언급한 것은 엘리사 선지자가 '나귀 한 마리의 머리' 가격보다 못한 대우를 왕에게 받는 것 같다. 하나님의 선지자를 나귀 머리 하나보다 못한 자로 취급을 하는 것이다. 왕의 그 말의 의미는 오늘 내에 엘리사를 목을 베어 반드시 죽이겠다는 강한 의지적 표현이다. 그것도 하나님의 이름을 덜 먹여서 맹세까지 했다. 그는 다음과 같은 말에서도 하나님의 이름을 언급했다

> 여호와께서 너를 돕지 아니하시면 내가 무엇으로 도우랴(왕하 16:27).

이 말은 매우 신앙적인 말처럼 들린다. 왜냐하면, 왕은 '여호와'라는 하나님의 이름을 언급하면서 하나님의 도움이 진정한 도움이라고 말하는 것 같다.

여기 31절에서, 하나님의 말씀을 전한 엘리사 선지자에 대한 저주와 분노의 표현으로서 하나님의 이름을 언급했다. 여기서 왕은 결코 하나님을 존경하거나 경외하고 믿는다는 의미로 하나님의 이름을 사용한 것이 아니다. 도리어 그는 하나님의 이름과 언약의 말씀을 배반하고 자신과 이스라엘로 하여금 우상 숭배의 죄악을 범해왔던 아합의 집의 한 왕이었다.

한마디로 요약하면, 왕이 옷을 찢고 굵은 베옷을 입고 하나님의 이름을 부르고 있는데, 이것은 겉옷만 찢는 외모와 입술만의 회개이지, 마음을 찢는 진실된 회개는 아니다. 비참한 상황에 대한 분노이지만, 죄에 대한 분노는 아니다. 다른 사람(엘리사)에 대한 분노이지만, 자신의 죄악에 대한 분노는 아니다.

참된 회개는 상황이나 환경 탓보다는 내가 죄인이고 나의 죄의 탓이라고 고백하는 것이다. 참된 회개는 다른 사람에 대한 분노보다는 죄악에 잘 넘어

지는 자기 자신에 대해 분노하는 것이다.

참된 회개는 사람에 대한 증오보다는 죄에 대한 미움이다. 이런 점에서, 이스라엘 왕은 거짓 회개, 형식적 회개, 외식적 회개를 했다고 할 수 있다. 즉 그는 참된 회개를 하지 않고 타인에 대한 거친 살인적 분노만 표출했을 뿐이다. 형식적/외식적 종교 생활이 신앙생활에서 얼마나 위험한 독버섯과 같은 것인지를 잘 보여 주고 있다.

요엘 선지자는 형식적 회개에 대하여 다음과 같은 경종을 울렸다.

> 너희는 옷을 찢지 말고 마음을 찢고 너희 하나님 여호와께로 돌아올지어다 그는 은혜로우시며 자비로우시며 노하기를 더디하시며 인애가 크시사 뜻을 돌이켜 재앙을 내리지 아니하시나니(욜 2:13).

마음을 찢는 참된 회개가 있어야 하나님의 마음을 돌이키는 긍휼을 입는다.

5) 형식적 회개는 또 다른 죄로 발전한다

형식적/외식적 회개는 죄로 인한 언약의 저주의 문제를 푸는 것이 아니라, 도리어 또 다른 죄를 향하여 연쇄적으로 범죄하게 만든다. 형식적이고 외식적인 회개를 한 이스라엘 왕은 현재 선지자 엘리사를 죽이려는 또 다른 죄를 범하기 위해 발걸음을 옮기고 있는 중이다(32절).

한편 이때, 엘리사는 그의 집에서 사마리아성의 뜻있는 몇 명의 장로들과 함께 앉아 있었다. 아마 장로들이 엘리사에게 온 것은 이 위기를 어떻게 할까 하여 엘리사에게 자문을 구하던 중이었을 것으로 추정된다. 이스라엘 왕은 그의 사자를 엘리사에게 보냈고, 뒤 따라서 왕 자신도 엘리사의 집으로 오는 중이었다.

이 사실을 알고 있었던 엘리사는 곁에 있던 장로들에게 다음과 같이 말했다.

> 너희는 이 살인한 자(아합이 나봇을 죽이고 포도원을 취한 사건)의 아들이 내 머리를 베려고 사람을 보내는 것을 보느냐 너희는 보다가 사자가 오거든 문을 닫고 문 안에 들이지 말라 그의 주인의 발소리가 그의 뒤에서 나지 아니하느냐(왕하 16:32).

여기서 엘리사는 함께 앉은 장로들이 보지 못한 것을 먼저 보는 선견자였고 그들이 또한 듣지 못한 발소리를 먼저 듣고 말하는 선지자의 정체성이 강조되고 있다. 아직 이들이 오지 않았지만, 엘리사는 그의 신비한 능력으로 알았던 것이다. 이것을 볼 때, 아람 왕이 그의 침실에서 한 은밀한 말조차 알아차리는 선지자 엘리사의 능력은 전혀 녹슬지 않았던 것이다. 아람 군대가 이스라엘을 침범하고 사마리아성을 포위한 것도 엘리사가 이미 알고 있었으나, 이번 경우는 하나님께서 내버려 두신 것으로 판단할 수 있다. 어쩌면 이스라엘 왕은 '아람 군대가 침략하면 어련히 엘리사가 알려주겠지'라고 어련히 생각했는지도 모른다. 전에도 그랬으니, 당연히 그러할 것이라고 여겼을 것이다.

이것이 바로 영적인 나태함과 방종이다. 왕은 자신의 죄악된 삶은 고치지 않은 채, 이 정도의 죄악을 범해도 하나님께서 나에게 특별한 반응을 보이시지 않으니 '괜찮네' 하는 생각도 했을 것이다. 하나님의 침묵을 두려워해야 한다. 하나님의 침묵은 하나님의 사망이 아니다. 하나님의 무반응은 하나님의 부재가 아니다. 하나님은 모든 것을 알고 계시는 전지하신 분이시다.

하나님의 침묵에 대한 그릇된 반응은 반드시 그 대가를 치를 때가 온다!

6) 회개하지 않는 행위는 내가 주인 되려는 악습이다

시간이 조금 흘렀다. 왕의 사자가 엘리사의 집에 도착했다(33절). 왕도 뒤이어 도착했다. 왕은 다음과 같이 말했다.

> 이 재앙이 여호와께로부터 나왔으니 어찌 더 여호와를 기다리리요 (왕하 16:33절).

이 말을 한 주어가 한글성경은 '왕'이라고 되었지만, 히브리어 원문은 '그가'(3인칭 남성 단수)로 되어 있다. 그래서 어떤 번역들은 '그'라고 하는 주어를 '엘리사'를 의미하는 것으로 번역을 해놓았다. 왜냐하면, 33절에 있는 "이 재앙이 여호와께로부터 나왔으니 어찌 더 여호와를 기다리리요"라는 말이 아주 믿음 있는 말처럼 들리기 때문이다.

그러나 한글성경은 '그'라는 히브리어 대명사 주어를 '왕'으로 번역했다. 왕이 이 말을 했다면, 이것은 하나님을 경외하거나 존경하는 말이 아니라, 하나님의 신성과 능력과 하나님의 뜻을 비난하고 모독하는 말이 된다. "이 재앙이 여호와께로부터 왔으니"라는 앞부분은 하나님의 섭리와 뜻이라는 의미로 표면적으로 들린다. 그리고 후반부인 "어찌 더 여호와를 기다리리요"라는 말은 하나님의 섭리와 뜻을 더 이상 기다릴 수 없다는 말이 된다. 만약 그가 이 재앙이 하나님께로부터 왔다고 믿는다면, 하나님께 회개하고 긍휼을 구하면 되었을 것이다. 그러나 그는 그런 의도로 말한 것이 아니었던 것이다.

그렇다면 왕의 이 말은 무엇을 의미하는가?

지금 이스라엘이 당하는 작금의 위기는 아람 군대에 의한 포위 상황에서 벌어진 일이다. 그러나 더 정확하게 말하면, 이스라엘의 범죄로 인한 하나님의 심판이었다. 엘리사는 하나님의 심판을 선언하고 회개를 선포했을 것이다. 그 응답으로 뜻 있는 몇 명의 장로가 엘리사의 집에 와서 모이고 자문을 구하고 있는 것으로 보여진다. 그런데 이스라엘 왕의 그 말은 회개를 선포한 엘리사를 통해 전달된 하나님의 말씀을 비웃고 모독하는 행위가 된다. 그래서 이스라엘 왕은 "이 재앙이 여호와께로 나왔으니"라고 말하는데, 이 말은 하나님의 심판의 말씀을 선포한 엘리사에게서 이 재앙이 나왔다는 것을 말하는 것이다. 그리고 "어찌 더 여호와를 더 기다리리요"라는 말은 하나님의 말씀을 선포하고 회개를 촉구한 엘리사를 더 이상 기다릴 필요 없이 "오늘 내가 그를 죽이겠다"라는 왕의 의지가 강조된 표현이다.

이스라엘 왕은 조금 전에 사마리아성을 지나다가 두 여인의 상황을 들은 후에 분노하면서 맹세한 것, 곧 엘리사의 목을 베는 일을 집행하겠다는 것이다(31절). 엘리사를 더 지체하지 않고 당장 죽이겠다는 말을 하고 있는 것이다(33절). 그러므로 이스라엘 왕의 이 말은 하나님 자신과 하나님의 말씀과 뜻을 정면을 맞서고 부정하는 행위를 의미한다.[2]

---

2   이와 같이 선지자들의 의로운 말씀 사역에 종종 땅의 왕이나 권세자들이 순종하지 않고 대항하고 맞선 예들이 선지서들 안에 많이 등장하고 있다(a prophetic tradition). 그래서 선지자와 그 권세자들 사이에 영적인 갈등관계가 만들어진다. 이스라엘 초대 왕 사울과 사무엘 사이에서 그랬다(삼상 15장). 엘리야 선지자와 아합 왕의 관계가 그러했다(왕상 21). 아모스 선지자와 아마시아 왕의 관계가 그랬다(암 7장). 이 왕들이 하나님의 말씀에 대한 그릇된 태도는 자신의 위치를 망각하는 데서 온 것이다. 모든 권세자는 하나님의 왕권을 위임 받아서 하나님의 주권적인 뜻을 이루는 청지기적 왕이다. 이 관계를 망각하는 것이 '언약의 목자' 곧 왕의 죄이다.

여기서 기근과 같은 하나님의 보이는 징계를 깨달아야 한다. 그리고 하나님의 보이지 않는 침묵의 의미도 깨달아야 한다. 이것을 제대로 깨닫는 자가 하나님을 경외할 수가 있다. 이것을 깨닫는 자가 하나님의 은혜를 회복할 수 있고 하나님의 사랑을 계속 누릴 수가 있기 때문이다.

모든 삶의 영역에서 자신의 주인 된 삶을 내려놓고 회개하고 하나님과의 관계를 회복해야 한다. 회개는 내가 주인된 악습을 끊는 것이다. 참된 회개가 없으면, 우리를 향한 하나님의 생명의 복은 '그림의 떡'에 불과하다.

회개가 무엇인가?
회개는 바꾸는 것이다!
무엇을 바꾸라는 것인가?

회개는 잘못된 말을 바꾸는 것이다. 회개는 잘못된 생각을 바꾸는 것이다. 회개는 잘못된 행동을 바꾸는 것이다. 그리고 회개는 잘못된 굳어버린 습관을 바꾸는 것이다.

어떤 방식으로 바꾸어야 하는가, 그것은 성경을 통하여 계시해 주신 예수님의 성품을 닮는 방식으로 바뀌어야 한다. 이런 점에서, 회개는 주님을 닮는 성화이다. 회개 요청은 부정적인 비난과 나무람이 아니다. 회개는 하나님의 긍휼과 사랑과 은혜를 회복하는 것이다. 자신을 바꾸어 주님의 성품으로 변화되는 참된 회개를 할 때, 하나님께서 주시는 모든 복을 받아 누릴 수가 있다. 참된 회개가 있어야 하나님의 언약의 복이 그림의 떡이 아닌, 실제의 복이 될 수 있다. 말씀을 읽고 듣는 중에 생각나게 하는 죄악, 한 가지만이라도 고치는 참된 회개를 하므로, 하나님의 참 생명의 복을 받아 누리는 복된 그리스도인이 되어야 하지 않겠는가.

3. 그림의 떡 2: 참 믿음이 생명 회복이다 (왕하 7:1-2; 16-20)

열왕기하 7장은 전체 20개의 절들로 구성되어 있다. 그런데 7장은 독특한 문학적 구조를 형성하고 있다. 열왕기하 7:1-2의 본문과 7:16-20의 본문은 내용상 같은 내용의 말씀을 포함하고 있다(반복). 7장의 앞부분(1-2절)은 엘리사 선지자가 이스라엘 왕의 손에 의지하는 자로 일컬어진 한 장관에게 '물가 폭락'의 긍휼에 대한 말씀을 신뢰하지 못하는 것에 대하여, 그의 눈으로는 볼 것이지만 먹지는 못할 것이라는 예언의 말씀을 선포한 본문이다.

그리고 7장의 뒷부분(16-20절)은 앞에서 엘리사를 통해 예언된 말씀대로 성취되었다는 내용을 담고 있다. 더 나아가, 7장 뒷부분은 예언과 함께 경고까지 포함하고 있다. 전체적으로는 예언과 성취의 문학적 구조를 형성하고 있다. 이 둘 사이에 있는 중간 부분(3-15절)은 네 명의 나병환자에 의해 발견된 아람 군대의 도주 현장에 대한 기적의 기사가 삽입되어 있다.

1) 서론 및 문맥

이 본문(왕하 7:1-2; 16-20)도 앞 본문과 마찬가지로, 무엇이 없으면, '그림의 떡'과 같다는 메시지를 보여 주고 있다. 바로 앞의 본문에서는 "참 회개가 없으면, 참 생명의 회복이 없다"라는 주제를 전달하였듯이 이어지는 이 본문은 "참 믿음이 없으면, 참 생명 회복이 없다"라는 것을 보여 준다. 둘 다, 본질적이면서 진정한 '회개와 믿음'이 없으면, 본질적인 '생명의 열매'가 없는 것이니, 곧 그것은 "그림의 떡"이 되어버린다.

본문 7:1에서, 엘리사 선지자는 다음과 같이 하나님의 신탁을 선포한다.

> 여호와의 말씀을 들을지어다(왕하 7:1).

그런데 여기서 엘리사가 하나님의 신탁을 선포한 시간과 장소가 다소 불분명한 것 같다. 만약 이 구절이 열왕기하 6:33에 이어진 본문이라면, 내러티브의 등장인물의 연속성이 있다는 것을 의미한다.

무슨 말인가?

당시 이스라엘 왕인 여호람/요람(Jehoram, 852-841 B.C.)이 보낸 사자와 왕의 장관이 서로 관련성이 있다는 의미이다. 직설적으로 말하면, 왕이 자신을 앞서 엘리사 집으로 보냈던 그 사자(הַמַּלְאָ, 하말아크, the messenger)가 바로 본문 7:2에 등장하는 '한 장관'(הַשָּׁלִישׁ, 하샤리쉬, the captain)일 수 있다. 적어도 두 인물의 직분과 역할이 연관되어 있다는 것이다. 그렇게 되면, 6장의 마지막 장면은 7장의 시작 장면과 자연스럽게 내러티브가 시간적 연속성과 등장인물의 동일성 안에서 본문을 이해할 수 있다.

그런데 이 해석의 단점은 엘리사가 언급한 다음과 같은 내용과는 모순이 생겨버린다.

> 너희는 보다가 사자가 오거든 문을 닫고 문 안에 들이지 말라(왕하 6:32).

그 사자가 엘리사의 집에 들어오지 못하도록 문을 폐쇄했다면, 그가 어떻게 엘리사에게 다가와서 이어진 열왕기하 7:1의 신탁의 말씀을 들을 수 있었는가 하는 문제이다. 그러나 문이 폐쇄되었을지라도, 엘리사가 '여호와의 말씀을 들을지어다'(왕하 7:1)라고 문밖에 서 있는 '왕의 사자' 곧 '왕이 의지하는 그 장관'에게 큰 소리로 외쳤다면 가능한 해석이 될 수 있다.

그러나 6장의 마지막 장면과 7장의 시작 장면 사이에 시간적인 간격과 내러티브의 불연속성이 있다면, 등장인물과 장면에 대한 해석은 달라질 것이다. 그런데도 6장의 마지막 장면의 내러티브와 7장의 시작 장면의 내러티브 사이에는 언어와 수사학적 연속성은 여전히 존재한다. 내러티브의 전개의 관점에서 관찰 할 때, 그 스토리가 또 다른 관점에서의 연속성 안에서 발전된 양상을 띠고 있음을 확인하게 된다.

첫째, 물가 폭등(왕하 6:25)과 물가 폭락(왕하 7:1)이 대조를 이루면서 경제적 상황의 반전이 일어나는 것을 통해서 내러티브를 발전시킨다.

둘째, 왕이 앞서 보낸 '사자'(the messenger)와 왕이 그의 손에 의지하는 한 '장관'(the captain on whose hand the king leaned)이 모두 이스라엘 왕 여호람/요람의 최측근이라는 점에서 등장인물이 유사하다는 특징이다.

셋째, 주제의 유사성이다. 6장 마지막 장면에서는 참 회개가 없으면, 참 생명의 회복이 없다는 주제를 담고 있다면, 7장 시작 장면에서는 참 믿음이 없으면, 참 생명의 회복이 없다는 '그림의 떡'(Pie in the Sky)을 포함하는 주제의 연속성이 있다.

넷째, 언어학적 연속성이 존재한다.

> 사자가 오거든 문을 닫고 문 안에 들이지 말라(왕하 7:2).

이와 같은 엘리사의 명령에서 '문'(הַדֶּלֶת, 하데레트, the door)이라는 표현과 엘리사의 신탁(왕하 7:1-2)에서 사용된 '사마리아 성문'(왕하 7:1, בְּשַׁעַר שֹׁמְרוֹן, 베샤아르 숌론) 그리고 '하늘의 창'(왕하 7:2, אֲרֻבּוֹת בַּשָּׁמַיִם, 아루보트 바샤마임)이라는 표현에서, '문' 또는 '창'이라는 건축 구조 및 장소가 언급된 측면이다. 여기서 '문'(왕하 6:32)은 왕의 사자가 들어오려는 엘리사의 집의 출입문이라면, '성문'(왕하 7:1)은 사마리아의 성문으로서 물가 폭락으로 거래되는 매매의 장소의 개념으로 사용되었으며 그리고 '창'(왕하 7:2)은 땅의 문을 언급한 앞의 두 경우와 달리, 하나님의 회복의 은혜의 통로를 은유적으로 지칭하는 하늘의 창을 의미한다. 만약, 6장의 마지막 장면과 7장의 시작 장면 사이에 내러티브의 불연속성이 있다고 할지라도, 위의 네 가지 내러티브의 전개에 따른, 언어학적이고 수사학적인 밀접한 연속성은 두 내러티브를 나란히 연결해 놓은 저자의 의도의 결과일 것이다.

그러므로 6장의 마지막 장면과 7장의 시작 장면 사이에 시간적인 연속성과 불연속성, 어느 쪽이라도 상관없이 확실한 문맥적 사실은 '주제의 연속성'(thematic continuity) 안에서 두 내러티브가 연속적으로 배치되었다는 점일 것이다.

2) 긍휼의 하나님: 물가 폭락 상황(1절)

본문에서 이스라엘 왕 여호람/요람은 하나님의 이름(divine names)을 몇 차례 언급한다. 첫 번째는 사마리아성을 지나갈 때 한 여인이 다음과 같이 도움을 요청할 때이다.

> 나의 주 왕이여 도우소서(왕하 6:26).

이렇게 도움을 요청했을 때 왕은 다음과 같이 표현했다.

> 여호와께서 너를 돕지 아니하시면 내가 무엇으로 너를 도우랴(왕하 6:27).

이때 왕은 신명을 언급했다. 여기서 사용된 하나님의 이름은 '여호와'(왕하 6:27, יְהוָה, 야훼)라는 이름이다. 이 호칭은 여인이 이스라엘 왕을 향하여 '나의 주 왕'(왕하 6:26, אֲדֹנִי הַמֶּלֶךְ, 아도니 하메렉)이라는 호칭과 대비된다. 땅의 왕이 이 상황을 해결할 수 없는 지경에 이르렀다. 왜냐하면, 현 상황의 해결은 오직 하늘의 왕 여호와의 손에 달려있기 때문이다. 하지만 이스라엘 왕이 '여호와'의 주권에 대한 표현을 했을지라도, 실상은 그 주권에 대해 깊이 신뢰하는 것 같지는 않다.

이스라엘 왕이 사용한 두 번째 하나님의 이름은 '하나님'(왕하 6:31, אֱלֹהִים, 애로힘)이다. 여기서는 사밧의 아들 엘리사를 오늘 내로 죽이겠다는 의지를 표명하면서, 맹세의 이름으로서 하나님의 이름(애로힘)을 언급했다. 여기서 엘리야-엘리사 내러티브에서의 '맹세'에 대한 마지막 언급을 할 필요가 있다.

열왕기서(상하)에서 '여호와의 이름으로'(살아 계심으로) 맹세하는 총 13회(왕상 2:24; 17:1, 12; 18:10, 15; 22:14; 왕하 2:2, 4, 6; 3:14; 4:30; 5:16, 20)의 용례들이 발견되는데, 그 가운데 거의 대부분인 12회가 엘리야-엘리사 내러티브에서 발생한다는 사실을 이미 살펴본 적이 있다. 그런데 '여호와의 이름으로' 맹세한 이러한 경우들과 달리, 엘리야-엘리사 내러티브는 '다른 신(들)의 이름으로' 맹세를 하는 '또 다른 맹세 포뮬러'가 3회 발견된다.

첫째, 이세벨의 맹세이다(왕상 19:2). 이세벨의 맹세는 엘리야에 대한 살인 의지를 표명할 때 사용된 것으로서 다음과 같은 맹세 포뮬러를 사용한다.

> 신들이 내게 벌 위에 벌을 내림이 마땅하니라(왕상 19:2).

둘째, 아람 왕 벤하닷의 맹세이다(왕상 20:10). 벤하닷의 이 맹세는 아람과 이스라엘 사이에 전쟁을 앞두고 아람 왕 벤하닷이 이스라엘에 대한 정복 의지를 표명할 때 사용된 맹세로서, 다음과 같은 맹세 포뮬러를 사용한다.

> 신들이 내게 벌 위에 벌을 내림이 마땅하니라(왕상 20:10).

즉 이방 출신의 권력자들이 사용하는 동일한 맹세 포뮬러를 사용했다.

셋째, 이스라엘 왕 요람/여호람의 맹세이다(왕하 6:31). 이 맹세는 요람의 엘리사에 대한 살인 의지를 표명할 때 사용한 맹세인데, 다음과 같은 독특한 맹세 포뮬러를 사용한다.

> 하나님이 내게 벌 위에 벌을 내리실지로다(왕하 6:31).

이스라엘 왕 요람의 이 맹세 포뮬러는 '여호와의 이름으로' 맹세한 건강한 맹세(12회)와 '신들의 이름으로' 맹세(2회)한 이방 출신의 권력자의 교만한 맹세의 중간 형태의 포뮬러를 "창의적으로" 사용한다.

여호람은 여호와의 이름이 담긴 정상적인 맹세 포뮬러에서 사용하는 '여호와의 이름' 대신에 '애로힘'이라는 신명을 사용하는 차이점을 보이며, 그리고 이방 출신의 권력자들이 사용하는 다음과 같은 표현을 약간 변형적으로 사용한다.

> 벌 위에 벌을 내림이 마땅하니라(왕상 20:10).

그러므로 엘리야-엘리사 내러티브에서 사용되는 맹세 포뮬러만 관찰해도, 그가 누구이며, 그가 어떤 자인지 신앙적 정체성을 알 수 있는 문학적 시금석이 된다. 이 본문에서 마지막 세 번째로 이스라엘 왕 여호람/요람이 언급한 하나님의 이름은 다음과 같은 표현에서 2회 '여호와'(יהוה)라는 이름을 사용한다.

> 이 재앙이 여호와께로부터 나왔으니 어찌 더 여호와를 기다리리요(왕하 6:33).

여기서 이 말이 왕이 직접했던 말인지, 아니면 그의 사자를 통해서 전달한 말인지는 중요하지 않다. 어느 쪽이든지 왕이 엘리사에게 전달하고자 하는 발언의 내용이라는 점에는 의심의 여지가 없다.

다만, 왕이 현재 이스라엘이 직면한 재앙이 여호와께로부터 온 것으로 진심으로 믿었는 지의 여부는 다소 불확실하다. 그런데도 "어찌 더 여호와를 기다리리요"라는 표현은 회복에 대하여 사람이 어찌할 수 없어서 절망과 자포자기하는 것으로 봐야 한다. 적어도 하나님의 회복의 손길을 이제는 기대할 수 없으니, 그 재앙을 선포했던 엘리사 선지자를 이 참에 목을 베는데 주저할 필요가 없이 당장 집행하겠다는 의지를 표명한 셈이다.

이 문맥 안에서, 이스라엘 왕 여호람/요람이 사용한 신명을 순차적으로 구조화하면, "여호와"-"하나님"-"여호와"가 된다. 즉 교차 대칭 구조(chiasmus)를 이룬다. 오경에서 그러했듯이 여기서도 하나님의 이름의 신학이 동일하게 적용된다면, 어떤 의미가 되는가 살펴보자. '여호와'라는 신명은 언약과 관련된 이름이다. 그렇다면 6:27의 '여호와'는 여인의 도움 호소에 대한 것이니, 여호와 하나님의 '언약적 복'(covenant blessing)이 회복되어야 도움이 가능하다는 것이 된다.

그리고 마지막에 2회 사용된 '여호와'(6:33)라는 이름의 사용은 재앙이 여호와께로부터 왔다고 언급하므로 재앙의 주체가 여호와라는 말이다. 즉 여기서 언약의 이름인 '여호와'라는 신명은 '언약적 저주'(covenant curse)의 개념을 위한 용례로 사용했다. 그러므로 이 본문에 언급된 '여호와'라는 신명은 언약적인 이름이라는 것을 확언할 수 있다.

반면, 이 둘 사이에 이스라엘 왕이 사용한 '하나님'(애로힘, 6:31)이라는 이름은 엘리사의 목을 베겠다는 자신의 의지를 표명할 때, 즉 맹세의 이름으로 그 신명을 사용했다. 엘리사에 대한 자신의 살인 의지를 표현한 맹세에 사용된 '애로힘'이라는 이름은 하나님에 대한 보편적이고 일반적인 신명을 사용했다고 볼 수 있다. 앞에서 살펴본 바대로, 그가 사용한 맹세는 "혼합주의적 신관"에 기초를 둔 맹세이다.

요컨대, 이스라엘 왕은 언약적인 이름 '여호와'를 사용하되, 언약적 복과 언약적 저주를 위한 두 가지 용법으로 사용했다. 그러한 언약적인 신명인 '여호와'라는 이름이 이어지는 7:1에서 엘리사에 의해서 다시 그 언약적인 신명의 용례로 두 번 사용된다. "여호와의 말씀을 들을지어다 여호와께서 이르시되"(7:1, שִׁמְעוּ דְּבַר־יְהוָה כֹּה אָמַר יְהוָה, 쉼우 데바르-야훼 코 아마르 야훼)라는 표현이다. 여기서 엘리사에 의해 사용된 '**쉼우 다(데)바르-야훼**'("여호와의 말씀을 들으라")라는 표현은 명령 구문이며, 그리고 이어진 '**코 아마르 야훼**'("여호와 께서 이르시되")라는 표현은 직접 화법 전달을 위한 수사학적 도구로써 '메신 저 포뮬러'라고 부른다.

이러한 메신저 포뮬러는 말씀하시는 분의 권위와 말씀의 내용이 확실하고 신실함을 강조할 때 사용한다. 동시에 이 말을 대언하는 선지자에게 위임된 신 적인 권위와 그 예언의 신실함을 강조할 때 사용한다. 이스라엘 왕이 사용한 '여호와'라는 신명의 용법처럼, 엘리사가 사용한 신명 '여호와'도 언약적 복의 회복과 관련하여 사용한다. 그러한 언약적 회복을 말씀하시는 분이 여호와이 시고 그분의 언약의 말씀은 반드시 성취될 신실한 말씀이라는 점을 강조했다.

절망과 자포자기하는 이스라엘 왕과 신하에게 무슨 말씀을 주셨는가?

그 말씀의 내용은 다음과 같은 신탁의 말씀이다.

> 내일 이맘때에 사마리아 성문에서 고운 밀가루 한 스아(4되, 0.4말)를 한 세겔(은 11.4그램, 한돈 3.75그램, 11.4그램=3.4돈, 1돈 2,600원, 3.04돈=1세겔은 현시가로 약 8,000원=6.6달러)로 매매하고 보리 두 스아(8되)를 한 세겔(약 8,000원=6.6달러)로 매매하리라(왕하 7:1).

물가가 폭락할 것이라는 예언이다. 공급이 많아져 큰 폭으로 가격 하락이 있을 것이라는 것이다. 수요와 공급의 법칙에 따른 가격 결정이 형성되는 시 장경제의 원리가 열왕기하 6:25에 이어서, 두 번째로 다시 언급되고 있다.

전자는 짐승(나귀, 비둘기)과 관련된 물품이라면, 후자는 곡식(밀가루, 보리) 과 관련된 식물이다. 6장에서 물가 폭등이라면, 여기서는 반대로 물가 폭락 으로 풍족하게 먹게 될 때가 온다는 것이다. 이것은 단순한 물가 폭락이 아 니라, 율법에 따른 의식적으로 부정하고 더러워서 평소에는 먹지 않던 비일 상적 식재료의 상황은 마침내 사라지고, 정상적인 식재료를 먹는 언약적 복 에 대한 일상의 회복을 말한다. 물가 폭등은 언약의 저주의 단면을 보여 주 고 물가 폭락은 언약의 복의 회복을 나타낸다.

그렇다면 여기서 계시하시는 하나님의 성품이 무엇인가?

심판 가운데서도 잊지 아니하시고 베푸시는 긍휼의 하나님이시다. 엘리 야-엘리사 내러티브에서 급진적 반전의 한 장면이다. 이것은 마치 아합의 통치기에 언약적 저주로 3년 6개월 동안 하늘이 닫혀서 비가 오지않던 가뭄의 재앙의 때에, 엘리야의 기도로 다시 하늘의 문이 열려서 '큰비'(왕상 18:45; 약 5:17-18)가 내린 것에 유비될 수 있다. 기도의 결과로 엘리야가 '큰비 소리'(왕상 18:41)를 들었듯이 여기서 엘리사를 통해서 우리는 하나님의 소망의 말씀을 듣는다. 하나님의 긍휼과 사랑의 말씀을 듣는다. 진노 가운데서도 긍휼의 하나님을 만난다. 심판 가운데서도 은혜의 하나님을 만난다.

문맥적으로 살필 때, 그것은 아마 엘리사와 '뜻 있는 장로들'(cf. 렘 26:17, '지방 장로들')이 하나님의 사람 엘리사의 집에 방문하여 갖는 그 모임을 하나님께서 귀히 보신 것 같다. 이스라엘 전체가 언약의 하나님을 배반하고 우상을 섬겼다. 그리하여 심판으로 재앙을 받았다.

하지만 이러한 가운데서 하나님은 비록 적은 수지만, 하나님의 뜻대로 살려고 하는 적은 소수의 의인들, 현재의 난국을 회복하기 위해 하나님의 뜻을 찾고는 신실한 자들이 엘리사 선지자에게 와서 겸허히 문의하는 바로 그 몇 사람의 의로운 행위를 하나님께서 귀하게 보시고 있다. 이들 역시 엘리야에게 말씀하신 숨겨놓으신 의인들의 일부일 것이다. 언약의 저주에서 언약의 복으로 급진적 반전은 하나님의 긍휼 때문이며, 그 긍휼은 소수의 뜻있는 장로들의 엘리사의 집에 방문한 사실에 뿌리를 두고 있다. 6.25 한국 전쟁 때, 북한 인민군이 침입하여 부산 땅과 경남 일부만 남았다. 이런 한국 전쟁의 와중에서 대한민국이 살아남은 것은 '5가지 기적'이라고 교회사가 이상규 교수는 지적한다.

첫째, 미국의 신속한 참전이다.
둘째, UN 상임이사국의 참전 결의이다.
셋째, 인천 상륙 작전이다.
넷째, 흥남 탈출과 항해이다.
다섯째, '한미방위조약'의 체결이다.[3]

그렇다면 무엇에 의한 기적인가?
그것은 한국 교회 신사참배의 죄에 대한 극소수 출옥 성도들의 회개 및 쇄신 운동이 확산되어, 전쟁의 위기 가운데서 "회개 운동"(초량교회)과 "구국기

---

3 이상규, "6.25 전쟁의 기적: 기적으로 살아남은 대한민국", 「월드뷰」(2020.6, 통권 240호), 2-6.

도회"(부산중앙교회)가 일어났으며, "작전의 성공과 전세의 변화를 가져온 것은 기도와 회개의 결과"라고 다수의 교회 지도자들은 이구동성으로 말한다.[4] 박윤선과 박형룡은 다음과 같이 각각 언급한다.

> 우리 하나님께 감사의 찬송을 드리는 것은 이처럼 교역자들의 통회, 자복의 회개가 있은 후에 유엔군이 승리하고 공산군은 삼팔선 이북으로 물러가게 되었다.[5]

> 이 위험 이 고난에서 우리가 구출된 것은 하나님이 우리를 아주 버리지 않고 돌아보신 결과이다.[6]

하나님은 적은 수의 살아있는 순교자들인 출옥 성도들의 한국 교회를 갱신하고자 하는 "작은 모임"을 귀하게 보셨다. 시대를 초월하여 하나님은 진노 가운데서도 언제나 현재의 영적인 위기를 타개해 보려고 하는 은혜를 회복하려는 적은 수의 모임일지라도, 하나님은 그러한 중심을 가진 자들을 귀하게 보신다는 것을 기억해야 한다. 하나님을 경외하는 그 몇 사람을 모든 시대에 걸쳐서 찾고 계신다. 그러한 자들의 중심을 귀히 보시고 그러한 자를 통해서 회복이 필요한 공동체에 긍휼의 손길을 허락하신다.

하나님께서 찾으시는 그러한 소수의 경외자가 되어야 하지 않겠는가?

3) 말씀을 불신하는 한 사람이 누구인가?(2절)

그런데 이와 대조적으로, 열왕기하 7:2에서 이스라엘의 왕이 의지하는 한 장관이 '진노 가운데 베푸시는 하나님의 긍휼'에 대하여 하나님의 사람 엘리

---

4 이상규, "6.25 동란 중 부산에서 있었던 회개 집회," 「월드뷰」, 통권 228호(2019. 6), 6.
5 박윤선, 『성경과 나의 생애』(서울: 영음사, 1992), 107. 박윤선, "우리가 서 있는 역사적 입장," 「파수군」 55(1956), 15. 이상규, "6.25 동란 중 부산에서 있었던 회개 집회," 「월드뷰」, 통권 228호(2019. 6), 7에서 재인용.
6 박형룡, 『박형룡 박사 저작 전집』, 제18권, 242, 이상규 「월드뷰」, 통권 228호(2019. 6), 7에서 재인용.

사에게 이렇게 대답한다.

> 여호와께서 하늘에 창을 내신들 어찌 이런 일이 있으리요(왕하 7:2).

죄의 결과로 하나님의 진노의 밤이 깊으면 깊을수록, 그 심판의 준엄함 앞에서 하나님의 긍휼을 기대하는 것은 참으로 어려운 일일 것이다. 왜냐하면, 눈에 보이는 현실만 크게 보이기 때문이다. 하나님의 긍휼은 하나님 앞에 참된 회개를 하는 자만이 기대할 수 있는 선물이다. 형식적인 회개와 진노의 깊은 밤 그 자체에 사로잡힌 자는 그 진노조차 하나님의 심판이라는 사실을 인식하지 못한다.

그래서 사람을 원망하고 환경을 탓하는 것이다. 지금 이스라엘 왕은 물론이고 그의 손에 의지하는 그 장관도 당면한 현재의 이스라엘의 기근의 심각한 상황을 자신들의 죄의 결과로 인식하지 못하는 것은 물론이고, 그 일을 행하시는 언약의 하나님의 존재에 대하여도 둔감하여 깨닫지 못한다. 그러한 자들에게는 '여호와'라는 그 언약의 이름이 아무런 영향을 줄 수가 없다.

이것은 마치 엘리 제사장 시대에 참다운 회개의 삶은 없으면서 여호와의 언약궤만 앞세우고 블레셋과의 전쟁에 나가면 승리할 것이라고 막연히 믿는 미신과 같은 행위이다. 그러나 말씀에 대한 불순종과 불신함에 대한 참 회개는 하나님의 언약 안에서 그 언약의 복을 다시 회복할 것을 기대하도록 이끄신다. 이것이 언약이고 언약 관계이다. 언약의 저주로부터 언약의 복으로 회복시키시는 분이 바로 언약의 하나님이기 때문이다. 언약적 저주를 언약적 복으로 바꾸는 것은 참 회개와 참 믿음 외에 다른 비결이 없다.

이스라엘 왕의 장관의 그 말은 회복하실 하나님의 능력보다 현재의 상황을 더 크고 힘있는 것으로 느낀다는 말이다. 그러한 장관에게 엘리사는 다음과 같이 대답한다.

> 네가 네 눈으로 보리라 그러나 그것을 먹지는 못하리라(왕하 7:2).

이 표현은 문자 그대로 '그림의 떡'(Pie in the Sky)이라는 소리이다. 그 장관은 기근 가운데 하나님의 능력과 도움으로 생기게 될, 그 풍성한 양식을 눈으로는 보게 될 것이지만, 그것을 믿지 않기 때문에 그 장관은 먹지는 못하는 안타까운 상황이 될 것이라고 말씀한다. 먹지 못한다는 것은 죽는다는 말에 대한 우회적인 표현이다. 선지자를 통해 주신 하나님의 회복의 말씀에 대한 믿음이 없으면, 진노 가운데 허락하시는 긍휼의 열매를 먹지 못할 것이라는 예언이다.

결국, 이스라엘 왕의 그 장관에게 그 풍성한 하나님의 은혜는 일종의 '그림의 떡'과 같은 것이 되어버렸다. 진노 중에 베푸시는 하나님의 긍휼이 그에게 '실상의 떡'이 되지 못하고, "그림의 떡"이 될 것이라는 것이다. 즉 하나님의 말씀을 믿지 않는 자에게는 하나님의 복은 그림의 떡과 같다. 믿지 않는 자는 말씀을 통해 주시는 복에 참여할 수가 없다.

이것은 말씀을 믿지 않는 자에 대한 강력한 경고이다!

누가 말씀을 불신하는 자인가?

본문에서는 이스라엘 왕의 한 장관이 말씀을 믿지 않는 자로 등장한다. 그리고 이스라엘 왕과 이스라엘 백성들도 언약의 말씀을 버리고 배교의 길을 갔다. 더 나아가 모든 시대에 걸쳐서 하나님의 말씀을 듣지 않고 믿지 않고 순종하지 않는 자들도 여기에 포함된다. 교회 안에서도 하나님의 말씀을 가볍게 여기고 읽고 들으나, 믿지 않는 자가 있을 수 있다. 새 언약 백성인 우리는 하나님의 입으로 나오는 모든 말씀을 믿고 순종해야 하는 자로 살아야 된다.

하나님의 존재와 그분의 말씀을 신뢰하지 않으면, 그분의 은혜와 긍휼을 기대할 수 없다. 말씀이 육신되어 오신 예수님께서는 믿음과 생명과의 상관관계 또는 불신과 사망과의 상관관계를 다음과 같이 말씀하신다.

> 너희가 만일 내가 그(이 세상에 속하지 않고 위에서 오신 분 곧 하나님의 아들)인 줄 믿지 아니하면 너희 죄 가운데서 죽으리라(요 8:24).

말씀이시며, 참 선지자로 오신 그분을 믿지 아니하면 곧 죽음이다.

4) 말씀대로 성취된다(16-20절)

서론에서 언급한 대로, 1-2절에서는 진노 가운데 베푸시는 보이지 않는 하나님의 긍휼의 크기를 수량화된 가격 지수 곧 물가 폭락이라는 상황을 통해서 나타냈다. 이것은 선지자 엘리사를 통해서 왕의 한 장관에게 예언의 말씀을 선언하는 방식으로 드러났다. 열왕기하 6장에서 언약의 저주의 상황을 '물가 폭등'(왕하 6:25)의 가격 지수를 통해 수량화하여 표현했다면, 여기서 7장에서는 '물가 폭락'(왕하 7:1)이라는 상황을 통해서 언약의 복의 회복의 크기를 가격 지수를 통해서 계량화하여 표현했다고 이해할 수 있다. 이러한 문맥의 전개 과정을 '반복'(repetition)이라는 수사학적 기법을 통해 강조하고 있다.

선지자 엘리사의 그 예언 섹션(1-2절)의 말씀은 세 부분으로 구성되어 있다.

첫째, 물가 폭락에 대한 엘리사의 첫 번째 예언이다(1절).
둘째, 선지자의 예언의 말씀을 믿지 못하는 장관의 응답이다(2절 상반절).
셋째, 그 불신하는 장관에게, '네 눈으로 보리라 그러나 그것을 먹지는 못하리라'(2절 하반절)라는 긍휼의 회복이 그에게 '그림의 떡'이 될 것이라는 엘리사의 두 번째 예언이다.

첫 번째 예언은 언약의 복의 회복에 대한 예언이라면, 두 번째 예언은 언약의 저주 곧 심판에 대한 예언이다. 그래서 이 예언의 섹션(1-2절)은 '엘리사의 회복예언-장관의 불신응답-엘리사의 심판예언'으로 이어지고 있다. 이 회복과 심판에 대한 엘리사의 예언의 섹션은 2개의 절(히브리어 어휘 44개)을 할당하여 열왕기서 기자는 말씀을 기록했다.

그런데 이 예언에 대한 성취의 섹션(16-20절)은 5개의 절(히브리어 어휘 85개)을 할애하여 거의 두 배 이상의 말씀의 양을 할당하여 기록했다. 하나님의 말씀은 반드시 성취된다는 것을 단어의 양을 통해서 강조했다. 단어의 양을 통해 강조할 뿐만 아니라, 단어와 표현의 반복과 그 외 다양한 수사학적 용법으로도 강조하고 있다.

예를 들면, 예언(회복, 심판)이 성취되었다는 사실을 드러내기 위해, 본문의 저자는 뜻밖에도 이스라엘의 사마리아 성문 어귀에 격리되어 살아가던 '나병환자 네 사람'의 등장인물과 그들의 활동을 통해서 드러나도록 하는 신학적 의도를 포괄식(inclusio)의 문학적 구조를 통해서 표현하는 기법을 사용하고 있다.[7] 직접적 인용을 통한 문자적 성취를 강조하고 있다(1, 16, 18절). 그리고 다양한 차원의 수사학적 반복을 통해 강조한다(아래 도표를 보라). 특히, '말씀대로 이루어졌다'라는 개념이 5회씩이나 반복되고 있다(16, 17, 2, 18, 20절).

표 29. 반복을 통한 예언-성취 비교

예언(왕하 7:1-2): 44개 어휘	주제	성취(왕하 7:16-20): 85개 어휘
"내일 이맘때에 사마리아 성문에서 고운 밀가루 한 스아를 한 세겔로 매매하고 보리 두 스아를 한 세겔로 매매하리라"(1절): 물가 폭락 예언 (엘리사)	회복	"고운 밀가루 한 스아에 한 세겔이 되고 보리 두 스아가 한 세겔이 되니"(16절), "내일 이맘 때에 사마리아 성문에서 보리 두 스아를 한 세겔로 매매하고 고운 밀가루 한 스아를 한 세겔로 매매하리라"(18절)
"여호와께서 하늘에 창을 내신들 어찌 이런 일이 있으리요" (2절 상): 불신의 응답(장관)	응답	"여호와의 말씀과 같이 되었고"(16절) "하나님의 사람의 말대로"(17절) "그가 말한 대로라"(17절) "하나님의 사람이 왕에게 말한 바와 같으니"(18절) "그의 장관에게 그대로 이루어졌으니"(20절)
"네가 네 눈으로 보리라 그러나 그것을 먹지는 못하리라" (2절 하): 사망 예언(엘리사)	죽음	"백성이 성문에서 그를 밟으매…죽었으니"(17절) "그러나 그것을 먹지는 못하리라"(19절) "백성이 성문에서 그를 밟으매 죽었더라"(20절)
물가폭락예언-불신응답-사망예언	전개	물가폭락성취(2회)-성취표현(5회)-사망성취(3회)

언약의 자녀는 언약의 말씀대로 믿고 언약의 말씀대로 순종하며 살아야 한다. 혹 우리가 연약하여 말씀에 불순종한 때에 자비하신 하나님은 다시금 회개할 기회를 주신다. 회개할 기회를 주실 때, 그 기회를 놓치지 말고 회개하여 언약 관계를 갱신하여 하나님의 복을 회복해야 한다. 회개한 맑은 심령 위에, 다시 말씀하시는 하나님의 말씀을 믿음으로 받아들여서, 하나님의 약속한 복을 받아 누리는 복된 성도들이 되어야 한다. 나의 회개와 믿음은 자신과 공동체의 생명을 회복하고 풍성한 생명을 누리게 한다.

---

[7] 이러한 유사한 문학적 구조가 신약성경 공관복음서에서도 발견되는데, 누가복음 8:40-42(막 5:22-24)과 누가복음 8:49-56(막 5:25-34)은 모두 회당장 야이로의 딸을 다시 살리는 사건에 대한 내용인데, 그 사이에 열두 해를 혈루증으로 앓는 여인의 치유 사건(눅 8:43-48; 막 5:35-46)이 삽입되어 있다.

4. 그림의 떡 3: 참 실천(행함)이 생명 회복이다(왕하 7:3-15)

세 개의 섹션에 걸쳐서 '그림의 떡'이라는 주제를 상고하고 있다.

첫째, 참 회개가 없으면 생명 회복이 없다(왕하 6:24-33)라는 메시지였다.
둘째, 참 믿음이 없으면 생명 회복이 없다(왕하 7:1-2, 16-20)라는 메시지였다.
셋째, 참 행함이 없으면 생명 회복이 없다(왕하 7:3-15)라는 메시지이다.

그러므로 참 회개, 참 믿음, 참 행함이 없으면 생명이 없다. 이것은 곧 죽음을 가리킨다. 여기서 생명과 죽음이라는 개념은 엘리야-엘리사 내러티브의 주된 주제인 '생명' 또는 '사망'과 그 궤를 같이한다. 엘리야-엘리사 내러티브에서 그 생명은 사람의 육체적인 생명, 영적인 생명, 그리고 생태학적인 환경의 생명의 개념까지 포괄하는 개념이다. 물론 죽음은 그 반대이다. 그래서 '그림의 떡'이라는 제목에서 '떡'에 해당하는 것은 바로 '생명 회복'이다. 이 생명을 얻고 생명을 누리려면, 참된 회개, 참된 믿음, 그리고 참된 행함이 있어야 한다는 말이다.

1) 서론 및 문맥

열왕기하 7:1-2의 예언의 섹션과 열왕기하 7:16-20의 성취의 섹션 사이에 열왕기하 7:3-15의 내러티브가 존재한다. 예언과 성취의 내러티브 중간에 위치한 또 다른 내러티브에는 네 명의 나병환자들이 등장인물로 나타난다.

율법에 따르면, 나병은 부정한 병으로 간주되었다(레 13-14장). 그래서 광야 여정에서, 부정한 모든 종류의 나병환자들은 이스라엘 진영 밖으로 내보내어 격리시켰다(민 5:2-4; 신 24:8). 본문에서처럼 정착 생활 시기에 등장하는 나병환자들도 이스라엘 회중들과는 떨어져 생활해야만 했다. 그래서 이들은 현재 사마리아 성문 어귀(at the entrance of the gate)에 살고 있다. 이곳은 사마리아성 안에 거주하는 이스라엘 사람들과는 다소 떨어진 공간에 격리되어 살아가고 있다.

그런데 네 명의 나병환자들은 언약의 저주 아래 있던 이스라엘 백성들에게 하나님의 긍휼 안에서 언약의 복을 일시적으로 허락하실 때, 사용되는 중요한 수혜의 인물들이 된다. 회복을 위한 최전선에서 쓰임을 받는 사람은 왕궁에 있는 왕이나 장관도 아니며, 그리고 이스라엘의 사마리아성 안에 거주하는 일반적인 이스라엘 백성들도 아니다.

버림받고 외면당하고 소외된 자들을 사용하신다. 이들이 겪고 있는 나병은 율법에서 언급한 대로 부정한 것이다. 율법에 근거하여 의식적으로 부정한 나병환자들을 통해서, 율법을 범하여 영적으로 나병처럼 된 이스라엘의 회복을 위해 쓰임을 받는다. 이것은 이스라엘의 현재의 영적인 상태가 언약의 저주 아래 있기 때문에, 육적인 나병보다 더 부정한 백성이 되었다는 것을 암시하는 것 같다. 이스라엘의 죄악은 부정하여 하나님의 거룩과 너무 멀리 떨어져 있는 존재가 되었다.

성 안에서 사는 그들의 영적인 나병이 오히려 성문 어귀에 사는 4명의 나병보다 하나님 앞에 더 부정한 것이 되었을 것이다. 물론 이들도 이스라엘 백성의 일부이기 때문에, 동일한 죄악에서 열외되었다고는 볼 수 없을 것이다. 그런데도 하나님께 쓰임을 받는 나병환자들은 베푸시는 언약의 하나님의 복을 전달하는 거룩한 도구로 사용되었다는 점에서 차별성이 있다.

역으로 말하면, 하나님은 부정한 나병환자들도 사용하실 수 있다. 다른 말로 하면, 하나님은 현재의 영적인 나병을 앓는 이스라엘을 회복시키고 제사장 나라로 사용하실 수 있다. 문제는 참된 회개와 참된 믿음이 있는가에 달려 있다. 그리고 회복과 구원은 하나님의 긍휼 안에서 시작될 수 있다. 나병환자들이 등장하는 이 내러티브에서, 하나님께서 그들을 통해 어떻게 일하시는지를 관찰해 보자.

2) 성문 어귀의 네 명의 나병환자(3-5절)

저자는 엘리사의 예언의 섹션(7:1-2)과 그 예언이 이루어지는 성취의 섹션(7:16-20) 중간에 삽입되어 있는 사마리아 성문 어귀에 거주하는 네 명의 나병환자들의 대화(7:3-15)에 귀를 기울이게 한다. 그들은 서로에게 다음과 같은 대화를 통해 그들의 내면적 생각을 나눈다.

우리가 어찌하여 여기 앉아서 죽기를 기다리랴(왕하 7:3).

그들의 현실 자각이다. 대화 이전의 단계에는 그들의 내면의 생각의 영역에 자각이 먼저 일어났다. 내면적 자각이 표면적 대화를 통해 드러났다. 사마리아 성문 어귀에 사는 네 명의 나병환자들의 내면과 대화의 이면에, 보이지 아니하시는 하나님의 성령께서 개입하시고 일하시고 계신다(성령론적 해석).

그런데 여기서 나병환자들의 대화에 보이지 아니하시는 성령님의 사역을 언급하여 성령론적 해석을 하고자 하는 이유가 무엇인가?

그 이유는 이어지는 문맥 안에서 발견된다. 성문 어귀에 거주하는 이들의 내면과 대화에서 이러한 일이 일어나기 전에, 하나님의 성령께서는 성을 포위했던 아람 군대의 진영 가운데 먼저 일을 시행하고 계셨다. 그 일은 다음과 같기 때문이라고 명시적으로 저자는 기록을 남긴다.

> 주께서 아람 군대로 병거 소리와 말 소리와 큰 군대의 소리를 듣게 하셨으므로(왕하 7:6).

즉 하나님은 이스라엘의 범죄로 인하여 그 심판으로 아람 군대를 이끌어 이스라엘을 침입하여 사마리아성을 포위하도록 허용하셨다(cf. 6:24-25).

이 사실로부터, 하나님은 이스라엘과 아람 나라 모두를 다스리시는 열국의 왕으로 등장하여 일하고 계심을 보게 된다. 아울러 현재도 아람 군대 가운데서 일하시면서 동시에 성문 어귀의 나병환자들에게 일하시고 계신다는 것이 명확하다. 그런데도 아람 군대와 네 명의 나병환자들 사이에는 어떠한 교통과 연락은 없는 상태이다.

이들은 대화를 통해서, 자신들은 죽는 것이나 마찬가지이니, 여기서 굶어 죽는 것보다 거기서 먹는 양식이 그들에게 '그림의 떡'이라도 되었으면 하고 아람 군대에게 가서 혹 죽인다면 그 죽는 길을 선택한다. 그러면서 그들은 다음과 같이 말한다.

> 아람 군대에게 항복하자(왕하 7:4).

인간의 선택과 행동은 전적으로 인간의 자유의지에 달려 있다. 보이지 않으시는 하나님의 성령께서 내면과 대화에 개입하신 이후에 어떠한 결정을 하고 행동으로 나아가려면, 인간 자신이 결단하고 행동으로 옮겨야 한다. 반대로 성령님께서 내면에 역사하시고 이웃들과 대화와 교제하는 일에 개입하시더라도, 결단과 행동은 전혀 다른 방식으로 나갈 수가 있다. 이것이 하나님의 주권적인 간섭과 인간의 자유의지와의 관계이다. 이들은 비록 자기 안에서 그리고 친구들과의 대화에서, 하나님께서 개입하시는 것을 의식했는지 아니면 의식하지 못했는지 불확실하지만, 확실한 것은 그들이 생 사간에 한 길을 선택하고 '행동'으로 옮겼다는 사실이다.

그래서 그들은 사마리아 성문 어귀로부터 "아람 진으로 가려하여 해 질 무렵에 일어나 아람 진영 끝에" 도착하게 되었다(5절). 아람 진에 도착해 보니, 거기에는 "한 사람도 없으니"(5절 하반절)라고 아람 진영에 대한 정보를 제공하고 있다. 이 정보는 성문 어귀에서 몰랐으나 아람 진에 도착하여 그들이 확인한 결과였다. 이들은 매우 당황했을 것이다. 두려움 반, 걱정 반, 그리고 약간의 실낱같은 희망을 가지고 적진에 항복하러 왔는데 아무도 만나지 못한 것이다.

그 이유가 무엇인가?

3) 주께서 아람 군대에게 행하신 기적(6-8절)

아람 적진에 한 명의 아람 군사도 없는 이유를 이어진 6-7절에서 설명한다. 아람 군대가 사마리아성에 대한 포위 작전을 포기하고 퇴각해버렸기 때문이다.

전세가 아람 군대에게 유리하게 진행되는 상황인데도 불구하고, 아람 군대가 무엇 때문에 퇴각한 것인가?

저자는 아람 군대의 퇴각 이유를 다른 곳에서 찾지 않고 "주께서"(אֲדֹנָי, 아도나이) 행한 일로 규정한다(6절). 어떤 방식을 사용하셨는가?

주께서 아람 군대로 하여금 '병거 소리와 말 소리와 큰 군대의 소리' (קוֹל רֶכֶב קוֹל סוּס קוֹל חַיִל גָּדוֹל, 콜 레켑 콜 쑤쓰 콜 하일 가돌)를 듣게 하셨다. 여기서 세 종류의 '소리'(קוֹל, 콜)는 주께서 아람 군대의 귀에 들리게 만든 소리다.

그래서 아람 사람이 서로에게 다음과 같이 말한다.

> 이스라엘 왕이 우리를 치려하여 헷 사람의 왕들과 애굽 왕들에게 값을 주고 그들을 우리에게 오게 하였다(왕하 7:6).

이것은 전지적 작가 시점에 의한 하나님이 들려주신 내면적 소리였다.[8] 아람 군대의 퇴각 이유는 사람에게 이유가 있지 않고 하나님께서 직접 행하신 일이었다. 이것이 아람 군대에 일하신 성령 하나님의 사역 1단계이다. 이어진 단계는 "아람 사람이 서로 말하는 대화" 속에 개입하셨다.

그 대화의 내용이 무엇인가?
다음과 같은 것이다.

> 이스라엘 왕이 우리를 치려하여 헷 사람의 왕들과 애굽 왕들에게 값을 주고 그들을 우리에게 오게 하셨다(왕하 7:6).

그런데 여기서, 두 가지 질문을 제기할 수 있다.

첫째, 하나님께서 아람 군대의 내면의 귀에 들리게 한 '병거 소리, 말 소리, 큰 군대의 소리'가 있었다는 것을 네 명의 나병환자들이 알았다는 것인가? 전혀 그렇지 않다. 이들은 성문 어귀에 있을 때, 자신들의 내면과 자신들의 대화에 성령 하나님의 개입을 몰랐듯이, 아람 군사의 내면과 대화에도 하나님의 개입 사실에 대하여 그들은 무지한 것이 확실하다. 단지 그들이 알고 보고 경험한 것 전부는 "그곳에 한 사람도 없다"(5절)라는 사실뿐이다.

---

[8] 전지적 작가 시점(omniscient viewpoint)은 소설과 같은 문학작품에서 작중 인물은 모를지라도, 작가가 등장인물의 행동과 태도와 내면세계까지도 모두 인지하고 분석적으로 설명하면서 이야기를 기술하는 방식이다. 작가의 시점이 '전지적'이라고 해서, 그것이 완전한 신적인 능력을 갖는 것은 아니다. 어디까지나 화자의 전지적 능력은 그 문학 작품이 전개되는 순서와 그 테두리 안, 곧 시간과 공간의 제약을 받는 일정한 한계를 갖는다. 문학에서 이러한 전지적 작가 시점이 과도하게 독자보다 앞서는 방식으로 사용될 때, 독자들의 이해도는 상승시킬 수 있지만, 그 독자들이 문학 작품 속으로 빨려 들어가는 긴장도 약화될 수 있다. 그러나 성경에서 전지적 작가 시점은 성령의 영감 안에 있는 인간 저자가 계시 전달의 도구로서 가지는 하나님을 대신하는 신적인 권위를 담보하는 것과 그 메시지의 확실성을 담보하는 효용성을 가진다. 이런 점에서, 성경계시문학에서 전지적 작가 시점의 사용은 메신저 포뮬러와 유사한 기능을 가진다고 할 수 있다.

이 사실은 아람 진에서 행하신 성령 하나님의 사역의 결과인 것이다. 그래서 이 사실은 하나님과 이 본문을 기록했던 본문의 저자만 아는 내용이다. 그래서 본문의 저자는 '전지적 작가 시점'에서 "이는 주께서 아람 군대로 병거 소리와 말 소리와 큰 군대의 소리를 듣게" 하셨다고 기록한 것이다.

그렇다면 본문의 저자는 이 사실을 어떻게 알고 본문에 그렇게 기록했는가?

두 가지 가능성이 있다. 하나는 하나님의 성령께서 영감을 주셔서 이 본문을 기록할 때 간섭하셨다는 경우로 추정할 수 있다. 또 다른 한 사실은 도주했던 아람 군사 일부가 이스라엘 군사들에게 포로로 잡혀서 그 사실을 자백했다면 가능한 일이다(참고. 렘 41:1-11). 후자가 더 보편적인 것 같다. 그래서 그 추정은 자유이나 결정은 유보하는 것이 좋겠다.

둘째, 진리의 하나님께서 어떻게 아람 군대를 속이고 거짓말을 하실 수 있는지에 관한 질문이다. 성경에는 여호와께서는 '거짓말하는 영'을 사용하시는 예가 나타난다(왕상 22:20-23; 대하 18:19-22). 여호와께서 아합 왕을 꾀어서 그에게 길르앗 라못에 올라가서 죽게 하시려고 하셨다. 이를 위해 '거짓말하는 영이 아합의 모든 선지자의 입에 있게 하여서 아합을 꾀어 아합을 죽게 하는 심판을 시행하겠다고 했다.

이때, 하나님은 이것을 허용하셨는데, "너는 꾀겠고 또 이루리라 나가서 그리하라"(왕상 22:22; 대하 18:21)고 '내가 그를 꾀겠나이다'라고 자원하는 그 영에게 명령하셨다. 여기서 등장하는 그 영은 귀신이나 마귀는 아닌 것 같다. 그 영은 아합에 대한 하나님의 심판을 수행하기 위해 수종 드는 천사 중의 하나로 판단된다. 왜냐하면, 아합에 대한 하나님의 심판 계획과 뜻을 진행시키기 위한 하나님의 의로운 심판의 도구로 사용되고 있기 때문이다.

그렇다면 여기서 거짓말하는 영의 활동의 결과가 무엇인가?

그것은 아람 군대가 일제히 "해 질 무렵에 일어나서"(they fled away in the twilight) 도망했다. 즉 아람 군대의 퇴각 행위와 시간적 시점을 보여 준다. 그런데 여기서 매우 흥미로운 사실 한 가지를 관찰할 수 있다.

사마리아 성문 어귀에서 굶주리며 사경을 헤매였던 네 명의 나병환자들이 행동 방향을 결정하고 행동으로 옮긴 시간적 시점이 언제인가?

5절에서 "해 질 무렵에"(at twilight) 일어나서 아람 진으로 출발했다고 기록하고 있다. 네 명의 나병환자는 사마리아 성문 어귀에서 아람 진으로 출발한 시점과 사마리아성을 포위했던 아람 군사들이 자신의 진영, 전쟁 물품을 모두 버리고 도주한 시점이 동일한 시간적 시점이라는 놀라운 사실을 발견하게 된다.

동일한 문맥 안에서(5, 7절) 사용된, '해 질 무렵'(בָּנֶשֶׁף, 바네쉐프)이라는 히브리어 시간 표현에서 정관사가 사용되었기 때문에, 서로 다른 장소에서 발생한 두 종류의 시간 표현이 '동일한 날'이라는 정황을 문맥적으로, 문법적으로 확증해준다. 같은 날, 같은 시간에 서로 다른 두 장소에서 성령 하나님께서 역사하신 것이다. 이러한 성령의 동시적 역사는 신약성경에서 누가의 성령론의 핵심들 가운데 하나이다(눅 1:8-9; 행 12:5-11).

이 사실은 무엇을 의미하는가?

성령 하나님께서 사마리아 성문 어귀에 거주한 네 명의 나병환자들의 내면과 대화에 개입하실 때, 동시에 같은 시간에 사마리아성을 포위한 아람 진영에 있는 아람 군사들의 내면과 그들의 대화에 개입하셨다는 결론이다. 성령님의 동시적 역사이다. 양측의 이동 과정을 비교할 때, 네 명의 나병환자들은 아람 진영을 향하여 '조마조마' 접근하기에 도착하는 시간이 약간 걸렸을 것이지만, 아람 군대는 '빨리빨리' 도주하여서 나병환자 네 명이 도착하기 전에 그 진영이 텅 비어 한 사람도 없었던 것이다. 양측의 이동 속도는 반대이지만, 양자의 이동 동기와 목적은 동일하다. 그것은 바로 '생명 보존'이라는 공통점이다. 나병환자들은 굶주림으로부터 생명 보존을 위해 천천히 적진으로 이동했다면, 아람 군대는 "가상의 적들"로부터 생명 보존을 위해 급히 도주했다.

그러므로 6절의 '주께서'라는 주어가 아람 군대의 내면과 그들의 대화에 역사한 인격적 주체라면(힢일 동사 הִשְׁמִיעַ, 히쉬미아), 그것은 바로 3절의 나병환자들의 내면과 그들의 대화에도, 생략된 표현으로서 '주께서' 동일하게 역사하셨다 라고 소급하여 적용될 수 있지 않겠는가?

텅 빈 아람 적진에 도착한 네 명의 나병환자들은 이제 하나님께서 적진에 일하신 결과를 마음껏 누리고 있다(8절). 한 장막 안으로 들어가서 '먹고 마시고' 거기서 '은과 금과 의복'을 취하였다. 너무 많아서 미래를 위해 감추는 일까지 했다. 한 장소를 털고 나서는 다른 장막에 들어가서 동일한 누림을 반복했다.

이들은 적진이 텅 빈 이유를 알지 못했지만, 본문의 저자는 보이지 아니하시는 하나님께서 역사하신 그 승리와 회복의 복을 마음껏 누리고 있는 장면을 묘사한다. 그들의 시초적 생각은 사마리아 성문 어귀에서 굶주려 죽으나 아람 진에 가서 항복하고 거기서 죽으나 마찬가지라고 생각했다. 그런데 뜻밖에, 예상 밖에 살길이 열린 것이다. 생명의 길이 열린 것이다.

사마리아성 깊숙이 공동체에 들어가 살지 못하고 성문 어귀 한 곳에서 아사 직전에 있었던 4명의 나병환자들은 행동했다. 자신들의 내면과 대화에 절대자가 개입하는 것을 인식하지 못했을지라도, 위험을 무릅쓰고 아람 적진에 가서 항복하여 살려주면 거기서 음식을 얻어 먹고 생명을 유지하고 죽이면 지금 여기서 굶어 죽는 것과 다르지 않다고 생각했던 것이다. 그들에게 결단, 행함, 실천은 그들 자신들을 죽음에서 생명으로 옮기는 계기가 되었다.

이런 점에서, 비록 자신들은 성령님의 음성을 듣지는 못했을지라도, 자신들 안에 역사하신 성령 하나님의 뜻에 따라 움직여 행하고 실천했다. 이 과정에 성령님께서도 그들을 도우신 것이 확실하다. 성령님의 뜻을 나타내시고 성령님의 뜻대로 행하도록 성령님의 인도하심이 그들의 행함과 실천의 핵심이었다.

성령의 사람으로서 그리스도인들은 늘 성령 하나님의 인도를 신뢰하고 의지해야 한다. 때로는 사마리아 성문 어귀에 있었던 나병환자들처럼 성령 하나님의 인도에 무지하고 인지하지 못할 수도 있다. 그래서 때로는 육신의 일 같으나 성령의 일일 수가 있으며, 때로는 성령의 일 같으나 육신의 일일 수 있다. 그래서 더더욱 성령님의 인도와 지혜가 필요하다. 그러면 어느 시점에는 성령님의 인도를 깨닫게 된다. 바울은 다음과 같이 말씀한다.

> 내가 이르노니 너희는 성령을 따라 행하라 그리하면 육체의 욕심을 이루지 아니하리라(갈 5:16).

> 성령을 소멸하지 말아야 한다(Do not quench the Spirit, 살전 5:19).

즉 성령의 음성에 민감하게 순종할 뿐만 아니라, 성령의 은사를 개발(훈련)시켜 교회를 위하여 잘 사용하는데도 성령님의 도우심이 절대적으로 필요하다.

이러한 성령 하나님의 인도와 도움을 위해 다음과 같은 말씀에 순종해야 한다.

> 성령이 교회들에게 하시는 말씀을 들을지어다(계 2:7, 11, 17; 2:29; 3:6, 13, 22; 7회).

성령님은 말씀하시는 분이시며, 교회는 성령님의 음성(성령의 영감으로 기록된 말씀)을 들어야 한다. 그러나 성령께서 말씀하시는 음성을 듣고 순종하는 길은 평탄하지만 않다. 그래서 다음과 같은 말씀이 필요하다.

> 그러므로 어리석은 자가 되지 말고 오직 주의 뜻이 무엇인가 이해하라 술 취하지 말라 이는 방탕한 것이니 오직 성령으로 충만함을 받으라(엡 5:17-18).

주의 뜻에 무지할 때, 헛되고 불필요한 일에 얽매이게 된다. 오직 성령님으로 충만함을 받는 것이 다른 것에 취하지 않고 주의 뜻을 이루는 지혜자가 되게 한다.

4) 나병환자들의 사명 자각과 결단(9-11절)

> 나병환자들이 그 친구에게 서로 말하되 우리가 이렇게 해서는 아니되겠도다 오늘은 아름다운 소식이 있는 날이거늘 우리가 침묵하고 있도다(왕하 7:9).

이들은 텅 빈 아람 적진에 와서 풍족히 먹고 마시고 금은보화와 의복을 감추면서 연장된 생명을 풍성히 누리다가 갑자기 서로에게 "우리가 이렇게 해서는 아니되겠도다"(9절)라는 어떤 반성과 자각이 일어나게 된다. 이러한 자각은 아람 군사들에게 '두려움'을 갖게 하신 하나님께서, 나병환자들에게도 유사한 '두려움'을 갖게 하신 결과이다.

그 두려움이 어떤 영향을 주었는가?

그 두려움은 갑자기 그들의 내면과 그들의 대화에서 반영되고 있다. "우리가 이렇게 해서는 아니되겠도다"라는 표현의 히브리어 원문에서, '좋지 않다'(לֹא־כֵן, 로-켄)라는 표현을 문두에 두어서 강조하는데, 여기서 사용된 형용사(כֵן, 켄, "right, honest")에 바로 부정어를 접속하여 그들의 자각을 표현하고 있다. 즉 그들의 '행위'(עֹשִׂים, 오심)에 대한 반성은 '바르지 않음' 또는 '정직하지 않음'에 대한 자각이다. 왜냐하면, 사마리아성 안에서 굶어 죽어가고 심지어는 자녀를 삶아 먹는 인간성을 상실한 상황에 처해 있기 때문이다.

현재 그들만의 풍성한 생명의 누림이 있는 날을 "오늘"(הַיּוֹם הַזֶּה, 하욤 하제)로 규정한다. "오늘은 아름다운 소식이 있는 날이다"(הַיּוֹם הַזֶּה יוֹם־בְּשֹׂרָה הוּא, 하욤 하제 욤-베소라 후)라고 그 날을 묘사한다. 직역하면, 그날은 '아름다운 소식의 날'(יוֹם־בְּשֹׂרָה, 욤-베소라)인데, '아름다운 소식'("good news, tidings")이라는 히브리어 여성 명사(베소라)를 헬라어 중성 명사 '유앙겔리온'(τὸ εὐαγγέλιον)으로 칠십인역은 번역하며, 신약에서 '새 생명의 기쁜 소식인 복음'으로 많이 사용된다(막 1:15; 8:35; 10:29; 롬 1:16; 10:16; 11:28; 고전 4:15; 9:18, 23; 고후 8:18; 갈 2:2; 엡 3:6; 빌 1:5; 2:22; 4:3; 살전 2:4; 딤후 1:8, 10).

여기서 '아름다운 소식의 날'은 문맥적으로 '생명의 날'이다. '생명을 맘껏 누리는 날'이다. 그 이유를 네 명의 나병환자들은 인식하지 못했을지라도, 본문의 저자는 하나님의 역사의 흔적으로서 텅 빈 적진에서 정복자가 전리품을 취하는 장면을 통해서, 그들이 승리를 자축하는 날로 묘사하고 있다.

그러면서 그들은 중대한 한 가지에 대한 강한 의무를 자각하고 다음과 같이 결의한다.

> 만일 밝은 아침까지 기다리면 벌이 우리에게 미칠 것이니 이제 떠나 왕궁에 가서 알리자 (왕하 7:9).

여기서 '벌'(עָוֹן, 아온, "iniquity, guilt or punishment of iniquity", ἀνομία, "lawlessness, lawless deed")은 많은 경우 하나님에 대한 죄의 형벌을 의미한다. 그렇다면 이들이 현재 '아름다운 소식이 있는 날' 곧 생명의 날, 새 생명을 얻은 날, 생명을 풍성히 누리는 날의 소식을 이스라엘 진영에 알리지 않으면, '하나님으로부터 형벌'을 받을 것이라는 내적 두려움을 갖게 된 것이다.

여기서 이 두 그룹의 두려움의 종류는 다르게 묘사되는데, 아람의 군사들은 가상적인 적들에 대한 '두려움'을 느끼고 도주했다면, 네 명의 나병환자는 하나님의 형벌에 대한 두려움으로 이스라엘 진영으로 출발하려고 한다. 즉 서로 다른 두려움은 두 그룹을 모두 아람 진영을 떠나게 만든다. 전자는 생명 보호를 위한 떠남이며, 후자는 생명 나눔을 위한 떠남이다.

시초적으로, 나병환자들이 사마리아 성문 어귀에서 아람 진영으로 올 때, 그들의 '담대함의 결단'이 행동을 통해 적진으로 발걸음을 옮기게 했다면,

이제 아람 진영에서 사마리아 성으로 돌아가는 여정의 출발은 그들 안에 생긴 또 다른 '두려움의 결단'으로 가게 된다. 이 역시, 배후에 역사하시는 성령 하나님의 역사임에 분명하다. 그런데도 본문의 저자는 그것을 암시화하고 네 명의 나병환자들 자신의 결의와 실천적 행위가 그 주된 동인이라고 내러티브를 전개한다. 본문의 저자는 네 명의 나병환자들에게 하나님께서 일하셨다는 사실에 대하여 침묵한다.

무엇 때문일까?

두 가지 사실을 강조하기 위함이다.

첫째, 사마리아 성문 어귀에 연약한 자들, 무익한 자들을 통해서 언약적 복의 회복에 기여한 그들의 '실천적 행위'를 강조하기 위함이다. 즉 이스라엘 공동체 변두리에 격리되어 사는 부정하게 여겨진 주변인들도 하나님(벌)을 두려워하는 마음으로 순종을 "자발적으로" 했다는 점을 강조하기 위함이다.

둘째, 지난날 이스라엘 백성들이 풍성할 때, 하나님을 경외하지 못하고 도리어 "자발적으로" 우상 숭배하고 언약의 하나님을 배교한 사실을 역설적으로 강조하여 말하는 것 같다.

드디어 나병환자들은 아람 진영을 떠나서 이스라엘 진영 사마리아 성문 앞에 도착했다(10절). 조금 전에, 아람 진영에 도착했던 네 명의 나병환자들이 발견한 장면은 이미 5절과 7절에서 언급했듯이, 여기 10절에서도 문지기에게 말하는 표현과 동일하게 말한다(반복). '한 사람도 없고 사람의 소리도 없는 상태'였다. 이것은 전쟁에 동원된 사람에 대한 정보이다. 여기서 한 사람도 없고 사람의 인기척(소리)도 없다는 사실이 히브리어 불변사(힌네, Behold!)로 강조되어 있다.

그리고 거기에는 '오직 말과 나귀만 매여 있는 상태'였다. 이것은 전쟁에 동원된 짐승에 대한 정보이다. 그 히브리어 표현에 있어서, 단지 말들과 나귀들 같은 짐승들이 '매여 있는'(אָסוּר, 아쑤르, 칼 수동태 분사) 상태를 묘사한다. 그리고 거기에는 '장막들이 그대로 있는 상태'(וְאֹהָלִים כַּאֲשֶׁר־הֵמָּה, 웨오하림 카아쉐르-헤마)에 대한 정보를 제공한다. 이것은 전쟁에 사용된 장비에 대한 정보이다.

구문론적으로 볼 때, 이 표현은 Be 동사가 생략된 히브리어 명사문으로서, 문장을 간결하게 표현하여 급하게 도주하여 사람들이 없이 텅 빈 채로 남겨진, 아람 군사들의 진영을 자세히 묘사한 것이다. 즉 사람과 사람의 소리, 묶여진 말과 나귀, 그리고 적막한 장막들은 아람 군대의 긴박한 도주의 결과로 만들어진 장면에 대한 3중적인 묘사이다. 모두가 수동적 표현으로 장면 묘사를 한 것은 그렇게 역사하신 능동적 주체이신 하나님의 행위를 강조하기 위함이다. 그것이 6절의 말씀이다. "이는 주께서 아람 군대로 병거 소리와 말 소리와 큰 군대의 소리를 듣게 하셨으므로"(왕하 7:6)라고 그 원인을 언급했다. 아람 진영의 이 장면에 대한 3중적인 정보는 4명의 나병환자들에 의해서 이스라엘 사마리아 성문을 지키는 문지기들에게 전달된 '아름다운 소식'이었다.

이 소식이 네 명의 나병환자들이 사마리아 성문의 한 문지기(10절)에게 전달했고 그 문지기는 다른 여러 문지기들에게 알렸다(11절). 그리고 그 문지기들은 왕궁 내부에 익명의 사람에게 보고 되었다(11절, וַיַּגִּידוּ בֵּית הַמֶּלֶךְ פְּנִימָה, 와야기두 벧 하메렉 페니마). 여기서 '아름다운 소식'이 전해지는 과정과 절차를 묘사하고 있다. 등장인물과 장소가 아람 적진에서 돌아온 네 명의 나병환자를 통해서 사마리아 성문을 지키는 자(들)에게로 그리고 다시 왕궁의 신하를 거쳐서 왕에게로 나아가는 순서이다. 그동안 사마리아 성과 아람 군사들의 진영은 군사적 대치 상태였고 더구나 이스라엘은 포위 상태였기에 고립되어 있었다.

이러한 상황에서 성문 어귀에 거주했던 네 명의 나병환자들이 '자신들의 생존적 목적'으로 아람 진영으로 들어갔고, 다시 아람 적진에서 '생명을 풍성히' 누리다가, 이제 '공동체의 생존적 목적'을 위해 사마리아성을 향하여 다시 입성한다. 이들은 사마리아 성문 어귀에서 해 질 무렵에 떠나서(왕하 7:5), 그 다음 날 해 뜨는 '밝은 아침'(왕하 7:9) 직전 이른 새벽에 그들이 머물렀던 성문 어귀로 되돌아온 것이다. 그러므로 나병환자들의 사마리아 성문에서 다시 성문까지의 약 12시간의 왕복 여정은 엘리사의 이중적 예언(왕하 7:1-2), 곧 이스라엘 공동체의 언약적 복에 대한 회복의 예언(왕하 7:1)과 예언의 말씀에 대한 불신(왕하 7:2 상반절)과 그에 대한 심판 예언(왕하 7:2 하반절)이 성취되는 결과를 만드는 데 사용되었다. 이 과정에서 본문의 저자는 예언의 성취와 문맥의 발전 과정을 일체화시킨다.

5) 왕궁에서 도착한 굳 뉴스(12-15절)

아람 진영으로부터 출발한 그 아름다운 소식이 그 날 밤에 네 명의 나병환자들을 통해서 사마리아 성문의 문지기들에게, 그리고 왕궁의 신하에 이어서 최종적으로 이스라엘 왕 여호람에게 보고되었다.

그런데 보고를 받은 이스라엘 왕은 아름다운 소식을 아름다운 소식으로 받지 못하고 적군의 덫이라고 판단했다(12절; cf. 왕하 5:7). 여호람의 생각은 아람 군대가 일시적으로 그 진영을 비우고 들에 나가 매복하면서 사마리아 성문을 열고 나오는 사람들을 스스로 나올 때까지 기다렸다가 사로잡고 문 열린 성 안으로 진입하는 것이라고 판단했다. 적과의 대치 상황에서 전략적으로 충분히 가능한 일이다.

여호람의 한 신하가 왕에게, 성 안에 아직 남아 있는 말 다섯 마리와 사람을 보내서 정탐하게 하자고 제안한다(13절; cf. 4절). 그런데 여기서 '남은 자들'(말 다섯 마리와 정탐꾼)의 정체성을 설명하는 표현이 이어진다.

이 '남은 자들'(נִשְׁאֲרוּ־בָהּ, הַנִּשְׁאָרִים, נִשְׁאֲרוּ־בָהּ, 니쉬아루-바흐, 니쉬아루-바흐, 하니쉬아림)이 어떻게 정의되는가?

'성 중에 남아 있는 이스라엘 온 무리'를 '멸망한 이스라엘의 온 무리'와 동일시하고 있다. 이 말은 사마리아성 안에 남은 이스라엘은 이미 '멸망한'(완료형: אֲשֶׁר־תָּמּוּ, 아쉐르-타무) 자들로 표현하고 있다. 그 신하는 '남은 자들'(הַנִּשְׁאָרִים אֲשֶׁר נִשְׁאֲרוּ־בָהּ, 하니쉬아림 아쉐르 니쉬아루-바흐)은 생존한 자들인데도 그리고 앞으로 생존할 자들인데도 불구하고, 그 남은 자들을 '죽은 자'(멸망한 자)로 분류하고 있다. 다른 말로, 남은 자들은 구원받을 자들인데도 불구하고, 심판받은 자들로 여긴다. 이 말은 어차피 남은 자들은 죽은 자들과 마찬가지이기 때문에, 이들을 정탐꾼으로 보내서 매복한 아람 군사들에게 잡혀 죽어도 손해 볼 일이 아니다라고 왕에게 말하여 설득한다. 이것은 마치 사마리아 성문 어귀에서 굶주림으로 죽을 지경에서 어차피 죽은 목숨과 같으니, 아람 진에 가서 항복하자고 말했던 네 명의 나병환자의 말과 비슷한 것 같다(왕하 7:4).

여기서 전후 문맥을 고려할 때, 한 가지 얻을 수 있는 교훈이 있다. 구원(회복)은 하나님께 달려 있다. 아무리 소망이 없는 절망의 상태라고 할지라도, 사람에게는 답이 안 보일지라도, 함부로 절망을 말하거나 행동하지 말아야 한다. 하나님의 능력을 무시하는 것이 된다. 하나님께서는 길이 있을 수 있다. 이러한 속단은 구원의 하나님과 그 하나님의 주권을 무시하는 행동이 된다. 사실 절망의 상황에서 적군들에게 항복의 길을 선택했던 나병환자들에게 아름다운 소식이 있었다는 것이 앞의 문맥이며, 왕의 신하가 어차피 죽은 목숨이라고 여기고 정탐꾼을 보낸 일에도 아름다운 소식이 있다는 것이 뒤에 이어진 문맥적 사실이다. 하나님께서 '하늘의 창'을 내실 수 있다.

그 신하에게 설득된 왕은 명령을 내려서 병거 둘과 다섯 마리의 말들을 정탐꾼들에게 맡기며 성문을 어두운 밤에 은밀하게 열어 내어 보낸다(14절). 이때의 이스라엘 왕의 심정은 앞에서 "어찌 더 여호와를 기다리리요"(왕하 6:33)라고 패배주의적 발언을 이미 한 상태였기에, '밑져야 본전이다'라는 생각으로 정탐꾼을 성 밖으로 보냈을 것이다. 정탐꾼들은 아람 진이 있었던 정면이 아닌, 뒤쪽으로 조용하고 은밀하게 다가가서 정탐 활동을 했다(15절).

과연 거기에는 '사람이 급히 도망한 흔적'만 있었다. 급히 도주하면서 '버린 의복과 병기가 길에 가득'한 장면을 목격하고 아무 일이 없었다는 듯이 조용히 사마리아 성안으로 돌아와서 이스라엘 왕에게 보고하였다(15절). 네 명의 나병환자들이 사마리아 성문에서 성문으로 왕복하여 좋은 소식을 전했듯이 왕이 보낸 정탐꾼들도 사마리아 성문에서 성문으로 다시 왕복하여 동일한 좋은 소식을 가지고 왔다.

이 사실이 사마리아성에 알려지자, 사마리아성 안에서 굶주려서 아사 직전에 있었던 모든 백성은 너나 할 것 없이 앞다투어 성문을 열어젖히고 나가서 아람 군대의 진영을 노략했다(16절). 과거 출애굽 광야 여정에서 이스라엘 진중과 들판에 떨어진 만나와 메추라기를 원 없이 주웠던 심정이었을 것이다. 갑자기 음식 재료들이 쏟아진 것이다. 충분히 먹고도 남을 정도였을 것이다. 그래서 남은 것을 미처 구하지 못한 사람들에게 매매하게 되니, 그 가격이 이른바 '물가 폭락'의 사태가 발생했다(16절, 16-20절).

그 물가의 구체적 가격은 바로 어제께 선지자 엘리사가 "여호와께서 하늘에 창을 내신들 어찌 이 일이 있으랴"(왕하 7:1, 16, 18)라고 불신의 말을 했던, 이스라엘 왕의 한 장관에게 예언했던 대로, "사마리아 성문에서 보리 두 스아에 한 세겔, 그리고 고운 밀가루(fine flour) 한 스아에 한 세겔"로 거래되었다. 물가 폭락이다. 그리고 그 장관은 엘리사의 두 번째 예언 그대로(왕하 7:2

하반절), 그는 그 이루어진 장면을 눈으로는 보았으나 먹지 못하고 굶주린 군중에 밟혀서 죽었다(20절). 정확하게 그 예언과 성취 사이의 시간은 약 24시간 하루가 걸렸을 뿐이다(왕하 7:1, "내일 이맘때").

말씀을 믿지 않았던 이스라엘 왕의 그 장관에게 하나님의 생명의 풍성한 은혜와 축복이 '그림의 떡'이었다. 그리고 이 본문에서 네 명의 나병환자들의 결단과 아름다운 소식에 대한 나눔이 없었다면, 자신도 죽고 이스라엘 공동체도 굶어 죽었을 것이다. 정탐꾼을 보낼 것을 왕에게 설득의 말을 했던 신하의 말처럼, 어차피 죽은 목숨이었을 것이다. 그러나 그 나병환자들의 결단과 나눔 때문에, 이스라엘 공동체의 생명의 회복이 있었다. 그 때문에 언약의 저주의 상태가 언약의 복의 회복의 길을 열었다. 나병환자들의 행함과 실천이 없었더라면, 공동체의 생명 회복은 없었다. 그러므로 참된 행함이 없으면, 구원과 생명 회복은 그림의 떡이다.

그러므로 "만일 형제나 자매가 헐벗고 일용할 양식이 없는데"(약 2:15), 이 나병환자들이 아름다운 소식, 생명의 소식이 있는데도 행함과 실천함으로 알리지 않았다면, 자신들은 풍족히 먹었을지는 모르나, 사마리아성 안에서 고립된 언약의 형제와 자매된 이스라엘 공동체는 죽은 것이나 다름 없다(cf. 7:13, "남은 자는 멸망한 자와 같다"). 이런 점에서, 야고보의 말씀이 여기에도 적용될 수 있다.

> 영혼 없는 몸이 죽은 것 같이 행함이 없는 믿음은 죽은 것이니라(약 2:26).

행함이 없으면, 생명은 그림의 떡이다!

5. 결론 및 적용

열왕기하 6:24-7:20까지의 본문(30개 구절)은 아람 군대가 이스라엘을 침범하여 사마리아성을 포위한 가운데 발생한, 이스라엘 백성들의 개인과 공동체의 생명의 위기를 직면한 가운데 생명이 회복되는 과정을 묘사하는 내러티브이다. 세 개의 단락 모두가 '그림의 떡'(Pie in the Sky)이라는 주제를 담고 있다.

첫째, 첫 번째 단락(왕하 6:24-33)에서 등장하는 대표적인 등장인물(대조군)은 왕과 사마리아성의 여인과의 대화를 통해, 이스라엘 왕으로 하여금 현실의 비참한 위기에 대한 자각을 하도록 하시는 하나님의 뜻이 암시화 되고 있다. 이스라엘 왕은 엘리사 집에 방문하여 자문을 구하는 장로들(왕하 6:32)과 대조되는 인물이었다. 이스라엘 왕은 참 회개를 하지 못하고 겉옷을 찢고 굵은 베옷을 입고 단지 엘리사에 대한 살인적인 분노만 표출하였을 뿐이다. 참 회개가 없었기에 참 생명의 회복은 그에게 그림의 떡이었다.

둘째, 두 번째 단락들(왕하 7:1-2; 16-20)에서 대표적인 등장한 인물은 이스라엘 왕의 손에 의지하는 장관과 엘리사 선지자이다(등장인물의 대조군). 그 장관은 진노 가운데 베푸시는 하나님의 긍휼로 회복에 대한 예언의 말씀을 믿지 못하는 발언을 한다. 그 결과 회복의 예언대로 성취되었을 때, 그는 심판의 예언대로 그것을 먹지 못하고 밟혀 죽는다. 말씀을 믿지 않는 자에 대한 언약적 저주의 심판의 경고이다. 그는 참된 믿음이 없었기에, 참 생명의 회복은 그에게 그림의 떡이 되었다.

셋째, 세 번째 단락(왕하 7:3-15)에서 등장하는 대표적인 인물은 성문 어귀에 격리되어 살아가는 뜻밖의 인물인 네 명의 나병환자들이다. 생사의 기로에서 이들이 결단하고 행동하여 자신도 생명의 풍성함은 누렸고, 그 좋은 소식을 나눔으로 자신들처럼 포위되어 격리된 이스라엘 공동체 전체를 살리는 결과가 되었다. 성 안에 이스라엘에게 좋은 소식을 전해준 자는 성 밖(어귀)에 있는 나병환자들이었다. 성 밖에 격리되고 고립된 자들(나병환자들)이 성 안에 격리되고 고립된 자들(이스라엘 백성)을 살렸다(등장인물의 대조군). 이들이 생명 전달의 통로로 생명의 하나님께 사용되었던 것이다.

'그림의 떡'이라는 주제를 전달하는 이 본문에서 강조된 3부작 주제인 '회개'와 '믿음'과 '행함'은 여러 등장인물들에 의해 표현된 교훈이다. 그러나 이 3부작 주제들은 한 사람의 그리스도인이 하나님 나라의 백성으로서 균형 있게 갖추어야 할 세 가지 건강한 신앙의 요소들이다. 이 본문에서는 다양한 신분을 가진 여섯 명의 사람들을 통해서 "통합적으로" 교훈한다. 즉 이스라엘 왕 여호람은 아들을 잡아먹은 여인과의 대화를 통해서, 겉옷이 아닌 마음을 찢는 '참된 회개'를 통해 언약적 저주에서 벗어날 것으로 암시적으로 권고하고 있다. 이스라엘 왕의 한 장관은 엘리사 선지자의 예언에 대한 응답을 통해서, '참된 믿음'을 가지지 않으면 생명의 회복이라는 언약적 복을 누릴 수 없다는 것을 역설적으로 경고하고 있다.

그리고 네 명의 무명의 나병환자들은 '한 사람도 없는'(왕하 7:5) 텅 빈 아람 진영과 '모든 사람이 멸망한'(왕하 7:13) 것과 같은 저주의 사마리아성을 향한, 그들의 왕복 여정에서 결단력 있는 '참된 행함'을 통해서 언약 공동체 이스라엘이 죽음에서 생명을 회복하는 것을 강조하고 있다. 결국, 사마리아 성안의 왕궁의 건강한 두 사람(여호람 왕과 장관)은 '회개'와 '믿음'을 통한 생명 회복의 기여에 실패했으나, 사마리아 성문 어귀에 있는 네 사람(나병환자)은 '행함'으로 생명 회복의 기여에 승리했다.

그런데 나병환자 네 명의 이동 시간과 거의 같은 시각에(해 질 무렵, 5, 7절), 하나님은 아람 군대에게 '병거 소리와 말 소리와 큰 군대의 소리'(왕하 7:6)를 듣게 하시고 '공포감'을 갖게 하셔서 병력의 퇴각이 이루어졌다. 그들은 하나님께서 들려주시는 가상의 적군들을 만난 셈이다. 반면 네 명의 나병환자들에게는 생명의 기로에서 '두려움'을 제거하시고 아람 진영으로 들어가게 하셨다. 이것이 하나님의 일하심이다.

그리고 나병환자들은 적진에서 아람 군사가 한 사람도 없고 풍부한 전리품만 있는 상황을 접하고 그것들을 풍성히 누리다가, 사마리아성에까지 좋은 소식을 알리도록 한 것은 자의적인 의지라기보다는 하나님께서 보여 주신 '벌'(왕하 7:9)에 대한 마음이라고 할 수 있다. 가상의 '벌'에 대한 부담감이 되었다. 하나님의 성령의 역사라고 할 수 있다. 이들에게 임하신 내면적 음성에 대한 그들의 순종적 실천이 없었다면, 이스라엘 공동체의 생명 회복은 그림의 떡이었을 것이다. 이것도 하나님이 일하심이나, 그들의 실천이 강조되었다.

어떻게 이 본문을 적용할 것인가?

이 본문은 참된 회개, 참된 믿음, 참된 실천이 생명의 회복의 길임을 보여 준다.

무엇에 대한 회개인가?

말씀에 불순종한 삶에 대한 회개이다. 그리스도인은 일평생 회개하는 삶이 되어야 한다.

왜 그러한가?

그리스도인은 예수님을 믿어 이미 구원의 은혜를 받았지만, 아직 육체의 구속을 남겨놓았기에 더 성화되어야 할 자이다. 또한, 구속받은 그리스도인조차 연약하기에 여전히 죄를 지을 가능성이 있다. 죄를 범할 때, 우리는 우리 죄를 자복하고 잘못된 말과 생각과 행동과 습관을 바꾸어야 한다(마 3:2; 눅 13:3; 딤후 2:25; 벧후 3:9; 계 2:5, 21; 3:3). 회개를 통하여 주님을 닮는 성화를 추구해야 한다. 말씀 앞에서 정직한 회개를 하여야 한다.

무엇에 대한 믿음인가?

하나님의 말씀을 믿는 믿음이다!

말씀 앞에서 회개와 믿음은 하나님의 복을 누리게 한다. 믿음으로 그리스도인인 된 그리스도인은 일평생 믿음의 삶이 되어야 한다.

왜 그러한가?

우리 코에 호흡이 있는 동안에도 살아 계신 하나님은 말씀하시는 분이시다. 믿음은 말씀을 들음에서 나며 들음은 그리스도의 말씀으로 말미암는다(롬 10:17). 주시는 모든 말씀에 믿음으로 아멘으로 받아야 한다. 말씀 앞에서 성숙한 믿음으로 응답하는 자로 자라가야 한다.

그리고 무엇에 대한 행함인가?

하나님의 뜻과 성령께서 역사하셔서 주시는 거룩한 부담에 대한 행함이며, 실천이다!

그리스도인은 일평생 행함이 있는 삶이 되어야 한다.

왜 그러한가?

언약의 자녀로서 그리스도인은 믿은 말씀을 행함과 실천으로 순종으로 그 믿음을 완성해야 한다. 행함이 없는 믿음은 그 자체가 죽은 것이라고 야고보가 말씀했다(약 2:26). 믿는 자는 행함으로 순종해야 한다.

그래서 그리스도인의 신앙생활은 참된 회개, 참된 믿음, 참된 행함이 있어야 생명을 풍성히 누리는 건강한 신앙이 된다. 이것이 두렵고 떨림으로 우리의 구원을 이루어 간다는 말씀이다. 그래서 하나님의 복을 그림의 떡이 아닌, 하나님의 복을 '손 안의 떡'으로 실제의 복으로 받아 누리는 복된 성도들이 돼야 한다.

아멘!

♣ 개인 묵상과 소그룹 성경 공부를 위한 토론 질문 ♣

1. 하나님과 사람 앞에 고치고 바꿔야 할 것들이 있으면 먼저 나누어 보라. 입술의 회개(자백)를 하고 실제 행동으로 바꾸지 못한 것을 어떻게 바꿀 수 있는가?
'전 인격적인 회개'가 무엇이라고 생각하는가?

2. 믿음의 대상은 무엇이며, 참된 믿음을 가진 증거는 무엇일까?

3. 나의 신앙에서 실천(행함)이 약한 부분은 어떤 영역이며, 또한 어떤 것들이 있는지 나누어 보라.

제23장
"실상의 떡"

> Topic : 엘리야-엘리사 내러티브(23)
> Text : 열왕기하 8:1-6
> Title : "실상의 떡"(Pie in Your Hands, Down to Earth)
> Theme : 말씀을 순종하는 자의 결말은 생명의 풍성함을 누리는 축복이다.

1. 서론 및 문맥

수넴 여인이 다시 돌아왔다. 수넴 여인이 홈커밍함으로 다시 등장하는 이 본문(왕하 8:1-6)은 열왕기하 4:37과 4:38절 사이에 놓이면 문맥적으로 수넴 여인에 대한 기사가 단절되지 않고 연속된다고 할 수 있다. 즉 열왕기하 4:27에서 8:1까지 시간의 경과와 상황의 반전이 왔다는 것을 전후 문맥은 보여 준다.

앞에서 열왕기하 6:24-7:20까지의 본문을 중심으로 "그림의 떡"(Pie in the Sky)이라는 제목으로 세 가지 주제 중심으로 상고했다. 아람 군대에 의해 사마리아성이 포위되어, 먹을 것이 없어서 성 안에 물가가 폭등하고 자녀를 잡아먹을 정도의 비참함과 인간성 상실의 위기가 이스라엘에게 도래했었다. 그러한 기근 가운데 하나님의 사람 엘리사는 조만간 많은 물자가 공급되어 가격이 하락될 것이며, 먹을 것이 풍족할 것이라는 말씀을 예언했다. 이 말씀에 이스라엘 왕(여호람=요람)의 한 장관은 다음과 같은 하나님의 말씀을 불신하고 무시했다.

여호와께서 하늘에 창을 내신들 어찌 이런 일이 있으리요(왕하 7:2).

말씀을 불신하고 무시하는 그에게 엘리사는 다음과 같은 말씀을 들어야만 했다.

> 네가 네 눈으로 보리라 그러나 그것을 먹지는 못하리라 (왕하 7:2).

그 결과가 어떻게 되었는가?

그 장관은 엘리사의 말대로 그는 그 같은 일이 일어난 것을 실제 눈으로 보고 목격했으나, 먹지는 못하고 갑작스런 양식의 공급으로 인해 무질서 속에서 쏟아져 나온 이스라엘 군중들에 의해 밟혀 죽고 말았다. 기근 가운데 베풀어주신 하나님의 긍휼과 회복의 은혜가 있었지만, 하나님의 말씀을 불신하고 무시하는 그에게는 '생명의 양식'이 "그림의 떡"(Pie in the Sky)이 되고 말았다. 앞에서 상고한 본문에 등장한 이스라엘 왕 여호람의 그 장관은 하나님의 말씀에 대한 부정적 반응을 보인 자, 곧 말씀에 대한 불신과 무시와 불순종한 자의 결말을 잘 보여 주었다.

이 본문은 하나님의 말씀에 긍정적인 반응 곧 신뢰와 순종의 행위를 보인 '한 사람'이 등장하고 있다. 말씀 경시자, 말씀 무시자, 말씀 불순종자였던 왕의 그 장관에게는 하나님의 축복과 회복의 은혜가 "그림의 떡"이었을 뿐이다. 하지만 말씀 중시자, 말씀 신뢰자, 말씀 순종자의 결말은 하나님의 복이 "실상의 떡"(Down-to-Earth)이 된다는 사실을 이 본문은 대조적으로 보여준다. 말씀 신뢰자와 말씀 순종자에게 베푸시는 하나님의 복은 '그림의 떡'이 아니라, '내 손 안에 있는 떡'과 같다. 한마디로 '이게 웬 떡이냐'이다.

물론 여기서 '이게 웬 떡이냐'라고 할 때, 이 표현은 내가 수고하지도 않았는데 요행으로 주어진 어떤 이득을 의미하지 않는다. 하나님의 말씀을 믿고 행한 결과로서 주어진 하나님의 은혜와 복을 가리킨다.

2. 재난을 피하여 말씀 따라 이주하는 수넴 여인의 가족(1-3절)

열왕기하 8:1에 엘리사가 이전에 죽은 아들을 살려준 수넴 여인에게 한 말이 기록되어 있다.

> 너는 일어나서 네 가족과 함께 거주할 만한 곳으로 가서 거주하라 여호와께서 기근을 부르셨으니 그대로 이 땅에 칠 년 동안 임하리라(왕하 8:1).

여기서 칠 년 동안 지속될, 기근의 재앙을 하나님께서 부르셨다고 말씀한다. 여기서 '하나님께서 기근을 부르셨다'(קָרָא, 카라)라는 의미는 결국 이 기근이 "자연적으로" 발생한 자연 재앙이 아니라, 하나님의 의지와 뜻에 의해 발생된 것을 의미한다.

기근의 주체가 주권적인 하나님이다. 그리고 여기서 두 번 사용된 '거주하다'라는 동사는 "외국인/나그네로 거주하다"(to sojourn, dwell as an alien)라는 의미이다. 수넴 여인에게 해외 거주는 다른 목적을 염두에 둔 그녀의 자의적인 해외 이주가 아니라, 기근 중에 하나님에 의해서 생명과 보호를 받은 은혜의 도피처가 된 여정이었다. 일찍이 하나님의 사람 엘리사에게 그녀가 베풀었던 '세심한 배려'(왕하 4:13)에 대하여, 하나님께서 그녀에게 '세심한 은혜'를 베풀어 주셨던 것이다. 그러므로 기근을 부르심은 범죄한 이스라엘에 대한 주권적인 하나님의 심판 곧 "죽음"이라면, 그녀를 보내심은 수넴 여인의 가정을 향한 주권적인 하나님의 은혜 곧 "생명"이었다.

그렇다고 이 재앙은 바로 앞 본문 7장에 기록된, 범죄한 이스라엘에 대한 하나님의 심판으로 아람 왕의 군대가 와서 사마리아성을 포위하여 그 결과로 주어진 기근의 재앙을 의미하는 것은 아니다. 그것과는 다른 시간대에 발생한 기근의 사건이다. 왜냐하면, 본문 4절에 하나님의 사람 엘리사의 사환 게하시가 등장하여 이스라엘 왕(여호람=요람)과 대면하여 말하고 있기 때문이다.

무슨 말인가?

열왕기하 5장에 따르면, 엘리사 선지자는 나병환자 나아만을 고쳐준 결과로 '하나님의 주권적인 능력과 은혜'를 강조하기 위해서 나아만으로부터 아무런 대가를 받지 않았다. 그런데 엘리사의 사환 게하시는 고침을 받아 아람 나라로 되돌아가는 나아만에게 달려가, 여호와의 이름으로 맹세까지 하여 탐심과 거짓말로 불의의 재물을 받았던 적이 있었다. 그리고 그 재물을 집에 숨겨 두었다. 그 결과로, 모든 것을 알고 있는 선지자 엘리사에 의해 "나아만의 나병"(왕하 5:27)이 게하시에게 옮겨 "영원토록"(왕하 5:27) 그의 자손에게 미쳤다 말씀이 선언되었다. 당시 나병환자는 부정하게 여겨 공동체로부터 격리되어 생활을 해야만 했다. 그래서 이후부터 나아만은 나병으로 공동체와 격리된 삶을 살았을 것이다.

그런데 이 본문에 등장하는 게하시는 나병환자인가, 아니면 건강한 게하시인가?

그의 나병이 다시 치료되어 다시 등장한 것 같지는 않다. 왜냐하면, 하나님의 징계로 게하시에게 발생한 나병은 영원한 것이라고 말씀했기 때문이다.

그렇다면 이 본문에 건강한 게하시의 등장을 어떻게 이해해야 하는가?

동명이인인가?

본문을 자세히 관찰하면, 이 본문은 시간적으로 일어난 순서로 배치된 것이 아니다. 이 본문의 위치를 시간적으로 재배치한다면, 열왕기하 4:37과 4:38 사이에 일어난 것으로 보아야 한다.[1]

왜냐하면, 여기에는 세 가지 이유가 있다.

첫째, 이 본문 1절에서 "엘리사가 이전에 아들을 다시 살려준 여인에게 이르되"라고 말하는 것을 보면, 이 본문은 4:8-37에 기록된 수넴 여인의 죽은 아이를 다시 살린 사건 이후의 내용이어야만 한다.

둘째, 열왕기하 4:38에 "흉년이 들었는데"라는 표현과 이 본문과 조화를 이루기 때문이다.

셋째, 이 본문 8장의 내용은 적어도 5장에 등장하는 게하시가 징벌을 받아 영원한 나병환자가 된(왕하 5:27), 나아만의 나병 치유 사건 본문 이전의 건강한 게하시이어야만 하기 때문이다.

이러한 세 가지 조건들을 충족 시킬 때, 이 본문을 가장 적합한 시간적 순서로 문맥을 재구성한다면, 그것은 열왕기하 4:37과 4:38 사이에 위치하는 것이 적당할 것이다.

---

1 C. F. Keil, *1 and 2 Kings, 1 and 2 Chronicles*, 236: 그런데도 이 본문은 왕하 4:37과 4:38 사이에 올 수 없었다. 왜냐하면, 왕하 4:38-44의 사건들이 "그 땅에 흉년이 들었는데"(4:38)라는 시간에 포함(여전히 흉년 중)되기 때문이다. 그래서 왕하 8:1-6에 있는 "칠 년 동안의 기근"의 사건은 이스라엘 왕 여호람의 통치 중반에 발생했으며, 왕하 5장의 나아만 나병 치료 사건 이전의 사건이다.

그렇다면 이 본문이 시간의 순서대로 배치되어 있지 않은 이유가 무엇일까? 본문의 저자가 기록하면서 정신이 복잡하여 실수로 그렇게 한 것일까? 본문의 저자는 왜 오늘 우리가 가진 성경의 본문의 방식대로 시간적으로 뒤죽박죽 하도록 본문의 위치를 정한 것일까?

이 질문은 본문의 저자의 의도가 어디에 있는 것인가?

이런 질문을 하는 것과 같은 것이다. 우리가 성경을 읽을 때, 원저자이신 하나님의 의도와 성령의 영감을 받아서 기록한 인간 저자의 의도가 무엇인지를 생각하면서 성경을 읽으면, 성경 본문의 의미를 파악하는 데 매우 큰 도움을 받을 수 있다.

그렇다면 열왕기하를 이렇게 기록한 저자의 의도가 무엇인가?

저자의 의도는 7장의 문맥과 8장의 본문과의 '날카로운 대조'를 보여 주기 위함이다. 즉 7장에서 이스라엘 왕의 한 장관이 엘리사를 통해 주신 하나님의 말씀을 경시하고 불신하여 하나님의 긍휼과 회복의 은혜와 축복이 '그림의 떡'이 되어버렸다. 그는 결국 죽음으로 왕의 곁을 떠났다. 이와 대조적으로, 열왕기하 8:1-6의 본문은 하나님의 사람 엘리사를 통해 주신 하나님의 말씀을 중히 여기고 신뢰하고 순종한 한 사람과 그 결과를 보여 준다. 그 사람은 회복을 위해 지금 왕에게로 나아온다. 그러므로 하나님의 말씀에 대한 두 가지 상이한 태도와 그 결말을 7장과 8장의 본문은 예리한 대조를 통해 저자는 중요한 메시지와 교훈을 보여 주고자 하는 것이다.

7장에 등장한 사람이 왕의 한 장관이었다면, 8장의 이 본문에 등장하는 그 사람은 누구인가?

그는 한 여인이다. 그 여인은 바로 엘리사가 죽은 아이를 다시 살려준 사건에서 그 살아난 아이의 어머니인 수넴 여인이다(왕하 4:8-37). 하나님의 긍휼을 입은 수넴 여인은 엘리사로부터 미래의 삶에 대한 약속의 말씀을 통해 도움을 받았다. 하나님께서 기근의 재앙을 내리셨는데, 앞으로 7년 동안 계속될 것이라는 것을 들었다.

이 하나님의 말씀에 대한 수넴 여인의 반응이 무엇인가?

그녀는 말씀에 대해 어떠한 태도와 행동을 보였는가?

본문 2절에 수넴 여인은 다음과 같이 기록하고 있다.

일어나서 하나님의 사람의 말대로 행하여(왕하 8:2).

수넴 여인은 그녀의 가족과 함께 블레셋 사람의 땅으로 가서 7년간을 우거했다. 아마 이 기간에 남편을 여의고 과부가 된 듯하다. 여기서 수넴 여인이 블레셋 땅으로 간 것은 기근 중에 피할 곳으로서 당시에 아주 자연스런 지리적인 장소인 것 같다. 왜냐하면, 창세기 26:1에서 아브라함 때에 첫 흉년이 들었을 때, 이삭이 그랄로 가서 블레셋 왕 아비멜렉에게로 갔던 적이 있다. 이로 보아 가나안에 흉년이나 기근이 발생하면 블레셋 땅은 자연스런 도피처로 생각되었던 것이다. 가나안 땅에 기근으로 농작물이 흉년이 들면, 지중해 해변 국가인 블레셋은 기후의 차이가 있고 또한 해산물 양식이 가능하기 때문일 것이다.

수넴 여인은 하나님의 말씀대로 블레셋에서 7년간의 타국 생활을 마치고 하나님의 말씀대로 기근이 끝난 것으로 믿고 그녀는 고향으로 되돌아왔다. 블레셋을 향하여 고향을 떠난 것도 엘리사를 통해 주신 말씀 때문이었다. 그리고 블레셋을 떠나서 고향으로 되돌아온 것도 엘리사를 통해 주신 하나님의 말씀에 대한 순종이었다. 그런데 7년 만에 고향으로 돌아와보니, 그녀의 집과 전토를 다른 사람이 차지하고 있었다. 이러한 부동산 회복의 문제를 해결하기 위해 수넴 여인은 왕에게 찾아가서 호소를 한다.

열왕기하 4장에서, 엘리사가 수넴 지역을 지날 때마다 "한 귀한 여인"(왕하 4:8)이라는 호칭으로 표현되었던 수넴 여인은 엘리사를 청하여 음식을 대접했던 적이 있다. 그뿐만 아니라, 자기 남편과 의논하여 자기 집 옥상에 작은 방을 만들고 침상과 책상과 의자와 촛대를 두어 엘리사를 위한 편의를 제공했던 적이 있다. 그때 엘리사는 그녀의 배려가 세심하고 고마워서 다음과 물어보았던 적이 있다.

내가 너를 위하여 무엇을 하랴 왕에게나 사령관에게 무슨 구할 것이 있느냐(왕하 4:13).

수넴 여인이 고향에서 풍족하게 살 때는 왕의 도움이 필요하지 않다고 완곡하게 엘리사에게 거절의 대답을 한 적이 있다.

그런데 지금, 수넴 여인은 엘리사의 도움을 받아 지난 7년간의 기근의 재앙을 피하여 블레셋에 이주했다가 7년 후에 다시 귀가하여 왕의 도움이 필요하게 되었다. 그래서 수넴 여인의 이 상황은 자신의 재산권에 관한 소송의 문제로 발전하여 당시 최고 재판관이었던 왕에게 도움을 요청하기로 한 것이다.

3. 게하시를 미리 보내어 준비하는 엘리사(4-5절)

한편 본문 4절에 의하면, 바로 그때, 하나님의 사람 엘리사의 사환 게하시가 이스라엘 왕과 만나서 이야기를 나누고 있었다. 물론 엘리사 선지자가 그의 사환 게하시를 어떤 목적 때문에 왕에게 보내었을 것이다. 열왕기하 3장에서 이스라엘 왕은 이스라엘 왕과 에돔 왕과 연합하여 모압과의 전쟁을 할 때, 엘리사의 도움을 받은 적이 있다.

당시에 엘리사는 유다 왕 여호사밧의 얼굴이 아니면, 이스라엘 왕을 만나주지 않았을 것이라고 말한 적이 있다. 이스라엘 왕이 그의 아버지 아합 이래로 우상 숭배의 죄를 범하고 있기 때문이었다. 그래서 엘리사가 직접 왕에게 가지 않고 게하시를 보내었을 것이다.

그런데 엘리사가 게하시를 이스라엘 왕에게 보낸 이유가 무엇일까? 엘리사가 예언한 대로 수넴 여인이 기근 7년의 세월이 지났기 때문에, 그녀가 고향으로 되돌아올 것을 알고 있었다. 그리고 그녀의 재산권 때문에 왕에게 찾아갈 것을 엘리사는 미리 알고 있었던 것 같다. 이것은 선지자 엘리사에게 있었던 보편적인 예지적 능력이다. 그래서 이번에도 그녀를 돕기 위해서 엘리사는 그의 사환 게하시를 왕에게 미리 보내어 왕에게 말하도록 했던 것이다. 그래서 지금 이스라엘 왕과 게하시는 함께 대화 중이었다.

그 대화 중에 왕은 엘리사의 사환 게하시에게 다음과 같이 말했다.

너는 엘리사가 행한 모든 큰일을 내게 설명하라(왕하 8:4).

이스라엘 왕은 모압과의 전쟁 후에 엘리사의 능력에 대한 비상한 관심을 가졌던 것 같다. 엘리사는 그간 가난한 과부의 빈 기름병을 채우는 기적을 행하였다(행 4:1-7). 불임의 상황에 있는 수넴 여인에게 출산의 기적을 행하였다(왕하 4:16-17). 그리고 그 아이가 병들어 죽었는데 엘리사가 다시 살리는 기적을 행하였다(왕하 4:34-35).

엘리사가 행한 '모든 큰일'을 말하라고 하는 여호람 왕에게, 게하시는 그간 엘리사가 행한 기적들을 왕에게 일일이 상세하게 말했을 것이다. 그리고 마지막으로 수넴 여인의 죽은 아이가 다시 살아나는 기적에 관해서도 이야기 했을 것이다. 바로 그때, 수넴 여인은 자신의 집과 전토를 되찾기 위해 왕에게 호소하기 위해 왔다. 그러므로 이것은 전적으로 수넴 여인을 위한 하나님의 준비하심이었다. 하나님의 사람 엘리사는 수넴 여인을 다시 돕기 위해서 그의 사환 게하시를 왕에게 보냈던 것이다(cf. 시 119:46).

게하시가 가만 지켜보니, 수넴 여인이 왕에게 와서 자신의 안타까운 상황을 왕에게 호소하는 것이었다. 바로 그때, 게하시는 왕에게 "이 여인이 바로 엘리사가 죽은 아이를 다시 살린 그 아이의 어머니라"(cf. 왕하8:5)라고 말했다. 아마 수넴 여인은 당시에 늙었던 남편은 사망하고 미망인이 되어 자기 아들과 함께 왔던 것 같다. 그래서 게하시는 5절 하반절에 다음과 같이 말했다.

> 내 주 왕이여 이는 그 여인이요 저는 그의 아들이니 곧 엘리사가 다시 살린 자니이다(왕하 8:5).

절묘한 타이밍이 아닐 수 없다. 하나님의 세심한 배려의 은혜가 그녀를 향하고 있었던 것이다.

4. 수넴 여인의 회복을 위하여 임명된 한 관리(6절)

이때, 왕의 마음에 감동이 일어났던 것 같다. 본문 6절에 왕은 게하시가 말한 그녀가 맞는지 확인 질문을 했다. 그리고 그녀의 억울한 상황을 다 듣고 해결책을 제시했다. 왕은 이 사건의 해결을 위해 "한 관리를 임명하여" 이 문제를 신속하고 성의 있게 처리되도록 지시했다. 파격적인 조치가 아닐 수 없다. 그 관리에게 다음과 같이 명령했다.

> 이 여인에게 속한 모든 것과 이 땅에서 떠날 때부터 이제까지 그[녀]의 밭의 소출을 다 돌려 주라 (왕하 8:6).

이것은 더 파격적인 조치다. 왜냐하면, 그녀의 집과 전토만 돌려달라는 것이 수넴 여인의 민원 사항이었지만, 왕의 조치는 수넴 여인의 지난 7년간의 부재중의 소출까지도 돌려주라는 매우 놀랄만한 조치의 명령이 주어진다.

그런데 이 본문에 하나님의 사람 엘리사 선지자가 직접 왕에게 말하지 않았다. 엘리사는 가지도 않았다. 단지 보냄을 받은 게하시만 왕을 만나서 이야기 했다.

게하시가 무슨 이야기를 왕에게 했는가?

그것은 엘리사 선지자를 통해 나타난 하나님의 일하심을 이야기했다. 왕은 게하시에게 다음과 같이 말했다.

> 너는 엘리사가 행한 모든 큰일을 내게 설명하라 (왕하 8:4).

다음과 같이 기록하고 있다.

> [게하시는] 엘리사가 죽은 자를 다시 살린 일을 왕에게 이야기 할 때에 (왕하 8:5).

바로 그때, 수넴 여인이 왕 앞으로 와서 자신의 잃어버린 집과 전토를 회복하기 위해서 왕에게 호소하려고 하는 것이다. 이것은 하나님의 세심한 준비하심과 일하심의 결과다. 그리고 이스라엘 왕과 엘리사 사이는 그렇게 좋은 관계도 아니다.

그런데 어째서 왕은 수넴 여인의 재판 건에 이토록 파격적인 조치를 취해 준 것일까?

무엇을 할 때 이런 일이 일어났는가?

그것은 바로 엘리사가 죽은 자를 다시 살린 하나님의 "큰일"을 왕에게 이야기 할 때 일어난 결과이다. 복음을 전파하는 것도 이와 같다.

게하시와 대화하는 이스라엘 왕처럼, 우리는 직접적으로 예수님을 만난 적이 없다. 그런데 우리는 나의 죄를 위해 죽으시고 다시 살아나신 하나님의 독생자에 대한 이야기를 들었을 때, 성령의 능력으로 감동되어 잃어버린 하나님의 형상의 영광과 생명을 회복하게 된 것이다. 죄로 인하여 하나님의 품을 떠났다가 우리를 위해 하나님께서 보내신 복음의 일꾼을 통해, '그리스도의 죽으심과 부활하심의 복음을 들을 때' 변화가 일어난 줄 믿는다.

우리도 주님의 보내심을 받아서 주님의 부활의 복음을 말할 때에, 또 다른 사람도 생명 얻는 역사가 일어날 줄 믿는다. 이것이 말씀의 능력이다. 하나님께서 하신 일을 말하는 것이 복음이며 전도다. 하나님께서 행하신 일을 말하는 것이 전도와 선교의 핵심이다. 우리는 하나님께서 예수 그리스도를 통하여 나를 위해 행하신 큰일을 말하는 자로 살아야 한다.

그런데 누가 수넴 여인의 집과 전토를 빼앗아 갔는지는 우리는 잘 모른다. 두 가지 가능성이 있다.

첫째, 다른 어떤 사람이 취한 것이다.
둘째, 이스라엘 왕이 취했을 수도 있다.

왜냐하면, 이와 비슷한 사건이 열왕기상 21장에 엘리야 때에 발생한 적이 있었다. 엘리야 때에, 당시 이스라엘 왕 아합(현 이스라엘 왕 여호람의 아버지)은 당시 아름답고 가치 있는 나봇의 포도원을 빼앗기 위해 그 포도원 주인인 나봇이라는 사람을 불량자를 동원하여 억울하게 누명을 씌워 돌로 쳐 죽이고 그의 포도원을 빼앗은 적이 있다. 어쨌든 누가 수넴 여인의 집과 전토를 수탈해갔는지 성경은 침묵을 지키고 있다.

하지만 분명한 것은 수넴 여인의 자초지종을 들은 왕은 한 관리를 세워서 그녀의 모든 재산을 돌려줄 것을 명령했다는 점이다. 그래서 수넴 여인의 이 재산권 회복에 대한 이 소송 건이 하나님의 은혜로 잘 해결된 것이다.

이 본문에서 한 가지 매우 흥미로운 사실을 발견하기 위해서, 우리는 이 소송 건이 어떤 방식 안에서 해결되는지에 대하여 다시 주목할 필요가 있다. 보냄을 받은 게하시가 하나님께서 엘리사를 통해 하신 '큰일'을 이야기 할 때 문제가 해결되었다. 이것은 게하시가 하나님의 행하신 일, 특히 수넴 여인의 죽은 아들이 다시 살아난 이야기를 할 때 일어난 일이다. 이것은 수넴 여인을 위하여 예비된, 게하시를 통한 "말씀의 현재적 능력과 은혜"라고 할 수 있다. 이것은 동시에 수넴 여인의 관점에서 볼 때, 수넴 여인의 "말씀의 과거적 순종의 은혜"라는 것도 함께 기억할 필요가 있다. 그녀는 말씀을 따라 떠났으며, 말씀을 따라 돌아왔다.

수넴 여인의 영적인 캐릭터는 이미 본문 4장에 잘 나타난다.

하지만 이 본문은 무엇이라고 말하는가?

먼저 그녀는 "여호와께서 기근을 7년 동안 부르셨다"(2절)라는 말씀에 그녀의 집과 전토를 버려두고 블레셋으로 갔다. 그녀의 이 행위에 대하여, "하나님의 사람의 말대로 행하여 그녀의 가족과 함께 가서"(2절)라고 분명하게 말씀한다. 기근이 7년 동안이라는 말씀대로 그녀는 가족과 함께 7년을 블레셋 땅에서 우거했다. 그리고 7년이 지나서, 다시 말씀에 의지하여 고향으로 돌아왔다(3절). 7년이라는 표현이 3회(1, 2, 3절) 등장한다. 이주 가기 전에 7년이 정해졌다. 이주 기간으로 7년을 보냈다. 7년이 지나서 돌아왔다. 이 7년이라는 표현은 하나님의 사람 엘리사에 의해 정해진 기간이다.

"7년"은 하나님의 시간이다. 하나님의 뜻이 이루어지는 완벽한 기간이다. 수넴 여인은 7년간의 이주 기간을 출발할 때도 말씀을 따라갔다. 블레셋에서 7년을 보낸 것도 말씀이 정한 기간이었기에 그 기간을 다 채웠다. 그리고 말씀이 7년이라고 했기에 7년 후에 다시 되돌아왔다. 그녀의 이주 전, 이주 기간, 그리고 재 이주는 모두 말씀 따라 움직인 "말씀에 대한 믿음과 순종의 여정"이었다.

말씀을 순종하고 말씀을 행하는 그녀에게 하나님의 준비하신 은총이 무엇이었는가?

앞서 언급한 대로, 하나님은 게하시를 먼저 보내어서 준비시켜 주셨다. 그리고 왕은 이 문제를 위해 전담 관리를 임명하는 파격적인 조치를 취했다. 그리고 집과 전토를 회복할 뿐만 아니라, 지난 7년간 부재 기간 동안의 밭의 소출까지 챙겨주었다. "7년"과 관련된 모세 율법에 따르면, 7년은 면제년 또는 안식년으로 언급되어 있다(출 21:2-3; 신 15:1). 빚을 진 자에게 7년째는 모든 빚을 면제해 주어야 한다. 그래서 7년째를 면제년 또는 안식년으로 부른다.

7년 기근 후에, 다시 돌아와 모든 것을 회복한 수넴 여인처럼, 우리에게 십자가와 부활 사건은 7년마다 오는 면제년 또는 안식년에 대한 율법을 온전한 의미에서 성취해준 사건이다. 우리는 예수님을 통해서 죄가 대속된 자이며, 죄로부터 자유와 안식 그리고 하늘의 유업의 회복을 보장받아 누리는 자가 된 것이다.

그리스도 안에 있는 우리가 과거에 무엇을 결정했을 때, 만약 그때, 우리에게 주신 하나님의 말씀과 그 원리대로 사심 없이 믿고 순종하여 어떤 것을 결정했다면, 그것은 우리에게 큰 복이 되는 줄 믿는다. 비록 일시적으로 현재 어렵고 힘든 일들이 있을지라도, 말씀대로 순종한 삶, 말씀대로 믿고 행한 삶은 우리에게 영적인 재산이 되는 줄 믿는다.

만약 우리 자신이 하나님의 말씀대로 믿고 행해왔다면, 그리고 그 말씀에 의지하여 순종해왔다면, 현재의 다양한 어려움과 불편함 속에서도 우리는 평안과 위로를 누릴 수 있다. 아니 누려야 한다. 왜냐하면, 말씀대로 믿고 순종한 자에게 주께서 무관심하지 않으실 것이기 때문이다. 현세에 갚아 주시지 않는다면, 내세에서 주께서 잊어버리지 않으시고 반드시 기억된 바 되어서, 말씀 신뢰자, 말씀 순종자에게 큰 상급으로 오는 줄 믿는다. 시편 119:72에서 시인은 다음과 같이 고백한다.

> 주의 입의 법이 내게는 천천 금은보다 좋으니이다(시 119:72).

또 다른 관점에서, 수넴 여인의 삶은 이스라엘의 미래 구원 역사와 우리의 구원 역사를 보여 주는 그림자가 된다. 이 본문에서 수넴 여인은 기근의 재앙으로 고향을 떠났다. 타국에서 나그네 생활을 했다. 그 기간 동안 하나님의 보호를 받았다.

재앙 가운데 은혜로 살아남은 자(a remnant)이다. 심판의 기근의 재앙 가운데 구원받은 자이다. 그리고 다시 7년의 시간이 지나서 고향 땅으로 되돌아왔다. 되돌아와서 그녀의 집과 전답을 회복했다. 그뿐만 아니라, 지난 7년간의 소출까지 회복했다. '온전한 회복'을 의미한다. 수넴 여인의 이 온전한 회복의 사건은 문맥적으로 그리고 역사적으로 이스라엘과 유다의 운명을 보여 주는 그림자 역할과 기능을 한다. 먼저 이 사건은 두 왕국의 황폐함이 이미 시작되었다는 것을 보여 주는 그림자 역할을 한다.

이어지는 열왕기하 본문 안에서 북이스라엘과 남유다의 범죄로 말미암아 포로 생활의 징계의 시간이 다가오고 있다. 죄악의 결과로 하나님의 징계는 포로 생활로 이어진다. 하지만 진노 가운데 긍휼을 베푸셔서 '남은 자들(the Remnant)'이 약 70년 후에 다시 포로에서 귀환하여 고국의 집과 전답을 회복할 것이다. 차이점이 있다면, 수넴 여인은 말씀에 대한 믿음과 순종으로 '남은 자'의 구원의 은혜를 받았다면, 이스라엘과 유다가 남은 자가 되어 구원받은 것은 전적인 하나님의 언약에 신실하신 은혜 때문이었다.

하나님의 백성의 궁극적 회복은 예수 그리스도께서 우리 대신 죄악의 포로가 되시고 죽으심(포로)과 부활하심(귀환)을 통해 영원한 언약의 저주와 사망으로부터 구별되어 '남은 자'가 되었다. 아담 한 사람의 범죄로 온 인류가 죽었었는데, 그리스도 한 분의 순종하심 때문에, 이제 우리가 멸망되지 않고 하나님의 영원한 임재 앞에 살아갈 수 있는 '거룩한 남은 자'가 되었다. 구원받은 성도는 남은 여생을 지상에서 살면서, 직면하는 여러 종류의 시련과 고난 가운데서조차 멸망치 않고 '남은 자'로 보존해 주실 것을 믿으며 사는 자이다.

5. 결론 및 적용

한 남자와 한 여자의 말씀에 대한 두 가지 상이한 태도와 그 결말을 열왕기하 7장과 8장은 예리한 문맥적 대조를 통해 보여 주고 있다. '여호와께서 하늘에 창을 내신들 어찌 그런 일이 일어날 수 있는가'라고 말하는 말씀의 경시자, 말씀의 불신자, 말씀의 불순종자에게 하나님의 긍휼과 회복의 은혜는 그림의 떡이었다. 자신도 죽음이었다.

반대로 말씀의 신뢰자, 말씀의 순종자에게 파격적인 하나님의 은혜와 복이 그림의 떡이 아니라, 실상의 떡이 되었다. 자신의 집과 전답을 회복할 뿐만 아니라, 지난 과거 7년간의 소출까지 덤으로 받았다. 온전한 회복을 통해 생명의 풍성함을 보여 준다. 그녀는 은혜로 보존되고 돌아온 진정한 "남은 자"가 되었다.

엘리사가 수넴 여인의 죽은 아들을 살린 이야기를 했을 때(story telling), 왕을 통해 수넴 여인의 문제 해결의 역사가 일어난 것처럼, 보냄을 받은 누군가가 우리에게 하나님께서 나의 죄를 위해 죽으신 독생자 예수님을 다시 살리신 이야기를 들려줄 때(gospel telling), 우리가 하나님의 긍휼과 생명과 영광을 회복한 자가 되었다.

  이 복음의 말씀을 통해, 사망에서 생명으로 옮긴 바 되고 주님의 보냄을 받은 자가 된 우리가 또 다른 사람들에게 하나님의 행하신 큰일 곧 죽었다가 다시 사신 그리스도를 말하게 될 때(gospel telling), 새 생명의 역사가 일어나는 줄 믿는다.

♣ 개인 묵상과 소그룹 성경 공부를 위한 토론 질문 ♣

1. '여호와께서 하늘에 창을 내신들 어찌 그런 일이 일어날 수 있는가' 라고 말하는 말씀의 경시자, 말씀의 불신자, 말씀의 불순종자에게 하나님의 긍휼과 회복의 은혜는 그림의 떡이었다. 자신도 죽음이었다. 나에게 말씀을 가볍게 여기는 생각과 행동과 습관은 무엇인가?

2. 하나님께서 말씀을 믿고 순종할 때, 나를 위해 준비하시고 "특혜"(특별한 은혜)를 베풀어주신 일을 경험하였다면 말해 보라.

제24장
눈물을 머금은 선지자

> Topic : 엘리야-엘리사 내러티브(24)
> Text : 열왕기하 8:7-15
> Title : 눈물을 머금은 선지자
> Theme : 하나님의 주권적인 뜻 안에서 언약 백성의 미래에 대하여 눈물을 머금은 순종은 예수님의 눈물이다.

1. 서론 및 문맥

열왕기하 8장의 시작 문맥(1-6절)은 수넴 여인이 과부가 되어 그의 아들과 함께 블레셋에서 7년을 거주하다가 이스라엘로 되돌아와서 엘리사의 도움으로 그녀의 모든 부동산과 재산을 회복하는 내용을 포함했다. 7년 전에 기근이 임하여 하나님의 사람 엘리사를 통해 주신 말씀대로 이주했다가, 다시 돌아온 여정이 자의에 의한 것이 아니라, 말씀에 순종한 여정임을 강조했다. 이때 관련된 당시의 이스라엘 왕이 여호람 또는 요람(852-841 B.C.)이었다.

그리고 이어진 열왕기하 9장의 시작(1-10절)은 님시의 손자 여호사밧의 아들 예후(군대 장관)가 현직 유다의 왕인 요람/여호람을 이어서 이스라엘의 왕이 될 것이라는 사실을 엘리사 선지자의 제자를 통해 알리고 기름을 붓고 여호와의 신탁을 전하는 기사가 연결된다.

이러한 8장과 9장의 이스라엘의 현직 왕과 후임 왕에 대한 내용을 기록한 두 본문 사이에, 이스라엘의 적국인 아람 왕 벤하닷(2세)과 하사엘의 기사가 놓여있으며(8:7-15), 그리고 남왕국 유다 왕 여호사밧과 그를 이은 요람/

여호람[1](8:16-24)과 여호람의 아들 아하시야의 기사(8:25-29)가 8장의 마지막 문맥을 형성한다. 즉 "**이스라엘의 왕조 역사**(왕하 8:1-6)-아람 왕조(왕하 8:7-15)-유다 왕조(왕하 8:16-24, 25-29)-**이스라엘의 왕조 역사**(왕하 9:1-10)"의 순서로 내러티브가 전개된다(inclusio). 즉 이스라엘을 배경으로 하는 두 본문 사이에, 두 개의 다른 나라의 왕조 역사인 아람 왕조와 유다 왕조의 역사가 기록되어 있다.

이러한 문맥적 구성의 이유가 무엇인가?

그것은 북이스라엘에서 사역하는 엘리사 선지자를 통해서, 다른 나라의 두 왕조인 아람 나라와 유다 왕국에 하나님께서 어떤 하실 일이 있다는 것을 암시하고 있다. 또 다른 관점에서, 타락한 이스라엘 왕조가 주변 유다 왕조에 악한 영향을 끼치는 측면을 보여 주려는 의도도 포함한다.

먼저, 이러한 문맥적 구성 안에서 첫 번째 외국 왕조 역사로서 아람 나라에 대한 하나님의 주권적인 역사가 이 본문에서 시작되고 있다. 그래서 열왕기하 8:7-15의 본문은 현직 아람 왕으로서 질병 가운데 있는 벤하닷(2세)과 그의 신하로서 벤하닷을 이어서 아람 왕이 될 하사엘이 등장하는 내러티브이다.[2]

표 30. 아람의 왕들의 연대기(3)

왕	통치 연대	관계	성경 구절
헤시온 (Hezion, 르손, Rezon)	940-915 B.C.	엘리아다의 아들	왕상 11:23-25; 15:18
다브림몬(Tabrimmon): cf. 나아만 "림몬의 신당" (왕하 5:18)	915-900 B.C.	헤시온의 손자 다브림몬의 아들 벤하닷	왕상 15:18
벤하닷 1세(Ben-Hadad I)	900-860 B.C.	헤시온의 '증'손자	왕상 15:18, 20
벤하닷 2세(Ben-Hadad II) cf. 나아만 나병 치유 사건 (845 B.C.)	860-841 B.C.	벤하닷 1세의 아들	왕상 20장; 왕하 6:24; 8:7-15

---

1   유다 왕 여호사밧의 아들 여호람/요람 왕(854-841 B.C.)과 이스라엘 왕 아합의 아들 요람/여호람 왕(852-841 B.C.)은 동명이인이다.
2   본 연구에서 필자가 아람(시리아)의 왕들의 연대기를 3회 도표를 사용하는데(내용 차이 있음), 통치 연도에 대하여는 Walter C. Kaiser Jr. and Paul D. Wegner, *A History of Israel*, 462의 연도를 따랐다.

왕	통치 연대	관계	성경 구절
하사엘(Hazael)	841-806 B.C.	벤하닷 2세의 신하로서 벤하닷 2세를 살해 후 즉위	왕상 19:15, 17; 왕하 8:7-15; 9:14-15; 10:32; 12:17-18; 13:3, 22-25
벤하닷 3세(Ben-Hadad III)	806-770 B.C.	하사엘의 아들	왕하 13:3, 24, 25
?	770-750 B.C.		
르신(Rezin)	750-732 B.C.		왕하 15:37; 16:5-6, 9; 사 7:1, 4, 8; 8:6; 9:11
아람의 동맹	734 B.C.	르신은 이스라엘과 동맹하여 유다 왕 아하스를 친다	사 7:1; cf. 대하 28:16-21
아람의 멸망	732 B.C.	앗수르 왕 티글랏 빌레셀 3세(Tiglath Pileser III)가 아람 왕 르신을 제거하여 앗수르에 복속된다	왕하 16:9; 암 1:3-5

2. 하나님의 섭리와 통치

이 내러티브 본문은 선지자 엘리사가 아람(시리아)의 수도인 다메섹에 방문했을 때의 일이라는 것을 내레이터가 기술한다(7절). 문맥이 발전되기까지는 일단 본문 7절이 엘리사의 다메섹 방문과 벤하닷의 질병이 서로 무관한 것 같이 우연적인 것으로 기술한다. 현직 아람 왕 벤하닷(2세)은 현재 투병 중이다. 그는 이미 '하나님의 사람' 엘리사에 대한 정보를 아는 자로 본문에 등장한다.

아마도 그럴 것이, 그의 '큰 용사'(왕하 5:1)로서 아람 나라에 전승을 여러 번 안겼으며, 아람 왕이 총애한 군대 장관이었던 나아만이 자신의 나병을 치료하기 위해 이스라엘을 방문하고자 했을 때, 나아만의 이스라엘 방문을 허락하면서 직접 이스라엘 왕에게 친서까지 작성해 주고 후원했던 자이다(왕하 5:5).

그리고 나아만의 나병이 치료된 후에 아람으로 귀국했을 때, 아람 왕 벤하닷은 나아만이 어떤 방식으로 그리고 누구를 통해 치료되었는지를 상세하게 물었을 것이고 나아만은 자신을 총애했던 아람 왕 벤하닷에게 감사의 인사를 전하면서, 나아만 자신의 나병 치유 과정에 대하여 이스라엘에서 있었던 전말을 다 보고했을 것이다.

나아만을 통해서 엘리사에 대한 이런 간접적인 보고뿐만 아니라, 벤하닷 왕은 직접 엘리사 체포 작전을 주재했던 적이 있었다(왕하 6:8-13). 아람 왕의 침실에서 한 작전조차도 엘리사라는 하나님의 사람이 이스라엘 왕에게 알려서 방비한 지가 한두 번이 아니라는 사실도 알고, 엘리사 체포 작전에 직접 관여한 자였다. 그때 게하시와 아람 군사들의 눈을 열고 닫게 한, 엘리사에 대한 유명한 일화가 있다.

엘리사를 체포하기 위해 포위한 아람 군대를 보고 깜짝 놀란 게하시를 위해, 엘리사가 기도함으로 그의 눈이 열려 '불말과 불병거'(왕하 6:17)가 산에 가득하여 엘리사를 둘렀던 장면을 보았다. 그리고 아람 군사들의 눈을 닫아서 보지 못하는 자들로 만들어서 포로 상태로 이스라엘 왕 앞으로 데려왔다.

이스라엘 왕 앞에서 다시 아람 군사들의 닫힌 눈을 열어서 보게 했다. 그들을 위해 이스라엘 왕이 많은 음식을 베풀고 아람 왕에게로 다시 되돌려 보냈다. 이로부터 아람 군대는 다시는 이스라엘 땅에 침범하지 못했다(왕하 6:23)는 기사도 있었다. 이때의 아람 왕이 바로 벤하닷 2세였고, 이때의 이스라엘 왕은 오므리 왕조의 마지막 왕이었던 요람/여호람이었다.

이런 사실을 감안할 때, 현재의 아람 왕 벤하닷(2세)은 하나님의 사람 엘리사에 대하여 너무나도 잘 알고 있는 자라고 할 수 있다. 엘리사라면, 현재 자신이 앓고 있는 병이 죽을 병인지 치유될 수 있는 병인지, 자신의 모든 미래 운명을 밝히 말해 줄 수 있는 자로 판단한 것이다. 어쩌면 엘리사가 아람 나라 다메섹으로 방문한 것이 그의 초청에 의한 것이었는지도 모른다(본문은 우연같이 말할지라도). 어쨌든 엘리사의 방문은 하나님의 섭리와 통치 안에서 일어난 일이라고 할 수 있다.

왜 그런가?

이것은 일찍이 엘리야 선지자가 호렙산에서 하나님의 세미한 음성을 들은 그 소명의 말씀의 내용과 관련이 있다. 여기서 당시 호렙산에서 여호와 하나님으로부터 엘리야가 받은 3대 소명이 무엇인지 다시 확인할 필요가 있다. 열왕기상 19:15-16에 기록된 소명의 내용들은 다음과 같다.

첫째, '하사엘에게 기름을 부어' 아람의 왕이 되게 하는 것(왕상 19:15)이었다.

둘째, '예후에게 기름을 부어' 이스라엘의 왕이 되게 하는 것이었다.
셋째, '엘리사에게 기름을 부어' 자신을 대신할 선지자가 되게 하는 것이었다.

호렙산에서 주셨던 이 세 가지 기름 부음과 관련된 소명 사건은 엘리야에게 주신 것이었지만, 문자적으로 엘리야에게 그대로 성취된 것은 하나도 없다. 이 가운데 하사엘에게 기름을 부어 아람 왕이 되게 하는 사건과 예후에게 기름을 부어 이스라엘 왕이 되게 하는 사건은 엘리야의 승천 이후, 엘리사의 사역 기간에 이루어진 일이다. 그것도 문자적으로, 엘리야나 엘리사를 통해서 직접적인 기름 부음은 아니다. 하사엘이 아람의 왕이 되는 과정은 기름 부음이 아니고 엘리사가 하나님의 신탁을 전달하는 방식으로 성취된다(왕하 8:10). 그리고 예후가 이스라엘의 왕이 되는 과정은 엘리사가 보낸 한 제자에 의해서 기름 부음을 받는다(왕하 9:1-10).

그런데도 북이스라엘의 선지자 엘리사가 아람 나라의 수도인 다메섹을 방문하는 것은 엘리야의 소명의 말씀을 성취하는 것과 긴밀하게 연관되어 있다. 왜냐하면, 이 본문에 등장하는 하사엘이라는 사람이 바로 엘리야의 소명 사건에서 언급된 이름이기 때문이다. 세상 나라와 이스라엘에 대한 하나님의 주권적 통치의 일환이라는 것을 이어진 문맥은 증거한다.

1) 아람 나라의 왕권에 대한 하나님의 섭리와 통치 (8-10, 13-15절)

마침내 벤하닷은 하나님의 사람이 다메섹에 도착했다는 보고를 받는다(7절). 엘리사의 방문 사건이 벤하닷 자신에게는 하나의 기회라고 여겼을 것이다. 자신의 질병뿐만 아니라, 자신과 나라의 미래 운명을 알아볼 수 있는 적절한 때가 왔다고 판단했을 것이다. 엘리사의 다메섹 방문과 벤하닷의 질병은 마치 "운명의 장난"처럼 깊은 연관성이 있다. 그래서 아람 왕은 자신이 총애하는 신하 하사엘에게 예물을 가지고 가서 하나님의 사람을 영접하라 명령한다(8절).

그리고 과거에 자신이 총애했던 나아만, 그의 나병 치유를 위해 이스라엘 왕에게 친서를 써 준 것처럼, 이제는 자신의 질병으로 자신이 다음과 같은 요청을 하사엘을 통해 엘리사에게 전하도록 명령한다.

> 이 병에서 살아나겠는지 그를 통하여 여호와께 물으라(왕하 8:8).

이 동일한 질문은 오므리 왕조(885–841 B.C. 44년간 통치)의 세 번째 왕이며, 현재 이스라엘 왕인 요람/여호람 왕(852–841 B.C.)의 직전 왕이었던 아하시야 왕(853–852 B.C.)이 자신의 집 다락 난간에서 낙상하여 투병할 때, 자신의 신하를 에그론의 신 바알세붑에게 보내어 명령한 다음과 같은 표현과 거의 비슷하다.

> 이 병이 낫겠나 물어보라(왕하 1:2).

그때, 여호와의 사자가 디셉 사람 엘리야에게 다음과 같은 책망이 있었다.

> 이스라엘에 하나님이 없어서 너희가 에그론의 신 바알세붑에게 물으러 가느냐(왕하 1:3).

라는 책망의 말씀이 있었다. 그리고 이어서 다음과 같은 여호와의 최종 신탁이 임했었다.

> 네가 올라간 침상에서 내려오지 못하고 네가 반드시 죽으리라(왕하 1:4).

라는 현재의 아람 왕 벤하닷의 이 질문은 이스라엘 왕 아하시야가 과거에 했던 질문보다는 양호하다. 본문의 저자는 시간과 공간과 그 대상은 다를지라도 두 본문을 미묘하게 비교하고 대조시키는 듯하다. 언약의 나라 이스라엘의 왕 아하시야는 비언약의 나라의 거짓 신인 바알세붑에게 물었다면, 여기서 비언약의 나라 아람 왕 벤하닷은 언약의 여호와께 동일한 상황에서 동일한 질문을 한다.

그러나 하나님 또는 하나님의 사람의 능력에 대한 신뢰의 태도가 다르다. 이 두 경우에서, 언급된 질문의 대상과 관련된 신의 이름이 명시적으로 표현되어 있다. 즉 전자(아하시야)는 블레셋의 에그론[3]의 신 '바알세붑'에게 물었

---

3   에그론은 헬레니즘 시대에 'Accaron'(1 Maccabees 10:89)으로 알려져 있었으며, 블레셋에

고, 후자(벤하닷)는 이스라엘의 신 '여호와'께 물었다. 두 경우, 모두 왕이 자신의 신하를 사신으로 보내는 방식을 통해서 간접적으로 물었다.

엘리야-엘리사 내러티브는 당시의 이스라엘의 타락과 배교의 상황을 이스라엘과 이방 나라 사이에 존재하는 이러한 대비적인 상황을 통해 역설적으로 강조하는 방법론을 종종 사용하고 있다(예: 아람 나라의 나병환자 나아만의 치유와 이스라엘의 나병환자 불 치유).

아람 왕 벤하닷은 자신의 미래 운명과 관련된 이 미션을 수행하기 위해 하사엘을 자신의 사신으로 엘리사에게 보낸다(9절). 여기서 아람 왕이 하사엘을 통해 보낸 예물이 상당한 양이라는 것을 본문의 저자는 강조하고 있다.

하사엘은 다음과 같은 말씀처럼 엘리사를 방문했다고 기록한다.

> 다메섹의 모든 좋은 물품으로 예물을 삼아 가지고 낙타 사십 마리에 싣고(왕하 8:9).

과거에 아람 왕 벤하닷은 자신이 총애했던 군대 장관이었던 나아만의 나병 치유를 위해 직접 친서를 써서 이스라엘 왕에게 전하도록 했고 그때 나아만이 가져간 예물의 리스트는 "은 10달란트, 금 6,000개, 의복 10벌"(왕하 5:3, 23)이었다. 결코, 적은 예물이 아니었다.

나아만이 이스라엘을 방문할 때 가져갔던 동일한 이 아람 왕의 친서와 나아만이 가져갔던 예물의 수량은 아람 왕이 나아만을 얼마나 총애했는지 그리고 나아만은 자신의 나병이 '큰 용사'(왕하 5:1)라는 정체성에 대비할 때, 얼마나 큰 상처였고 약점이었는지를 물질의 양을 통해 수량적으로 구체화했다. 심지어 본문의 저자도 대비적으로 그렇게 묘사했다.

> 그는 큰 용사이나 나병환자더라(왕하 5:1).

여기서 벤하닷이 다메섹을 방문한 엘리사에게 보낸 예물에 대한 표현을 관찰할 때, 질적인 표현으로서 "다메섹의 모든 좋은 물품"이며, 양적인 표현으

있는 5대 도시(Philistine pentapolis) 가운데 하나이며, 가나안의 남서쪽에 위치한 성읍이다. "Ekron" in Wikipedia(2020-07-28).

로서 "낙타 사십 마리"의 분량으로 싣고 갔다. 벤하닷이 보낸 예물의 질과 양에 대한 표현은 벤하닷의 질병에 대한 그의 고민과 자신과 자신의 나라 아람 나라의 미래 운명이 걸렸다는 위기적 상황을 물질의 양과 질로 계량화하여 구체화하여 묘사하고 있다. 이것은 마치, 물가 폭등(왕하 6:25)과 물가 폭락(왕하 7:18)이 단순한 시장 경제의 가격 정보가 아니라, 하나님의 언약의 저주와 언약의 복에 대한 회복을 각각 수량적 가격을 통해 구체화한 것과 유사하다.

그리고 벤하닷은 자신을 선지자 엘리사의 '아들'로 여기며, 엘리사를 벤하닷 자신의 아버지로 여기는 표현을 왕의 메신저 하사엘이 사용한다. 이것은 아람 왕 벤하닷 자신을 겸비하게 하고 하나님의 사람 엘리사를 존경하는 표현이다(cf. 왕상 21:29; 왕하 1:13). 왜냐하면, 고대 근동에서 혈육 관계에 있지 않은 양자 사이에서, 자신을 '아들'로 여기고 상대방을 '아버지'로 여기는 것은 극존칭의 표현이었기 때문이다. 여기서 물질의 양과 질이 자신의 운명에 대한 갈급함을 수량적으로 구체화한 표현이라면, 상담자와 내담자로서, 엘리사와 벤하닷 사이의 관계를 '부자 관계'로 표현한 것은 자신의 질병과 운명에 대한 갈급함을 친근감과 권위의 언어로 묘사한 것이다.

물론 여기서 벤하닷의 예물에 대한 표현에서 보여 주려고 하는 것이 최상의 양과 최고의 질을 가진 그 예물 자체가 목적은 아니다. 그 예물은 자신의 질병에 대한 상담에 대한 감사의 예물일 것이다. 여기서 "나의 이 병이 낫겠나이까"라는 질문은 단순히 살고 죽는 병에 대한 질병의 성격은 물론이고 그 질병의 치유책까지 알려달라는 의도가 있을 것이다. 아람 왕 벤하닷이 예물과 메시지를 가진 하사엘은 온통 아람 왕이 보낸 메신저로서의 사명에 집중했을 것이다. 그래서 본문을 읽는 독자들도 엘리사의 입에서 아람 왕의 질병의 성격이나 질병의 치유책이 우선 나올 것이라고 기대할 것이다.

예상대로, 엘리사는 하사엘을 통해서 아람 왕 벤하닷에게 전달할 2개의 대조적인 메시지를 준다(10절). 그것은 "왕이 반드시 나으리라"(חָיֹה תִחְיֶה, 하요 티흐예)라는 메시지다. 이 문장은 히브리어 강조 구문이다(동일 어근 동사의 부정사 절대형과 미완료 동사로 구성된). 즉 아람 왕이 질병으로부터 회복에 대한 확실성과 당위성을 강조한다.

그리고 두 번째는 "왕은 반드시 죽으리라"(כִּי־מוֹת יָמוּת, 키모트 야무트)라는 메시지다. 이 문장도 동일한 히브리어 강조 구문이다. 아람 왕이 죽을 것이라는 확실성과 당위성을 강조한 히브리어 구문이다. 전자는 확실한 굳 뉴스(생명의 소식)이다. 그러나 이어진 메시지는 확실한 '뱉 뉴스'(사망의 소식)이다.

여기서 다시 엘리야-엘리사 내러티브의 핵심 주제인 '생명'이 다시금 나타난다. 생명의 소식과 사망의 소식을 동시에, 그것도 확실하게 있게 될 운명이다. 아람 왕이 이러한 이중적 운명의 정체성을 가진 존재라는 사실은 엘리사의 뜻도 아니고 소원도 아니다. 그것은 바로 엘리사가 말하는 대로, 다음과 같은 신탁에 근거한 예언이다.

> 여호와께서…내게 알게 하셨느니라(왕하 8:10).

이와 같은 여호와 하나님의 뜻과 말씀이다. 이것은 '하나님의 말씀과 주권적인 뜻과 섭리'라는 점을 강조하기 위하여, "그가 반드시 나으리라"라는 표현과 "그가 반드시 죽으리라"라는 두 표현 중간에 "여호와께서 내게 알게 하셨다"(וְהִרְאַנִי יְהוָה, 웨히르아니 야훼)라는 표현을 구문론적으로 위치시켰다. 직접 화법 지시 구문에서 사용하는 일종의 메신저 포뮬러로써, 이 표현을 두 문장의 중간에 위치시켜, 그 메신저의 권위와 그 메시지의 확실성을 강조할 때 사용하는 구문론이다.

아람 왕의 삶과 죽음에 관한 이 지식이 하나님에 의한 지식이라는 것을 엘리사는 알게 되었다. 이 본문에 표현된 엘리사의 미래 지식을 나타내는 첫 번째 예지의 표현이다. 여기서 '알다'라는 동사는 '보다'(라아, 힢일)라는 동사의 사역 동사이다. 즉 하나님께서 엘리사에게 보게 하셨다는 의미이다. 먼저 보는 자로서, 엘리사의 직분은 문자적으로 선견자이다. 10절과 13절에 '알다'(라아, 힢일)라는 동사와 12절에 '알다'(야다, 칼)라는 동사가 사용된다.

먼저 아는 자로서, 엘리사의 직분의 이름이 선지자이다. 즉 엘리사는 하나님의 뜻을 먼저 보고, 먼저 아는 자이다. 하나님께서 먼저 보여 주시기 때문에, 그 결과로 선지자는 하나님의 뜻을 알게 된다. 그래서 종종 구약 선지자들에게 여호와 하나님은 "네가 이것을 보느냐"라는 질문을 하신다. 선지자는 하나님께서 보여 주시는 만큼 보는 자이다. 알게 하시는 것만큼 아는 자이다. 이것이 하나님과 선지자 사이의 직분과 지식의 차이점이다(불연속성).

2) 이스라엘의 운명에 대한 하나님의 섭리와 통치

하나님의 사람 엘리사와 아람 왕이 보낸 사신인 하사엘과의 대면이 시작되었다(11절). 엘리사는 하사엘의 얼굴을 자세하게 뚫어지듯이 바라보았다.

그런데 엘리사가 하사엘의 얼굴을 이처럼 자세히 쳐다본 행위는 관상을 보는 것을 의미하는가?

이 문장을 직역하면 다음과 같다.

> 그리고 그(엘리사)는 그의 얼굴을 서 있도록 했고 그리고 그는 부끄러워할 때까지(그를) 두었고 하나님의 사람은 울었다(cf. 왕하 8:11).

여기서 두 가지 감정적 행위가 표현되어 있다. 하나는 '부끄러워하다'(בוש, 보쉬, to shame)라는 동사이며, 또 하나는 '울다'(בכה, 바카, to weep)라는 동사이다. '부끄러워하다'라는 감정의 주체는 하사엘이며, '울다'라는 행위의 주체는 엘리사 선지자이다.

하사엘은 "샤이 가이"(a shy guy)인가?
엘리사 앞에 부끄러워했던 이유가 무엇인가?
그리고 엘리사는 사람을 무서워하는 성격인가?
왜 하사엘 앞에서 우는가?

이 두 행위 사이에, 하사엘과 엘리사 앞에 서 있도록 하는 행위가 선행되어 있다(아마드, 힢일형, to cause to stand). '하사엘의 부끄러움'은 자신의 미래에 대한 무지 안에서 자신을 쳐다보는 엘리사의 시선 앞에서 갖는 일종의 '무안의 감정'(embarrassed)이라면, '엘리사의 울음'은 하사엘의 미래에 대한 예지 안에서 이스라엘의 미래(cf. 12절)에 대한 직시 앞에서 갖는 '애통의 감정'(weeping)이다.

무엇 때문인가?

10절과 11절 사이에 이스라엘의 미래 운명에 대하여 하사엘이 행할 엄청난 일을 하나님께서 엘리사에게 먼저 보여 주신 것 같다. 엘리사는 '어떻게 벤하닷의 메신저로 와서 내 앞에 서 있는 저 하사엘이라는 사람이 조국 이스라엘에게 가까운 미래에 행할 엄청난 일을 행할 자인가'라는 생각 때문에 말을 하지 못하고 그의 얼굴을 제법 긴 시간 동안 쳐다보고 있었다. 그를 통해 이스라엘에게 발생할 일들을 생각하니, 그것도 피할 수 없는 하나님의 주권적인 뜻이라고 생각하니, 순간 엘리사는 애통의 슬픔을 참지 못하고 울어버렸다.

여기서 '울다'(בָּכָה, 바카)라는 단어는 깊은 슬픔이나 애통을 표현하는 행위이다. 예레미야 애가에서 예레미야 선지자는 유다의 멸망에 대하여 애통의 눈물을 흘렸다면, 엘리사는 이스라엘의 심판의 한 측면을 보고 애통의 울음을 터뜨렸다. 이 눈물은 언약의 백성(이스라엘, 유다)이 죄를 범한 것에 대한, 이방 나라가 심판의 도구로 사용되어 겪게 될 언약의 저주에 대한 아픔과 눈물이라는 점에서, 선지자들의 동일한 눈물이다. 하사엘의 얼굴을 쏘아보는 엘리사의 강한 눈빛 안에서, 이스라엘의 범죄의 행위가 동시에 오버랩되어 보였을 것이다.

그래서 엘리사는 눈물을 삼키지 못하고 머금고 있다. 언약 백성에 대한 안타까운 눈물이다. 이것은 하나님의 사람 엘리사만의 눈물이 아니라, 언약의 아버지가 되시는 여호와 하나님 자신의 눈물일 것이다.

여기서 언약의 백성은 자신의 죄악을 중단하고 회개의 눈물로 애통함으로, "언약의 하나님 아버지로 하여금 울지 않게 하라"라는 음성을 들어야 한다. 영문을 몰라서 어안이 벙벙한 하사엘은 엘리사의 울음의 이유를 묻는다. 그의 질문에 답하는 것은 엘리사에게는 고통스러운 일이었지만, 하나님께서 보여 주시고 알게 하신 말씀을 전달한다. 여기서 겪는 엘리사의 감정은 말씀의 종의 아픔과 고통일 것이다. 그런데도 하나님의 종은 대적에게도 그리고 하나님의 백성에게도, 하나님께서 하게 하시는 말씀을 가감 없이 전하는 자가 되어야 한다. 하사엘이 이스라엘에게 행한 네 가지 악행들은 다음과 같다.

첫째, 사마리아성을 방화할 것
둘째, 이스라엘의 젊은 장정들을 칼로 도륙할 것
셋째, 이스라엘의 어린아이들을 매치며 죽일 것
넷째, 이스라엘의 아이 밴 부녀의 배를 가를 것

모두가 잔인한 파괴와 잔인한 살인의 행위이다. 그것도 이스라엘 백성에게 행할 일들이다. 엘리사가 가진 이 지식은 이 본문에서 두 번째 예지이다

(야다, 칼). 그런데 하사엘의 이 4대 악행은 말로 끝나는 것이 아니라, 실제로 이스라엘에게 실행되어 성취될 것들이다(왕하 10:32; 13:7).

그런데 하사엘이 악을 행할 줄 알고도 하나님의 사람이 모른 체하고 넘어가야 하는가, 아니면 그의 악행에 대한 예지적 지식을 가졌음에도 그가 할 수 있는 것이 아무것도 없는 것인가?
여기서 엘리사 선지자가, 하사엘이 가까운 미래에 이스라엘에게 시행할 엄청난 4대 악행들을 알고 그냥 넘어갈 수 있는가?
엘리사가 직접 또는 사람을 시켜서 하사엘을 죽여버릴 수는 없는가?
그래서 이스라엘의 비참한 운명을 바꿀 수가 없단 말인가?

본문의 저자와 독자들이 가질 수 있는 질문과 의문이다. 그러나 엘리사는 이것이 하나님의 주권적인 뜻인 줄 알고 자신도 하나님의 뜻에 순종하는 처지에서 어쩔 수 없었을 것이다. 그래서 11절에서 엘리사가 울었던 것이다. 그 눈물은 하나님의 주권적인 뜻에 대한 선지자의 '순종의 눈물'이었을 것이다. 그리고 이러한 무도한 행악자에 의해, 조국 이스라엘이 처하게 될 운명을 생각하니 안타깝고 비참함에 대한 선지자의 '통절의 눈물'이었을 것이다. 선지자의 순종과 통절의 눈물의 이유는 범죄한 언약 백성을 향한 하나님의 심판으로서 이방 나라에 의해서 잔인하게 집행되기 때문이다.

그런데 이와 유사한 상황에서 흘리는 유사한 눈물이 어디에 또 있는가?[4]
이 본문의 내용과 표현을 거의 비슷하게 답습(echo)하는 장면이 신약성경에 기록되어 있다. 예수님께서 다가올 예루살렘의 미래 멸망을 미리 아시고 우신 사건이다(눅 19:41). 누가복음에 따르면, 예수님께서 말씀한다.

---

[4] 이와 유사한 것이, 후에 유다 백성이 겪는 것과 비슷하다. 시편 137:1과 9절에 따르면, "우리가 바벨론의 여러 강변 거기에 앉아서 시온을 기억하며 울었도다"(시 137:1), "멸망할 딸 바벨론아 네가 우리에게 행한 대로 네게 갚는 자가 복이 있으리로다 네 어린 것들을 바위에 메어치는 자는 복이 있으리로다"(시 137:8-9)라고 대적을 향한 하나님의 저주가 있기를 바라면서 '저주의 시'로 표현했다.

> 가까이 오사 성을 보시고 우시며…또 너와 및 그 가운데 있는 네 자식들을 땅에 메어치며 돌 하나도 돌 위에 남기지 아니하리니 이는 네가 보살핌 받는 날을 알지 못함을 인함이라 하시니라(눅 19:41, 44).

누가는 이방 나라의 군대가 와서, 언약 백성의 자녀들을 땅에 메어치며 죽이는 것과 그러한 임박한 미래를 보고 안타까워서 우시는 예수님의 모습을 묘사한다. 물론 이것은 로마가 와서 예루살렘을 정복할 것에 대한, 참 선지자로 오신 예수님의 예언적인 울음이다. 마치 선지자 엘리사가 하사엘을 통해 임박한 미래에 일어날 사건을 보고 순종과 통절함으로 우는 모습의 궁극적 완결판이라고 할 수 있다.

가까운 미래에 하사엘을 통해 발생할 그러한 비극과 현재 엘리사 앞에서 취하는 하사엘의 말과 태도는 완전 대조적이다(13절). 아람 왕 벤하닷이 엘리사 앞에서 부자 관계로 묘사했다면, 그의 사신 하사엘은 엘리사 앞에서 주종 관계와 '개' 같은 존재로 표현했다. 여기서 '이런 큰일'(great thing)이라는 표현은 "아주 예외적이고 특별한 것"(of "exceptional" or "extraordinary", 신 4:32; 삼상 12:16)을 의미한다.[5] 그래서 '개 같은 종'이라는 표현과 '이런 큰일'은 대조를 이룬다. 자신을 '개'로 여기는 것은 겸손의 행위이며, 타인을 '개'로 여기는 행위는 극도의 모독의 행위이다(출 22:31; 삼상 17:43; 24:14).

그런데도 하사엘이 취한 자신에 대한 이러한 표현과 태도의 의미는 다소 불확실하다. 그의 말과 태도가 진정한 겸손을 가졌는지 의심이 간다. 왜냐하면, 그가 이미 왕의 투병이 길어지는 상황에서 변심을 가졌는지도 모르기 때문이다. 그렇다면 이제 여기 본문에서 왕의 운명을 알게 되었으니, 자신의 야망이 실현될 시간이 가까이 왔다고 생각했을 수도 있다. 여호와 하나님께서 엘리사에게 보여 주시고(**라아**, 힢일, 10절, 13절), 엘리사를 통해 알게 하신 것이다(**야다**, 칼, 12절). 여기 13절에서 엘리사의 미리 아는 예지가 세 번째로 등장한다(**라아**, 힢일). 이 지식은 하사엘이 아람 왕으로 즉위할 것이라는 미래의 사실이다.

---

5 J. D. Barry and Others, Faithlife Study Bible (왕하 8:13) (Bellingham, WA: Lexham Press, 2012, 2016) on Logos.

13절까지의 내용이, 아람 왕 벤하닷의 사신으로 간 하사엘이 엘리사를 방문한 장소에서 일어난 사건이다. 이어진 14절은 하사엘은 다시 자신을 보낸 벤하닷에게로 돌아와서 보고하는 장면이다. 엘리사를 통해 들은 그가 미래에 행할 4대 악행 가운데, 하사엘은 왕궁에 돌아와서 벤하닷에게 벤 뉴스는 남겨놓고 굳 뉴스만 전달한다(14절). 왕에게 벤 뉴스는 하사엘 자신에게는 굳 뉴스가 된다. 왕에게 굳 뉴스를 전달하고 왕에게 벤 뉴스를 감춘 것은 왕을 배려하는 선한 신하의 모습이 아니다.

그것은 곧 하사엘의 의중이 이미 권력에 대한 탐욕에 사로잡힌 존재라는 것을 암시한다. 아람 왕에게 굳 뉴스는 생명 회복의 뉴스이고 벤 뉴스는 하사엘이 왕을 살해하는 사망의 소식이다. 여기서 하나님은 살려주었는데, 사람이 죽었다는 것으로 오해하지 말아야 한다.

하나님의 전지하신 능력은 벤하닷의 치료에 초점이 있지 않고 미래 운명에 대하여 초점을 맞추고 있다. 하사엘의 입장에서 말하면, 왕은 질병으로 죽지 않고 건강을 회복할 수는 있지만, 자신이 왕을 시해할 것이라는 내적 의지를 감추고 있는 것이다.

얼마 동안 하사엘은 자신의 내적 의도와 의지를 감추었는가?

그 실행 타이밍을 보면, 왕이 투병 중일 때, 이미 왕을 시해할 야망을 품고 있었음이 분명하다. 하사엘은 '바로 다음 날에' 자신이 내면에 있는 생각을 행동으로 옮겼다(15절). 병환으로 누워 있는 아람 왕 벤하닷의 얼굴 위에 물에 적신 이불을 덮어서 질식하게 하여 살해한 것이다. 여기서 하사엘에 대한 몇 가지 질문들을 제기할 수 있다.

타인(벤하닷)과 자신(하사엘)의 운명을 미리 알고 앞으로 이스라엘에 행할 4대 악행들을 알고 있는 입장을 가진 하사엘의 생각은 어떠할까?
그리고 하사엘이 아람 왕 벤하닷을 살인한 행위를 어떻게 보는가?
그의 살인 행위는 선지자 엘리사를 통해서 주신 하나님의 말씀을 믿고 행한 것인가?
그는 말씀을 믿고 행하는 진정한 신앙인인가?
그렇지 않으면, 평소에 왕을 죽이고 자신이 왕이 되겠다는 생각을 하고 있었는데, 엘리사를 방문한 사건을 통해서 그의 내면이 들통난 것인가?

아마 후자인 것 같다. 그런데 엘리사를 방문하여 하나님의 신탁을 들은 후에는 자신의 생각을 행동으로 옮기는 것을 더 확신을 가지고 했을 것이다. 이것은 자신의 탐욕이기도 하지만, 신통한 엘리사의 능력을 아는 그로서, 이스라엘의 하나님 여호와께서 자신에게 정해준 운명으로 여기고 자신을 정당화 내지는 합리화했을 것이다. 소위 '하늘이 나에게 준 기회이다'라고 생각했을 것이다. 그리고 또 다른 질문을 이번에는 선지자에게 할 수 있다.

벤하닷과 하사엘 그리고 이스라엘의 슬픈 운명을 미리 알고 있는 선지자 엘리사는 각자의 운명을 바꿀 수는 없는가?

이스라엘의 선지자 엘리사는 대적 아람(하사엘)에 의해서 암담한 미래라는 것을 알았다. 그런데도 그가 침묵하고 눈물을 머금고 하나님의 주권적인 뜻과 섭리를 수용하여 순종했다.

이런 점에서, 하나님의 주권적인 뜻 안에서 자기 백성의 미래 운명에 대한 예지적 지식과 선지자 엘리사의 눈물은 우리 주 예수님의 눈물을 전망하는 그림자이다!

새 이스라엘의 선지자로 오신 예수님은 대적에 의해 십자가에서 자신이 죽을 암담한 미래를 알면서도, 예루살렘과 십자가의 여정으로 그 길을 묵묵히 가셨다. 그리고 예루살렘의 슬픈 미래의 운명을 아시면서도 그 역사를 바꾸지 않으셨고 하나님의 주권적인 심판의 뜻으로 받아들이셨다. 왜냐하면, 그것을 통해서 자기 백성을 구원하고자 하시는 하나님의 또 다른 주권적인 구원의 뜻과 섭리가 있었기 때문이다.

3. 결론 및 적용

이 본문은 두 가지 관점에서 하나님의 주권을 생각하게 한다.

첫째, 아람 나라의 왕권에 대한 하나님의 섭리와 통치이다. 이것은 이방 나라에 대한 하나님의 주권이 어떻게 시행되는지 역사 속에서 한 모습을 보여 준다.

둘째, 범죄한 이스라엘의 운명에 대한 하나님의 섭리와 통치가 어떤 방식 안에서 구현될 수 있는지 구체적으로 역사를 통해서 보여 준다. 오늘도 주권적인 하나님은 세상 나라를 향하여, 그리고 하나님 나라와 그의 교회와 언약 백성들을 향한 주권적인 역사를 이루어가시는 역사의 주인이시다.

구원 역사적으로 성경을 관찰할 때, 엘리사 선지자가 경험했던 것을 약 800년 후에 언약의 백성 이스라엘이 범죄함으로 이방 나라 로마에 의해서 언약 백성들이 겪게 될 비참의 장면이 그대로 재현되었다.

앞서 언급한 대로, "자식들을 땅에 메어치며 돌 하나도 돌 위에 남기지 아니하는"(눅 19:44) 예루살렘의 멸망의 미래 운명을 예수님은 아셨다. 그리고 예수님은 예루살렘성에 "가까이 오사 성을 보시고 우셨다"(눅 19:41). 그리고 예수님은 다음과 같이 말씀하셨다.

> 너(예루살렘)도 오늘 평화에 관한 일을 알았더라면 좋을 뻔하였거니와 지금 네 눈에 숨겨졌도다(눅 19:42).

정작 예루살렘(언약 백성)은 자신의 미래 운명에 대한 무지하였고 예루살렘성의 파괴적 심판을 앞둔 상황에 대한 예수님은 자신의 연민과 동정과 안타까운 눈물을 흘리셨다. 죄의 결과로 예루살렘성이 멸망하는 것에 대한 안타까운 하나님의 아들의 애통의 눈물이다.

이런 점에서, 북이스라엘 사마리아성의 파괴에 대한 엘리사의 눈물은 예루살렘성의 멸망에 대한 예수님의 눈물을 미리 보는 전조가 된다. 범죄한 하나님의 백성에 대한 미래 운명을 알고 눈물을 머금은 엘리사 선지자의 애통은 눈물로 자기 백성을 향해 안타까이 우시는 예수님의 순종으로 성취된다. 두 가지 방향으로 적용할 수 있다.

첫째, 그리스도 안에서 우리는 하나님의 주권적 통치와 섭리에 복종하는 믿음과 행함으로 순종하는 자로 살아야 한다. 이것이 역사가 주는 교훈이며, 역사를 통해서 말씀하는 지식이다. 특히, 구원 역사는 우리가 이 땅에서 어떻게 살아야 할지, 바른 지혜와 교훈을 준다.

둘째, 그리스도 안에서 우리도 죄인의 심판에 대한 미래의 궁극적인 사실을 성경을 통해 미리 알고 있다. 그들에 대한 연민과 동정과 안타까운 눈물을 쏟으며, 하나님의 긍휼을 간구하며 애통하는 마음으로 기도하자.

♣ **개인 묵상과 소그룹 성경 공부를 위한 토론 질문** ♣

1. 하나님의 주권적인 섭리와 통치는 반드시 실현된다.
세상과 죄와 마귀의 나라는 반드시 멸망하고 심판을 받을 것이라는 사실이 우리에게 주는 위로는 무엇인가?

2. 하나님의 주권적인 섭리와 통치가 실현되는 과정에서, 하나님께서 나의 기도와 믿음과 순종을 어떻게 사용하셔서 그 뜻을 이루어 가시는지를 말해 보라.

제25장
악의 제국과의 결합

Topic : 엘리야-엘리사 내러티브(25)
Text : 열왕기하 8:16-29
Title : 악의 제국과의 결합
Theme : 좋은 친구를 사귀고 교제하는 것은 성화를 이루는 지혜이다.

1. 서론 및 문맥

열왕기하 8장과 9장의 내러티브가 어떤 문맥으로 구성되어 있는지 이 본문을 주해하기 전에 다시 확인할 필요가 있다. 문맥은 "**이스라엘의 왕조 역사**(왕하 8:1-6)-아람 왕조(왕하 8:7-15)-유다 왕조(왕하 8:16-24, 25-29)-**이스라엘의 왕조 역사**"(왕하 9:1-10)의 순서로 내러티브가 전개된다(inclusio). 이러한 문맥적 구성은 당대 북이스라엘 선지자 엘리사를 통해서 주시는 하나님의 주권적인 뜻과 영향이 주변국 아람 왕조와 유다 왕조에 어떻게 미쳤는지를 그 역사를 보여 주려는 저자의 의도를 반영하고 있다.

이러한 의도를 반영함에 있어서, 앞의 본문(왕하 8:7-15)에서는 엘리야 선지자를 통해 주셨던 3대 기름 부음의 소명(왕상 19:15-16)의 내용 가운데 하사엘에게 기름을 붓는 일이었다. 하사엘에게 기름을 부어 아람의 왕이 되게 하는 것이었다. 하사엘에게 기름 부음이 문자적 성취는 아닐지라도, 그리고 엘리야의 소명임에도 불구하고 엘리야의 승천 이후 엘리사의 시대에 일어났다.

즉 하사엘에 대한 성취는 기름 부음의 방식으로 성취되지 않았고 엘리사가 아람 왕 벤하닷 2세의 질병에 대한 상담을 위해 방문하여 대면했을 때, 엘리사가 하사엘에게 하나님의 신탁을 전달하는 방식으로 성취되었다(왕하 8:13).

엘리야의 호렙산 3대 소명 사건의 성취와 관련하여 나머지 두 개의 기름 부음의 성취 여부도 마찬가지다. 엘리야는 그가 호렙산에서 받은 3대 소명 가운데, 오직 엘리사를 선지자로 부르는 소명 사건에만, 그것도 기름 부음이 아닌, 겉옷을 그 앞에 던지는 방식으로 엘리야에 의해 성취되었다. 이런 점에서, 호렙산에서 받은 엘리야의 3대 소명에서 그 '기름 부음'(anointing)은 왕과 선지자를 세우는 직분 임명에 대한 상징적 표현과 문자적 표현이 병합된 표현으로 결론지을 수 있다.

그렇다면 엘리야가 받은 호렙산 소명 사건에서 아람과 이스라엘, 이 두 나라의 새 왕을 세우는 사건은 엘리사 시대에 성취되었으니, 그 성취에 대한 시간과 방법의 측면에서 본문의 내용과 불일치(discrepancy)와 모순을 의미하는가?

그렇지 않다. 이것은 엘리야와 엘리사의 선지적 사역의 연속성 안에서 이해될 수 있다. 이러한 연속성 안에서 이해해야 하는 세 가지 이유가 있다.

첫째, 호렙산의 3대 기름 부음 소명에 토대를 둔 하나님의 명령에 따라 엘리야가 직접 엘리사를 부르는 소명으로 엘리사의 선지자 직분이 발생했다는 점이다(직분의 시작).

둘째, 그들은 함께 선지학교를 세워 함께 운영했다는 점이다(직분 수행의 과정). 이 사역은 엘리야 이후에 엘리사에 의해 계속 확장되었다(왕하 6:1-7).

셋째, 엘리야의 지상 사역의 마지막을 앞두고 둘이 함께 동행하면서, 엘리야와 엘리사 사이에 '갑절의 성령의 역사'를 논의했다는 점이다(직분의 승계).

엘리사가 갑절의 성령의 역사를 엘리야에게 간청한 것은 멸망을 향해 달음질하는 북이스라엘의 시대 상황이라는 당면한 암울한 현실 때문이며, 그리고 스승 엘리야가 없는 시대에 스승이 남긴 사역을 혼자 감당해야 하는 상황에서 엘리사가 느끼는 자신의 연약함을 절실히 느낀 결과일 것이다.

특히, 엘리야-엘리사의 사역의 연속성은 승계 및 승천 내러티브에서, 엘리야가 지상에서 죽지 않고 승천하는 방식으로 지상 사역을 마무리했는데,

이것은 죽지 않은 엘리야의 남은 사역이 엘리사를 통해 계속된다는 의도를 보여 준 것이다. 그리고 본문의 저자도 두 선지자에 대하여 수사학적으로 연속성이 있다는 점으로 이어지는 문맥을 통하여 종종 보여 준다.

예를 들면, 엘리야 승천 장면에 나타난 '불수레와 불말'(왕하 2:11)과 그리고 아람 군대의 침입했을 때, 엘리사의 기도로 사환의 눈을 열어 '불말과 불병거'(왕하 6:17)가 산에 가득한 것을 본 장면은 서로가 연속성 안에 있다. 이 것은 마치 엘리야가 다시 "재림"한 것 같은 의미를 자아낸다. 엘리사 시대에, 죽지 않은 엘리야의 갑절의 성령의 역사가 여전히 나타남으로 엘리야가 엘리사와 함께 동역하는 의미를 형성한다.

그러므로 엘리야-엘리사는 독립된 2개의 사역과 2명의 독립된 사역자가 아닌, 두 사람으로 구성된 하나의 팀(one team)으로써 북왕국 이스라엘의 암울한 역사에서 하나의 팀 사역의 개념으로 이해함이 옳다. 이 둘은 둘 같은 하나요 하나같은 둘이다.

2. 악의 제국과의 결합

위에서 언급한 열왕기하 8장과 9장의 문맥적 구도에서, 북이스라엘의 선지자 엘리사가 아람 나라의 왕조에 영향을 주었다면(저자의 첫 번째 문맥적 의도), 이어진 유다 왕조 역사는 어떤 방식에서 북이스라엘과 서로 연관되어 있는가?

이 내러티브에는 유다 왕 여호람/요람(왕하 8:16-24)과 그의 아들 아하시야(왕하 8:25-29), 유다의 두 왕에 대한 기사로 구성되어 있다. 이러한 문맥적 구성의 의도는 다름 아닌, 타락한 이스라엘 왕조가 주변 유다 왕조에 악한 영향을 끼치는 측면을 보여 주려는 또 다른 의도가 여기에 포함되어 있다(저자의 두 번째 문맥적 의도).

1) 유다 왕 여호람(16-19절; 대하 21:1-20)

본문 16절은 이스라엘 왕과 유다 왕의 연대기를 비교하여 왕조 역사를 보여 준다. 즉 이스라엘 왕 아합의 아들 요람 왕의 통치 제5년에 남왕국 유다에서는 여호사밧이 통치해오고 있다가 그의 아들 여호람/요람이 왕이 되었다. 여기서 북왕국과 남왕국에 동일한 이름인 '요람/여호람'을 가진 왕들이 각각 존재했다. 여기서는 구분하기 위하여 '요람'(이스라엘의 왕)과 '여호람'(유다의 왕)으로 각각 부르고 있으나, 요람과 여호람은 같은 이름이다.

표 31. 북이스라엘 오므리 왕조의 연대기

오므리 왕조(Omride Dynasty)	885-841 B.C.(44년간 통치)	즉위 방법	아버지
오므리(Omri)	885-874 B.C.(12년간)	군대에 의해 선언	평민
아합(Ahab): 엘리사 소명(860)	874-853 B.C.(22년간)	상속	오므리
아하시야(Ahaziah)	853-852 B.C.(2년간)	상속	아합
요람/여호람(Joram/Jehoram): 엘리야 승천	852-841 B.C.(12년간)	상속	아합

앞서 언급한 대로, 유다 왕 여호사밧의 아들 여호람/요람(848-841 B.C.)은 이스라엘 왕 아합의 아들인 여호람/요람(852-841 B.C.)과 동명이인이다. 이들은 서로 동명이인일 뿐만 아니라, 유다 왕 여호람/요람과 이스라엘 왕 여호람/요람은 서로 처남-매부 관계이다. 여기서 언급된 여호람은 유다 왕이다. 유다 왕 여호람/요람의 아내는 이스라엘 왕 아합의 딸이니(18절), 결국 아합의 사위가 유다 왕 여호람/요람이 되는 셈이다. 유다 왕 여호람은 32세에 왕으로 즉위하여 예루살렘에서 8년을 통치한 왕이다(17절).

표 32. 북왕국 이스라엘과 남왕국 유다의 비교 연대기(B.C. 9세기)

이스라엘 왕(Northern King)	통치 기간	유다 왕(Southern King)	통치 기간
오므리(Omri)	885-874 B.C.	아사(Asa)	910-873 B.C.
아합(Ahab)	874-853 B.C.	여호사밧(Jehoshaphat)	873-848 B.C.
아하시야(Ahaziah): 아합의 아들	853-852 B.C.		
여호람/요람(Jehoram/Joram): 아합의 아들	852-841 B.C.	여호람/요람(Joram/Jehoram) cf. 아내: 아합의 딸(아달랴)	848-841 B.C.
예후(Jehu)	841-814 B.C.	아하시야(Ahaziah)	841 B.C.

유다 왕 여호람이 어떤 삶을 살았는지, 그 삶의 자취를 설명한다(18절). 그는 '이스라엘의 왕들의 길'을 갔다고 소개한다. 이스라엘의 왕들의 길은 예외가 없이 모두가 집단적으로 범죄의 주체들이라는 의미이다. 이러한 사실을 확언하기 위해 역사서 저자는 북이스라엘의 초대 왕이었던 여로보암의 길을 걸었다고 자주 증언하는 것이다.

그리고 그의 집은 '아합의 집'같이 행하였다고 증거한다. 그 이유는 북이스라엘의 오므리 왕조의 아합의 딸(아달랴)을 남왕국 유다의 여호람의 아내로 삼았기 때문이라고 설명한다. 즉 결혼을 통해 두 왕조가 연결되고 상호 깊은 영향을 주는 관계가 되었다는 의미이다. 서론에서 언급한 대로, 그러한 문맥적 구도에서 보았듯이, 북왕국이 주변 왕국들에게 선한 영향을 주었다면, 그것은 북왕국의 선지자 엘리사를 통해 하나님의 말씀이 선포되었다는 것이다.

반대로 북왕국이 주변 왕국들에게 악한 영향을 주었다면, 그것은 오므리 왕조인 아합의 가문이 배교와 우상 숭배의 악행의 죄로 오염시켰다는 것을 의미한다. 여기서 남왕국 유다의 여호람 왕에게는 후자(악한 영향)가 해당된다.

'아합의 집'으로 표현된, '아합'은 북이스라엘 왕들 가운데 악의 대표 인물 가운데 한 사람(왕하 21:3; 왕상 11:26-33; 13:33-34)이며, 그의 아내 이세벨과 함께 북이스라엘의 악의 축이다. 아합의 딸(18절; 대하 21:6)이 유다 왕 여호람/요람과 결혼하게 된 것은 여호람의 부친 유다 왕 여호사밧과 이스라엘 왕 아합 사이에 정치-군사적 정략적 결혼일 가능성이 많다(대하 18:1-2). 즉 아합과 여호사밧의 관계는 사돈 관계이다. 유다 왕 여호람의 아내가 된 자는 아합과 이세벨 사이에서 태어난 딸인데, 후에 아달랴(Athaliah, 왕하 8:26; 11:1)라는 이름으로 등장한다.

아합과 이세벨은 이방 나라의 신들을 숭배했던 자들이다. 참고로 북이스라엘의 왕들의 모든 악의 궁극적 인물은 북이스라엘 초대 왕이었던 여로보암이다(왕하 21:3). 이와 같이, 북이스라엘 왕 아합과 그 가족은 남왕국 유다에게까지 죄악을 전념시키는 역할을 했다. 이웃된 문맥은 이웃에게 악행을 전염시킨 사실을 강조한다. 유다 왕국의 범죄와 미래에 대하여, 다음과 같이 다윗 언약의 관점에서 말씀하신다.

> 여호와께서 그의 종 다윗을 위하여 유다 멸하기를 즐겨하지 아니하셨으니 이는 그와 그의 자손에게 항상 등불을 주겠다고 말씀하셨음이더라(왕하 8:19).

여기서 '여호와'라는 이름이 등장한다(19절). 이 이름은 언약적인 신적인 이름인 '여호와'(Yahweh)이다. 특히, 이 구절에 매우 잘 어울리는 적합한 이름이다. 언약의 하나님과 관계된 상대편(counterpart)은 '그의 종 다윗'이다. 이 양자 사이에 언약 관계가 체결되었다. 여기서 '멸하다'라는 표현은 죄의 결과로 하나님의 심판을 의미한다.

다윗의 자손이 다스리는 유다 왕국을 멸하기를 즐겨하지 않으신다는 것은 죄에 대한 징계는 있으되, 영원한 멸망은 없다는 것이다. 쉬운 말로, 잘못되면 고쳐서(회개) 사용하지만, 절대로 버리지는 않는다는 말이다. 유다 왕국이 이러한 범죄를 하게 된 이유들 가운데 하나는 북왕국 아합 집으로부터 영향을 받아 악행을 행한 것이다. 그럴지라도, 그 죄악에 대한 하나님의 심판이 "유예"되고 있음을 본다(19절). 그 이유는 다윗과 여호와 하나님 사이에 맺었던 언약 관계 때문이다. '영원성'을 함의하는 이 언약을 '다윗 언약'(삼하 7장; 대상 17:1-15)이라고 부른다. 이 부분과 관련된 다윗 언약의 한 구절을 소개하면 다음과 같다.

> 네 집과 네 나라가 내 앞에서 **영원히** 보전되고 네 왕위가 **영원히** 견고하리라(삼하 7:16).

> 내가 **영원히** 그를 내 집과 내 나라에 세우리니 그의 왕위가 **영원히** 견고하리라(대상 17:14).

그런데 다윗 언약을 다윗과 맺으셨지만, 그 언약의 복에 참여할 자는 다윗 이후에 이어지는 모든 다윗 자손과 관련이 있다. 그 첫 번째로서, 하나님께서 다윗 언약을 통해 다윗의 아들 솔로몬에게 갱신시켜 주신 약속이 되었다(왕상 11:11-13). 왜냐하면, "그와 그의 자손에게"까지 영원히 확장되는 언약이기 때문이다(19절 하).

여기서 '등불'이라는 표현은 다윗과 다윗 자손(가문)에게 주신다고 약속한, 언약 안에서 풍성한 생명과 번영과 소망을 상징하는 은유적 표현이다(왕상 11:36; 15:4; 대하 21:7; cf. 삼하 21:17). 즉 다윗 왕조의 영원한 번영의 등불이다.

언약의 하나님 여호와께서 영원하신 생명의 '등불'이시기에, 그 은혜의 등불은 언약의 자손들까지 영원토록 꺼지거나 소멸되지 않고 누리게 된다. 결국, 이 언약은 하나님 나라의 영원성에 대한 확언적 약속이다.

물론 궁극적으로는 다윗의 후손으로 오신 그리스도를 통해서 영원한 하나님 나라의 왕국이 중단되지 않고 어둠과 죄악과 세상의 나라로 침노하는 나라가 될 것이다(마 11:12).

다윗의 자손으로 오셔서 새 언약의 중보자가 되신 그리스도 안에 있는 새 언약 백성인 우리에게까지 적용될 수 있다. 이런 점에서, 성도의 구원도 안전하고 보증된다고 할 수 있다.

2) 유다 왕 여호람의 종말(20-24절)

에돔은 상당 기간 왕이 없는 시기가 있어왔다(왕상 22:47). 유다에 의해 제압되었고 에돔을 대리로 다스리는 섭정 왕 체제였다. 그런데 유다 왕 여호람 때에 에돔이 유다의 통치권에 반역을 하고 자기들의 왕을 세워 에돔 왕국을 복원시켰다(20절). 그런데 이러한 반역의 역사는 보편적으로 하나님의 법을 떠나고 죄악을 범할 때 주로 일어나는 것임을 구약 역사를 통해 보게 된다. 여기서는 유다의 여호람이 아합의 집과 같이 여호와 보시기에 악(18절)을 행한 결과로서, 하나님께서 행하시는 징계의 한 방편임을 문맥이 증거한다.

이러한 위기를 직면하자, 유다 왕 여호람은 모든 병거를 거느리고 유다와 에돔 사이의 경계인 '사일'(Zair)로 가서 밤에 에돔을 기습적으로 공격한다. 그런데도 여호람은 그날 밤의 기습 공격에 실패하였으며, 자신은 병거로 탈출했으며 그리고 보병(백성)은 적진에 남겨져서 자신을 생존을 위해 싸우다가 일부 궤멸된 것 같고, 나머지 유다 병사들은 흩어져서 전장을 벗어나 각기 집으로 귀가했다(21절).[1] 이와 같이, 유다의 지배와 통치 안에 있던 에돔이 배반한 상황이, 이 본문이 기록되던 당시까지 계속되었다는 역사적 사실을 보여 준다(22절).

---

1 T. R. Hobbs, 2 Kings, 104.

그런데 설상가상으로 '립나'(Libnah)도 유다를 배반했다고 정보를 제공한다(22절). 이러한 배반의 역사가 연쇄적으로 일어나게 함으로, 여호와 보시기에 악을 행한 유다 왕에게 하나님께서 깨닫도록 하시는 의도 안에서 발생한 징계성의 위기 발발이라고 볼 수 있다. 참고로 립나라는 지역은 유다 산지에 있는 레위 지파의 성읍이다(수 21:13). 후에 립나는 앗수르 왕 산헤립(Sennacherib)의 유다 침공 때 공격을 받는다(왕하 19:8). 그리고 유다 왕 요시야의 아내인 하무달(Hamutal)은 립나 성읍의 예레미야의 딸이다(왕하 23:31; 24:18).

23절에 있는 다음과 같은 표현은 역사서에 종종 나타나는 표현으로서, 역사에 대한 중요한 암시를 함의한다.

> 여호람의 남은 사적과 그가 행한 모든 일은 유다 왕 역대 지략에 기록되지 아니하였느냐 (왕하 8:23).

역사(history)와 그 기록인 역사서(historiography)라고 할 때, 그것은 어떤 인물과 사건이 특정 시간과 장소에서 일어난 것을 기록한 것이다. 그런데 그 여백의 한계 때문에, 모든 역사적 사건을 다 기록하지는 않는다. 그런데도 중요하다고 하는 것은 다 기록한다. 성경의 구원 역사도 마찬가지이다.

여기서 '여호람의 남은 사적과 그가 행한 모든 일'은 성경의 역사서에는 모두 기록하지 않았더라도, 당대의 '역대 지략'(the Book of the Chronicles of the Kings of Judah, 35회)이라고 하는 소위 '왕조 실록'에는 다 기록했다는 의미이다. 그것을 참고로 하여 구약성경의 역사서를 기록할 때, 역사서 저자들이 참고했을 가능성이 있다.

특히, "유다 왕 역대 지략에 기록되지 아니하였느냐"라는 수사학적 질문을 통해서 몇 가지 암시하는 사실이 있다.

첫째, 성경 역사에 기록된 내용은 역대 지략에도 기록되어 있는 것으로서, 역사적 사실에 근거한다는 의미를 암시한다.

둘째, 나머지 역사적 기록도 역대 지략을 통해 읽을 수 있다는 의미이다.

셋째, 여호람 외에 다른 유다 왕들의 행적도 역대 지략에 기록되어 있으니, 그 역사는 보편적인 기록이라는 점도 암시할 수 있다. 즉 한 왕을 위한 역사만을 기록한 것이 아니라, 전체 왕들의 역사들 가운데 한 부분이라는 것이다.

넷째, 성령의 영감 안에서 보존된 역사들 가운데서, 그 일부를 선별적이고 신학적 배열을 따라 최종 형태로 기록하고 보존되었다는 점을 암시한다.

많은 역사적 사건들과 행적들이 역사(historiography)라는 역대 지략과 같은 기록 형태로 옮겨졌고, 그 기록에서 다시 일부의 기록을 구약성경의 역사서라는 계시 문헌 안으로 들어오게 된 것은 그야말로 선별적 기록과 신학적인 의도 안에서 현재의 형태의 모습으로 배열되어 전수되었다는 점이다.

역사서에서 왕의 사망과 장사에 대한 정보는 이와 같은 기록의 방식을 통해 전달한다(24절). 여기의 표현은 왕이 평화롭게 죽고 매장되었다고 관용적으로(conventionally) 표현하고 있다. 즉 왕의 사망과 장례(장사)에 대한 포뮬러이다. 물론 때로는 왕이 아닌 자들을 위해 사용되기도 한다(창 47:29-30). 대부분은 남북 왕조의 왕들을 위해 사용했다.

그리고 비록 그 왕들이 악행을 한 자라고 할지라도, 마치 평안하게 죽었다는 의미로 기록을 남긴 것은 이 표현이 열왕기서에서 관용적으로 왕의 업적과 상관없이 사용하고 있기 때문이다(열왕기서와 다른 역사서의 차이점들 가운데 하나이기도 하다).² 선왕의 사망과 매장의 정보에 이어서 후임 왕의 정보가 주

---

2   J. A. Thompson은 *The Book of Jeremiah* (Grand Rapids: Wm. B. Eerdmans Publishing Company, 1980), 480에서 여호야김의 불분명한 죽음을 다음과 같은 방식으로 설명을 시도한다. 여호야김이 "예루살렘 문밖에 던져지고 나귀 같이 매장함"을 당할 것(렘 22:19)이라는 예언은 "그의 시체가 버림을 당하여 낮에는 더위, 밤에는 추위를 당하리라"(렘 36:30)는 예레미야의 예언과 크게 다르지 않다. 이 두 구절은 여호야김의 죽음 및 장례식에 대한 부정적인 의미를 담고 있다. 반면, 왕하 24:6에 따르면, 여호야김이 죽어서 "그의 조상들과 함께 자매"라고 기술함으로 그의 죽음 및 장례식이 부정적인 의미가 소거된 '평범한 것'(a normal burial)이었음을 암시한다.
여호야김의 사후 장례에 대한 서로 다른 역사적 기술들을 어떻게 설명할 수 있을까? 톰슨에 의하면, 왕하 24:6의 표현(평범한 죽음과 매장)은 열왕기서에서 왕으로서 통치를 마친 후 죽었을 때, 모든 왕에게 일반적으로 사용하는 '전형적인 공식'(a stereotyped formula)이라는 점을 지적한다. 그리고 바벨론 연대기에 따르면, 느부갓네살 왕은 B.C. 598년 12월에 예루살렘으로 진격했다고 기록을 남긴다. 이때, 여호야김은 느부갓네살이 도착하기 전에 이미 사망했으며, 여호야긴이 왕위를 계승하여 통치하고 있었다(왕하 24:5-10)고 추정한다. 『예레미야 주석』(근간)을 참고하라.

어진다. 아하시야가 그의 부친 여호람을 이어서 유다의 왕이 된다.

3) 유다 왕 아하시야(25-29절; 대하 22:1-6)

유다 왕 여호람을 이어서 그의 아들 아하시야가 왕이 된 시점을 이스라엘의 왕조의 역사와 함께 비교 연대기를 소개한다(25절). 즉 이스라엘 왕 아합의 아들 요람의 통치 제12년에 아하시야가 유다 왕으로 등극했다. 여기 등장하는 유다 왕 아하시야(Ahaziah, 841 B.C.: 1년간)는 이스라엘 왕 아하시야(Ahaziah, 853-852 B.C.; 2년간, 왕상 22:51-왕하 1:18)와는 동명이인이다.

이스라엘 왕 아합의 3남매의 이름은 아하시야(아합의 다음 왕), 여호람(아하시야 다음 왕), 아달랴(유다 왕 여호사밧의 며느리, 유다 왕 여호람의 아내)이다. 아합의 딸 아달랴는 유다 왕 여호람의 아내가 되어서 낳은 아들의 이름을 그녀의 오라버니 이름과 동일한 아하시야로 정했다. 그리고 그녀는 22세 된 아들 아하시야를 정치적으로 좌지우지했다(26절).

표 33. B.C. 9세기 남북 왕조의 연대기 대조표

이스라엘 왕(Northern King)	통치 기간	유다 왕(Southern King)	통치 기간
오므리(Omri)	885-874 B.C.	아사(Asa)	910-873 B.C.
아합(Ahab)	874-853 B.C.	여호사밧(Jehoshaphat)	873-848 B.C.
아하시야(Ahaziah): 아합의 아들	853-852 B.C.		
여호람/요람 (Jehoram/Joram): 아합의 아들	852-841 B.C.	여호람/요람 (Joram/Jehoram) cf. 아내: 아합의 딸(아달랴)	848-841 B.C.
예후(Jehu)	841-814 B.C.	아하시야(Ahaziah)	841 B.C.

아하시야가 유다 왕이 될 때에 나이가 22세였다(26절). 예루살렘에서 단지 1년간의 통치 기간을 가진 왕이다. 그런데 여기서 중요한 여성 한 명이 등장한다. '아달랴'라는 여인이다. 그녀는 이스라엘 왕 아합과 이세벨 사이에서 태어난 딸이며, 유다 왕 여호람의 아내가 되었고, 이어서 유다 왕 아하시야의 어머니가 된 여인이다. 역대하 22:2에서는 아달랴를 히브리어 표현으로는 "오므리의 딸"(בַּת־עָמְרִי, 바트-옴리)로 표현되었는데, 오므리의 '여자 후손'으로서 곧 오

므리의 손녀가 된다(대하 22:2). 북이스라엘 출신 아달랴는 그녀의 아들 유다 왕 아하시야가 악행을 행하는데 있어서 카운슬러로 묘사되어 있다(대하 22:3). 유다 왕 아하시야는 후에 이스라엘 왕 예후에 의해서 살해된다(왕하 9:27).

이 본문에서 가장 중요한 한 가지 메시지가 있는데, 그것은 누구를 만나고 누구와 교제하느냐는 매우 중요하다는 점이다(27절). 여기서 유다 왕 아하시야는 자기 장인이 되는 북이스라엘 왕인 '아합의 집 길'로 행하여 '아합의 집과 같이' 여호와 보시기에 악행을 행하였다.

정략적 결혼을 통한 동맹이 죄악을 범하여 하나님의 진노의 대상으로 전락한 '악행의 동맹'이 되어버렸다. 이러한 사실은 바로 앞에서 유다 왕 여호람/요람이 또한 아합의 집과 같았다는 사실을 증언했다(18절).

여기서 유다 왕 여호람의 아들인 아하시야 왕도 '아합의 집'의 길을 행하였으며, '아합의 집과 같이' 여호와 보시기에 악을 행하였다. 물론 여기서 유다 왕 아하시야(Ahaziah, 853-852 B.C.: 2년간)는 이스라엘 왕 아하시야(Ahaziah, 841 B.C.: 1년간)와는 동명이인이다. 이 본문은 유다 왕들(여호람과 아하시야)이 2대에 걸쳐서 악행을 한 중요한 이유를 '아합의 집'과의 관련성 때문이라는 것을 강조한다. 아합의 집의 사람들과의 친인척 관계가 주된 원인이라는 점을 말한다. 즉 "아합의 딸이 그의 아내"(18절), "아합의 집의 사위"(27절)라는 표현들이다. 유다 왕 여호람과 아하시야는 2대에 걸쳐서 아합 집과의 관계 때문에, 나라를 말아먹은 왕들이라고 할 수 있다.

이런 점에서, 누구와 교제하고 누구와 친구가 되며, 누구와 결혼을 하는가는 매우 중요한 문제이다. 결혼은 하나님 앞에서 신앙 중심으로 혼인 언약 관계를 맺는 것임을 주지할 필요가 있다.

유다 왕 아하시야(27-28절)는 아합의 사위인 유다 왕 요람/여호람의 아들이다. 아하시야의 아버지와 처남-매부 관계인 이스라엘 왕 여호람/요람과 함께 길르앗 라못(Ramoth-Gilead)으로 가서 아람 왕 하사엘과 함께 전쟁한다. 이 전투에서 아람 군대가 이스라엘 왕 여호람/요람에게 부상을 입힌다. 여기서 길르앗 라못(Ramoth-Gilead)은 이스라엘과 시리아(아람)의 국경 도시로서, 일찍이 이스라엘 왕 아합이 아람과의 전투에서 쓰러진 장소이기도 하다(왕상 22). 이번에는 아람 군사들이 이스라엘 왕 요람/여호람에게 부상을 입힌다. 이런 점에서, 아람 나라는 아합과 그의 아들 요람에 걸쳐서 이스라엘 왕 2대에 걸쳐서 동일한 전선(길르앗 라못)에서 전상을 입힌다.

그래서 이스라엘 왕 요람/여호람은 아람 왕 하사엘과의 전투에서 중상을 입고 그것을 치료하기 위하여 이스르엘로 돌아왔다(29절). 여기서 이스르엘(Jezreel)이라는 단어는 "하나님이 뿌리시다"라는 문자적 의미를 갖는다. 구약성경에서 '이스르엘'은 3개의 서로 다른 지명과 2개의 서로 다른 인명으로 사용되는 용례를 가진다. 먼저, 지명으로서 잇사갈 자손에게 할당된 한 성읍 이름으로서 '이스르엘'(수 15:56; 삼상 25:43)은 후에 북이스라엘의 영토가 된다.

그리고 이스르엘 골짜기에 있는 성읍 이름으로서 '이스르엘'도 있는데, 이 성읍은 예루살렘에서 북쪽으로 90킬로미터 므깃도와 벧산 사이에 있다(왕상 4:12; 수 19:18; 왕상 21장; 왕하 9-10). 그리고 이스르엘 골짜기의 이름이다(삿 4-7장; 삼하 4장; 왕하 9-10; 22). 전체적으로, 이스르엘은 인근의 동일한 지역인 것으로 보이며, 거기에는 비옥한 계곡이 있는 이스라엘의 한 도시로서 이스라엘 왕 아합의 겨울 궁전이 있는 곳이다(왕상 21:1). 그리고 사람 이름으로서 '이스르엘'은 유다 지파의 사람 이름(대상 4:3)과 선지자 호세아의 아들 이름(호 1:4)으로 사용된다.

유다 왕 여호람/요람의 아들 아하시야는 이스라엘 왕 요람/여호람에게 병문안을 간다. 아람과의 전쟁에서 입은 상처가 깊어진 것으로 보인다. 그러한 중병이 깊어지고 투병 기간이 길어져서 신하 중 하나(예후)가 반역을 도모하는 동기가 된다. 이러한 상황이 또한, 호렙산에서 선지자 엘리야에게 주셨던 '기름 부음'의 3대 소명 가운데 하나인, 이스라엘 왕을 예후로 교체하라는 하나님의 주권적인 뜻이 이루어지는 계기가 된다(9장).

그리고 아람 왕 벤하닷 2세가 중병을 앓을 때, 반역을 도모한 하사엘의 경우도 비슷했다. 물론 이 두 반역의 경우(예후와 하사엘) 모두, 두 나라의 두 왕들(요람과 벤하닷 2세)의 건강 문제 때문에 왕권을 바꾸라는 것이 아니라, 범죄한 이스라엘과 아합 집에 대한 하나님의 심판 사역의 도구의 관점에서 예후와 하사엘이 각각 왕으로 세움을 받는다.

3. 결론 및 적용

　배교와 우상 숭배의 상징인 북이스라엘의 오므리 왕조의 아합과 이세벨의 집과 깊은 관계인 '결혼'을 통한 결합과 지속적으로 교제를 하는 유다 왕조의 두 왕인 여호람과 아하시야는 "여호와 보시기에 악을 행했다"(왕하 8:18, 27). 이러한 종류의 인간의 사회적 관계에 대하여, 구약의 지혜 문학인 잠언은 사귀고 교제해야 할 기준으로서 하나님의 지혜를 보여 준다.

> 지혜로운 자와 동행하면 지혜를 얻고 미련한 자와 사귀는 자는 해를 받느니라(잠 13:20).

　이와 같이 말씀함으로 사람의 사귐이 그 대상에 따라, 그 결과가 '지혜'(wisdom)를 얻는 교제가 될 수도 있고, '위해'(suffering harm)를 받는 사귐이 될 수가 있다고 교훈한다.

> 내가 너희에게 쓴 편지에 음행하는 자들을 사귀지 말라 하였거니와(고전 5:9).

　이처럼 사도 바울은 고린도 교회에게 보내는 첫 번째 서신에서 위험한 대상과의 교제를 경고한다. 그러면서, 이러한 위험한 교제의 대상에 해당하는 사람들이 세상에 많기 때문에, 이들과 어떤 방식으로 관계를 맺어야 할지 가이드 라인을 제시한다(고전 5:10-11).

> 이 말은 이 세상의 음행하는 자들이나 탐하는 자들이나 속여 빼앗는 자들이나 우상 숭배하는 자들을 도무지 사귀지 말라 하는 것이 아니니 만일 그리하려면 너희가 세상 밖으로 나가야 할 것이라(고전 5:10).

　이것은 세상에서 이러한 자들과 사귐 자체를 반대하는 것이 아니라, 깊은 관계를 맺지 말라는 것이다. 즉 악한 영향을 받는 깊은 관계가 되지 말라는 것이다.

> 밖에 있는 사람들은 하나님이 심판하시려니와(고전 5:13).

그리고 교회 밖 곧 세상에서 악행하는 자들에 대하여는 하나님께서 심판하신다는 말씀으로 경계를 받아야 한다. 문제는 교회 안에서 "만일 어떤 형제라고 일컫는 자" 즉 교회 울타리 안에 있는 자가 악행하는 자가 될 수 있다. 교회 밖에 있는 악은 위험할지라도, 상대적으로 덜 감염적이다. 반면, 교회 울타리 안에 있는 악은 교회의 거룩성을 직접적으로 훼손하는 한 마리의 '여우'가 될 수 있으며, 일부가 전체를 부패하게 만드는 '누룩'이 될 수 있다. 그래서 바울은 다음과 같이 말씀한다.

> 이제 내가 너희에게 쓴 것은 만일 어떤 형제라 일컫는 자가 음행하거나 탐욕을 부리거나 우상 숭배를 하거나 모욕하거나 술 취하거나 속여 빼앗거든 사귀지도 말고 그런 자와는 함께 먹지도 말라 함이라(고전 5:10-11).

교회 안에서 이런 악한 자들이 있다면, 교제를 단절하고 심지어는 내쫓으라고 말씀한다(고전 5:13). 그리고 바울은 고린도 교회에 보내는 두 번째 편지에서, 하나님의 거룩한 성전 된 그리스도인이 우상을 섬기는 자와 깊은 관계를 맺을 수 없다고 경고한다.

여기서 깊은 관계는 '결혼'이 중요한 적용의 한 영역이 될 수 있다. 이 말씀은 결혼에 대한 직접적 가르침은 아닐지라도, 결혼과 같은 평생의 동반자와 그들의 자손들에게까지 영향을 서로 주고받기 때문에, 결혼의 영역에서 이 말씀은 반드시 적용되어야 한다.

무슨 말씀인가?

> 너희는 믿지 않는 자와 멍에를 함께 메지 말라 의와 불법이 어찌 함께 하며 빛과 어둠이 어찌 사귀며(고후 6:14).

여기서 '의와 불법' 그리고 '빛과 어둠'이라는 흑백의 대조를 통해 그 위험성을 강조적으로 경고한다. 고린도후서 5장에서 그리스도를 통해서 하나님과 화목하는 길(고후 5:20)에 대해 교훈한 후에, 고린도후서 6장에서 그리스도를 통해 하나님과 화목된 성도의 사회적 관계에 대한 교훈으로서 다음과 같이 경고하는 것이다.

> 너희는 믿지 않는 자와 멍에를 함께 메지 말라(고후 6:14).

이러한 구약의 역사와 신약의 서신서에서의 훈계가 세상에서 그리스도인이 어떤 자와 사귀고 교제해야 할지에 대한 중대한 교훈의 말씀이 되어서, 순종함으로 위험이 아닌 하나님의 복을 받아 누리는 자가 되어야 한다.

♣ 개인 묵상과 소그룹 성경 공부를 위한 토론 질문 ♣

1. 사람과의 만남과 교제에 있어서 내가 거부하고 조심해야 될 부분이 있다면 어떤 것인가?

2. 믿음의 형제자매들이 불신자와의 교제와 결혼을 하는 것을 어떻게 생각하는지 말해 보라.

3. 나의 사회적 교제권에 있는 "악의 제국"은 어떤 것이 있는지 나누고, 그것들에 대하여 어떻게 대처할 수 있는지 함께 토의하고 기도하라.

[특주]
성경 고고학(2)
산헤립의 프리즘(Sennacherib's Prism)

1. 개요

　산헤립의 프리즘(Sennacherib's Prism)은 진흙으로 만든 육각 기둥(Hexagonal clay prism)의 토판 위에 설형문자(cuneiform)로 앗수르 왕 산헤립의 연대기(Sennacherib's Annals)를 새겨 넣고 그것을 구워서 만든 고고학적 기록물이다. 산헤립의 연대기의 텍스트가 새겨진 세 개의 점토 프리즘이 발견되었다. 테일러 프리즘은 영국 박물관에 있고, 오리엔탈 인스티튜트 프리즘은 시카고 오리엔탈 인스티튜트에 있으며, 예루살렘 프리즘은 예루살렘의 이스라엘 박물관에 있다.
　앗수르 왕 산헤립(Sennacherib, 704-681 B.C.)의 정복 전쟁(701 BCE)에 대한 사실을 바탕으로, 대략 B.C. 691년경에 만든 것으로 추정한다. 이것의 제원은 높이가 38.10센티미터, 표면 넓이가 8.57센티미터, 그리고 전체 넓이는 16.51센티미터이다.[1] 이것은 앗수르의 수도 니느웨(현대 지명: Nebi Yunus)에서 발견된 것으로서, 1830년경 바그다드 주재 대영 제국의 영사였던 Colonel R. Taylor(1790-1852)에 의해 얻게 되었으며, 대영 제국 박물관 측이 테일러의 미망인으로부터 1855년경에 매입하였다.

1　"Sennacherib's Annals", https://en.wikipedia.org/wiki/Sennacherib%27s_Annals (2020-10-14).

이 텍스트의 또 다른 버전이 있는데, 현재 시카고대학교의 동양 연구소에 있는 산헤립 프리즘(Sennacherib Prism)이다. 이것은 1919년 동양 연구소의 바그다드 골동품 상인 제임스 헨리 브레스 티드가 구입했다.

그리고 또 다른 버전으로서, 예루살렘 프리즘은 1970년 소더비 경매에서 이스라엘 박물관에 인수되었다.

2. 배경(역사적, 성경적)

산헤립 연대기 그 자체는 히스기야 왕의 통치 기간 동안 산헤립이 예루살렘을 포위한 것을 묘사 한 것으로 유명하다. 이 사건은 이사야 36장과 37장, 열왕기하 18:13-19:37, 그리고 역대하 32:1-23; 33:11에 기록되어 있으며, B.C. 701년의 사건이다. 산헤립의 유다 침략에 대하여 역사가 헤로도투스는 유다를 언급하지 않으면서 기술하고 있다. 그에 따르면, 그 침략은 나일 델타의 가장자리에 있는 펠루지움(Pelusium)에서 끝났다고 전한다.

산헤립의 프리즘에서 그는 히스기야(715-686 B.C.)에 대해 이렇게 말한다.

> 나의 권위에 복종하지 않았던 유다 왕 히스기야에 대하여, 나는 많은 작은 성읍들을 포함하여 그의 46개의 요새화된 도시들을 포위하고 정복하여, 말과 노새, 당나귀, 낙타, 소, 양을 포함한 수많은 동물과 함께 크고 작은 남성과 여성 모두 약 200,150명의 약탈자로 데려갔다. 나는 그의 로얄 도시 예루살렘에 그를 새장처럼 폐쇄했다. 그 주위에 일련의 요새를 지었고 누구도 성문 밖으로 나오지 못하게 하였다. 나는 내가 장악했던 그의 성읍들을 Ashdod, Ekron 그리고 Gaza의 왕들에게 주었다.[2]

---

[2] "Sennacherib's Annals", in https://en.wikipedia.org/wiki/Sennacherib%27s_Annals (2020-10-11).

[특주] 성경 고고학(2) 557

3. 사진자료[3]

1) 설형문자(cuneiform)

D.P. Kha- za- ḳi- a- u   D.P. Ia- u- da- ai
      Hezekiah   of Judah

D.P. Ur- sa- li- im- mu   ali sharru- ti- shu
       Jerusalem   his royal city.

2) 산헤립 프리즘들

Taylor Prism, London   Oriental Institute Prism, Chicago   Jerusalem Prism, Israel

4. 산헤립 프리즘의 텍스트

이 비문의 세 가지 버전은 거의 동일하지만, 약간의 변형만 있다. 프리즘의 날짜는 16개월 간격으로 작성되었음을 보여 준다(B.C. 691년 테일러와 예루

---

[3] 아래에 있는 모든 사진 즉, 1) 설형문자(cuneiform), 2) 산헤립 프리즘들은 "Sennacherib's Annals" in https://en.wikipedia.org/wiki/Sennacherib%27s_Annals (2020-10-11)에서 인용 및 복사하였다.

살렘 프리즘, B.C. 689년 동양 연구소 프리즘). 이 텍스트의 일부를 보존하는 적어도 8개의 다른 단편 프리즘이 모두 영국 박물관에 있으며, 그중 대부분은 단지 몇 줄로 구성되어 있다. 특히, 시카고 텍스트는 다니엘 데이비드 루켄빌(Daniel David Luckenbill)에 의해 번역되었으며, 아카드어(Akkadian) 텍스트로부터 영어로 번역된 그의 책, *The Annals of Sennacherib* (1924)에서 볼 수 있다.[4]

산헤립 프리즘은 총 6면에 500행(6columns, 500lines)으로 구성되어 있는데, 여기서 각 면의 처음 몇 줄을 행의 구분과 함께 인용한다.[5]

<Column 1>

1. Sennacherib, the great king, 2. the mighty king, king of the universe, king of Assyria, 3. king of the four quarters, the wise shepherd, 4. favorite of the great gods, guardian of right, 5. lover of justice, who lends support, 6. who comes to the aid of the destitute, who performs pious deeds, 7. perfect hero, mighty man,

[중략]

<Column 2>

1. and settled in it people of the lands my hands had conquered. 2. The people of the land of the Kassites and the land of the Yasubigallai, 3. who had fled before my arms, 4. I brought down out of the mountains and 5. settled them in Hardishpi and Bît-Kubatti. 6. Into the hand of my official, the governor of Arapha, 7. I placed them. I had a stele made, and 8. the might of my conquering hand which I had 9. established upon them, I had inscribed on it. I set it up in the midst of the city.

[중략]

---

4 "Sennacherib's Annals", in https://en.wikipedia.org/wiki/Sennacherib%27s_Annals (2020-10-11).

5 Daniel David Luckenbill, The Annals of Sennacherib. Oriental Institute Publications 2 (Chicago: University of Chicago, 1924), The Annals of Sennacherib (Eugene, OR: Wipf & Stick Publishers, 2015), 23-47. 여기서 Luckenbill은 The Oriental Institute Prism Inscription 을 사용한다. 필자는 두 개의 출판물 가운데 최근 버전(2015년도)의 번역을 인용했다.

<Column 3>

1. they offered battle. (Trusting) in the aid of Assur, 2. my lord, I fought with them and 3. brought about their defeat. The Egyptian charioteers and princes, 4. together with the Ethiopian king's charioteers, 5. my hands captured alive in the midst of the battle. 6. Eltekeh (and) Timnah 7. I besieged, I captured, and I took away their spoil.

[중략]

<Column 4>

1. and my relentless warriors, 2. I, like a strong wild-ox, went before them (led the way). 3. Gullies, mountain torrents and waterfalls, dangerous cliffs, 4. I surmounted in my sedan-chair.

[중략]

<Column 5>

1. The Elamite, Kudur-nahundu, 2. terror overwhelmed him, the (people of) the rest of his cities 3. he brought into the strongholds. He himself 4. left Madaktu, his royal city, 5. and took his way to Haidala which is in the distant mountains.

[중략]

<Column 6>

1. speedily I cut them down and established their defeat. 2. I cut their throats, 3. I cut off their precious lives like a string. Like the many waters 4. of a storm, I made their gullets and entrails 5. run down upon the wide earth.

[중략]

제26장
메신저와 메시지

Topic : 엘리야-엘리사 내러티브(26)
Text : 열왕기하 9:1-13
Title : 메신저와 메시지
Theme : 하나님은 말씀으로 사람을 보내시고 말씀으로 사람을 찾으신다.

1. 서론 및 문맥

열왕기하 8장과 9장의 내러티브의 문맥적 전개는 "**이스라엘의 왕조 역사**(왕하 8:1-6)-아람 왕조(왕하 8:7-15)-유다 왕조(왕하 8:16-24, 25-29)-**이스라엘의 왕조 역사**"(왕하 9:1-10)의 순서로 이어져 왔다. 이제 본문의 문맥 전개는 엘리사 선지자가 사역하는 북이스라엘로 역사의 무대가 다시 옮겨졌다. 이러한 문맥적 구도는 앞서 언급한 대로, 이스라엘이 다른 외국 왕조들에게(아람 왕조, 유다 왕조) 긍정적으로, 그리고 부정적으로 깊은 영향을 주는 장면들을 묘사하기 위한 문학적 구조이다.

호렙산에서 엘리야를 통해 계시해 주신 세 가지 "기름 부음" 사역에 대한 문학적 순서(literary order)는 하사엘에게 기름을 부어 아람 왕이 되게 하는 것이 먼저였고, 이어서 예후에게 기름을 부어 북이스라엘 왕이 되게 하는 것이었으며, 마지막이 엘리사에게 기름을 부어 엘리야를 대신하는 선지자가 되게 하라는 것이었다(왕상 19:15-16). 즉 호렙산에서 시초적으로 하사엘(아람)-예후(이스라엘)-엘리사(이스라엘)의 순서로 기름 부으라고 엘리야에게 소명이 주어졌다.

두 개의 왕직과 한 개의 선지자 직분을 세우는 일이다. 당시 이스라엘과의 관계에서 세상 나라를 대표하는 나라로서 아람, 언약 백성으로서의 이스라엘, 그리고 이들 두 나라를 걸쳐서 사역하는 하나님 나라의 말씀의 종으로서 선지자를 세우는 일이다. 즉 세상 나라 아람-언약의 나라 이스라엘-하나님 나라의 순서이다.

그런데 이어지는 문맥을 심층적으로 관찰하면, 아람 왕 하사엘과 이스라엘 왕 예후를 세우는 일은 결국 배교한 이스라엘에게 행하실 심판을 준비하기 위한 하나님의 도구를 세우기 위함이다. 그리고 엘리사에 대한 소명은 이스라엘의 회복과 심판 사이에 최후통첩을 위한 것임을 알게 된다. 그런데 이 기름 부음의 사역이 실제 진행되고 성취되는 문맥적 순서는 엘리사-하사엘-예후의 순서로 진행되었다.

첫째, 엘리야는 먼저 엘리사에게 "기름"을 부어 선지자가 되게 하는 일을 수행했다(왕상 19:19-21). 물론 이 경우, 문자적으로 기름을 부음이 아니고 '겉옷'을 던짐으로 상징적 임직의 방식으로 성취되었다.

둘째, 하사엘에게 기름을 부어 아람의 왕이 되게 한 사건이다(왕하 8:7-15). 물론 이 경우도, 문자적인 기름 부음은 아니었고 엘리사 선지자가 그를 대면하여 여호와의 미래 신탁의 말씀을 전달하는 방식으로 실현되었다(왕하 8:13).

셋째, 예후에게 기름을 부어서 이스라엘 왕이 되게 하는 사건이다(왕하 9:1-6). 이 경우, 셋 중에서 유일하게 문자적인 기름 부음의 행위가 시행되었는데, 그것은 엘리사가 보낸 한 청년(제자)에 의해 간접적으로 시행되었다.

호렙산에서 여호와께서 부여해 주신 이 세 가지의 기름 부음의 소명 사건에 대한 말씀은 엘리야가 직접 받았으나, 엘리사의 선지자 임직 사건만 엘리야에 의해 직접적으로 시행되었고, 나머지 두 왕의 직분 세움(기름 부음)은 엘리야가 승천한 후, 엘리사의 사역 기간에 성취되었다.

물론 그 이유에 대하여는 앞에서 이미 몇 번 설명한 적이 있듯이, '엘리야-엘리사'라는 하나의 팀(one team) 사역임을 보여 주려는 의도인 것 같다. 엘리야의 승천으로 지상에서의 그의 부재는 '살아있는' 엘리야의 성령의 갑절의 능력으로 엘리사에게 임재하는 효과를 자아낸다. 특히, 엘리야의 승천 시에 나타났던 하늘의 '불말과 불수레'가 아람 군대에 의해 엘리사가 포위된 상황에서 현현한 하늘의 '불말과 불병거'의 충만한 장면을 통해서, 마치 엘리야의 "재림"과 같은 모습을 창출한다.

이 모습은 "옛 하나님의 사람"(엘리야)이 "새 하나님의 사람"(엘리사)에게 나타나서 둘이 '이스라엘의 병거와 그 마병'(왕하 2:12; 13:14)이 되어 일체화되는 듯한 장면을 연출한다. 사역적으로, 엘리야의 미완성의 기름 부음의 사역이 엘리사를 통해 계속되는 연속성을 가진다. 이러한 신학적 의도를 엘리야-엘리사 내러티브를 통해 문학적으로 의미 있게 반영하고 있다.

이 본문(왕하 9:1-13)은 호렙산에서 엘리야 선지자에게 주셨던 3대 기름 부음 사건 가운데 마지막 성취로서 예후가 기름 부음을 받아 이스라엘 왕이 되는 과정을 묘사하는 내러티브이다. 예후에게 기름을 부음으로 오므리 왕조(오므리-아합-아하시야-여호람: 4명의 왕)의 44년간의 통치 역사(885-841 B.C.)를 종결하고 예후 왕조(예후-여호아하스-요아스-여로보암 2세-스가랴: 5명의 왕)의 89년간의 통치 역사(841-752 B.C.)가 진행되는 새로운 이스라엘 왕조로 들어서는 사건이 된다(아래 두 왕조의 연대기를 참고하라).

표 34. 북이스라엘 오므리-예후 왕조 연대기

4대 왕조: 오므리 왕조(Omride Dynasty) 연대기: 885-841 B.C.(44년간 통치)			
왕의 이름	통치 기간	즉위 방법	아버지
오므리(Omri)	885-874 B.C.(12년간)	군대에 의해 선언	평민
아합(Ahab): 엘리사 소명(860)	874-853 B.C.(22년간)	상속	오므리
아하시야(Ahaziah)	853-852 B.C.(2년간)	상속	아합
요람/여호람(Joram/Jehoram): 엘리야 승천	852-841 B.C.(12년간)	상속	아합
5대 왕조: 예후 왕조(Jehu Dynasty) 연대기: 841-752 B.C.(89년간 통치)			
예후(Jehu): 군대장관	841-814 B.C.(28년간)	암살	여호사밧
여호아하스(Jehoahaz)	814-798 B.C.(17년간)	상속	예후
요아스(Joash): 엘리사 사망	798-782 B.C.(17년간)	상속	여호아하스
여로보암 2세(Jeroboam II)	793-753 B.C.(41년간)	상속	요아스
스가랴(Zechariah)	753-752 B.C.(6개월)	상속	여로보암 2세

2. 예후에게 기름 부음을 위해 선지자의 제자를 보냄(1-3절): 하나님의 뜻을 위해 선택, 부르심, 보내심

이제 엘리사 선지자의 마음속에, 엘리야를 통해 주신 하나님의 뜻을 수행하고자 하는 마음이 일어난 것 같다. 아니, 하나님의 시간이 된 것 같다. 그것은 다름이 아닌 호렙산 3대 기름 부음 사건 가운데, 이제 그 마지막 미션으로서 예후에게 기름을 부어서 이스라엘 왕을 교체하는 일이다. 심지어 영원히 꺼지지 않는 '다윗의 등불'(왕하 9:19)을 가진 유다 왕조를 부패하게 했던 당사자인 이스라엘의 오므리 왕조를 종결하고자 하는 하나님의 계획을 수행할 때가 된 듯하다.

그래서 엘리사는 이 일을 수행하기 위하여 '선지자의 제자들 중 한 명'(לְאַחַד מִבְּנֵי הַנְּבִיאִים, 레아하드 미브네 한비임)을 선택하여 불렀다(1절). 여기서 선지자는 물론 엘리사 선지자를 가리키지만, 히브리어 원문은 복수형(הַנְּבִיאִים, 한비임)으로 "그 선지자들"로 표현되어 있다.

무엇을 의미할까?

두 가지 가능성이 있다.

첫째, 이 복수는 강조 복수로 해석할 수 있다. 왜냐하면, 이어지는 여호와의 중요한 신탁을 전달한다는 점에서 그 위임된 선지자의 직분의 권위와 말씀의 권위를 동시에 강조하는 것으로 이해할 수 있다. 이것을 히브리어 문법에서 '강조 복수'라고 부른다.

둘째, 이 복수형은 엘리야와 엘리사 둘 모두를 가리킬 수 있다. 왜냐하면, 예후에게 기름을 붓는 일은 호렙산에서 엘리야가 받은 소명이고 그 소명을 현재 엘리사를 통해서 이어지고 있기 때문이다. 즉 하나의 팀의 개념이 여기서도 적용될 수 있다. 선지생도 공동체의 정체성도 엘리야의 제자들일 뿐만 아니라, 동시에 엘리사의 제자들이다. 이런 점에서, 복수형을 사용하여 '선지자들의 제자들'이라고 문자적으로 해석할 수도 있다.

두 가지 해석의 가능성 중 어느 하나를 제외시킬 필요가 없다. 모두 중요하다. 전자는 히브리어 강조 용법으로써 문법적 이해라면, 후자는 내러티브의 문맥적 발전을 고려하는 용법이다.

엘리사는 그 제자에게 다음과 같은 미션을 부여한다.

> 너는 허리를 동이고 이 기름병을 손에 가지고 길르앗 라못으로 가라(왕하 9:1).

사실 이 미션은 시초적으로 호렙산에서 여호와께서 주신 것으로서 엘리야가 받은 일인데, 엘리사가 수행한다. 그것도 엘리사가 직접 수행하지 않고 자신의 제자에게 맡긴다. 즉 여호와-엘리야-엘리사-제자를 통하여 4단계를 거치면서 진행되는 팀 미션이다.

그렇다면 여호와께서 엘리야에게 이 명령을 직접 주시지 않고 엘리사나 그의 제자에게 직접 줄 수는 없었는가?

이것이 바로 엘리야-엘리사의 내러티브와 사역의 연속성의 중요한 한 증거가 된다. 즉 한 팀(One team)의 개념이다. 이 과정에서 하나님은 자신의 뜻을 이루시기 위하여 사람을 선택하여 부르시고, 부르신 자를 보내어 사용하신다.

'허리를 동이라'는 것은 당시의 복식 문화를 반영한다. 긴 외투(garment)는 신속한 행위를 하는데 불편한 점을 보여 준다. 그래서 옷의 허리 부분을 동여 묶는 행위는 어떤 일이 신속히 진행될 것을 준비하는 예비적인 행위가 된다. 허리를 묶으라는 말은 급한 일이 전개될 것이라는 것을 암시한다. 그 급한 일은 엘리사가 이미 준비해 둔 기름병을 가지고 길르앗 라못으로 가는 행위이다.

지도 11. 길르앗 라못(Ramoth-Gilead)

길르앗 라못은 직전의 문맥(8:28)에서 유다 왕 아하시야와 이스라엘 왕 아합의 아들 요람이 연합하여 아람 왕 하사엘과 전쟁한 곳이며, 거기서 요람이 아람 군사에게 부상을 입은 장소이다.

왜 길르앗 라못(Ramoth-Gilead)으로 가라고 하는 것인가?

그 이유를 이어지는 2절에서 설명한다.

길르앗 라못에는 님시의 손자 여호사밧의 아들 예후가 있다고 언급한다(2절). 여기서 예후의 정체성(Jehu's patronymic information)을 '님시의 손자'라는 표현과 '여호사밧의 아들'이라는 표현과 함께 이중적으로 설명한다. 예후의 정체성을 설명함에 있어서, 저자가 아버지 이름만 사용해도 되는데, 굳이 할아버지 이름 님시(Nimshi)까지 언급하여 관계를 설명하는 것은 유다 왕 여호사밧과 동명이인이라는 점을 의식하면서, 차별화하기 위한 의도인 것 같다.

2절에서 언급된, 길르앗 라못에 도착한 후에, 엘리사의 제자가 수행해야 할 준비의 미션이 세 가지로 요약된다.

첫째, 예후를 찾아 들어가는 것
둘째, 함께 있는 동료들(형제들)로부터 선택 및 구별하는 것
셋째, 그를 골방(an inner chamber)으로 데려가는 것

이 세 가지 행위들 가운데 엘리사의 제자가 수행해야 할 목적과 관련된 최종 행위의 동기는 '은밀성'을 의미하는 '골방'이라는 단어에 집약되어 있다. 왕의 임직을 위한 은밀한 기름 부음의 이 사건은 사무엘이 현직 통일 왕국의 왕이었던 사울의 말년에 하나님의 명령을 받들어 은밀하게 베들레헴에서 진행된, 이새의 아들들 가운데 일곱 아들들을 지나가게 한 후 최종적으로 들에서 양을 지키는 막내아들 다윗을 오도록 하여, 다윗에게 기름을 붓는 장면을 연상시킨다(삼상 16:1-13).

두 본문 모두, 현직 왕의 존재 가운데 차기 왕의 후보자에게 기름을 붓는 일이기에 생명의 위험이 있는 일이었다(삼상 16:2). 그래서 은밀함이 이 미션의 관건이 된다. 선지자의 제자가 예후를 골방으로 데려가서 엘리사 선지자가 준비하여 주었던 기름병을 가지고 예후의 머리에 부으면서 선포해야 할 말씀이 있다. 그것은 "내가 네게 기름을 부어 이스라엘 왕으로 삼노라"

(כֹּה־אָמַר יְהוָה מְשַׁחְתִּיךָ לְמֶלֶךְ אֶל־יִשְׂרָאֵל, 코-아마르 야훼 메샤흐티카 레메렉 엘-이스라엘)라는 여호와의 신탁의 말씀이다(3절). 왕을 세우는 분이 하늘의 왕 여호와라는 의미이다.

여기서 실행 3단계의 행위가 언급된다.

1단계, 기름 부음의 의식행위이다.
2단계, 기름 부음과 함께 말씀 선포 행위이다.
3단계, 문을 열고 급히 도주하는 행위이다.

이 일은 하늘의 뜻을 전달하는 행위이기도 하지만, 상당히 위험한 행위라는 것을 암시한다. 현직 왕을 바꾸는 일이기 때문이다.

이 말씀이 여호와의 직접적인 말씀이라는 점을 부각시키기 위하여, 보냄을 받은 메신저는 직접 화법으로 그 신탁의 메시지를 전달한다. 이때 사용되는 메신저 포뮬러가 바로 "여호와께서 이와 같이 말씀하시되"(כֹּה־אָמַר יְהוָה, 코-아마르 야훼)라는 선지서에서 전문적으로 사용하는 직접 화법 지시어를 사용한다. 메신저 포뮬러의 수사학적 기능은 두 가지이다. 하나는 말씀하시는 인격체(여호와, 선지자)의 권위를 보여 주는 것이며, 또 다른 하나는 그 신탁의 말씀의 내용의 신실성 및 확실성을 확증하는 수사학적 장치이다. 여기서 "내가 네게"라는 표현은 신탁의 말씀을 주시는 여호와 자신과 메신저의 역할을 지칭하는 '나와 너'라는 1인칭과 2인칭 대명사의 결합된 표현이다.

'나'(1인칭 대명사 주어)와 '너'(2인칭 대명사 간접 목적어)는 각각 누구를 가리키는가?

이 두 개의 대명사(주어와 간접 목적어)는 '기름을 붓다'라는 동사와 함께 표현된 히브리어 어휘이다(מְשַׁחְתִּיךָ, 메샤흐티카). 직접 화법이기 때문에, '나'는 여호와 하나님 자신을 가리키며, '너'는 예후를 가리킨다. 여기서 '나'는 엘리야도, 엘리사도, 그리고 그의 제자도 아니다. 모두는 기름을 붓는 일을 대행하는 도구일 뿐이다. 즉 여호와 자신이 예후를 왕 삼는다는 의미이다. 왕을 삼는 주체가 여호와 하나님이시다.

기름 부음을 마친 후에, 보냄을 받은 선지자의 제자가 행할 마지막 행위가 있는데, 그것은 다음과 같은 명령에 나타나 있다.

곧 문을 열고 도망하되 지체하지 말라(왕하 9:3).

그 이유를 다음과 같이 설명할 수 있다.

이 행위는 보냄을 받은 자의 안전의 보장을 위한 행위이다. 즉 이스라엘의 왕을 교체하는 비밀 계획이 사전에 노출되어 신탁의 전달자를 위험에서 보호하려는 의도일 수 있으며, 또 다른 한 의도는 기름 부음과 함께 선포된 신탁만이 당사자와 그 장소에 남도록 하여 깊이 새겨 기억되게 하는 의도일 수도 있다. 그래서 여호와의 뜻이 사람들 가운데 논란과 의심이 없이 잘 진행되게 하도록 하는 것이다.

여기 3절까지의 내용은 엘리사 선지자가 그의 제자를 선택하여 불러서 미션을 부여하는 장면이다. 하나님은 사람을 선택하여 부르시고, 부르신 자를 자신의 뜻을 이루시기 위하여 보내시는 분이다. 이 일을 위하여 일찍이 엘리야를 부르셨고 다시 엘리야를 통해 엘리사를 선택하여 부르셨다. 엘리사를 통해 여러 선지자 제자들 가운데 한 청년을 선택하여 보내셨다.

그리고 선택된 예후를 왕으로 세워 하나님 자신의 뜻을 수행하고자 하신다. 그러므로 하나님은 자신의 뜻을 세상에 이루시고자, 사람을 선택하여 부르시고, 부르신 그를 보내시는 방법을 통해 한결같이 일하신다. 이것이 하나님의 업무 스타일이다. 이어지는 장면은 이 제자가 예후가 있는 길르앗 라못으로 가는 장면으로 연결된다.

3. 예후에게 기름 부음과 아합의 온 집에 대한 심판 선언(4-10절): 행한 대로 갚으시는 공의의 하나님

그리하여 "그 청년 곧 그 선지자의 청년"(הַנַּעַר הַנַּעַר הַנָּבִיא, 하나아르 하나아르 하나비)은 예후가 거주하고 있는 길르앗 라못으로 갔다(4절). 1절에서 "선지자의 제자들 중 한 명"(לְאַחַד מִבְּנֵי הַנְּבִיאִים, 레아하드 미브네 한비임)이라고 표현했으나, 여기 4절에서는 '그 청년'과 '그 선지자의 청년' 사이에 동격 관계 안에서 "청년"이라는 표현을 사용했다. 그런데 1절에서 엘리사를 일컫는 "선지자"(הַנְּבִיאִים, 한비임)가 복수로 사용된 것과 달리, 여기서 엘리사를 일컫는

"선지자"(הַנָּבִיא, 하나비)는 단수형으로 표현되고 있다. 그 이유는 1절에서 언급한 대로, 1절의 용법은 강조 복수의 개념 또는 하나의 팀 개념이라는 것이 다시 확인된다.

여기서 내레이터는 1절의 바로 그 제자라는 점을 확인하기 위해, "그 청년"에 이어서 "그 선지자의 청년"이라는 표현을 부가하였다. 이것은 마치 예후의 정체성을 유다 왕 여호사밧과 혼돈을 막기 위해 "님시의 손자"와 "여호사밧의 아들"이라는 이중적으로 표현한 것(2절)과 비슷하다.

엘리사의 제자된 그 청년이 도착한 한 장소에는 여러 명의 군대 장관들이 앉아있었다. 이 청년은 이미 예후가 누구인지 알고 있는 듯하다(5절). 그래서 그는 다음과 같이 말한다.

> 장관이여 내가 당신에게 할 말이 있나이다(왕하 9:5).

왜냐하면, 히브리어 원문에서 "당신"이라는 표현은 2인칭 남성 단수 대명사로 특정 장관(הַשָּׂר, 하사르) 한 명을 지칭하고 있기 때문이다. 그런데 청년의 이 말을 듣는 청중인 여러 명의 군대 장관들은 특정인을 향하여 말하는 것인 줄 알지 못하여서, 예후가 다음과 같은 질문을 청년에게 한다.

> 우리 모든 사람 중에 누구에게 하려느냐(왕하 9:5).

그래서 그 청년은 예후에게 다음과 같이 대답한다.

> 장관이여 당신에게니이다(אֵלֶיךָ הַשָּׂר, 에레카 하사르, 왕하 9:5).

예후는 자신이 지목되었다는 사실과 그 청년이 은밀한 골방에서 얘기를 하고 싶다는 뜻을 알아차렸는지 집 안으로 그 청년을 인도하여 함께 들어갔다. 이 장소는 개인 집은 아닌 것 같다. 이스라엘 군대가 숙영하고 있는 부대이며, 특히 군대 장관들이 함께 모여 있는 장교들의 휴식처 같은 곳이 아닐까 추정된다. 물론 민간인으로서 이 청년이 군부대와 심지어 장군들이 모인 장소까지 접근한다는 것 자체도 특별한 인도가 있는 듯하나, 본문은 전혀 그에 대한 정보는 불필요한 사족으로 여기는 듯하다. 그런데도 이어지는 문맥을 관찰할 때, 그 청년은 다른 사람의 의심과 경계를 방지하기 위하여 좀 어리석게 보이려고 노력했던 것 같다.

두 사람이 건물의 내실에 들어서자마자, 선지자의 청년은 예후의 머리에 기름을 부으며, 설명하기를 자신이 하는 말과 행위가 청년 자신의 말과 행위가 아니라, 여호와 하나님의 말씀이라는 점을 보여 주기 위하여, "이스라엘의 하나님 여호와께서 이와 같이 말씀하셨느니라"(כֹּה־אָמַר יְהוָה אֱלֹהֵי יִשְׂרָאֵל, 코-아마르 야훼 애로헤 이스라엘)라는 메신저 포뮬러(**코-아마르 야훼**)를 사용한다(6절). 이 말을 듣는 예후 장군도 여호와의 신탁임을 직감한다. 그 신탁의 내용(6절 하반절-10절 상반절, 총 53개의 히브리어 어휘)을 하나씩 전달한다.

그 첫 번째 말씀이 다음과 같은 말씀이다.

> 내가 네게 기름을 부어 여호와의 백성 곧 이스라엘의 왕으로 삼노니(왕하 9:6).

이 신탁의 말씀은 엘리사가 그 제자에게 미션을 맡길 때에 표현한 동일한 표현이 여기서 성취의 장면에서 반복된다(3절, 6절; cf. 왕상 19:16). 즉 엘리야-엘리사 내러티브에서 전형적으로 나타나는 것으로써, 예언-성취의 구도의 내러티브 전개에서 나타나는 보편적인 기법으로써의 반복이다.

선지자가 보낸 그 청년을 통한 여호와의 신탁은 7절에서도 계속된다.

> 너는 네 주 아합의 집을 치라(왕하 9:7).

일종의 반역 명령이다. 그 이유는 '내가 나의 종[들] 곧 선지자들의 피와 여호와의 종들의 피'에 대한 보복으로서, 그 피 흘림은 '이세벨의 손으로부터' 선지자들이 흘린 피에 대한 보복이라고 명시적으로 설명한다.

예후를 통해 여호와의 선지자들의 피와 여호와의 종들의 피를 흘린 것에 대한 여호와의 보복은 특정 개인에게서 그치는 것이 아니다. '아합의 온 집의 멸망'과 관련되어 있다. 이스라엘 사람들 가운데(외국인은 제외) 매인 자(노예)나 놓은 자(자유자)이든지 아합에게 속한 모든 남자가 그 멸절의 대상이다. 이런 정황을 볼 때, 현재의 시점이 오므리 왕조의 마지막 왕인 이스라엘 왕 요람/여호람(852-841 B.C.)의 통치 말년 B.C. 841년에 일어난 사건으로 추정된다.

본문 9절과 10절에서 이스라엘 왕들에 대한 저주문이 언급된다. 여기서 느밧의 아들 여로보암은 분열 왕국의 북이스라엘의 초대 왕으로 통치했다(여로보암 왕조, 22년간: 931-909 B.C.). 여로보암 왕조(여로보암과 나답)에 이어서 북이스라엘의 두 번째 왕조가 바아사 왕조가 통치했다(24년간, 909-885 B.C.).

표 35. 북이스라엘의 초기 3 왕조의 연대기

왕의 이름	통치 연대	즉위 방법
1대 왕조: 여로보암 왕조 22년간 통치(931-909 B.C.)		
여로보암(Jeroboam)	931-910 B.C.	백성들에 의해 선출
나답(Nadab)	910-909 B.C.	상속
2대 왕조: 바아사 왕조 24년간 통치(909-885 B.C.)		
바아사(Baasha)	909-886 B.C.	암살
엘라(Elah)	886-885 B.C.	상속
3대 왕조: 시므리 왕조 7일간 통치(885-885 B.C.)		
시므리(Zimri)	885-885 B.C.	암살

여호와 하나님은 죄악을 범한 이스라엘의 두 왕조에 대한 저주를 선언하셨다. 여로보암 왕조에 대한 저주는 열왕기상 14:10-11에 언급되어 있다.

> 그러므로 내가 여로보암의 집에 재앙을 내려 여로보암에게 속한 사내는 이스라엘 가운데 매인 자나 놓은 자나 다 끊어버리되 거름 더미를 쓸어 버림같이 여로보암의 집을 말갛게 쓸어버릴지라 여로보암에게 속한 자가 성읍에서 죽은즉 개가 먹고 들에서 죽은즉 공중의 새가 먹으리니 이는 여호와께서 말씀하셨음이니라 하셨나니(왕상 14:10-11).

그리고 바아사 왕조에 대한 저주는 열왕기상 16:4에 언급되어 있다.

> 바아사에게 속한 자가 성읍에서 죽은즉 개각 먹고 그에게 속한 자가 들에서 죽은즉 공중의 새가 먹으리라 하셨더라(왕상 14:4).

그리고 이어서 엘리야 선지자는 아합과 이세벨에게 비슷한 저주를 선언한 적이 있다(왕상 21:21-24). 사실 그 저주대로, 아합의 죽음은 열왕기상 22:34-38에 성취되어 기록되었다. 그리고 아합의 아내 이세벨에 대한 저주는 열왕기하 9:30-37에서 성취된다.

여기 9절에서 아합의 집에 대한 저주를 선언하면서, 아합 이전의 가장 악한 두 왕조(여로보암, 바아사 왕조)에게 선언된 저주가 통합되어 언급되고 있다. 즉 아합의 집이 여로보암의 집과 같이 되게 하며, 바아사의 집과 같이 되게 할 것이라고 말씀한다. 이스라엘의 3대 최악의 왕조이다. 두 왕조에 대한 여호와의 저주가 통합되어 누적된 형태로 아합의 집에 임할 것이라는 것은 최악의 저주를 의미한다. 최악의 저주는 최악의 범죄를 암시한다. 최악의 범죄는 최악의 형벌을 의미한다. 그래서 행한 대로 갚으시는 공의의 하나님이시다.

성경 전체에서 "행한 대로 갚으신다"라는 표현 가운데 대표적인 용례들이 있다(구약 3회, 신약 2회: 긍정 용법 1회).[1]

> 주의 인자함은 주께 속하오니 주께서 각 사람이 행한 대로 갚으심이니이다(시 62:12, 99:8).

> 그리하여 여러 민족과 큰 왕들이 그들로 자기들을 섬기게 할 것이나 나는 그들의 행위와 그들의 손이 행한 대로 갚으리라(부정적 용법, 렘 25:14).

> 인자가 아버지의 영광으로 그 천사들과 함께 오리니 그때에 각 사람이 행한 대로 갚으리라(부정적 용법, 마 16:27).

> 보라 내가 속히 오리니 내가 줄 상이 내게 있어 각 사람에게 그가 행한 대로 갚아 주리라(긍정적 용법, 계 22:12).

그러므로 하나님은 사람이 선을 행하든지, 악을 행하든지, 행한 대로 갚으시는 공의의 하나님이시다. 선을 악하다 하지 않으시고, 악을 선하다고 하지

---

[1] 그 외에도 유사한 표현들이 다수 등장한다(삿 1:7; 렘 50:15, 29; 51:24; 애 3:64; 겔 16:59; 18:30; 33:20; 욥 1:15; 롬 2:6; 딤후 4:14).

않으신다. 이 땅에서 일어나는 일들은 굽어지고 왜곡되는 일이 너무 많다.

하나님께서 행한 대로 갚으시는 공의의 하나님이라고 할 때, 한편으로 하나님을 경외하게 되며, 또 다른 한편으로 하나님이 위로자가 되신다. 선을 행하되 낙심치 말고(갈 6:9), 행한 선을 갚아 주시는 하나님을 믿고 하나님의 뜻을 이루기까지 인내로 선을 행하는 삶이 되어야 할 이유가 여기 있는 것이다.

4. 이스라엘의 왕이 될 예후를 위한 "대관식"(11-13절): 메시지가 있는 메신저가 되라!

엘리사가 보낸 제자는 예후에게 기름을 부었다. 그리고 북이스라엘의 두 왕조에 대해 일찍이 선언되었던 저주가 이제 아합의 집과 이세벨에게 적용될 것이라고 여호와의 신탁을 전달하고 선지자가 미리 말한 대로 그 자리를 신속히 떠났다(10절).

이어서 예후가 그 내실 방에서 나와서 동료 군대 장관들이 있는 곳으로 나왔다(11절). 그때, '주인의 신복들'이라고 불리는 오므리 왕조의 마지막 왕인 요람/여호람의 군대장관들은 예후에게 질문한다.

그 미친 자가 무슨 까닭으로 그대에게 왔더냐(왕하 9:11).

그들에게는 엘리사의 제자가 '미친 자'(the mad fellow)로 보여지고 인식되었다. 여기서 사용된 '미친 자'(שָׁגַע, 샤가, "to be mad")라는 단어는 동사의 수동태 분사형(푸알 분사)인데, 구약성경에서 이 단어는 7회 사용되었다(삼상 21:14, 15; 신 28:34; 왕하 9:11; 렘 29:26; 호 9:7). 미친 척하는 다윗을 위하여 3회(삼상 21:14, 15) 사용되었으며, 거짓 선지자가 예레미야 선지자를 향하여 '미친 자'(렘 29:26)로 일컬을 때도 사용되었다.

그 청년은 다윗처럼 미친 척을 했을 수 있다. 적어도 어리숙하게 보였을 가능성이 있다. 아니면 실제로 그 청년을 좀 무시하는 말로써, 그들에게 엘리사가 보낸 제자는 '미친 자'로 취급되었다. 그런데 미친 자 치고 너무 엄중하고 중요한 예언이 전달되었다. 그래서 예후는 동료 장관들에게 다음과 같이 대답했다.

그대들이 그 사람과 그가 말한 것을 알리라(אַתֶּם יְדַעְתֶּם אֶת־הָאִישׁ וְאֶת־שִׂיחוֹ, 아템 예다템 에트-하이쉬 웨에트-시호, 왕하 9:11).

이 표현에서 '그대들'(אַתֶּם, 아템)이라는 대명사 주어(2인칭 복수)가 강조되어 있다. 그들이 곧 자세히 알게(יְדַעְתֶּם, 예다템) 될 내용으로서 그 목적어가 두 가지로 각각 별도로 언급되어 강조되고 있다. 즉 '그 사람'(אֶת־הָאִישׁ, 에트-하이쉬)과 '그가 말한 것'(וְאֶת־שִׂיחוֹ, 웨에트-시호)[2]이다. 전자는 그 사람의 존재이며, 후자는 그 사람의 행위이다. 그 사람의 존재는 여호와께서 보내신 종이며, 그 사람의 행위는 기름 부음과 여호와의 신탁을 전달한 사역 행위를 가리킨다. 이는 곧 예후가 이스라엘의 왕이 될 것이라는 사실을 나타낸다.

그래서 이 표현은 그는 미친 자가 아니고 그가 한 말도 한낱 미친 말이나 "가짜 뉴스"가 아니며, 이제 당신들이 자연스럽게 곧 알게 될 것이라는 것에 대한 우회적인 표현이다. 즉 예후는 그 말씀을 신뢰한다는 것을 반영한다.

예후가 그렇게 대답하니, 그의 동료들은 "당치 아니한 말이라"(That is not true)라고 말한다(12절). 그러면서 그들은 예후에게 서서히 알게 되는 방식이 아니라 지금 곧 당장 말해달라는 요구로써, "그대는 우리에게 말하라"고 일제히 말한다. 예후는 "여호와의 말씀이 내가 네게 기름을 부어 이스라엘 왕으로 삼는다 하셨다"라는 신탁의 말씀(3절, 6절, 12절)을 자신이 들은대로 동료들에게 말한다.

첫째, 열왕기상 19:15-16(여호와가 엘리야에게):

וַיֹּאמֶר יְהוָה אֵלָיו וְאֶת יֵהוּא בֶן־נִמְשִׁי תִּמְשַׁח לְמֶלֶךְ עַל־יִשְׂרָאֵל

---

2 '그가 말한 것'(וְאֶת־שִׂיחוֹ)으로 번역된 히브리어 단어는 '시이아흐'(שִׂיחַ)라는 명사는 "complaint, musing, trouble"을 의미한다. 여기서는 "the way in which he talks"(BDB)를 의미한다. 즉 그가 말하는 방식인데, 그가 말하는 방식이라는 것은 결국 선지자의 그 제자와 예후가 골방으로 들어가서 둘 사이에 있었던 모든 행위 즉 그가 여호와의 신탁을 전달하면서 기름 부음을 했다는 것을 의미한다.

("여호와께서 그에게 이르시되…너는 또 님시의 아들 예후에게 기름을 부어 이스라엘의 왕이 되게 하고")

둘째, 열왕기하 9:3(엘리사가 제자에게 전달):

כֹּה־אָמַר יְהוָה מְשַׁחְתִּיךָ לְמֶלֶךְ אֶל־יִשְׂרָאֵל

("여호와의 말씀이 내가 네게 기름을 부어 이스라엘 왕으로 삼노라 하셨느니라")

셋째, 열왕기하 9:6(청년이 예후에게 전달):

כֹּה־אָמַר יְהוָה אֱלֹהֵי יִשְׂרָאֵל מְשַׁחְתִּיךָ לְמֶלֶךְ אֶל־עַם יְהוָה אֶל־יִשְׂרָאֵל

("이스라엘의 하나님 여호와의 말씀이 내가 네게 기름을 부어 여호와의 백성 곧 이스라엘의 왕으로 삼노니")

넷째, 열왕기하 9:12(예후가 동료 장관들에게 전달):

כֹּה אָמַר יְהוָה מְשַׁחְתִּיךָ לְמֶלֶךְ אֶל־יִשְׂרָאֵל

("여호와의 말씀이 내가 네게 기름을 부어 이스라엘 왕으로 삼는다 하셨다 하더라")

엘리사가 한 제자에게 전달했고(3절), 그 청년 제자가 예후에게 전달했으며(6절), 그리고 예후가 동료 장관들에게 동일한 여호와의 신탁을 전달했다. 이 과정에서 공통적으로 사용된 표현이 "여호와께서 이와 같이 말씀하시니라"(코-아마르 야훼, כֹּה־אָמַר יְהוָה)라는 메신저 포뮬러이다. 즉 그가 동료 장군들이 '미친 자'로 부르는 선지자의 청년은 미친 자가 아니라, 여호와께서 보내신 '메신저'이며, 그 신탁의 말씀은 '미친 말'이 아니라, 앞으로 되어질 '미래의 말'이라는 사실을 강조하기 위하여 직접 화법 지시어이면서 메신저 포뮬러인 "여호와께서 이와 같이 말씀하시되"(코-아마르 야훼, כֹּה־אָמַר יְהוָה)라는 표현을 사용한다.

몇 단계를 걸쳐서 전달된 그 신탁의 내용을 서로 비교할 때, 그 어순은 약간의 차이가 있더라도 동일한 내용인데, 곧 "이스라엘의 왕이 되도록 너에게 기름을 붓는다"(מְשַׁחְתִּיךָ לְמֶלֶךְ אֶל־יִשְׂרָאֵל, 메샤흐티카 레메렉 엘-이스라엘)라는 표현이다. 3회 반복된 동일한 신탁은 시초적인 궁극적 출발점은 호렙산 동굴 어귀였다(왕상 19:15-16).

거기서 여호와께서 엘리야에게 내린 신탁은 다음과 같다.

여호와께서 그에게 이르시되…너는 또 님시의 아들 예후에게 기름을 부어 이스라엘의 왕이 되게 하고(왕상 19:15-16).

호렙산 동굴에서 시작된 예후에 대한 기름 부음의 사명은 결국 길르앗 라못의 골방에서 성취되었다. "동굴에서 골방까지" 이어진 긴 여정에 사용된 하나님의 사람들 곧 엘리야, 엘리사, 한 청년 제자에 의해 실행되었다. 그리고 기름 부음을 받은 예후는 자기에게 적용된 그 신탁을 동료 장군들에게 발설했다. 그 말을 들은 동료 장군들은 일제히 놀랐을 것이다. 이 말은 자기 앞에 있는 동료 예후가 앞으로 이스라엘의 왕이 될 것이라는 의미이다.

"여호와께서 이와 같이 말씀하시되"라고 시작하는 여호와의 신탁을 듣자마자 이들은 다음과 같이 행했다.

> 각각 자기의 옷을 급히 가져다가 섬돌 위에 곧 예후의 밑에 깔고 나팔을 불며 (왕하 9:13).

그리고 그들은 다음과 같이 선포한다.

> 예후는 왕이라(Jehu is king, 왕하 9:13).

여기서 '섬돌'(אֶל־גֶּרֶם הַמַּעֲלוֹת, 엘-게렘 하마아로트)은 히브리어 원어는 다소 불확실한 의미를 가지는데, "신발을 벗고 편하게 발을 올려놓는 돌" 또는 '그의 밑에 깔고 앉는 돌'(תַּחְתָּיו, 타흐타이우) 정도로 이해하면 될 것 같다. 즉 이 돌받침대는 예후가 앉는 의자 역할을 했던지, 아니면 의자에 앉아서 발을 올리는 발 받침대 역할을 한 것 같다. 어쨌든, 예후가 사용했던 그 돌 위에 그들은 각각 자신의 신분을 상징하는 겉옷(garment)을 급히 가져와서 예후의 밑에 깔았다.

이 행위는 예후를 극진히 존귀한 자로 여기는 행위이다. 그리고 언어 행위로서 "예후는 왕이라"고 했으니, 예후의 대관식을 미리 행하는 일종의 예식이 되고 있다. 차기 왕에 대한 동료 장군들의 예우와 축하 의식이라고 할 수 있다. 왕됨의 가장 확실하고 신분을 보증하는 행위는 두말할 나위 없이 기름 부음(מָשִׁיחַ, מָשַׁח, 마쉬아흐, 마샤흐)과 여호와의 신탁(Oracle)의 말씀이다.

이 동료 장군들은 바로 직전까지는 선지자가 보낸 청년을 '미친 자'라고 불렀다. 여호와의 신탁을 들은 후에는 이제 그의 존재와 그를 통해 선언된 말씀을 신뢰하는 '믿는 자'가 되었다. 상대의 정체성을 '미친 자'로 부르는 자들이, 여호와의 신탁을 들은 후에는 여호와의 이름으로 선포된 말씀 때문에 자신의 정체성이 '믿는 자'로 바뀌었다. 이와 같이, 존재의 변화는 환경의 변화 때문이 아니라, 말씀의 임하심 때문이다. 말씀은 재창조이고 말씀은 역사가 된다.

말씀을 가진 자, 말씀을 받은 자, 말씀을 들은 자, 말씀을 전하는 자의 정체성은 보통 사람이 아니다. 그는 하늘의 하나님의 주권적인 뜻을 믿는 자이며, 그 뜻에 순복하는 자이며, 그 뜻을 행하는 자이다. 하나님의 뜻에 참여하는 영광스런 자이다. 즉 그는 하나님과 함께하는 존귀한 자이다.

이런 사람을 존귀하게 여기는 영성을 가져야 한다. 그 사람이 가진 말씀과 사명 때문이다. 이것이 메시지를 가진 메신저의 위치이다. 보냄을 받은 종의 정체성이다(요 13:16; 15:20). 곧 보내신 하나님 자신의 대행자이다.

말씀을 받은 보냄을 받은 자가 되어라!
메시지를 가진 메신저로 살라!

5. 결론 및 적용

세 가지 섹션을 요약하면 다음과 같다.

첫째, 새로운 이스라엘의 왕이 될 예후에게 기름 부음을 위해 선지자[들]의 제자를 보내는 내러티브(1-3절)에서 하나님의 행하심(divine works)을 계시하고 있다. 즉 하나님은 자신의 뜻을 이루시기 위해 사람을 선택하시고, 선택된 사람을 부르시며, 그리고 그 사람에게 말씀을 주셔서 세상으로 보내신다.

둘째, 예후에게 기름 부음과 아합의 온 집에 대한 심판의 선언을 하시는 내러티브(4-10절)에서 하나님의 성품(divine person)을 계시하신다. 즉 여호와는 행한 대로 갚으시는 공의의 하나님이시다.

셋째, 이스라엘의 왕이 될 예후를 위한 "대관식"을 행하는 내러티브(11-13절)에서, 메시지를 가진 메신저의 역할과 그 영향이 예후와 그 동료 장관들 사이에 극대화되고 있음을 보여 준다.

하나님의 역사는 보내는 자와 보냄을 받는 자의 역사라고 할 수 있다. 하나님의 구원 역사는 하나님 아버지께서 예수님을 세상에 보내셨고 예수님께서 믿음의 그리스도인(교회)을 세상에 보내시는 방법으로 진행된다. 먼저, 구약에서 하나님께서는 많은 선지자를 보내셨다. 그리고 이 모든 날 마지막에 그의 아들을 보내시기 바로 직전에 세례 요한을 보내셔서 준비하게 하셨다.

> 기록된 바 보라 내가 내 사자를 네 앞에 보내노니 그가 네 길을 네 앞에 준비하리라(말 4:5; cf. 3:1; 마 11:10).

마지막 선지자의 예언대로, 하나님이 세례 요한을 보내셔서 준비하셨다. 그러고 나서, 예수님이 친히 오셨다. 그리스도 안에서 이제 예수님은 믿음의 성도를 세상에 보내신다.

> 아버지께서 나를 세상에 보내신 것 같이 나도 그들을 세상에 보내었고(요 17:18).

> 예수께서 또 이르시되 너희에게 평강이 있을지어다 아버지께서 나를 보내신 것 같이 나도 너희를 보내노라(요 20:21).

그런데 무엇 때문일까?
왜 하나님은 태초부터 지금까지 계속 보내시는 사역을 집요하게 하시는 것인가?
보내시는 이유가 무엇인가?
사람을 세상에 보내시는 이유는 오직 하나의 궁극적 이유 때문이다.
그것은 무엇일까?

잃어버린 당신의 사람들을 찾기 위함이다. 즉 그 아들 예수 그리스도를 믿게 하는 하나님의 구원이 그 목적이다. 그래서 예수님은 이렇게 기도하신 것이다.

> 아버지여, 아버지께서 내 안에, 내가 아버지 안에 있는 것 같이 그들도 다 하나가 되어 우리 안에 있게 하사 세상으로 아버지께서 나를 보내신 것을 믿게 하옵소서(요 17:21).

세상에 예수님을 보내시고 그리스도의 영이신 성령님을 보내신 아버지 하나님께서 이제 자신의 교회를 세상으로 보내시기를 원하신다. 오직 한 가지 미션 때문이다.

세상으로 하여금, 아버지께서 구원자 예수님을 보내신 것을 알고 그 예수님을 믿어서 구원을 얻게 하는 것이다. 이것이 복음 메신저의 사명이다. 메신저는 세상으로 가야 한다. 메시지는 복음이다. 세상으로 가는 이유는 잃어버린 백성이 예수님을 믿고 구원 얻는 것이다.

이 보내심과 보냄을 받는 사명에 신실한 사명자로 사는 자신과 교회가 되어야 한다!

♣ 개인 묵상과 소그룹 성경 공부를 위한 토론 질문 ♣

1. 나는 언제 하나님의 선택을 받아서, 어떻게 부르심을 받았으며, 그리고 무엇을 위하여 세상으로 보내심을 받는다고 생각하는지 설명해 보라.

2. 행한 대로 갚으시는 공의의 하나님이라면, 이 하나님의 성품은 나와 세상에게, 현재와 미래에 어떤 의미를 주는가?

3. 메시지와 메신저의 특징과 차이점을 설명하고, 나는 어떤 메시지를 가지고 일터로 나가는 메신저인가?

[특주]
성경 고고학(3)
검은 오벨리스크(The Black Obelisk)

1. 개요

검은 오벨리스크의 제원은 2.02미터 높이의 크기에 전체 4면으로 되어 있다. 이것은 검은색 석회암 사각 기둥으로 되어 있다. 아카드어로 새겨진 비문은 190개의 행과 5개의 장면 삽화(captions)를 포함하고 있다.[1] 대략 B.C. 841년경에 예후가 공물을 살만에셀 3세에게 바쳤던 역사적 사실에 바탕을 두고 있다. 그로부터 약 14년 후, 대략 B.C. 827년에 즉 살만에셀 3세의 총 34년의 재위 기간 말기에, 살만에셀 3세에 의해 이 비석이 제작된 것으로 추정된다. 이것의 발굴은 1846년에 Kalhu/Calah(현대 지명: 이라크의 Nimrud)에서 Austen Henry Layard(1817-1894)에 의해 발굴되었다. 현재는 대영 제국 박물관에 소장되어 있다.

2. 역사적 배경

이스라엘과 싸운 최초의 앗수르 왕인 살만에셀 3세(858-824 B.C.)는 앗수르가 유브라데강 계곡과 아람(시리아) 지역으로 세력을 확장할 때에 통치했던 왕

---

[1] 검은 오벨리스크(The Black Obelisk)의 190개 행에 쓰여진 아카드어로 된 비문의 영어 번역을 위해 https://www.kchanson.com/ANCDOCS/meso/obelisk.html(2020-10-10)를 참고하라.

이다. 그는 B.C. 853년 북이스라엘 아합 왕과 아람 왕 벤하닷 2세 사이에 체결된 동맹군을 콰카(Qarqar) 전투에서 맞이한 적이 있다.[2] 살만에셀 3세는 B.C. 841년에 아람 왕 하사엘과 전투하여 그를 격파했고 북이스라엘 왕 예후에게 조공을 받았다(왕하 10:32-33). 이때의 기록을 남긴 고고학적 자료가 바로 살만에셀 3세의 검은 오벨리스크(The Black Obelisk)이다.

3. 성경적 내용

이스라엘 왕 예후가 앗수르 왕 살만에셀 3세에게 조공을 바치는 내용을 담고 있다(cf. 왕하 8:7-15; 10:32-33). 비문에 따르면, "오므리의 아들, 예후의 공물"이라고 쓰여 있는데, 그 비문이 동일시하는 예후는 엎드려 조공물을 바치는 모습으로 묘사되어 있다. 그리고 예후를 북이스라엘의 조상 오므리의 승계자로 표현하고 있다(왕상 16; 왕하 9-10). 이 비문은 성경에 등장하는 이스라엘의 이 두 왕들의 존재를 고고학적으로 확인해 주는 의의를 가진다.

B.C. 841년경에 살만에셀은 아람 왕 하사엘을 격파했으나, 다메섹을 차지하는 것에는 실패하고 두로와 시돈, 사마리아로부터 조공을 받았던 지중해 해변 방향으로 군사를 이끈다. 그래서 예후의 복종의 상황은 살만에셀이 아람 왕 하사엘을 무찌른 직후였다(왕하 8:7-15). 열왕기하 10:32에 다음과 같이 말씀하고 있다.

> 여호와께서 이스라엘에서 땅을 잘라 내기 시작하시매 하사엘이 이스라엘의 모든 영토에서 공격하되(왕하 10:32).

이 말씀은 범죄한 예후가 통치하는 이스라엘에 국가적 위기가 도래했음을 의미한다.

---

[2] Walter C. Kaiser Jr. and Paul D. Wegner, A History of Israel: From the Bronze Age through the Jewish Wars (Nashville TN: B & H Academic, 2017 (revised), 466-467.

[특주] 성경 고고학(3)

4. 사진 자료[3]

1) 오벨리스크 전면 사진

2) 검은 오벨리스크 부분 사진 4개와 각각에 대한 핸드 드로잉

아래의 사진 상단은 오벨리스크의 앞면의 조각된 그림들을 파노라마 형식으로 연결하여 놓은 사진들이며, 하단은 상단의 조각된 그림들을 펜으로 그린 사진(drawing)을 역시 파노라마 형식으로 연결되어 있다.

---

[3] 아래의 사진 1), 2)는 Wikipedia에서 왔다. "Black Obelisk of Shalmaneser III" in https://en.wikipedia.org/wiki/Black_Obelisk_of_Shalmaneser_III (2020-10-10).

아래에 있는 그림은 검은 오벨리스크의 첫 번째 면에 새겨진 조각의 그림 (예후의 사절단)에 대한 한글 설명과 글이다.[4]

3) 검은 오벨리스크의 텍스트(Text)

검은 오벨리스크의 비문의 원문은 190개 행으로 구성되어 있으며, 언어는 아카드어로 쓰여져 있다. 그 전문을 다니엘 라컨빌(Daniel David Luckenbill)이 영어로 번역을 했다.[5] 여기서 한글 번역을 아래에 소개한다.[6]

---

[4] https://biblia.co.il/%ec%82%b4%eb%a7%8c%ec%97%90%ec%85%80-3%ec%84%b8%ec%9d%98-%ea%b2%80%ec%9d%80-%ec%98%a4%eb%b2%a8%eb%a6%ac%ec%8a%a4%ed%81%ac/ (2020-08-22).

[5] Luckenbill, Daniel David. Ancient Records of Assyria and Babylonia. Vol. 1. Chicago: Univ. of Chicago Press, 1927, 아카드어로 된 비문의 영어 번역을 위해 https://www.kchanson.com/ANCDOCS/meso/obelisk.html(2020-10-10)를 참고하라.

[6] https://biblia.co.il/%ec%82%b4%eb%a7%8c%ec%97%90%ec%85%80-3%ec%84%b8%ec%9d%98-%ea%b2%80%ec%9d%80-%ec%98%a4%eb%b2%a8%eb%a6%ac%ec%8a%a4%ed%81%ac/ (2020-08-22).

[특주] 성경 고고학(3)

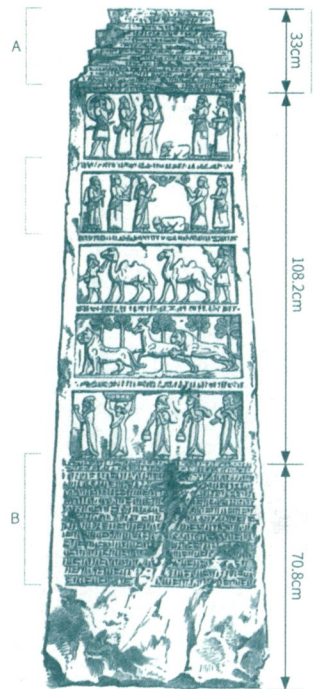

[A] 아수르, 위대한 주, 모든 이들의 위대한 신들: 아누 Anu, 하늘의 영들의 왕, 그리고 땅의 영들, 세계를 다스리는 주; 벨 Bel, 가장 뛰어난 자, 신들이 아버지, 창조자; 헤아 Hea, 깊음의 왕, 운명의 결정자, 왕들 중의 왕, 들이켜 마시는 이; 림몬 Rimmon, 면류관을 쓴 영웅, 운하의 주인; 태양신, 하늘과 땅의 재판관, 모든 것의 조언자; [므로닥] Merodach, 신들의 황태자, 전쟁의 주; 아다르 Adar, 끔찍한 이, 하늘의 영과 땅의 영들의 […], 강한 신; 네르갈 Nergal, 강력한 이, 전쟁의 왕; 느보 Nebo, 높은 왕권을 가진 이, […] 신, 하늘의 아버지; 벨티스 Beltis, 벨의 아내, 위대한 신들의 어머니; 이쉬타르 Istar, 하늘과 땅의 지배자, 완벽한 영웅; 위대한 […] 운명의 결정자, 나의 왕국을 만든 이. [나] 살만에셀, 많은 사람들의 왕, 앗수르의 지배자이자 영웅, 강력한 왕, 해가 뜨는 사면에 사는 모든 이들의 왕, [온 세계를] 진군하는 왕; 전 세계를 [진군하는 왕], 아수르나시르팔 (Assurnasirpal)의 아들, 위대한 영웅, 신들이 그를 영웅으로 만들었다. 그리고 세계는 그의 발에 입맞춤하게 하였다.

[B] 내가 다스린지 8년째 되던 해, 간-두니아스 Gan-Dunias의 왕인 므로닥-수마-이딘 Merodach-su-ma-iddin 이 그의 의붓형제인 므로닥-빌라-유사테 Merodach-bila-yu'sate 와 함께 반란을 일으켰다. 그는 요새화된 영토를 가지고 있었다. 나는 므로닥-수마-이딘을 벌하기 위해서 출정했다. 나는 물이 풍부한 도시 두르낫 Dhurnat 을 점령하였다. 나의 아홉번째 출정은 두번째 가게 되는 아카드 Accad 였다. 나는 가나-나테 Gana-nate 도시를 포위하였다. 므로닥-빌리-유사테는 아수르를 두려워하였다. 므로닥은 당황하였고 목숨을 보전하기 위해서 산으로 도망했다. 나는 그의 뒤를 뒤쫓았다. 므로닥-빌라-유사테와 그를 따르는 장군들을 활로 살육하였다. [그들의] 위대한 요새들로 진군하였다. 나는 바빌론 Babylon, 보르시파 Borsippa, 쿠타 Cuthah에서 제의를 드렸다. 위대한 신들에게 감사의 제사를 드렸다. 나는 칼두 Kaldu 로 내려갔다. 그들의 도시들을 점령했다. 칼두 지역의 왕들로 부터 공물을 받아냈다. 나의 위대한 발에 바다가 떨었다.
내가 왕위에 오른지 10년째 되던해, 나는 유프라테스 강을 여덟번째로 건넜다. 칼케미쉬 Carchemish 사람들이 살고 있는 상가라 Sangara의 도시들을 점령하였다. 아라메 Arame의 도시들로 진군하였다. Arne의 도시들과 100개의 마을을 점령하였다. 내가 왕위에 오른지 11년째 되던해, 나는 아홉번째로 유프라테스강을 건넜다. 셀 수 없이 많은 도시들을 점령하였다. 하맛 Hamath 사람들의 땅에 있는 히타이트 Hittite 인들의 도시들로 내려갔다. 89개의 도시들을 점령하였다. 다마스커스 Damascus의 림몬-이드리 Rimmon-idri 와 히타이트의 열두명의 왕들과 한 명의 다른 왕의 군대가 무장하였다. 나는 그들을 파괴하였다. 내가 왕위에 오른지 12년째 되던해, 열번째로 유프라테스 강을 건넜다. 파가르-쿠부나 Pagar-Khubuna 땅으로 진군하였다. 나는 전리품들을 옮겨왔다. 내가 왕위에 오른지 13년째 되던해, 야에티 Yaeti 지역으로 내려갔다. 나는 전리품들을 얻었다. 내가 왕위에 오른지 14년째 되던해, 나는 군대를 모으고, 유프라테스 강을 건넜다. 나를 대적하는 열두 명의 왕들이 왔다. 나는 싸웠고 그들을 이겼다. 내가 왕위에 오른지 15년째 되던해, 나는 티그리스 강과 유프라테스 강의 근원지로 갔다. 그 곳에 나의 위대한 형상을 세웠다. 내가 왕위에 오른지 16년째 되던해 자브 Zab 강을 건넜다. 찌므리 Zimri 지역으로 진군하였다. 찌므루 Zimru 땅의 왕인 므로닥-무담믹 Merodach-mudammik 이 목숨을 건지기 위해서 [산으로] 도망갔다. 그의 보물과 그의 군대, 그리고 그의 신들을 가져왔다. 칸반 Khanban 의 아들인 얀수 Yansu 를 왕으로 세웠다.

제27장
아합 가문에 대한 심판 성취

Topic : 엘리야-엘리사 내러티브(27)
Text : 열왕기하 9:14-37
Title : 아합 가문에 대한 심판 성취
Theme : 여호와 하나님의 공의의 화살은 반드시 맞출 자를 명중으로 맞춘다.

1. 서론 및 문맥

호렙산에서 엘리야에게 주셨던 세 가지 기름 부음(하사엘, 예후, 엘리사, 왕상 19:15-16)을 위한 소명 사건 가운데, 하사엘에게 기름을 부어 아람 왕이 되게 하는 것과 예후에게 기름을 부어 북이스라엘의 왕조를 교체하는 사건은 엘리야가 승천한 후, 엘리사의 사역 기간에 발생한다.

특히, 예후에게 기름 부음은 엘리사에 의해 직접 시행되지 않고 엘리사에 의해 수백 명의 제자들 가운데 한 명의 청년 제자가 선택되고 부름 받아 기름병과 신탁을 가지고 예후를 극비 하에 방문하여 그 미션을 수행한다(왕하 9:1-13). 이 소명 사건이 '여호와-엘리야-엘리사-제자'로 이어지는 4단계의 순서를 거치면서 '하나의 드림팀'(one dream team) 안에서 전승되었다. 그 원리는 '보내는 자와 보냄을 받는 자'의 관계 안에서 미션이 발생했다.

이와 유사하게, 이 미션의 내용에 해당하는 아합 집안에 대한 심판도 오므리 왕조의 아합과 그의 아내 이세벨 사이에 태어난 3남매(아하시야, 요람, 아달랴) 가운데, 이스라엘의 왕이 되었던 자들 곧 '오므리-아합-아하시야-요람'으로 이어지는 4단계의 순서를 거치면서 또 다른 '하나의 팀'(one house) 안에서 전승 및 누적된 죄악을, 새롭게 기름 부음 받고 보냄을 받은 예후에 의해서 심판이 진행된다.

첫 번째 팀은 호렙산 소명 사건 중심으로 시대를 초월하여 뭉쳐진 "거룩한 선수단"(divine squad)이라면, 두 번째 팀은 이스르엘 사람 나봇의 토지 강탈 사건 및 살인과 우상 숭배로 점철된 죄악이 세대를 거듭하면서 다져진 "사악한 도적단"(vicious bandit) 곧 '아합의 집'이다. 이 본문은 그 사악한 도적 아합 왕조에 대한 심판이 집행되는 과정을 기술한다.

2. 아합의 아들 이스라엘 왕 요람이 피살되다(14-26절)

1) 예후의 반역의 여정이 시작되다(14-16절)

본문의 저자는 예후가 요람을 배반했다는 표현을 명시적으로 여기서 사용한다(14절). 이 반역의 때가 시간적으로 언제인지 그 상황을 14절 하반절부터 15절 상반절까지 설명한다. 즉 요람이 온 이스라엘과 함께 아람 왕 하사엘과 전투를 하다가, 이스라엘과 아람의 국경 도시인 길르앗 라못을 지키다가 라마에서 아람 군사에게 부상을 입었다(왕하 8:28-29; 9:14-15).[1]

그래서 그 부상을 치료하기 위하여 이스라엘 왕 요람은 예후 장군과 이스라엘 군대를 요단강 동쪽의 성읍인 길르앗 라못에 주둔시킨 체, 자신은 요단강 서편의 성읍이며 그의 겨울 궁전이 있는 이스르엘로 피신을 왔던 때에, 예후의 반역이 구체적으로 행동으로 시작되었다. 요람에게 예후 장군은 요람의 아버지인 아합 왕 때부터 섬겨오던 신실한 장군이었기에 믿음직했을 것이다. 그런데도 예후는 요람 왕이 부상을 입은 지금이 반역을 위한 가장 좋은 최적기로 판단한 것 같다. 한편, 예후는 반역의 계획을 행동으로 구체

---

1 길르앗 라못(Ramoth-gilead) 이곳은 일찍이 이스라엘의 요람의 부친 아합 왕이 유다 왕 여호사밧과 함께 동맹하여 아람과의 전쟁을 치렀던 곳이다. 이 전쟁에서, 아합은 왕복을 벗고 변장하여 출전했음에도 아람 병사가 무심코 활을 쏜 것이 아합에게 부상을 입히게 되었고 이로 인해 아합이 전사한 곳이기도 하다(왕상 22:35). 아무리 변장을 하고 피해도 하나님의 주권적인 심판의 화살을 피할 수 없다는 것을 보여 준 사건이다.

화하기 직전에, 혹 아람이 공격해오더라도 길르앗 라못에 있는 장군들과 군사들이 한 명이라도 이 성을 벗어나서, 요람 왕이 요양하는 겨울 궁전이 있는 이스르엘로 알리러 오지 못하게 하라는 명령을 내린다(15절).

여기서 "너희 뜻에 합당하거든"이라는 조건적인 말은 길르앗 라못에서 엘리사가 보낸 청년 제자가 기름 부음과 여호와의 신탁을 전달하였기에, 거기서 예후는 동료 장군들에게 이미 이 사실을 알려준 바가 있다. 그래서 이 명령은 외부의 적인 아람의 공격을 현재의 길르앗 라못 성읍에서 막아 내라는 의미가 된다.

그리고 동시에 이것은 현재 이스르엘에 부상으로 요양 중에 있는 요람 왕이 있는 이스르엘 성읍에서 이제 곧 예후 자신이 반역을 행할 것인데, 혹시 이스라엘 군사들로 하여금 이스르엘로 와서 요람 왕의 지원군이 되는 것을 사전에 방지하는 효과를 가지는 명령이 될 수 있다. 이 명령은 예후의 반역을 앞두고 이스라엘 군대의 장군들에게는 일종의 협조 요청과 경고가 되었을 것이다.

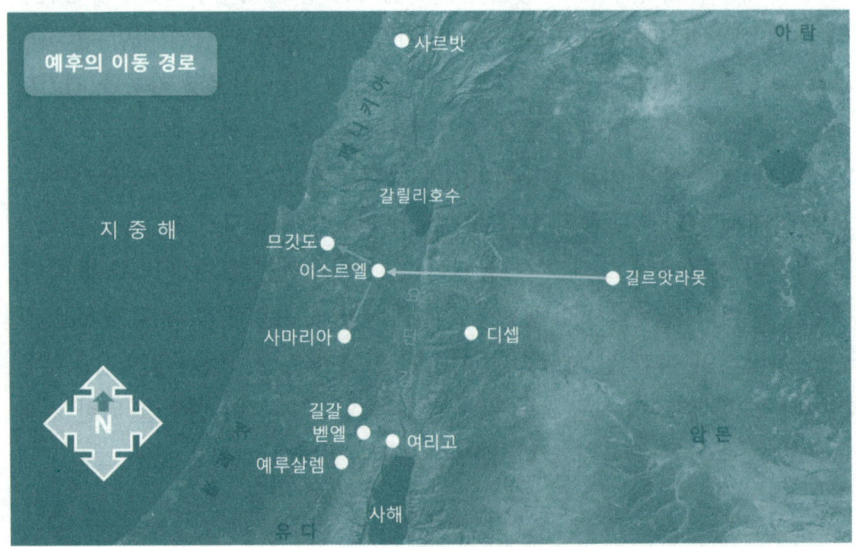

지도 12. 예후의 이동 경로

예후는 일정 병력을 거느리고 요단강 동편에 있는 현재 주둔지인 길르앗 라못에서 요람 왕이 요양하고 있는 요단강 서편에 있는 이스르엘로 병거를 타고 달린다(위의 지도를 보라).[2] 마침 이때, 유다 왕 아하시야는 이스라엘 왕 요람을 병문안하기 위하여 이스르엘에 와 있었다(16절).

이 남북 두 왕의 관계는 친인척 관계이다. 즉 유다 왕 아하시야의 어머니가 아합의 딸 아달랴이니, 요람은 유다 왕 아하시야의 외삼촌으로서 이스라엘 현직 왕이다. 즉 유다 왕으로서 조카가 이스라엘 왕인 외삼촌을 병문안 온 것이다. 그런데 단순한 병문안이 유일한 목적인 것 같지 않고 국내외의 위기 상황이 발생할 때, 남왕국 유다의 신속한 원조를 이끌기 위한 것으로 보인다(cf. 대하 22:1-6).

표 36. B.C. 9세기 남북 왕조의 연대기 대조표

이스라엘 왕 (Northern King)	통치 기간	유다 왕(Southern King)	통치 기간
오므리(Omri)	885-874 B.C.	아사(Asa)	910-873 B.C.
아합(Ahab)	874-853 B.C.	여호사밧(Jehoshaphat)	873-848 B.C.
아하시야 (Ahaziah): 아합의 아들	853-852 B.C.		
요람/여호람 (Joram/Jehoram): 아합의 아들	852-841 B.C.	여호람/요람(Jehoram/Joram) cf. 아내: 아합의 딸(아달랴) cf. 딸: 여호세바/여호사브앗 (왕하 11:2; 대하 22:11): 아하시야의 누이	848-841 B.C.
예후(Jehu)	841-814 B.C.	아하시야(Ahaziah): cf. 아내: 브엘세바 사람 시비아(대하 24:1), 막내아들 요아스가 할머니 아달랴 여왕에 반역하여 즉위(대하 23장)	841 B.C. 사후 통치: 아달랴 요아스

---

[2] David Sielaff, "Israel and Judah: 28. The Reign of King Jehu of Israel", http://www.askelm.com/prophecy/p180201.PDF (2020-08-24). 예후의 이동 경로가 그려진 지도로부터 필자가 새로 만든 지도이다(지도 12).

2) 예후의 "난폭 운전"(17-20절)

한편, 이스르엘 성읍의 망대에서 경계 근무를 하고 있는 한 파수꾼의 눈에, 멀리서 '예후의 무리'가 오는 것이 관측되었다고 내레이터는 기술한다(17절). 그런데도 이 파수꾼이 관측한 대상이 누구인지 확실히 그가 식별한 것은 아닌 것 같다. 그래서 왕에게 다음과 같이 즉시 보고한다.

> 내가 한 무리를 보나이다(왕하 9:17).

요람 왕은 한 병사로 하여금 말을 타고 다가오는 그 무리를 맞이하게 했다. 그를 말에 태워 보냈다는 것은 현재 왕이 있는 이스르엘 성읍과 어느 정도 거리를 유지하고 있다는 의미이다. 즉, 이것은 미심쩍은 정체불명의 무리를 성 밖에서 맞이할 것을 명령한 것이다.

그래서 요람 왕의 명령을 따라, 한 신하가 말을 타고 나가보니 그제서야 그가 예후였다는 것을 알게 되었을 것이다. 그는 예후를 맞이하면서 다음과 같이 상황을 파악한다

> 왕의 말씀이 평안하냐 하시더이다(왕하 9:18).

그 질문에 예후는 다음과 같이 명령함으로 왕의 명령을 일언지하에 무시해버린다.

> 평안이 네게 상관이 있느냐 내 뒤로 물러 나라(왕하 9:18).

이 장면을 멀리 이스르엘 성읍 위에 있는 파수꾼이 관찰하고 즉시 왕에게 다음과 같이 보고를 한다.

> 사자가 그들에게 갔으나 돌아오지 아니하나이다(왕하 9:18).

이스라엘 왕은 조금 전보다 정체불명의 무리에 대한 의심이 한층 고조되어 또 다른 한 사람을 말에 태워 성 밖의 다가오는 무리가 있는 장소로 내보낸다(19절). 이번에도 보냄을 받은 왕의 또 다른 메신저는 다음과 같이 예후에게 메시지를 전달한다.

> 왕의 말씀이 평안하냐 하시더이다(왕하 9:19).

여기서도 엘리야-엘리사 내러티브의 전개의 주된 방법론 중의 하나인 '반복'을 사용한다. 예후는 그에게 다음과 같이 명령한다.

> 평안이 네게 상관이 있느냐 내 뒤를 따르라(왕하 9:19).

이것은 예후 자신의 반역의 여정에 동참하라는 강압적 명령이다. 이 장면을 멀리 이스르엘 성읍 위에서 파수꾼이 다시 관측한 후, 왕에게 다음과 같은 보고를 왕에게 했다

> 그도 그들에게까지 갔으나 돌아오지 아니한[다](왕하 9:20).

그런데 그 파수꾼에게 익숙한 어떤 장면이 관측되었다. 그것은 다름이 아니라, 정체불명의 무리 가운데 병거를 모는 자가 마치 예후가 병거를 모는 방식같이 보였다. 그래서 그는 다음과 같이 왕에게 보고를 했다.

> 그 병거 모는 것이 님시의 손자 예후가 모는 것 같이 미치게 모나이다(왕하 9:20).

여기서 첫 번째 보고와 좀 다른 보고 내용이 추가되었다. 그것은 현재 병거를 모는 것이 "님시의 손자 예후가 모는 것 같이 미치게 모나이다"라는 내용이다. 이 표현은 두 가지를 암시한다.

첫째, 평소에 예후의 "난폭 운전 습관"이 두루 알려진 사실이라는 점이다.

둘째, 현재의 예후의 무리는 정지 상태가 아니라, 왕이 보낸 2차에 걸쳐서 보낸 사신들을 무시한 채, 이스르엘 성읍을 향하여 질주하여 달려오고 있다는 뭔가 급한 상황임을 보고하는 것이다.

요람이 생각할 때, (준)전시 상황에서 군대 장관인 예후가 이스라엘의 동부 전선인 길르앗 라못에 있는 부대를 이탈한 것은 군령을 어긴 것일 수 있다. 그런데도 요람 왕은 자신의 부친인 아합 왕 때부터 섬겨오던 믿음직한 장군이기에 예후가 다른 생각을 하고 있기보다는 좋지 않은 긴급 소식을 가지고 오는 것이 분명하다고 판단한 것 같다. 앞서 왕이 보냈던 두 메신저도 돌아오지 않고 궁금증이 폭발하여 왕이 직접 나서고 있다.

3) 나봇의 포도원에서 예후와 요람의 조우(21-26절)

요람 왕은 이 상황이 위기임을 어느 정도 직감했으나, 예후가 반역할 것이라는 것은 꿈에도 상상하지 못한 것 같다. 왜냐하면, 아직도 어떠한 의심을 가지지 않고 자신의 말과 병거를 메우게 하여 이스라엘 왕 요람과 병문안 차 방문한 유다 왕 아하시야가 각각 자신의 병거를 타고 직접 나가서 예후를 직접 맞이하고 있기 때문이다(21절). 요람은 뭔가 긴급하고 좋지 않은 소식이 있을 것이라는 정도로 이해하고 있는 듯하나, 별 경계감은 없는 모습이다. 그리고 만약 아람 군대가 재차 침범했다는 좋지 않은 긴급 뉴스의 상황이라면, 그 현장에서 유다 왕 아하시야와 의논하여 유다의 군대 파견을 그 자리에서 신속하게 결정하고 집행하려는 의도가 엿보인다.

그런데 이 양측의 만남의 장소가 하필이면 '이스르엘 사람 나봇의 토지'에서 만난다고 내레이터는 설명한다. 여기서 '이스르엘 사람 나봇의 토지'는 엘리야-엘리사 내러티브에서 중대한 역사적 의미를 담고 있다. 요람 왕의 부모인 아합과 이세벨은 이스르엘 사람 나봇의 포도원을 강탈하기 위하여, 거짓을 꾸미고 마침내 의인 나봇을 살인하고 그의 포도원을 갈취하였었다(왕상 21:1-16).

그때, 디셉 사람 엘리야에게 여호와의 말씀이 임하였는데, 그 내용이 바로 아합 집에 대한 저주와 이세벨에 대한 저주의 선언이었다(왕상 21:17-26). 그때, 아합은 엘리야 선지자로부터 여호와의 저주의 말씀을 듣고 옷을 찢고 굵은 베로 몸을 동이고 금식하며 자신의 잘못을 뉘우쳤다. 그래서 아합이 여호와 앞에 겸비함을 나타내었기에, 그 재앙이 아합의 시대에 일어나지 않고 유예되었으며, 그 대신에 아합의 아들의 시대에 내릴 것을 재차 선언하셨다(왕상 21:29).

현재, 부친 아합이 강탈했었던 나봇의 포도원을 향하여 달리고 있는 그의 아들인 요람이 이 사실을 기억할지 모르겠지만, 마치 "운명의 장난" 같은 장면이 연출되고 있다. 이스르엘 사람 나봇의 토지는 요람이 그의 부친 아합으로부터 물려받았으니, 현재는 요람의 소유일 것이다. 그런데 운명의 만남 장소로서 그 포도원은 그 토지의 원래 주인이었던 나봇의 피가 외치는 장소가 된다. 이 장소에서 여호와의 심판의 신탁을 받은 예후와 그 심판 대상자인 요람이 만나는 것은 의미심장한 하나님의 주권적인 뜻이 이루어지는 한 방식을 보여 주고 있다. 과거에 아합이 아람과의 전쟁에서 왕복을 벗고 변장하였더라도, 아람 군사가 무심코 쏜 화살에 맞아 전사했듯이, 하나님의 주권적인 저주의 심판의 화살은 아합의 아들인 요람도 비켜나갈 수 없음을 이어지는 내러티브는 보여 준다.

드디어 요람과 아하시야 일행과 예후 일행이 이스르엘 사람 나봇의 포도원 땅에서 만났다(22절). 요람은 직전에 두 번에 걸쳐서 보냈던 메신저들에게 전했던 동일한 질문으로 "예후야 평안하냐"(הֲשָׁלוֹם יֵהוּא, 하샤롬 예후)라는 인사를 건넨다. 그런데 요람 왕은 예후로부터 다음과 같은 뜻밖의 말을 듣는다.

> 네 어머니 이세벨의 음행과 술수가 이렇게 많으니 어찌 평안이 있으랴(왕하 9:22).

앞서 언급한 대로, 아합 왕은 일찍이 그의 사돈인 유다 왕 여호사밧 왕과 함께 길르앗 라못으로 갔을 때, 아람과의 전쟁에서 전사했다(왕상 22:29-36).[3]

그러나 아합의 아내 곧 요람의 모친인 이세벨은 예후가 반역할 이 시점에 아직 생존하여 있었으며, 그녀는 여전히 '음행과 술수'로 이스라엘을 피폐하게

---

3 오므리 왕조 때에 남북왕국의 동맹은 아람과의 전쟁을 위한 결혼 동맹으로 시작되었다. 아합과 여호사밧 사이에 1차 동맹을 했고(왕상 22:29-36), 2차 동맹은 아합의 아들 여호람과 유다 왕 여호사밧 사이에 있었으며(왕하 3:7), 그리고 3차 동맹(접촉)은 아합의 또 다른 왕인 요람과 유다 왕 아하시야 사이에 있었는데, 이때 아하시야는 요람의 병문안으로 이스르엘로 방문했다.

했음이 분명하다. 이런 점에서, 여기서 그들이 서로 나눈 인사의 대화에서 '평안하냐'(샬롬)라는 표현은 그들의 일상적인 표현임에도 불구하고, 예후의 말대로 그녀의 죄악으로 인하여 북이스라엘에는 진정한 샬롬이 없었을 것이다.

예후의 그 말을 들은 순간, 지금은 반란의 상황이라는 것을 요람이 확실히 인식하게 된다(23절). 그래서 말 고삐를 잡은 손을 돌이켜 병거를 몰아서 도주를 시도한다(23절). 그러면서 동시에 동행했던 유다 왕 아하시야에게 다음과 같이 큰 소리를 질렀다.

> 아하시야여 반역이로다(왕하 9:23).

요람 왕과 아하시야 왕은 급히 이스르엘 성읍을 향하여 도주를 시도했다. 바로 그때, 예후는 자신으로부터 병거를 타고 조금씩 멀어지고 있는 이스라엘 왕 요람을 조준하여 활시위를 당겨 쏘았다(24절). 그 화살은 말 고삐를 잡고 달리는 요람의 두 팔(어깨) 사이를 통과하여 그의 염통(심장)을 꿰뚫고 나왔다. 심장에 화살을 맞은 요람은 병거 가운데 그대로 엎드려져 죽었다.

예후는 그의 부하 장관이며 동료 장군인 빗갈(Bidkar)로 하여금 이스라엘 왕 요람의 시체를 가져다가 '이스르엘 사람 나봇의 밭'에 던지라고 명령을 내린다(25절). 그러면서 과거 아합 왕 때에, 예후와 빗갈이 함께 요람의 아버지였던 아합 왕의 병거 뒤의 좌우에서 병거를 몰며 왕을 수행할 때에, 여호와 하나님께서 아합의 행위에 대하여, 그리고 그 미래에 대한 '이 예언'(הַמַּשָּׂא הַזֶּה, 하마사 하제)을 하셨다는 것을 상기시키고 있다.

여기서 두 번의 직접 화법 지시어인 메신저 포뮬러인 "여호와께서 말씀하시기를"이라는 뜻을 가진 히브리어 표현인 '네움-야훼'(נְאֻם־יְהוָה)를 사용한다(26절). 여기서 "내가 어제 나봇의 피와 그의 아들들의 피를 분명히 보았노라"라는 신탁에서, '어제'(אֶמֶשׁ, 에메쉬)라는 시간적인 표현의 말을 사용하여, 아합 당시에 있었던 그 날의 사건을 생생하게 묘사하고 있다. 하나님도 기억하고 계시듯이, 이 심판의 도구로서 수행하는 예후와 동료 장군 빗갈도 함께 기억하고 있다.

'나봇의 피'와 '나봇의 아들들의 피'를 분명히 하나님의 눈에 보여졌다. 그래서 '이 토지에서 네게 갚으리라'는 여호와의 보복 계획에 따라서, 예후는

'여호와의 말씀대로'(כִּדְבַר יְהוָה, 키드바르 야훼) 요람의 시체를 가져다가 나봇의 밭에 던지라고 말한 것이다. 아합 왕 때의 일을 그 뒤에 이어지는 두 왕을 거치면서 3대째 요람 왕에게 성취되었다. 하나님의 "공의의 화살"은 세월이 지나도 오발하지 않고 반드시 명중시킨다.

3. 아합의 외손자 유다 왕 아하시야가 피살되다(27-29절)

함께 동행했던 이스라엘 왕 요람은 예후의 화살에 쓰러졌다. 이 장면을 본 유다 왕 아하시야는 '정원의 정자길'(Beth-haggan)이라고 불려지는 그 길로 병거를 몰라 도주한다(27절). 예후 일행은 도주하는 아하시야를 추격하면서 "그도 병거 가운데서 죽이라"고 명령한다. '이블르암'(Ibleam) 가까운 '구르'(Gur) 비탈에서 활을 쏘아 마침내 유다 왕 아하시야까지 넘어뜨린다.

그래서 화살을 맞아 부상을 입은 아하시야는 계속 병거를 몰아 '므깃도'(Megiddo)까지 도주하여 거기서 쓰러져 죽는다(지도 12, 예후의 이동 경로를 보라). 그런데 역대하 22:7-9에서는 아하시야의 죽음 과정을 좀 다르게 기술한다. 즉 하나님께서 예후로 하여금 아합의 집을 심판하게 하실 때, 유다의 방백들과 아하시야의 형제들의 아들들 곧 아하시야를 섬기는 자들을 만나서 죽이게 하셨다(대하 22:8). 이때, 유다 왕은 사마리아에 숨어 있었으나, 예후가 그를 찾고 있는 중에 무리가 그를 잡아 예후에게로 잡아가서 죽였다(대하 22:9).

한 날에, 북이스라엘 왕 요람과 남왕국 유다 왕 아하시야가 예후의 화살에 맞아 죽었다. 한 날 동시에, 남북 두 왕국의 왕들이 모두 궐위 되어 왕권이 유고된 상태가 되어버렸다. 북왕국은 예후가 서서히 통치하고 남왕국은 아하시야의 어머니이며 아합의 딸인 아달랴가 유다 왕 아하시야의 아들들(아달랴의 외손자들)을 다 죽이고(아하시야의 어린 남자 아기인 요아스를, 그 누이이며 제사장 여호야다의 아내인 여호사브앗이 유모와 함께 숨겨서 요아스의 목숨 지킴, 6년 동안 하나님의 전에 숨어서 살았다. cf. 대하 22:12) 여왕으로 6년간 통치한다(대하 22:10-12).

그리고 요아스가 7세가 때에 제사장 여호야다가 주도하여 레위 지파와 유다 지파 사람들이 함께 아달랴에 대한 반역을 꾀함으로, 다윗의 혈통인 요아스를 유다 왕으로 옹립한다(대하 23장, 요아스의 어머니는 브엘세바 사람인 시비아였다. 대하 24:1).

이와 같이, 유다 왕 아하시야까지 예후에 의해 피살된 것은 예후 자신의 뜻이 아니라, 이것조차 "하나님께로 말미암은 것이라"(대하 22:7)고 증거한다. 왜냐하면, 아하시야가 그의 어머니인 아합의 딸 아달랴를 통해 아합의 집의 길을 배우고 그 길로 걸었기 때문이다(대하 22:1-5). 이런 점에서, 아하시야는 아합의 집의 일부였다.

유다 왕 아하시야가 사망함으로 그의 신복들이 그 시체를 병거에 싣고 예루살렘으로 가져갔다(28절). 그는 다윗성에서 그들의 조상들과 함께 그의 묘실에 장사되었다. 아하시야는 북이스라엘 왕 요람의 통치 제11년(841 B.C.)에 유다 왕이 되어서(29절), 그의 모친 아달랴의 섭정 가운데 약 1년간 통치하고 생을 마감했다(841 B.C.).

4. 아합의 아내 이세벨이 피살되다(30-37절)

이스라엘의 왕권이 퀄위되자, 이제 예후가 사실상 왕이 되었다. 물론 이미 기름 부음까지 받았고 여호와의 신탁의 말씀대로 아합 집안에 대한 심판을 수행하고 있는 중이다. 이제 예후 일행은 말과 병거를 다시 이스르엘을 향하여 몰았다. 유다 왕 아하시야를 뒤에서 섭정한 여인이 이세벨의 딸 아달랴였다면, 이스라엘 왕 요람이 죽은 시점에서 그의 모친 이세벨은 명분상(혈통)으로 왕의 역할을 할 수 있는 위치에 있었다.

예후가 이스르엘에 있는 왕의 겨울 궁전에 들어오고 있었고 이세벨은 그것을 듣게 되었다. 그녀는 눈 화장을 하며, 머리를 꾸미면서 창밖을 내다보고 있었다(30절). 들어오는 예후를 왕의 어머니로서 위엄을 가지고 그를 맞을 준비를 나름대로 한 것이다. 그러나 우상 숭배와 행음한 여인의 눈 화장을 하며, 머리를 단장하는 행위는 심판을 직면하고 있는 장면을 묘사하는 또 다른 선지서의 두 장면을 연상케 한다(렘 4:30; 겔 23:40). 예레미야는 시온의 딸 예루살렘을 한 여성으로 의인화해서 말씀한다.

멸망을 당한 자여 네가 어떻게 하려느냐 네가 붉은 옷을 입고 금장식으로 단장하고 눈을 그려 꾸밀지라도 네가 화장한 것이 헛된 일이라 연인들이 너를 멸시하여 네 생명을 찾느니라(렘 4:30).

예후가 이세벨의 방, 그 문에 들어오니, 그녀는 예후를 향하여 다음과 같이 비아냥거리면서 인사를 건넨다(31절).

주인을 죽인 너 시므리여 평안하냐(왕하 9:31).

이세벨은 이미 자신의 아들 왕인 요람이 예후에 의해 살해되었다는 것을 알고 있는 상태이다. 그런데 느닷없이 그녀는 예후를 향하여 다음과 같이 부른다.

주인을 죽인 너 시므리여(왕하 9:31).

그녀가 자신의 아들이 암살당하여 충격을 받았거나, 아니면 지금 늙어서 치매 증상이 있는가?
무엇 때문에 예후를 '시므리'(Zimri)라고 부르는가?
시므리가 누구인가?

시므리는 북이스라엘의 제3대 왕조의 유일한 왕의 이름이다. 시므리는 제2대 왕조인 바아사 왕조(24년간: 909-885 B.C.: 2명의 왕, 바아사, 엘라)의 마지막 왕인 엘라(Ela, 886-885 B.C.)를 암살하고 제3대 왕조를 열었었던 왕이었다.
그런데 시므리는 단지 7일간(885-885 B.C.) 이스라엘을 통치하고 현재의 왕조인 오므리 왕조의 초대 왕인 오므리에게 암살을 당하고 말았다(왕상 16:8-20). 이 반란과 왕조 교체의 역사를 기억하면서, 현재 반역을 꾀한 예후를 마치 시므리처럼 치부하는 표현이라고 할 수 있다.

주인을 죽인 너 시므리여(왕하 9:31).

이와 같은 인사말은 '그의 주인 엘라 왕을 죽이고 왕이 되어 단지 7일 통치한 시므리 같은 너 예후여'라고 비웃는 것이다. 이세벨의 말은 예후도 곧 암살될 것이라는 의미이다.

표 37. 북이스라엘의 초기 3왕조의 연대기

1대 왕조: 여로보암 왕조 22년간 통치(931-909 B.C.)		
왕명	통치 연대	즉위 방법
여로보암(Jeroboam)	931-910 B.C.	백성들에 의해 선출
나답(Nadab)	910-909 B.C.	상속
2대 왕조: 바아사 왕조 24년간 통치(909-885 B.C.)		
바아사(Baasha)	909-886 B.C.	암살
엘라(Elah)	886-885 B.C.	상속
3대 왕조: 시므리 왕조 7일간 통치(885-885 B.C.)		
시므리(Zimri)	885-885 B.C.	암살

이세벨의 비아냥거리는 소리를 들은 예후는 자신의 얼굴을 들어 창을 향한다(32절). 그러면서 다음과 같이 큰 소리를 지른다.

> 내 편이 될 자가 누구냐 누구냐(מִי אִתִּי מִי, 미 이티 미, 왕하 9:32).

직역하면 다음과 같다.

> 누가 나와 함께 있느냐 누구냐(왕하 9:32).

예후가 "누구냐"(who)라는 반복된 소리에 곁에 있던 '두 세명의 내시들'(two or three eunuchs)이 예후를 쳐다보았다. 이들은 이세벨의 곁에서 그녀를 섬기는 자들이다. 예후는 그 내시들에게 다음과 같이 명령한다.

> 그[녀]를 내려던지라(왕하 19:33).

그 순간 그들은 이세벨에게 달려들어 그녀를 창밖으로 내던진다. 아래로 내던져진 그녀의 피가 담과 담 곁에 메어져 있던 말들에게 튀었다.

33절에 한글성경(개역개정, 바른성경)은 다음과 같이 말하고 있다.

> 예후가 그[녀]의 시체를 밟으니라(왕하 19:33).

그러나 히브리어 원문은 다음과 같이 표현한다.

> 그들이 그녀를 밟으니라(וַיִּרְמְסֶנָּה, 와이르메쎄나, 왕하 19:33).

즉 주어가 3인칭 남성 단수가 아니고 복수형이다. 그렇다면 그녀의 시체를 밟은 자들의 주체는 사람이라기보다는 담 곁에 메어진 말들이라고 추정할 수 있다. 이 말들과 그에 딸린 마차는 조금 전 예후가 타고 온 것 같다.

이 점에서, 엘리야가 마지막 하늘로 올라가는 승천 장면에 등장했던 '불말과 불수레'는 죽음을 정복한 엘리야의 승리를 보여 주었다면(왕하 2:16-18), 이세벨의 마지막 땅으로 아래로 떨어지는 장면에 등장한 '말들과 병거'는 이세벨의 피 묻은 시체를 짓밟았는데(왕하 9:33), 이것은 이세벨의 실패를 드러낸다.[4] 두 경우 모두, 그들의 '몸'은 찾을 수 없었다(מָצָא, 마차, "to find").

엘리야는 승천하여서 몸을 찾을 수(to find) 없었으며(왕하 2:17, וְלֹא מְצָאֻהוּ, 웨로 메차우후) 이세벨은 개들이 몸을 먹어버려서 찾을 수(to find) 없었다(왕하 9:35, וְלֹא־מָצְאוּ בָהּ, 웨로-마츠우 바흐).[5] 이 장면은 이세벨이 엘리야의 생명을 찾아 빼앗으려 했던 장면과 자신의 생명을 위해 도망했던 엘리야의 모습(왕상 19:2, 3, 10)과 완전한 대조를 이룬다. 이스라엘의 왕권 교체를 위한 반역의 주역으로서 예후는 어느 정도 큰 가닥은 잡은 것으로 판단하고 들어가서 먹고 마시고 자축을 했다(34절). 그리고 최소한의 양심이 발동했는지 다음과 같은 명령을 내린다.

---

4 Gary E. Yates, "The Motif of Life and Death in the Elijah-Elisha Narratives and its Theological Significance in 1 Kings 17 – 2 Kings 13", 9.

5 Gary E. Yates, "The Motif of Life and Death in the Elijah-Elisha Narratives and its Theological Significance in 1 Kings 17 – 2 Kings 13", 9.

> 이 저주받은 여자를 찾아 장사하라(왕하 9:34).

그 이유는 '그녀는 왕의 딸'이라는 사실 때문이다. 그런데 예후의 이 명령은 엘리사 선지자의 청년을 통해 기름을 부으면서 예후에게 전달된 신탁의 부분과 비교하면 차이가 있다. 이세벨과 관련된 해당 부분은 다음과 같은 신탁이다.

> 이스르엘 지방에서 개들이 이세벨을 먹으리니 그를 장사할 사람이 없으리라 하셨느니라 (왕하 9:10).

즉 이세벨을 장사할 사람이 없게 하라는 것이다.
그런데 여기서 예후는 이세벨의 시체를 찾아 장사하라고 명령한다. 그녀는 자기가 섬겼던 아합 왕의 딸이기 때문에 최소한의 예의를 갖춘 듯하다. 이 행위 때문에, 예후가 직접 그녀의 시체를 밟은 것(33절) 같지는 않고 말들과 병거가 밟았다고 위에서 언급한 사실을 확언할 수 있을 것이다.

예후의 명령을 받은 자들이 가서 죽은 이세벨을 장사하려고 하니, 이세벨의 두골(the skull)과 발들과 손들 외에는 찾지 못했다. 예후가 먹고 마시는 그 사이에, 개들이 와서 그녀의 시체를 먹어 치운 것이다(35절). 즉 내던져진 그녀의 피가 말들에게 튀었고 그 말들이 그녀의 시체를 밟고 설상가상으로 굶주린 개들이 와서 그녀의 시체를 찢어 먹은 것이다. 그녀의 죽음을 비참하게 묘사하는 부분이다.

장례를 치르러 간 자들이 돌아와서 이 사실을 예후에게 보고하니, 예후는 다음과 같이 말했다.

> 이는 여호와께서 그 종 디셉 사람 엘리야를 통하여 말씀하신 바라(왕하 9:36).

그러면서 다음과 같은 여호와 하나님의 말씀을 인용한다.

> 이스르엘 토지에서 개들이 이세벨의 살을 먹을지라(왕상 21:23).

이와 유사한 저주의 선언들은 여로보암, 바아사, 그리고 아합에게도 주어졌었다. 모두 개들이 그들의 시체를 먹을 것이라는 저주였다(왕상 14:11; 16:4; 21:19, 24). 결국, 이세벨의 시체가 '이스르엘 토지'에서 거름같이 밭에 있게 되었다(37절). 심지어 이세벨이라는 정체성도 몰라볼 정도로 분토(똥)같이 버려지게 되었다(cf. 렘 8:2; 9:22; 25:33; 시 83:10). 마침내 여호와께서 저주하신 대로, 그녀의 시체를 개들이 먹게 될 것이라는 말씀이 성취되었다.

열왕기서의 저자는 왕들의 죽음과 장례를 비교적 정상적이고 평온하게 죽은 것으로 묘사하는 기조를 취한다. 28절에서 유다 왕 아하시야의 사망 후에 그 장사에 대한 것을 다음과 같이 묘사했다.

> 다윗성에서 그들의 조상들과 함께 그의 묘실에 장사하니라(왕하 9:28).

이와 달리, 여기서는 이세벨의 죽음과 장사에 대하여는 파격적으로 묘사한다. 그 이유는 나봇의 포도원을 갈취하고 나봇과 그 자녀들을 살해한 것에 대한 여호와 하나님의 저주의 선언이, 아합과 이세벨이 갈취한 나봇의 토지 위에서 버려진 시체가 분토처럼 내버려지는 것으로 성취된 점을 보여 주려는 저자의 의도 때문인 것으로 보인다. 그녀의 비참의 죽음과 장사는 결국 그녀의 죄악의 증대함에 대한 여호와의 심판 선언이 문자적으로 그대로 성취되었다는 점을 확인시켜 준다.

5. 결론 및 적용

아합의 아들 요람과 아합의 아내 이세벨은 결국 여호와의 심판의 신탁의 말씀대로 비참하게 죽었다. 그 원인은 아합과 이세벨 부부가 의인인 이스르엘 사람 나봇의 포도원 강탈과 살인죄에 대한 결과이다. 이들의 죄악의 결과는 확실한 사망 선고가 있었고 그 사망의 심판이 엘리야-엘리사-제자를 통해서 주셨던 여호와의 말씀대로 집행되었다. 일찍이 가인은 동생인 '의인 아벨'을 살인했다(마 23:35; 눅 11:51; 히 11:4). 살인한 가인에게 여호와께서 찾아오셔서 다음과 같이 물으시고, 말씀하셨다.

네 아우 아벨이 어디 있느냐 네 아우의 핏 소리가 땅에서부터 내게 호소하느니라(창 4:9-10).

누가복음 11:50-51(마 23:35)은 다음과 같이 말씀한다.

창세 이후 흘린 모든 선지자의 피를 이 세대가 담당하되 곧 아벨의 피로부터 제단과 성전 사이에서 죽임을 당한 사가랴의 피까지 하리라 내가 너희에게 이르노니 과연 이 세대가 담당하리라(눅 11:50-51).[6]

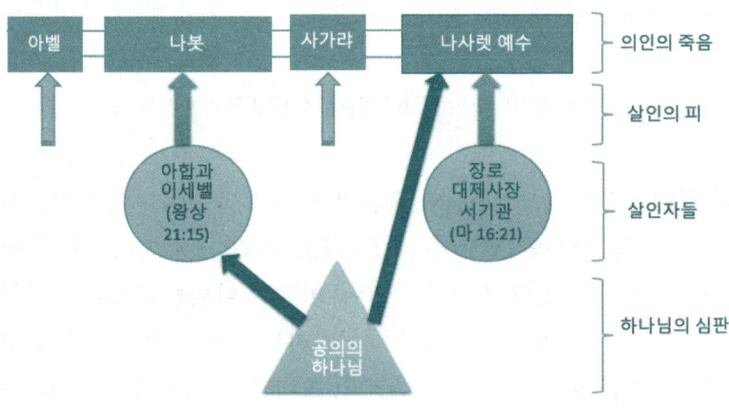

하나님의 공의의 화살

---

[6] 마태복음 23:35(cf. 눅 11:51)에 따르면, 첫 순교자 "아벨의 피로부터"(창 4:8) 성전과 제단 사이에서 죽임을 당한 "바라갸의 아들 사가랴의 피까지" 땅에서 흘린 의로운 피를 언급한다. 그런데 누가는 그 부친의 이름을 생략하고, 그냥 '사가랴의 피까지'라고만 언급한다. 마태의 '사가랴'의 부친 이름의 언급은 실수인 것 같은데, '바라갸의 아들 사가랴'가 아니고 제사장 여호야다의 아들 사가랴이다(대하 24:20). 즉 사가랴의 아버지는 여호야다이다. 마태가 언급하는 '바라갸'(Barachiah)는 슥1:1에 나오는 선지자 스가랴의 아버지인 '베레갸'(Berechiah)를 가리킨다. 유대문헌에는 여호야다와 베레갸 사이에 종종 혼돈되어 사용되는 경우가 있다(France, The Gospel of Matthews, 331). 그리고 '사가랴의 피'라고 했는데, 이 '사가랴'는 히브리어 성경의 순서에 있어서 마지막 책(성문서)인 역대하에 나타나는 이름이다(대하 24:20-22). 요아스 왕이 사가랴를 죽인다. 그러므로 히브리어 성경의 첫 번째 책(the Law)의 시작의 책인 창세기(4:8)에서 첫 순교자 아벨과 마지막 책(the Writings) 역대하(대하 24:20-22)의 마지막 순교자 사가랴의 피를 언급한다. 전 역사를 걸쳐서 등장했던 의인의 피를 가리킨다. Raymond. E. Brown, *An Introduction to the New Testament Christology* (New York: Paulist, 1994), 38, Raymond E. Brown, *An Introduction to the New Testament* (New York: Doubleday, 1996), no. 60, 송영목,『문법적, 역사적, 성경 신학적 관점에서 본 신약주석』(서울: 쿰란출판사, 2011), 122-123과 no. 207을 참고하라.

이 말씀은 바리새인과 율법 교사들을 향하여 "화 있을진저"라고 선언하는 문맥이다. 그런데도 세상 죄를 지고 가는 어린 양 예수께서 이 모든 "가인의 후예들"(살인자들)이 무죄한 자들의 피를 흘리게 함으로, 이 땅에 전쟁이 끝이 없고 참된 평화가 요원하다는 것을 인식하셨을 것이다.

'점도 없으시고 흠도 없으신 그리스도'는 가장 의로운 하나님의 거룩한 아들이시다. 그도 무지한 자에 의해서 죽임을 당하셨다. 의인의 죽음의 종결판이다. 하나님 자신의 죽음이다. 이 죽음은 우리 죄를 담당하시고 대신 죽으신 하나님의 공의의 화살에 친히 맞으신 죽음이다.

> 그가 찔림은 우리의 허물 때문이요 그가 상함은 우리의 죄악 때문이라 그가 징계를 받음으로 우리는 평화를 누리고 그가 채찍에 맞음으로 우리는 나음을 입었도다(사 53:5).

하나님의 아들 그리스도께서도 하나님의 공의의 화살을 피하실 수 없으셨다. 하나님의 공의는 예외 규정이 없다. 하나님의 아들도 명중되어 죽으셨다. 철저히 하나님으로부터 버림을 받으셨다. 아버지 하나님과 단절되심으로 지옥의 고통을 받으셨다.

우리에게 참된 평화와 나음과 생명을 주시기 위함이 아니던가!

♣ 개인 묵상과 소그룹 성경 공부를 위한 토론 질문 ♣

1. 하나님의 공의의 화살은 피해 가는 법이 없다. 세상에 우연의 일치가 있다고 보는가?
   하나님의 뜻(말씀)이 이루어지고 성취되는 것과 세상의 인과론(causationism) 및 이신론(deism)과 어떤 차이가 있는가?

2. 아합의 집과 결혼 동맹을 맺어서 아합의 집의 나쁜 영향을 받아 결국 심판으로 죽는 유다 왕 아하시야가 피살되는 것을 보면서 얻는 교훈은 무엇인가?

3. 엘리야-엘리사 시대에 악의 축인 이세벨이 죽는 것은 궁극적으로 무엇을 의미할까?

제28장
예언의 신적인 성취자

Topic : 엘리야-엘리사 내러티브(28)
Text : 열왕기하 13:14-25
Title : 예언의 신적인 성취자(The Divine Achiever of the Prophecy)
Theme : 엘리야와 엘리사의 하나님은 살아 계신 영원한 생명의 주인이시다.

1. 서론 및 문맥

열왕기상 17장에서 혜성과 같이 등장한 디셉 사람 엘리야는 역사의 무대에 등장하자마자 아합을 대면하여 다음과 같이 여호와의 신탁을 전달했다.

> 내가 섬기는 이스라엘의 하나님 여호와께서 살아 계심을 두고 맹세하노니 내 말이 없으면 수년 동안 비도 이슬도 있지 아니하리라(왕상 17:1).

이런 점에서, 엘리야의 등장은 아합과의 만남, 그 시대와의 만남을 위한 것이라고 해도 과언이 아닐 것이다. 엘리야의 호렙산에서의 3대 기름 부음에 대한 소명 내용들은 왕들과 선지자의 직분을 세우는 일이다. 하사엘에게 기름을 부어 아람 왕을 교체하고 예후에게 기름을 부어 이스라엘 왕조를 교체하며, 그리고 엘리사에게 기름을 부어 엘리야를 이어가는 선지자가 되게 했다.

그런데 이 소명을 직접 받은 엘리야는 엘리사를 선지자로 세우는 일만 담당하고 나머지 왕들을 세우는 일들은 엘리사 시대에 발생한다. 그래서 엘리야가 승천한 후에, 엘리사는 엘리야가 받은 소명을 계속 이어서 수행한다.

이런 점에서, 사역적으로 엘리야-엘리사는 하나의 팀(One Ministry Team)이 었는데, 이러한 연속성은 그들의 사역 대상인 이스라엘이 오므리 왕조와 예후 왕조의 연속성과 아람 왕조의 왕들이 연속성을 가지는 현실적 세계와 무관하지 않다. 문학적으로는 사역의 연속성 안에서 진행되는 역사를 기록한 본문을 엘리야-엘리사 내러티브(왕상 17:1-왕하 13:25)라고 불러왔다. 이 내러티브는 16-19개 장들(왕하 10-12장 포함 여부)을 통하여 열왕기의 역사서 안에서, 하나의 거대한 문학적 단위(One Literary Unit)를 형성하고 있다.

그러면서 엘리야의 기사들(왕상 17:1-왕하 2:11)과 엘리사의 기사들(왕하 2:12-13:25)은 상호 연속성을 가지면서 일종의 사이클을 형성하면서 전개된다. 각각을 "엘리야 사이클"과 "엘리사 사이클"이라고 불러왔다. 각각의 사이클은 유사성과 반복을 통해서 전개된 역사적 내러티브 본문이다. 이제 엘리야-엘리사 내러티브는 열왕기하 13장에서 엘리사의 죽음의 기사를 마지막으로 본 내러티브 전체를 종결하는 문맥에 이르렀다.

바로 직전의 문맥(왕하 9:14-37)은 예후를 통해 아합 가문에 대한 여호와 하나님의 심판의 신탁이 시행되고 성취되는 과정을 보여 주었다. 그리고 이어지는 문맥에서는 아합의 집과 관련된 모든 자가 도륙되는 역사를 담은 내러티브가 전개된다.

열왕기하 10장은 북이스라엘 왕조의 역사이며, 11장은 유다 왕조의 역사이며, 12장도 유다 왕조의 역사이며, 13장은 다시 북이스라엘 왕조의 역사로 다시 회귀한다. 즉 "**이스라엘 왕조 역사**(10장)-유다 왕조 역사(11장)-유다 왕조 역사(12장)-**이스라엘 왕조 역사**(13장)"의 순서로 문맥이 전개된다. 이러한 문맥적 전개 순서는 열왕기하 8장과 9장이 "**이스라엘 왕조 역사**-아람 왕조의 역사-유다 왕조의 역사-**이스라엘 왕조의 역사**"로 전개된 문맥적 순서에 비견할만 하다.

차이가 있다면, 열왕기하 8-9장의 문맥에는 엘리사 선지자의 등장이 있다면 열왕기하 10-12장(왕하 13:13까지)의 문맥에는 엘리사가 부재하다는 것이다. 엘리사가 부재하는 이런 문맥적 내용이 '엘리야-엘리사 내러티브'에 대한 본 연구에 직접적으로 부합하지 않기 때문에, 여기서 필자는 열왕기하 10:1-13:13까지의 내러티브를 상세하게 주해하지 않을 것이다.

그런데도 엘리야-엘리사 내러티브를 종결하는 엘리사의 사망 기사가 13장의 후반부에 등장하기 때문에, 이들 4개의 장들에 대한 문맥적 내용과 발전을 관찰하는 것은 필요할 것이다.

1) 열왕기하 10장: 이스라엘 왕조의 역사

열왕기하 10장에서는 '아합의 아들 칠십 명'이 사마리아에 살고 있었다. 그런데 여기서 "70명의 아들"이라는 표현은 실수(a real number)로 보기 힘들고 상징적인 수(a symbolic number)로 보는 것이 타당하다. 즉 아합의 남은 모든 남자 자손들을 가리키는 상징적인 의미로 해석하는 것이 옳다.[1] 유사한 예들로써, 아비멜렉은 자기 형제들 70명을 한 바위 위에서 죽였으며(삿 9:5), 사사 압돈은 70명의 자손들을 가졌었다(삿 12:13-14).

아합의 남은 모든 자손은 이스르엘 귀족들과 장로들과 아합의 자손들을 교육하는 자들로 하여금 죽이게 한다. 이러한 집단 살인 행위 후에, 예후는 다음과 같이 말한다.

> 그런즉 이제 너희는 알라 곧 여호와께서 아합의 집에 대하여 하신 말씀은 하나도 땅에 떨어지지 아니하리라 여호와께서 그의 종 엘리야를 통하여 하신 말씀을 이제 이루셨도다 하니라 (왕하 10:10).

그리고 예후는 아합의 집에 속한 이스르엘에 남아 있는 자를 다 죽이고 그의 귀족들과 신뢰받는 자들과 제사장들을 포함하여 그에게 속한 자들은 한 명의 생존자도 남기지 아니하고 다 죽였다(왕하 10:11).

그리고 예후는 사마리아로 가는 여정에서 유다의 왕 아하시야의 형제들을 만나고 거기서 그들 42명을 죽인다(왕하 10:12-14). 예후는 사마리아에서도 레갑의 아들 여호나답과 함께 아합의 집과 관련된 나머지 사람들도 살해한다(왕하 10:15-17). 사마리아에서 예후의 살인 행위를 정당화하기 위하여, 본

---

1   J. D. Barry, D. Mangum, D. R. Brown, and Others, *Faithlife Study Bible*, 왕하 10:1-4 을 보라(on Logos).

문의 저자는 다음과 같이 기술한다.

> 사마리아에 이르러 거기에 남아 있는 바 아합에게 속한 자들을 죽여 진멸하였으니 여호와께서 엘리야에게 이르신 말씀과 같이 되었더라(왕하 10:17).

마지막으로 예후는 아합의 집이 섬겼던 바알을 섬기는 자들을 모으고 함정을 만들어 살해한다(왕하 10:18-28). 그런데 예후가 아합의 집과 바알 숭배자들에 대한 하나님의 심판을 수행하는 도구로 사용되었음에도 그는 이스라엘을 하나님 앞에서 범죄케 한 여로보암의 죄 곧 벧엘과 단에 금송아지를 만들어 섬기는 죄에서는 떠나도록 하지는 않았다(왕하 10:29). 이 사실로 미루어 볼 때, 예후를 향한 여호와의 신탁과 기름 부음으로 반역이 시작되었으나, 그 과정에서 아합의 집과 바알 숭배자들을 제거한 것이, 단지 순수한 그러한 명분만 있는 것이 아니라, 자신의 정적들을 제거하기 위한 방편으로 살인을 도모한 것 같다(cf. 왕하 10:8).

예후의 일련의 행적에 대한 여호와 하나님의 최종 정의로운 판단이 언급된다(왕하 10:30-31). 예후는 하나님 보시기에 어느 정도 "정직한 일을 행하되" 잘 행하였다고 기술한다. 그리고 '하나님의 마음에 있는 대로' 순종하여 '아합의 집'에 대한 심판을 대행하였다. 이에 대한 대가로, 여호와 하나님은 "네 자손이 이스라엘 왕위를 이어 4대를 지내리라"(왕하 10:30)라는 약속의 말씀을 예후에게 주셨다.

그런데 본문의 내레이터는 다음과 같이 기술한다.

> 예후가 전심으로 이스라엘 하나님 여호와의 율법을 지켜 행하지 아니하며 여로보암이 이스라엘에게 범하게 한 그 죄에서 떠나지 아니하였더라(왕하 10:31).

"이때에"(בַּיָּמִים הָהֵם, 바야밈 하헴, 왕하 10:32), 곧 예후가 반율법적인 삶을 살 때, 다음과 같이 기술한다.

> 여호와께서 이스라엘에서 땅을 잘라 내기 시작하시매 하사엘이 이스라엘의 모든 영토에서 공격하되(왕하 10:32).

아람 왕 하사엘에게 공격 받은 지명들은 다음과 같다.

> 요단 동쪽 길르앗 온 땅 곧 갓 사람과 르우벤 사람과 므낫세 사람의 땅 아르논 골짜기에 있는 아로엘에서부터 길르앗과 바산까지(왕하 10:33).

결국, 예후는 사마리아에서 이스라엘을 28년간의 통치를 마치고 역사의 무대로 사라지고 그의 아들 여호아하스가 이스라엘 왕으로 즉위하여 예후 왕조의 제2대 왕이 된다.

2) 열왕기하 11장: 유다 왕조의 역사

유다 왕 아하시야는 외삼촌이 되는 이스라엘 왕 요람을 병문안 차 방문하였고, 그 두 왕은 함께 예후에게 살해되었다. 이것은 우연이 아니라, 역대기 역사가는 다음과 같이 기술한다.

> 이는 하나님께로 말미암은 것이라(대하 22:7).

아하시야의 모친인 아달랴는 그의 아들 유다 왕이 죽은 것을 알고 유다 왕의 혈통인 왕의 자손들을 다 죽여서 왕의 계승의 가능성을 제거한다. 그 이유는 그녀 자신이 유다를 통치하고자 하는 정치적 야심 때문이었다.

그 왕자들을 제거하는 피비린내 나는 상황에서, 유다 왕 요람/여호람의 딸이며 동시에 아하시야의 누이가 되는 여호세바(Jehosheba, 왕하 11:2, 여호사브앗, Jehoshabeath, 대하 22:11)가 그녀의 어린 아기 조카 왕자인 요아스를 유모와 함께 도피시켜 생명을 보존한다.[2] 이로 인해, 다윗의 유일한 혈통이 보존되었다. 이 국면은 다윗 왕조의 위기였다. 메시아의 혈통이 단절될 뻔한 상황이었다.

---

2   여호세바 또는 여호사브앗(왕하 11:2; 대하 22:11)은 유다 왕 요람/여호람의 딸이며, 유다 왕 아하시야의 누이가 되며(왕하 11:2), 그녀는 제사장 여호야다의 아내가 된다(대하 22:11). 생존한 어린 막내 아기 요아스에게 여호세바/여호사브앗은 고모가 된다. 즉 제사장 여호야다와 여호세바 부부가 다윗 왕조의 남은 혈통의 등불을 보존한다.

표 38. B.C. 9-8세기 이스라엘과 유다의 왕조 연대기

이스라엘 왕(Northern King)	통치 기간	유다 왕(Southern King)	통치 기간
오므리(Omri)	885-874 B.C.	아사(Asa)	910-873 B.C.
아합(Ahab)	874-853 B.C.	여호사밧(Jehoshaphat)	873-848 B.C.
아하시야(Ahaziah): 아합의 아들	853-852 B.C.		
요람/여호람 (Joram/Jehoram): 아합의 아들	852-841 B.C.	여호람/요람(Jehoram/Joram) cf. 아내: 아합의 딸(아달랴) cf. 딸: 여호세바/여호사브앗 (왕하 11:2; 대하 22:11): 아하시야의 누이	848-841 B.C.
예후(Jehu)	841-814 B.C.	아하시야(Ahaziah): cf. 아내: 브엘세바 사람 시비아 (대하 24:1), 막내아들 요아스가 할머니 아달랴 여왕에 반역하여 즉위(대하 23장)	841 B.C. 사후 통치: 아달랴 요아스
여호아하스(Jehoahaz)	814-798 B.C.	아달랴(Athaliah): 여왕	841-835 B.C.
요아스(Jehoash, Joash)	798-782 B.C.	요아스(Jehoash, Joash)	835-796 B.C.
여로보암 2세 (Jeroboam II)	793-753 B.C.	아마샤(Amaziah)	796-767 B.C.

어린 아기 요아스를 하나님의 성전에 숨겨서 키우는 동안, 아합의 딸로서 유다 왕 여호람/요람의 아내가 된 아달랴는 자신의 아들 아하시야가 예후에게 살해된 기회를 틈타 왕위를 계승할 왕자들 곧 자신의 친손자들을 대부분 살해하고 유다를 6년간 여왕으로 통치한다. 이 과정에서 아달랴는 자신의 딸 여호세바/여호사브앗이 자신의 막내 손자 요아스를 몰래 도피시켜 살려줬는지 모른 것 같다. 그런데 후에 조카 요아스를 숨겼던 여호세바/여호사브앗의 남편 곧 제사장 여호야다(대하 22:11)가 중심이 되어 아달랴에 대한 반역을 도모한다.

선왕인 아하시야의 어린 아들이며, 여호세바의 조카이며, 아달랴의 마지막 손자인 요아스가 7세 되던 해에, 제사장 여호야다는 용기를 내어 레위 사람들과 족장들을 예루살렘 성전에 모아서 '왕과 언약'을 세우고(왕하 11: 11-12; 대하 23:3), "여호와께서 다윗의 자손에게 대하여 말씀하신대로 왕자가 즉위하여야 할지니"(대하 23:3)라고 선포하고 요아스를 왕으로 옹립한다. 이로 인해, 아달랴는 왕궁에서 무리에 의해 칼로 피살되어 유다 왕조 역사에서 유일한 여왕의 통치 기간을 끝낸다(왕하 11:20).

3) 열왕기하 12장: 유다 왕조의 역사

유다 왕국의 유일한 여왕이었던 아달랴의 6년 통치의 막이 내리고, 새로 즉위한 7세된 유다 왕 요아스는 예루살렘에서 40년간 통치를 하게 된다. 그의 고모부이며, 정치적, 영적인 멘토였던 제사장 여호야다가 그를 교훈하는 모든 날 동안 요아스는 여호와 보시기에 정직하게 행했다. 그러나 요아스는 산당들을 제거하지 않아서 백성들이 산당에서 여전히 분향하며 제사하게 되었다.

그런데도 요아스는 성전 수리의 업적을 성실히 수행한다(왕하 12:4-15). 그때에 아람 왕 하사엘이 유다를 침략하여 가드(Gath)를 점령하고 예루살렘을 향하여 진격해온다. 요아스는 많은 귀한 공물을 가지고 가서 하사엘에게 바치고 외교적으로 이 상황을 해결하고 아람 왕 하사엘은 예루살렘에서 떠나간다. 요아스의 신복들(시므앗의 아들 요사갈, 소멜의 아들 여호사바드)이 반역하여 그를 죽이고 요아스의 아들 아마샤가 즉위한다.

4) 열왕기하 13장: 이스라엘의 역사

예후 왕조의 두 번째 왕인 예후의 아들 여호아하스가 사마리아에서 이스라엘 왕이 되었다. 이때의 유다 왕조의 비교 연대기는 유다 왕 아하시야의 아들 요아스(Jehoash, Joash)가 통치한 지 제23년이 되던 해였다(왕하 13:1). 아하시야 역시 여호와 보시기에 악을 행하여 느밧의 아들 여호사밧의 죄를 따라 살았다.

> 여호와께서 이스라엘에게 노하사 늘 아람 왕 하사엘의 손과 그의 아들 벤하닷의 손에 넘기셨더니(왕하 13:3).

이 일로 "여호와께서 노하셔서 아람 왕 하사엘의 손과 그의 아들 벤하닷의 손에" 넘기셨다(3절). 아람 왕이 이스라엘을 학대하고 여호아하스는 여호와께 간구했고 여호와께서 들으시고 그들이 학대받음을 보셨다.

그래서 여호와께서 이스라엘에게 익명의 "구원자"를 주셔서 평안을 회복했다(5절). 그러나 여전히 아세라 목상을 사마리아에 두고 여로보암의 죄로부터 돌아서지 않았다. 아람 왕은 여호아하스의 백성을 멸절하여 타작 마당의 티끌같이 되게 했다. 마병 50명, 병거 10대, 보병 1만 명만 남겨두었다(7절). 결국, 여호아하스도 역사의 무대에서 사라지고 그의 아들 요아스가 왕이 되었다. 물론 이 요아스는 유다 왕 요아스와는 동명이인이다.

이스라엘 왕 요아스가 즉위할 시점의 비교 연대기는 유다 왕 요아스의 통치 제37년이었다. 남북 왕들이 모두 '요아스'(Jehoash)라는 동일한 이름의 동명이인의 왕들이 통치하던 시기가 된다. 이스라엘 왕 요아스 역시 여호와 보시기에 악행하며, 여로보암의 길을 따랐다(11절). 그는 유다 왕 아마샤와도 전쟁을 한 적이 있다(12절). 요아스는 죽고 그의 아들 여로보암 2세가 즉위한다(13절).

그런데 이스라엘 왕 여로보암 2세가 등장하기 직전, 이스라엘 왕 요아스가 통치하던 시기에 엘리사가 죽는 사건이 발생한다(14절). 이 문맥적 시점에, 바로 엘리야-엘리사 내러티브가 종결되는 엘리사 선지자의 사망 내러티브가 놓여져 있다(14-21절). 그리고 엘리사 사망 내러티브에서 언급된 예언이 성취된 장면을 13장의 마지막 4개의 절(왕하 13:22-25)은 엘리사의 사망 후에 발생하는 아람과의 전쟁 기사를 다루고 있다.

표 39. B.C. 9-8세기 남북 왕조의 연대기 대조표

이스라엘 왕 (Northern King)	통치 기간	유다 왕(Southern King)	통치 기간
예후(Jehu)	841-814 B.C.	아하시야(Ahaziah): cf. 아내: 브엘세바 사람 시비아(왕하 12:1; 대하 24:1), 막내아들 요아스가 할머니 아달랴 여왕에 반역하여 즉위 (대하 23장)	841 B.C. 사후 통치: 아달랴 요아스
여호아하스(Jehoahaz)	814-798 B.C.	아달랴(Athaliah): 여왕(아합의 딸)	841-835 B.C.
요아스(Jehoash) cf. 엘리사 사망	798-782 B.C.	요아스(Jehoash)	835-796 B.C.
여로보암 2세 (Jeroboam II)	793-753 B.C.	아마샤(Amaziah)	796-767 B.C.
스가랴(Zechriah)	753-752 B.C.	아사랴(Azariah)=웃시야(Uzziah)	790-740 B.C.

이 본문(13:14-25)은 엘리야-엘리사 내러티브의 결말에 해당한다. 엘리야-엘리사 내러티브는 혜성 같이 등장한 디셉 사람 엘리야가 이스라엘의 4대 왕조 오므리 왕조의 두 번째 왕 아합에게 여호와의 신탁을 전달하는 것

으로 시작되었다. 그리고 본 내러티브는 엘리사의 지병 중에 이스라엘의 5대 왕조의 예후 왕조의 세 번째 왕 요아스가 방문한 자리에서 아람과의 전쟁에 대하여 '활과 화살'을 통하여, 엘리사와 요아스 사이에 대화와 행동을 통한 예언을 전달하는 장면으로 끝맺는다.

한편, 엘리사의 지상 사역의 마지막 장면에서, 죽을 병이 걸린 엘리사에게 병문안을 온 이스라엘 왕 요아스는 눈물을 흘리며 다음과 같이 애통의 부르짖음을 외친다.

내 아버지여 내 아버지여 이스라엘의 병거와 마병이여(왕하 13:14).

그리고 나서, 방문한 요아스와 엘리사 두 사람 사이에 행해진 '활과 화살'을 통한 동쪽 창을 열고 쏘고 다시 화살들을 가지고 땅을 치는 일련의 '행동 묘사'는 미래의 성취를 위한 "조건적 예언"이 된다.

첫째, 활을 잡고 동쪽 창을 열어서 활을 쏘는 행동은 아람으로부터 하나님께서 행하실 '구원의 화살'(왕하 13:17)이 될 것이라는 예언이다.
둘째, 화살들을 집고 땅을 치는 행동 묘사를 통해, 땅을 치는 숫자만큼 대적 아람을 쳐서 승리할 것이라는 예언이다.

반면, 엘리야의 지상의 마지막 여정 가운데, 함께 걷는 엘리야와 엘리사 두 사람 사이에 '겉옷을 말아서 물을 치는 행동 묘사'와 성령의 역사의 갑절을 구하는 엘리사에게, 엘리야는 하나님께서 자신을 데려가시는 것을 엘리사가 보면 그대로 이루질 것이라고 "조건적 예언"을 했었다. 그 장면에서 엘리사는 막 승천한 엘리사를 향하여 다음과 같이 고별의 탄식을 외쳤다.

내 아버지여 내 아버지여 이스라엘의 병거와 그 마병이여(왕하 2:12).

또한, 엘리사는 자신의 겉옷을 둘로 찢고 엘리야의 몸에서 떨어진 겉옷을 주어서 물을 치며 다음과 같이 부르짖었다.

엘리야의 하나님 여호와는 어디 계시나이까(왕하 2:14).

　되돌아오는 길에 엘리사가 엘리야의 겉옷으로 물을 칠 때, 물이 이리저리 갈라지게 되어 엘리사가 다시 요단을 건너오게 되었다. 이것은 엘리사를 향한 엘리야의 예언이 성취되었음을 보여 주는 가시적 증거가 되었다.
　그리고 두 고별 내러티브의 이후의 내러티브는 엘리야-엘리사 내러티브의 핵심 주제인 '생명의 주제'를 드러냄으로 각각 마무리 된다. 즉 엘리야의 승천 후의 내러티브는 엘리사 선지자의 용감한 제자들 50명의 무리는 승천한 엘리야의 몸에 대한 오해를 하여, 여호와의 성령이 엘리야의 몸을 들고 가시다가 어느 산과 골짜기에 던지셨다고 추정하여, 엘리야의 '죽은 몸'(시체)을 수색한다. 그러나 사흘 동안 수색했지만, 사흘 후에 엘리야의 몸을 찾지 못하고 돌아온다.
　이러한 엘리야의 죽은 몸의 부재 상황은 엘리야의 승천으로 그는 여전히 살아있는 존재라는 점을 역설한 것이다. 특히, 엘리야의 승천 시에 등장했던 '불수레와 불말들'(왕하 2:11)이, 엘리사가 아람 군사들에 의해 포위되었을 때, '불말과 불병거'(왕하 6:17)의 형태로 재현된 모습은 죽지 않고 승천한 엘리야가 재현한 효과를 자아내었다. 이런 점에서, 엘리야의 내러티브는 다양한 생명의 주제를 포괄하면서, 그 결말은 엘리야 자신의 생명의 영존성으로 결말을 지음으로 이스라엘에 하나님이 살아 계심을 보여 주었다.
　반면, 엘리사 고별 내러티브가 종결되고 이어지는 내러티브에서도 엘리야의 것과 유사한 생명의 주제가 매우 분명하게 드러난다. 엘리사가 죽어서 장사되고 이듬해에 정체불명의 모압의 도적 떼가 등장한다. 그때 도적 떼를 피하고자 하는 의도 때문인지, 어떤 죽은 사람을 장사하는 자들이 그 죽은 사람의 시체를 엘리사가 매장된 묘실 안으로 던져 넣는다.
　그 시체가 엘리사의 뼈에 닿자마자, 그 죽은 사람이 회생하여 부활했다. 여기서는 죽은 엘리사의 뼈에 닿은 죽은 사람이 살아나는 사건을 통해서, 엘리사가 죽었음에도 그의 능력이 현존함을 보여 준다. 즉 죽은 엘리사의 뼈에 접촉된 그 시체가 다시 회생하는 것을 통해서, 엘리사의 현존이 죽지 않고 이스라엘 가운데 살아있음을 간접적으로 보여 준 것이다.

엘리사의 내러티브도 엘리야의 내러티브처럼 다양한 생명의 주제를 포함하고 있으면서, 그 마지막 결말의 내러티브는 죽은 엘리사의 묘실에 잠자고 있던 그 뼈가 여전히 능력으로 역사하여, 그것에 닿는 죽은 시체조차도 일어날 수 있는 생명의 능력을 보여 준 것이다. 엘리사 자신의 생명의 영존성을 내러티브의 결말에서 보여 줌으로, 이스라엘의 하나님이 능력 가운데 여전히 살아 계심을 확신하도록 1차 독자들을 이끌었을 것이다.

아래의 도표(엘리야-엘리사 고별 전후 내러티브 비교 및 대조)는 엘리야 승천 전후 고별 내러티브(왕하 2:7-18)와 엘리사 사망 전후 고별 내러티브(왕하 13:14-25) 사이에 일곱 가지 정도의 "상당한" 공통적 모티프들을 포함하고 있음을 보여 준다. 이러한 사실은 엘리야-엘리사 내러티브 전체에서 하나의 사이클이 되어 반복되고 있음을 보여 준다. 본 역사서를 기록한 저자는 상당한 역사적 통찰과 깊은 문학적 기교를 사용하여 본 역사서는 물론이고, 엘리야-엘리사 내러티브의 문학적 탁월성을 여과 없이 보여 주고 있다.

표 40. 엘리야-엘리사 고별 전후 내러티브 비교 및 대조

엘리야 승천 전후 고별 내러티브 (왕하 2:7-18)	비교 및 대조 관점	엘리사 사망 전후 고별 내러티브 (왕하 13:14-25)
엘리야와 엘리사	등장인물	요아스와 엘리사
엘리야: "나의 아버지, 이스라엘의 병거와 마병" 엘리야의 승천으로 헤어진 직후에 엘리사가 엘리야를 향해 애통의 외침: "내 아버지여 내 아버지여 이스라엘의 병거와 그 마병[들]이여"(12절) אָבִי אָבִי רֶכֶב יִשְׂרָאֵל וּפָרָשָׁיו (아비 아비 레켑 이스라엘 우파라샤이우)	애통 의 탄식	엘리사: "나의 아버지, 이스라엘의 병거와 마병" 죽을 병이 걸린 엘리사를 방문한 직후, 이스라엘 왕 요아스가 엘리사를 향해 고별의 외침: "내 아버지여 내 아버지여 이스라엘의 병거와 그 마병[들]이여"(14절) אָבִי אָבִי רֶכֶב יִשְׂרָאֵל וּפָרָשָׁיו (아비 아비 레켑 이스라엘 우파라샤이우)
고별의 객체(엘리사) 주도권: "당신의 성령이 하시는 역사가 갑절이나 내게 있게 하소서"(9절)	요구 사항	고별의 주체(엘리사) 주도권: "활과 화살들을 가져오소서"(15절)

엘리야 승천 전후 고별 내러티브 (왕하 2:7-18)	비교 및 대조 관점	엘리사 사망 전후 고별 내러티브 (왕하 13:14-25)
상징 도구: 겉옷 (1) 겉옷을 마는 행위(8절; 12-13절) (2) 만 겉옷으로 요단물을 치는 행위(14절): 요단강이 갈라지는 기적	행동 묘사와 그 결과	상징 도구: 활과 화살 (1) 활을 잡고 동쪽 창을 열고 화살을 쏘는 행위(16-17절): "구원의 화살" (2) 화살들을 잡고 땅을 세번 치는 행위(18절): 세번만 아람에게 승리
목격자가 될 때 갑절의 능력 수여 조건: "그러나 나를 네게서 데려가시는 것을 네가 보면 그 일이 네게 이루어지려니와 그렇지 아니하면 이루어지지 아니하리라"(10절) אִם־תִּרְאֶה (임-티르예)	조건적 예언	땅을 치는 횟수가 승리의 횟수의 조건: "왕이 대여섯 번을 칠 것이니이다 그리하였더라면 왕이 아람을 진멸하기까지 쳤으리이다 그런즉 이제는 왕이 아람을 세 번만 치리이다"(19절) לְהַכּוֹת חָמֵשׁ אוֹ־שֵׁשׁ פְּעָמִים אָז הִכִּיתָ (레하코트 하메쉬 오-쉐쉬 페아밈 아즈 히키타)
"실종된" 엘리야의 몸을 찾는 무리와 몸을 찾지 못하는 간접적 "부활" 경험: "당신의 종들에게 용감한 사람 오십 명이 있으니 청하건대 그들이 가서 당신의 주인을 찾게 하소서 염려하건대 여호와의 성령이 그를 들고 가다가 어느 산에나 어느 골짜기에 던지셨을까 하나이다"(16절), "사흘 동안을 찾되 발견하지 못하고"(17절)	승천/사후 내러티브	"매장된" 엘리사의 묘실(뼈)에 시체를 던지는 무리와 회생한 몸의 만남을 통한 직접적 부활 경험: "엘리사가 죽으니 그를 장사하였고 해가 바뀌매 모압 도적떼들이 그 땅에 온지라 마침 사람을 장사하는 자들이 그 도적 떼를 보고 그의 시체를 엘리사의 묘실에 들이던지매 시체가 엘리사의 뼈에 닿자 곧 회생하여 일어섰더라"(20-21절)
엘리사의 소원대로 성취: "그도 물을 치매 물이 이리저리로 갈라지고 엘리사가 건너니라"(14절), "맞은편 여리고에 있는 선지자의 제자들이 보며 말하기를 엘리야의 성령이 하시는 역사가 엘리사 위에 머물렀다 하고"(15절)	약속의 예언 성취	엘리사의 예언대로 성취: "요아스가 벤하닷을 세 번 쳐서 무찌르고 이스라엘 성읍들을 회복하였더라"(25절)

2. 임종을 앞둔 엘리사를 방문한 이스라엘 왕 요아스에 대한 예언(14-19절)

본문의 내레이터는 전지적 작가 시점에서, 엘리사가 앓고 있는 현재의 질병이 앞으로 죽을 병이라고 규정한다(14절). 그의 사역 기간이 거의 반세기를 이어왔다. 중병이 걸린 엘리사를 이스라엘 왕 요아스가 방문했다. 그는 눈물을 흘리며 다음과 같이 고별의 애통의 탄식을 한다.

> 내 아버지여 내 아버지여 이스라엘의 병거와 마병이여(왕하 13:14).

여기서 요아스는 엘리사를 "나의 아버지"(אָבִי, 아비)라고 반복하여 부른다. 물론 이것은 고대 근동의 극존칭의 표현이다(왕하 6:21). 때로는 스승과 제자 사이에도 부자 관계로 일컬어졌다. 그러한 극존칭으로 부른 것은 이어진 "이스라엘의 병거와 마병[들]"이라는 은유적 표현으로 구체적 설명을 한 셈이다.[3] 이것은 아마 엘리사가 없는 이스라엘은 "적군들의 밥"이 될 것이라는 현재의 주변 정세에 대한 이스라엘 왕의 염려일 것이다.

슬퍼하는 요아스에게 엘리사는 '활과 화살들'(קֶשֶׁת וְחִצִּים, 케쉐트 웨히침)을 가져오라고 명령한다(15절). 여기서 '활과 화살들'이라는 단수, 복수의 결합은 '병거와 마병들'(14절)의 그것과 대비를 이룬다. 그렇지만 여기서 여러 개의 화살들을 가져오라는 것은 그 용도와 관련이 있다. 그래서 한 개의 활과 여러 개의 화살들을 엘리사 앞으로 가지고 왔다. 이것은 마치 여리고에서 토산이 익지 못하고 떨어지는 일로 성읍 사람들이 엘리사에게 도움을 요청했을 때, 다음과 같은 명령을 상기하게 한다.

> 새 그릇에 소금을 담아 내게로 가져오라(왕하 2:20).

엘리사가 물의 근원으로 가서 소금을 그 가운데 던졌더니 물이 치료되고 다시는 죽음이나 열매 맺지 못함이 없이 고침을 받았다. 거기서도 '새 그릇에 소금'은 그 자체가 실용적인 목적에 사용되었다고 보는 것보다, 상징적 행위 안에서 사용된 기적의 재료일 뿐이었다. 죽음의 독이 들어 있는 국에 약간의 '가루'를 던져서 '생명의 국'으로 바꾼 기적과도 마찬가지다.

여기서도 '활과 화살들'은 상징적인 행위로 사용될 도구일 뿐이다. 전자(새 그릇의 소금, 가루)는 생태학적인 생명의 회복과 건강한 음식으로의 치유를 위한 것이라면, 후자(활과 화살들)는 전쟁에서 승리하여 언약 백성의 생명과 삶을 보

---

3 여기서 '병거'(chariot)은 히브리어 단수형으로 표현되었으나, '마병'(horsemen)은 복수형으로 표현되고 있다. 강조적 복수로도 볼 수 있으나, 성경에서 '병거'(רֶכֶב, 레켑)와 함께 같이 사용될 때는 '마병'은 복수가 일반적인 것 같다(창 50:9; 출 14:9, 17, 18, 23, 26, 28; 수 24:6, 왕하 18:34; 대하 12:3; 사 31:1; 36:9): cf. BDB.

존하는 이른바 엘리사-엘리야 내러티브의 핵심 주제인 생명의 주제를 공통적으로 담고 있다.

엘리사는 왕에게 가져온 활을 손으로 잡을 것을 명령한다(16절). 활을 잡은 왕의 손 위에 엘리사도 자신의 손을 그 위에 얹었다. 이 행위 역시 상징적이고 의식적(ritual) 행위이다. 미래적으로, 이것은 하나님의 손이 활과 화살로 은유되었으며, 그리고 대적과의 전쟁에서 함께하신다는 의미이다. 현재적으로, 그의 손을 얹는 행위는 요아스를 향한 예언에 대한 신실함에 대한 외적인 증거가 된다.

엘리사는 왕에게 '동쪽 창'을 열라고 명령한다. '동쪽 창'은 아람 나라가 있는 곳을 나타낸다(17절). 특히, 두 나라 사이의 전쟁에서 자주 등장하는 성읍 이름인 '길르앗-라못'은 이스라엘과 아람 사이에 있는 국경 도시로서 이스라엘의 동쪽 또는 요단강 동편에 위치하고 있다. 엘리사가 열린 동쪽 창을 향하여 화살을 쏘라고 명령하자, 왕은 그것을 쏘았다.

여기서 요아스가 활을 동쪽 창으로 쏘는 행위는 가까운 미래에 요아스가 아람을 멸절하도록 친다는 예언과 결부된 상징 행위가 된다. 그리고 그 화살을 "여호와를 위한 구원의 화살"과 "아람에 대한 구원의 화살"로 엘리사는 부르고 있다. 여호와께서 친히 대적 아람과 싸우시며, 대적 아람으로부터 구원자가 되신다는 의미이다. 엘리사(Elisha)의 이름의 의미도 '하나님이 구원하신다'라는 의미이다.

엘리사의 이름의 의미를 자신의 사후에 요아스에게 남기고 싶었을 것이다. 그러한 예언적 상징 행위대로, 요아스는 아람을 아벡(Aphek)에서 치게 될 것이다. '아벡'이라는 이 지역은 트랜스조르단(Transjordan) 즉 요단강 동편에 위치하고 있으며, 갈릴리 호수에서 동쪽으로 3마일 거리에 있는 지역이다.[4] 이 예언에서 매우 구체적인 지리를 언급함으로 그것이 역사적 사실이 될 것이라는 확신을 준다.

---

[4] 구약성경에서 '아벡'(Apheck 또는 Aphec)이라는 지명은 총 8회의 용례들(수 12:18, 13:4; 19:30; 삼상 4:1; 29:1; 왕상 20:26, 30; 왕하 13:17)을 가지는데, 5회(수 12:18, 13:4; 19:30; 삼상 4:1; 29:1)는 사사 시대의 용례들로써 그 아벡은 이스라엘과 블레셋 국경에 있는 지명이며, 나머지 3회(왕상 20:26, 30; 왕하 13:17)는 분열 왕국 시대의 용례들로서 이스라엘과 아람 국경에 있는 지명이다. 그러므로 서로 다른 두 곳의 아벡이 있다.

화살을 동쪽으로 쏜 이후, 이번에는 요아스에게 남아 있는 화살들을 집으라고 엘리사는 명령하며, 이어서 그것들로 땅을 치라고 재차 명령한다(18절). 왕이 화살로 땅을 치는 횟수를 엘리사가 언급하지 않았으며, 요아스는 자신이 스스로 판단하여 자의 대로 몇 번을 쳐야 했는데, 세 번을 치고 멈추었다. 즉 여기서 '세 번'이라는 것은 요아스의 전적인 선택과 자유에 의한 것이었다. 아마 요아스는 구약에서 으레 '세 번'이 의식적인 상징성을 갖는 전통적인 숫자이기에(왕상 17:21), 그는 그러한 관습을 따랐을 가능성이 많다.[5] 물론 '일곱 번'(왕하 5:10, 14)이라는 횟수도 하나님의 뜻을 이루는 의미 있는 상징적인 숫자이다.

그런데 이 대목에서 하나님의 사람은 분노를 표출한다(19절). 그러면서 "왕이 대여섯 번을 쳐야만 했었다"라고 큰 아쉬움을 표한다. 만약 왕이 화살들로 대여섯 번을 땅을 쳤다면, 그 숫자만큼 왕이 아람을 쳐서 진멸하게 되었을 것이다라고 선지자는 말한다. 그러나 다시 돌이킬 수는 없고, 이미 세 번을 쳤으니, 세 번만 왕이 아람을 칠 것이다고 선지자는 확정한다.

이 구절을 읽는 현대 독자들은 많은 궁금증을 가지게 될 것이다.

하나님의 사람이 숫자도 말해 주지 않고 땅을 치라고 말했으며, 그것도 최선을 다하여 상징적 의미성이 있는 세 번을 왕이 쳤는데, 왜 선지자가 왕을 나무라면서 "당신이 다섯 번에서 여섯 번을 쳐야만 했었다"라고 말하면서 큰 아쉬움을 표하게 된 것인가?

아쉬움 정도가 아니라, 그것도 요아스가 세 번 땅을 친 것 대로, 그것이 이스라엘 나라의 현실이 된다고 하니, 큰 의문이 들 수가 있다. 그러면서 많은 현대 독자들은 자신이 자유롭게 무엇을 결정하고 행동한 것만큼만 된다고 한다면, 무엇을 선택하고 결정하는 순간에 '결정 장애자'처럼 어떤 불안감을 떨칠 수가 없을 것이다.

이런 상황을 초래할 수 있는 이 본문을 어떻게 이해해야 하는가?

자세히 본문을 관찰하면, 전혀 힌트가 없는 것은 아니다. 화살로 땅을 치라고 하기 전에, 선지자는 먼저 왕이 가져온 활과 화살을 동편 창을 열고 쏘라는 한 것이 아람에 대한 공격을 나타내며, 그 공격은 "여호와를 위한 구원의 화살"이며, 곧 "아람에 대한 구원의 화살"이라고 분명히 말해 주었다. 그

---

[5] J. D. Barry and Others, Faithlife Study Bible (왕하 13:18) on Logos.

렇다면 이어지는 엘리사의 다음의 명령인 "화살[들]을 잡고 땅을 치라"라는 명령은 상당히 중요한 의미를 가지고 있다는 것을 알아야 했다.

즉 화살들을 잡고 땅을 치는 행위는 아무런 의미 없는 행동이 아니라, 동쪽이 상징하는 아람 나라를 치며 전쟁하는 행위를 나타낸다. 그렇다면 남는 것은 그 횟수가 문제가 될 것이다.

그런데 엘리사가 무엇 때문에 땅을 친 횟수에 의미를 굳이 부여하고 있는 것일까?

이것은 적어도 이스라엘 왕이라면, 두 가지 사실을 인지해야만 했다. 하나는 아람과의 전쟁은 아람으로부터 언약 백성 이스라엘의 생명 보존의 열정이 있어야 했고(왕의 사명), 여호와의 전쟁으로서 아람과의 전쟁은 여호와의 보복 및 보호의 전쟁(왕의 믿음)임을 알아야만 했었다. 이것들은 언약 백성들로 하여금 언약의 말씀을 신실하게 순종하는 삶을 살도록 모범과 지도를 해야 하는 대내적인 목자(왕)의 역할 이외에, 대외적인 대적들 앞에서 이스라엘의 목자(왕)의 정체성과 역할이다.

그래서 요아스 왕은 백성에 대한 사랑과 하나님의 보복을 전달하는 믿음과 태도를 가지고 대적 '아람 나라'를 치듯이, 화살들을 가지고 '땅'을 여러 번 쳐서 자신의 내적 의지를, 화살로 땅을 치는 행동으로 보여 주어야만 했었다. 그런데 그 내적 의지가 엘리사가 보기에는 좀 부족했다는 의미일 것이다.

그래서 여기서 요아스가 화살들로 땅을 단지 세 번을 친 그 숫자 때문에 그러한 결과가 있을 것이라기보다는 현재의 이스라엘 왕의 내적인 믿음과 태도 곧 언약 백성에 대한 사랑과 언약의 하나님 여호와의 보복 전쟁이라는 사실에 대한 이해의 결핍을 지적해야 옳다. 한마디로, '백성의 생명 보존에 대한 열심'과 '여호와에 대한 열심'이 부족했던 것이다. 성경은 이러한 열심들에 대하여 많은 곳에서 말씀한다(cf. 삼하 21:2; 왕상 19:10, 14; 왕하 10:16; 19:31; 사 9:7; 37:32; 59:17; 겔 5:13; 39:25; 요 2:17; 행 18:25; 22:3; 롬 10:2; 12:11; 고후 7:7, 11; 9:2; 11:2; 갈 4:18; 딛 2:14; 벧전 3:13; 계 3:19). 그리고 하나님의 열심이 그의 종들과 백성들의 열심이 되어야 된다고 권고한다.

열왕기서 저자도 이러한 열심에 대하여 네 번 언급한다(왕상 19:10, 14; 왕하 10:16; 19:31). 이러한 여호와에 대한 열심이 엘리야에게 두 번 사용되었고(왕상 19:10, 14), 예후에게 한 번 사용되었으며(왕하 10:16), 그리고 마지막 한 번은 이사야 선지자가 유다 왕 히스기야에게 보낸 말씀에서 다음과 같이 회복을 언급할 때 사용했다.

> 여호와의 열심이 이 일을 이루리라(왕하 19:31).

특히, 선지자 이사야는 여호와께서 자기 백성을 구원하려 하실 때, 필요한 열심 있는 사람과 중재가 없음을 이상히 여기시고 자신의 팔로 스스로 구원을 베푸시며 자신의 공의를 스스로 의지하여서 행하신다고 말씀한다(사 59:16). 그러한 하나님 자신의 구원자된 정체성을 이사야가 계시한다.

> 공의를 갑옷으로 삼으시며 구원을 자기의 머리에 써서 투구로 삼으시며 보복을 속옷으로 삼으시며 열심을 입어 겉옷으로 삼으시고 그들의 행위대로 갚으시되 그 원수에게 분노하시며 그 원수에게 보응하시며 섬들에게 보복하실 것이라(사 59:17-18).

여기서 이사야 선지자는 하나님의 공의, 구원, 보복, 열심으로 자기 백성을 구원하시며, 반대로 그 대적을 향하여는 그들의 행위대로 갚으심, 분노하심, 보응하심, 보복하심을 강조한다. 선지자 엘리사도 요아스 왕에게 바랬던 것은 왕으로서 바로 이러한 가치들 곧 언약 백성의 구원에 대한 열심과 대적 아람에 대한 신적인 분노와 보복을 품었어야만 했던 것이다. 도리어 그는 엘리사 사후에 대한 걱정과 두려움이 더 컸을 것이다. 하나님의 열심은 세움을 입은 사람의 열심이 되어야 하며, 세움을 입은 사람은 하나님의 열심을 반영해야만 한다.

그렇다면 땅을 세 번만 칠 정도의 내면을 가진 요아스의 현재의 상태가 미래의 결과로 나타날 것이라는 것이 되기 때문에, 그것은 상당히 이성적이고 합리적 귀결이 된다. 요아스는 이스라엘의 왕으로서 언약 백성에 대한 생명 보존에 대한 사랑과 여호와의 보복에 대한 열심을, 현재 엘리사 앞에서 자신이 화살들로 땅을 치는 행위로 충분히 담아내지 못했다. 아니, 내면 결핍이다. 그리고 이것은 5-6회 정도 기대했던 엘리사가 보기에는 적었을지라도, 그는 너무 적지도 않게 3회를 쳐서 그러한 가치들을 어느 정도 표현했다.

이런 점에서, 이것은 단지 미신적 예언이나 어떤 숫자 놀음이 아니라, 지극히 이성적이고 합리적인 예언이라고 할 수 있다. 현재의 요아스의 태도가 미래의 요아스의 행동을 결정하고 그에 따른 결과도 주어질 것이라는 것이다. 엘리사는 선지자의 예지적 통찰을 통해, 요아스의 마음의 온도를 측정하고 미리 내다 본 것임에 틀림없다.

3. 죽은 엘리사의 살아있는 능력(20-21절)

엘리사의 사망 기사에 대하여는 본문의 저자가 매우 짧게 기술하고 있다는 점에 주목할 필요가 있다. 즉 다음과 같이 엘리사의 '죽음과 장사'를 단지 히브리어 어휘 3개로 표현할 뿐이다.

> 엘리사가 죽으니 그를 장사하였고(וַיָּמׇת אֱלִישָׁע וַיִּקְבְּרֻהוּ, 와야마트 애리샤 와이크베루후, 왕하 13:20).

고유명사로서 '엘리사'의 이름과 '죽다'(מוּת, 무트)라는 미완료 동사(와우 계속법)와 '매장하다'(קבר, 카바르)라는 미완료 동사(와우 계속법)를 사용하여, 표현에 있어서 상당히 절제하는 인상을 준다. 도리어 그의 죽음과 장사 이후에 일어나는 일들에 더 관심을 갖는 듯하다.

어떤 일들이 전개되는가?

해가 바뀌어서 모압이 이스라엘을 침략했다. 이스라엘 주변 민족들 가운데 하나인 모압의 침공이 종종 있어와다(왕하 1:1; 3:5). 여기서 "해가 바뀌었다"라는 말은 다음 해의 봄이 되었다는 것을 의미하는데, 이것은 '전쟁의 계절'이 돌아왔다는 것을 의미한다(삼하 11:1; 왕상 20:22, 26).[6]

모압의 이스라엘 침략의 때를 같이하여, 이스라엘의 어떤 사람이 죽어서 장사를 지내는 장면이 전개된다(21절). 그 시체를 매장하기 위하여 장지로 가는 과정인 것으로 보인다. 그들은 '도적 떼'로 불려지는 모압 군사들을 보

---

6   J. D. Barry and Others, *Faithlife Study Bible* (왕하 13:20) on Logos.

고 우선은 대피하려던 것으로 추정된다. 그래서 마침 그 시체를 가까이 있는 '엘리사의 묘실' 안으로 던져 넣었다. 그리고 나서, 그들은 계속 숨으려고 했는지 아니면 모압의 도적 떼와 싸우려 했는지는 알 수 없다. 본문의 저자는 거기에는 일체적 관심을 표출하지 않는다. 다만 한 가지 사실 곧 다음과 같은 사실 한 가지뿐이다.

> 시체가 엘리사의 뼈에 닿자 곧 회생하여 일어섰다(왕하 13:21).

그렇다면 저자가 엘리사의 '죽음과 장사'를 3개의 히브리어 어휘를 절제적으로 사용한 후에, 그리고 모압 도적 떼의 공격에 대한 정보도 일체 주지 않고, 오직 그 '시체가 엘리사의 뼈에 닿은 것'과 그 시체가 '곧 회생하여 일어섰다'라는 사실만 부각하고 있는데, 그 이유가 무엇일까?

이 질문은 바로, 엘리야-엘리사 내러티브의 저자가 이 내러티브의 마지막 장면이 되는 엘리사의 죽음 기사를 왜 이와 같은 방식으로 기술하려고 했는지에 관한 질문과 같다. 그것은 바로 엘리야-엘리사 내러티브의 핵심 주제인 '생명의 주제'를 강조적으로 부각하려는 의도 때문이다.

이 본문의 서론 부분에서 언급한 대로, 승천한 엘리야의 '죽은 몸'(시체)을 수색하러 나갔던 50명의 제자들이 사흘 동안 수색했지만, 결국 엘리야의 몸을 찾지 못하고 돌아온 사실로부터, 엘리야의 죽은 몸의 부재 현상은 승천한 엘리야는 살아있는 존재라는 점을 "역설적으로" 보여 주었다. 그리하여, 하나님의 사람 엘리야의 생명의 영존성을 그 내러티브의 결말에서 강조함으로 이스라엘의 하나님이 살아 계심을 보여 주었다.

이와 같이, 여기서 죽은 엘리사의 묘실에 잠자고 있던 그 뼈가 여전히 능력으로 역사하여, 그것에 닿는 죽은 사람의 시체조차도 일어날 수 있는 생명의 능력을 "간접적으로" 보여 준 것이다. 그리하여, 하나님의 사람 엘리사의 생명의 지속성을 이 내러티브의 결말에서 강조함으로, 이스라엘의 하나님께서 능력 가운데 여전히 살아 계심을 확신하게 한다.

4. 엘리사 사후의 전쟁 예언 성취(22-25절)

아람 왕 하사엘에 대한 예언은 그가 왕이 되기 전에 이미 엘리야의 호렙산 3대 기름 부음 사건 가운데 하나였으며, 엘리사에 의해 선택되어 보낸 바 된 제자 한 명을 하사엘에게 보내어 기름 부음과 동시에 아람 왕으로서 그가 미래에 이스라엘에게 행하게 될, 모진 학대를 예언한 바 있다(왕하 8:7-15).

그를 통한 학대의 날은 제한된 어떤 기간 동안의 한시적인 현상이 아니라, 이스라엘 왕 여호아하스의 모든 날 동안(כֹּל יְמֵי יְהוֹאָחָז, 콜 예메 예호아하즈) 계속되는 항상성을 강조하고 있다. 하사엘은 지금 이스라엘 왕 여호아하스 통치 시대로부터 약 40년 전에 아람의 왕이 되었다(c. 841 B.C.). 이로부터 40년이 지나 현재 여호아하스 시대(c. 800 B.C.)에 등장한다. 이때의 하사엘의 연령을 대략 85-90세로 추정한다.[7]

이스라엘은 여호아하스의 전 통치 기간에 대적 아람을 통해서 학대와 고초를 당하였다. 그런데 여기 반전의 카드가 있다. 그것은 족장들에게 약속하신 여호와의 언약이다(23절). 즉 하나님의 "언약의 카드"이다.

그런데 여기서 혼돈과 착각을 하지 말아야 할 것이 있다. 그것은 '언약의 백성'이라고 할 때, 북이스라엘이 너무 우상 숭배와 여호와 보시기에 너무 악행을 많이 했기에 언약의 대상으로부터 성경은 제외시킨다고 오해하지 말아야 한다.

궁극적으로 메시아는 유다 왕국에서, 유다 지파에서 다윗의 후손을 통해서 올지라도, 본문 23절은 아브라함, 이삭, 야곱과 세우신 족장들의 언약(창 12:1-3; 13:14-17; 15:5-21; 26:2-5; 28:13-15) 때문에 '이스라엘'에게 은혜를 베푸시며, 다음과 같이 말씀하신다.

> 그들(이스라엘)을 불쌍히 여기시며 돌보사 멸하기를 즐겨하지 아니하시고(왕하 13:23).

---

[7] J. A. Montgomery, *A Critical and Exegetical Commentary on the Books of Kings*, 434-435 on Logos.

여기서 '이스라엘'이라는 표현은 남북 왕조 전체의 이스라엘 자손들로 봐야 한다. 그 가운데 현재 북이스라엘에게도 적용되는 언약이다. 그래서 언약의 하나님 앞에서 은혜로 보존되었다는 점을 보여 준다. 즉 언약에 신실하심 때문에, 죄악 가운데서 진멸되지 않고 보존된다는 의미이다. 과거의 언약적 사랑을 현재에 누리는 생명이다.

한편, 아람 왕 하사엘(841-806 B.C.)이 죽고 그의 아들이 왕위를 계승하였는데, 그가 벤하닷 3세(Ben-Hadad III, 806-770 B.C.)이다(왕하 13:3, 24, 25). 엘리사에게 병문안을 와서 활과 화살들로 상징 행위를 하면서, 엘리사의 예언을 들었던 요아스는 그의 부친 여호아하스가 전쟁 중에 빼앗겼던 이스라엘의 성읍들을 아람 왕 하사엘의 아들 벤하닷 3세의 손에서 다시 되 찾았다(25절). 이 성읍들은 요단강 서편에 있는 성읍들이었다. 왜냐하면, 하사엘이 예후의 시대에 이미 요단강 동편까지 영역을 확장했기 때문이다(왕하 10:32-33; 12:18).

아벡에서 요아스의 승리는 아람의 확장을 중단시켰으며, 여로보암(Jeroboam II, 793-753 B.C.)이 이스라엘 영토를 하맛 어귀(Lebo-hamath)부터 아라바 바다(the Sea of the Arabah)까지 국경을 회복했다(왕하 14:25).[8]

이 과정에서, 다음과 같이 말씀한다.

> 요아스가 벤하닷(3세)을 세번 쳐서 파하고(왕하 13:25).

여기서 '세 번'(שָׁלֹשׁ פְּעָמִים, 샤로쉬 페아밈)이라는 말은 요아스가 엘리사 앞에서 화살들로 땅을 '세 번' 치고 멈춘 것(18-19절)과 관련이 있다. 즉 엘리사의 임종 자리에서의 고별 예언이 성취되었다는 점을 말한다. 그래서 엘리야-엘리사 내러티브는 '예언이 성취되었다'는 사실로 그 대미를 장식하고 있다.

---

[8] 이 사실은 선지자 요나를 통하여 예언되었던 것이라고 역사서는 기술한다(왕하 14:25).

5. 결론 및 적용

엘리야-엘리사 내러티브 총 28개의 본문(passages) 가운데 마지막 본문(왕하 13:14-25)인 이 본문을 세 단락으로 구분해왔다.

첫째, 임종을 앞둔 엘리사를 방문한 이스라엘 왕 요아스에 대한 예언(14-19절)의 단락이다. 여기서는 요아스의 현재의 태도가 미래의 결과를 결정한다는 선지자의 통찰력 있는 예언이 소개된다.

이에 대한 적용으로써, 나의 현재의 상태가 가까운 미래를 결정할 수 있다. 나의 현재의 믿음이 영원의 문제를 결정한다. 현재의 열정과 열심, 현재의 관심과 생각이 미래의 모습의 얼굴이 될 수 있다.

로마서 8:6에서 다음과 같이 말씀한다.

> 육신의 생각은 사망이요 영의 생각은 생명과 평안이니라(The mind of sinful man is death, but the mind controlled by the Spirit is life and peace, 롬 8:6).

현재 육신(죄)의 생각은 사망으로 열매 맺을 수 있으며, 현재의 영(의)의 생각은 생명과 평안으로 결실될 수 있음을 알아야 한다.

둘째, 죽은 엘리사 선지자의 살아 있는 능력(20-21절)이 여전히 현존한다는 내용을 담고 있는 단락이다. 죽은 사람의 시체조차도 선지자의 죽은 뼈에 닿으면 살아날 수 있다는 생명의 능력을 간접적으로 보여 준다.

하나님의 사람 엘리사의 생명의 지속성을 강조함으로, 이스라엘 가운데 능력의 하나님은 여전히 살아 계신 존재이다는 점을 계시한다. 특히, 그 하나님은 족장들과 언약하신 신실한 언약의 하나님으로 언약 백성과 함께하신다. 하나님께서 북이스라엘에 엘리사를 보내신 이유가 있었던 것처럼, 하나님의 아들이신 예수님을 이 땅에 보내신 이유가 있다.

그 이유가 무엇일까?

예수님 자신이 그 이유를 설명한 적이 있다. 요한복음 10:10에 따르면 다음과 같다.

> 도둑이 오는 것은 도둑질하고 죽이고 멸망시키려는 것뿐이요 내가 온 것은 양으로 생명을 얻게 하고 더 풍성히 얻게 하려는 것이라(The thief comes only to steal and kill and destroy I have come that they may have life, and have it to the full, 요 10:10).[9]

죽은 사람의 시체조차 엘리사의 죽은 뼈에 닿을 때 살아난 것처럼, 참 선지자로 오신 예수님은 죽은 자의 사는 역사에 대하여 다음과 같이 말씀하신다.

> 나는 부활이요 생명이니 나를 믿는 자는 죽어도 살겠고(요 11:25).

엘리사의 뼈에 우연히 닿은 시체가 회생한 부활 사건은 부활이요 생명되신 그리스도 안에서 완결되었다.

셋째, 엘리사의 사후에 그 전쟁 예언이 성취되었다는 점을 보여 준다(22-25절). 엘리야와 엘리사는 선지서를 남기지 않은 비문필 선지자들임에도 불구하고, 그 예언이 성취되었다는 메시지로써 엘리야-엘리사 내러티브 전체를 마무리하는 방식은 이 내러티브의 저자의 문학적 탁월성을 잘 보여 주고 있다. 즉 자기 백성을 향한 구원의 예언이 성취될 뿐만 아니라, 대적인 세상 나라에 대한 심판의 예언도 성취된다는 점을 동시에 보여 준다.

---

9 고대 근동에서 '목자'(shepherd)의 이미지는 왕들(kings)과 신들(gods)을 위한 은유로 사용되었다. Leon Morris, *The Gospel of According to John*, NIC (Grand Rapids, MI: Eerdmans Publishing, 1971), 500. 요 10:10과 왕하 13:20에서 공통적으로 언급되는 '도적'(thief)은 전혀 다른 문맥 안에 있는 표현이다. 즉 왕하 13:20-21에 등장하는 '도적떼'는 당시 이스라엘을 침략했던 모압 군사들을 가리킨다. 그리고 요한복음에서 '도둑'은 '선한 목자'로 오신 예수님과 대척점에 있는 자들을 가리킨다. 도둑의 정체성을 가진 자들은 구약에서부터 예수님 당시까지 계속 있어온 타락한 이스라엘의 왕들과 이스라엘을 멸망으로 이끌었던 거짓 신들을 포함할 수 있다. 그렇다면 예수님은 요한복음 10장을 말씀하실 때, 자신의 마음에 이스라엘의 오므리 왕조의 아합의 집 왕들과 그들이 섬겼던 바알과 아세라를 '도둑'이라는 범주 안에 한 부분으로 포함시키지 않았을까 한다. 반면, 예수님께서 자신을 '선한 목자'(요 10:11, 14)로 부르신 것은 '도둑'과 '삯꾼'(요 10:10, 12) 그리고 '절도와 강도'(요 10:1, 8)와 달리, 양들을 위해 자신을 목숨을 버리시는 존재로 차별화하신다. 서로 다른 문맥임에도 불구하고, '도둑과 생명'의 주제가 요10:10과 왕하 13:20-21에서 함께 등장하는 것 자체는 흥미롭다.

이런 점에서, 엘리야-엘리사 내러티브는 '구원과 심판' 곧 '하나님의 재창조'의 사역이 예언의 말씀대로 계속 진행되어, 하나님의 주권적인 뜻을 이루는 현재 진행형의 구속 역사의 파노라마라는 점을 보여 준다.

하나님은 이스라엘과 열방을 통치하시는 주권적인 왕으로 다스리신다!

하나님은 복되시고 유일하신 주권자이시며 만왕의 왕이시며 만주의 주시요(딤전 6:15).

만물과 인생과 세계를 오직 자신의 선하신 뜻대로 다스리시는 그에게 존귀와 권세와 영원한 영광이 있기를!

♣ 개인 묵상과 소그룹 성경 공부를 위한 토론 질문 ♣

1. 엘리야와 엘리사의 하나님은 살아 계신 영원한 생명의 주인이시다. 임종을 앞둔 가족이나 또한 내가 임종을 앞두고 있다면, 나는 어떤 유언을 할 것인지 말해 보라.

2. 어떤 사람의 장례식에 참여하고 있을 때, 나는 어떤 생각을 많이 하는지를 나누어 보라. 누구나 죽는다.
죽어도 산다는 믿음이 있는가?

3. 땅에서의 인생을 마감하고 떠날 때에, 남겨둔 가족들에게 어떤 한 가지 일이 반드시 이루어진다면, 나는 어떤 기도제목으로 기도할 수 있을까?

[특주]
성경 고고학(4)
텔 단 비석(The Tel Dan Stele)

1. 개요

단(Dan)은 여호수아의 여리고 정복 전쟁 후 단 지파에게 할당된 땅으로서 북이스라엘의 최북단에 있는 한 도시이다. 이 도시는 언덕 위에 있기에, 텔 단(Tel Dan, "Mound of Dan") 으로 알려져 있다. 바로 여기에서, 텔 단 비석은 이스라엘 고고학자 아브라함 비란(Avraham Biran)이 이끄는 고고학팀의 일원인 길라 쿡(Gila Cook)에 의해서 1993년에 발견되었으며, 현재 세 조각의 파편(A, B1, B2)의 형태로 이스라엘 박물관에 소장되어 있다(KAI 310).[1]

이 비석은 히브리어와 가까운 아람어로 기록된 총 13행의 비문을 가진다. 제9행에 새겨진 "다윗의 집"(House of David, bytdwd)이라는 비문을 포함한 이 고고학적 자료는 성경의 다윗 왕에 대한 최초의 역사적 자료(870 BCE, Iron Age II, 1000-586 B.C.)라는 의의를 갖는다.

---

1 "Tel Dan stele", https://en.wikipedia.org/wiki/Tel_Dan_stele (2020-10-14).

2. 역사적 배경

깨어진 파편의 비문은 아람 나라로부터 국경을 이웃하고 있는 남쪽의 두 왕 곧 "이스라엘의 왕"과 "다윗의 집의 왕"에 대한 아람 왕의 승리를 기념하는 전승비이다. 그 아람 왕은 하다드(Hadad)라는 신(god)의 인도 하에, 수천 명의 이스라엘 사람들과 유다의 마병과 기병을 무찔렀다고 자랑한다.

깨어진 부분의 "다윗의 집"이라고 새겨진 부분의 복구된 파편들에는 여기에 관련된 왕들의 이름들은 보존되어 있지 않다. 그런데도 대부분의 학자들은 그 비석은 아람 나라 곧 다메섹의 하사엘(Hazael, 왕하 10:32)이 이스라엘 왕 여호람과 유다 왕 아하시야를 격파한 것으로 판단하고 있다.

고고학자들은 일반적으로 텔 단 비석의 대략적 연대기를 B.C. 870년경(9세기 후반)으로 추정하지만, 최소주의자들(Minimalists) 특히 코펜하겐 학파인 렘키(Niels P. Lemche), 톰슨(Thomas L. Thompson)과 크라이어(F. H. Cryer)는 후기 연대를 제안해왔다. 심지어 크라이어(Cryer)와 렘키(Lemche)는 이 비석의 파손된 부분에 있는 흔적을 끌(chisel) 자국으로 주장하면서 현대의 조작이라고 결론을 내린다. 그러나 대부분의 학자들은 최소주의자들의 판단을 무시하며, 그러한 흔적들은 발굴 당시의 복원을 위한 흔적들로 이해한다.[2]

---

2 Lester L. Grabbe, *Ahab Agonistes: The Rise and Fall of the Omri Dynasty* (Bloomsbury Publishing, 2007): "The Tel Dan inscription generated a good deal of debate and a flurry of articles when it first appeared, but it is now widely regarded (a) as genuine and (b) as referring to the Davidic dynasty and the Aramaic kingdom of Damascus", Eric H. Cline, *Biblical Archaeology: A Very Short Introduction* (Oxford University Press, 2009): "Today, after much further discussion in academic journals, it is accepted by most archaeologists that the inscription is not only genuine but that the reference is indeed to the House of David, thus representing the first allusion found anywhere outside the Bible to the biblical David", Lawrence J. Mykytiuk, *Identifying Biblical Persons in Northwest Semitic Inscriptions of 1200-539 B.C.E.* (SBL, 2004): "Some unfounded accusations of forgery have By Oren Rozen - Own work, CC BY-SA 4.0, https://commons.wikimedia.org/w/index.php?curid=47055869 had little or no effect on the scholarly acceptance of this inscription as genuine": https://en.wikipedia.org/wiki/Tel_Dan_stele(2020-08-31)에서 재인용함. 참고로, 성경에 기록된 사건들에 대한 역사성에 대하여 학자들의 견해는 최대주의(maximalism)와 최소주의(minimalism)로 나눠진다. 최대주의자들은 W. F. Albright, G. E Wright, 그리고 John Bright를 따르는 자들로서 'Maximalists' 또는 "Neo-Albrightians"라고 부른다. 이들은 성경 안에 있는 이스라엘의 역사는 실제로 이스라엘의 역사를 반영한다고 주장한다. 반면 최소주의자들은 "Minimalists" 또는 "Copenhagen

3. 성경적 배경

텔 단 비석(The Tel Dan Stele)에 관련 구절은 대략 열왕기하 10:32; 13:3, 22장 그리고 역대하 22:5와 관련이 있다. 이 비문 가운데 B.C. 9세기로 추정되는 어떤 한 익명의 개인이 이스라엘 왕 아합의 아들 요람/여호람(비문 제8행)과 다윗의 집의 왕(비문 제9행) 아하시야를 죽였다는 기록이 포함되어 있다. 이 비문의 내용을 성경적으로 적용할 때, 유력한 가능성이 있는 아람 왕은 하사엘(c. 841-806 BCE) 또는 그의 아들 벤하닷 3세(c. 806-770 BCE)가 유력하다. 텔 단 비석은 이 아람 왕이 전쟁에서 승리한 것을 기념하기 위하여 세운 일종의 전승 기념비이다.

그런데 성경의 역사서는 이스라엘 왕 요람/여호람과 유다 왕 아하시야를 최종적으로 죽인 자는 이스라엘 장군인 예후(Jehu)가 반역할 때, 예후가 피살한 것이라고 증거하고 있다. 그러나 이스라엘 왕 요람/여호람이 아람 군사의 화살에 맞아 부상을 입은 것은 사실이다. 그가 이스르엘 겨울 궁전에서 요양할 때, 예후의 반역으로 예후의 화살에 맞아 최종적으로 죽었다. 그리고 유다 왕 아하시야도 예후에게 죽임을 당하였다.

School"로 불려지며, 주로 코펜하겐대학교의 Niels P. Lemche, Thomas L. Thompson과 Philip R. Davies, Keith Whitelam 등이 여기에 포함된다. 최소주의자들은 구약성경의 대부분이 페르시아 기간(B.C. 5세기경: Davies), 또는 헬레니즘 기간(B.C. 3-2세기경: Lemche)으로 주장한다. 특히, Lemche는 Tel Dan stele가 가짜라고 주장한다. 요약하면, 최소주의자들은 고대 이스라엘에 대한 성경의 기록은 의심스런 자료들이라고 주장한다. 최소주의자들은 두 가지 입장을 취하는데, 하나는 성경에 기록된 내러티브가 고대 이스라엘에서 실제로 일어났다는 것에 대한 신뢰할만한 자료가 될 수 없다는 것이다. 그리고 또 다른 하나는 '이스라엘'이라는 그 자체가 역사적 연구를 위한 주제가 될 수 없다고 이해한다. 그런데 이러한 이분법적 구도(dichotomy of maximalism and minimalism)에서 탈피하여, 새로운 활로를 모색하는 학파가 있다. 이러한 양극화를 극복 내지는 탈 이분법적 구도(de-dichotomy)를 주장하는 학파가 있는데, 필자는 "Mediumism"이라고 부른다. 여기에는 William Dever가 대표적인데, 그는 성경의 기록에 대한 역사적 가치를 부인하는 최소주의자들을 비평하면서 동시에 성경적 문자주의도 반대한다. 그런 점에서는 Dever는 최대주의자와 최소주의자의 중간에 위치한다고 할 수 있다. 이러한 입장은 Israel Finkelstein, Amihai Mazar, Brian B. Schmidt에 의한 *The Quest for the Historical Israel* (SBL, 2007)을 통해서 최대주의와 최소주의 사이의 중간 입장을 더욱 인식하게 했으며, 양극단적인 이분법적 구도를 탈피할 필요를 제시하였다고 할 수 있다. 그래서 현재는 고고학의 양극단적 주장이 완화되었다고 볼 수 있다.

그런데 만약 아람 왕 하사엘이 요람과 아하시야를 죽였다면, 성경의 내용은 역사적으로 부정확한 것이 된다. 연대기적으로 텔 단 비석이 먼저 만들어졌으며, 성경의 이 부분의 스토리는 아무리 일찍 잡더라도, 예후 왕조의 말기에 기록되었을 것이다는 추정은 가능하다. 밀러와 헤이즈(J. Maxwell Miller & John H. Hayes)는 이 둘 가운데 우선권을 텔 단(the Tel Dan)의 비문에 두어야 된다고 주장한다.[3] 그러나 어떤 문헌이 시간적으로 먼저 만들어졌다고 항상 진실의 우선권을 보장하는 것은 아니다. 왜냐하면, 고대 왕들의 전승 치적이 부풀려지는 경우가 더러 있기 때문이다.

그렇다면 성경의 내러티브와 고고학적 비문의 내용의 차이가 어떻게 조화를 이룰 수가 있는가?

여기에는 학자들의 다양한 시도가 있어왔다.

첫째, 만약 이 비문과 비석을 이스라엘의 예후가 만들었다면, 즉 이스라엘 측에서 텔 단 비석을 건립했다면 문제가 없어지게 된다.[4]

둘째, 이것을 아람 왕의 정치, 군사적 위업을 과시하는 것으로 본다면, 즉 아람 측에서 그러한 목적으로 세웠다면 그 비문의 내용은 비역사적인 것이 된다.[5]

셋째, 양자를 조화시키려는 한 시도로써 히브리어 표현 동사(qtl), "죽이다"(kill)라는 표현을 "쳐부수다"(defeat)로 이해하는 입장이다.[6]

즉 이것은 아람 왕(하사엘 또는 벤하닷 3세)이 전쟁에서 이스라엘 왕과 유다 왕이 이끄는 군사들을 치명적으로 쳤으나, 실제 두 왕을 죽이는 일은 예후에 의해서 되었다는 여지를 만들 수 있다.

---

[3] J. Maxwell Miller & John H. Hayes, *A History of Ancient Israel and Judah* (Louisville, KE: Westminster John Knox Press, 2006, 2nd ed.), 325.

[4] J. W. Wesselius, "The First Royal Inscription from Ancient Israel: The Tel Dan Inscription Reconsidered", *JSOT* 13 (1999): 163-186.

[5] Andre Lemaire, "The Tel Dan Stela as a Piece of Royal Historiography", *JSOT* 81 (1998): 3-14.

[6] Shigeo Yamada, "Aram-Israel as Reflected in the Aramaic Inscription from Tel Dan", *UF* 27 (1995): 611-625.

넷째, 조화를 위한 또 다른 시도로써 당시 예후는 두 왕들을 살해할 때 아람 왕 하사엘과 파트너로 참여했다는 입장이다.[7]

다섯째, 비문 7-8행에 쓰여진 동사(qtl)를 수동태(be killed)로 읽으면, 그 비문은 누가 그들을 죽였는지의 문제는 별 문제가 되지 않는다고 주장한다.[8] 왜냐하면, 두 왕을 죽인 주체를 표현하는 주어가 수동태 구문에서 생략될 수 있기 때문이다.

이러한 논쟁들 가운데 한 가지 분명한 사실은 오므리 왕조(아합의 집)에 대한 여호와의 심판이 '국내적 반역'(an internal military revolt)과 '국외적 공격'(an external attack)이 함께 전개되는 방식으로 시행되어 엘리야-엘리사를 통해 주신 여호와의 신탁의 말씀이 성취되었다는 점이다. 물론 국내적 반역은 예후에 의해 주도된 것이 명약관화한 사실이다. 국외적 공격은 당시 역사를 감안할 때, 아람에 의한 군사 공격이었다. 이 두 사실은 시초적인 진원점으로서 호렙산 동굴 어귀에서 엘리야에게 주어졌던 3대 기름 부음 사건으로부터 말미암았다.

4. 사진 자료

텔 단 비석은 엘리야-엘리사 내러티브의 후반부 역사에 등장하는 이스라엘 왕 요람과 유다 왕 아하시야 그리고 아람 왕 하사엘(또는 벤하닷 3세) 사이에서 발생한 여호와의 심판 역사의 한 정점을 찍는 역사를 고고학적으로 "의미 있게" 고증해 주는 자료가 되고 있다. 현재 이스라엘 박물관에 소장되어 있는 텔 단 비석의 비석(아래 사진 좌)[9]과 그것을 바탕으로 그린 드로잉(아래 사진 우)[10]을 참고하라.

---

[7] W. M. Schniedewind, "Tel Dan Stela: New Light on Aramaic and Jehu's Revolt", *BASOR* 302 (1996): 75-90.

[8] A. F. Rainey and R. S. Notley, *The Sacred Bridge: Carta' Atlas of the Biblical World* (Jerusalem: Carta, 2006), 212-213.

[9] By Oren Rozen - Own work, CC BY-SA 4.0, https://commons.wikimedia.org/w/index.php?curid=47055869 (2020-10-10).

[10] CC BY-SA 3.0, https://commons.wikimedia.org/w/index.php?curid=140140 (2020-

5. 텔 단 비석의 텍스트[11]

텔 단 비석에 새겨진 비문은 히브리어와 가까운 아람어로 쓰여진 총 13행의 비문을 가진다. 제9행에 새겨진 "다윗의 집"(House of David, bytdwd)이라는 문구를 포함한다.

1. [   ].א[מר.ע].[וגזר]
2. [---].אבי.יסק[.עלוה.בה]תלחמה.בא[ ]
3. וישכב.אבי.יהך.אל[.אבהו]ה.ויעל.מלכי[יש]
4. ראל.קדם.בארק.אבי[.ו]המלך.הדד[.]א[יתי]
5. אנה.ויהך.הדד.קדמי[.ו]אפק.מן.שבע[ת---]
6. י.מלכי.ואקתל.מל[כן.שב]ען.אסרי.א[לפי.ר]
7. כב.ואלפי.פרש.[קתלת.אית.יהו]רם.בר.[אחאב.]
8. מלך.ישראל.וקתל[ת.אית.אחז]יהו.בר.[יהורם.מל]
9. ך.ביתדוד.ואשם.[אית.קרית.הם.חרבת.ואהפך.א]
10. ית.ארק.הם.ל[ ]ישמן [   ]
11. אחרן.ולה[...   ]ויהוא.מ[   ]
12. לך.על.יש[ראל...]ואשם.[   ]
13. [   ]מצר.ע[.]ל.

Translated in English:

1. [ ]...[...] and cut [...]
2. [...] my father went up [against him when h]e fought at [...]
3. and my father lay down, he went to his [ancestors (viz. became sick and died)]. And the king of I[s-]
4. rael entered previously in my father's land, [and] Hadad made me king,
5. And Hadad went in front of me, [and] I departed from the seven [...-]
6. s of my kingdom, and I slew [seve]nty kin[gs], who harnessed th[ousands of cha-]
7. riots and thousands of horsemen (or: horses). [I killed Jeho]ram son [of Ahab]
8. king of Israel, and [I] killed [Ahaz]iahu son of [Jehoram kin-]
9. g of the House of David, and I set [their towns into ruins and turned]
10. their land into [desolation]
11. other [... and Jehu ru-]
12. led over Is[rael and I laid]
13. siege upon [ ]

---

11 "Tel Dan stele" in https://en.wikipedia.org/wiki/Tel_Dan_stele(2020-10-10).

제3부

결론: 엘리야-엘리사 내러티브를 나오면서

B.C. 9-8세기의 고대 근동 세계라는 공간 안에서, 특히 북이스라엘의 영적인 가장 암울한 시대에 하나님의 보내심을 받아, 하나님께서 주신 신탁(Divine Oracles)을 중심으로 예언 사역과 이적 사역을 통해 하나님의 살아 계심을 나타낸 자들이 있었다.

이들은 "하나님의 사람"(Man of God)으로 불려진 자들로서, "두 사람 같은 한 사람" 또는 "한 사람 같은 두 사람"으로서, 세대를 이어서 '하나의 팀'(One Team)이 되어 호렙산에서 받은 동일한 비전을 구현하며 봉사했던 엘리야와 엘리사 선지자이다. 엘리야는 요단강 동편 곧 트랜스 요르단 출신(디셉)이며, 엘리사는 요단강 서편 곧 시스 요르단 출신(아벨므홀라)이다.

서로 다른 홈타운을 가졌음에도 불구하고, 이들의 그 출신 지역은 문제가 되지 않았으며, 하나님의 비전 중심으로 하나의 드림팀이 되어 악한 세대의 악한 팀(아합의 집)을 능히 맞선 하나님의 신실한 일꾼들이었다. 후대 역사가는 자신의 역사서를 통해 '엘리야-엘리사 내러티브'라는 하나의 문학적 단위를 형성하도록 영감 안에서 '전기적 역사서'(biographic histography)를 의미 있게 기록하여 오고 오는 모든 세대에게 남겼다.

하나의 통일성이 있는 문학적인 단위(One Unit)로서 '엘리야-엘리사 내러티브'(왕상 17:1-왕하 13:25)는 죽은 존재들로 하여금 새 생명을 얻게 하고 또 그 생명을 풍성히 누리게 하는 사역을 했음을 계시하고 있다. 그래서 엘리야-엘리사 내러티브의 핵심적인 중심 주제는 바로 '생명'이라는 모티프이다. 엘리야-엘리사 내러티브는 바로 '생명의 책'이다.

이런 점에서, 북이스라엘의 이 두 비문필 선지자들인 엘리야와 엘리사의 존재와 사역은 '그 선지자'(the Prophet, Ὁ προφήτης, 요 1:21, 25; 6:14; 7:40; cf. 행 3:23)가 되신 '하나님의 아들'(Son of God)로 오실 우리 주 예수 그리스도의 존재와 그 사역 곧 '생명을 얻게 하고 더 풍성케 하는' 생명 사역(요 10:10)을 가장 효율적으로 전망하도록 하는 대표적 구약 선지자들이었다.

참고 문헌

1. 성경과 소프트웨어

한글성경(KOR): 서울: n.d. On BibleWorks 9.

개역한글판(KRV): 서울: 대한성서공회, 1961. On BibleWorks 9.

개역개정: 서울: 대한성서공회, 2006.

바른성경: [하나님의 말씀 바른성경]. 서울: 한글성경공회, 2008.

BHS: *Biblia Hebraica Stuttgargensia*. Deutsche Bibelgesellschaft, 1990(1st ed. 1967/1977).

LXX: *Septuaginta*. edidit Alfred Rahlfs, Duo volumina in uno. Deutsch Bibelgesellschaft Stuttgart, 1979(1st ed. 1935).

LXX: *Septuaginta: Vetus Testamentum Graecum*. edidit J. Ziegler (Göttingen, 1958).

VUL: *Biblia Sacra*. iuxta Vulgatam versionem. Deutsche Bibelgesellschaft Stuttgart, 1983 (1st ed. 1969).

DBY: *The Darby Bible*. John Nelson Darby, 1884/1890. On BibleWorks 9.

ESV: *The Holy Bible, English Standard Version*. Wheaton: Crossway, 2001, 2007.

GNV: *Geneva Bible*. Mark Langley, 1599. On BibleWorks 9.

JPS: *JPS Holy Scriptures*. Jewish Publication Society, 1917.

KJV: *Authorized Version* (KJV). 1769 Blayney Edition of the 1611 King James Version of the English Bible, 1988-1997. On BibleWorks 9.

LEE: *Isaac Leeser*. JEWISH BIBLE. Cathedral City: Larry Nelson, 2003(1st ed. 1853). On BibleWorks 9.

LXE: *The English Translation of The Septuagint Version of the Old Testament*. By Sir Lancelot C. L. Brenton. London: Samuel Bagster and Sons, 1844, 1851. On BibleWorks 9.

NAS: *The New American Standard Bible*. The Lockman Foundation, 1977(1st ed. 1960). On BibleWorks 9.

NET: *New English Translation*. Biblical Studies Press, 1996-2006. On BibleWorks 9.

NIB: *The New International Version*[UK]. International Bible Society, 1973. On BibleWorks 9.

NIV: *The New International Version*[US]. International Bible Society, 2011. On BibleWorks 9.

NJB: *New Jerusalem Bible*. Edited by Henry Wansbrough. Darton, Longman & Todd Limited and Doubleda, 1985. On BibleWorks 9.

NKJ: *The New King James Version*. Nashville: Thomas Nelson, 1982. On BibleWorks 9.

NLT: *New Living Translation*. Tyndale House, 2007(1st ed. 1996). On BibleWorks 9.

NRS: *New Revised Standard Version Bible*. Division of Christian Education of the National Council of the Churches of Christ in the United States of America, 1989. On BibleWorks 9.

RSV: *Revised Standard Version of the Bible*. Division of Christian Education of the National Council of Churches of Christ in the United States of America, 1952. On BibleWorks 9.

TNK: *The Jewish Bible: Torah, Nevi'im, Kethuvim*. 1985

BibleWorks 9.

Logos 8.

2. 참고 사전 및 문법서

Brown, F, S. R. Driver & C. A. Briggs, *Enhanced Brown-Driver-Briggs Hebrew and English Lexicon*. Oxford: Clarendon Press, 1977 on Logos.

Gesenius H.F.W. *Gesenius' Hebrew Grammar*. Edited by E. Kautzsch and Translated by A. E. Cowley. Oxford: Clarendon Press, 2006.

Joün, Paul S.J. *A Grammar of Biblical Hebrew, Vol. I, Part One: Orthography and Phonetics, Part Two: Morphology*. Subsidia Biblica 14/I (trans. and revised. T. Muraoka), Roma: Editrice Pontificio Instituto Biblico, 2005(reprint of 1st ed. 1991, with corrections).

Joün, Paul S.J. *A Grammar of Biblical Hebrew, Vol. II, Part Three: Syntax (Paradigms and Indices)*. 14/II (trans. and revised. T. Muraoka). Roma: Editrice Pontificio Instituto Biblico, 2005(reprint of 1st ed. 1991, with corrections).

Kelley, Page H. et al. *The Masorah of Biblia Hebraica Stuttgartensia: Introduction and Annotated Glossary*. Grand Rapids, MI: Wm. B. Eerdmans Publishing Co, 1998.

Merwe, Christo H. J. van der et al. *A Biblical Hebrew Reference Grammar*. London: Sheffield Academic Press, 2004.

Scott, William R. *A Simplified Guide to BHS*. Third Edition. N. Richland Hill, TX: Biblal Press, 1987.

Soulen, Richard N. and R. Kendall Soulen, *Handbook of Biblical Criticism*. Third Edition. Louisville, KY: Westminster John Knox Press, 2001.

Tov, Emanuel. *Textual Criticism of the Hebrew Bible* (2nd ed.). Minneapolis, MN: Fortress Press, 1992.

Vasholz, R. I. *Data for the Sigla of the BHS*. Winona Lake, IN: Eisenbrauns, 1983.

Waltke. Bruce K. and M. O'Connor. *An Introduction to Biblical Hebrew Syntax*. Winona Lake, IN: Eisenbrauns, 1990.

3. 단행본 및 주석

Alter, Robert. *The Art of Biblical Narrative*. New York: Basic Books, 1981.

Beale, G. K. *The Book of Revelation*, NIGTC. Grand Rapids, MI: William B. Eerdmans Publishing Company, 1999.

Beale, G. K. *A New Testament Biblical Theology: The Unfolding of the Old Testament in the New*. Grand Rapids, MI: Baker Academic, 2011.

Blenkinsopp, Joseph. *A History of Prophecy in Israel*. Louisville, KY: Westminster John Knox Press, 1996(revised and enlarged).

Boyer, Mark G. *From Contemplation to Action: The Spiritual Process of Divine Discernment Using Elijah and Elisha as Models*. Eugene, OR: Wipf & Stock, 2018.

Brodie, Thomas L. *The Crucial Bridge: The Elijah-Elisha Narrative as an Interpretive Synthesis of Genesis-Kings and a Literary Model for the Gospels*. Collegeville, MN: Liturgical Press, 2000.

Brown, Raymond E. *An Introduction to the New Testament*. New York: Doubleday, 1996.

Brueggemann, Walter. *Testimony to Otherwise: The Witness of Elijah and Elisha*. St. Louis, MO: Chalice Press, 2001.

Cohn, Robert L. *2 Kings*, Berit Olam. Collegeville, MN: Liturgical, 2000.

Compston, Herbert Fuller Bright. *The Inscription on the Stele of Mesa Commonly Called the Moabite Stone: The Text in Moabite and Hebrew*. London: Society for Promoting Christian Knowledge, 1919.

DeVries, Simon J. *1 Kings*. WBC 12. Waco, TX: Word Books, 1985.

Farrow, Douglas. "Ascension." In Kevin J. Vanhoozer (ed.), *Dictionary for Theological Interpretation of the Bible*. Grand Rapids, MI: Baker Academic, 2005: 65-68.

Finkelstein, Israel and Amihai Mazar. *The Quest for the Historical Israel*. Atlanta, GE: Society of Biblical Literature, 2007.

Groningen, Gerard Van. *Messianic Revelation in the Old Testament* (유재원, 류호준 역, 『구약의 메시아 사상』). 서울: 기독교문서선교회, 1997.

Harrison, R. K. *Introduction to the Old Testament*. Peabody, MA: Hendrickson Publishers, 2004.

Hobbs, T. R. *2 Kings*. WBC 13. Waco, TX: Word Books, 1985.

Jacob of Sarug, *Jacob of Sarug's Homilies on Elijah*, trans. and Introduction by Stephan A. Kaufman. Piscataway, NJ: Gorgias Press, 2009.

Jacob of Sarug, *Jacob of Sarug's Homilies on Elisha*, trans. and Introduction by Stephan A. Kaufman. Piscataway, NJ: Gorgias Press, 2010.

Kaiser, Walter C. Jr, *Toward Old Testament Ethics* (홍용표 역, 『구약성경윤리』). 서울: 생명의말씀사, 1994.

Kaiser, Walter C. Jr. *The Lives and Ministries of Elijah and Elisha: Demonstrating the Wonderful Power of the Word of God*. Clarksville, MD: Lederer Books, An Imprint of Messianic Jewish Publishers, 2019.

Kaiser Walter C. Jr. and Paul D. Wegner. *A History of Israel: From the Bronze Age through the Jewish Wars*. Nashville TN: B & H Academic, 2017 (revised).

Keil, C. F. *1 and 2 Kings, 1 and 2 Chronicles*. Peabody, MA: Hendrickson Publishers, 1996.

Kloppenborg, John S. and Joseph Verheyden (eds.), *The Elijah-Elisha Narrative in the Composition of Luke*, Library of New Testament Studies 493. London: Bloomsbury Academic, 2014.

Long, Burke. O. *2 Kings*. The Forms of Old Testament Literature X. Grand Rapids, MI: WM. B. Eerdmans Publishing Co, 1991.

Long, V. Philips (ed.). *Israel's Past in Present Research: Essays on Ancient Israelite Historiography*. Winona Lake, IN: Eisenbrauns, 1999.

Luckenbill, Daniel D. *The Annals of Sennacherib*. Eugene, OR: Wipf & Stock Publishers, 2005 [c1924].

Merrill, Eugene H. *Kingdom of Priests: A History of Old Testament Israel*. Grand Rapids, MI: Baker Academic, 2008 (2nd ed.).

Miller, J. Maxwell and John H. Hayes. *A History of Ancient Israel and Judah*. Louisville, KY: Westminster John Knox Press, 2006 (2nd ed.).

Montgomery, J. A. *A Critical and Exegetical Commentary on the Books of Kings*. New York: Scribner, 1951.

Niehaus, Jeffrey J. *God at Sinai: Covenant and Theophany in the Bible and Ancient Near East*. Grand Rapids, MI: Zondervan Publishing House, 1995.

Osborne, Grant R. *Revelation*, BECNT. Grand Rapids, MI: Baker Academic, 2002.

Park, Hye Kung. *Why Not Her?: A Form and Literary-Critical Interpretation of the Named and Unnamed Women in the Elijah and Elisha Narratives*. New York: Peter Lang, 2015.

Pratt, Richard L. Jr, *He Gave Us Stories: The Bible Student's Guide to Interpreting Old Testament Narratives*.

Pink, Arther. W. *Elijah*. Edinburgh: The Banner of Truth Trust, 1956 (reprinted 1985).

Phillipsburg, NJ: P & R Publishing, 1993[1st ed, 1990].

Provan, Iain. V. Philips Long, and Tremper Longman III. *A Biblical History of Israel*. Louisville, KE: Westminster John Knox Press, 2015 (2nd ed.).

Rainey, A. F. and R. S. Notley. *The Sacred Bridge: Carta's Atlas of the Biblical World*. Jerusalem: Carta, 2006.

Stuart, Douglas. *Hosea~Jonah*, WBC 31. Waco, TX: Word, 1987.

Swanson, J. *Dictionary of Biblical Languages with Semantic Domains: Hebrew (Old Testament)* (electronic ed.). Oak Harbor: Logos Research Systems, Inc, 1997.

Thiele, Edwin R. *The Mysterious Numbers of the Hebrew Kings* (한정건 역, 『히브리어왕들의 연대기』). 기독교문서선교회, 1990.

Thompson, J. A. *The Book of Jeremiah*. Grand Rapids, MI: Wm. B. Eerdmans Publishing Company, 1980.

VanGemeren, Willem A. *Interpreting the Prophetic Word* (김의원, 이명철 역, 『예언서 연구』). 서울: 도서출판엠마오, 1993.

Veer, M. B. Van't. *My God Is Yahweh: Elijah and Ahab in an Age of Apostasy*. Translated by Theodore Plantinga. St. Catharines, Ontario: Paideia Press, 1980.

Wallace, Ronald S. *Elijah and Elisha: Exposition from the Book of Kings*. Eugene, OR: Wipf & Stock, 2013 [originally published by Wm. B. Eerdmans, 1957]).

Walton, John H. *Chronological and Background Charts of the Old Testament* (김명호 역, 『차트 구약: 구약 연대표 및 배경사』). 서울: 기독교문서선교회, 1992.

Winn, Adam. *Mark and the Elijah-Elisha Narrative: Considering the Practice of Greco-Roman Imitation in the Search for Markan Source Material*. Eugene, OR: Wipf & Stock, 2010.

Wood, Leon J. *Elijah: Prophet of God. Eugene*. OR: Wipf & Stock, 2009 [originally published by Regular Baptist Press, 1968]).

김정우, 『너는 어찌 여기 있느냐: 엘리야의 열정과 엘리사의 사랑 이야기』. 서울: 생명의말씀사, 2009.

김지찬, 『요단강에서 바벨론 물가까지: 구약 역사서의 문예적-신학적 서론』. 서울: 생명의말씀사, 1999.

송영목, 『문법적, 역사적, 성경신학적 관점에서 본 신약주석』. 서울: 쿰란출판사, 2011.

유해무, 『개혁교의학: 송영으로서의 신학』. 서울: 크리스챤다이제스트, 1997.

이기업, 『예레미야주석』. 출판 예정. N.D.

멍레이, 관귀펑, 궈샤오양 (고상희 역), 『1942 대기근: 삼백만 명이 굶어죽은 허난 대기근을 추적하다』. 서울: 길항아리, 2013.

4. 저널 및 논문

Brodie, Thomas L. "Chapter 1. Luke's Use of the Elijah-Elisha Narrative" in John S. Kloppenborg and Joseph Verheyden (eds.), *The Elijah-Elisha Narrative in the Composition of Luke*. Library of New Testament Studies 493. London: Bloomsbury, 2014: 6-29.

Burnett, Joel S. "'Going Down' to Bethel: Elijah and Elisha in the Theological Geography of the Deuteronomistic History". *Journal of Biblical Literature* 129:2 (2010): 281-297.

Chang, Yue-Ming Joseph. "A Rhetorical Analysis of the Elijah-Elisha Stories within the Deuteronomistic History". Ph.D. Diss. Dallas Theological Seminary, 2002. Accessed September 2. 2020.

Conroy, Charles. "Hiel between Ahab and Elijah-Elisha: 1 Kgs 16,34 in Its Immediate Literary Context". *Biblica* 77:2 (1996): 210-218.

Dharamra, Havilah. "A Prophet like Moses? A Narrative-Theological Reading of the Elijah Narratives". Ph.D. Diss. University of Durham, March 2006. Accessed September 2, 2020. http://etheses.dur.ac.uk.

Driver, G. R. "On עלה 'Went up Country' and ירד 'Went down Country.'" *Zeitschrift fur die alttestamentlichen Wissenschaft* 28 (1957): 74-77.

Evans, Craig A. "Luke's Use of the Elijah/Elisha Narratives and the Ethic of Election". *Journal of Biblical Literature* 106:1 (1987): 75-83.

Fensham, F. Charles. "A Few Observations on the Polarization between Yahweh and Baal in 1 Kings 17-19". *Zeitschrift fur die alttestamentlichen Wissenschaft* 92 (1980): 227-236.

Habel, Norman. "The Form and Significance of the Call Narratives". *Zeitschrift fur die alttestamentlichen Wissenschaft* 77 (1965): 297-323.

Kalmanofsky, Amy. "Women of God: Maternal Grief and Religious Response in 1 Kings 17 and 2 Kings 4". *Journal for the Study of the Old Testament* 36:1 (2011): 55-74.

Klink, Edward W. III. "What Concern in that to You and to Me? John 2:1-11 and the Elisha Narratives". *Neotestamentica* 39-2 (2005): 278-287.

Lemaire, Andre. "The Tel Dan Stela as a Piece of Royal Historiography". *Journal for the Study of the Old Testament* 81 (1998): 3-14.

Levine, Nachman. "Twice as Much of Your Spirit Pattern, Parallel and Paronomasia in the Miracles of Elijah and Elisha". *Journal for the Study of the Old Testament* 24:85 (1999): 25-46.

Lust, J. "A Gentle Breeze or a Roaring Thunderous Sound?" *Vetus Testamentum* 25 (1975): 1-7.

Moore, Rickie. "Finding the Spirit of Elijah in the Story of Elisha and the Lost Axe Head: 2 Kings 6:1-7 in the Light of 2 Kings 2". *Old Testament Essay* 31:3 (2018): 780-789.

Otto, Susanne. "The Composition of the Elijah-Elisha Stories and the Deuteronomistic History". *Journal for the Study of the Old Testament* 27:4 (2003): 487-508.

Satterthwaite, Philip E. "6. Narrative Criticism: The Theological Implication of Narrative Techniques" in Willem A. VanGemeren (General Editor), *A Guide to Old Testament Theology and Exegesis: The Introductory Articles from the New International Dictionary of Old Testament Theology and Exegesis*. Grand Rapids, MI: Zondervan, 1997: 122-130.

Schniedewind, W. M. "Tel Dan Stela: New Light on Aramaic and Jehu's Revolt". *Bulletin of the American Schools of Oriental Research* 302 (1996): 75-90.

Schniedewind, William and Daniel Sivan. "The Elijah-Elisha Narratives: A Test Case for the Northern Dialect of Hebrew". *The Jewish Quarterly Review* 87:3-4 (1997): 303-337.

Shalom-Guy, Hava. "The Crossing of the Jordan by Elijah and Elisha (2 Kings 2:1-18) in Light of the Crossing of the Reed Sea and the Jordan". *Beit Mikra: Journal for the Study of the Bible and Its World* 61:2 (2016): 178-195.

Steenkamp, Yolande. "King Ahaziah, the Widow's Son and the Theology of the Elijah Cycle: A Comparative Study". *Old Testament Essays* 17:4 (2004): 646-658.

Steenkamp, Yolande. "King Ahaziah, the Widow's Son and the Theology of the Elijah Cycle: Employing Ancient Social Values in a Comparative Reading". *Old Testament Essays* 18:3 (2005): 811-825.

Weingart, Kristin. "'My Father, My Father! Chariot of Israel and Its Horses!'". *Journal Biblical Literature* 137:2 (2018): 257-270.

Wesselius, J. W. "The First Royal Inscription from Ancient Israel: The Tel Dan Inscription Reconsidered". *Journal for the Study of the Old Testament* 13 (1999): 163-186.

Yamada, Shigeo. "Aram-Israel as Reflected in the Aramaic Inscription from Tel Dan". *Ugarit-Forschungen* 27 (1995): 611-625.

Yates, Gary E. "The Motif of Life and Death in the Elijah-Elisha Narratives and Its Theological Significance in 1 Kings 17 – 2 Kings 13" (2008). *LBTS Faculty Publications and Presentations* 12, https://digitalcommons.liberty.edu/Its_fac_pubs/12.

이기업, "선지자의 소명 본문들의 정경론적 성격(Compositional Natures of Call Narratives: Retrospective and Re-creative)." 황창기 교수 은퇴기념논문집, 『하나님의 나라와 신학』(The Kingdom of God and Theology) (부산: 고신대학교출판부, 2008): 191-223.

이상규, "6.25 전쟁의 기적: 기적으로 살아남은 대한민국."「월드뷰」, 통권 240호(2020. 6): 52-57.

이상규, "6.25 동란 중 부산에서 있었던 회개 집회."「월드뷰」, 통권 228호(2019. 6): 59-65.

찾아보기(Index)

(1) 도표 목록(Table List)

표 1. 북이스라엘 오므리 왕조와 예후 왕조의 연대기   19
표 2. 오므리 왕조 때 유다 왕 연대기   20
표 3. 아람 왕들의 연대기(1)   21
표 4. 엘리야와 엘리사 사이클   29
표 5. 반복 표현   42
표 6. 상징 및 은유적 표현   47
표 7. 맹세의 표현   50
표 8. 예언과 성취 관계   53
표 9. 말씀과 기적   56
표 10. 중보 기도와 응답   57
표 11. 참 교회와 거짓 교회   97
표 12. 올라가다 동사의 반복   107
표 13. 비 내림에 대한 신탁과 성취 과정   107
표 14. 엘리야의 기도와 예수님의 겟세마네 기도의 비교   110
표 15. 아람 왕들의 연대기(2)   180
표 17. 오십부장 내러티브에서의 반복   238
표 18. 엘리야-엘리사 승천-승계 내러티브에서의 반복   244
표 19. 엘리야의 고별 내러티브와 마가의 수난 예언 내러티브 비교   267
표 20. 오십 명의 군사와 오십 명의 수색대 비교   273
표 21. 열왕기하 3:27이 다섯 동사의 연속적 행위   304

표 22. 엘리야-엘리사 내러티브에서 가정 사역　　　　　　　　332
표 23. 성막과 엘리사의 다락방의 품목에 대한 비교　　　　　　335
표 24. 수넴 여인과 엘리사의 상호 집중 비교　　　　　　　　　350
표 25. 엘리야-엘리사 내러티브에서 죽은 아들을 살리는 기적　351
표 26. 메신저 포뮬러의 유형과 용법　　　　　　　　　　　　　369
표 27. 예수님과 엘리사의 기적의 일곱 영역들 비교　　　　　　418
표 28. 하나님의 전지성에 대한 적용　　　　　　　　　　　　　446
표 29. 반복을 통한 예언-성취 비교　　　　　　　　　　　　　　489
표 30. 아람의 왕들의 연대기(3)　　　　　　　　　　　　　　　　524
표 31. 북이스라엘 오므리 왕조의 연대기　　　　　　　　　　　543
표 32. 북왕국 이스라엘과 남왕국 유다의 비교 연대기(B.C. 9세기)　543
표 33. B.C. 9세기 남북 왕조의 연대기 대조표　　　　　　　　　549
표 34. 북이스라엘 오므리-예후 왕조 연대기　　　　　　　　　562
표 35. 북이스라엘의 초기 3왕조의 연대기　　　　　　　　　　570
표 36. B.C. 9세기 남북 왕조의 연대기 대조표　　　　　　　　　587
표 37. 북이스라엘의 초기 3왕조의 연대기　　　　　　　　　　596
표 38. B.C. 9-8세기 이스라엘과 유다의 왕조 연대기　　　　　607
표 39. B.C. 9-8세기 남북 왕조의 연대기 대조표　　　　　　　609
표 40. 엘리야-엘리사 고별 전후 내러티브 비교 및 대조　　　　612

(2) 지도 목록(Map List)

지도 1. 엘리야-엘리사 내러티브의 지리적 공간　　　　　　　22
지도 2. 엘리야의 사역지　　　　　　　　　　　　　　　　　　68
지도 3. 아합과 벤하닷의 출전 경로　　　　　　　　　　　　185
지도 4. 아하시야의 바알세붑에게 질병 문의 여정　　　　　228
지도 5. 엘리야-엘리사 승천-승계 여정　　　　　　　　　　246
지도 6. 엘리사의 사역지　　　　　　　　　　　　　　　　　275
지도 7. 여호람-여호사밧-에돔 왕과 모압 왕 메사와 전쟁　　290
지도 8. 바알살리사에서 길갈에 온 제자의 여정　　　　　　357
지도 9. 나아만의 이동 경로　　　　　　　　　　　　　　　　379

지도 10. 선지 동산 확장 경로   426
지도 11. 길르앗 라못(Ramoth-Gilead)   564
지도 12. 예후의 이동 경로   586

(3) 특주 목록(Special Notes List)

[특주] 나아만의 믿음과 행위, 거짓인가 참인가?(왕하 5:1-19)   389
[특주] 성경 고고학(1) 모압의 비석(Moabite Stone)과   308
        테트라그람마톤(YHWH)
[특주] 성경 고고학(2) 산헤립의 프리즘(Sennacherib's Prism)   555
[특주] 성경 고고학(3) 검은 오벨리스크(The Black Obelisk)   579
[특주] 성경 고고학(4) 텔 단 비석(The Tel Dan Stele)   626